D'accord! 1

LANGUE ET CULTURE DU MONDE FRANCOPHONE

VISTA®
HIGHER LEARNING

Boston, Massachusetts

Cover photos: clockwise from top left: characters from the **D'ACCORD!**
Roman-photo video program in Aix-en-Provence, France; detail of gold metal work, Versailles, France; tomatoes at local market, Cavlaire, France; the Chateau Frontenac, Quebec City

Publisher: José A. Blanco

President: Janet Dracksdorf

Vice President, Editorial Director: Amy Baron

Executive Editor: Sharla Zwirek

Senior National Language Consultant: Norah Lulich Jones

Editorial Development: Diego García, Erica Solari

Project Management: Maria Rosa Alcaraz

Technology Production: Egle Gutiérrez, Tatiana Bustamante, Sonja Porras, Paola Ríos Schaaf

Design: Jessica Beets, Liliana Bobadilla, Robin Herr, Michelle Ingari, Susan Prentiss, Nick Ventullo

Production: Oscar Díez, Jennifer López, Lina Lozano, Fabián Montoya, Andrés Vanegas

© 2015 by Vista Higher Learning, Inc.

Student Text ISBN: 978-1-61857-863-1
Printed in Canada.
Library of Congress Control Number: 2013948677

5 6 7 8 9 TC 20 19 18 17 16

D'accord! 1

LANGUE ET CULTURE DU MONDE FRANCOPHONE

TABLE OF CONTENTS

	contextes	roman-photo	culture

structures	synthèse	savoir-faire

TABLE OF CONTENTS

		contextes	roman-photo	culture

TABLE OF CONTENTS

		contextes	roman-photo	culture

structures	synthèse	savoir-faire

Le monde francophone

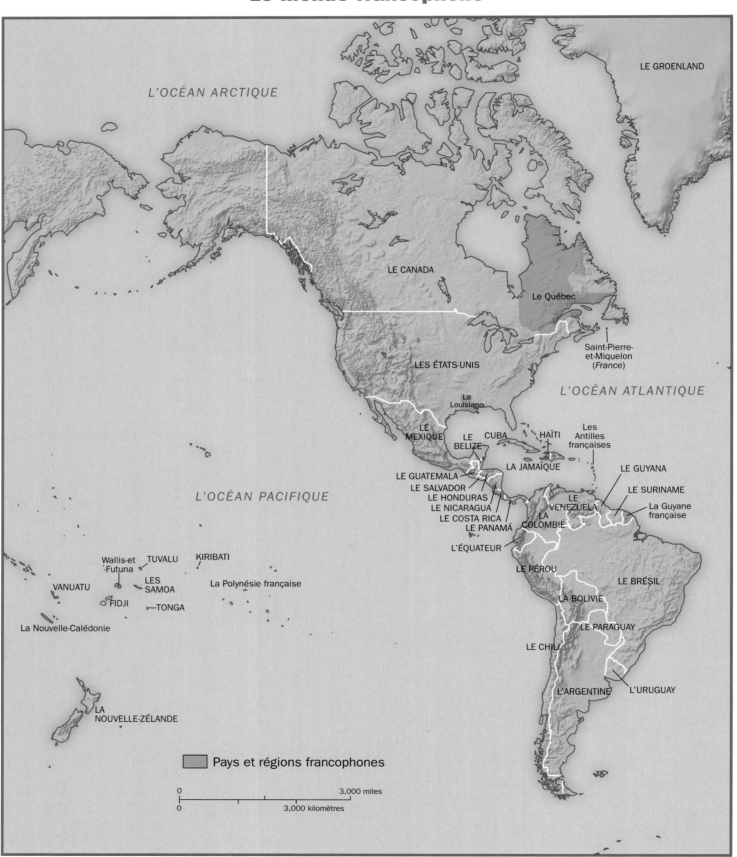

L'OCÉAN ARCTIQUE

LE GROENLAND

LE CANADA

Le Québec

LES ÉTATS-UNIS

Saint-Pierre-
et-Miquelon
(*France*)

L'OCÉAN ATLANTIQUE

La
Louisiane

LE
MEXIQUE

LE
BELIZE

CUBA

HAÏTI

Les
Antilles
françaises

LE GUATEMALA

LE SALVADOR

LE HONDURAS

LE NICARAGUA

LE COSTA RICA

LE PANAMÁ

LA JAMAÏQUE

LE GUYANA

LE SURINAME

LE
VENEZUELA

La
COLOMBIE

La Guyane
française

L'ÉQUATEUR

L'OCÉAN PACIFIQUE

LE PÉROU

LE BRÉSIL

LA BOLIVIE

Wallis-et-
-Futuna

TUVALU

KIRIBATI

VANUATU

LES
SAMOA

La Polynésie française

FIDJI

TONGA

LE PARAGUAY

LA Nouvelle-Calédonie

LE CHILI

L'ARGENTINE

L'URUGUAY

LA
NOUVELLE-ZÉLANDE

Pays et régions francophones

0   3,000 miles

0   3,000 kilomètres

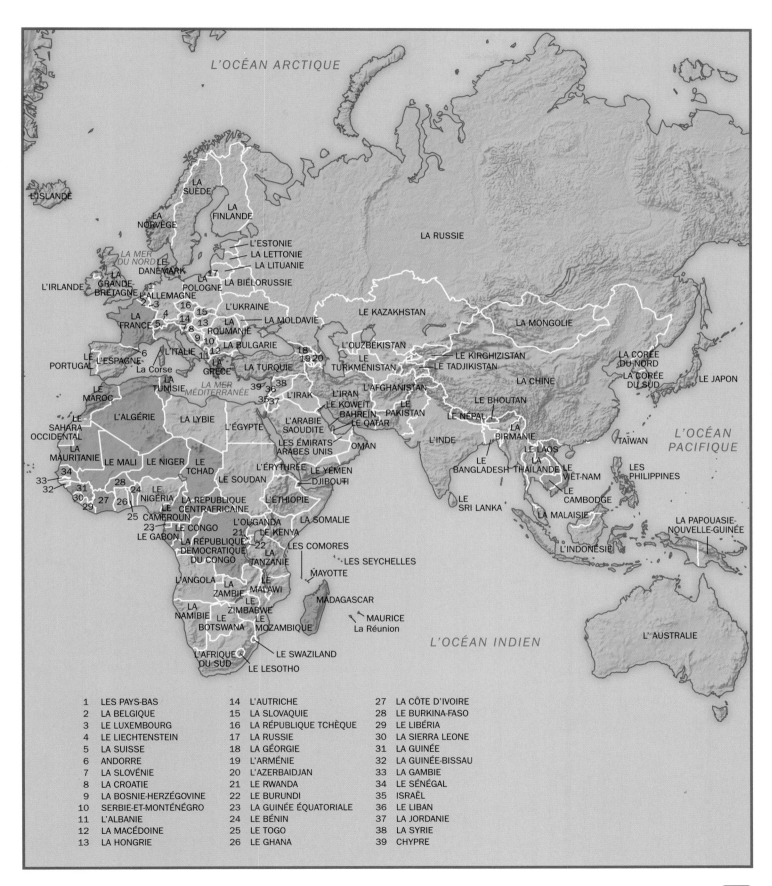

L'Amérique du Nord et du Sud

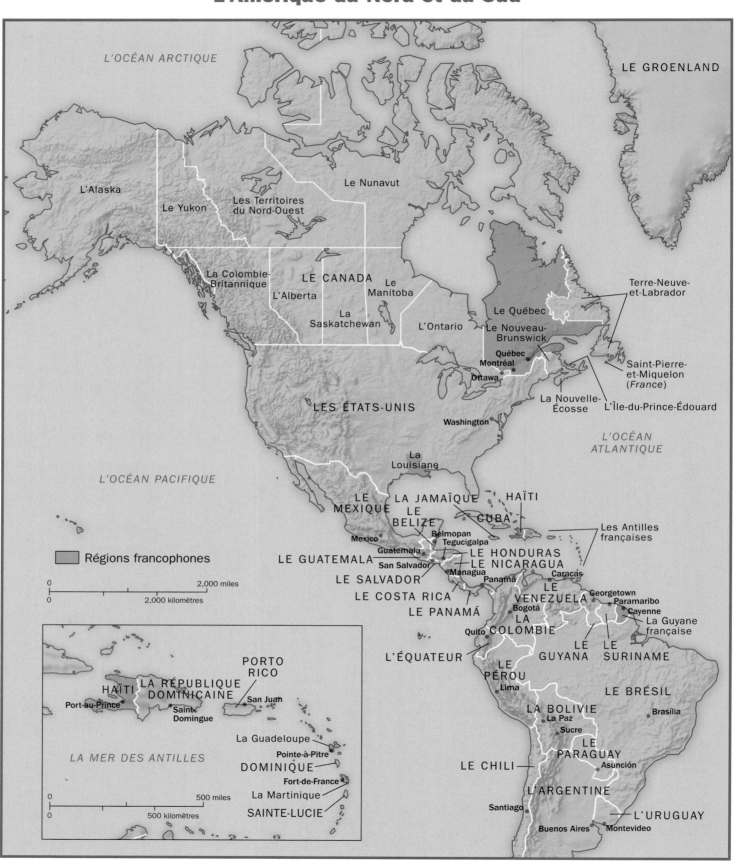

L'OCÉAN ARCTIQUE

LE GROENLAND

L'Alaska

Le Nunavut

Le Yukon

Les Territoires du Nord-Ouest

La Colombie-Britannique

LE CANADA

L'Alberta

Le Manitoba

La Saskatchewan

L'Ontario

Le Québec

Terre-Neuve-et-Labrador

Le Nouveau-Brunswick

Québec
Montréal

Saint-Pierre-et-Miquelon (*France*)

Ottawa

La Nouvelle-Écosse

L'Île-du-Prince-Édouard

LES ÉTATS-UNIS

Washington

L'OCÉAN ATLANTIQUE

La Louisiane

L'OCÉAN PACIFIQUE

LE MEXIQUE

LA JAMAÏQUE

HAÏTI

LE BELIZE

CUBA

Belmopan
Tegucigalpa

Les Antilles françaises

Mexico

Guatemala

LE HONDURAS

LE GUATEMALA

San Salvador

LE NICARAGUA

Régions francophones

LE SALVADOR

Managua

Panamá

Caracas

LE COSTA RICA

LE VENEZUELA

Georgetown
Paramaribo

0   2,000 miles

LE PANAMÁ

Bogotá

Cayenne

0   2,000 kilomètres

Quito

LA COLOMBIE

LE GUYANA

LE SURINAME

La Guyane française

L'ÉQUATEUR

LE PÉROU

Lima

LE BRÉSIL

Brasília

LA BOLIVIE

La Paz

Sucre

PORTO RICO

LA RÉPUBLIQUE DOMINICAINE

LE PARAGUAY

HAÏTI

San Juan

Asunción

Port-au-Prince

Saint-Domingue

LE CHILI

L'ARGENTINE

La Guadeloupe

LA MER DES ANTILLES

Pointe-à-Pitre

Santiago

L'URUGUAY

DOMINIQUE

0   500 miles

Fort-de-France

Buenos Aires

Montevideo

0   500 kilomètres

La Martinique

SAINTE-LUCIE

La France

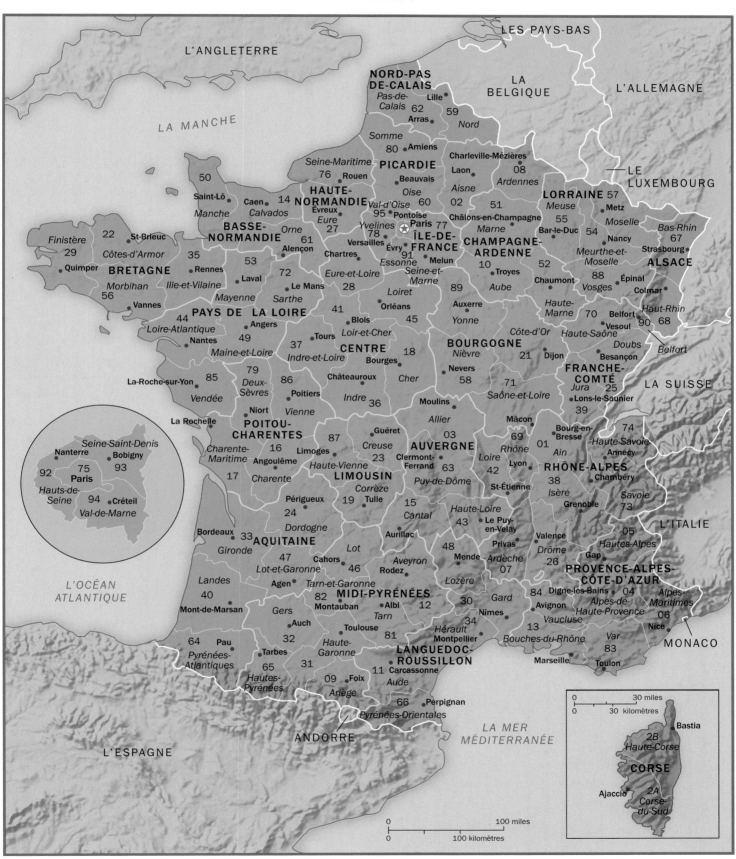

L'ANGLETERRE

LES PAYS-BAS

LA MANCHE

LA BELGIQUE

L'ALLEMAGNE

NORD-PAS
DE-CALAIS
Pas-de-Calais   Lille
62   59
Arras   Nord

LE
LUXEMBOURG

Somme
80   Amiens

PICARDIE

Charleville-Mézières
08

Seine-Maritime
76   Rouen
Beauvais
Oise   60
Laon
Aisne
02

LORRAINE   57
Meuse   Metz
55
Moselle   54
Bar-le-Duc   Nancy

Bas-Rhin
67
Strasbourg

50

HAUTE-
NORMANDIE
Évreux
Eure
27
Val-d'Oise
95   Pontoise
Yvelines   Paris   77
78   ÎLE-DE-
Versailles   FRANCE
Évry   91
Essonne
Seine-et-
Marne

51
Châlons-en-Champagne
Marne

CHAMPAGNE-
ARDENNE

Meurthe-et-
Moselle

88
Vosges   Épinal

ALSACE
Colmar

Saint-Lô   Caen
14
Manche   Calvados
BASSE-
NORMANDIE
Orne
61
Alençon
Chartres

Finistère   22   St-Brieuc
29   Côtes-d'Armor
Quimper   BRETAGNE   Rennes
35   53
Morbihan   Ille-et-Vilaine
56   Laval
Vannes   Mayenne

72
Le Mans
Sarthe
Eure-et-Loir
28

Melun
10   Troyes
Aube

89
Auxerre
Yonne

52
Chaumont

Haute-
Marne   70   Belfort
Vesoul
Haute-Saône   90   68
Doubs   Belfort
Besançon

Haut-Rhin

FRANCHE-
COMTÉ

LA SUISSE

PAYS DE LA LOIRE
44   Angers
Loire-Atlantique   49
Nantes   Maine-et-Loire

41
Blois
Tours   Loir-et-Cher
37   CENTRE   18
Indre-et-Loire   Bourges

Orléans
45
Loiret

Côte-d'Or
21   Dijon

BOURGOGNE
Nièvre
Nevers
58

Jura   25
Lons-le-Saunier
39

74
Haute-Savoie
Annecy

La-Roche-sur-Yon   85
Vendée
Niort
La Rochelle

79
Deux-
Sèvres   86
Poitiers
Vienne

Châteauroux
Indre   36
Cher

Moulins

71
Saône-et-Loire

Mâcon

Bourg-en-
Bresse
69   01
Rhône   Ain

Lyon

RHÔNE-ALPES
38
Isère
Grenoble

Savoie
73

Seine-Saint-Denis
Nanterre   Bobigny
92   75   93
Paris
Hauts-de-
Seine   94   Créteil
Val-de-Marne

POITOU-
CHARENTES
Charente-
Maritime   16
17   Angoulême
Charente

87
Guéret
Creuse
Limoges   23
Haute-Vienne
LIMOUSIN
Corrèze
19   Tulle

Allier
03
AUVERGNE
Clermont-
Ferrand   63
Puy-de-Dôme

Loire
42
St-Étienne

L'OCÉAN
ATLANTIQUE

Bordeaux
33   AQUITAINE
Gironde

Périgueux
24
Dordogne

15
Cantal
Aurillac

Haute-Loire
43   Le Puy-
en-Velay

05
Hautes-Alpes

L'ITALIE

Valence
Drôme
26

Gap

PROVENCE-ALPES-
CÔTE-D'AZUR

Landes
40
Mont-de-Marsan

47
Lot-et-Garonne
Agen
82
Montauban
Gers   Tarn-et-Garonne
Auch
32

Lot
Cahors
46

Aveyron
Rodez

48
Mende
Lozère

Privas
Ardèche
07

84
Digne-les-Bains
Avignon   04
Alpes-de-
Haute-Provence   Alpes-
Maritimes
06
Nice

MONACO

64   Pau
Pyrénées-
Atlantiques
Tarbes
65
Hautes-
Pyrénées
31
09   Foix
Ariège

MIDI-PYRÉNÉES
Albi   12
Tarn
Toulouse
81   Haute-
Garonne

Gard
30   Nîmes
34
Hérault   13
Montpellier
LANGUEDOC-
ROUSSILLON
11   Carcassonne
Aude
66   Perpignan
Pyrénées-Orientales

Bouches-du-Rhône
Marseille

Var
83
Toulon

L'ESPAGNE

ANDORRE

LA MER
MÉDITERRANÉE

0   30 miles
0   30 kilomètres

2B
Haute-Corse
Bastia

CORSE

Ajaccio   2A
Corse-
du-Sud

0   100 miles
0   100 kilomètres

L'Europe

L'Afrique

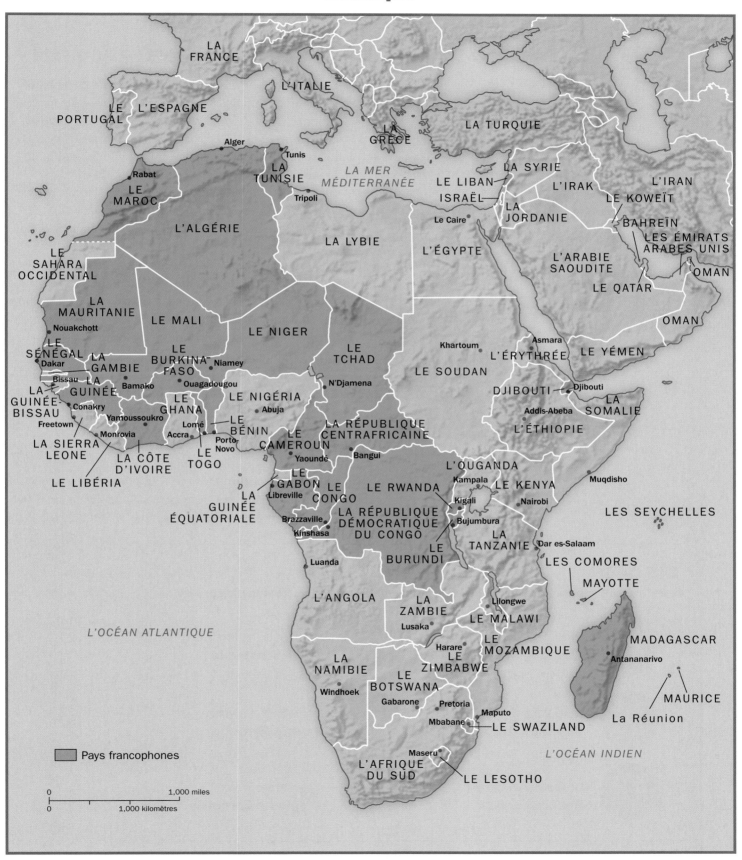

LA FRANCE

LE PORTUGAL L'ESPAGNE L'ITALIE LA GRÈCE LA TURQUIE

Alger LA TUNISIE Tunis LA MER MÉDITERRANÉE LA SYRIE L'IRAN

Rabat LE MAROC Tripoli LE LIBAN ISRAËL L'IRAK LE KOWEÏT

LA JORDANIE BAHREÏN

L'ALGÉRIE LA LYBIE Le Caire L'ÉGYPTE L'ARABIE SAOUDITE LES ÉMIRATS ARABES UNIS

LE SAHARA OCCIDENTAL LE QATAR OMAN

LA MAURITANIE OMAN

Nouakchott LE MALI LE NIGER Khartoum Asmara L'ÉRYTHRÉE LE YÉMEN

LE SÉNÉGAL LA GAMBIE LE BURKINA FASO Niamey LE TCHAD LE SOUDAN

Dakar LA GUINÉE Bamako Ouagadougou N'Djamena DJIBOUTI Djibouti

Bissau LA GUINÉE-BISSAU Conakry LE GHANA LE NIGÉRIA Abuja LA RÉPUBLIQUE CENTRAFRICAINE Addis-Abeba LA SOMALIE

Freetown Yamoussoukro Lomé LE BÉNIN LE CAMEROUN L'ÉTHIOPIE

LA SIERRA LEONE Monrovia Accra Porto Novo Yaoundé Bangui L'OUGANDA

LE LIBÉRIA LA CÔTE D'IVOIRE LE TOGO LE GABON LE CONGO Kampala LE KENYA Muqdisho

LA GUINÉE ÉQUATORIALE Libreville LE RWANDA Kigali Nairobi LES SEYCHELLES

Brazzaville LA RÉPUBLIQUE DÉMOCRATIQUE DU CONGO Bujumbura LA TANZANIE

Kinshasa LE BURUNDI Dar es-Salaam

Luanda LES COMORES

L'OCÉAN ATLANTIQUE L'ANGOLA LA ZAMBIE Lilongwe MAYOTTE

Lusaka LE MALAWI MADAGASCAR

Harare LE MOZAMBIQUE Antananarivo

LA NAMIBIE LE ZIMBABWE MAURICE

Windhoek LE BOTSWANA La Réunion

Gabarone Pretoria Maputo

Mbabane LE SWAZILAND

Pays francophones L'OCÉAN INDIEN

Maseru

L'AFRIQUE DU SUD LE LESOTHO

0   1,000 miles
0   1,000 kilomètres

ROMAN-PHOTO VIDEO PROGRAM

Fully integrated with your textbook, the **Roman-photo** video series contains 36 dramatic episodes—one for each lesson in Levels 1 and 2, and 6 episodes in the **Reprise** chapter in Level 3. The episodes present the adventures of four college students who are studying in the south of France at the Université Aix-Marseille. They live in apartments above and near Le P'tit Bistrot, a café owned by Valérie Forestier. The videos tell their story and the story of Madame Forestier and her teenage son, Stéphane.

The **Roman-photo** dialogues in the printed textbook are an abbreviated version of the dramatic version of the video episodes. Therefore, each **Roman-photo** section in the text can used as a preparation before you view the corresponding video episode, as post-viewing reinforcement, or as a stand-alone section.

Each episode in Levels 1 and 2 feature the characters using the vocabulary and grammar you are studying, as well as previously taught language. Each episode ends with a **Reprise** segment, which features the key language functions and grammar points used in the episode. The first four episodes in the Level 3 **Reprise** chapter review the topics and structures from Levels 1 and 2. The final two episodes bring you up-to-date on the lives of the characters.

THE CAST
Here are the main characters you will meet when you watch **Roman-photo**:

 Of Senegalese heritage
Amina Mbaye

 From Washington, D.C.
David Duchesne

 From Paris
Sandrine Aubry

 From Aix-en-Provence
Valérie Forestier

 Of Algerian heritage
Rachid Kahlid

 And, also from Aix-en-Provence
Stéphane Forestier

FLASH CULTURE VIDEO PROGRAM

For one lesson in each chapter, a **Flash culture** segment allows you to experience the sights and sounds of the French-speaking world and the daily life of French speakers. Each segment is from two-to-three minutes long and is correlated to your textbook in one **Culture** section in each unit.

Hosted by narrators Csilla and Benjamin, these segments of specially shot footage transport you to a variety of venues: schools, parks, public squares, cafés, stores, cinemas, outdoor markets, city streets, festivals, and more. They also incorporate mini-interviews with French speakers in various walks of life: for example, family members, friends, students, and people in different professions.

The footage was filmed taking special care to capture rich, vibrant images that will expand your cultural perspectives with information directly related to the content of your textbook. In addition, the narrations were carefully written to reflect the vocabulary and grammar covered in **D'ACCORD!**

Each section of your textbook comes with activities on the **D'ACCORD!** Supersite, many of which are auto-graded with immediate feedback. Plus, the Supersite is iPad®-friendly, so it can be accessed on the go! Visit vhlcentral.com to explore the wealth of exciting resources.

Audio:
Vocabulary Practice
My Vocabulary

▶ **CONTEXTES**
Listen to the audio recording of the vocabulary, and practice using Flashcards, My Vocabulary, and activities that give you immediate feedback.

Audio: Explanation
Record and Compare

▶ **LES SONS ET LES LETTRES**
Improve your accent by listening to native speakers, then recording your voice and comparing it to the samples provided.

Video: *Roman-photo*
Record and Compare

▶ **ROMAN-PHOTO**
Travel with David to Aix-en-Provence, France, and meet a group of students living there. Watch the video again at home to see the characters use the vocabulary in a real context.

Reading
Video: *Flash culture*

▶ **CULTURE**
Experience the sights and sounds of the Francophone world. Watch the **Flash culture** video to expand your cultural perspectives by listening to a variety of native speakers of French. Explore cultural topics through the **Sur Internet** activity.

Presentation
Tutorial

▶ **STRUCTURES**
Watch an animated, interactive tutorial or review the presentation.

Video: TV Clip
Audio: Activities

▶ **SYNTHÈSE**
Watch the **Le Zapping** video again outside of class so that you can pause and repeat to really understand what you hear. Practice listening strategies with the online audio activities for **À l'écoute**.

Audio: Synced Reading
Interactive Map
Reading

▶ **SAVOIR-FAIRE**
Listen along with the Audio-Synced Reading. Use the Interactive Map to explore the places you might want to visit. There's a lot of additional practice, including Internet searches and auto-graded activities.

Audio: Vocabulary
Flashcards
My Vocabulary

▶ **VOCABULAIRE**
Just what you need to get ready for the test! Review the vocabulary with audio and Flashcards.

Icons

Familiarize yourself with these icons that appear throughout **D'ACCORD!**

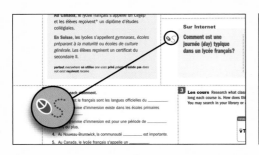

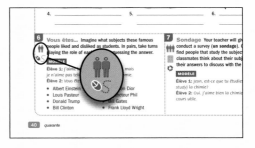

Activity Online
The mouse icon indicates when an activity is also available on the Supersite.

Pair/Group Activities
Two faces indicate a pair activity, and three indicate a group activity.

Partner Chat/Virtual Chat Activities
Pair and mouse icons together indicate that the activity may be assigned as a Partner Chat or Virtual Chat video or audio activity on the Supersite.

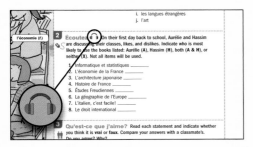

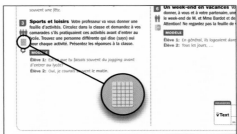

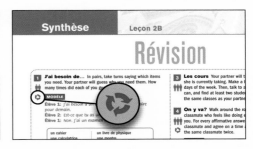

Listening
The headphones icon indicates that audio is available. You will see it in the lesson's **Contextes**, **Les sons et les lettres**, **À l'écoute**, and **Vocabulaire** sections, as well as with all activities that require audio.

Handout
The activities marked with these icons require handouts that your teacher will give you to help you complete the activities.

Recycle
The recycling icon indicates that you will need to use vocabulary and grammar learned in previous lessons.

Resources

Ressources boxes let you know exactly which print and technology ancillaries you can use to reinforce and expand on every section of the lessons in your textbook. They even include page numbers when applicable.

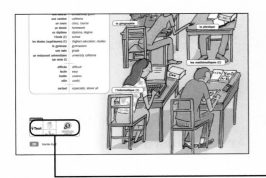

vText
Materials also available in the interactive online textbook

Cahier de l'élève
All-in-one workbook with additional vocabulary and grammar practice; audio activities; and pre-, while-, and post-viewing activities for the video programs

Supersite
Additional practice on the Supersite, not included in the textbook

vText

CE
pp. 29-31

vhlcentral.com
Leçon 2A

The French-speaking World

Do you know someone who speaks French? Chances are you do! French is the fourth most commonly spoken language in the U.S., after English, Spanish, and Mandarin, and is the second most common language in some states. More than 1 million Americans speak French at home. It is the official language of more than twenty-five countries and an official language of the European Union and United Nations. English and French are the only two languages that are spoken on every continent of the world.

The French-speaking World

Speakers of French
(approx. 200 million worldwide)

- America and the Caribbean — 7%
- Asia and Oceania — 1%
- Europe — 42%
- North Africa and the Middle-East — 11%
- Sub-Saharan Africa and the Indian Ocean — 39%

Source: Organisation internationale de la Francophonie

The Growth of French

Have you ever heard someone say that French is a Romance language? This doesn't mean it's romantic—although some say it is the language of love!—but that it is derived from Latin, the language of the Romans. Gaul, a country largely made up of what is now France and Belgium, was absorbed into the Roman Empire after the Romans invaded Gaul in 58 B.C. Most Gauls began speaking Latin. In the third century, Germanic tribes including the Franks invaded the Roman territories of Western Europe. Their language also influenced the Gauls. As the Roman empire collapsed in the fifth century, people in outlying regions and frontiers were cut off from Rome. The Latin spoken by each group was modified more and more over time. Eventually, the language that was spoken in Paris became the standard for modern-day French.

French in the United States

1500   **1600**   **1700**

1534
Jacques Cartier claims territories for France as he explores the St. Lawrence river, and the French establish fur-trading posts.

1600s
French exploration continues in the Great Lakes and the Mississippi Valley. La Salle takes the colony of Louisiana for France in 1682.

1685–1755
The Huguenots (French Protestants) form communities in America. French Acadians leave Nova Scotia and settle in northern New England and Louisiana.

French in the United States

French came to North America in the 16th and 17th centuries when French explorers and fur traders traveled through what is now America's heartland. French-speaking communities grew rapidly when the French Acadians were forced out of their Canadian settlement in 1755 and settled in New England and Louisiana. Then, in 1803, France sold the Louisiana territory to the United States for 80 million francs, or about 15 million dollars. Overnight, thousands of French people became citizens of the United States, bringing with them their rich history, language, and traditions.

This heritage, combined with that of the other French populations that have immigrated to the United States over the years, as well as U.S. relations with France in World Wars I and II, has led to the remarkable growth of French around the country. After English and Spanish, it is the third most commonly spoken language in the nation. Louisiana, Maine, New Hampshire, and Vermont claim French as the second most commonly spoken language after English.

You've made a popular choice by choosing to take French in school; it is the second most commonly taught foreign language in classrooms throughout the country! Have you heard people speaking French in your community? Chances are that you've come across an advertisement, menu, or magazine that is in French. If you look around, you'll find that French can be found in some pretty common places. Depending on where you live, you may see French on grocery items such as juice cartons and cereal boxes. In some large cities, you can see French language television broadcasts on stations such as TV5Monde. When you listen to the radio or download music from the Internet, some of the most popular choices are French artists who perform in French. In fact, French music sales to the United States have more than doubled since 2004. French and English are the only two official languages of the Olympic Games. More than 20,000 words in the English language are of French origin. Learning French can create opportunities within your everyday life.

1800   1900   2000

1803
The United States purchases Louisiana, where Cajun French is widely spoken.

1980s
Nearly all high schools, colleges, and universities in the United States offer courses in French as a foreign language. It is the second most commonly studied language.

2009
French is the fourth most commonly spoken language in the U.S., with 1.3 million speakers.

Why Study French?

Connect with the World

Learning French can change how you view the world. While you learn French, you will also explore and learn about the origins, customs, art, music, and literature of people all around the world. When you travel to a French-speaking country, you'll be able to converse freely with the people you meet. And whether here in the U.S. or abroad, you'll find that speaking to people in their native language is the best way to bridge any culture gap.

Learn an International Language

There are many reasons for learning French, a language that has spread to many parts of the world and has along the way embraced words and sounds of languages as diverse as Latin, Arabic, German, and Celtic. The French language, standardized and preserved by the **Académie française** since 1634, is now among the most commonly spoken languages in the world. It is the second language of choice among people who study languages other than English in North America.

Understand the World Around You

Knowing French can also open doors to communities within the United States, and it can broaden your understanding of the nation's history and geography. The very names Delaware, Oregon, and Vermont are French in origin. Just knowing their meanings can give you some insight into, of all things, the history and landscapes for which the states are known. Oregon is derived from a word that means "hurricane," which tells you about the windiness of the Columbia River; and Vermont

City Name	Meaning in French
Bel Air, California	"good air"
Boise, Idaho	"wooded"
Des Moines, Iowa	"river of the monks"
Montclair, New Jersey	"clear mountain"

comes from a phrase meaning "green mountain," which is why its official nickname is The Green Mountain State. You've already been speaking French whenever you talk about these states!

Explore Your Future

How many of you are already planning your future careers? Employers in today's global economy look for workers who know different languages and understand other cultures. Your knowledge of French will make you a valuable candidate for careers abroad as well as in the United States. Doctors, nurses, social workers, hotel managers, journalists, businesspeople, pilots, flight attendants, and many other kinds of professionals need to know French or another foreign language to do their jobs well.

Expand Your Skills

Studying a foreign language can improve your ability to analyze and interpret information and help you succeed in many other subject areas. When you begin learning French, much of your studies will focus on reading, writing, grammar, listening, and speaking skills. You'll be amazed at how the skills involved with learning how a language works can help you succeed in other areas of study. Many people who study a foreign language claim that they gained a better understanding of English and the structures it uses. French can even help you understand the origins of many English words and expand your own vocabulary in English. Knowing French can also help you pick up other related languages, such as Portuguese, Spanish, and Italian. French can really open doors for learning many other skills in your school career.

How to Learn French

Start with the Basics!

As with anything you want to learn, start with the basics and remember that learning takes time!

Vocabulary Every new word you learn in French will expand your vocabulary and ability to communicate. The more words you know, the better you can express yourself. Focus on sounds and think about ways to remember words. Use your knowledge of English and other languages to figure out the meaning of and memorize words like **téléphone, l'orchestre,** and **mystérieux.**

Grammar Grammar helps you put your new vocabulary together. By learning the rules of grammar, you can use new words correctly and speak in complete sentences. As you learn verbs and tenses, you will be able to speak about the past, present, or future; express yourself with clarity; and be able to persuade others with your opinions. Pay attention to structures and use your knowledge of English grammar to make connections with French grammar.

Culture Culture provides you with a framework for what you may say or do. As you learn about the culture of French-speaking communities, you'll improve your knowledge of French. Think about a word like **cuisine** and how it relates to a type of food as well as the kitchen itself. Think about and explore customs observed at **le Réveillon de la Saint-Sylvestre** (New Year's Eve) or **le Carnaval** (or **Mardi Gras,** "fat Tuesday") and how they are similar to celebrations you are familiar with. Observe customs. Watch people greet each other or say good-bye. Listen for sayings that capture the spirit of what you want to communicate!

Listen, Speak, Read, and Write

Listening Listen for sounds and for words you can recognize. Listen for inflections and watch for key words that signal a question such as **comment** (how), **où** (where), or **qui** (who). Get used to the sound of French. Play French pop songs or watch French movies. Borrow books on CD from your local library, or try to attend a meeting with a French language group in your community. Download a podcast in French or watch a French newscast online. Don't worry if you don't understand every single word. If you focus on key words and phrases, you'll get the main idea. The more you listen, the more you'll understand!

Speaking Practice speaking French as often as you can. As you talk, work on your pronunciation, and read aloud texts so that words and sentences flow more easily. Don't worry if you don't sound like a native speaker, or if you make some mistakes. Time and practice will help you get there. Participate actively in French class. Try to speak French with classmates, especially native speakers (if you know any), as often as you can.

Reading Pick up a French-language newspaper or a magazine on your way to school, read the lyrics of a song as you listen to it, or read books you've already read in English translated into French. Use reading strategies that you know to understand the meaning of a text that looks unfamiliar. Look for cognates, or words that are related in English and French, to guess the meaning of some words. Read as often as you can, and remember to read for fun!

Writing It's easy to write in French if you put your mind to it. Memorize the basic rules of how letters and sounds are related, practice the use of diacritical marks, and soon you can probably become an expert speller in French! Write for fun—make up poems or songs, write e-mails or instant messages to friends, or start a jou... blog in French.

Tips for Learning French

- **Listen** to French radio shows, often available online. Write down words you can't recognize or don't know and look up the meaning.

- **Watch** French TV shows or movies. Read subtitles to help you grasp the content.

- **Read** French-language newspapers, magazines, Websites, or blogs.

- **Listen** to French songs that you like— anything from a best-selling pop song by Shy'm to an old French ballad by Edith Piaf. Sing along and concentrate on your pronunciation.

- **Seek** out French speakers. Look for neighborhoods, markets, or cultural centers where French might be spoken in your community. Greet people, ask for directions, or order from a menu at a French restaurant in French.

- **Pursue** language exchange opportunities in your school or community. Try to join language clubs or cultural societies, and explore opportunities for studying abroad or hosting a student from a French-speaking country in your home or school.

Practice, practice, practice!

Seize every opportunity you find to listen, speak, read, or write French. Think of it like a sport or learning a musical instrument— the more you practice, the more you will become comfortable with the language and how it works. You'll marvel at how quickly you can begin speaking French and how the world that it transports you to can change your life forever!

- **Connect** your learning to everyday experiences. Think about naming the ingredients of your favorite dish in French. Think about the origins of French place names in the U.S., like Baton Rouge and Fond du Lac, or of common English words and phrases like **café, en route, fiancé, matinée, papier mâché, petite,** and **souvenir.**

- **Use** mnemonics, or a memorizing device, to help you remember words. Make up a saying in English to remember the order of the days of the week in French (L, M, M, J, V, S, D).

- **Visualize** words. Try to associate words with images to help you remember meanings. For example, think of a **pâté** or **terrine** as you learn the names of different types of meats and vegetables. Imagine a national park and create mental pictures of the landscape as you learn names of animals, plants, and habitats.

- **Enjoy** yourself! Try to have as much fun as you can learning French. Take your knowledge beyond the classroom and find ways to make your learning experience your very own.

Common Names

Get started learning French by using a French name in class. You can choose from the lists on these pages, or you can find one yourself. How about learning the French equivalent of your name? The most popular French female names are Marie, Jeanne, Françoise, Monique, and Catherine. The most popular male names in French are Jean, Pierre, Michel, André, and Philippe. Is your name, or that of someone you know, in the French top five?

More Boys Names	More Girls Names
Thomas	Léa
Lucas	Manon
Théo	Chloé
Hugo	Emma
Maxime	Camille
Alexandre	Océane
Antoine	Marie
Enzo	Sarah
Quentin	Clara
Clément	Inès
Nicolas	Laura
Alexis	Julie
Romain	Mathilde
Louis	Lucie
Valentin	Anaïs
Léo	Pauline
Julien	Marine
Paul	Lisa
Baptiste	Eva
Tom	Justine
Nathan	Maéva
Arthur	Jade
Benjamin	Juliette
Florian	Charlotte
Mathis	Émilie

The top five names for boys:	The top five names for girls:
Jean	Marie
Michel	Jeanne
Pierre	Françoise
André	Monique
Philippe	Catherine

Useful French Expressions

The following expressions will be very useful in getting you started learning French. You can use them in class to check your understanding, and to ask and answer questions about the lessons. Learn these ahead of time to help you understand direction lines in French, as well as your teacher's instructions. Remember to practice your French as often as you can!

Expressions utiles	Useful expressions
Corrigez les phrases fausses	Correct the false statements.
Créez/Formez des phrases…	Create/Form sentences…
D'après vous/Selon vous…	According to you…
Décrivez les images/ dessins…	Describe the images/ drawings…
Désolé(e), j'ai oublié.	I'm sorry, I forgot.
Déterminez si…	Decide whether…
Dites si vous êtes/Dis si tu es d'accord ou non.	Say if you agree or not.
Écrivez une lettre/une phrase.	Write a letter/a sentence.
Employez les verbes de la liste.	Use the verbs from the list.
En utilisant…	Using…
Est-ce que vous pouvez/ tu peux choisir un(e)	Can you please choose …
autre partenaire/ quelqu'un d'autre?	another partner/ someone else?
Êtes vous prêt(e)?/ Es-tu prêt(e)?	Are you ready?
Excusez-moi, je suis en retard.	Excuse me for being late.
Faites correspondre…	Match…
Faites les accords nécessaires.	Make the necessary agreements.

Expressions utiles	Useful expressions
Allez à la page 2.	Go to page 2.
Alternez les rôles.	Switch roles.
À tour de rôle…	Take turns…
À voix haute	Aloud
À votre/ton avis	In your opinion
Après une deuxième écoute…	After a second listening…
Articulez.	Enunciate.; Pronounce carefully.
Au sujet de, À propos de	Regarding/about
Avec un(e) partenaire/ un(e) camarade de classe	With a partner/a classmate
Avez-vous/As-tu des questions?	Do you have any questions?
Avez-vous/As-tu fini/ terminé?	Are you done?/Have you finished?
Chassez l'intrus.	Choose the item that doesn't belong.
Choisissez le bon mot.	Choose the right word.
Circulez dans la classe.	Walk around the classroom.
Comment dit-on ____ en français?	How do you say ____ in French?
Comment écrit-on ____ en français?	How do you spell ____ in French?

Expressions utiles	Useful expressions
Félicitations!	*Congratulations!*
Indiquez le mot qui ne va pas avec les autres.	*Indicate the word that doesn't belong.*
Indiquez qui a dit…	*Indicate who said…*
J'ai gagné!/Nous avons gagné!	*I won!/We won!*
Je n'ai pas/Nous n'avons pas encore fini.	*I/We have not finished yet.*
Je ne comprends pas.	*I don't understand.*
Je ne sais pas.	*I don't know.*
Je ne serai pas là demain.	*I won't be here tomorrow.*
Je peux continuer?	*May I continue?*
Jouez le rôle de…/ la scène…	*Play the role of…/ the scene…*
Lentement, s'il vous plaît.	*Slowly, please.*
Lisez…	*Read…*
Mettez dans l'ordre…	*Put in order…*
Ouvrez/Fermez votre livre.	*Open/Close your books.*
Par groupes de trois/ quatre…	*In groups of three/four…*
Partagez vos résultats…	*Share your results…*
Posez-vous les questions suivantes.	*Ask each other the following questions.*
Pour demain, faites…	*For tomorrow, do…*

Expressions utiles	Useful expressions
Pour demain, vous allez/ tu vas faire…	*For tomorrow you are going to do…*
Prononcez.	*Pronounce.*
Qu'est-ce que _____ veut dire?	*What does _____ mean?*
Que pensez-vous/ penses-tu de…	*What do you think about…*
Qui a gagné?	*Who won?*
…qui convient le mieux.	*…that best completes/is the most appropriate.*
Rejoignez un autre groupe.	*Get together with another group.*
Remplissez les espaces.	*Fill in the blanks.*
Répondez aux questions suivantes.	*Answer the following questions.*
Soyez prêt(e)s à…	*Be ready to…*
Venez/Viens au tableau.	*Come to the board.*
Vous comprenez?/ Tu comprends?	*Do you understand?*
Vous pouvez nous expliquer/m'expliquer encore une fois, s'il vous plaît?	*Could you explain again, please?*
Vous pouvez répéter, s'il vous plaît?	*Could you repeat that, please?*
Vrai ou faux?	*True or false?*

ACKNOWLEDGMENTS

On behalf of its authors and editors, Vista Higher Learning expresses its sincere appreciation to the many educators nationwide who reviewed materials from **D'ACCORD!**. Their input and suggestions were vitally helpful in forming and shaping the program in its final, published form.

We also extend a special thank you to Séverine Champeny, development editor, whose hard work was central to bringing **D'ACCORD!** to fruition.

We are especially grateful to our Senior National Language Consultant, Norah Jones, for her continued support and feedback regarding all aspects of the text.

Reviewers

Campbell Ainsworth
The White Mountain School
Bethlehem, NH

Nancy Aykanian
Westwood High School
Westwood, MA

Maureen Mahany Berger
Moses Brown School
Providence, RI

Joyce Besserer
Brookfield Academy
Brookfield, WI

Liette Brisebois
New Trier High School
Winnetka, IL

Susan Brown
Gaston Day School
Gastonia, NC

Felice Carr
Kingswood Regional High School
Wolfeboro, NH

Allégra Clément-Bayard
John Burroughs School
St. Louis, MO

Ann Clogan
Strake Jesuit College Preparatory
Houston, TX

Wynne M. Curry
The Seven Hills School
Cincinnati, OH

Dr. Sherry Denney
Truman Middle School
St. Louis, MO

Gissele Drpich
Burlington High School
Burlington, VT

Pamela S. Dykes
Notre Dame de Sion High School
Kansas City, MO

Dagmar Ebaugh
Woodward Academy
College Park, GA

Lou Ann Erikson
Deerfield High School
Deerfield, IL

Morganne C. Freeborn
New Hampton School
New Hampton, NH

Kim Frisinger
West Ottawa High School
Hollana, MI

Julie Frye
Lexington High School
Lexington, OH

Walter Giorgis-Blessent
The Bronx High School of Science
Bronx, NY

Andreea Gorodea
Marion L. Steele High School
Amherst, OH

Holly Hammerle
Bloomfield Hills High School
Bloomfield Hills, MI

Dalila Hannouche
Professional Children's School
New York, NY

Michael Houston
Montclair Kimberley Academy
Montclair, NJ

Luciana Jeler
Academy of the Sacred Heart
Bloomfield Hills, MI

Cathy Kendrigan
Loyola Academy
Wilmette, IL

Emily Kunzeman
Boston Trinity Academy
Boston, MA

Jennifer L. Lange
   Jefferson High School
   Cedar Rapids, IA

Julie LaRocque
   Assumption High School
   Louisville, KY

Sharon Lawrence
   The Knox School
   St. James, NY

Laura Longacre
   Cheshire Academy
   Cheshire, CT

Véronique Lynch
   Parkway South High School
   Manchester, MO

Rachel M. Martin
   Cheney High School
   Cheney, WA

Irene Marxsen
   First Presbyterian Day School
   Macon, GA

Mindy Orrison
   Centennial High School
   Champaign, IL

Margharita Sandillo Reiter
   Ranney School
   Tinton Falls, NJ

Rebecca Richardson
   Sage Hill School
   Newport Coast, CA

Caroline M. Ridenour
   Heritage Christian School
   North Hills, CA

Sonya Rotman
   Horace Mann School
   Bronx, NY

Renee Saylor
   Walcott Intermediate School
   Davenport, IA

Laura Schmuck
   Carl Sandburg High School
   Orland Park, IL

Lisa Slyman
   Sperreng Middle School
   St. Louis, MO

Christine Stafford
   Holy Innocents' Episcopal School
   Atlanta, GA

Claudia S. Travers
   Ross School
   East Hampton, NY

Nitya Viswanath
   Amos Alonzo Stagg High School
   Palos Hills, IL

Michelle Webster
   Watertown High School
   Watertown, WI

Abigail Wilder
   Champaign Centennial High School
   Champaign, IL

Jason R. Wyckoff
   Brunswick High School
   Brunswick, OH

Valerie N. Yoshimura
   The Archer School for Girls
   Los Angeles, CA

Salut!

Pour commencer
- What are these people saying?
  a. Excusez-moi.   b. Bonjour!   c. Merci.
- How many people are there in the photo?
  a. une personne   b. deux personnes
  c. trois personnes
- What do you think is an appropriate title for the person on the left?
  a. Monsieur   b. Madame   c. Mademoiselle

You will learn how to...
- greet people in French
- say good-bye

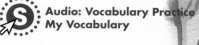 **Audio: Vocabulary Practice My Vocabulary**

Ça va?

Vocabulaire

Bonsoir.	*Good evening.; Hello.*
À bientôt.	*See you soon.*
À demain.	*See you tomorrow.*
Bonne journée!	*Have a good day!*
Au revoir.	*Good-bye.*
Comme ci, comme ça.	*So-so.*
Je vais bien/mal.	*I am doing well/badly.*
Moi aussi.	*Me too.*
Comment t'appelles-tu? (*fam.*)	*What is your name?*
Je vous/te présente... (*form./fam.*)	*I would like to introduce (name) to you.*
De rien.	*You're welcome.*
Excusez-moi. (*form.*)	*Excuse me.*
Excuse-moi. (*fam.*)	*Excuse me.*
Merci beaucoup.	*Thanks a lot.*
Pardon.	*Pardon (me).*
S'il vous plaît. (*form.*)	*Please.*
S'il te plaît. (*fam.*)	*Please.*
Je vous/t'en prie. (*form./fam.*)	*You're welcome.; It's nothing.*
Monsieur (M.)	*Sir (Mr.)*
Madame (Mme)	*Ma'am (Mrs.)*
Mademoiselle (Mlle)	*Miss*
ici	*here*
là	*there*
là-bas	*over there*

GEORGES Ça va, Henri?
HENRI Oui, ça va très bien, merci. Et vous, comment allez-vous?
GEORGES Je vais bien, merci.

PAUL Merci!
JEAN Il n'y a pas de quoi.

MARIE À plus tard, Guillaume!
GUILLAUME À tout à l'heure, Marie!

JACQUES Bonjour, Monsieur Boniface. Je vous présente Thérèse Lemaire.
M. BONIFACE Bonjour, Mademoiselle.
THÉRÈSE Enchantée.

MARC Bonjour, je m'appelle Marc, et vous, comment vous appelez-vous?
ANNIE Je m'appelle Annie.
MARC Enchanté.

SOPHIE Bonjour, Catherine!
CATHERINE Salut, Sophie!
SOPHIE Ça va?
CATHERINE Oui, ça va bien, merci. Et toi, comment vas-tu?
SOPHIE Pas mal.

Mise en pratique

1 **Chassez l'intrus** Circle the word or expression that does not belong.

1. a. Bonjour.
   b. Bonsoir.
   c. Salut.
   d. Pardon.
2. a. Bien.
   b. Très bien.
   c. De rien.
   d. Comme ci, comme ça.
3. a. À bientôt.
   b. À demain.
   c. À tout à l'heure.
   d. Enchanté.
4. a. Comment allez-vous?
   b. Comment vous appelez-vous?
   c. Ça va?
   d. Comment vas-tu?

5. a. Pas mal.
   b. Excuse-moi.
   c. Je vous en prie.
   d. Il n'y a pas de quoi.
6. a. Comment vous appelez-vous?
   b. Je vous présente Dominique.
   c. Enchanté.
   d. Comment allez-vous?
7. a. Pas mal.
   b. Très bien.
   c. Mal.
   d. Et vous?
8. a. Comment allez-vous?
   b. Comment vous appelez-vous?
   c. Et toi?
   d. Je vous en prie.

2 **Écoutez** 🎧 Listen to each of these questions or statements and select the most appropriate response.

1. Enchanté. ☐   Je m'appelle Thérèse. ☐
2. Merci beaucoup. ☐   Je vous en prie. ☐
3. Comme ci, comme ça. ☐   De rien. ☐
4. Bonsoir, Monsieur. ☐   Moi aussi. ☐
5. Enchanté. ☐   Et toi? ☐
6. Bonjour. ☐   À demain. ☐
7. Pas mal. ☐   Pardon. ☐
8. Il n'y a pas de quoi. ☐   Moi aussi. ☐
9. Enchanté. ☐   Très bien. Et vous? ☐
10. À bientôt. ☐   Mal. ☐

3 **Conversez** Madeleine is introducing her classmate Khaled to Libby, an American exchange student. Complete their conversation, using a different expression from **CONTEXTES** in each blank.

MADELEINE (1) _____!

KHALED Salut, Madeleine. (2) _____?

MADELEINE Pas mal. (3) _____?

KHALED (4) _____, merci.

MADELEINE (5) _____ Libby. Elle est de (*She is from*) Boston.

KHALED (6) _____ Libby. (7) _____ Khaled.
(8) _____?

LIBBY (9) _____, merci.

KHALED Oh, là, là. Je vais rater (*I am going to miss*) le bus. À bientôt.

MADELEINE (10) _____.

LIBBY (11) _____.

🖊️ Practice more at **vhlcentral.com.**

4

Communication

4 **Discutez** With a partner, complete these conversations. Then act them out.

Conversation 1 Salut! Je m'appelle François. Et toi, comment t'appelles-tu?

_____

Ça va?

_____

Conversation 2 _____

Comme ci, comme ça. Et vous?

_____

Bon (*Well*), à demain.

_____

Conversation 3 Bonsoir, je vous présente Mademoiselle Barnard.

_____

Enchanté(e).

_____

Très bien, merci. Et vous?

_____

5 **C'est à vous!** How would you greet these people, ask them for their names, and ask them how they are doing? With a partner, write a short dialogue for each item and act it out. Pay attention to the use of **tu** and **vous**.

1. **Madame Colombier**   2. **Mademoiselle Estèves**

3. **Monsieur Marchand**   4. **Marie, Guillaume et Geneviève**

6 **Présentations** Form groups of three. Introduce yourself, and ask your partners their names and how they are doing. Then, join another group and take turns introducing your partners.

MODÈLE

Élève 1: *Bonjour. Je m'appelle Fatima. Et vous?*
Élève 2: *Je m'appelle Fabienne.*
Élève 3: *Et moi, je m'appelle Antoine. Ça va?*
Élève 1: *Ça va bien, merci. Et toi?*
Élève 3: *Comme ci, comme ça.*

Les sons et les lettres

 **Audio: Explanation Record & Compare**

🎧 **The French alphabet**

The French alphabet is made up of the same 26 letters as the English alphabet. While they look the same, some letters are pronounced differently. They also sound different when you spell.

lettre		exemple	lettre		exemple	lettre		exemple
a	(a)	**a**dresse	j	(ji)	**j**ustice	s	(esse)	**s**pécial
b	(bé)	**b**anane	k	(ka)	**k**ilomètre	t	(té)	**t**able
c	(cé)	**c**arotte	l	(elle)	**l**ion	u	(u)	**u**nique
d	(dé)	**d**essert	m	(emme)	**m**ariage	v	(vé)	**v**idéo
e	(e)	**re**belle	n	(enne)	**n**ature	w	(double vé)	**w**agon
f	(effe)	**f**ragile	o	(o)	**o**live	x	(iks)	**x**ylophone
g	(gé)	**g**enre	p	(pé)	**p**ersonne	y	(i grec)	**yo**ga
h	(hache)	**h**éritage	q	(ku)	**q**uiche	z	(zède)	**z**éro
i	(i)	**i**nnocent	r	(erre)	**r**adio			

Notice that some letters in French words have accents. You'll learn how they influence pronunciation in later lessons. Whenever you spell a word in French, include the name of the accent after the letter. For double letters, use **deux: ss = deux s.**

accent	nom	exemple	orthographe
´	*accent aigu*	**identité**	*I-D-E-N-T-I-T-E-accent aigu*
`	*accent grave*	**problème**	*P-R-O-B-L-E-accent grave-M-E*
^	*accent circonflexe*	**hôpital**	*H-O-accent circonflexe-P-I-T-A-L*
••	*tréma*	**naïve**	*N-A-I-tréma-V-E*
¸	*cédille*	**ça**	*C-cédille-A*

🔊 **L'alphabet** Practice saying the French alphabet and example words aloud.

🔊 **Ça s'écrit comment?** Spell these words aloud in French.

1. judo
2. yacht
3. forêt
4. zèbre
5. existe
6. clown
7. numéro
8. français
9. musique
10. favorite
11. kangourou
12. parachute
13. différence
14. intelligent
15. dictionnaire
16. alphabet

🔊 **Dictons** Practice reading these sayings aloud.

Grande invitation, petites portions.[1]

Tout est bien qui finit bien.[2]

[1] Great boast, small roast.
[2] All's well that ends well.

Au café

 Video: *Roman-photo*
Record & Compare

PERSONNAGES

Amina

David

Monsieur Hulot

Michèle

Rachid

Sandrine

Stéphane

Valérie

Au kiosque...
SANDRINE Bonjour, Monsieur Hulot!
M. HULOT Bonjour, Mademoiselle Aubry! Comment allez-vous?
SANDRINE Très bien, merci! Et vous?
M. HULOT Euh, ça va. Voici 45 (quarante-cinq) centimes. Bonne journée!
SANDRINE Merci, au revoir!

À la terrasse du café...
AMINA Salut!
SANDRINE Bonjour, Amina. Ça va?
AMINA Ben... ça va. Et toi?
SANDRINE Oui, je vais bien, merci.
AMINA Regarde! Voilà Rachid et... un ami?

RACHID Bonjour!
AMINA ET SANDRINE Salut!
RACHID Je vous présente un ami, David Duchesne.
SANDRINE Je m'appelle Sandrine.
DAVID Enchanté.

STÉPHANE Oh, non! Madame Richard! Le professeur de français!
DAVID Il y a un problème?

STÉPHANE Oui! L'examen de français! Présentez-vous, je vous en prie!

VALÉRIE Oh... l'examen de français! Oui, merci, merci Madame Richard, merci beaucoup! De rien, au revoir!

A C T I V I T É S

1

Vrai ou faux? Decide whether each statement is **vrai** or **faux**. Correct the false statements.

1. Sandrine va (*is doing*) bien.
2. Sandrine et Amina sont (*are*) amies.
3. David est français.
4. David est de Washington.
5. Rachid présente son frère (*his brother*) David à Sandrine et Amina.
6. Stéphane est étudiant à l'université.
7. Il y a un problème avec l'examen de sciences politiques.
8. Amina, Rachid et Sandrine sont (*are*) à Paris.
9. Michèle est au P'tit Bistrot.
10. Madame Richard est le professeur de Stéphane.
11. Valérie va mal.
12. Rachid a (*has*) cours de français dans 30 minutes.

Practice more at **vhlcentral.com**.

Les étudiants se retrouvent (*meet*) au café.

DAVID Et toi..., comment t'appelles-tu?
AMINA Je m'appelle Amina.
RACHID David est un étudiant américain. Il est de Washington, la capitale des États-Unis.
AMINA Ah, oui! Bienvenue à Aix-en-Provence.
RACHID Bon..., à tout à l'heure.
SANDRINE À bientôt, David.

*À l'intérieur (*inside*) du café...*
MICHÈLE Allô. Le P'tit Bistrot. Oui, un moment, s'il vous plaît. Madame Forestier! Le lycée de Stéphane.
VALÉRIE Allô. Oui. Bonjour, Madame Richard. Oui. Oui. Stéphane? Il y a un problème au lycée?

RACHID Bonjour, Madame Forestier. Comment allez-vous?
VALÉRIE Ah, ça va mal.
RACHID Oui? Moi, je vais bien. Je vous présente David Duchesne, étudiant américain de Washington.

DAVID Bonjour, Madame. Enchanté!
RACHID Ah, j'ai cours de sciences politiques dans 30 (trente) minutes. Au revoir, Madame Forestier. À tout à l'heure, David.

Expressions utiles

Introductions

- **David est un étudiant américain. Il est de Washington.**
  David is an American student. He's from Washington.
- **Présentez-vous, je vous en prie!**
  Introduce yourselves, please!
- **Il/Elle s'appelle...**
  His/Her name is...
- **Bienvenue à Aix-en-Provence.**
  Welcome to Aix-en-Provence.

Speaking on the telephone

- **Allô.**
  Hello.
- **Un moment, s'il vous plaît.**
  One moment, please.

Additional vocabulary

- **Regarde! Voilà Rachid et... un ami?**
  Look! There's Rachid and... a friend?
- **J'ai cours de sciences politiques dans 30 (trente) minutes.**
  I have political science class in thirty minutes.
- **Il y a un problème au lycée?**
  Is there a problem at the high school?
- **Il y a...** — **euh**
  There is/are... — *um*
- **Il/Elle est** — **bon**
  He/She is... — *well; good*
- **Voici...** — **centimes**
  Here's... — *cents*
- **Voilà...**
  There's...

---

2 Complétez Fill in the blanks with the words from the list. Refer to the video scenes as necessary.

1. _____ à Aix-en-Provence.
2. Il est de Washington, la _____ des États-Unis.
3. _____ 45 (quarante-cinq) centimes. Bonne journée!
4. J'_____ cours de sciences politiques.
5. David _____ un étudiant américain.

ai	est
bienvenue	voici
capitale	

3 Conversez In groups of three, write a conversation where you introduce an exchange student to a friend. Be prepared to present your conversation to the class.

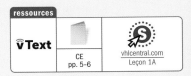
ACTIVITÉS

Reading
Video: *Flash culture*

CULTURE À LA LOUPE

La poignée de main ou la bise?

French friends and relatives usually exchange a kiss (la bise) on alternating cheeks whenever they meet and again when they say good-bye. Friends of friends may also kiss when introduced, even though they have just met. This is particularly true among students and young adults. It is normal for men of the same family to exchange **la bise**; otherwise, men generally greet one another with a handshake (**la poignée de main**). As the map shows, the number of kisses varies from place to place in France. In some regions, two kisses (one on each cheek) is the standard while in others, people may exchange as many as four kisses. Whatever the number, each kiss is accompanied by a slight kissing sound.

Unless they are also friends, business acquaintances and coworkers usually shake hands each time they meet and do so again upon leaving. A French handshake is brief and firm, with a single downward motion.

Combien de *How many*

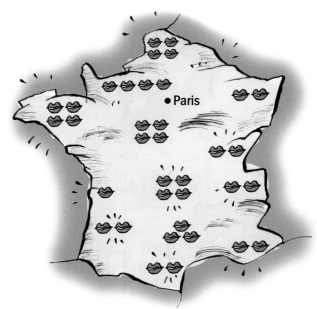

Combien de° bises?

Coup de main

If you are not sure whether you should shake hands or kiss someone, or if you don't know which side to start on, you can always follow the other person's lead.

---

1   **Vrai ou faux?** Indicate whether each statement is **vrai** or **faux**. Correct any false statements.

1. In northwestern France, giving four kisses is common.

2. Business acquaintances usually kiss one another on the cheek.

3. French people may give someone they've just met **la bise**.

4. **Bises** exchanged between French men at a family gathering are common.

5. In a business setting, French people often shake hands when they meet each day and again when they leave.

6. When shaking hands, French people prefer a long and soft handshake.

7. The number of kisses given can vary from one region to another.

8. It is customary for kisses to be given silently.

 Practice more at **vhlcentral.com**.

Les salutations

À la prochaine!	*Until next time!*
À plus!	*See you later!*
Ciao!	*Bye!*
Coucou!	*Hi there!/Hey!*
Pas grand-chose.	*Nothing much.*
Quoi de neuf?	*What's new?*
Rien de nouveau.	*Nothing new.*

Les bonnes manières

In any country, an effort to speak the native language is appreciated. Using titles of respect and a few polite expressions, such as **excusez-moi**, **merci**, and **s'il vous plaît**, can take you a long way when conversing with native Francophones.

Dos and don'ts in the francophone world:

France Always greet shopkeepers upon entering a store and say good-bye upon leaving.

Northern Africa Use your right hand when handing items to others.

Quebec Province Make eye contact when shaking hands.

Sub-Saharan Africa Do not show the soles of your feet when sitting.

Switzerland Do not litter or jaywalk.

Aix-en-Provence: ville d'eau, ville d'art°

Aix-en-Provence is a vibrant university town that welcomes international students. Its main boulevard, **le cours Mirabeau**, is great for people-watching or just relaxing in a sidewalk café. One can see many beautiful fountains, traditional and ethnic restaurants, and the daily vegetable and flower market among the winding, narrow streets of **la vieille ville** (*old town*).

Aix is also renowned for its dedication to the arts, hosting numerous cultural festivals every year such as **le Festival International d'Art Lyrique**, and **Aix en Musique**. For centuries, artists have been drawn to Provence for its natural beauty and its unique quality of light. Paul Cézanne, artist and native son of Provence, spent his days painting the surrounding countryside.

ville d'eau, ville d'art *city of water, city of art*

Sur Internet

What behaviors are socially unacceptable in French-speaking countries?

Go to **vhlcentral.com** to find more information related to this **Culture** section. Then watch the corresponding **Flash culture**.

2 **Les bonnes manières** In which places might these behaviors be particularly offensive?

1. littering
2. offering a business card with your left hand
3. sitting with the bottom of your foot facing your host
4. failing to greet a salesperson
5. looking away when shaking hand

3 **À vous** With a partner, practice meeting and greeting people in French in various social situations.

1. Your good friend from Provence introduces you to her close friend.
2. You walk into your neighborhood bakery.
3. You arrive for an interview with a prospective employer.

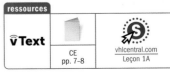

ressources

v̄Text | CE pp. 7-8 | vhlcentral.com Leçon 1A

A C T I V I T É S

1A.1 Nouns and articles

Point de départ A noun designates a person, place, or thing. As in English, nouns in French have number (singular or plural). However, French nouns also have gender (masculine or feminine).

masculine singular	masculine plural	feminine singular	feminine plural
le café	**les cafés**	**la bibliothèque**	**les bibliothèques**
the café	*the cafés*	*the library*	*the libraries*

- Nouns that designate a male are usually masculine. Nouns that designate a female are usually feminine.

masculine		feminine	
l'acteur	*the actor*	**l'actrice**	*the actress*
l'ami	*the (male) friend*	**l'amie**	*the (female) friend*
le chanteur	*the (male) singer*	**la chanteuse**	*the (female) singer*
l'étudiant	*the (male) student*	**l'étudiante**	*the (female) student*
le petit ami	*the boyfriend*	**la petite amie**	*the girlfriend*

- Some nouns can be used to designate either a male or a female regardless of their grammatical gender.

le professeur	**la personne**
the (male or female) teacher, professor	*the (male or female) person*

- Nouns for objects that have no natural gender can be either masculine or feminine.

masculine		feminine	
le bureau	*the office; desk*	**la chose**	*the thing*
le lycée	*the high school*	**la différence**	*the difference*
l'examen	*the test, exam*	**la faculté**	*the university; faculty*
l'objet	*the object*	**la littérature**	*literature*
l'ordinateur	*the computer*	**la sociologie**	*sociology*
le problème	*the problem*	**l'université**	*the university*

- You can usually form the plural of a noun by adding **-s**, regardless of gender. However, in the case of words that end in **-eau** in the singular, add **-x** to the end to form the plural. For most nouns ending in **-al**, drop the **-al** and add **-aux**.

	singular		plural	
typical masculine noun	**l'objet**	*the object*	**les objets**	*the objects*
typical feminine noun	**la télévision**	*the television*	**les télévisions**	*the televisions*
noun ending in -eau	**le bureau**	*the office*	**les bureaux**	*the offices*
noun ending in -al	**l'animal**	*the animal*	**les animaux**	*the animals*

MISE EN PRATIQUE

1 Les singuliers et les pluriels Make the singular nouns plural, and vice versa.

1. l'actrice
2. les lycées
3. les différences
4. la chose
5. le bureau
6. le café
7. les librairies
8. la faculté
9. les acteurs
10. l'ami
11. l'université
12. les tableaux
13. le problème
14. les bibliothèques

2 L'université Complete the sentences with an appropriate word from the list. Don't forget to provide the missing articles.

bibliothèque	examen	ordinateurs	sociologie
bureau	faculté	petit ami	

1. À _____, les tableaux et _____ sont (*are*) modernes.
2. Marc, c'est _____ de (*of*) Marie. Marc étudie (*studies*) la littérature.
3. Marie étudie _____. Elle (*She*) est dans _____ de l'université.

3 Les mots Find ten words (**mots**) hidden in this word jumble. Then, provide the corresponding indefinite articles.

G	N	I	O	R	Z	Y	M	I	P	X	L	R	W
E	B	U	R	E	A	U	X	U	J	V	C	B	N
C	A	F	B	S	M	V	B	G	H	M	N	I	P
A	N	R	Y	E	I	H	K	B	E	F	K	V	F
J	G	O	S	T	E	J	B	O	B	E	G	D	D
E	K	E	L	H	N	U	Q	R	V	F	D	B	M
G	W	F	G	E	R	E	S	D	C	N	U	H	E
P	S	V	B	C	H	O	S	I	U	K	H	S	C
U	Q	K	S	I	Y	M	F	N	A	D	O	X	R
A	B	V	Z	R	I	V	V	A	J	H	W	I	J
E	I	W	Q	L	P	W	J	T	C	P	Y	E	Y
L	I	B	R	A	I	R	I	E	D	U	E	K	L
B	D	O	I	B	S	S	E	U	C	H	L	D	Y
A	Y	P	E	P	J	C	N	R	L	S	G	T	C
T	D	G	A	E	S	Y	L	S	V	C	A	F	E
S	I	J	E	M	X	K	P	Z	A	A	S	O	E
R	I	A	R	B	I	L	A	D	S	F	H	C	W

Practice more at **vhlcentral.com**.

COMMUNICATION

4 **Qu'est-ce que c'est?** In pairs, take turns identifying each image.

MODÈLE

Élève 1: *Qu'est-ce que c'est?*
Élève 2: *C'est un ordinateur.*

1. _____

4. _____

2. _____

5. _____

3. _____

6. _____

5 **Identifiez** In pairs, take turns providing a category for each item.

MODÈLE

Michigan, UCLA, Rutgers, Duke
Ce sont des universités.

1. saxophone
2. lion, tigre, éléphant
3. SAT
4. Library of Congress
5. Angelina Jolie, Halle Berry, Juliette Binoche
6. Céline Dion, Bruce Springsteen

6 **Pictogrammes** In groups of four, someone draws a person, object, or concept for the others to guess. Whoever guesses correctly draws next. Continue until everyone has drawn at least once.

- Refer to a group composed of males and females with a masculine plural noun.

les amis	**les étudiants**
the (male and female) friends	the (male and female) students

- The English definite article *the* never varies for number or gender. However, the French definite article takes different forms according to the gender and number of the noun that it accompanies.

	singular noun beginning with a consonant	singular noun beginning with a vowel sound	plural noun
masculine	**le tableau** *the picture/ blackboard*	**l'ami** *the (male) friend*	**les cafés** *the cafés*
feminine	**la librairie** *the bookstore*	**l'université** *the university*	**les télévisions** *the televisions*

- In English, the singular indefinite article is *a/an*, and the plural indefinite article is *some*. Although *some* is often omitted in English, the plural indefinite article cannot be omitted in French.

	singular		plural	
masculine	**un instrument**	*an instrument*	**des instruments**	*(some) instruments*
feminine	**une table**	*a table*	**des tables**	*(some) tables*

Il y a **un ordinateur** ici. *There's a computer here.*	Il y a **des ordinateurs** ici. *There are (some) computers here.*
Il y a **une université** ici. *There's a university here.*	Il y a **des universités** ici. *There are (some) universities here.*

- Use **c'est** followed by a singular article and noun or **ce sont** followed by a plural article and noun to identify people and objects.

Qu'est-ce que c'est? *What is that?*	**C'est une librairie.** *It's a bookstore.*	**Ce sont des bureaux.** *They're offices.*

Essayez! Select the correct article for each noun.

le, la, l' ou les?	**un, une ou des?**
1. __le__ café	1. __un__ bureau
2. _____ bibliothèque	2. _____ différence
3. _____ acteur	3. _____ objet
4. _____ amie	4. _____ amis
5. _____ problèmes	5. _____ amies
6. _____ lycée	6. _____ université
7. _____ examens	7. _____ ordinateur
8. _____ littérature	8. _____ tableaux

Presentation Tutorial

1A.2 Numbers 0–60

Point de départ Numbers in French follow patterns, as they do in English. First, learn the numbers **0–30**. The patterns they follow will help you learn the numbers **31–60**.

Numbers 0–30

0–10	11–20	21–30
0 zéro		
1 un	**11** onze	**21** vingt et un
2 deux	**12** douze	**22** vingt-deux
3 trois	**13** treize	**23** vingt-trois
4 quatre	**14** quatorze	**24** vingt-quatre
5 cinq	**15** quinze	**25** vingt-cinq
6 six	**16** seize	**26** vingt-six
7 sept	**17** dix-sept	**27** vingt-sept
8 huit	**18** dix-huit	**28** vingt-huit
9 neuf	**19** dix-neuf	**29** vingt-neuf
10 dix	**20** vingt	**30** trente

- When counting, use **un** for *one*. Use **une** before a feminine noun.

un objet	**une télévision**
an/one object	*a/one television*

- Note that the number **21** (**vingt et un**) follows a different pattern than the numbers **22–30**. When **vingt et un** precedes a feminine noun, add **-e** to the end of it: **vingt et une**.

vingt et un objets	**vingt et une choses**
twenty-one objects	*twenty-one things*

- Notice that the numbers **31–39**, **41–49**, and **51–59** follow the same pattern as the numbers **21–29**.

Numbers 31–60

31–34	35–38	39, 40, 50, 60
31 trente et un	**35** trente-cinq	**39** trente-neuf
32 trente-deux	**36** trente-six	**40** quarante
33 trente-trois	**37** trente-sept	**50** cinquante
34 trente-quatre	**38** trente-huit	**60** soixante

- To indicate a count of **31**, **41**, or **51** for a feminine noun, change the **un** to **une**.

trente et un objets	**trente et une choses**
thirty-one objects	*thirty-one things*
cinquante et un objets	**cinquante et une choses**
fifty-one objects	*fifty-one things*

MISE EN PRATIQUE

1 **Logique** Provide the number that completes each series. Then, write out the number in French.

MODÈLE

2, 4, _6_, 8, 10; _six_

1. 9, 12, _____, 18, 21; _____
2. 15, 20, _____, 30, 35; _____
3. 2, 9, _____, 23, 30; _____
4. 0, 10, 20, _____, 40; _____
5. 15, _____, 19, 21, 23; _____
6. 29, 26, _____, 20, 17; _____
7. 2, 5, 9, _____, 20, 27; _____
8. 30, 22, 16, 12, _____; _____

2 **Il y a combien de...?** Provide the number that you associate with these pairs of words.

MODÈLE

lettres: l'alphabet *vingt-six*

1. mois (*months*): année (*year*)
2. états (*states*): USA
3. semaines (*weeks*): année
4. jours (*days*): octobre
5. âge: le vote
6. Noël: décembre

3 **Numéros de téléphone** Your mother left behind a list of phone numbers to call today. Now she calls you and asks you to read them off. Be sure to add the correct definite article. (Note that French phone numbers are read as double, not single, digits.)

MODÈLE

Le bureau, c'est le zéro un, vingt-trois, quarante-cinq, vingt-six, dix-neuf.

1. bureau: 01.23.45.26.19
2. bibliothèque: 01.47.15.54.17
3. café: 01.41.38.16.29
4. librairie: 01.10.13.60.23
5. lycée: 01.58.36.14.12

 Practice more at **vhlcentral.com.**

COMMUNICATION

4 Sur le campus Nathalie's little brother wants to know everything about her new college campus. In pairs, take turns acting out the roles.

MODÈLE

bibliothèques: 3
Élève 1: *Il y a combien de bibliothèques?*
Élève 2: *Il y a trois bibliothèques.*

1. professeurs de littérature: 22
2. étudiants dans (*in*) la classe de français: 15
3. télévision dans la classe de sociologie: 0
4. ordinateurs dans le café: 8
5. employés dans la librairie: 51
6. tables dans le café: 21

5 Contradiction Thierry is describing the new Internet café in the neighborhood, but Paul contradicts everything he says. In pairs, act out the roles using words from the list.

MODÈLE

Élève 1: *Dans (In) le café, il y a des tables.*
Élève 2: *Non, il n'y a pas de tables.*

actrices	professeurs
bureau	tableau
étudiants	tables
ordinateur	télévision

6 Choses et personnes In groups of three, make a list of ten things or people that you see or don't see in the classroom. Use **il y a** and **il n'y a pas de**, and specify the number of items you can find. Then, compare your list with that of another pair.

MODÈLE

Élève 1: *Il y a deux étudiants français.*
Élève 2: *Il n'y a pas d'ordinateur.*

- Use **il y a** to say *there is* or *there are* in French. This expression doesn't change, even if the noun that follows it is plural.

Il y a un ordinateur dans le bureau.
There is a computer in the office.

Il y a des tables dans le café.
There are tables in the café.

Il y a deux amies.

Il y a trois étudiants.

- In most cases, the indefinite article (**un, une,** or **des**) is used with **il y a**, rather than the definite article (**le, la, l',** or **les**).

Il y a un professeur de biologie américain.
There's an American biology teacher.

Il y a des étudiants français et anglais.
There are French and English students.

- Use the expression **il n'y a pas de/d'** followed by a noun to express *there isn't a...* or *there aren't any...* Note that no article (definite or indefinite) is used in this case. Use **de** before a consonant sound and **d'** before a vowel sound.

before a consonant

Il n'y a pas de tables dans le café.
There aren't any tables in the café.

before a vowel sound

Il n'y a pas d'ordinateur dans le bureau.
There isn't a computer in the office.

- Use **combien de/d'** to ask how many of something there are.

Il y a **combien de tables**?
How many tables are there?

Il y a **combien d'ordinateurs**?
How many computers are there?

Essayez! Write out or say the French word for each number below.

1. 15 *quinze*
2. 6 _____
3. 22 _____
4. 5 _____
5. 12 _____
6. 8 _____
7. 30 _____
8. 21 _____
9. 1 _____
10. 17 _____
11. 44 _____
12. 14 _____
13. 38 _____
14. 56 _____
15. 19 _____

Révision

1 **Des lettres** In pairs, take turns choosing nouns. One partner chooses only masculine nouns, while the other chooses only feminine. Slowly spell each noun for your partner, who will guess the word. Find out who can give the quickest answers.

2 **Le pendu** In groups of four, play hangman (**le pendu**). Form two teams of two partners each. Take turns choosing a French word or expression you learned in this lesson for the other team to guess. Continue to play until your team guesses at least one word or expression from each category.

1. un nom féminin
2. un nom masculin
3. un nombre entre (*number between*) 0 et 30
4. un nombre entre 31 et 60
5. une expression

3 **C'est... Ce sont...** Doug is spending a week in Paris with his French e-mail pal, Marc. As Doug points out what he sees, Marc corrects him sometimes. In pairs, act out the roles. Doug should be right half the time.

MODÈLE

Élève 1: *C'est une bibliothèque?*
Élève 2: *Non, c'est une librairie.*

1. _____ 4. _____

2. _____ 5. _____

3. _____ 6. _____

4 **Les présentations** In pairs, introduce yourselves. Together, meet another pair. One person per pair should introduce him or herself and his or her partner. Use the items from the list in your conversations. Switch roles until you have met all of the other pairs in the class.

ami	élève
c'est	ami(e)
ce sont	professeur

5 **S'il te plaît** You need help finding your way and so you ask your partner for assistance. He or she gives you the building (**le bâtiment**) and room (**la salle**) number and you thank him or her. Then, switch roles and repeat with another place from the list.

MODÈLE

Élève 1: *Pardon... l'examen de sociologie, s'il te plaît?*
Élève 2: *Ah oui... bâtiment E, salle dix-sept.*
Élève 1: *Merci beaucoup!*
Élève 2: *De rien.*

Bibliothèque .... Bâtiment C Salle 11
Bureau de Mme Girard .... Bâtiment A Salle 35
Bureau de M. Brachet .... Bâtiment J Salle 42
Bureau de M. Grondin .... Bâtiment H Salle 59
Examen de français .... Bâtiment B Salle 46
Examen d'anglais .... Bâtiment E Salle 24
Examen de sociologie .... Bâtiment E Salle 17
Salle de télévision .... Bâtiment F Salle 33
Salle des ordinateurs .... Bâtiment D Salle 40

6 **Mots mélangés** You and a partner each have half the words of a wordsearch (**des mots mélangés**). Pick a number and a letter and say them to your partner, who must tell you if he or she has a letter in the corresponding space. Do not look at each other's worksheet.

ressources

vText

CE
pp. 9–14

vhlcentral.com
Leçon 1A

 Video: TV Clip

Le Zapping

Attention au sucre°!

In 2001, the **INPES** or **Institut national de prévention et d'éducation pour la santé°** in France started a program to educate the public about good nutrition and a healthy lifestyle. Their website, **manger-bouger°.fr,** explains how we can all become healthier eaters and why we should exercise more. One of their campaigns also raises public awareness about eating excess fat, salt, or sugar. To get the message across, the ads present foods that are rich in one of these ingredients in a new and surprising context. This particular commercial starts when two friends meet in a coffee shop. Focus on the words and phrases you are already familiar with—how the friends greet each other and how they order from the waiter—and on their body language to understand the gist of the scene.

Oui, et toi?

Tu veux° du sucre?

Compréhension Answer these questions.

1. Which definite and indefinite articles did you hear in the ad? Provide at least two examples.
2. How many coffees did these friends order?

Discussion In groups of three, discuss the answers to these questions. Use as much French as you can.

1. What does the waiter bring with the coffees? What does the ketchup stand for? Can you explain why?
2. Beside the ketchup, what else seems out of place in this scene?
3. Would you say that these two women are close friends? Justify your opinion.

sucre *sugar* **santé** *health* **manger-bouger** *eat-move* **veux** *want*

Practice more at **vhlcentral.com.**

You will learn how to...

- identify yourself and others
- talk about items in the classroom

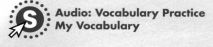 Audio: Vocabulary Practice
My Vocabulary

En classe

une horloge

un crayon

un sac à dos

une fenêtre

Vocabulaire

Qui est-ce?	*Who is it?*
Quoi?	*What?*
une calculatrice	*calculator*
une montre	*watch*
une porte	*door*
un résultat	*result*
une salle de classe	*classroom*
un(e) camarade de chambre	*roommate*
un(e) camarade de classe	*classmate*
une classe	*class (group of students)*
un copain/ une copine (*fam.*)	*friend*
un(e) élève	*pupil, student*
une femme	*woman*
une fille	*girl*
un garçon	*boy*
un homme	*man*

un livre

un cahier

un dictionnaire

un stylo

une feuille (de papier)

une corbeille (à papier)

ressources

v̂Text

CE pp. 15–17

vhlcentral.com
Leçon 1B

Mise en pratique

1 **Chassez l'intrus** Circle the word that does not belong.

1. étudiants, élèves, professeur
2. un stylo, un crayon, un cahier
3. un livre, un dictionnaire, un stylo
4. un homme, un crayon, un garçon
5. une copine, une carte, une femme
6. une porte, une fenêtre, une chaise
7. une chaise, un professeur, une fenêtre
8. un crayon, une feuille de papier, un cahier
9. une calculatrice, une montre, une copine
10. une fille, un sac à dos, un garçon

2 **Écoutez** Listen to Madame Arnaud as she describes her French classroom, then check the items she mentions.

1. une porte ☐
2. un professeur ☐
3. une feuille de papier ☐
4. un dictionnaire ☐
5. une carte ☐
6. vingt-quatre cahiers ☐
7. une calculatrice ☐
8. vingt-sept chaises ☐
9. une corbeille à papier ☐
10. un stylo ☐

3 **C'est...** Work with a partner to identify the items you see in the image.

MODÈLE
Élève 1: *Qu'est-ce que c'est?*
Élève 2: *C'est un tableau.*

1. _____
2. _____
3. _____
4. _____
5. _____
6. _____
7. _____
8. _____
9. _____
10. _____
11. _____
12. _____

une carte

une chaise

🔊 Practice more at **vhlcentral.com**.

Communication

4 **Qu'est-ce qu'il y a dans mon sac à dos?** Make a list of six different items that you have in your backpack, then work with a partner to compare your answers.

Dans mon (*my*) sac à dos, il y a...

1. _____
2. _____
3. _____
4. _____
5. _____
6. _____

Dans le sac à dos de ____*nom*____, il y a...

1. _____
2. _____
3. _____
4. _____
5. _____
6. _____

5 **Qu'est-ce que c'est?** Point at eight different items around the classroom and ask a classmate to identify them. Write your partner's responses on the spaces provided below.

MODÈLE

Élève 1: *Qu'est-ce que c'est?*
Élève 2: *C'est un stylo.*

1. _____
2. _____
3. _____
4. _____

5. _____
6. _____
7. _____
8. _____

6 **Pictogrammes** Play pictionary as a class.

- Take turns going to the board and drawing words you learned on pp. 16–17.
- The person drawing may not speak and may not write any letters or numbers.
- The person who guesses correctly in French what the **grand(e) artiste** is drawing will go next.
- Your teacher will time each turn and tell you if your time runs out.

7 **Sept différences** Your teacher will give you and a partner two different drawings of a classroom. Do not look at each other's worksheet. Find seven differences between your picture and your partner's by asking each other questions and describing what you see.

MODÈLE

Élève 1: *Il y a une fenêtre dans ma (my) salle de classe.*
Élève 2: *Oh! Il n'y a pas de fenêtre dans ma salle de classe.*

Les sons et les lettres

Audio: Explanation
Record & Compare

🎧 **Silent letters**

Final consonants of French words are usually silent.

français   **sport**   **vous**   **salut**

An unaccented **-e** (or **-es**) at the end of a word is silent, but the preceding consonant is pronounced.

française   **américaine**   **oranges**   **japonaises**

The consonants **-c**, **-r**, **-f**, and **-l** are usually pronounced at the ends of words. To remember these exceptions, think of the consonants in the word **careful**.

parc   **bonjour**   **actif**   **animal**

lac   **professeur**   **naïf**   **mal**

Prononcez Practice saying these words aloud.

1. traditionnel
2. étudiante
3. généreuse
4. téléphones
5. chocolat
6. Monsieur
7. journalistes
8. hôtel
9. sac
10. concert
11. timide
12. sénégalais
13. objet
14. normal
15. importante

Articulez Practice saying these sentences aloud.

1. Au revoir, Paul. À plus tard!
2. Je vais très bien. Et vous, Monsieur Dubois?
3. Qu'est-ce que c'est? C'est une calculatrice.
4. Il y a un ordinateur, une table et une chaise.
5. Frédéric et Chantal, je vous présente Michel et Éric.
6. Voici un sac à dos, des crayons et des feuilles de papier.

Dictons Practice reading these sayings aloud.

Aussitôt dit, aussitôt fait.[2]

Mieux vaut tard que jamais.[1]

[1] Better late than never.
[2] No sooner said than done.

Les copains

 Video: *Roman-photo* **Record & Compare**

PERSONNAGES

Amina

David

Michèle

Stéphane

Touriste

Valérie

À la terrasse du café...
VALÉRIE Alors, un croissant, une crêpe et trois cafés.
TOURISTE Merci, Madame.
VALÉRIE Ah, vous êtes... américain?
TOURISTE Um, non, je suis anglais. Il est canadien et elle est italienne.
VALÉRIE Moi, je suis française.

À l'intérieur du café...
VALÉRIE Stéphane!!!
STÉPHANE Quoi?! Qu'est-ce que c'est?
VALÉRIE Qu'est-ce que c'est! Qu'est-ce que c'est! Une feuille de papier! C'est l'examen de maths! Qu'est-ce que c'est?
STÉPHANE Oui, euh, les maths, c'est difficile.

VALÉRIE Stéphane, tu es intelligent, mais tu n'es pas brillant! En classe, on fait attention au professeur, au cahier et au livre! Pas aux fenêtres. Et pas aux filles!
STÉPHANE Oh, oh, ça va!!

À la table d'Amina et de David...
DAVID Et Rachid, mon colocataire? Comment est-il?
AMINA Il est agréable et très poli... plutôt réservé mais c'est un étudiant brillant. Il est d'origine algérienne.

DAVID Et toi, Amina. Tu es de quelle origine?
AMINA D'origine sénégalaise.
DAVID Et Sandrine?

AMINA Sandrine? Elle est française.
DAVID Mais non... Comment est-elle?
AMINA Bon, elle est chanteuse, alors elle est un peu égoïste. Mais elle est très sociable. Et charmante. Mais attention! Elle est avec Pascal.
DAVID Pfft, Pascal, Pascal...

A C T I V I T É S

 1 **Identifiez** Indicate which character would make each statement: Amina (**A**), David (**D**) Michèle (**M**), Sandrine (**S**), Stéphane (**St**), or Valérie (**V**).

1. Les maths, c'est difficile.
2. En classe, on fait attention au professeur!
3. Michèle, les trois cafés sont pour les trois touristes.
4. Ah, Madame, du calme!
5. Ma mère est très impatiente!
6. J'ai (*I have*) de la famille au Sénégal.
7. Je suis une grande chanteuse!
8. Mon colocataire est très poli et intelligent.
9. Pfft, Pascal, Pascal...
10. Attention, David! Sandrine est avec Pascal.

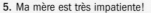 Practice more at **vhlcentral.com**.

Amina, David et Stéphane passent la matinée (*spend the morning*) au café.

Au bar...
VALÉRIE Le croissant, c'est pour l'Anglais, et la crêpe, c'est pour l'Italienne.
MICHÈLE Mais, Madame. Ça va? Qu'est-ce qu'il y a?
VALÉRIE Ben, c'est Stéphane. Des résultats d'examens, des professeurs... des problèmes!

MICHÈLE Ah, Madame, du calme! Je suis optimiste. C'est un garçon intelligent. Et vous, êtes-vous une femme patiente?
VALÉRIE Oui... oui, je suis patiente. Mais le Canadien, l'Anglais et l'Italienne sont impatients. Allez! Vite!

VALÉRIE Alors, ça va bien?
AMINA Ah, oui, merci.
DAVID Amina est une fille élégante et sincère.
VALÉRIE Oui! Elle est charmante.
DAVID Et Rachid, comment est-il?
VALÉRIE Oh! Rachid! C'est un ange! Il est intelligent, poli et modeste. Un excellent camarade de chambre.

DAVID Et Sandrine? Comment est-elle?
VALÉRIE Sandrine?! Oh, là, là. Non, non, non. Elle est avec Pascal.

---

2   Complétez Use words from the list to describe these people in French. Refer to the video scenes and a dictionary as necessary.

1. Michèle always looks on the bright side. _____
2. Rachid gets great grades. _____
3. Amina is very honest. _____
4. Sandrine thinks about herself a lot. _____
5. Sandrine has a lot of friends. _____

égoïste	
intelligent	
optimiste	
sincère	
sociable	

3   Conversez In pairs, choose the words from this list you would use to describe yourselves. What personality traits do you have in common? Be prepared to share your answers with the class.

brillant	modeste
charmant	optimiste
égoïste	patient
élégant	sincère
intelligent	sociable

ressources

vText

CE pp. 19–20

vhlcentral.com
Leçon 1B

A C T I V I T É S

 **Reading**

Qu'est-ce qu'un Français typique?

What is your idea of a typical Frenchman? Do you picture a man wearing a **béret**? How about French women? Are they all fashionable and stylish? Do you picture what is shown in these photos? While real French people fitting one aspect or another of these cultural stereotypes do exist, rarely do you find individuals who fit all aspects.

France is a multicultural society with no single, national ethnicity. While the majority of French people are of Celtic or Latin descent, France has significant North and West African (e.g., Algeria, Morocco, Senegal) and Asian (e.g., Vietnam, Laos, Cambodia) populations as well. Long a **terre d'accueil°**, France today has over eleven million foreigners and immigrants. Even as France has maintained a strong concept of its culture through the preservation of its language, history, and traditions, French culture has been ultimately enriched by the contributions of its immigrant populations. Each region of the country also has its own traditions, folklore, and, often, its own language. Regional languages, such as Provençal, Breton, and Basque, are still spoken in some areas, but the official language is, of course, French.

Immigrants in France, by country of birth	
COUNTRY NAME	**NUMBER OF PEOPLE**
Other European countries	712,377
Algeria	702,811
Morocco	645,695
Sub-Saharan Africa	644,049
Portugal	576,084
Other Asian countries	339,260
Italy	323,809
Spain	262,883
Turkey	234,540
Tunisia	231,062
Cambodia, Laos, Vietnam	162,063
UK	142,949

terre d'accueil *a land welcoming of newcomers*

ACTIVITÉS

1 **Vrai ou faux?** Indicate whether each statement is **vrai** or **faux**. Correct the false statements.

1. Cultural stereotypes are generally true for most people in France.

2. People in France no longer speak regional languages.

3. Many immigrants from North Africa live in France.

4. More immigrants in France come from Portugal than from Morocco.

5. Algerians and Moroccans represent the largest immigrant populations in France.

6. Immigrant cultures have little impact on French culture.

7. Because of immigration, France is losing its cultural identity.

8. French culture differs from region to region.

9. Most French people are of Anglo-Saxon heritage.

10. For many years, France has received immigrants from many countries.

Practice more at **vhlcentral.com**.

LE FRANÇAIS QUOTIDIEN

Les gens

ado (*m./f.*)	*adolescent, teen*
bonhomme (*m.*)	*fellow*
gars (*m.*)	*guy*
mec (*m.*)	*guy*
minette (*f.*)	*young woman, sweetie*
nana (*f.*)	*young woman, girl*
pote (*m.*)	*buddy*
type (*m.*)	*guy*

LE MONDE FRANCOPHONE

Les langues

Many francophone countries are multilingual, some with several official languages.

Switzerland German, French, Italian, and Romansh are all official languages. German is spoken by about 74% of the population and French by about 21%. Italian and Romansh speakers together account for about 5% of the country's population.

Belgium There are three official languages: French, Dutch, and German. Wallon, the local variety of French, is used by one-third of the population. Flemish, spoken primarily in the north, is used by roughly two-thirds of Belgians.

Morocco Classical Arabic is the official language, but most people speak the Moroccan dialect of Arabic. Berber is spoken by about 10 million people, and French remains Morocco's unofficial third language.

PORTRAIT

Superdupont

Extrait de l'ouvrage Superdupont © Gotlib et Solé/Fluide Glacial avec l'aimable autorisation des auteurs et de Fluide Glacial

Superdupont is an ultra-French superhero in a popular comic strip parodying French nationalism. The protector of all things French, he battles the secret enemy organization **Anti-France**, whose agents speak **anti-français**, a mixture of English, Spanish, Italian, Russian, and German. *Superdupont* embodies just about every French stereotype imaginable. For example, the name Dupont, much like Smith in the United States, is extremely common in France. In addition to his **béret** and moustache, he wears a blue, white, and red belt around his waist representing **le drapeau français** (*the French flag*). Physically, he is overweight and has a red nose—signs that he appreciates rich French food and wine. Finally, on his arm is **un coq** (*a rooster*), the national symbol of France. The Latin word for rooster (*gallus*) also means "inhabitant of Gaul," as France used to be called.

Sur Internet

What countries are former French colonies?

Go to **vhlcentral.com** to find more information related to this **Culture** section.

---

2 **Complétez** Provide responses to these questions.

1. France is often symbolized by this bird: _____
2. _____ are the colors of the French flag.
3. France was once named _____.
4. The French term _____ refers to a person aged 15 or 16.
5. _____ is spoken by roughly two-thirds of Belgians.

3 **Et les Américains?** What might a comic-book character based on a "typical American" be like? With a partner, brainstorm a list of stereotypes to create a profile for such a character. Compare the profile you create with your classmates'. Do they fairly represent Americans? Why or why not?

ressources

v̂Text

vhlcentral.com
Leçon 1B

A C T I V I T É S

Presentation Tutorial

1B.1 The verb *être*

Point de départ In French, as in English, the subject of a verb is the person or thing that carries out the action. The verb expresses the action itself.

SUBJECT ⟷ VERB

Le professeur parle français.
The professor speaks French.

Subject pronouns

- Subject pronouns replace a noun that is the subject of a verb.

SUBJECT PRONOUN ⟷ VERB

Il parle français.
He speaks French.

French subject pronouns

	singular		plural	
first person	je	*I*	nous	*we*
second person	tu	*you*	vous	*you*
third person	il	*he/it* (masc.)	ils	*they* (masc.)
	elle	*she/it* (fem.)	elles	*they* (fem.)
	on	*one*		

- Subject pronouns in French show number (singular vs. plural) and gender (masculine vs. feminine). When a subject consists of both genders, use the masculine form.

Ils dansent très bien.
They dance very well.

Ils sont de Dakar.
They are from Dakar.

- Use **tu** for informal address and **vous** for formal. **Vous** is also the plural form of *you*, both informal and formal.

Comment vas-**tu**?
How's it going?

Comment allez-**vous**?
How are you?

- The subject pronoun **on** refers to people in general, just as the English subject pronouns *one, they,* or *you* sometimes do. **On** can also mean *we* in a casual style. **On** always takes the same verb form as **il** and **elle**.

En France, **on** parle français.
In France, they speak French.

On est au café.
We are at the coffee shop.

MISE EN PRATIQUE

1 **Pascal répète** Pascal repeats everything his older sister Odile says. Give his response after each statement, using subject pronouns.

MODÈLE Chantal est étudiante. *Elle est étudiante.*

1. Les professeurs sont en Tunisie.
2. Mon (*My*) petit ami Charles n'est pas ici.
3. Moi, je suis chanteuse.
4. Nadège et moi, nous sommes à l'université.
5. Tu es élève.
6. L'ordinateur est dans (*in*) la chambre.
7. Claude et Charles sont là.
8. Lucien et toi, vous êtes copains.

2 **Où sont-ils?** Thérèse wants to know where all her friends are. Tell her by completing the sentences with the appropriate subject pronouns and the correct forms of **être**.

MODÈLE Sylvie / au café *Elle est au café.*

1. Georges / à la faculté de médecine
2. Marie et moi / dans (*in*) la salle de classe
3. Christine et Anne / à la bibliothèque
4. Richard et Vincent / là-bas
5. Véronique, Marc et Anne / à la librairie
6. Jeanne / au bureau

3 **Identifiez** Describe these photos using **c'est, ce sont, il/elle est,** or **ils/elles sont.**

1. _____ un acteur.   4. _____ chanteuse.

2. _____ ici.   5. _____ là.

3. _____ copines.   6. _____ des montres.

 Practice more at **vhlcentral.com.**

COMMUNICATION

4 Assemblez In pairs, take turns using the verb **être** to combine elements from both columns. Talk about yourselves and people you know.

A	B
Singulier:	
Je	agréable
Tu	d'origine française
Mon (*My*, masc.) prof	difficile
Mon/Ma (*My*, fem.)	élève
camarade de classe	sincère
Mon cours	sociable
Pluriel:	
Nous	agréables
Mes (*My*) profs	copains/copines
Mes camarades de	difficiles
classe	élèves
Mes cours	sincères

5 Qui est-ce? In pairs, identify who or what is in each picture. If possible, use **il/elle est** or **ils/elles sont** to add something else about each person or place.

MODÈLE

C'est Céline Dion. Elle est chanteuse.

1.

4.

2.

5.

3.

6.

6 Enchanté You and your brother are in a local bookstore. You run into one of his classmates, whom you've never met. In a brief conversation, introduce yourselves, ask how you are, and say something about yourselves using a form of **être**.

The verb *être*

- **Être** (*to be*) is an irregular verb; its conjugation (set of forms for different subjects) does not follow a pattern. The form **être** is called the infinitive; it does not correspond to any particular subject.

Être			
je suis	*I am*	nous sommes	*we are*
tu es	*you are*	vous êtes	*you are*
il/elle est	*he/she/it is*	ils/elles sont	*they are*
on est	*one is*		

- Note that the **-s** of the subject pronoun **vous** is pronounced as an English *z* in the phrase **vous êtes**.

Vous êtes à Paris.
You are in Paris.

Vous êtes M. Leclerc? Enchantée.
Are you Mr. Leclerc? Pleased to meet you.

C'est and *il/elle est*

- Use **c'est** or its plural form **ce sont** plus a noun to identify who or what someone or something is. Except with proper names, an article must always precede the noun.

C'est un téléphone.
That's a phone.

Ce sont des photos.
Those are pictures.

C'est Amina.
That's Amina.

- Use the phrases **il/elle est** and **ils/elles sont** to refer to someone or something previously mentioned. Any noun that follows directly must not be accompanied by an article or adjective.

La bibliothèque?
Elle est moderne.
The library?
It's modern.

Voilà M. Richard.
Il est professeur.
There's Mr. Richard.
He's a teacher.

BOÎTE À OUTILS
Note that in French, unlike English, you cannot use an article before a profession after **il/elle est** and **ils/elles sont**: **il est chanteur** (*he is a singer*); **elles sont actrices** (*they are actresses*).

Essayez! Fill in the blanks with the correct forms of the verb **être**.

1. Je ___suis___ ici.
2. Ils _____ intelligents.
3. Tu _____ étudiante.
4. Nous _____ à Québec.
5. Vous _____ Mme Lacroix?
6. Marie _____ chanteuse.

 **Presentation Tutorial**

1B.2 Adjective agreement

Point de départ Adjectives are words that describe people, places, and things. In French, adjectives are often used with the verb **être** to point out the qualities of nouns or pronouns.

*Le cours est **difficile**.*

*Je suis **optimiste**.*

- Many adjectives in French are cognates; that is, they have the same or similar spellings and meanings in French and English.

Cognate descriptive adjectives

agréable	*pleasant*	intelligent(e)	*intelligent*
amusant(e)	*fun*	intéressant(e)	*interesting*
brillant(e)	*bright*	occupé(e)	*busy*
charmant(e)	*charming*	optimiste	*optimistic*
désagréable	*unpleasant*	patient(e)	*patient*
différent(e)	*different*	pessimiste	*pessimistic*
difficile	*difficult*	poli(e)	*polite*
égoïste	*selfish*	réservé(e)	*reserved*
élégant(e)	*elegant*	sincère	*sincere*
impatient(e)	*impatient*	sociable	*sociable*
important(e)	*important*	sympathique (sympa)	*nice*
indépendant(e)	*independent*	timide	*shy*

- In French, most adjectives agree in number and gender with the nouns they describe. Most adjectives form the feminine by adding a silent **-e** (no accent) to the end of the masculine form, unless one is already there. Adding a silent **-s** to the end of masculine and feminine forms gives you the plural forms of both.

MASCULINE SINGULAR		FEMININE SINGULAR	
Henri est **élégant**.		**Patricia** est **élégante**.	
Henri is elegant.		*Patricia is elegant.*	

MASCULINE PLURAL		FEMININE PLURAL	
Henri et Jérôme sont **élégants**.		**Patricia et Marie** sont **élégantes**.	
Henri and Jérôme are elegant.		*Patricia and Marie are elegant.*	

BOÎTE À OUTILS
Use the masculine plural form of an adjective to describe a group composed of masculine and feminine nouns: **Henri et Patricia sont élégants**.

MISE EN PRATIQUE

1 **Nous aussi!** Olivier is bragging about himself, but his younger sisters Stéphanie and Estelle believe they possess the same attributes. Tell what they say.

MODÈLE

Je suis amusant. Nous aussi, nous sommes *amusantes*.

1. Je suis intelligent. Nous aussi, nous sommes...
2. Je suis sincère. Nous aussi, nous sommes...
3. Je suis élégant. Nous aussi, nous sommes...
4. Je suis patient. Nous aussi, nous sommes...
5. Je suis sociable. Nous aussi, nous sommes...
6. Je suis poli. Nous aussi, nous sommes...

2 **Les nationalités** You are with a group of students from all over the world. Indicate their nationalities according to the cities from which they come.

MODÈLE

Monique est de (*from*) Paris. *Elle est française.*

1. Les amies Fumiko et Keiko sont de Tokyo.
2. Hans est de Berlin.
3. Juan et Pablo sont de Guadalajara.
4. Wendy est de Londres.
5. Jared est de San Francisco.
6. Francesca est de Rome.
7. Salim et Mehdi sont de Casablanca.
8. Jean-Pierre et Mario sont de Québec.

3 **Voilà Mme...** Your parents are having a party and you point out different people to your friend. Use words and expressions from this grammar point.

MODÈLE

Voilà M. Duval. Il est sénégalais.
C'est un ami.

M. Duval   Catherine et Jeanne   M. Berthet   Georges et Denise   Mme Malbon

 Practice more at **vhlcentral.com**.

4 **Ils sont comment?** In pairs, take turns describing each item below. Tell your partner whether you agree (**C'est vrai.**) or disagree (**C'est faux.**) with the descriptions.

MODÈLE

Johnny Depp
Élève 1: *C'est un acteur désagréable.*
Élève 2: *C'est faux. Il est charmant.*

1. Beyoncé et Céline Dion
2. les étudiants de Harvard
3. Bono
4. la classe de français
5. le président des États-Unis (*United States*)
6. Tom Hanks et Gérard Depardieu
7. le prof de français
8. Steven Spielberg
9. notre (*our*) lycée
10. Tina Fey et Angelina Jolie

5 **Interview** Interview someone to see what he or she is like. In pairs, play both roles. Are you compatible as friends?

MODÈLE

pessimiste
Élève 1: *Tu es pessimiste?*
Élève 2: *Non, je suis optimiste.*

1. impatient
2. modeste
3. timide
4. sincère
5. égoïste
6. sociable
7. indépendant
8. amusant

6 **Au café** You and two classmates are talking about your new teachers, each of whom is very different from the other two. In groups of three, create a dialogue in which you greet one another and describe your teachers.

- French adjectives are usually placed after the noun they modify when they don't directly follow a form of **être**.

Ce sont des **élèves brillantes**.	Bernard est un homme **agréable et poli**.
They're brilliant students.	*Bernard is a pleasant and polite man.*

- Here are some adjectives of nationality. Note that the **-n** of adjectives that end in **-ien** doubles before the final **-e** of the feminine form: **algérienne**, **canadienne**, **italienne**, **vietnamienne**.

Adjectives of nationality			
algérien(ne)	*Algerian*	**japonais(e)**	*Japanese*
allemand(e)	*German*	**marocain(e)**	*Moroccan*
anglais(e)	*English*	**martiniquais(e)**	*from Martinique*
américain(e)	*American*	**mexicain(e)**	*Mexican*
canadien(ne)	*Canadian*	**québécois(e)**	*from Quebec*
espagnol(e)	*Spanish*	**sénégalais(e)**	*Senegalese*
français(e)	*French*	**suisse**	*Swiss*
italien(ne)	*Italian*	**vietnamien(ne)**	*Vietnamese*

- The first letter of adjectives of nationality is not capitalized.

Il est américain.   **Elle est française.**

- An adjective whose masculine singular form already ends in **-s** keeps the identical form in the masculine plural.

Pierre est **un ami sénégalais**.	Pierre et Yves sont **des amis sénégalais**.
Pierre is a Senegalese friend.	*Pierre and Yves are Senegalese friends.*

- To ask someone's nationality or heritage, use **Quelle est ta/votre nationalité?** or **Tu es/Vous êtes de quelle origine?**

Quelle est votre nationalité?	**Je suis de nationalité canadienne.**
What is your nationality?	*I'm of Canadian nationality.*
Tu es de quelle origine?	**Je suis d'origine italienne.**
What is your heritage?	*I'm of Italian heritage.*

Essayez!   Write in the correct forms of the adjectives.

1. Marc est _____ (timide).
2. Ils sont _____ (anglais).
3. Elle adore la littérature _____ (français).
4. Ce sont des actrices _____ (suisse).
5. Elles sont _____ (réservé).
6. Il y a des universités _____ (important).
7. Christelle est _____ (amusant).
8. Les étudiants sont _____ (poli) en cours.

Révision

1 **Festival francophone** With a partner, choose two characters from the list and act out a conversation between them. The people are meeting for the first time at a francophone festival. Then, change characters and repeat.

Angélique, Sénégal

Abdel, Algérie

Laurent, Martinique

Sylvain, Suisse

Hélène, Canada

Daniel, France

Mai, Viêt-Nam

Nora, Maroc

2 **Tu ou vous?** How would the conversations between the characters in **Activité 1** differ if they were all 19-year-old students at a university orientation? Write out what you would have said differently. Then, exchange papers with a new partner and make corrections. Return the paper to your partner and act out the conversation using a new character.

3 **En commun** In pairs, tell your partner the name of a friend. Use adjectives to say what you both (**tous/toutes les deux**) have in common. Then, share with the class what you learned about your partner and his or her friend.

MODÈLE

Charles est un ami. Nous sommes tous les deux amusants. Nous sommes patients aussi.

4 **Comment es-tu?** Your teacher will give you a worksheet. Survey as many classmates as possible to ask if they would use the adjectives listed to describe themselves. Then, decide which two students in the class are most similar.

MODÈLE

Élève 1: *Tu es timide?*
Élève 2: *Non. Je suis sociable.*

Adjectifs	Noms
1. timide	Éric
2. impatient(e)	
3. optimiste	
4. réservé(e)	
5. charmant(e)	
6. poli(e)	
7. agréable	
8. amusant(e)	

5 **Mes camarades de classe** Write a brief description of the students in your French class. What are their names? What are their personalities like? What is their heritage? Use all the French you have learned so far. Your paragraph should be at least eight sentences long. Remember, be complimentary!

6 **Les descriptions** Your teacher will give you one set of drawings of eight people and a different set to your partner. Each person in your drawings has something in common with a person in your partner's drawings. Find out what it is without looking at your partner's sheet.

MODÈLE

Élève 1: *Jean est à la bibliothèque.*
Élève 2: *Gina est à la bibliothèque.*
Élève 1: *Jean et Gina sont à la bibliothèque.*

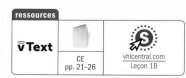

ressources

v̂Text

CE pp. 21–26

vhlcentral.com Leçon 1B

À l'écoute

S Audio: Activities

STRATÉGIE

Listening for words you know

You can get the gist of a conversation by listening for words and phrases you already know.

🎧 To help you practice this strategy, listen to this sentence and make a list of the words you have already learned.

_____ _____

_____ _____

Préparation

Look at the photograph. Where are these people? What are they doing? In your opinion, do they know one another? Why or why not? What do you think they're talking about?

S À vous d'écouter 🎧

As you listen, circle the items you associate with Hervé and those you associate with Laure and Lucas.

HERVÉ	LAURE ET LUCAS
la littérature	le café
l'examen	la littérature
le bureau	la sociologie
le café	la librairie
la bibliothèque	le lycée
la librairie	l'examen
le tableau	l'université

Compréhension

Vrai ou faux? **S** Based on the conversation you heard, indicate whether each of the following statements is **vrai** or **faux**.

	Vrai	Faux
1. Lucas and Hervé are good friends.	☐	☐
2. Hervé is preparing for an exam.	☐	☐
3. Laure and Lucas know each other from school.	☐	☐
4. Hervé is on his way to the library.	☐	☐
5. Lucas and Laure are going to a café.	☐	☐
6. Lucas studies literature.	☐	☐
7. Laure is in high school.	☐	☐
8. Laure is not feeling well today.	☐	☐

Présentations 👥 It's your turn to get to know your classmates. Using the conversation you heard as a model, select a partner you do not know and introduce yourself to him or her in French. Follow the steps below.

- Greet your partner.
- Find out his or her name.
- Ask how he or she is doing.
- Introduce your partner to another student.
- Say good-bye.

ressources

v̂Text

S vhlcentral.com
Leçon 1B

S Practice more at **vhlcentral.com**.

Panorama

S Interactive Map Reading

Heiva°, Papeete, Tahiti

Le monde francophone

Les pays en chiffres°

Organisation internationale de la Francophonie

▶ **Nombre de pays°** où le français est langue° officielle: *28*

▶ **Nombre de pays** où le français est parlé°: *plus de° 60*

▶ **Nombre de francophones dans le monde°:** *200.000.000 (deux cents millions)*

SOURCE: Organisation internationale de la Francophonie

Villes capitales

▶ **Algérie:** *Alger*
▶ **Cameroun:** *Yaoundé*
▶ **France:** *Paris*
▶ **Guinée:** *Conakry*
▶ **Haïti:** *Port-au-Prince*

▶ **Laos:** *Vientiane*
▶ **Mali:** *Bamako*
▶ **Rwanda:** *Kigali*
▶ **Seychelles:** *Victoria*
▶ **Suisse:** *Berne*

Francophones célèbres

▶ **Marie Curie,** *Pologne, scientifique, prix Nobel en chimie et physique (1867–1934)*

▶ **René Magritte,** *Belgique, peintre° (1898–1967)*

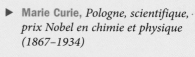

▶ **Ousmane Sembène,** *Sénégal, cinéaste° et écrivain° (1923–2007)*

▶ **Jean Reno,** *Maroc, acteur (1948–)*

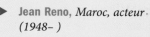

▶ **Céline Dion,** *Québec, chanteuse° (1968–)*

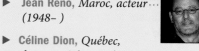

▶ **Marie-José Pérec,** *Guadeloupe (France), athlète (1968–)*

L'AMÉRIQUE DU NORD

L'OCÉAN ATLANTIQUE

L'OCÉAN PACIFIQUE

L'AMÉRIQUE DU SUD

LA FRANCE

L'EUROPE

L'AS...

L'AFRIQUE

L'OCÉAN INDIEN

PAYS FRANCOPHONES EN ASIE

LE LAOS
LE CAMBODGE
LE VIÊT-NAM
L'OCÉAN INDIEN

la mosquée de la plage de Ouakam, Dakar, Sénégal

0 —— 3,000 miles
0 —— 3,000 kilomètres

▭ Pays et régions francophones

Incroyable mais vrai!

La langue française est une des rares langues à être parlées sur° cinq continents. C'est aussi la langue officielle de beaucoup d'organisations internationales comme° l'OTAN°, les Nations unies, l'Union européenne, et aussi les Jeux° Olympiques! Le français est la deuxième° langue enseignée° dans le monde, après l'anglais.

chiffres *numbers* **pays** *countries* **langue** *language* **parlé** *spoken* **plus de** *more than* **monde** *world* **peintre** *painter* **cinéaste** *filmmaker* **écrivain** *writer* **chanteuse** *singer* **sur** *on* **comme** *such as* **l'OTAN** *NATO* **Jeux** *Games* **deuxième** *second* **enseignée** *taught* **Heiva** *an annual Tahitian festival*

La société

Le français au Québec

Au Québec, province du Canada, le français est la langue officielle, parlée par° 80% (quatre-vingts pour cent) de la population. Les Québécois, pour° préserver l'usage de la langue, ont° une loi° qui oblige l'affichage° en français dans les lieux° publics. Le français est aussi la langue co-officielle du Canada: les employés du gouvernement doivent° être bilingues.

Les gens

Les francophones d'Algérie

Depuis° 1830 (mille huit cent trente), date de l'acquisition de l'Algérie par la France, l'influence culturelle française y° est très importante. À présent ancienne° colonie, l'Algérie est un des plus grands° pays francophones au monde. L'arabe est la langue officielle, mais le français est la deuxième langue parlée et est compris° par la majorité de la population algérienne.

Les destinations

La Louisiane

Ce territoire au sud° des États-Unis a été nommé° «Louisiane» en l'honneur du Roi° de France Louis XIV. En 1803 (mille huit cent trois), Napoléon Bonaparte vend° la colonie aux États-Unis pour 15 millions de dollars, pour empêcher° son acquisition par les Britanniques. Aujourd'hui° en Louisiane, 200.000 (deux cent mille) personnes parlent° le français cajun. La Louisiane est connue° pour sa° cuisine cajun, comme° le jambalaya, ici sur° la photo avec le chef Paul Prudhomme.

Les traditions

La Journée internationale de la Francophonie

Journée internationale de la Francophonie

Chaque année°, l'Organisation internationale de la Francophonie (O.I.F.) coordonne la Journée internationale de la Francophonie. Dans plus de° 100 (cent) pays et sur cinq continents, on célèbre la langue française et la diversité culturelle francophone avec des festivals de musique, de gastronomie, de théâtre, de danse et de cinéma. Le rôle principal de l'O.I.F. est la promotion de la langue française et la défense de la diversité culturelle et linguistique du monde francophone.

Qu'est-ce que vous avez appris? Complete the sentences.

1. _____ est un cinéaste africain.
2. _____ de personnes parlent français dans le monde.
3. _____ est responsable de la promotion de la diversité culturelle francophone.
4. Les employés du gouvernement du Canada parlent _____.
5. En Algérie, la langue officielle est _____.
6. Une majorité d'Algériens comprend (*understands*) _____.
7. Le nom «Louisiane» vient du (*comes from the*) nom de _____.
8. Plus de 100 pays célèbrent _____.
9. Le français est parlé sur _____ continents.
10. En 1803, Napoléon Bonaparte vend _____ aux États-Unis.

ressources

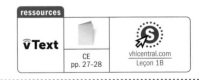

v̂Text

CE
pp. 27–28

vhlcentral.com
Leçon 1B

Sur Internet

1. Les États-Unis célèbrent la Journée internationale de la Francophonie. Faites (*Make*) une liste de trois événements (*events*) et dites (*say*) où ils ont lieu (*take place*).
2. Trouvez des informations sur un(e) chanteur/chanteuse francophone célèbre aux États-Unis. Citez (*Cite*) trois titres de chanson (*song titles*).

parlée par *spoken by* **pour** *in order to* **ont** *have* **loi** *law* **affichage** *posting* **lieux** *places* **doivent** *must* **Depuis** *Since* **y** *there* **ancienne** *former* **un des plus grands** *one of the largest* **compris** *understood* **au sud** *in the South* **a été nommé** *was named* **Roi** *King* **vend** *sells* **empêcher** *to prevent* **Aujourd'hui** *Today* **parlent** *speak* **connue** *known* **sa** *its* **comme** *such as* **sur** *in* **Chaque année** *Each year* **Dans plus de** *In more than*

Practice more at **vhlcentral.com**.

Lecture

Audio: Synced Reading

Avant la lecture

Examinez le texte

Briefly look at the document. What kind of information is listed? In what order is it listed? Where do you usually find such information? Can you guess what this document is?

Mots apparentés

Read the list of cognates in the **Stratégie** box again. How many cognates can you find in the reading selection? Are there additional cognates in the reading? Which ones? Can you guess their English equivalents?

Devinez

In addition to using cognates and words you already know, you can also use context to guess the meaning of words you do not know. Find the following words in the reading selection and try to guess what they mean. Compare your answers with those of a classmate.

horaires	lundi	ouvert	soirs	tous

Carnet d'adresses

Carnet d'adresses

Recherche →

A B C D E F G H I J K

☑ **DAMERY Jean-Claude**
dentiste
✉ 18, rue des Lilas   02 38 23 45 46
45000 Orléans

☐ **Café de la Poste**
Ouvert° tous les jours°, de 7h00° à 22h00
✉ 25, place de la Poste   02 38 27 18 00
45000 Orléans

☐ **Librairie Balzac**
Horaires: 9h00–12h00 et 14h00–18h00
✉ 18, route de Lorient   02 38 18 60 36
45000 Orléans

☐ **DANTEC Pierre-Henri**
médecin généraliste
✉ 23, rue du Lac   02 38 47 34 20
45000 Orléans

☑ **Banque du Centre**
Ouvert de 9h00 à 17h00 du lundi° au vendredi°
✉ 17, boulevard Giroud   02 38 58 35 00
45000 Orléans

Dîner vendredi 8h00
Restaurant du Chat qui dort

Après la lecture

Où aller? Tell where each of these people should go based on what they need or want to do.

MODÈLE

Camille's daughter is starting high school.
Lycée Molière

1. Mrs. Leroy needs to deposit her paycheck.
_____

2. Laurent would like to take his girlfriend out for a special dinner.
_____

3. Marc has a toothache.
_____

4. Céleste would like to go see a play tonight.
_____

5. Pauline's computer is broken.
_____

6. Mr. Duchemin needs to buy some aspirin for his son.
_____

7. Jean-Marie needs a book on French history but he doesn't want to buy one.
_____

8. Noémie thinks she has the flu.
_____

9. Mr. and Mrs. Prudhomme want to go out for breakfast this morning.
_____

10. Jonathan wants to buy a new book for his sister's birthday.
_____

Notre annuaire With a classmate, select three of the listings from the reading and use them as models to create similar listings in French advertising places or services in your area.

MODÈLE

Restaurant du Chat qui dort
Ouvert tous les soirs pour le dîner
Horaires: 19h00 à 23h00
29, avenue des Rosiers
45000 Orléans
02 38 45 35 08

Always Good Eats Restaurant
Ouvert tous les jours
Horaires: 6h00 à 19h00
1250 9th Avenue
San Diego, CA 92108
224-0932

11:29 AM ?

Contacts   **Éditer**

Q R S T U V W X Y Z

☐ **Messier et fils°**
Réparations ordinateurs et télévisions
✉ 56, boulevard Henri IV   02 38 44 42 59
45000 Orléans

☐ **Théâtre de la Comédie**
✉ 11, place de la Comédie   02 38 45 32 11
45000 Orléans

☐ **Pharmacie Vidal**
✉ 45, rue des Acacias   02 38 13 57 53
45000 Orléans

☐ **Restaurant du Chat qui dort°**
Ouvert tous les soirs pour le dîner / Horaires: 19h00 à 23h00
✉ 29, avenue des Rosiers   02 38 45 35 08
45000 Orléans

☑ **Bibliothèque municipale**
✉ Place de la gare   02 38 56 43 22
45000 Orléans

☑ **Lycée Molière**
✉ 15, rue Molière   02 38 29 23 04
45000 Orléans

Ouvert *Open* **tous les jours** *every day* **7h00 (sept heures)** *7:00* **lundi** *Monday* **vendredi** *Friday* **fils** *son(s)* **Chat qui dort** *Sleeping cat*

ressources
vText   vhlcentral.com Leçon 1B

Écriture

Writing in French

Why do we write? All writing has a purpose. For example, we may write a poem to reveal our innermost feelings, a letter to impart information, or an essay to persuade others to accept a point of view. Proficient writers are not born, however. Writing requires time, thought, effort, and a lot of practice. Here are some tips to help you write more effectively in French.

DO

▶ Write your ideas in French.

▶ Make an outline of your ideas.

▶ Decide what the purpose of your writing will be.

▶ Use the grammar and vocabulary that you know.

▶ Use your textbook for examples of style, format, and expressions in French.

▶ Use your imagination and creativity to make your writing more interesting.

▶ Put yourself in your reader's place to determine if your writing is interesting.

DON'T

▶ Translate your ideas from English to French.

▶ Repeat what is in the textbook or on a web page.

▶ Use a bilingual dictionary until you have learned how to use one effectively.

Thème

Faites une liste!

Avant l'écriture

1. Imagine that several students from a French-speaking country will be spending a year at your school. You've been asked to put together a list of people and places that might be useful and of interest to them. Your list should include:

   ■ Your name, address, phone number(s) (home and/or cell), and e-mail address

   ■ The names of four other students in your French class, their addresses, phone numbers, and e-mail addresses

   ■ Your French teacher's name, office and/or cell phone number(s), and e-mail address

   ■ Your school library's phone number and hours

   ■ The names, addresses, and phone numbers of three places near your school where students like to go

2. Write down the names of the classmates you want to include.

3. Interview your classmates and your teacher to find out the information you need to include. Use the following questions and write down their responses.

Informal	Formal
Comment t'appelles-tu?	Comment vous appelez-vous?
Quel est ton numéro de téléphone?	Quel est votre numéro de téléphone?
Quelle est ton adresse e-mail?	Quelle est votre adresse e-mail?

4. Think of three places in your community that a group of students from a French-speaking country would enjoy visiting. They could be a library, a bookstore, a coffee shop, a restaurant, a theater, or a park. Find out their addresses, telephone numbers, and e-mail addresses/URLs and write them down.

5. Go online and do a search for two websites that promote your town or area's history, culture, and attractions. Write down their URLs.

Écriture

Write your complete list, making sure it includes all the relevant information. It should include at least five people (with their phone numbers and e-mail addresses), four places (with phone numbers and addresses), and two websites (with URLs). Avoid using a dictionary and just write what you can in French.

Après l'écriture

1. Exchange your list with a partner's. Comment on his or her work by answering these questions.

   ■ Did your partner include the correct number of people, places, and websites?

   ■ Did your partner include the pertinent information for each?

NOM: _Madame Smith (professeur de français)_ ☎
ADRESSE: _Compton School_ ✉

NUMÉRO DE TÉLÉPHONE: _645-3458 (bureau)_
NUMÉRO DE PORTABLE: _919-0040_
ADRESSE E-MAIL: _absmith@yahoo.com_
NOTES: _—_

NOM: _Skate World_
ADRESSE: _8970 McNeil Road_

NUMÉRO DE TÉLÉPHONE: _658-0349_
NUMÉRO DE PORTABLE: _—_
ADRESSE E-MAIL: _skate@skateworld.com_
NOTES: _—_

2. Edit your partner's work, pointing out any spelling or content errors. Notice the use of these editing symbols:

   ዎ   delete

   ∧   insert letter or word(s) written in margin

   | replace letter or word(s) with one(s) in margin

   ≡   change to uppercase

   /   change to lowercase

   ∿   transpose indicated letters or words

Now look at this model of what an edited draft looks like:

o   Nm: Sally Wagner
       ∧
é   Téléphone: 655-8888

     Aɸresse e-mali: sally@uru.edu

     Nom: Madamed Nancy smith

Téléphone: ₍655-8090
             ∧

     Adresse e-mail: nsmith@uru.edu

3. Revise your list according to your partner's comments and corrections. After writing the final version, read it one more time to eliminate these kinds of problems:

   ■ spelling errors

   ■ punctuation errors

   ■ capitalization errors

   ■ use of incorrect verb forms

   ■ use of incorrect adjective agreement

   ■ use of incorrect definite and indefinite articles

ressources

v̂Text

vhlcentral.com
Leçon 1B

En classe

une bibliothèque	library
un café	café
une faculté	university; faculty
une librairie	bookstore
un lycée	high school
une salle de classe	classroom
une université	university
un dictionnaire	dictionary
une différence	difference
un examen	exam, test
la littérature	literature
un livre	book
un problème	problem
un résultat	result
la sociologie	sociology
un bureau	desk; office
une carte	map
une chaise	chair
une fenêtre	window
une horloge	clock
un ordinateur	computer
une porte	door
une table	table
un tableau	blackboard; picture
la télévision	television
un cahier	notebook
une calculatrice	calculator
une chose	thing
une corbeille (à papier)	wastebasket
un crayon	pencil
une feuille (de papier)	sheet of paper
un instrument	instrument
une montre	watch
un objet	object
un sac à dos	backpack
un stylo	pen

Les personnes

un(e) ami(e)	friend
un(e) camarade de chambre	roommate
un(e) camarade de classe	classmate
une classe	class (group of students)
un copain/une copine (fam.)	friend
un(e) élève	pupil, student
un(e) étudiant(e)	student
un(e) petit(e) ami(e)	boyfriend/girlfriend
une femme	woman
une fille	girl
un garçon	boy
un homme	man
une personne	person
un acteur/une actrice	actor
un chanteur/ une chanteuse	singer
un professeur	teacher, professor

Les présentations

Comment vous appelez-vous? (form.)	What is your name?
Comment t'appelles-tu? (fam.)	What is your name?
Enchanté(e).	Delighted.
Et vous/toi? (form./fam.)	And you?
Je m'appelle...	My name is...
Je vous/te présente... (form./fam.)	I would like to introduce (name) to you.

Identifier

c'est/ce sont	it's/they are
Combien...?	How much/many...?
ici	here
Il y a...	There is/are...
là	there
là-bas	over there
Qu'est-ce que c'est?	What is it?
Qui est-ce?	Who is it?
Quoi?	What?
voici	here is/are
voilà	there is/are

Bonjour et au revoir

À bientôt.	See you soon.
À demain.	See you tomorrow.
À plus tard.	See you later.
À tout à l'heure.	See you later.
Au revoir.	Good-bye.
Bonne journée!	Have a good day!
Bonjour.	Good morning.; Hello.
Bonsoir.	Good evening.; Hello.
Salut!	Hi!; Bye!

Comment ça va?

Ça va?	What's up?; How are things?
Comment allez-vous? (form.)	How are you?
Comment vas-tu? (fam.)	How are you?
Comme ci, comme ça.	So-so.
Je vais bien/mal.	I am doing well/badly.
Moi aussi.	Me too.
Pas mal.	Not badly.
Très bien.	Very well.

Expressions de politesse

De rien.	You're welcome.
Excusez-moi. (form.)	Excuse me.
Excuse-moi. (fam.)	Excuse me.
Il n'y a pas de quoi.	You're welcome.
Je vous/t'en prie. (form./fam.)	You're welcome.; It's nothing.
Merci beaucoup.	Thank you very much.
Monsieur (M.)	Sir (Mr.)
Madame (Mme)	Ma'am (Mrs.)
Mademoiselle (Mlle)	Miss
Pardon.	Pardon (me).
S'il vous plaît. (form.)	Please.
S'il te plaît. (fam.)	Please.

Expressions utiles	See pp. 7 and 21.
Numbers 0–60	See p. 12.
Subject pronouns	See p. 24.
être	See p. 25.
Descriptive adjectives	See p. 26.
Adjectives of nationality	See p. 27.

Au lycée

Pour commencer
- Which room at school is pictured?
  a. la bibliothèque   b. la salle de classe
  c. le café
- What are the students looking at?
  a. un cahier   b. un professeur   c. un livre
- How do the students look in this photo?
  a. intelligents   b. sociables   c. sérieux
- Which item is not visible in the photo?
  a. une table   b. une fenêtre
  c. un ordinateur

You will learn how to...

- talk about your classes
- ask questions and express negation

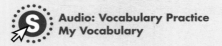
Audio: Vocabulary Practice
My Vocabulary

Les cours

Vocabulaire

J'aime bien...	*I like...*
Je n'aime pas tellement...	*I don't like... very much*
être reçu(e) à un examen	*to pass an exam*
l'architecture (*f.*)	*architecture*
l'art (*m.*)	*art*
le droit	*law*
l'éducation physique (*f.*)	*physical education*
la gestion	*business administration*
les lettres (*f.*)	*humanities*
la philosophie	*philosophy*
les sciences (politiques / po) (*f.*)	*(political) science*
le stylisme	*fashion design*
une bourse	*scholarship, grant*
une cantine	*cafeteria*
un cours	*class, course*
un devoir	*homework*
un diplôme	*diploma, degree*
l'école (*f.*)	*school*
les études (supérieures) (*f.*)	*(higher) education; studies*
le gymnase	*gymnasium*
une note	*grade*
un restaurant universitaire (un resto U)	*university cafeteria*
difficile	*difficult*
facile	*easy*
inutile	*useless*
utile	*useful*
surtout	*especially; above all*

la biologie

la chimie

Je déteste la physique! (détester)

J'adore la géographie! (adorer)

la géographie

la physique

les mathématiques (*f.*)

l'informatique (*f.*)

ressources

v Text

CE pp. 29–31

vhlcentral.com
Leçon 2A

38 *trente-huit*

Mise en pratique

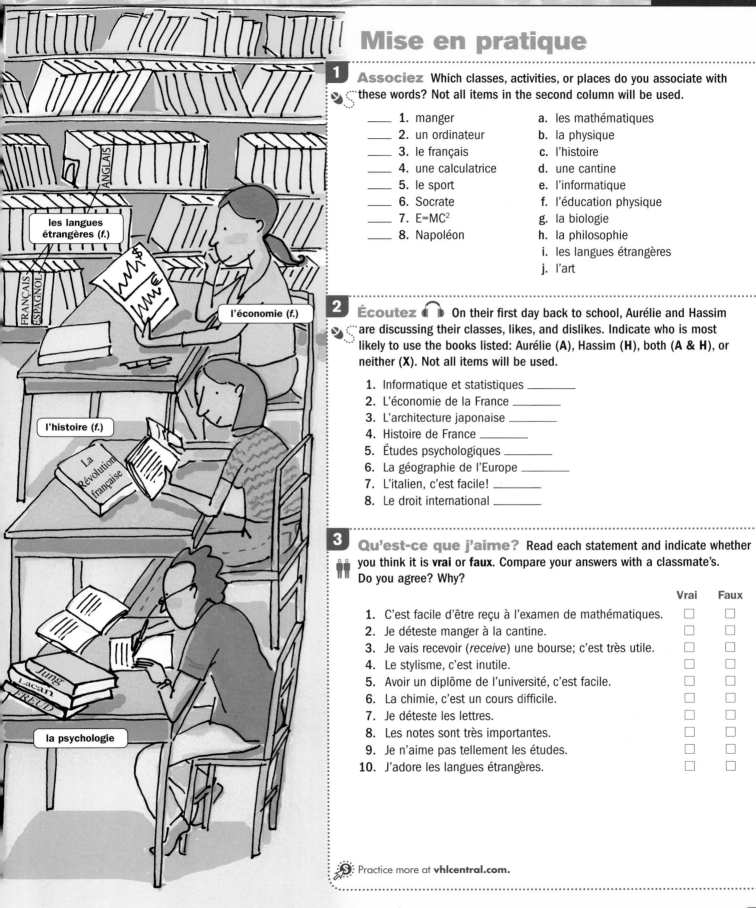

les langues
étrangères (f.)

l'économie (f.)

l'histoire (f.)

ANGLAIS

FRANÇAIS · ESPAGNOL

La Révolution française

Jung
Lacan
FREUD

la psychologie

1 Associez Which classes, activities, or places do you associate with these words? Not all items in the second column will be used.

_____ 1. manger   a. les mathématiques
_____ 2. un ordinateur   b. la physique
_____ 3. le français   c. l'histoire
_____ 4. une calculatrice   d. une cantine
_____ 5. le sport   e. l'informatique
_____ 6. Socrate   f. l'éducation physique
_____ 7. $E = MC^2$ g. la biologie
_____ 8. Napoléon   h. la philosophie
     i. les langues étrangères
     j. l'art

2 Écoutez 🎧 On their first day back to school, Aurélie and Hassim are discussing their classes, likes, and dislikes. Indicate who is most likely to use the books listed: Aurélie (**A**), Hassim (**H**), both (**A & H**), or neither (**X**). Not all items will be used.

1. Informatique et statistiques _____
2. L'économie de la France _____
3. L'architecture japonaise _____
4. Histoire de France _____
5. Études psychologiques _____
6. La géographie de l'Europe _____
7. L'italien, c'est facile! _____
8. Le droit international _____

3 Qu'est-ce que j'aime? Read each statement and indicate whether you think it is **vrai** or **faux**. Compare your answers with a classmate's. Do you agree? Why?

	Vrai	Faux
1. C'est facile d'être reçu à l'examen de mathématiques.	☐	☐
2. Je déteste manger à la cantine.	☐	☐
3. Je vais recevoir (*receive*) une bourse; c'est très utile.	☐	☐
4. Le stylisme, c'est inutile.	☐	☐
5. Avoir un diplôme de l'université, c'est facile.	☐	☐
6. La chimie, c'est un cours difficile.	☐	☐
7. Je déteste les lettres.	☐	☐
8. Les notes sont très importantes.	☐	☐
9. Je n'aime pas tellement les études.	☐	☐
10. J'adore les langues étrangères.	☐	☐

🔊: Practice more at **vhlcentral.com**.

Communication

4 **Conversez** In pairs, fill in the blanks according to your own situations. Then, act out the conversation for the class.

Élève A: _____, comment ça va?

Élève B: _____. Et toi?

Élève A: _____ merci.

Élève B: Est-ce que tu aimes le cours de _____?

Élève A: J'adore le cours de _____.

Élève B: Moi aussi. Tu aimes _____?

Élève A: Non, j'aime mieux (*better*) _____.

Élève B: Bon, à bientôt.

Élève A: À _____.

5 **Qu'est-ce que c'est?** Write a caption for each image, stating where the students are and how they feel about the classes they are attending. Then, in pairs, take turns reading your captions for your partner to guess about whom you are talking.

MODÈLE

C'est le cours de français.
Le français, c'est facile.

1. _____

2. _____

3. _____

4. _____

5. _____

6. _____

6 **Vous êtes...** Imagine what subjects these famous people liked and disliked as students. In pairs, take turns playing the role of each one and guessing the answer.

MODÈLE

Élève 1: *J'aime la physique et la chimie, mais je n'aime pas tellement les cours d'économie.*
Élève 2: *Vous êtes Albert Einstein!*

- Albert Einstein
- Louis Pasteur
- Donald Trump
- Bill Clinton
- Christian Dior
- Le docteur Phil
- Bill Gates
- Frank Lloyd Wright

7 **Sondage** Your teacher will give you a worksheet to conduct a survey (**un sondage**). Go around the room to find people that study the subjects listed. Ask what your classmates think about their subjects. Keep a record of their answers to discuss with the class.

MODÈLE

Élève 1: *Jean, est-ce que tu étudies (do you study) la chimie?*
Élève 2: *Oui. J'aime bien la chimie. C'est un cours utile.*

Les sons et les lettres

**Audio: Explanation
Record & Compare**

🎧 **Liaisons**

Consonants at the end of French words are generally silent but are usually pronounced when the word that follows begins with a vowel sound. This linking of sounds is called a liaison.

À tout à l'heure!   **Comment allez-vous?**

- -

An **s** or an **x** in a liaison sounds like the letter **z**.

les étudiants   **trois élèves**   **six élèves**   **deux hommes**

- -

Always make a liaison between a subject pronoun and a verb that begins with a vowel sound; always make a liaison between an article and a noun that begins with a vowel sound.

nous aimons   **ils ont**   **un étudiant**   **les ordinateurs**

- -

Always make a liaison between **est** (a form of **être**) and a word that begins with a vowel or a vowel sound. Never make a liaison with the final consonant of a proper name.

Robert est anglais.   **Paris est exceptionnelle.**

- -

Never make a liaison with the conjunction **et** (*and*).

Carole et Hélène   **Jacques et Antoinette**

- -

Never make a liaison between a singular noun and an adjective that follows it.

un cours horrible   **un instrument élégant**

🔊 **Prononcez** Practice saying these words and expressions aloud.

1. un examen	4. dix acteurs	7. des informations	10. Bernard aime
2. des étudiants	5. Paul et Yvette	8. les études	11. chocolat italien
3. les hôtels	6. cours important	9. deux hommes	12. Louis est

🔊 **Articulez** Practice saying these sentences aloud.

1. Nous aimons les arts.   4. Sylvie est avec Anne.
2. Albert habite à Paris.   5. Ils adorent les deux universités.
3. C'est un objet intéressant.

🔊 **Dictons** Practice reading these sayings aloud.

> *Un hôte non invité doit apporter son siège.*[2]

> *Les amis de nos amis sont nos amis.*[1]

[1] Friends of our friends are our friends.
[2] An uninvited guest must bring his own chair.

ressources

vText | CE p. 32 | vhlcentral.com Leçon 2A

Trop de devoirs!

 Video: *Roman-photo*
Record & Compare

Amina

Antoine

David

Rachid

Sandrine

Stéphane

ANTOINE Je déteste le cours de sciences po.
RACHID Oh? Mais pourquoi? Je n'aime pas tellement le prof, Monsieur Dupré, mais c'est un cours intéressant et utile!
ANTOINE Tu crois? Moi, je pense que c'est très difficile, et il y a beaucoup de devoirs. Avec Dupré, je travaille, mais je n'ai pas de bons résultats.

RACHID Si on est optimiste et si on travaille, on est reçu à l'examen.
ANTOINE Toi, oui, mais pas moi! Toi, tu es un étudiant brillant! Mais moi, les études, oh là là.
DAVID Eh! Rachid! Oh! Est-ce que tu oublies ton coloc?

RACHID Pas du tout, pas du tout. Antoine, voilà, je te présente David, mon colocataire américain.
DAVID Nous partageons un des appartements du P'tit Bistrot.
ANTOINE Le P'tit Bistrot? Sympa!

SANDRINE Salut! Alors, ça va l'université française?
DAVID Bien, oui. C'est différent de l'université américaine, mais c'est intéressant.
AMINA Tu aimes les cours?
DAVID J'aime bien les cours de littérature et d'histoire françaises. Demain, on étudie *Les Trois Mousquetaires* d'Alexandre Dumas.

SANDRINE J'adore Dumas. Mon livre préféré, c'est *Le Comte de Monte-Cristo*.
RACHID Sandrine! S'il te plaît! *Le Comte de Monte-Cristo*?
SANDRINE Pourquoi pas? Je suis chanteuse, mais j'adore les classiques de la littérature.
DAVID Donne-moi le sac à dos, Sandrine.

Au P'tit Bistrot...
RACHID Moi, j'aime le cours de sciences po, mais Antoine n'aime pas Dupré. Il pense qu'il donne trop de devoirs.

A C T I V I T É S

1 **Vrai ou faux?** Choose whether each statement is vrai or faux. Correct the false statements.

1. Rachid et Antoine n'aiment pas le professeur Dupré.
2. Antoine aime bien le cours de sciences po.
3. Rachid et Antoine partagent (*share*) un appartement.
4. David et Rachid cherchent (*look for*) Amina et Sandrine après (*after*) les cours.
5. Le livre préféré de Sandrine est *Le Comte de Monte-Cristo*.
6. L'université française est très différente de l'université américaine.
7. Stéphane aime la chimie.
8. Monsieur Dupré est professeur de maths.
9. Antoine a (*has*) beaucoup de devoirs.
10. Stéphane adore l'anglais.

 Practice more at **vhlcentral.com.**

Antoine, David, Rachid et Stéphane parlent (*talk*) de leurs (*their*) cours.

RACHID Ah... on a rendez-vous avec Amina et Sandrine. On y va?
DAVID Ah, oui, bon, ben, salut, Antoine!
ANTOINE Salut, David. À demain, Rachid!

SANDRINE Bon, Pascal, au revoir, chéri.
RACHID Bonjour, chérie. Comme j'adore parler avec toi au téléphone! Comme j'adore penser à toi!

STÉPHANE Dupré? Ha! C'est Madame Richard, mon prof de français. Elle, elle donne trop de devoirs.
AMINA Bonjour, comment ça va?
STÉPHANE Plutôt mal. Je n'aime pas Madame Richard. Je déteste les maths. La chimie n'est pas intéressante. L'histoire-géo, c'est l'horreur. Les études, c'est le désastre!

DAVID Le français, les maths, la chimie, l'histoire-géo... mais on n'étudie pas les langues étrangères au lycée en France?
STÉPHANE Si, malheureusement! Moi, j'étudie l'anglais. C'est une langue très désagréable! Oh, non, non, ha, ha, c'est une blague, ha, ha. L'anglais, j'adore l'anglais. C'est une langue charmante....

Expressions utiles

Talking about classes
- **Tu aimes les cours?**
  Do you like the classes?
- **Antoine n'aime pas Dupré.**
  Antoine doesn't like Dupré.
- **Il pense qu'il donne trop de devoirs.**
  He thinks he gives too much homework.
- **Tu crois? Mais pourquoi?**
  You think? But why?
- **Avec Dupré, je travaille, mais je n'ai pas de bons résultats.**
  With Dupré, I work, but I don't get good results (grades).
- **Demain, on étudie *Les Trois Mousquetaires*.**
  Tomorrow we're studying The Three Musketeers.
- **C'est mon livre préféré.**
  It's my favorite book.

Additional vocabulary
- **On a rendez-vous (avec des ami(e)s).**
  We're meeting (friends).
- **Comme j'adore...**
  How I love...
- **parler au téléphone**
  to talk on the phone
- **C'est une blague.**
  It's a joke.
- **Si, malheureusement!**
  Yes, unfortunately!
- **On y va? / On y va.**
  Are you ready? / Let's go.
- **Eh!**
  Hey!
- **pas du tout**
  not at all
- **chéri(e)**
  darling

2 Complétez Match the people in the second column with the verbs in the first. Refer to a dictionary, the dialogue, and the video stills as necessary. Use each option once.

_____ 1. travailler
_____ 2. partager
_____ 3. oublier
_____ 4. étudier
_____ 5. donner

a. Sandrine is very forgetful.
b. Rachid is very studious.
c. David can't afford his own apartment.
d. Amina is very generous.
e. Stéphane needs to get good grades.

3 Conversez In this episode, Rachid, Antoine, David, and Stéphane talk about the subjects they are studying. Get together with a partner. Do any of the characters' complaints or preferences remind you of your own? Whose opinions do you agree with? Whom do you disagree with?

ressources

v̄Text — CE pp. 33–34 — vhlcentral.com Leçon 2A

ACTIVITÉS

 **Reading**
Video: *Flash culture*

CULTURE À LA LOUPE

Au lycée

What is high school like in France? At the end of middle school (**le collège**), French students begin three years of high-school study at the **lycée.** Beginning in **seconde** (10th grade), students pass into **première** (11th grade) and end with **la terminale** (12th grade).

The **lycée** experience is quite different from American high school. For example, the days are much longer: often from 8:00 am until 5:00 pm. On Wednesdays, classes typically end at noon. Students in some **lycées** may also have class on Saturday morning. French schools do not offer organized sports, like American schools do, but students who want to play an organized sport can join **l'Association sportive scolaire.** Every public **lycée** must offer this option to its students. All such extra-curricular activities take place after school hours or on Wednesday afternoons.

Grades are based on a 20-point scale, with 10 being the average grade. As students advance in their studies, it becomes harder for them to achieve a grade of 16/20 or even 14/20. A student can receive a below-average score in one or more courses and still advance to the next level as long as their overall grade average is at least 10/20.

Another important difference is that French students must begin a specialization while in high school, at the end of the **classe de seconde.** That choice is likely to influence the rest of their studies and, later, their job choice. While they can change their mind after the first trimester of **première,** by then students are already set on a course towards the **baccalauréat** or **bac,** the terminal exam that concludes their **lycée** studies.

Système français de notation						
NOTE FRANÇAISE	**NOTE AMÉRICAINE**	**%**	**NOTE FRANÇAISE**	**NOTE AMÉRICAINE**	**%**
0	F	0	11	B-	82
2	F	3	12	B+	88
3	F	8	13	A-	93
4	F	18	14	A	95
5	F	28	15	A	96
6	F	38	16	A+	98
7	D-	60	17	A+	98
8	D-	65	18	A+	99
9	D+	68	19	A+	99
10	C	75	20	A+	100

A C T I V I T É S

1 **Vrai ou faux?** Indicate whether each statement is **vrai** or **faux.**

1. The **lycée** comes after **collège.**
2. It takes 4 years to complete **lycée.**
3. The grade order in the **lycée** is **terminale, première,** and lastly **seconde.**
4. **Lycées** never have classes on Saturday.
5. French students have class from Monday to Friday all day long.

6. French students have to specialize in a field of study while in high school.
7. French students begin their specialization in **première.**
8. The French grading system resembles the US grading system.
9. The highest grade that a French student can get is 20/20.
10. To obtain a grade of 20/20 is common in France.

 Practice more at **vhlcentral.com.**

Les cours

être fort(e) en...	to be good at
être nul(le) en...	to stink at
sécher un cours	to skip a class
potasser	to cram
piger	to get it
l'emploi du temps	class schedule
l'histoire-géo	history-geography
les maths	math
la philo	philosophy
le prof	teacher
la récré(ation)	recess

LE MONDE FRANCOPHONE

Le lycée

Le «lycée» n'existe pas partout°.

En Afrique francophone, on utilise° les termes de *lycée* et de *baccalauréat*.

En Belgique, le lycée public s'appelle une *école secondaire* ou un *athénée*. Un lycée privé° s'appelle un *collège*. Le bac n'existe pas°.

En Suisse, les lycées s'appellent *gymnases, écoles préparant à la maturité* ou *écoles de culture générale*. Les élèves reçoivent° un certificat du secondaire II.

partout *everywhere* **on utilise** *one uses* **privé** *private* **n'existe pas** *does not exist* **reçoivent** *receive*

PORTRAIT

Immersion française au Canada

Au Canada, l'anglais et le français sont les langues officielles, mais les provinces ne sont pas nécessairement bilingues — le Nouveau-Brunswick est la seule province officiellement bilingue. Seulement 17,4% des Canadiens parlent le français et l'anglais. Pourtant°, il existe un programme d'immersion française qui encourage le bilinguisme: certains élèves d'école primaire ou secondaire (lycée) choisissent de suivre leurs cours° en français. Pendant° trois années ou plus, les élèves ont tous° les cours uniquement en français. Au Nouveau-Brunswick, 32% des élèves y sont inscrits°. Au Québec, province majoritairement francophone, mais avec une communauté anglophone importante, 22% des élèves sont inscrits dans le programme d'immersion française.

Pourtant *However* **suivre leurs cours** *take their classes*
Pendant *For* **ont tous** *take all* **inscrits** *enrolled*

Coup de main

To read decimal places in French, use the French word **virgule** (*comma*) where you would normally say *point* in English. To say *percent*, use **pour cent**.

17,4% dix-sept virgule quatre pour cent
seventeen point four percent

Sur Internet

Comment est une journée (*day*) typique dans un lycée français?

Go to **vhlcentral.com** to find more information related to this **Cultura** section.

---

2 Complete each statement.

1. L'anglais et le français sont les langues officielles du _____.

2. Le programme d'immersion existe dans les écoles primaires et _____.

3. Le programme d'immersion est pour une période de _____ ans ou plus.

4. Au Nouveau-Brunswick, la communauté _____ est importante.

5. En Suisse, les lycées s'appellent _____.

3 **Les cours** Research what classes are taught in the **lycée** and how long each course is. How does this compare to your class schedule? You may search in your library or online.

ressources

v̂Text

CE
pp. 35–36

vhlcentral.com
Leçon 2A

A C T I V I T É S

**Presentation
Tutorial**

2A.1 Present tense of regular -*er* verbs

Point de départ The infinitives of most French verbs end in **-er**. To form the present tense of regular **-er** verbs, drop the **-er** from the infinitive and add the corresponding endings for the different subject pronouns. This chart demonstrates how to conjugate regular **-er** verbs.

Parler (to speak)			
je parle	*I speak*	nous parlons	*we speak*
tu parles	*you speak*	vous parlez	*you speak*
il/elle parle	*he/she/it speaks*	ils/elles parlent	*they speak*

- Here are some other verbs that are conjugated the same way as **parler**.

Common -*er* verbs			
adorer	*to love*	habiter (à/en)	*to live in*
aimer	*to like; to love*	manger	*to eat*
aimer mieux	*to prefer (to like better)*	oublier	*to forget*
arriver	*to arrive*	partager	*to share*
chercher	*to look for*	penser (que/qu'...)	*to think (that...)*
commencer	*to begin, to start*	regarder	*to look (at)*
dessiner	*to draw*	rencontrer	*to meet*
détester	*to hate*	retrouver	*to meet up with; to find (again)*
donner	*to give*	travailler	*to work*
étudier	*to study*	voyager	*to travel*

- Note that **je** becomes **j'** when it appears before a verb that begins with a vowel sound.

  J'habite à Bruxelles.   **J'étudie** la psychologie.
  I live in Brussels.   *I study psychology.*

- With the verbs **adorer**, **aimer**, and **détester**, use the definite article before a noun to tell what someone loves, likes, prefers, or hates.

  J'aime mieux **l'**art.   Marine déteste **les** devoirs.
  I prefer art.   *Marine hates homework.*

- Use infinitive forms after the verbs **adorer**, **aimer**, and **détester** to say that you like (or hate, etc.) to do something. Only the first verb should be conjugated.

  Ils **adorent travailler** ici.   Ils **détestent étudier** ensemble.
  They love to work here.   *They hate to study together.*

MISE EN PRATIQUE

1 **Complétez** Complete the conversation with the correct forms of the verbs.

ARTHUR Tu (1) _____ (parler) bien français!

OLIVIER Merci! Mon ami Marc et moi, nous (2) _____ (retrouver) un professeur de français et nous (3) _____ (étudier) ensemble. Et toi, tu (4) _____ (aimer) les langues étrangères?

ARTHUR Non, j' (5) _____ (étudier) l'art et l'économie. Je (6) _____ (dessiner) bien et j' (7) _____ (aimer) beaucoup l'art moderne. Marc et toi, vous (8) _____ (voyager) beaucoup?

2 **Phrases** Form sentences using the words provided. Conjugate the verbs and add any necessary words.

1. je / oublier / devoir de littérature
2. nous / commencer / études supérieures
3. vous / rencontrer / amis / à / lycée
4. Hélène / détester / travailler
5. tu / chercher / cours / facile
6. élèves / arriver / avec / dictionnaires

3 **Après l'école** Say what Stéphanie and her friends are doing after (**après**) school.

MODÈLE

Nathalie cherche un livre.

1. André _____ à la bibliothèque.

4. Julien et Audrey _____ avec Simon.

2. Maxime _____ Caroline au café.

5. Alexis et toi, vous _____ avec la classe.

3. Jérôme et moi, nous _____.

6. Je _____ à la cantine.

Practice more at **vhlcentral.com**.

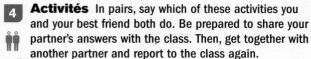
COMMUNICATION

4 Activités In pairs, say which of these activities you and your best friend both do. Be prepared to share your partner's answers with the class. Then, get together with another partner and report to the class again.

MODÈLE

To your partner: *Nous parlons au téléphone, nous…*
To the class: *Ils/Elles travaillent, ils/elles…*

manger à la cantine	étudier une langue étrangère
oublier les devoirs	regarder la télévision
retrouver des amis au café	aimer les cours
travailler	voyager

5 Les études In pairs, take turns asking your partner if he or she likes one academic subject or another. If you don't like a subject, mention one you do like. Then, use **tous/toutes les deux** (*both of us*) to tell the class what subjects both of you like or hate.

MODÈLE

Élève 1: *Tu aimes la chimie?*
Élève 2: *Non, je déteste la chimie. J'aime mieux les langues. Et toi?*
Élève 1: *Moi aussi… Nous adorons tous les deux les langues.*

6 Adorer, aimer, détester In groups of four, ask each other if you like to do these activities. Then, use an adjective to tell why you like them or not and say whether you do them often (**souvent**), sometimes (**parfois**), or rarely (**rarement**).

MODÈLE

Élève 1: *Tu aimes voyager?*
Élève 2: *Oui, j'adore voyager. C'est amusant! Je voyage souvent.*
Élève 3: *Moi, je n'aime pas tellement voyager. C'est désagréable! Je voyage rarement.*

dessiner	partager une chambre
étudier le week-end	retrouver des amis
manger au restaurant	travailler à la bibliothèque
oublier les devoirs	voyager
parler avec les professeurs	

• The present tense in French can be translated in different ways in English. The English equivalent depends on the context.

Ils **étudient** la physique.
They study physics.
They are studying physics.
They do study physics.

Nous **travaillons** ici demain.
We work here tomorrow.
We are working here tomorrow.
We will work here tomorrow.

• Verbs ending in -ger (**manger, partager, voyager**) and -cer (**commencer**) have a spelling change in the **nous** form.

manger ▸ **nous mangeons**

commencer ▸ **nous commençons**

Nous **voyageons** avec une amie.
We are traveling with a friend.

Nous **commençons** les devoirs.
We are starting the homework.

• Unlike the English *to look for*, the French **chercher** requires no preposition before the noun that follows it.

Nous **cherchons les stylos**.
We are looking for the pens.

Vous **cherchez la montre**?
Are you looking for the watch?

• Use present tense verb forms to give commands. The **nous** and **vous** command forms are identical to those of the present tense. The **tu** command form of -er verbs drops the -s from the present tense form. The command forms of **être** are irregular: **sois, soyons, soyez.**

Regarde!	**Travaillons.**	**Parlez** français.	**Sois** patiente!
Look!	*Let's work.*	*Speak French.*	*Be patient!*

Est-ce que tu oublies ton coloc?

Nous partageons un des appartements du P'tit Bistrot.

BOÎTE À OUTILS
To express yourself with greater accuracy, use these adverbs: **assez** (*enough*), **d'habitude** (*usually*), **de temps en temps** (*from time to time*), **parfois** (*sometimes*), **rarement** (*rarely*), **souvent** (*often*), **toujours** (*always*).

Essayez! Complete the sentences with the correct present tense forms of the verbs in parentheses.

1. Je ___parle___ (parler) français en classe.
2. Nous _____ (habiter) près de (*near*) l'université.
3. Ils _____ (aimer) le cours de sciences politiques.
4. Élodie _____ (regarder) le professeur.
5. Le cours _____ (commencer) à huit heures (*at eight o'clock*).
6. Claire et Sylvain _____ (partager) le livre.

Presentation Tutorial

2A.2 Forming questions and expressing negation

Point de départ You have learned how to make affirmative and declarative statements in French. Now you will learn how to form questions and make negative statements.

Forming questions

- There are several ways to ask a question in French. The simplest way is to use the same wording as for a statement but with rising intonation (when speaking) or setting a question mark at the end (when writing). This method is considered informal.

  Vous habitez à Bordeaux?
  You live in Bordeaux?

  Tu aimes le cours de français?
  You like French class?

- A second way is to place the phrase **Est-ce que...** directly before a statement. If the next word begins with a vowel sound, use **Est-ce qu'**. Questions with **est-ce que** are somewhat formal.

  Est-ce que vous parlez français?
  Do you speak French?

  Est-ce qu'il aime dessiner?
  Does he like to draw?

- A third way is to place a tag question at the end of a statement. This method can be formal or informal.

  On commence à deux heures, **d'accord**?
  We're starting at two o'clock, OK?

  Nous mangeons à midi, **n'est-ce pas**?
  We eat at noon, don't we?

- A fourth way is to invert the order of the subject pronoun and the verb and hyphenate them. If the verb ends in a vowel and the subject pronoun is **il**, **elle**, or **on**, **-t-** is inserted between the verb and the pronoun. Inversion is considered more formal.

  Parlez-vous français?
  Do you speak French?

  Mange-t-il à midi?
  Does he eat at noon?

  Est-elle élève?
  Is she a student?

- If the subject is a noun rather than a pronoun, invert the pronoun and the verb, and place the noun before them.

  Le professeur parle-t-il français?
  Does the teacher speak French?

  Nina arrive-t-elle demain?
  Does Nina arrive tomorrow?

- The inverted form of **il y a** is **y a-t-il**. **C'est** becomes **est-ce**.

  Y a-t-il une horloge dans la classe?
  Is there a clock in the class?

  Est-ce le professeur de lettres?
  Is he the humanities professor?

- Use **pourquoi** to ask *why?* Use **parce que** (**parce qu'** before a vowel sound) in the answer to express *because*.

  Pourquoi retrouves-tu Sophie ici?
  Why are you meeting Sophie here?

  Parce qu'elle habite près d'ici.
  Because she lives near here.

1 **L'inversion** Restate the questions using inversion.

1. Est-ce que vous parlez espagnol?
2. Est-ce qu'il étudie à Paris?
3. Est-ce qu'ils voyagent avec des amis?
4. Est-ce que tu aimes les cours de langues?
5. Est-ce que le professeur parle anglais?
6. Est-ce que les élèves aiment dessiner?

2 **Les questions** Ask the questions that correspond to the answers. Use **est-ce que/qu'** and inversion for each item.

MODÈLE

Nous habitons loin (*far away*).
Est-ce que vous habitez loin? / Habitez-vous loin?

1. Il mange à la cantine.
2. J'oublie les examens.
3. François déteste les maths.
4. Nous adorons voyager.
5. Les cours ne commencent pas demain.
6. Les élèves arrivent en classe.

3 **Complétez** Complete the conversation with the correct questions for the answers given. Act it out with a partner.

MYLÈNE	Salut, Arnaud. Ça va?
ARNAUD	Oui, ça va. Alors (*So*)... (1) _____
MYLÈNE	J'adore le cours de sciences po, mais je déteste l'informatique.
ARNAUD	(2) _____
MYLÈNE	Parce que le prof est très strict.
ARNAUD	(3) _____
MYLÈNE	Oui, il y a des élèves sympathiques... Et demain? (4) _____
ARNAUD	Peut-être, mais demain je retrouve aussi Dominique.
MYLÈNE	(5) _____
ARNAUD	Pas du tout!

 Practice more at **vhlcentral.com**.

4 **Au café** In pairs, take turns asking each other questions about the drawing. Use verbs from the list.

MODÈLE

Élève 1: *Monsieur Laurent parle à Madame Martin, n'est-ce pas?*
Élève 2: *Mais non. Il déteste parler!*

arriver	dessiner	manger	partager
chercher	étudier	oublier	rencontrer

5 **Questions** You and your partner want to know each other better. Take turns asking each other questions. Modify or add elements as needed.

MODÈLE aimer / l'art

Élève 1: *Est-ce que tu aimes l'art?*
Élève 2: *Oui, j'adore l'art.*

1. détester / devoirs
2. étudier / avec / amis
3. penser que / cours / au lycée / être / intéressant
4. cours de sciences / être / facile
5. aimer mieux / biologie / ou / physique
6. retrouver / copains / à la cantine

6 **Confirmez** In groups of three, confirm whether the statements are true of your school. Correct any untrue statements by making them negative.

MODÈLE

Les profs sont désagréables.
Pas du tout. Les profs ne sont pas désagréables.

1. Le cours d'informatique est inutile.
2. Il y a des élèves de nationalité allemande.
3. Nous mangeons une cuisine excellente à la cantine.
4. Tous (*All*) les élèves étudient à la bibliothèque.
5. Le cours de chimie est facile.
6. Nous adorons le gymnase.

Expressing negation

● To make a sentence negative in French, place **ne** (**n'** before a vowel sound) before the conjugated verb and **pas** after it.

Je **ne dessine pas** bien.   **Ne parlez pas** en cours.
I don't draw well.   *Don't talk in class.*

● In the construction [*conjugated verb + infinitive*], **ne** (**n'**) comes before the conjugated verb and **pas** after it.

Abdel **n'aime pas étudier**.   Vous **ne détestez pas travailler**?
Abdel doesn't like to study.   *You don't hate to work?*

● In questions with inversion, place **ne** before the inversion and **pas** after it.

Abdel **n'aime-t-il pas** étudier?   **Ne détestez-vous pas** travailler?
Doesn't Abdel like to study?   *Don't you hate to work?*

● Use these expressions to respond to a statement or a question that requires a *yes* or *no* answer.

Expressions of agreement and disagreement			
oui	*yes*	**(mais) non**	*no (but of course not)*
bien sûr	*of course*	**pas du tout**	*not at all*
moi/toi non plus	*me/you neither*	**peut-être**	*maybe, perhaps*

Vous mangez souvent à la cantine?   **Non, pas du tout.**
Do you eat often in the cafeteria?   *No, not at all.*

● Use **si** instead of **oui** to contradict a negative question.

Il **ne cherche pas** le sac à dos?   **Si**. Il cherche aussi les crayons.
Isn't he looking for the backpack?   *Yes. He's looking for the pencils too.*

Essayez! Make questions out of these statements. Use **est-ce que/qu'** in items 1–6 and inversion in 7–12.

	Statement	Question
1.	Vous mangez à la cantine.	*Est-ce que vous mangez à la cantine?*
2.	Ils adorent les devoirs.	_____
3.	La biologie est difficile.	_____
4.	Tu travailles.	_____
5.	Elles cherchent le prof.	_____
6.	Aude voyage beaucoup.	_____
7.	Vous arrivez demain.	*Arrivez-vous demain?*
8.	L'élève oublie le livre.	_____
9.	La physique est utile.	_____
10.	Il y a deux salles de classe.	_____
11.	Ils n'habitent pas à Québec.	_____
12.	C'est le professeur d'art.	_____

Révision

1 **Des styles différents** In pairs, compare these two very different classes. Then, tell your partner which class you prefer and why.

2 **Les activités** In pairs, discuss whether these expressions apply to both of you. React to every answer you hear.

> **MODÈLE**
>
> **Élève 1:** *Est-ce que tu étudies le week-end?*
> **Élève 2:** *Non! Je n'aime pas étudier le week-end.*
> **Élève 1:** *Moi non plus. J'aime mieux étudier le soir.*

1. adorer la cantine
2. aimer le cours d'art
3. étudier à la bibliothèque
4. manger souvent (*often*) des sushis
5. oublier les devoirs
6. parler espagnol
7. travailler le soir
8. voyager souvent

3 **Le lycée** In pairs, prepare ten questions inspired by the list and what you know about your school. Together, survey as many classmates as possible to find out what they like and dislike.

> **MODÈLE**
>
> **Élève 1:** *Est-ce que tu aimes étudier à la bibliothèque?*
> **Élève 2:** *Non, pas trop. J'aime mieux étudier...*

bibliothèque	élève	cantine
bureau	gymnase	salle de classe
cours	librairie	salle d'ordinateurs

4 **Pourquoi?** Survey as many classmates as possible to find out if they like these subjects and why. Ask what adjective they would pick to describe them. Tally the most popular answers for each subject.

> **MODÈLE**
>
> **Élève 1:** *Est-ce que tu aimes la philosophie?*
> **Élève 2:** *Pas tellement.*
> **Élève 1:** *Pourquoi?*
> **Élève 2:** *Parce que c'est trop difficile.*

1. la biologie		a. agréable
2. la chimie		b. amusant
3. l'histoire		c. désagréable
4. l'éducation physique		d. difficile
5. l'informatique		e. facile
6. les langues		f. important
7. les mathématiques		g. inutile
8. la psychologie		h. utile

5 **Les conversations** In pairs, act out a short conversation between the people shown in each drawing. They should greet each other, describe what they are doing, and discuss their likes or dislikes. Choose your favorite skit and role-play it for another pair.

> **MODÈLE**
>
> **Élève 1:** *Bonjour, Aurélie.*
> **Élève 2:** *Salut! Tu travailles, n'est-ce pas?*

6 **Les portraits** Your teacher will give you and a partner a set of drawings showing the likes and dislikes of eight people. Discuss each person's tastes. Do not look at each other's worksheet.

> **MODÈLE**
>
> **Élève 1:** *Sarah n'aime pas travailler.*
> **Élève 2:** *Mais elle adore manger.*

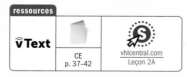

ressources

v**Text**

CE
p. 37–42

vhlcentral.com
Leçon 2A

S Video: TV Clip

Le Zapping

À vos marques, prêts°... étudiez!

The University of Moncton was founded in 1963 and is the largest French-speaking university in Canada outside Quebec. Its three campuses of Edmunston, Moncton, and Shippagan are located in New Brunswick. Students come from the local Francophone region of Acadia, from other Canadian provinces, and from countries around the world such as Guinea, Haiti, and Morocco.

The mission of the University of Moncton is not only to foster the academic development of these students but also to offer them a nurturing environment that will encourage their personal and social growth.

On n'apprend° pas seulement° dans les classes.

Mon université.

Compréhension Answer these questions.

1. What are the three kinds of activities offered at the University of Moncton?
2. Give examples of each type of activity.
3. Where does learning take place at the University of Moncton?
4. Do students receive a lot of attention from their professors? Explain.

Discussion In pairs, discuss the answers to these questions.

1. What are the University of Moncton's strengths?
2. Would you like to study there once you graduate from high school? Explain.

À vos marques, prêts *Ready, set* apprend *learn* seulement *only*

S Practice more at **vhlcentral.com**.

You will learn how to...
- say when things happen
- discuss your schedule

**Audio: Vocabulary Practice
My Vocabulary**

Une semaine au lycée

Vocabulaire

demander	to ask
échouer	to fail
écouter	to listen (to)
enseigner	to teach
expliquer	to explain
trouver	to find; to think
Quel jour sommes-nous?	What day is it?
un an	year
une/cette année	one/this year
après	after
après-demain	day after tomorrow
un/cet après-midi	an/this afternoon
aujourd'hui	today
demain (matin/ après-midi/soir)	tomorrow (morning/ afternoon/evening)
un jour	day
une journée	day
un/ce matin	a/this morning
la matinée	morning
un mois/ce mois-ci	month/this month
une/cette nuit	a/this night
une/cette semaine	a/this week
un/ce soir	an/this evening
une soirée	evening
un/le/ce week-end	a/the/this weekend
dernier/dernière	last
premier/première	first
prochain(e)	next

semaine

| lundi | mardi | mercredi | jeudi | vendredi |

matin

assister au cours d'économie

passer l'examen de maths

après-midi

préparer l'examen de maths

téléphoner à Marc

soir

dîner en famille

samedi | dimanche

visiter Paris avec une amie

rentrer à la maison

Mise en pratique

1 **Écoutez** 🎧 You will hear Lorraine describing her schedule. Listen carefully and indicate whether the statements are **vrai** or **faux**.

		Vrai	Faux
1.	Lorraine étudie à l'université le soir.	☐	☐
2.	Elle trouve le cours de mathématiques facile.	☐	☐
3.	Elle étudie le week-end.	☐	☐
4.	Lorraine étudie la chimie le mardi et le jeudi matin.	☐	☐
5.	Le professeur de mathématiques explique bien.	☐	☐
6.	Lorraine regarde la télévision, écoute de la musique ou téléphone à Claire et Anne le soir.	☐	☐
7.	Lorraine travaille dans (*in*) une librairie.	☐	☐
8.	Elle étudie l'histoire le mardi et le jeudi matin.	☐	☐
9.	Lorraine adore dîner avec sa famille le week-end.	☐	☐
10.	Lorraine rentre à la maison le soir.	☐	☐

2 **La classe de Mme Arnaud** Complete this paragraph by selecting the correct verb from the list below. Make sure to conjugate the verb. Some verbs will not be used.

demander	expliquer	rentrer
écouter	passer un examen	travailler
enseigner	préparer	trouver
étudier	regarder	visiter

Madame Arnaud (1) _____ au lycée. Elle (2) _____ le français. Elle (3) _____ les verbes et la grammaire aux élèves. Le vendredi, en classe, les élèves (4) _____ une vidéo en français ou (*or*) (5) _____ de la musique française. Ce week-end, ils (6) _____ pour (*for*) (7) _____ l'examen très difficile de lundi matin. Je/J' (8) _____ beaucoup pour ce cours, mais mes (*my*) amis et moi, nous (9) _____ la classe sympa.

3 **Quel jour sommes-nous?** Complete each statement with the correct day of the week.

1. Aujourd'hui, c'est _____.
2. Demain, c'est _____.
3. Après-demain, c'est _____.
4. Le week-end, c'est _____.
5. Le premier jour de la semaine en France, c'est _____.
6. Les jours du cours de français sont _____.
7. Mon (*My*) jour préféré de la semaine, c'est _____.
8. Je travaille à la bibliothèque _____.

🔊: Practice more at **vhlcentral.com**.

Communication

4   **Conversez** Interview a classmate.

1. Quel jour sommes-nous?
2. Quand (*When*) est le prochain cours de français?
3. Quand rentres-tu à la maison?
4. Est-ce que tu prépares un examen cette année?
5. Est-ce que tu écoutes la radio? Quel genre de musique aimes-tu?
6. Quand téléphones-tu à des amis?
7. Est-ce que tu regardes la télévision l'après-midi ou (*or*) le soir?
8. Est-ce que tu dînes dans un restaurant ce mois-ci?

5   **Le premier jour** You make a new friend in your French class and want to know what his or her class schedule is like this semester. With a partner, prepare a conversation to perform for the class where you:

- ask his or her name
- ask what classes he or she is taking
- ask on which days of the week he or she has French class
- ask at which times of day (morning or afternoon) he or she has English and History classes

6   **Bataille navale** Your teacher will give you a worksheet. Choose four spaces on your chart and mark them with a battleship. In pairs, formulate questions by using the subjects in the first column and the verbs in the first row to find out where your partner has placed his or her battleships. Whoever "sinks" the most battleships wins.

MODÈLE

Élève 1: Est-ce que Luc et Sabine téléphonent à Jérôme?
Élève 2: Oui, ils téléphonent à Jérôme.
(if you marked that square)
Non, ils ne téléphonent pas à Jérôme.
(if you didn't mark that square)

	enseigner	téléphoner
Marie		
Luc et Sabine		🚢

7   **Le week-end** Write a schedule to show what you do during a typical weekend. Use the verbs you know. Compare your schedule with a classmate's, and talk about the different activities that you do and when. Be prepared to discuss your results with the class.

	Moi	Nom
Le vendredi soir 🌙		
Le samedi matin ☀		
Le samedi après-midi ☀		
Le samedi soir 🌙		
Le dimanche matin ☀		
Le dimanche après-midi ☀		
Le dimanche soir 🌙		

Les sons et les lettres

 **Audio: Explanation Record & Compare**

🎧 The letter r

The French **r** is very different from the English *r*. The English *r* is pronounced by placing the tongue in the middle and toward the front of the mouth. The French **r** is pronounced in the throat. You have seen that an **-er** at the end of a word is usually pronounced **-ay**, as in the English word *way*, but without the glide sound.

chant**er**	mang**er**	expliqu**er**	aim**er**

In most other cases, the French **r** has a very different sound. Pronunciation of the French **r** varies according to its position in a word. Note the different ways the **r** is pronounced in these words.

rivriè**r**e	litté**r**atu**r**e	o**r**dinateu**r**	devoi**r**

If an **r** falls between two vowels or before a vowel, it is pronounced with slightly more friction.

ra**r**e	ga**r**age	Eu**r**ope	**r**ose

An **r** sound before a consonant or at the end of a word is pronounced with slightly less friction.

po**r**te	bou**r**se	ado**r**e	jou**r**

Prononcez Practice saying these words aloud.

1. crayon	5. terrible	9. rentrer	13. être
2. professeur	6. architecture	10. regarder	14. dernière
3. plaisir	7. trouver	11. lettres	15. arriver
4. différent	8. restaurant	12. réservé	16. après

Articulez Practice saying these sentences aloud.

1. Au revoir, Professeur Colbert!
2. Rose arrive en retard mardi.
3. Mercredi, c'est le dernier jour des cours.
4. Robert et Roger adorent écouter la radio.
5. La corbeille à papier, c'est quarante-quatre euros!
6. Les parents de Richard sont brillants et très agréables.

Dictons Practice reading these sayings aloud.

Quand le renard prêche, gare aux oies.[2]

Qui ne risque rien n'a rien.[1]

[1] Nothing ventured, nothing gained.
[2] When the fox preaches, watch your geese.

On trouve une solution

Video: *Roman-photo*
Record & Compare

Amina

Astrid

David

Rachid

Sandrine

Stéphane

À la terrasse du café...

RACHID Alors, on a rendez-vous avec David demain à cinq heures moins le quart pour rentrer chez nous.

SANDRINE Aujourd'hui, c'est mercredi. Demain... jeudi. Le mardi et le jeudi, j'ai cours de chant de trois heures vingt à quatre heures et demie. C'est parfait!

AMINA Pas de problème. J'ai cours de stylisme...

AMINA Salut, Astrid!

ASTRID Bonjour.

RACHID Astrid, je te présente David, mon (*my*) coloc américain.

DAVID Alors, cette année, tu as des cours très difficiles, n'est-ce pas?

ASTRID Oui? Pourquoi?

DAVID Ben, Stéphane pense que les cours sont très difficiles.

ASTRID Ouais, Stéphane, il assiste au cours, mais... il ne fait pas ses (*his*) devoirs et il n'écoute pas les profs. Cette année est très importante, parce que nous avons le bac...

DAVID Ah, le bac...

Au parc...

ASTRID Stéphane! Quelle heure est-il? Tu n'as pas de montre?

STÉPHANE Oh, Astrid, excuse-moi! Le mercredi, je travaille avec Astrid au café sur le cours de maths...

ASTRID Et le mercredi après-midi, il oublie! Tu n'as pas peur du bac, toi!

STÉPHANE Tu as tort, j'ai très peur du bac! Mais je n'ai pas envie de passer mes (*my*) journées, mes soirées et mes week-ends avec des livres!

ASTRID Je suis d'accord avec toi, Stéphane! J'ai envie de passer les week-ends avec mes copains... des copains qui n'oublient pas les rendez-vous!

RACHID Écoute, Stéphane, tu as des problèmes avec ta (*your*) mère, avec Astrid aussi.

STÉPHANE Oui, et j'ai d'énormes problèmes au lycée. Je déteste le bac.

RACHID Il n'est pas tard pour commencer à travailler pour être reçu au bac.

STÉPHANE Tu crois, Rachid?

A C T I V I T É S

1 **Vrai ou faux?** Choose whether each statement is **vrai** or **faux**. Correct the false statements.

1. Le mardi et le mercredi, Sandrine a (*has*) cours de chant.

2. Le jeudi, Amina a cours de stylisme.

3. Astrid pense qu'il est impossible de réussir (*pass*) le bac.

4. La famille de David est allemande.

5. Le mercredi, Stéphane travaille avec Astrid au café sur le cours de maths.

6. Stéphane a beaucoup de problèmes.

7. Rachid est optimiste.

8. Stéphane dîne chez Rachid samedi.

9. Le sport est très important pour Stéphane.

10. Astrid est fâchée (*angry*) contre Stéphane.

 Practice more at **vhlcentral.com**.

Les amis organisent des rendez-vous.

RACHID C'est un examen très important que les élèves français passent la dernière année de lycée pour continuer en études supérieures.

DAVID Euh, n'oublie pas, je suis de famille française.

ASTRID Oui, et c'est difficile, mais ce n'est pas impossible. Stéphane trouve que les études ne sont pas intéressantes. Le sport, oui, mais pas les études.

RACHID Le sport? Tu cherches Stéphane, n'est-ce pas? On trouve Stéphane au parc! Allons-y, Astrid.

ASTRID D'accord. À demain!

RACHID Oui. Mais le sport, c'est la dernière des priorités. Écoute, dimanche prochain, tu dînes chez moi et on trouve une solution.

STÉPHANE Rachid, tu n'as pas envie de donner des cours à un lycéen nul comme moi!

RACHID Mais si, j'ai très envie d'enseigner les maths...

STÉPHANE Bon, j'accepte. Merci, Rachid. C'est sympa.

RACHID De rien. À plus tard!

Expressions utiles

Talking about your schedule

- **Alors, on a rendez-vous demain à cinq heures moins le quart pour rentrer chez nous.**
  So, we're meeting tomorrow at quarter to five to go home (our home).
- **J'ai cours de chant de trois heures vingt à quatre heures et demie.**
  I have voice (singing) class from three-twenty to four-thirty.
- **J'ai cours de stylisme de deux heures à quatre heures vingt.**
  I have fashion design class from two o'clock to four-twenty.
- **Quelle heure est-il?** • **Tu n'as pas de montre?**
  What time is it?   *You don't have a watch?*

Talking about school

- **Nous avons le bac.**
  We have the bac.
- **Il ne fait pas ses devoirs.**
  He doesn't do his homework.
- **Tu n'as pas peur du bac!**
  You're not afraid of the bac!
- **Tu as tort, j'ai très peur du bac!**
  You're wrong, I'm very afraid of the bac!
- **Je suis d'accord avec toi.**
  I agree with you.
- **J'ai d'énormes problèmes.**
  I have big/enormous problems.
- **Tu n'as pas envie de donner des cours à un(e) lycéen(ne) nul(le) comme moi.**
  You don't want to teach a high school student as bad as myself.

Useful expressions

- **C'est parfait!**   • **Ouais.**
  That's perfect!   *Yeah.*
- **Allons-y!**   • **C'est sympa.**
  Let's go!   *That's nice/fun.*
- **D'accord.**
  OK./All right.

---

2 Répondez Answer these questions. Refer to the video scenes and use a dictionary as necessary. You do not have to answer in complete sentences.

1. Où est-ce que tu as envie de voyager?
2. Est-ce que tu as peur de quelque chose? De quoi?
3. Qu'est-ce que tu dis (*say*) quand tu as tort?

3 À vous! With a partner, describe someone you know whose personality, likes, or dislikes resemble those of Rachid or Stéphane.

MODÈLE

Paul est comme (like) Rachid... il est sérieux.

ressources

vText | CE pp. 47–48 | vhlcentral.com Leçon 2B

ACTIVITÉS

 **Reading**

Le bac

The three years of lycée **culminate in a high-stakes exam called the** baccalauréat **or** bac. Students begin preparing for this exam by the end of **seconde** (10th grade), when they must decide the type of **bac** they will take. This choice determines their coursework during the last two years of **lycée**; for example, a student who plans to take the **bac S** will study mainly physics, chemistry, and math. Most students take **le bac économique et social (ES)**, **le bac littéraire (L)**, or **le bac scientifique (S)**. Others, though, choose to follow a more technical path, for example **le bac sciences et technologies de l'industrie et du développement durable (STI2D) le bac sciences et technologies de la santé et du social (ST2S)**, or **le bac sciences et technologies du management et de la gestion (STMG)** There is even a **bac technique** for hotel management, and music/dance!

The **bac** has both oral and written sections, which are weighted differently according to the type of **bac**. This means that, for example, a bad grade on the math section would lower a student's grade significantly on a **bac S** but to a lesser degree on a **bac L**. In all cases the highest possible grade is 20/20. If a student's overall score on the **bac** is below 10/20 (the minimum passing grade) but above 8/20, he/she can take the **rattrapage**, or make-up exam. If the student fails again, then he/she can **redoubler**, or repeat the school year and take the **bac** again.

Students usually go to find out their results with friends and classmates just a few days after they take the exam. This yearly ritual is full of emotion: it's common to see groups of students frantically looking for their results posted on bulletin boards at the **lycée**. Over 80% of students successfully pass the **bac** every year, granting them access to France's higher education system.

Students can pass the bac with:	
18/20 - 20/20	mention Très bien et félicitations du jury
16/20 - 18/20	mention Très bien
14/20 - 16/20	mention Bien
12/20 - 14/20	mention Assez bien
10/20 - 12/20	no special mention

Coup de main

In French, a superscript -e following a numeral tells you that it is an ordinal number. It is the equivalent of a -th after a numeral in English: 10e (dixième) = 10th.

A C T I V I T É S

1 **Vrai ou faux?** Indicate whether each statement is **vrai** or **faux**.

1. The **bac** is an exam that students take at the end of **terminale**.
2. The **bac** has only oral exams.
3. The highest possible grade on the **bac** is 20/20.
4. Students decide which **bac** they will take at the beginning of **terminale**.
5. Most students take the **bac technique**.
6. All the grades of the **bac** are weighted equally.

7. A student with an average grade of 14.5 on the **bac** receives his diploma with **mention bien**.
8. A student who fails the **bac** but has an overall grade of 8/20 can take a make-up exam.
9. A student who fails the **bac** and the **rattrapage** cannot repeat the year.
10. Passing the **bac** enables students to register for college or to apply for the **grandes écoles**.

 Practice more at **vhlcentral.com**.

LE FRANÇAIS QUOTIDIEN

Les examens

assurer/cartonner (à un examen)	*to ace (an exam)*
bachoter	*to cram for the* **bac**
bosser	*to work hard*
une moyenne	*an average*
rater (un examen)	*to fail (an exam)*
réviser	*to study, to review*
un(e) surveillant(e)	*a proctor*
tricher	*to cheat*

LE MONDE FRANCOPHONE

Le français langue étrangère

Voici quelques° écoles du monde francophone où vous pouvez étudier° le français.

En Belgique Université de Liège

En France Université de Franche-Comté–Centre de linguistique appliquée, Université de Grenoble, Université de Paris IV-Sorbonne

À la Martinique Institut Supérieur d'Études Francophones, à Schoelcher

En Nouvelle-Calédonie Centre de Rencontres et d'Échanges Internationaux du Pacifique, à Nouméa

Au Québec Université Laval, Université de Montréal

Aux îles Saint-Pierre et Miquelon Le FrancoForum, à Saint-Pierre

En Suisse Université Populaire de Lausanne, Université de Neuchâtel

quelques *some* **où vous pouvez étudier** *where you can study*

PORTRAIT

Les études supérieures en France

Après qu'ils passent le bac, les étudiants français ont le choix° de plusieurs° types d'étude: les meilleurs° entrent en classe préparatoire pour passer les concours d'entrée aux° grandes écoles. Les grandes écoles forment l'élite de l'enseignement supérieur en France. Les plus connues° sont l'ENA (école nationale d'administration), Polytechnique, HEC (école des hautes études commerciales) et Sciences Po (institut des sciences politiques). Certains étudiants choisissent° une école spécialisée, comme une école de commerce ou de journalisme. Ces écoles proposent une formation° et un diplôme très spécifiques. L'autre° possibilité est l'entrée à l'université. Les étudiants d'université se spécialisent dans un domaine dès° la première année. Les études universitaires durent° trois ou quatre ans en général, et plus pour un doctorat.

choix *choice* **plusieurs** *several* **meilleurs** *best* **concours d'entrée aux** *entrance tests to the* **plus connues** *most well known* **choisissent** *choose* **formation** *education* **autre** *other* **dès** *starting in* **durent** *last*

Sur Internet

Quel (*Which*) bac aimeriez-vous (*would you like*) passer?

Go to **vhlcentral.com** to find more information related to this **Culture** section.

---

2 **Les études supérieures en France** What kind of higher education might these students seek?

1. Une future journaliste
2. Un élève exceptionnel
3. Une étudiante en anglais
4. Un étudiant en affaires
5. Un étudiant de chimie

3 **Et les cours?** In French, name two courses you might take in preparation for each of these **baccalauréat** exams.

1. un bac L
2. un bac STMG
3. un bac ES
4. un bac STI2D

ressources
vText
vhlcentral.com
Leçon 2B

ACTIVITÉS

Presentation Tutorial

2B.1 Present tense of *avoir*

Point de départ The verb **avoir** (*to have*) is used frequently. You will have to memorize each of its present tense forms because they are irregular.

Present tense of *avoir*			
j'ai	*I have*	nous avons	*we have*
tu as	*you have*	vous avez	*you have*
il/elle a	*he/she/it has*	ils/elles ont	*they have*

On a rendez-vous avec David demain.

Cette année, nous avons le bac.

- Liaison is required between the final consonants of **on, nous, vous, ils,** and **elles** and the forms of **avoir** that follow them. When the final consonant is an **-s**, pronounce it as a *z* before the verb forms.

On a un prof sympa.
We have a nice teacher.

Nous avons un cours d'art.
We have an art class.

- Keep in mind that an indefinite article, whether singular or plural, usually becomes **de/d'** after a negation.

J'ai **un** cours difficile.
I have a difficult class.

Je n'ai pas **de** cours difficile.
I do not have a difficult class.

Il a **des** examens.
He has exams.

Il n'a pas **d'**examens.
He does not have exams.

---

1 **On a...** Use the correct forms of **avoir** to form questions from these elements. Use inversion and provide an affirmative or negative answer as cued.

MODÈLE

tu / devoirs (oui)
As-tu des devoirs? Oui, j'ai des devoirs.

1. nous / dictionnaire (oui)
2. Luc / diplôme (non)
3. elles / montre (non)
4. vous / copains (oui)
5. Thérèse / téléphone (oui)
6. Charles et Jacques / calculatrice (non)

2 **C'est évident** Describe these people using expressions with **avoir**.

1. J' _____ étudier.   3. Vous _____.

2. Tu _____.   4. Elles _____.

3 **Assemblez** Use the verb **avoir** and combine elements from the two columns to create sentences about yourself, your class, and your school. Make any necessary changes or additions.

A	B
Je	cours utiles
Le lycée	bonnes notes
Les profs	professeurs brillants
Mon (*My*) petit ami	ami(e) mexicain(e)
Ma (*My*) petite amie	/ anglais(e)
Nous	/ canadien(ne)
	/ vietnamien(ne)
	élèves intéressants
	cantine agréable
	cours d'informatique

COMMUNICATION

4 **Besoins** Your teacher will give you a worksheet. Ask different classmates if they need to do these activities. Find at least one person to answer **Oui** and at least one to answer **Non** for each item.

MODÈLE regarder la télé

Élève 1: Tu as besoin de regarder la télé?

Élève 2: Oui, j'ai besoin de regarder la télé.

Élève 3: Non, je n'ai pas besoin de regarder la télé.

Activités	Oui	Non
1. regarder la télé	Anne	Louis
2. étudier ce soir		
3. passer un examen cette semaine		
4. retrouver des amis demain		
5. travailler à la bibliothèque		
6. commencer un devoir important		
7. téléphoner à un(e) copain/copine ce week-end		
8. parler avec le professeur		

5 **C'est vrai?** Interview a classmate by transforming each of these statements into a question. Be prepared to report the results of your interview to the class.

MODÈLE J'ai deux ordinateurs.

Élève 1: Tu as deux ordinateurs?

Élève 2: Non, je n'ai pas deux ordinateurs.

1. J'ai peur des examens.
2. J'ai seize ans.
3. J'ai envie de visiter Montréal.
4. J'ai un cours de biologie.
5. J'ai sommeil le lundi matin.
6. J'ai un(e) petit(e) ami(e) égoïste.

6 **Interview** You are talking to a college admissions advisor. Answer his or her questions. In pairs, practice the scene and role-play it for the class.

1. Qu'est-ce que (*What*) tu as envie d'étudier?
2. Est-ce que tu as d'excellentes notes?
3. Est-ce que tu as envie de partager une chambre?
4. Est-ce que tu as un ordinateur?
5. Est-ce que tu aimes retrouver des amis au lycée?
6. Est-ce que tu écoutes de la musique?

• The verb **avoir** is used in certain idiomatic or set expressions where English generally uses *to be* or *to feel.*

Expressions with *avoir*

avoir... ans	to be... years old	avoir froid	to be cold
avoir besoin (de)	to need	avoir honte (de)	to be ashamed (of)
avoir de la chance	to be lucky	avoir l'air	to look like
		avoir peur (de)	to be afraid (of)
avoir chaud	to be hot	avoir raison	to be right
		avoir sommeil	to be sleepy
avoir envie (de)	to feel like	avoir tort	to be wrong

Il a chaud.

Ils ont froid.

Elle a sommeil.

Il a de la chance.

• The command forms of **avoir** are irregular: **aie, ayons, ayez.**

Aie un peu de patience.   N'**ayez** pas peur.
Be a little patient.   *Don't be afraid.*

Essayez! Complete the sentences with the correct forms of **avoir.**

1. La température est de 35 degrés Celsius. Nous _avons_ chaud.

2. En Alaska, en décembre, vous _____ froid.

3. Martine écoute la radio et elle _____ envie de danser.

4. Ils _____ besoin d'une calculatrice pour le devoir.

5. N'_____ pas peur des insectes.

6. Sébastien pense que je travaille aujourd'hui. Il _____ raison.

7. J'_____ cours d'économie le lundi et le mercredi.

8. Mes amis voyagent beaucoup. Ils _____ de la chance.

9. Mohammed _____ deux cousins à Marseille.

10. Vous _____ un grand appartement.

Presentation Tutorial

2B.2 Telling time

Point de départ Use the verb **être** with numbers to tell time.

- There are two ways to ask what time it is.

  Quelle heure est-il?   **Est-ce que vous avez l'heure?**
  What time is it?   *Do you have the time?*

- Use **heures** by itself to express time on the hour. Use **heure** for one o'clock.

Il est **six heures**.   Il est **une heure**.

- Express time from the hour to the half-hour by adding minutes.

Il est quatre heures **cinq**.   Il est onze heures **vingt**.

- Use **et quart** to say that it is fifteen minutes past the hour. Use **et demie** to say that it is thirty minutes past the hour.

Il est une heure **et quart**.   Il est sept heures **et demie**.

- To express time from the half hour to the hour, subtract minutes or a portion of an hour from the next hour.

Il est trois heures **moins dix**.   Il est une heure **moins le quart**.

- To express at what time something happens, use the preposition **à**.

  Céline travaille **à sept heures moins vingt**.   On passe un examen **à une heure**.
  Céline works at 6:40.   *We take a test at one o'clock.*

MISE EN PRATIQUE

1   **Quelle heure est-il?** Give the time shown on each clock or watch.

MODÈLE

Il est quatre heures et quart de l'après-midi.

1. _____   2._____   3._____   4._____

5. _____   6._____   7._____   8._____

2   **À quelle heure?** Find out when you and your friends are going to do certain things.

MODÈLE

À quelle heure est-ce qu'on étudie? (about 8 p.m.)
On étudie vers huit heures du soir.

À quelle heure...

1. ... est-ce qu'on arrive au cours? (at 10:30 a.m.)
2. ... est-ce que vous parlez avec le professeur? (at noon)
3. ... est-ce que tu rentres? (late, at 11:15 p.m.)
4. ... est-ce qu'on regarde la télé? (at 9:00 p.m.)
5. ... est-ce que Marlène et Nadine mangent? (around 1:45 p.m.)
6. ... est-ce que le cours commence? (very early, at 8:20 a.m.)

3   **Départ à...** Tell what each of these times would be on a 24-hour clock.

MODÈLE

Il est trois heures vingt de l'après-midi.
Il est quinze heures vingt.

1. Il est dix heures et demie du soir.
2. Il est deux heures de l'après-midi.
3. Il est huit heures et quart du soir.
4. Il est minuit moins le quart.
5. Il est six heures vingt-cinq du soir.
6. Il est trois heures moins cinq du matin.

 Practice more at **vhlcentral.com**.

COMMUNICATION

4 Télémonde Look at this French TV guide. In pairs, ask questions about program start times.

MODÈLE

Élève 1: À quelle heure commence Télé-ciné?
Élève 2: Télé-ciné commence à dix heures dix du soir.

dessins animés	cartoons
feuilleton télévisé	soap opera
film policier	detective film
informations	news
jeu télévisé	game show

VENDREDI		
Antenne 2	**Antenne 4**	**Antenne 5**
15h30 Pomme d'Api (dessins animés)	**14h00** Football: match France-Italie	**18h25** Montréal: une ville à visiter
17h35 Reportage spécial: le sport dans les lycées	**19h45** Les informations	**19h30** Des chiffres et des lettres (jeu télévisé)
20h15 La famille Menet (feuilleton télévisé)	**20h30** Concert: Orchestre de Nice	**21h05** Reportage spécial: les Sénégalais
21h35 Télé-ciné: L'inspecteur Duval (film policier)	**22h10** Télé-ciné: Une chose difficile (comédie dramatique)	**22h05** Les informations

5 Où es-tu? In pairs, take turns asking where (**où**) your partner usually is on these days at these times. Choose from the places listed.

au lit (*bed*)	chez mes (*at my*)
à la cantine	parents
à la bibliothèque	chez mes copains
en ville (*town*)	au lycée
au parc	au restaurant
en cours	

1. Le samedi: à 8h00 du matin; à midi; à minuit
2. En semaine: à 9h00 du matin; à 3h00 de l'après-midi; à 7h00 du soir
3. Le dimanche: à 4h00 de l'après-midi; à 6h30 du soir; à 10h00 du soir
4. Le vendredi: à 11h00 du matin; à 5h00 de l'après-midi; à 11h00 du soir

6 Le suspect A student at your school is a suspect in a crime. You and a partner are detectives. Keeping a log of the student's activities, use the 24-hour clock to say what he or she is doing when.

MODÈLE

À vingt-deux heures trente-trois, il parle au téléphone.

- **Liaison** occurs between numbers and the word **heure(s)**. Final **-s** and **-x** in **deux**, **trois**, **six**, and **dix** are pronounced like a *z*. The final **-f** of **neuf** is pronounced like a *v*.

Il est **deux heures**.
It's two o'clock.

Il est **neuf heures** et quart.
It's 9:15.

- You do not usually make a **liaison** between the verb form **est** and a following number that starts with a vowel sound.

Il **est onze** heures.
It's eleven o'clock.

Il **est une** heure vingt.
It's 1:20.

Il **est huit** heures et demie.
It's 8:30.

Expressions for telling time			
À quelle heure?	*(At) what time/when?*	midi	*noon*
		minuit	*midnight*
de l'après-midi	*in the afternoon*	pile	*on the dot*
du matin	*in the morning*	presque	*almost*
du soir	*in the evening*	tard	*late*
en avance	*early*	tôt	*early*
en retard	*late*	vers	*about*

Il est **minuit** à Paris.
It's midnight in Paris.

Il est six heures **du soir** à New York.
It's six o'clock in the evening in New York.

- The 24-hour clock is often used to express official time. Departure times, movie times, and store hours are expressed in this fashion. Only numbers are used to tell time this way. Expressions like **et demie**, **moins le quart**, etc. are not used.

Le train arrive à **dix-sept heures six**.
The train arrives at 5:06 p.m.

Le film est à **vingt-deux heures trente sept**.
The film is at 10:37 p.m.

J'ai cours de trois heures vingt à quatre heures et demie.

Stéphane! Quelle heure est-il?

Essayez! Complete the sentences by writing out the correct times according to the cues.

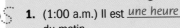

1. (1:00 a.m.) Il est _une heure_ du matin.
2. (2:50 a.m.) Il est _____ du matin.
3. (8:30 p.m.) Il est _____ du soir.
4. (12:00 p.m.) Il est _____.
5. (4:05 p.m.) Il est _____ de l'après-midi.
6. (4:45 a.m.) Il est _____ du matin.

Révision

1 **J'ai besoin de...** In pairs, take turns saying which items you need. Your partner will guess why you need them. How many times did each of you guess correctly?

MODÈLE

Élève 1: J'ai besoin d'un cahier et d'un dictionnaire pour demain.
Élève 2: Est-ce que tu as un cours de français?
Élève 1: Non. J'ai un examen d'anglais.

un cahier	un livre de physique
une calculatrice	une montre
une carte	un ordinateur
un dictionnaire	un stylo
une feuille de papier	un téléphone

2 **À la fac** To complete your degree, you need two language classes, a science class, and an elective of your choice. Take turns deciding what classes you need or want to take. Your partner will tell you the days and times so you can set up your schedule.

MODÈLE

Élève 1: J'ai besoin d'un cours de maths, peut-être «Initiation aux maths».
Élève 2: C'est le mardi et le jeudi après-midi, de deux heures à trois heures et demie.
Élève 1: J'ai aussi besoin d'un cours de langue...

Les cours	Jours et heures
Allemand	mardi, jeudi; 14h00-15h30
Biologie II	mardi, jeudi; 9h00-10h30
Chimie générale...............	lundi, mercredi; 11h00-12h30
Espagnol...........................	lundi, mercredi; 11h00-12h30
Gestion	mercredi; 13h00-14h30
Histoire des États-Unis......	jeudi; 12h15-14h15
Initiation à la physique......	lundi, mercredi; 12h00-13h30
Initiation aux maths	mardi, jeudi; 14h00-15h30
Italien	lundi, mercredi; 12h00-13h30
Japonais	mardi, jeudi; 9h00-10h30
Les philosophes grecs.......	lundi; 15h15-16h45
Littérature moderne	mardi; 10h15-11h15

3 **Les cours** Your partner will tell you what classes he or she is currently taking. Make a list, including the times and days of the week. Then, talk to as many classmates as you can, and find at least two students who take at least two of the same classes as your partner.

4 **On y va?** Walk around the room and find at least one classmate who feels like doing each of these activities with you. For every affirmative answer, record the name of your classmate and agree on a time and date. Do not speak to the same classmate twice.

MODÈLE

Élève 1: Tu as envie de retrouver des amis avec moi?
Élève 2: Oui, pourquoi pas? Samedi, à huit heures du soir, peut-être?
Élève 1: D'accord!

chercher un café sympa	regarder la télé française
manger à la cantine	retrouver des amis
écouter de la musique	travailler à la bibliothèque
étudier le français cette semaine	visiter un musée

5 **Au téléphone** Two former high school friends are attending different universities. In pairs, imagine a conversation where they discuss the time, their classes, and likes or dislikes about campus life. Then, role-play the conversation for the class and vote for the best skit.

MODÈLE

Élève 1: J'ai cours de chimie à dix heures et demie.
Élève 2: Je n'ai pas de cours de chimie cette année.
Élève 1: N'aimes-tu pas les sciences?
Élève 2: Si, mais...

6 **La semaine de Patrick** Your teacher will give you and a partner different incomplete pages from Patrick's day planner. Do not look at each other's worksheet while you complete your own.

MODÈLE

Élève 1: Lundi matin, Patrick a cours de géographie à dix heures et demie.
Élève 2: Lundi, il a cours de sciences po à deux heures de l'après-midi.

ressources

v̂Text

CE
pp. 49-54

vhlcentral.com
Leçon 2B

À l'écoute

S Audio: Activities

STRATÉGIE

Listening for cognates

You already know that cognates are words that have similar spellings and meanings in two or more languages: for example *group* and **groupe** or *activity* and **activité**. Listen for cognates to increase your comprehension of spoken French.

 To help you practice this strategy, you will listen to two sentences. Make a list of all the cognates you hear.

Préparation

Based on the photograph, who and where do you think Marie-France and Dominique are? Do you think they know each other well? Where are they probably going this morning? What do you think they are talking about?

S À vous d'écouter 🎧

Listen to the conversation and list any cognates you hear. Listen again and complete the highlighted portions of Marie-France's schedule.

28 OCTOBRE

8H00 *jogging*	14H00
8H30	14H30
9H00	15H00
9H30	15H30
10H00	16H00
10H30	16H30
11H00	17H00
11H30	17H30 *étudier*
12H00	18H00
12H30	18H30
13H00 *bibliothèque*	19H00 *téléphoner à papa*
13H30	19H30 *Sophie:*

ressources

vText

vhlcentral.com
Leçon 2B

 Practice more at **vhlcentral.com**.

Compréhension

Vrai ou faux? **S** Indicate whether each statement is **vrai** or **faux**. Then correct the false statements.

1. D'après Marie-France, la biologie est facile.

   _____

2. Marie-France adore la chimie.

   _____

3. Marie-France et Dominique mangent au restaurant vietnamien à midi.

   _____

4. Dominique aime son cours de sciences politiques.

   _____

5. Monsieur Meyer est professeur de physique.

   _____

6. Monsieur Meyer donne des devoirs faciles.

   _____

7. Le lundi après-midi, Marie-France a psychologie et physique.

   _____

8. Aujourd'hui, Dominique mange au resto U.

   _____

Votre emploi du temps 👥 With a partner, discuss the classes you're taking. Be sure to say when you have each one, and give your opinion of at least three courses.

Panorama

La France

Le pays en chiffres

▶ **Superficie:** 549.000 km²
(*cinq cent quarante-neuf mille kilomètres carrés°*)

▶ **Population:** 62.106.000 (*soixante-deux millions cent six mille*)
SOURCE: INSEE

▶ **Industries principales:** *agro-alimentaires°, assurance°, banques, énergie, produits pharmaceutiques, produits de luxe, télécommunications, tourisme, transports*

La France est le pays° le plus° visité du monde° avec plus de° 60 millions de touristes chaque° année. Son histoire, sa culture et ses monuments– plus de 12.000 (douze mille)–et musées–plus de 1.200 (mille deux cents)–attirent° des touristes d'Europe et de partout° dans le monde.

▶ **Villes principales:** *Paris, Lille, Lyon, Marseille, Toulouse*

▶ **Monnaie°:** *l'euro*
La France est un pays membre de l'Union européenne et, en 2002, l'euro a remplacé° le franc français comme° monnaie nationale.

Français célèbres

▶ **Jeanne d'Arc,** *héroïne française* (1412–1431)

▶ **Émile Zola,** *écrivain°* (1840–1902)

▶ **Auguste Renoir,** *peintre°* (1841–1919)

▶ **Claude Debussy,** *compositeur et musicien* (1862–1918)

▶ **Camille Claudel,** *femme sculpteur* (1864–1943)

▶ **Claudie André-Deshays,** *médecin, première astronaute française* (1957–)

carrés *square* agro-alimentaires *food processing* assurance *insurance* pays
country le plus *the most* monde *world* plus de *more than* chaque
each attirent *attract* partout *everywhere* Monnaie *Currency* a remplacé
replaced comme *as* écrivain *writer* peintre *painter* élus à vie *elected for
life* Depuis *Since* mots *words* courrier *mail* pont *bridge*

LA FRANCE

LE ROYAUME-UNI

LA MER DU NORD

LA MANCHE

LA BELGIQUE   L'ALLEMAGNE

Lille

LES ARDENNES   LE LUXEMBOURG

Le Havre   Rouen
Caen   la Seine   la Marne
le Mont-St-Michel   Versailles   **Paris**   Strasbourg
Rennes   LES VOSGES   le Rhin
Nantes   la Loire

Bourges
Poitiers   la Saône   LE JURA   LA SUISSE
Limoges   Lyon
L'OCÉAN ATLANTIQUE   L'ITALIE
Clermont-Ferrand
Bordeaux   la Garonne   LE MASSIF CENTRAL   LES ALPES
Aix-en-Provence
Toulouse   le Rhône   MONACO
Nîmes   Marseille
LES PYRÉNÉES   LA CORSE
ANDORRE   LA MER MÉDITERRANÉE
L'ESPAGNE

un bateau-mouche sur la Seine

le château de Chenonceau

0 — 100 miles
0 — 100 kilomètres

le pont° du Gard

Incroyable mais vrai!

Être «immortel», c'est réguler et défendre le bon usage du français! Les académiciens de l'Académie française sont élus à vie° et s'appellent les «Immortels». Depuis° 1635 (mille six cent trente-cinq), ils décident de l'orthographe correcte des mots° et publient un dictionnaire. Attention, c'est «courrier° électronique», pas «e-mail»!

La géographie

L'Hexagone

Surnommé° «Hexagone» à cause de° sa forme géométrique, le territoire français a trois fronts maritimes: l'océan Atlantique, la mer° Méditerranée et la Manche°; et quatre frontières° naturelles: les Pyrénées, les Ardennes, les Alpes et le Jura. À l'intérieur du pays°, le Massif central et les Vosges ponctuent° un relief composé de vastes plaines et de forêts. La Loire, la Seine, la Garonne, le Rhin et le Rhône sont les fleuves° principaux de l'Hexagone.

La technologie

Le Train à Grande Vitesse

Le chemin de fer° existe en France depuis° 1827 (mille huit cent vingt-sept). Aujourd'hui, la SNCF (Société nationale des chemins de fer français) offre la possibilité aux voyageurs de se déplacer° dans tout° le pays et propose des tarifs° avantageux aux élèves et aux moins de 25 ans°. Le TGV (Train à Grande Vitesse°) roule° à plus de 300 (trois cents) km/h (kilomètres/heure) et emmène° les voyageurs jusqu'à° Londres et Bruxelles.

Les arts

Le cinéma, le 7e art!

L'invention du cinématographe par les frères° Lumière en 1895 (mille huit cent quatre-vingt-quinze) marque le début° du «7e (septième) art». Le cinéma français donne naissance° aux prestigieux César° en 1976 (mille neuf cent soixante-seize), à des cinéastes talentueux comme° Jean Renoir, François Truffaut et Luc Besson, et à des acteurs mémorables comme Brigitte Bardot, Catherine Deneuve, Olivier Martinez et Audrey Tautou.

L'économie

L'industrie

Avec la richesse de la culture française, il est facile d'oublier que l'économie en France n'est pas limitée à l'artisanat°, à la gastronomie ou à la haute couture°. En fait°, la France est une véritable puissance° industrielle et se classe° parmi° les économies les plus° importantes du monde. Ses° activités dans des secteurs comme la construction automobile (Peugeot, Citroën, Renault), l'industrie aérospatiale (Airbus) et l'énergie nucléaire (Électricité de France) sont considérables.

Qu'est-ce que vous avez appris? Complete these sentences.

1. _____ est une femme sculpteur française.
2. Les Académiciens sont élus _____.
3. Pour «e-mail», on utilise aussi l'expression _____.
4. À cause de sa forme, la France s'appelle aussi _____.
5. La _____ offre la possibilité de voyager dans tout le pays.
6. Avec le _____, on voyage de Paris à Londres.
7. Les _____ sont les inventeurs du cinéma.
8. _____ est un grand cinéaste français.
9. La France est une grande puissance _____.
10. Électricité de France produit (*produces*) _____.

Sur Internet

1. Cherchez des informations sur l'Académie française. Faites (*Make*) une liste de mots ajoutés à la dernière édition du dictionnaire de l'Académie française.
2. Cherchez des informations sur l'actrice Catherine Deneuve. Quand a-t-elle commencé (*did she begin*) sa (*her*) carrière? Trouvez ses (*her*) trois derniers films.

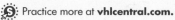

Practice more at **vhlcentral.com.**

ressources

vText

CE pp. 55–56

vhlcentral.com Leçon 2B

Surnommé *Nicknamed* **à cause de** *because of* **mer** *sea* **Manche** *English Channel* **frontières** *borders* **pays** *country* **ponctuent** *punctuate* **fleuves** *rivers* **chemin de fer** *railroad* **depuis** *since* **se déplacer** *travel* **dans tout** *throughout* **tarifs** *fares* **moins de 25 ans** *people under 25* **Train à Grande Vitesse** *high speed train* **roule** *rolls, travels* **emmène** *takes* **jusqu'à** *all the way to* **frères** *brothers* **début** *beginning* **donne naissance** *gives birth* **César** *equivalent of the Oscars in France* **comme** *such as* **artisanat** *craft industry* **haute couture** *high fashion* **En fait** *In fact* **puissance** *power* **se classe** *ranks* **parmi** *among* **les plus** *the most* **Ses** *Its*

Lecture

Audio: Synced Reading

Avant la lecture

Predicting content through formats

Recognizing the format of a document can help you to predict its content. For instance, invitations, greeting cards, and classified ads follow an easily identifiable format, which usually gives you a general idea of the information they contain. Look at the text and identify it based on its format.

	lundi	mardi	mercredi	jeudi	vendredi
8h30	biologie	littérature	biologie	littérature	biologie
9h00					
9h30	anglais	anglais	anglais	anglais	anglais
10h00					
10h30	maths	histoire	maths	histoire	maths
11h00					
11h30	français		français		français
12h00					
12h30					
1h00	art	économie	art	économie	art

If you guessed that this is a page from a student's schedule, you are correct. You can now infer that the document contains information about a student's weekly schedule, including days, times, and activities.

Examinez le texte

Briefly look at the document. What is its format? What kind of information is given? How is it organized? Are there any visuals? What kind? What type(s) of documents usually contain these elements?

Mots apparentés

As you have already learned, in addition to format, you can use cognates to help you predict the content of a document. With a classmate, make a list of all the cognates you find in the reading selection. Based on these cognates and the format of the document, can you guess what this document is and what it's for?

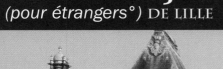

ÉCOLE DE FRANÇAIS
(pour étrangers°) DE LILLE

COURS DE FRANÇAIS POUR TOUS°	COURS DE SPÉCIALISATION
Niveau° débutant°	Français pour enfants°
Niveau élémentaire	Français des affaires°
Niveau intermédiaire	Droit° français
Niveau avancé	Français pour le tourisme
Conversation	Culture et civilisation
Grammaire française	Histoire de France
	Art et littérature
	Arts culinaires

26, place d'Arsonval • 59000 Lille
Tél. 03.20.52.48.17 • Fax. 03.20.52.48.18 • www.efpelille.fr

**Programmes de 2 à 8 semaines,
4 à 8 heures par jour
Immersion totale
Professeurs diplômés**

le Musée des Beaux-Arts, Lille

GRAND CHOIX° D'ACTIVITÉS SUPPLÉMENTAIRES

- Excursions à la journée dans la région
- Visites de monuments et autres sites touristiques
- Sorties° culturelles (théâtre, concert, opéra et autres spectacles°)
- Sports et autres activités de loisir°

HÉBERGEMENT°

- En cité universitaire°
- Dans° une famille française
- À l'hôtel

---

pour étrangers *for foreigners* tous *all* Niveau *Level* débutant *beginner* enfants *children* affaires *business* Droit *Law* choix *choice* Sorties *Outings* spectacles *shows* loisir *leisure* hébergement *lodging* cité universitaire *university dormitories (on campus)* Dans *In*

Après la lecture

Répondez Select the correct response or completion to each question or statement, based on the reading selection.

1. C'est une brochure pour...
   a. des cours de français pour étrangers.
   b. une université française.
   c. des études supérieures en Belgique.

2. «Histoire de France» est...
   a. un cours pour les professeurs diplômés.
   b. un cours de spécialisation.
   c. un cours pour les enfants.

3. Le cours de «Français pour le tourisme» est utile pour...
   a. une étudiante qui (*who*) étudie les sciences po.
   b. une femme qui travaille dans un hôtel de luxe.
   c. un professeur d'administration des affaires.

4. Un étudiant étranger qui commence le français assiste probablement à quel (*which*) cours?
   a. Cours de français pour tous, Niveau avancé
   b. Cours de spécialisation, Art et littérature
   c. Cours de français pour tous, Niveau débutant

5. Quel cours est utile pour un homme qui parle assez bien français et qui travaille dans l'économie?
   a. Cours de spécialisation, Français des affaires
   b. Cours de spécialisation, Arts culinaires
   c. Cours de spécialisation, Culture et civilisation

6. Le week-end, les étudiants...
   a. passent des examens.
   b. travaillent dans des hôtels.
   c. visitent la ville et la région.

7. Les étudiants qui habitent dans une famille...
   a. ont envie de rencontrer des Français.
   b. ont des bourses.
   c. ne sont pas reçus aux examens.

8. Un étudiant en architecture va aimer...
   a. le cours de droit français.
   b. les visites de monuments et de sites touristiques.
   c. les activités sportives.

Complétez Complete these sentences.

1. Le numéro de téléphone est le _____.
2. Le numéro de fax est le _____.
3. L'adresse de l'école est _____.
4. L'école offre des programmes de Français de _____ semaines et de _____ par jour.

ressources

v̂Text

vhlcentral.com
Leçon 2B

Écriture

Brainstorming

How do you find ideas to write about? In the early stages of writing, brainstorming can help you generate ideas on a specific topic. You should spend ten to fifteen minutes brainstorming and jotting down any ideas about the topic that occur to you. Whenever possible, try to write down your ideas in French. Express your ideas in single words or phrases, and jot them down in any order. While brainstorming, do not worry about whether your ideas are good or bad. Selecting and organizing ideas should be the second stage of your writing. Remember that the more ideas you write down while brainstorming, the more options you will have to choose from later when you start to organize your ideas.

J'aime
danser
voyager
regarder la télévision
le cours de français
le cours de psychologie

Je n'aime pas
chanter
dessiner
travailler
le cours de chimie
le cours de biologie

Thème

Une description personnelle

Avant l'écriture

1. Write a description of yourself to post on a website in order to find a francophone e-pal. Your description should include:

   ■ your name and where you are from

   ■ the name of your school and where it is located

   ■ the courses you are currently taking and your opinion of each one

   ■ some of your likes and dislikes

   ■ where you work if you have a job

   ■ any other information you would like to include

   Use a chart like this one to brainstorm information about your likes and dislikes.

J'aime	Je n'aime pas

2. Now take the information about your likes and dislikes and fill out this new chart to help you organize the content of your description.

Je m'appelle...	(name).
Je suis de...	(where you are from).
J'étudie...	(names of classes) à/au/à la (name of school).
Je ne travaille pas./ Je travaille à/au/ à la/chez...	(place where you work).
J'aime...	(activities you like).
Je n'aime pas...	(activities you dislike).

Écriture

Use the information from the second chart to write a paragraph describing yourself. Make sure you include all the information from the chart in your paragraph. Use the structures provided for each topic.

Bonjour!

Je m'appelle Stacy Adams. Je suis américaine. J'étudie au lycée à New York. Je travaille à la bibliothèque le samedi. J'aime parler avec des amis, lire (*read*), écouter de la musique et voyager, parce que j'aime rencontrer des gens. Par contre, je n'aime pas le sport...

Après l'écriture

1. Exchange a rough draft of your description with a partner. Comment on his or her work by answering these questions:

- Did your partner include all the necessary information (at least six facts)?

- Did your partner use the structures provided in the chart?

- Did your partner use the vocabulary of the unit?

- Did your partner use the grammar of the unit?

2. Revise your description according to your partner's comments. After writing the final version, read it one more time to eliminate these kinds of problems:

- spelling errors

- punctuation errors

- capitalization errors

- use of incorrect verb forms

- use of incorrect adjective agreement

- use of incorrect definite and indefinite articles

ressources

v̂Text

vhlcentral.com
Leçon 2B

Verbes

adorer	to love
aimer	to like; to love
aimer mieux	to prefer
arriver	to arrive
chercher	to look for
commencer	to begin, to start
dessiner	to draw
détester	to hate
donner	to give
étudier	to study
habiter (à/en)	to live in
manger	to eat
oublier	to forget
parler (au téléphone)	to speak (on the phone)
partager	to share
penser (que/qu')	to think (that)
regarder	to look (at), to watch
rencontrer	to meet
retrouver	to meet up with; to find (again)
travailler	to work
voyager	to travel

Vocabulaire supplémentaire

J'adore...	I love...
J'aime bien...	I like...
Je n'aime pas tellement...	I don't like... very much.
Je déteste...	I hate...
être reçu(e) à un examen	to pass an exam

Des questions et des opinions

bien sûr	of course
d'accord	OK, all right
Est-ce que/qu'...?	question phrase
(mais) non	no (but of course not)
moi/toi non plus	me/you neither
ne... pas	no, not
n'est-ce pas?	isn't that right?
oui/si	yes
parce que	because
pas du tout	not at all
peut-être	maybe, perhaps
pourquoi?	why?

Les cours

assister	to attend
demander	to ask
dîner	to have dinner
échouer	to fail
écouter	to listen (to)
enseigner	to teach
expliquer	to explain
passer un examen	to take an exam
préparer	to prepare (for)
rentrer (à la maison)	to return (home)
téléphoner à	to telephone
trouver	to find; to think
visiter	to visit (a place)

l'architecture (f.)	architecture
l'art (m.)	art
la biologie	biology
la chimie	chemistry
le droit	law
l'économie (f.)	economics
l'éducation physique (f.)	physical education
la géographie	geography
la gestion	business administration
l'histoire (f.)	history
l'informatique (f.)	computer science
les langues (étrangères) (f.)	(foreign) languages
les lettres (f.)	humanities
les mathématiques (maths) (f.)	mathematics
la philosophie	philosophy
la physique	physics
la psychologie	psychology
les sciences (politiques/po) (f.)	(political) science
le stylisme	fashion design

une bourse	scholarship, grant
une cantine	cafeteria
un cours	class, course
un devoir	homework
un diplôme	diploma, degree
l'école (f.)	school
les études (supérieures) (f.)	(higher) education; studies
le gymnase	gymnasium
une note	grade
un restaurant universitaire (un resto U)	university cafeteria

Expressions utiles	*See pp. 43 and 57.*
Telling time	*See pp. 62–63.*

Expressions de temps

Quel jour sommes-nous?	What day is it?
un an	year
une/cette année	one/this year
après	after
après-demain	day after tomorrow
un/cet après-midi	an/this afternoon
aujourd'hui	today
demain (matin/ après-midi/soir)	tomorrow (morning/ afternoon/evening)
un jour	day
une journée	day
(le) lundi, mardi, mercredi, jeudi, vendredi, samedi, dimanche	(on) Monday(s), Tuesday(s), Wednesday(s), Thursday(s), Friday(s), Saturday(s), Sunday(s)
un/ce matin	a/this morning
la matinée	morning
un mois/ce mois-ci	a month/this month
une/cette nuit	a/this night
une/cette semaine	a/this week
un/ce soir	an/this evening
une soirée	evening
un/le/ce week-end	a/the/this weekend
dernier/dernière	last
premier/première	first
prochain(e)	next

Adjectifs et adverbes

difficile	difficult
facile	easy
inutile	useless
utile	useful
surtout	especially; above all

Expressions avec avoir

avoir	to have
avoir... ans	to be... years old
avoir besoin (de)	to need
avoir chaud	to be hot
avoir de la chance	to be lucky
avoir envie (de)	to feel like
avoir froid	to be cold
avoir honte (de)	to be ashamed (of)
avoir l'air	to look like
avoir peur (de)	to be afraid (of)
avoir raison	to be right
avoir sommeil	to be sleepy
avoir tort	to be wrong

La famille et les copains

Unité 3

Pour commencer
- Combien de personnes y a-t-il sur la photo?
  a. deux b. trois c. quatre
- Où sont ces personnes?
  a. à la maison b. en ville c. dans un magasin
- Que font ces amis?
  a. Ils mangent. b. Ils étudient. c. Ils parlent et ils s'amusent.

You will learn how to...

- discuss family, friends, and pets
- express ownership

Audio: Vocabulary Practice
My Vocabulary

La famille de Marie Laval

Luc Garneau

mon grand-père

Juliette Laval

ma mère, fille de
Luc et d'Hélène

Robert Laval

mon père, mari
de Juliette

Vocabulaire

divorcer	*to divorce*
épouser	*to marry*
aîné(e)	*elder*
cadet(te)	*younger*
un beau-frère	*brother-in-law*
un beau-père	*father-in-law; stepfather*
une belle-mère	*mother-in-law; stepmother*
un demi-frère	*half-brother; stepbrother*
une demi-sœur	*half-sister; stepsister*
les enfants (*m., f.*)	*children*
un(e) époux/épouse	*husband/wife*
une famille	*family*
une femme	*wife; woman*
une fille	*daughter; girl*
les grands-parents (*m.*)	*grandparents*
les parents (*m.*)	*parents*
un(e) voisin(e)	*neighbor*
un chat	*cat*
un oiseau	*bird*
un poisson	*fish*
célibataire	*single*
divorcé(e)	*divorced*
fiancé(e)	*engaged*
marié(e)	*married*
séparé(e)	*separated*
veuf/veuve	*widowed*

Véronique Laval

ma belle-sœur,
femme de
mon frère

Guillaume Laval

mon frère

Marie Laval

moi, Marie Laval,
fille de Juliette
et de Robert

Matthieu Laval

Émilie Laval

mon neveu

ma nièce

petits-enfants
de mes parents

ressources

vText

CE
p. 57–59

vhlcentral.com
Leçon 3A

Hélène Garneau

ma grand-mère

Sophie Garneau   **Marc Garneau**

ma tante,   **mon oncle, fils de**
femme de Marc   **Luc et d'Hélène**

Jean Garneau   **Isabelle Garneau**   **Virginie Garneau**

mon cousin,   **ma cousine, sœur**   **ma cousine,**
petit-fils de Luc   **de Jean et de**   **sœur de Jean et**
et d'Hélène   **Virginie, petite-fille**   **d'Isabelle,**
    de Luc et d'Hélène   **petite-fille de Luc**
            et d'Hélène

Bambou

le chien de
mes cousins

Mise en pratique

1   Qui est-ce? Match the definition in the first list with the correct item from the second list. Not all the items will be used.

1. ____ le frère de ma cousine
2. ____ le père de mon cousin
3. ____ le mari de ma grand-mère
4. ____ le fils de mon frère
5. ____ la fille de mon grand-père
6. ____ le fils de ma mère
7. ____ la fille de mon fils
8. ____ le fils de ma belle-mère

     a. mon grand-père   f. mon demi-frère
     b. ma sœur   g. mon oncle
     c. ma tante   h. ma petite-fille
     d. mon cousin   i. mon frère
     e. mon neveu

2   Choisissez Fill in the blank by selecting the most appropriate answer.

1. Voici le frère de mon père. C'est mon _____ (oncle, neveu, fiancé).
2. Voici la mère de ma cousine. C'est ma _____ (grand-mère, voisine, tante).
3. Voici la petite-fille de ma grand-mère. C'est ma _____ (cousine, nièce, épouse).
4. Voici le père de ma mère. C'est mon _____ (grand-père, oncle, cousin).
5. Voici le fils de mon père, mais ce n'est pas le fils de ma mère. C'est mon _____ (petit-fils, demi-frère, voisin).

3   Complétez Complete each sentence with the appropriate word.

1. Voici ma nièce. C'est la _____ de ma mère.
2. Voici la mère de ma tante. C'est ma _____.
3. Voici la sœur de mon oncle. C'est ma _____.
4. Voici la fille de mon père, mais pas de ma mère. C'est ma _____.
5. Voici le mari de ma mère, mais ce n'est pas mon père. C'est mon _____.

4   Écoutez Listen to each statement made by Marie Laval. Based on her family tree, indicate whether it is **vrai** or **faux**.

	Vrai	Faux		Vrai	Faux
1.	☐	☐	6.	☐	☐
2.	☐	☐	7.	☐	☐
3.	☐	☐	8.	☐	☐
4.	☐	☐	9.	☐	☐
5.	☐	☐	10.	☐	☐

Practice more at **vhlcentral.com.**

Communication

5 **L'arbre généalogique** With a classmate, identify the members of the family by asking how each one is related to Anne Durand.

MODÈLE

Élève 1: *Qui est Louis Durand?*
Élève 2: *C'est le grand-père d'Anne.*

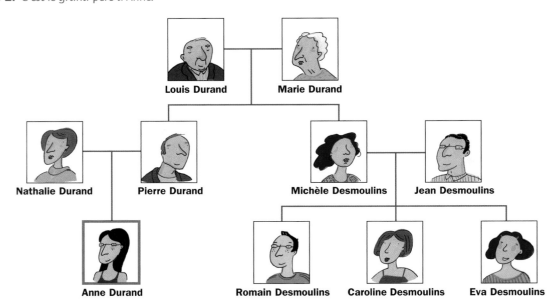

Louis Durand · Marie Durand

Nathalie Durand · Pierre Durand · Michèle Desmoulins · Jean Desmoulins

Anne Durand · Romain Desmoulins · Caroline Desmoulins · Eva Desmoulins

6 **Entrevue** With a classmate, take turns asking each other these questions.

1. Combien de personnes y a-t-il dans ta famille?
2. Comment s'appellent tes parents?
3. As-tu des frères et sœurs?
4. Combien de cousins/cousines as-tu? Comment s'appellent-ils/elles? Où habitent-ils/elles?
5. Quel(le) (*Which*) est ton cousin préféré/ta cousine préférée?
6. As-tu des neveux/des nièces?
7. Comment s'appellent tes grands-parents? Où habitent-ils?
8. Combien de petits-enfants ont tes grands-parents?

Coup de main

Use these words to help you complete this activity.

ton *your (m.)*	➜	**mon** *my (m.)*
ta *your (f.)*	➜	**ma** *my (f.)*
tes *your (pl.)*	➜	**mes** *my (pl.)*

7 **Qui suis-je?** Your teacher will give you a worksheet. Walk around the class and ask your classmates questions about their families. When a classmate gives one of the answers on the worksheet, write his or her name in the corresponding space. Be prepared to discuss the results with the class.

MODÈLE J'ai un chien.
Élève 1: *Est-ce que tu as un chien?*
Élève 2: *Oui, j'ai un chien (You write the student's name.)/Non, n'ai pas de chien. (You ask another classmate.)*

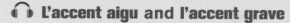

Les sons et les lettres

Audio: Explanation Record & Compare

🎧 L'accent aigu and l'accent grave

In French, diacritical marks (*accents*) are an essential part of a word's spelling. They indicate how vowels are pronounced or distinguish between words with similar spellings but different meanings. **L'accent aigu** (´) appears only over the vowel **e**. It indicates that the **e** is pronounced similarly to the vowel *a* in the English word *cake*, but shorter and crisper.

étudier	rés**e**rvé	**é**légant	té**lé**phone

L'accent aigu also signals some similarities between French and English words. Often, an **e** with **l'accent aigu** at the beginning of a French word marks the place where the letter *s* would appear at the beginning of the English equivalent.

éponge	**é**pouse	**é**tat	**é**tudiante
sponge	*spouse*	*state*	*student*

L'accent grave (`) appears only over the vowels **a**, **e**, and **u**. Over the vowel **e**, it indicates that the **e** is pronounced like the vowel *e* in the English word *pet*.

tr**è**s	apr**è**s	m**è**re	ni**è**ce

Although **l'accent grave** does not change the pronunciation of the vowels **a** or **u**, it distinguishes words that have a similar spelling but different meanings.

la	là	ou	où
the	*there*	*or*	*where*

Prononcez Practice saying these words aloud.

1. agréable
2. sincère
3. voilà
4. faculté
5. frère
6. à
7. déjà
8. éléphant
9. lycée
10. poème
11. là
12. élève

Articulez Practice saying these sentences aloud.

1. À tout à l'heure!
2. Thérèse, je te présente Michèle.
3. Hélène est très sérieuse et réservée.
4. Voilà mon père, Frédéric, et ma mère, Ségolène.
5. Tu préfères étudier à la fac demain après-midi?

Dictons Practice reading these sayings aloud.

À vieille mule, frein doré.[2]

Tel père, tel fils.[1]

[1] Like father, like son.
[2] For an old mule, a golden bit.

ressources

v̂ Text

CE p. 60

vhlcentral.com Leçon 3A

L'album de photos

 Video: *Roman-photo*
Record & Compare

PERSONNAGES

Amina

Michèle

Stéphane

Valérie

MICHÈLE Mais, qui c'est? C'est ta sœur? Tes parents?
AMINA C'est mon ami Cyberhomme.
MICHÈLE Comment est-il? Est-ce qu'il est beau? Il a les yeux de quelle couleur? Marron ou bleue? Et ses cheveux? Ils sont blonds ou châtains?
AMINA Je ne sais pas.
MICHÈLE Toi, tu es timide.

VALÉRIE Stéphane, tu as dix-sept ans. Cette année, tu passes le bac, mais tu ne travailles pas!
STÉPHANE Écoute, ce n'est pas vrai, je déteste mes cours, mais je travaille beaucoup. Regarde, mon cahier de chimie, mes livres de français, ma calculatrice pour le cours de maths, mon dictionnaire anglais-français...

STÉPHANE Oh, et qu'est-ce que c'est? Ah, oui, les photos de tante Françoise.
VALÉRIE Des photos? Mais où?
STÉPHANE Ici! Amina, on peut regarder des photos de ma tante sur ton ordinateur, s'il te plaît?

AMINA Ah, et ça, c'est toute la famille, n'est-ce pas?
VALÉRIE Oui, ça, c'est Henri, sa femme, Françoise, et leurs enfants: le fils aîné, Bernard, et puis son frère, Charles, sa sœur, Sophie, et leur chien, Socrate.
STÉPHANE J'aime bien Socrate. Il est vieux, mais il est amusant!

VALÉRIE Ah! Et Bernard, il a son bac aussi et sa mère est très heureuse.
STÉPHANE Moi, j'ai envie d'habiter avec oncle Henri et tante Françoise. Comme ça, pas de problème pour le bac!

STÉPHANE Pardon, maman. Je suis très heureux ici, avec toi. Ah, au fait, Rachid travaille avec moi pour préparer le bac.
VALÉRIE Ah, bon? Rachid est très intelligent... un étudiant sérieux.

A C T I V I T É S

1 **Vrai ou faux?** Are these sentences **vrai** or **faux**? Correct the false ones.

1. Amina communique avec sa (*her*) tante par ordinateur.
2. Stéphane n'aime pas ses (*his*) cours au lycée.
3. Ils regardent des photos de vacances.
4. Henri est le frère aîné de Valérie.
5. Bernard est le cousin de Stéphane.

6. Charles a déjà son bac.
7. La tante de Stéphane s'appelle Françoise.
8. Stéphane travaille avec Amina pour préparer le bac.
9. Socrate est le fils d'Henri et de Françoise.
10. Rachid n'est pas un bon étudiant.

 Practice more at **vhlcentral.com**.

Stéphane et Valérie regardent des photos de famille avec Amina.

À la table d'Amina...

AMINA Alors, voilà vos photos. Qui est-ce?

VALÉRIE Oh, c'est Henri, mon frère aîné!

AMINA Quel âge a-t-il?

VALÉRIE Il a cinquante ans. Il est très sociable et c'est un très bon père.

VALÉRIE Ah! Et ça, c'est ma nièce Sophie et mon neveu Charles! Regarde, Stéphane, tes cousins!

STÉPHANE Je n'aime pas Charles. Il est tellement sérieux.

VALÉRIE Il est peut-être trop sérieux, mais, lui, il a son bac!

AMINA Et Sophie, qu'elle est jolie!

VALÉRIE ... et elle a déjà son bac.

AMINA Ça, oui, préparer le bac avec Rachid, c'est une idée géniale!

VALÉRIE Oui, c'est vrai. En théorie, c'est une excellente idée. Mais tu prépares le bac avec Rachid, hein? Pas le prochain match de foot!

Expressions utiles

Talking about your family

- **C'est ta sœur? Ce sont tes parents?**
  Is that your sister? Are those your parents?
- **C'est mon ami.**
  That's my friend.
- **Ça, c'est Henri, sa femme, Françoise, et leurs enfants.**
  That's Henri, his wife, Françoise, and their kids.

Describing people

- **Il a les yeux de quelle couleur? Marron ou bleue?**
  What color are his eyes? Brown or blue?
- **Il a les yeux bleus.**
  He has blue eyes.
- **Et ses cheveux? Ils sont blonds ou châtains? Frisés ou raides?**
  And his hair? Is it blond or brown? Curly or straight?
- **Il a les cheveux châtains et frisés.**
  He has curly brown hair.

Additional vocabulary

- **On peut regarder des photos de ma tante sur ton ordinateur?**
  Can/May we look at some photos from my aunt on your computer?
- **C'est toute la famille, n'est-ce pas?**
  That's the whole family, right?
- **Je ne sais pas (encore).**
  I (still) don't know.
- **Alors...**
  So...
- **vrai**
  true
- **une photo(graphie)**
  a photograph
- **une idée**
  an idea
- **peut-être**
  maybe
- **au fait**
  by the way
- **Hein?**
  Right?
- **déjà**
  already

---

2 **Vocabulaire** Choose the adjective that describes how Stéphane would feel on these occasions. Refer to a dictionary as necessary.

1. on his 87ᵗʰ birthday _____
2. after finding 20€ _____
3. while taking the **bac** _____
4. after getting a good grade _____
5. after dressing for a party _____

> beau
> heureux
> sérieux
> vieux

3 **Conversez** In pairs, describe which member of your family is most like Stéphane. How are they alike? Do they both like sports? Do they take similar courses? How do they like school? How are their personalities? Be prepared to describe your partner's "Stéphane" to the class.

ressources

v̂Text | CE pp. 61–62 | vhlcentral.com Leçon 3A

A C T I V I T É S

Reading
Video: *Flash culture*

CULTURE À LA LOUPE

La famille en France

Comment est la famille française? Est-elle différente de la famille américaine? La majorité des Français sont-ils mariés, divorcés ou célibataires?

Il n'y a pas de réponse simple à ces questions. Les familles françaises sont très diverses. Le mariage est toujours° très populaire: la majorité des hommes et des femmes sont mariés. Mais attention!

Les nombres° de personnes divorcées et de personnes célibataires augmentent chaque° année.

La structure familiale traditionnelle existe toujours en France, mais il y a des structures moins traditionnelles, comme les familles monoparentales, où° l'unique parent est divorcé, séparé ou veuf. Il y a aussi des familles recomposées, c'est-à-dire qui combinent deux familles, avec un beau-père, une belle-mère, des demi-frères et des demi-sœurs. Certains couples choisissent° le Pacte Civil de Solidarité (PACS), qui offre certains droits° et protections aux couples non-mariés.

Géographiquement, les membres d'une famille d'immigrés peuvent° habiter près ou loin° les uns des autres°. Mais en général, ils préfèrent habiter les uns près des autres parce que l'intégration est parfois° difficile. Il existe aussi des familles d'immigrés séparées entre° la France et le pays d'origine.

Alors, oubliez les stéréotypes des familles en France. Elles sont grandes et petites, traditionnelles et non-conventionnelles; elles changent et sont toujours les mêmes°.

> **Coup de main**
>
> Remember to read decimal places in **French** using the French word **virgule** (*comma*) where you would normally say *point* in English. To say *percent*, use **pour cent**.
>
> **64,3% soixante-quatre virgule trois pour cent**
>
> *sixty-four point three percent*

La situation familiale des Français
(par tranche° d'âge)

ÂGE	CÉLIBATAIRE	EN COUPLE SANS ENFANTS	EN COUPLE AVEC ENFANTS	PARENT D'UNE FAMILLE MONOPARENTALE
< 25 ans	3,6%	2,8%	1%	0,3%
25–29 ans	16,7%	26,5%	26,2%	2,6%
30–44 ans	10,9%	9,8%	64,3%	6,2%
45–59 ans	11,7%	29,9%	47,2%	5,9%
> 60 ans	20,3%	59,2%	11,7%	2,9%

SOURCE: INSEE

toujours *still* **nombres** *numbers* **chaque** *each* **où** *where* **choisissent** *choose* **droits** *rights* **peuvent** *can* **près ou loin** *near or far from* **les uns des autres** *one another* **parfois** *sometimes* **entre** *between* **mêmes** *same* **tranche** *bracket*

A C T I V I T É S

1 Complétez Provide logical answers, based on the reading.

1. Si on regarde la population française d'aujourd'hui, on observe que les familles françaises sont très _____.

2. Le _____ est toujours très populaire en France.

3. La majorité des hommes et des femmes sont _____.

4. Le nombre de Français qui sont _____ augmente.

5. Dans les familles _____, l'unique parent est divorcé, séparé ou veuf.

6. Il y a des familles qui combinent _____ familles.

7. Le _____ offre certains droits et protections aux couples qui ne sont pas mariés.

8. Les immigrés aiment _____ les uns près des autres.

9. Oubliez les _____ des familles en France.

10. Les familles changent et sont toujours _____.

 Practice more at **vhlcentral.com**.

LE FRANÇAIS QUOTIDIEN

La famille

un frangin	*brother*
une frangine	*sister*
maman	*Mom*
mamie	*Nana, Grandma*
un minou	*kitty*
papa	*Dad*
papi	*Grandpa*
tata	*Auntie*
tonton	*Uncle*
un toutou	*doggy*

LE MONDE FRANCOPHONE

Les fêtes et la famille

Les États-Unis ont quelques fêtes° en commun avec le monde francophone, mais les dates et les traditions de ces fêtes diffèrent d'un pays° à l'autre°. Voici deux fêtes associées à la famille.

La Fête des mères

En France le dernier° dimanche de mai ou le premier° dimanche de juin

En Belgique le deuxième° dimanche de mai

À l'île Maurice le dernier dimanche de mai

Au Canada le deuxième dimanche de mai

La Fête des pères

En France le troisième° dimanche de juin

En Belgique le deuxième° dimanche de juin

Au Canada le troisième dimanche de juin

quelques fêtes *some holidays* **pays** *country* **autre** *other* **dernier** *last* **premier** *first* **deuxième** *second* **troisième** *third*

PORTRAIT

Les Noah

Dans° la famille Noah, le sport est héréditaire. À chacun son° sport: pour° Yannick, né° en France, c'est le tennis; pour son père, Zacharie, né à Yaoundé, au Cameroun, c'est le football°; pour son fils, Joakim, né aux États-Unis, c'est le basket-ball. Yannick est champion junior à Wimbledon en 1977 et participe aux championnats° du Grand Chelem° dans les années 1980. Son fils, Joakim, est un joueur° de basket-ball aux États-Unis. Il gagne° la finale du *Final Four NCAA* en 2006 et en 2007 avec les Florida Gators. Il est aujourd'hui joueur professionnel avec les Chicago Bulls. Le sport est dans le sang° chez les Noah!

Dans *In* **À chacun son** *To everybody his* **pour** *for* **né** *born* **football** *soccer* **championnats** *championships* **Chelem** *Slam* **joueur** *player* **gagne** *wins* **sang** *blood*

Sur Internet

 Yannick Noah: célébrité du tennis et... de la chanson?°

Go to **vhlcentral.com** to find more cultural information related to this **Culture** section. Then watch the corresponding **Flash culture**.

---

2 **Vrai ou faux?** Indicate if these statements are **vrai** or **faux**.

1. Le tennis est héréditaire chez les Noah.
2. Zacharie Noah est né au Cameroun.
3. Zacharie Noah était (*was*) un joueur de basket-ball.
4. Yannick gagne à l'US Open.
5. Joakim joue (*plays*) pour les Lakers.
6. Le deuxième dimanche de mai, c'est la Fête des mères en Belgique et au Canada.

3 **À vous...** With a partner, write six sentences describing another celebrity family whose members all share a common field or profession. Be prepared to share your sentences with the class.

ressources

vText

CE pp. 63–64

vhlcentral.com Leçon 3A

ACTIVITÉS

Presentation Tutorial

3A.1 Descriptive adjectives

Point de départ As you learned in **Leçon 1B**, adjectives describe people, places, and things. In French, most adjectives agree in gender and number with the nouns or pronouns they modify.

SINGULAR MASCULINE NOUN ⟷ SINGULAR MASCULINE ADJECTIVE

PLURAL MASCULINE NOUN ⟷ PLURAL MASCULINE ADJECTIVE

Le **père** est **américain**.
The father is American.

As-tu des **cours faciles**?
Do you have easy classes?

- You've already learned several adjectives of nationality and some adjectives to describe your classes. Here are some adjectives used to describe physical characteristics.

Adjectives of physical description

bleu(e)	*blue*	joli(e)	*pretty*
blond(e)	*blond*	laid(e)	*ugly*
brun(e)	*dark (hair)*	marron	*brown (not for hair)*
châtain	*brown (hair)*	noir(e)	*black*
court(e)	*short*	petit(e)	*small, short (stature)*
grand(e)	*tall, big*	raide	*straight*
jeune	*young*	vert(e)	*green*

- Notice that, in the examples below, the adjectives agree in gender and number with the subjects.

Elles sont **blondes** et **petites**.
They are blond and short.

L'examen est **long**.
The exam is long.

- Use the expression **de taille moyenne** to describe someone or something of medium size.

Victor est un homme **de taille moyenne**.
Victor is a man of medium height.

C'est une université **de taille moyenne**.
It's a medium-sized university.

- The adjective **marron** is invariable; that is, it does not agree in gender and number with the noun it modifies. The adjective **châtain** is almost exclusively used to describe hair color.

Mon neveu a les **yeux marron**.
My nephew has brown eyes.

Ma nièce a les **cheveux châtains**.
My niece has brown hair.

---

1 **Ressemblances** Family members often look and behave alike. Describe these family members.

MODÈLE

Caroline est intelligente. Elle a un frère.
Il est intelligent aussi.

1. Jean est curieux. Il a une sœur.
2. Carole est blonde. Elle a un cousin.
3. Albert est gros. Il a trois tantes.
4. Sylvie est fière et heureuse. Elle a un fils.
5. Christophe est vieux. Il a une demi-sœur.
6. Martin est laid. Il a une petite-fille.
7. Sophie est intellectuelle. Elle a deux grands-pères.
8. Céline est naïve. Elle a deux frères.
9. Anne est belle. Elle a cinq neveux.
10. Anissa est rousse. Elle a un oncle.

2 **Une femme heureuse** Christine has a happy life. To know why, complete these sentences. Make any necessary changes.

MODÈLE

Christine / avoir / trois enfants (beau)
Christine a trois beaux enfants.

1. Elle / avoir / des amis (sympathique)
   _____

2. Elle / habiter / dans un appartement (nouveau)
   _____

3. Son (*Her*) mari / avoir / un travail (bon)
   _____

4. Ses (*Her*) filles / être / des étudiantes (sérieux)
   _____

5. Christine / être (fier) / de son succès
   _____

6. Son mari / être / un homme (beau)
   _____

7. Elle / avoir / des collègues (amusant)
   _____

8. Sa (*Her*) secrétaire / être / une fille (jeune/intellectuel)
   _____

9. Elle / avoir / des chiens (bon)
   _____

10. Ses voisins / être (poli)
    _____

 Practice more at **vhlcentral.com**.

COMMUNICATION

3 **Comparaisons** In pairs, take turns comparing these brothers and their sister. Make as many comparisons as possible, then share them with the class.

Jean-Paul   **Tristan**   **Géraldine**

MODÈLE

Géraldine et Jean-Paul sont grands, mais Tristan est petit.

4 **Qui est-ce?** Choose a classmate. Your partner must guess the person's name by asking up to 10 **oui** or **non** questions. Then, switch roles.

MODÈLE

Élève 1: *C'est un garçon?*
Élève 2: *Oui.*
Élève 1: *Il est de taille moyenne?*
Élève 2: *Non.*

5 **Les bons copains** Interview two classmates to learn about one of their friends, using these questions and descriptive adjectives. Be prepared to report to the class what you learned.

- Est-ce que tu as un(e) bon(ne) copain/copine?
- Comment est-ce qu'il/elle s'appelle?
- Quel âge a-t-il/elle?
- Comment est-il/elle?
- Il/Elle est de quelle origine?
- Quels cours est-ce qu'il/elle aime?
- Quels cours est-ce qu'il/elle déteste?

Some irregular adjectives

masculine singular	feminine singular	masculine plural	feminine plural	
beau	belle	beaux	belles	*beautiful; handsome*
bon	bonne	bons	bonnes	*good; kind*
fier	fière	fiers	fières	*proud*
gros	grosse	gros	grosses	*fat*
heureux	heureuse	heureux	heureuses	*happy*
intellectuel	intellectuelle	intellectuels	intellectuelles	*intellectual*
long	longue	longs	longues	*long*
naïf	naïve	naïfs	naïves	*naive*
roux	rousse	roux	rousses	*red-haired*
vieux	vieille	vieux	vieilles	*old*

- The forms of the adjective **nouveau** (*new*) follow the same pattern as those of **beau**.

- Other adjectives that follow the pattern of **heureux** are **curieux** (*curious*), **malheureux** (*unhappy*), **nerveux** (*nervous*), and **sérieux** (*serious*).

Position of adjectives

- These adjectives are usually placed before the noun they modify: **beau**, **bon**, **grand**, **gros**, **jeune**, **joli**, **long**, **nouveau**, **petit**, and **vieux**.

  J'aime bien les **grandes familles**.   Joël est un **vieux copain**.
  I like large families.   *Joël is an old friend.*

- These forms are used before masculine singular nouns that begin with a vowel sound.

beau	→	bel	→	un **bel** appartement
nouveau		nouvel		un **nouvel** ami
vieux		vieil		un **vieil** homme

- These adjectives are also generally placed before a noun: **mauvais(e)** (*bad*), **pauvre** (*poor, unfortunate*), **vrai(e)** (*true, real*).

- The plural indefinite article **des** changes to **de** before an adjective followed by a noun.

  J'habite avec **des amis sympathiques**.   J'habite avec **de bons amis**.
  I live with nice friends.   *I live with good friends.*

Essayez!   Provide all four forms of these adjectives.

1. grand *grand, grande, grands, grandes*
2. nerveux _____
3. roux _____
4. bleu _____

5. naïf _____
6. gros _____
7. long _____
8. fier _____

Presentation Tutorial

3A.2 Possessive adjectives

Point de départ In both English and French, possessive adjectives express ownership or possession.

>  **BOÎTE À OUTILS**
> In CONTEXTES, you learned a few possessive adjectives with family vocabulary: **mon grand-père**, **ma sœur**, **mes cousins**.

Possessive adjectives

masculine singular	feminine singular	plural	
mon	ma	mes	*my*
ton	ta	tes	*your* (fam. and sing.)
son	sa	ses	*his, her, its*
notre	notre	nos	*our*
votre	votre	vos	*your* (form. or pl.)
leur	leur	leurs	*their*

C'est ta sœur? Ce sont tes parents?

Voilà vos photos.

- Possessive adjectives are always placed before the nouns they modify.

  C'est **ton** père?   Non, c'est **mon** oncle.
  Is that your father?   *No, that's my uncle.*

- In French, unlike English, possessive adjectives agree in gender and number with the nouns they modify.

  mon frère   **ma** sœur   **mes** grands-parents
  my brother   *my sister*   *my grandparents*

- Note that **notre**, **votre**, and **leur** agree in number only.

  notre neveu   **notre** famille   **nos** enfants
  our nephew   *our family*   *our children*

  leur cousin   **leur** cousine   **leurs** cousins
  their cousin   *their cousin*   *their cousins*

- The masculine singular forms **mon**, **ton**, and **son** are used with feminine singular nouns that begin with a vowel sound.

  mon amie   **ton** étudiante   **son** histoire
  my friend   *your student*   *his story*

MISE EN PRATIQUE

1 **Complétez** Complete the sentences with the correct possessive adjectives.

1. _____ (*My*) sœur est très patiente.
2. Marc et Julien adorent _____ (*their*) cours de philosophie et de maths.
3. Nadine et Gisèle, qui est _____ (*your*) amie?
4. C'est une belle photo de _____ (*their*) grand-mère.
5. Est-ce que tu as _____ (*your*) montre?
6. Nous voyageons en France avec _____ (*our*) enfants.
7. Est-ce que tu travailles beaucoup sur _____ (*your*) ordinateur?
8. _____ (*Her*) cousins habitent à Paris.
9. J'aime bien _____ (*his*) livre, il est très intéressant.
10. Bonjour, M. Martin. Comment sont _____ (*your*) élèves cette année?

2 **Identifiez** Identify the owner of each object.

 MODÈLE

Ce sont les cahiers de Sophie.

Sophie

Christophe

Virginie

1. _____

4. _____

Paul

Jacqueline

2. _____

5. _____

Stéphanie

Christine

3. _____

6. _____

 Practice more at **vhlcentral.com.**

COMMUNICATION

3 **Ma famille** Use these cues to interview as many classmates as you can to learn about their family members. Then, tell the class what you found out.

MODÈLE

mère / parler / espagnol
Élève 1: *Est-ce que ta mère parle espagnol?*
Élève 2: *Oui, ma mère parle espagnol.*

1. sœur / travailler / en Californie

   _____

2. frère / être / célibataire

   _____

3. neveux / avoir / un chien

   _____

4. cousin / voyager / beaucoup

   _____

5. père / adorer / les ordinateurs

   _____

6. parents / être / divorcés

   _____

7. tante / avoir / les yeux marron

   _____

8. grands-parents / habiter / en Floride

   _____

4 **Portrait de famille** In groups of three, take turns describing your family. Listen carefully to your partners' descriptions without taking notes. After everyone has spoken, two of you describe the other's family to see how well you remember.

MODÈLE

Élève 1: *Ma mère est timide et elle a les cheveux châtains.*
Élève 2: *Sa mère est sociable.*
Élève 3: *Sa mère est blonde.*
Élève 1: *Mais non! Ma mère est timide et elle a les cheveux châtains.*

- The choice of **son**, **sa**, and **ses** depends on the gender and number of the noun possessed, not the gender and number of the owner. Context usually makes the meaning clear.

  son frère = *his/her brother*
  sa sœur = *his/her sister*
  ses parents = *his/her parents*

Possession with *de*

- In English, you use *'s* to express relationships or ownership. In French, use **de (d')** + [*the noun or proper name*] instead.

  C'est le petit ami **d'Élisabeth**.   C'est le petit ami **de ma sœur**.
  That's Élisabeth's boyfriend.   *That's my sister's boyfriend.*

- When the preposition **de** is followed by the definite articles **le** and **les**, they contract to form **du** and **des**, respectively. There is no contraction when **de** is followed by **la** and **l'**.

  de + le ▶ du   de + les ▶ des

  L'opinion **du** grand-père   La fille **des** voisins a
  est importante.   les cheveux châtains.
  The grandfather's opinion   *The neighbors' daughter*
  is important.   *has brown hair.*

On peut regarder des photos de ma tante?

Sophie, c'est la nièce de Valérie.

| **Essayez!** | Provide the appropriate form of each possessive adjective. |

mon, ma, mes

1. ___mon___ livre
2. _____ librairie
3. _____ professeurs

ton, ta, tes

4. _____ ordinateurs
5. _____ télévision
6. _____ stylo

son, sa, ses

7. _____ table
8. _____ problèmes
9. _____ école

notre, nos

10. _____ cahier
11. _____ études
12. _____ bourse

votre, vos

13. _____ soirées
14. _____ lycée
15. _____ devoirs

leur, leurs

16. _____ résultat
17. _____ classe
18. _____ notes

Révision

1 **Expliquez** In pairs, take turns randomly calling out one person from column A and one from column B. Your partner will explain how they are related.

MODÈLE

Élève 1: *ta sœur et ta mère*
Élève 2: *Ma sœur est la fille de ma mère.*

A	B
1. sœur	**a.** cousine
2. tante	**b.** mère
3. cousins	**c.** grand-père
4. frère	**d.** neveux
5. père	**e.** oncle

2 **Les yeux de ma mère** List seven physical or personality traits that you share with other members of your family. Be specific. Then, in pairs, compare your lists and be ready to present your partner's list to the class.

MODÈLE

Élève 1: *J'ai les yeux bleus de mon père et je suis fier/fière comme mon grand-père.*
Élève 2: *Moi, je suis impatient(e) comme ma mère.*

3 **Les familles célèbres** In groups of four, play a guessing game. Imagine that you belong to one of these famous families or one of your choice. Start describing your new family to your partners. The first person who guesses which family you are describing and where you fit in is the winner. He or she should describe another family.

> La famille Adams
> La famille Griswold
> La famille Kennedy
> La famille Osborne
> La famille Simpson

4 **La famille idéale** Walk around the room to survey your classmates. Ask them to describe their ideal family. Record their answers. Then, in pairs, compare your results.

MODÈLE

Élève 1: *Comment est ta famille idéale?*
Élève 2: *Ma famille idéale est petite, avec deux enfants et beaucoup de chiens et de chats.*

5 **Le casting** A casting director is on the phone with an agent to find actors for a new comedy about a strange family. In pairs, act out their conversation and find an actor to play each character, based on these illustrations.

MODÈLE

Élève 1 (agent): *Pour la mère, il y a Émilie. Elle est rousse et elle a les cheveux courts.*
Élève 2 (casting director): *Ah, non. La mère est brune et elle a les cheveux longs. Avez-vous une actrice brune?*

La famille

le fils   la fille   le père   la mère   le cousin

Les acteurs et les actrices

Julie   Annick   Michelle   Patrick   Laurent   Émilie   Stéphane   Robert

6 **Les différences** Your teacher will give you and a partner each a similar drawing of a family. Identify and name the six differences between your picture and your partner's.

MODÈLE

Élève 1: *La mère est blonde.*
Élève 2: *Non, la mère est brune.*

ressources

v̂Text

CE pp. 65–70

vhlcentral.com Leçon 3A

Video: TV Clip

Le Zapping

Pages d'Or

The **Pages d'Or** (*Golden Pages*) of Belgium offer a range of services that connect businesses with potential customers. In addition to the traditional printed telephone book, the **Pages d'Or** use technology to reach a wide customer base. The **Pages d'Or** website, listings on CD-ROM or DVD, and digital television allow consumers to find businesses quickly for the services they need.

Pages d'Or®
www.pagesdor.be

—Papa, combien tu m'aimes?

—Pour toi, je décrocherais° la Lune°.

Compréhension Answer these questions.

1. Qui (*Who*) sont les deux personnes dans la publicité (*ad*)?
2. Pourquoi l'homme téléphone-t-il pour obtenir une grue (*crane*)?
3. Comment trouve-t-il le numéro de téléphone?

Discussion In groups of three, discuss the answers to these questions.

1. Pourquoi est-il facile de trouver un numéro de téléphone aujourd'hui? Comment le faites-vous?
2. Employez le vocabulaire de cette leçon pour décrire les parents idéaux.

décrocherais *would take down* Lune *Moon*

 Practice more at **vhlcentral.com.**

You will learn how to...
- describe people
- talk about occupations

Audio: Vocabulary Practice
My Vocabulary

Comment sont-ils?

Ils sont paresseux.

Il est rapide.

Il est fort.

Il est travailleur.

discrète (discret *m.*)

fatiguée (fatigué *m.*)

jaloux (jalouse *f.*)

inquiète (inquiet *m.*)

triste

Vocabulaire

actif/active	active
antipathique	unpleasant
courageux/courageuse	courageous, brave
cruel(le)	cruel
doux/douce	sweet; soft
ennuyeux/ennuyeuse	boring
étranger/étrangère	foreign
faible	weak
favori(te)	favorite
fou/folle	crazy
généreux/généreuse	generous
génial(e) (géniaux *pl.*)	great
gentil(le)	nice
lent(e)	slow
méchant(e)	mean
modeste	modest, humble
pénible	tiresome
prêt(e)	ready
sportif/sportive	athletic
un(e) architecte	architect
un(e) artiste	artist
un(e) athlète	athlete
un(e) avocat(e)	lawyer
un(e) dentiste	dentist
un homme/une femme d'affaires	businessman/woman
un ingénieur	engineer
un(e) journaliste	journalist
un médecin	doctor

Mise en pratique

1 Les célébrités
Match these famous people with their professions. Not all of the professions will be used.

_____ 1. Donald Trump
_____ 2. Claude Monet
_____ 3. Paul Mitchell
_____ 4. Dr. Phil C. McGraw
_____ 5. Serena Williams
_____ 6. Katie Couric
_____ 7. Beethoven
_____ 8. Frank Lloyd Wright

a. médecin
b. journaliste
c. musicien(ne)
d. coiffeur/coiffeuse
e. artiste
f. architecte
g. avocat(e)
h. homme/femme d'affaires
i. athlète
j. dentiste

la coiffeuse
(coiffeur *m.*)

Il est drôle.

2 Les contraires
Complete each sentence with the opposite adjective.

1. Ma grand-mère n'est pas cruelle, elle est _____.
2. Mon frère n'est pas travailleur, il est _____.
3. Mes cousines ne sont pas faibles, elles sont _____.
4. Ma tante n'est pas drôle, elle est _____.
5. Mon oncle est un bon athlète. Il n'est pas lent, il est _____.
6. Ma famille et moi, nous ne sommes pas antipathiques, nous sommes _____.
7. Mes parents ne sont pas méchants, ils sont _____.
8. Mon oncle n'est pas heureux, il est _____.

3 Écoutez 🎧
You will hear descriptions of three people. Listen carefully and indicate whether the statements about them are **vrai** or **faux**.

Nora   Ahmed   Françoise

un musicien
(musicienne *f.*)

	Vrai	Faux
1. L'architecte aime le sport.	☐	☐
2. L'artiste est paresseuse.	☐	☐
3. L'artiste aime son travail.	☐	☐
4. Ahmed est médecin.	☐	☐
5. Françoise est gentille.	☐	☐
6. Nora est avocate.	☐	☐
7. Nora habite au Québec.	☐	☐
8. Ahmed est travailleur.	☐	☐
9. Françoise est mère de famille.	☐	☐
10. Ahmed habite avec sa femme.	☐	☐

Practice more at **vhlcentral.com**.

Communication

4 **Les professions** In pairs, say what the real professions of these people are. Alternate reading and answering the questions.

> **MODÈLE**
> **Élève 1:** *Est-ce que Sabine et Sarah sont femmes d'affaires?*
> **Élève 2:** *Non, elles sont avocates.*

1. Est-ce que Louis est architecte?
2. Est-ce que Jean est professeur?
3. Est-ce que Juliette est ingénieur?
4. Est-ce que Charles est médecin?

5. Est-ce que Pauline est musicienne?
6. Est-ce que Jacques et Brigitte sont avocats?
7. Est-ce qu'Édouard est dentiste?
8. Est-ce que Martine et Sophie sont dentistes?

5 **Conversez** Interview a classmate. Your partner should answer **pourquoi** questions with **parce que** (*because*).

1. Quel âge ont tes parents? Comment sont-ils?
2. Quelle est la profession de tes parents?
3. Qui est ton/ta cousin(e) préféré(e)? Pourquoi?
4. Qui n'est pas ton/ta cousin(e) préféré(e)? Pourquoi?
5. As-tu des animaux de compagnie (*pets*)? Quel est ton animal de compagnie favori? Pourquoi?
6. Qui est ton professeur préféré? Pourquoi?
7. Qui est gentil dans la classe?
8. Quelles professions aimes-tu?

6 **Les petites annonces** Write a **petite annonce** (*personal ad*) where you describe yourself and your ideal significant other. Include details such as profession, age, physical characteristics, and personality, both for yourself and for the person you hope reads the ad. Your teacher will post the ads. In groups, take turns reading them and then vote for the most interesting one.

7 **Quelle surprise!** You run into your best friend from high school ten years after you graduated and want to know what his or her life is like today. With a partner, prepare a conversation where you:

- greet each other
- ask each other's ages
- ask what each other's professions are
- ask about marital status and for a description of your significant others
- ask if either of you have children, and if so, for a description of them

Les sons et les lettres

 Audio: Explanation
Record & Compare

🎧 L'accent circonflexe, la cédille, and le tréma

L'accent circonflexe (^) can appear over any vowel.

pâté	prêt	aîné	drôle	croûton

....

L'accent circonflexe is also used to distinguish between words with similar spellings but different meanings.

mûr	**mur**	**sûr**	**sur**
ripe	*wall*	*sure*	*on*

....

L'accent circonflexe indicates that a letter, frequently an **s**, has been dropped from an older spelling. For this reason, **l'accent circonflexe** can be used to identify French cognates of English words.

hospital → h**ô**pital   *forest* → for**ê**t

....

La cédille (¸) is only used with the letter **c**. A **c** with a **cédille** is pronounced with a soft **c** sound, like the *s* in the English word *yes*. Use a **cédille** to retain the soft **c** sound before an **a**, **o**, or **u**. Before an **e** or an **i**, the letter **c** is always soft, so a **cédille** is not necessary.

gar**ç**on	fran**ç**ais	**ç**a	le**ç**on

....

Le tréma (¨) is used to indicate that two vowel sounds are pronounced separately. It is always placed over the second vowel.

égoïste	naïve	Noël	Haïti

Prononcez Practice saying these words aloud.

1. naïf   3. châtain   5. français   7. théâtre   9. égoïste
2. reçu   4. âge   6. fenêtre   8. garçon   10. château

Articulez Practice saying these sentences aloud.

1. Comment ça va?
2. Comme ci, comme ça.
3. Vous êtes française, Madame?
4. C'est un garçon cruel et égoïste.
5. J'ai besoin d'être reçu à l'examen.
6. Caroline, ma sœur aînée, est très drôle.

Dictons Practice reading these sayings aloud.

Plus ça change, plus c'est la même chose.[2]

Impossible n'est pas français.[1]

ressources

v̂Text

CE p. 74

vhlcentral.com
Leçon 3B

[1] There's no such thing as "can't". (lit. Impossible is not French.)
[2] The more things change, the more they stay the same.

On travaille chez moi!

Video: *Roman-photo*
Record & Compare

PERSONNAGES

Amina

David

Rachid

Sandrine

Stéphane

Valérie

SANDRINE Alors, Rachid, où est David?

Un portable sonne (a cell phone rings)...

VALÉRIE Allô.

RACHID Allô.

AMINA Allô.

SANDRINE C'est Pascal! Je ne trouve pas mon téléphone!

AMINA Il n'est pas dans ton sac à dos?

SANDRINE Non!

RACHID Ben, il est sous tes cahiers.

SANDRINE Non plus!

AMINA Il est peut-être derrière ton livre... ou à gauche.

SANDRINE Mais non! Pas derrière! Pas à gauche! Pas à droite! Et pas devant!

RACHID Non! Il est là... sur la table. Mais non! La table à côté de la porte.

SANDRINE Ce n'est pas vrai! Ce n'est pas Pascal! Numéro de téléphone 06.62.70.94.87. Mais qui est-ce?

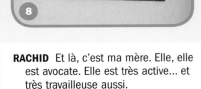

DAVID Sandrine? Elle est au café?

RACHID Oui... pourquoi?

DAVID Ben, j'ai besoin d'un bon café, oui, d'un café très fort. D'un espresso! À plus tard!

RACHID Tu sais, David, lui aussi, est pénible. Il parle de Sandrine. Sandrine, Sandrine, Sandrine.

RACHID ET STÉPHANE C'est barbant!

STÉPHANE C'est ta famille? C'est où?

RACHID En Algérie, l'année dernière chez mes grands-parents. Le reste de ma famille — mes parents, mes sœurs et mon frère, habitent à Marseille.

STÉPHANE C'est ton père, là?

RACHID Oui. Il est médecin. Il travaille beaucoup.

RACHID Et là, c'est ma mère. Elle, elle est avocate. Elle est très active... et très travailleuse aussi.

A C T I V I T É S

1 **Identifiez** Indicate which character would make each statement. The names may be used more than once. Write **D** for David, **R** for Rachid, **S** for Sandrine, and **St** for Stéphane.

1. J'ai envie d'être architecte. _____

2. Numéro de téléphone 06.62.70.94.87. _____

3. David est un colocataire pénible. _____

4. Stéphane! Tu n'es pas drôle! _____

5. Que c'est ennuyeux! _____

6. On travaille chez moi! _____

7. Sandrine, elle est tellement pénible. _____

8. Sandrine? Elle est au café? _____

9. J'ai besoin d'un café très fort. _____

10. C'est pour ça qu'on prépare le bac. _____

 Practice more at **vhlcentral.com.**

Sandrine perd (*loses*) son téléphone.
Rachid aide Stéphane à préparer le bac.

STÉPHANE Qui est-ce? C'est moi!

SANDRINE Stéphane! Tu n'es pas drôle!

AMINA Oui, Stéphane. C'est cruel.

STÉPHANE C'est génial...

RACHID Bon, tu es prêt? On travaille chez moi!

À l'appartement de Rachid et de David...

STÉPHANE Sandrine, elle est tellement pénible. Elle parle de Pascal, elle téléphone à Pascal... Pascal, Pascal, Pascal! Que c'est ennuyeux!

RACHID Moi aussi, j'en ai marre.

STÉPHANE Avocate? Moi, j'ai envie d'être architecte.

RACHID Architecte? Alors, c'est pour ça qu'on prépare le bac.

Rachid et Stéphane au travail...

RACHID Allez, si *x* égale 83 et *y* égale 90, la réponse, c'est...

STÉPHANE Euh... 100?

RACHID Oui! Bravo!

Expressions utiles

Making complaints

- **Sandrine, elle est tellement pénible.**
  Sandrine is so tiresome.
- **J'en ai marre.**
  I'm fed up.
- **Tu sais, David, lui aussi, est pénible.**
  You know, David, he's tiresome, too.
- **C'est barbant!/C'est la barbe!**
  What a drag!

Reading numbers

- **Numéro de téléphone 06.62.70.94.87 (zéro six, soixante-deux, soixante-dix, quatre-vingt-quatorze, quatre-vingt-sept).**
  Phone number 06.62.70.94.87.
- **Si *x* égale 83 (quatre-vingt-trois) et *y* égale 90 (quatre-vingt-dix)...**
  If x equals 83 and y equals 90...
- **La réponse, c'est 100 (cent).**
  The answer is 100.

Expressing location

- **Où est le téléphone de Sandrine?**
  Where is Sandrine's telephone?
- **Il n'est pas dans son sac à dos.**
  It's not in her backpack.
- **Il est sous ses cahiers.**
  It's under her notebooks.
- **Il est derrière son livre, pas devant.**
  It's behind her book, not in front.
- **Il est à droite ou à gauche?**
  Is it to the right or to the left?
- **Il est sur la table à côté de la porte.**
  It's on the table next to the door.

---

2 **Vocabulaire** Refer to the video stills and dialogues to match these people and objects with their locations.

_____ 1. sur la table

_____ 2. pas sous les cahiers

_____ 3. devant Rachid

_____ 4. au café

_____ 5. à côté de la porte

_____ 6. en Algérie

a. le téléphone de Sandrine

b. Sandrine

c. l'ordinateur de Rachid

d. la famille de Rachid

e. le café de Rachid

f. la table

3 **Écrivez** In pairs, write a brief description in French of one of the video characters. Do not mention the character's name. Describe his or her personality traits, physical characteristics, and career path. Be prepared to read your description aloud to your classmates, who will guess the identity of the character.

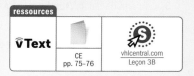
ACTIVITÉS

CULTURE À LA LOUPE

L'amitié

Quelle est la différence entre un copain et un ami? Un petit ami, qu'est-ce que c'est? Avoir plus de copains que° d'amis, c'est normal. Des copains sont des personnes qu'on voit assez souvent°, comme° des gens de l'école ou du travail°, et avec qui on parle de sujets ordinaires. L'amitié° entre copains est souvent éphémère et n'est pas très profonde. D'habitude°, ils ne parlent pas de problèmes très personnels.

Par contre°, des amis parlent de choses plus importantes et plus intimes. L'amitié est plus profonde, solide et stable, même si° on ne voit pas ses amis très souvent. Un ami, c'est une personne très proche° qui vous écoute quand vous avez un problème.

Un(e) petit(e) ami(e) est une personne avec qui on a une relation très intime et établie°, basée sur l'amour. Les jeunes couples français sortent° souvent en groupe avec d'autres° couples plutôt que° seuls; même si un jeune homme et une jeune femme sortent ensemble°, normalement chaque personne paie sa part.

> ### Coup de main
> To ask *what is* or *what are*, you can use **quel** and a form of the verb **être**. The different forms of **quel** agree in gender and number with the nouns to which they refer:
>
> **Quel/Quelle est...?**
> *What is...?*
>
> **Quels/Quelles sont...?**
> *What are...?*

plus de... que *more... than* voit assez souvent *sees rather often* comme *such as* du travail *from work* L'amitié *Friendship* D'habitude *Usually* Par contre *On the other hand* même si *even if* proche *close* établie *established* sortent *go out* d'autres *other* plutôt que *rather than* ensemble *together*

1 **Vrai ou faux?** Are these statements **vrai** or **faux?** Correct the false statements.

1. D'habitude, on a plus d'amis que de copains.

2. Un copain est une personne qu'on ne voit pas souvent.

3. On parle de sujets intimes avec un copain.

4. Un ami est une personne avec qui on a une relation très solide.

5. Normalement, on ne parle pas de ses problèmes personnels avec ses copains.

6. Un ami vous écoute quand vous avez un problème.

7. L'amitié entre amis est plus profonde que l'amitié entre copains.

8. En général, les jeunes couples français vont au café ou au cinéma en groupe.

9. Un petit ami est comme un copain.

10. En France, les femmes ne paient pas quand elles sortent.

 Practice more at **vhlcentral.com.**

LE FRANÇAIS QUOTIDIEN

Pour décrire les gens

bête	*stupid*
borné(e)	*narrow-minded*
canon	*good-looking*
coincé(e)	*inhibited*
cool	*relaxed*
dingue	*crazy*
malin/maligne	*clever*
marrant(e)	*funny*
mignon(ne)	*cute*
zarbi	*weird*

LE MONDE FRANCOPHONE

Le mariage: Qu'est-ce qui est différent?

En France Les mariages sont toujours à la mairie°, en général le samedi après-midi. Beaucoup de couples vont° à l'église° juste après. Il y a un grand dîner le soir. Tous les amis et la famille sont invités.

Au Maroc Les amis de la mariée lui appliquent° du henné sur les mains°.

En Suisse Il n'y a pas de *bridesmaids* comme aux États-Unis mais il y a deux témoins°. En Suisse romande, la partie francophone du pays°, les traditions pour le mariage sont assez° similaires aux traditions en France.

mairie *city hall* **vont** *go* **église** *church* **lui appliquent** *apply* **henné sur les mains** *henna to the hands* **témoins** *witnesses* **pays** *country* **assez** *rather*

PORTRAIT

Les Depardieu

Gérard

Les Depardieu sont une famille d'acteurs français. Gérard, le père, est l'acteur le plus célèbre° de France. Lauréat° de deux César°, un pour *Le Dernier Métro°* et l'autre° pour *Cyrano de Bergerac*, et d'un Golden Globe pour le film américain *Green Card*, il joue depuis plus de trente ans° et a tourné dans° plus de 120 (cent vingt) films. Sa fille, Julie, a aussi du succès dans la profession: elle a déjà° deux César et a joué° dans

Guillaume

Un long dimanche de fiançailles°. Son fils, Guillaume (1971–2008), a joué dans beaucoup de films dont° *Tous les matins du monde°* avec son père. Les deux enfants ont joué avec leur père dans *Le Comte de Monte-Cristo.*

Julie

le plus célèbre *most famous* **Lauréat** *Winner* **César** *César awards (the equivalent of the Oscars in France)* **Le Dernier Métro** *The Last Metro* **l'autre** *the other* **il joue depuis plus de trente ans** *he has been acting for more than thirty years* **a tourné dans** *has been in* **déjà** *already* **a joué** *has acted* **Un long dimanche de fiançailles** *A Very Long Engagement* **dont** *including* **Tous les matins du monde** *All the Mornings of the World*

Sur Internet

Quand ils sortent (*go out*), où vont (*go*) les jeunes couples français?

Go to **vhlcentral.com** to find more cultural information related to this **Culture** section.

2 **Les Depardieu** Complete these statements with the correct information.

1. Gérard Depardieu a joué dans plus de _____ films.
2. Guillaume était (*was*) _____ de Gérard Depardieu.
3. Julie est _____ de Gérard Depardieu.
4. Julie joue avec Gérard dans _____.
5. Guillaume a joué avec Gérard dans _____.
6. Julie a déjà _____ César.

3 **Comment sont-ils?** Look at the photos of the Depardieu family. With a partner, take turns describing each person in detail in French. How old do you think they are? What do you think their personalities are like? Do you see any family resemblances?

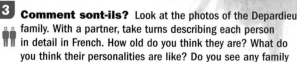
ressources
vText
vhlcentral.com
Leçon 3B

ACTIVITÉS

 **Presentation Tutorial**

3B.1 Numbers 61–100

Numbers 61–100	

61–69

61	soixante et un
62	soixante-deux
63	soixante-trois
64	soixante-quatre
65	soixante-cinq
66	soixante-six
67	soixante-sept
68	soixante-huit
69	soixante-neuf

 420

80–89

80	quatre-vingts
81	quatre-vingt-un
82	quatre-vingt-deux
83	quatre-vingt-trois
84	quatre-vingt-quatre
85	quatre-vingt-cinq
86	quatre-vingt-six
87	quatre-vingt-sept
88	quatre-vingt-huit
89	quatre-vingt-neuf

70–79

70	soixante-dix
71	soixante et onze
72	soixante-douze
73	soixante-treize
74	soixante-quatorze
75	soixante-quinze
76	soixante-seize
77	soixante-dix-sept
78	soixante-dix-huit
79	soixante-dix-neuf

90–100

90	quatre-vingt-dix
91	quatre-vingt-onze
92	quatre-vingt-douze
93	quatre-vingt-treize
94	quatre-vingt-quatorze
95	quatre-vingt-quinze
96	quatre-vingt-seize
97	quatre-vingt-dix-sept
98	quatre-vingt-dix-huit
99	quatre-vingt-dix-neuf
100	cent

BOÎTE À OUTILS

STUDY TIP: To say numbers **70–99**, remember the arithmetic behind them. For example, **quatre-vingt-douze (92)** is **4 (quatre)** x **20 (vingt)** + **12 (douze)**.

- Numbers that end in the digit **1** are not usually hyphenated. They use the conjunction **et** instead.

  trente et un   cinquante et un   soixante et un

- Note that **81** and **91** are exceptions:

  quatre-vingt-un   quatre-vingt-onze

- The number **quatre-vingts** ends in **-s**, but there is no **-s** when it is followed by another number.

  quatre-vingts   quatre-vingt-cinq   quatre-vingt-dix-huit

Essayez! **What are these numbers in French?**

1. 67 _soixante-sept_
2. 75 _____
3. 99 _____
4. 70 _____
5. 82 _____

6. 91 _____
7. 66 _____
8. 87 _____
9. 52 _____
10. 60 _____

MISE EN PRATIQUE

1 **Les numéros de téléphone** Write down these phone numbers, then read them aloud in French.

MODÈLE

C'est le zéro un, quarante-trois, soixante-quinze, quatre-vingt-trois, seize.
01.43.75.83.16

1. C'est le zéro deux, soixante-cinq, trente-trois, quatre-vingt-quinze, zéro six.

   _____

2. C'est le zéro un, quatre-vingt-dix-neuf, soixante-quatorze, quinze, vingt-cinq.

   _____

3. C'est le zéro cinq, soixante-cinq, onze, zéro huit, quatre-vingts.

   _____

4. C'est le zéro trois, quatre-vingt-dix-sept, soixante-dix-neuf, cinquante-quatre, vingt-sept.

   _____

5. C'est le zéro quatre, quatre-vingt-cinq, soixante-neuf, quatre-vingt-dix-neuf, quatre-vingt-onze.

   _____

6. C'est le zéro un, vingt-quatre, quatre-vingt-trois, zéro un, quatre-vingt-neuf.

   _____

2 **Les maths** Read these math problems aloud, then write out each answer in words.

MODÈLE

65 + 3 = _soixante-huit_
Soixante-cinq plus trois font (equals) soixante-huit.

1. 70 + 15 = _____	6. 67 + 6 = _____
2. 82 + 10 = _____	7. 43 + 54 = _____
3. 76 + 3 = _____	8. 78 + 5 = _____
4. 88 + 12 = _____	9. 70 + 20 = _____
5. 40 + 27 = _____	10. 64 + 16 = _____

3 **Comptez** Read the following numbers aloud in French, then follow the pattern to provide the missing numbers.

1. 60, 62, 64, ... 80
2. 76, 80, 84, ... 100
3. 100, 95, 90, ... 60
4. 99, 96, 93, ... 69

 Practice more at **vhlcentral.com**.

4 **Questions indiscrètes** With a partner, take turns asking how old these people are.

M. Hubert
Mme Hubert
M. Moreau
Mme Moreau
M. Durand
Mme Durand

MODÈLE

Élève 1: *Madame Hubert a quel âge?*
Élève 2: *Elle a 70 ans.*

5 **Qui est-ce?** Interview as many classmates as you can in five minutes to find out the name, relationship, and age of their oldest family member. Identify the student with the oldest family member to the class.

MODÈLE

Élève 1: *Qui est le plus vieux (the oldest) dans ta famille?*
Élève 2: *C'est ma tante Julie. Elle a soixante-dix ans.*

6 **Les pourcentages** Tally your classmates' responses to the questions below, then calculate the percentages for each affirmative answer. (To figure percentages, divide the number of affirmative answers by the number of people in your class.)

MODÈLE

Soixante-seize pour cent des élèves ont un chien.

1. Tu as un chien?
2. Tu as un chat?
3. Tu as un frère ou des frères?
4. Tu as une sœur ou des sœurs?
5. Tu as des cousins?
6. Tu as des oncles et des tantes?

As-tu envie d'être
ingénieur, musicien, architecte, professeur?

le sac à dos 70€

le bureau 96€

la chaise 82€

la calculatrice 61€

Tu as besoin d'une calculatrice intelligente, d'un beau bureau, d'une chaise confortable et d'un bon sac à dos.

Tu trouves tout dans le
Catalogue AAZ!

Identifiez Scan this catalogue page, and identify the instances where the numbers 61–100 are used.

Questions

1. Quels objets trouve-t-on sur cette page du Catalogue VPC?
2. Quels sont leurs prix (*their prices*)?
3. Quels autres (*other*) objets trouve-t-on dans le Catalogue VPC? (Imaginez.)
4. Quels sont les prix des autres objets?
5. Le mois prochain, les prix des objets dans le catalogue seront réduits (*will be reduced*) de 25 pour cent. Quels seront les nouveaux prix?

Presentation Tutorial

3B.2 Prepositions of location and disjunctive pronouns

Point de départ You have already learned expressions in French containing prepositions like **à**, **de**, and **en**. Prepositions of location describe the location of something or someone in relation to something or someone else.

Prepositions of location

à côté de	next to	en face de	facing, across from
à droite de	to the right of	entre	between
à gauche de	to the left of	loin de	far from
dans	in	par	by
derrière	behind	près de	close to, near
devant	in front of	sous	under
en	in	sur	on

La librairie est **derrière** l'école.
The bookstore is behind the school.

Ma maison est **loin de** la ville.
My house is far from the city.

• Use the preposition **à** before the name of any city to express *in* or *to*. The preposition that accompanies the name of a country varies, but you can use **en** in many cases. In **Leçon 7A**, you will learn more names of countries and their corresponding prepositions.

Il étudie **à Nice**.
He studies in Nice.

Je voyage **en France** et **en Belgique**.
I'm traveling in France and Belgium.

• Use the contractions **du** and **des** in prepositional expressions when they are appropriate.

La cantine est **à côté du** gymnase.
The cafeteria is next to the gym.

Notre chien aime manger **près des** enfants.
Our dog likes to eat close to the children.

• You can further modify prepositions of location by using intensifiers such as **tout** (*very, really*) and **juste** (*just, right*).

Ma sœur habite **juste à côté de** l'université.
My sister lives right next to the university.

Jules et Alain travaillent **tout près de** la fac.
Jules and Alain work really close to the (university) campus.

• You may use prepositions without the word **de** when they are not followed by a noun.

Ma sœur habite **juste à côté**.
My sister lives right next door.

Elle travaille **tout près**.
She works really close by.

MISE EN PRATIQUE

1 **Où est ma montre?** Claude has lost her watch. Choose the appropriate prepositions to complete her friend Pauline's questions.

1. Elle est (sur / entre) le bureau?
2. Elle est (par / derrière) la télévision?
3. Elle est (entre / dans) le lit et la table?
4. Elle est (en / sous) la chaise?
5. Elle est (sur / à côté de) la fenêtre?
6. Elle est (près du / entre le) sac à dos?
7. Elle est (devant / sur) la porte?
8. Elle est (dans / sous) la corbeille?

2 **Complétez** Complete these sentences with the appropriate prepositions, based on what you see in the illustration.

MODÈLE

Nous sommes _chez_ nos cousins.

1. Nous sommes _____ la maison de notre tante.
2. Michel est _____ Béatrice.
3. _____ Jasmine et Laure, il y a le petit cousin, Adrien.
4. Béatrice est juste _____ Jasmine.
5. Jasmine est tout _____ Béatrice.
6. Michel est _____ Laure.
7. Un oiseau est _____ la maison.
8. Laure est _____ Adrien.

Michel   Béatrice
Laure   Jasmine
Adrien

 Practice more at **vhlcentral.com**.

COMMUNICATION

3 **Où est l'objet?** In pairs, take turns asking where these items are in the classroom. Use prepositions of location.

MODÈLE la carte
Élève 1: *Où est la carte?*
Élève 2: *Elle est devant la classe.*

1. l'horloge
2. l'ordinateur
3. le tableau
4. la fenêtre
5. le bureau du professeur
6. ton livre de français
7. la corbeille
8. la porte

4 **Qui est-ce?** Choose someone in the room. The class will guess whom you chose by asking yes/no questions that use prepositions of location.

MODÈLE
Est-ce qu'il/elle est derrière Dominique?
Est-ce qu'il/elle est entre Jean-Pierre et Suzanne?

5 **S'il vous plaît…?** A tourist stops someone on the street to ask where certain places are located. In pairs, play these roles using the map to locate the places.

MODÈLE la banque
Élève 1: *La banque, s'il vous plaît?*
Élève 2: *Elle est en face de l'hôpital.*

1. le cinéma Ambassadeur
2. le restaurant Chez Marlène
3. la librairie Antoine
4. le lycée Camus
5. l'hôtel Royal
6. le café de la Place

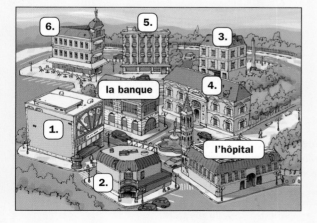

- The preposition **chez** has no exact English equivalent. It expresses the idea of *at* or *to someone's house* or *place*.

  Louise n'aime pas étudier **chez** Arnaud parce qu'il parle beaucoup.
  Louise doesn't like studying at Arnaud's because he talks a lot.

  Ce matin, elle n'étudie pas parce qu'elle est **chez** sa cousine.
  This morning she's not studying because she's at her cousin's.

- The preposition **chez** is also used to express the idea of *at* or *to a professional's office* or *business*.

  chez le docteur   **chez** la coiffeuse
  at the doctor's   *to the hairdresser's*

On travaille chez moi!

Stéphane est chez Rachid.

Disjunctive pronouns

- Use disjunctive pronouns after prepositions instead of subject pronouns:

singular		plural	
je	moi	nous	nous
tu	toi	vous	vous
il	lui	ils	eux
elle	elle	elles	elles

Maryse travaille **à côté de moi**.
Maryse is working next to me.

J'aime mieux dîner **chez eux**.
I prefer to dine at their house.

Nous pensons **à lui**.
We're thinking about him.

Essayez! Provide the preposition indicated in parentheses.

1. La librairie est *derrière* (behind) la banque.
2. J'habite _____ (close to) leur lycée.
3. Le laboratoire est _____ (next to) ma résidence.
4. Tu retournes _____ (to the house of) tes parents ce soir?
5. La fenêtre est _____ (across from) la porte.
6. Mon sac à dos est _____ (under) la chaise.
7. Ses crayons sont _____ (on) la table.
8. Votre ordinateur est _____ (in) la corbeille!

Révision

1 **Le basket** These basketball rivals are competing for the title. In pairs, predict the missing playoff scores. Then, compare your predictions with those of another pair. Be prepared to share your predictions with the class.

1. Ohio State 76, Michigan _____
2. Florida _____, Florida State 84
3. Stanford _____, UCLA 79
4. Purdue 81, Indiana _____
5. Duke 100, Virginia _____
6. Kansas 95, Colorado _____
7. Texas _____, Oklahoma 88
8. Kentucky 98, Tennessee _____

2 **La famille d'Édouard** In pairs, take turns guessing how the members of Édouard's family are related to him and to each other by describing their locations in the photo. Compare your answers with those of another pair.

MODÈLE

Son père est derrière sa mère.

Édouard

3 **La ville** In pairs, take turns describing the location of a building (**un bâtiment**) somewhere in your town or city. Your partner must guess which building you are describing in three tries. Keep score to determine the winner after several rounds.

MODÈLE

Élève 1: *C'est un bâtiment entre la banque et le lycée.*
Élève 2: *C'est l'hôpital?*
Élève 1: *C'est ça!*

4 **C'est quel numéro?** What courses would you take if you were studying at a French university? Take turns deciding and having your partner give you the phone number for enrollment information.

MODÈLE

Élève 1: *Je cherche un cours de philosophie.*
Élève 2: *C'est le zéro quatre...*

Département	Numéro de téléphone
Architecture	04.76.65.74.92
Biologie	04.76.72.63.85
Chimie	04.76.84.79.64
Littérature anglaise	04.76.99.90.82
Mathématiques	04.76.86.66.93
Philosophie	04.76.75.99.80
Psychologie	04.76.61.88.91
Sciences politiques	04.76.68.96.81
Sociologie	04.76.70.83.97

5 **À la librairie** In pairs, role-play a customer at a bookstore and a clerk who points out where supplies are located. Then, switch roles. Each turn, the customer picks four items from the list. Use the drawing to find the supplies.

MODÈLE

Élève 1: *Je cherche des stylos.*
Élève 2: *Ils sont à côté des cahiers.*

des cahiers	un dictionnaire
une calculatrice	un iPhone®
une carte	du papier
des crayons	un sac à dos

6 **Trouvez** Your teacher will give you and your partner each a drawing of a family picnic. Ask each other questions to find out where all of the family members are located.

MODÈLE

Élève 1: *Qui est à côté du père?*
Élève 2: *Le neveu est à côté du père.*

ressources

v̂Text

CE
pp. 77–82

vhlcentral.com
Leçon 3B

À l'écoute

 Audio: Activities

Préparation

Based on the photograph, where do you think Suzanne and Diane are? What do you think they are talking about?

À vous d'écouter

Now you are going to hear Suzanne and Diane's conversation. Use **R** to indicate adjectives that describe Suzanne's boyfriend, Robert. Use **E** for adjectives that describe Diane's boyfriend, Édouard. Some adjectives will not be used.

____ brun	____ optimiste
____ laid	____ intelligent
____ grand	____ blond
____ intéressant	____ beau
____ gentil	____ sympathique
____ drôle	____ patient

Compréhension

Identifiez-les Whom do these statements describe?

1. Elle a un problème avec un garçon. _____
2. Il ne parle pas à Diane. _____
3. Elle a de la chance. _____
4. Ils parlent souvent. _____
5. Il est sympa. _____
6. Il est timide. _____

Vrai ou faux? Indicate whether each sentence is **vrai** or **faux**, then correct any false statements.

1. Édouard est un garçon très patient et optimiste.
   _____

2. Diane pense que Suzanne a de la chance.
   _____

3. Suzanne et son petit ami parlent de tout.
   _____

4. Édouard parle souvent à Diane.
   _____

5. Robert est peut-être un peu timide.
   _____

6. Suzanne parle de beaucoup de choses avec Robert.
   _____

 Practice more at **vhlcentral.com.**

Panorama

l'Arc de Triomphe

Interactive Map Reading

Paris

La ville en chiffres

▶ **Superficie:** *105 km² (cent cinq kilomètres carrés°)*

▶ **Population:** *plus de° 9.828.000 (neuf millions huit cent vingt-huit mille)*

SOURCE: Population Division, UN Secretariat

Paris est la capitale de la France. On a l'impression que Paris est une grande ville—et c'est vrai si on compte° ses environs°. Néanmoins°, Paris mesure moins de° 10 kilomètres de l'est à l'ouest°. On peut ainsi° très facilement visiter la ville à pied°. Paris est divisée en 20 arrondissements°. Chaque° arrondissement a son propre maire° et son propre caractère.

▶ **Industries principales:** *haute couture, finances, transports, technologie, tourisme*

▶ **Musées:** *plus de 150 (cent cinquante): le musée° du Louvre, le musée d'Orsay, le centre Georges Pompidou et le musée Rodin*

Parisiens célèbres

▶ **Victor Hugo**, *écrivain° et activiste (1802–1885)*

▶ **Charles Baudelaire**, *poète (1821–1867)* ⋯

▶ **Auguste Rodin**, *sculpteur (1840–1917)*

▶ **Jean-Paul Sartre**, *philosophe (1905–1980)*

▶ **Simone de Beauvoir**, *écrivain (1908–1986)*

▶ **Édith Piaf**, *chanteuse (1915–1963)* ⋯

▶ ⋯**Emmanuelle Béart**, *actrice (1965–)*

carrés *square* plus de *more than* si on compte *if one counts*
environs *surrounding areas* Néanmoins *Nevertheless* moins de *less than*
de l'est à l'ouest *from east to west* ainsi *in this way* à pied *on foot*
arrondissements *districts* Chaque *Each* son propre maire *its own mayor*
musée *museum* écrivain *writer* rues *streets* reposent *lie; rest*
provenant *from* repos *rest*

Map of Paris showing: Basilique du Sacré-Cœur, Place du Tertre, Le Moulin Rouge, Parc Monceau, BOULEVARD HAUSSMANN, Opéra Garnier, La Madeleine, BLVD. DES CAPUCINES, BLVD. DES ITALIENS, AVE. DE L'OPÉRA, BOULEVARD DE SÉBASTOPOL, Arc de Triomphe, AVENUE DES CHAMPS-ÉLYSÉES, Bois de Boulogne, Jeu de Paume, Grand Palais, Place de la Concorde, RUE DE RIVOLI, Les Halles, Beaubourg/Centre Georges Pompidou-Centre National d'Art et de Culture, Jardins du Trocadéro, Seine, Orangerie, Jardin des Tuileries, Musée du Louvre, RUE DE RIVOLI, QUAI D'ORSAY, Assemblée Nationale, BLVD ST. GERMAIN, Musée d'Orsay, Conciergerie, Hôtel de Ville, Place des Vosges, Tour Eiffel, Île de la Cité, Opéra de Paris Bastille, Parc du Champ de Mars, Hôtel des Invalides, Cathédrale Notre-Dame, Île St.-Louis, École Militaire, BOULEVARD RASPAIL, BOULEVARD ST. GERMAIN, Sorbonne, Seine, Jardin du Luxembourg, BOULEVARD SAINT-MICHEL, Panthéon, Tour Montparnasse

0   0.5 mile
0   0.5 kilomètre

l'opéra Garnier

une terrasse de café

Incroyable mais vrai!

Sous les rues° de Paris, il y a une autre ville: les catacombes. Ici reposent° les squelettes d'environ 7.000.000 (sept millions) de personnes provenant° d'anciens cimetières de Paris et de ses environs. Plus de 250.000 (deux cent cinquante mille) touristes par an visitent cette ville de repos° éternel.

Les monuments
La tour Eiffel

La tour Eiffel a été construite° en 1889 (mille huit cent quatre-vingt-neuf) pour l'Exposition universelle, à l'occasion du centenaire° de la Révolution française. Elle mesure 324 (trois cent vingt-quatre) mètres de haut et pèse° 10.100 (dix mille cent) tonnes. La tour attire près de° 7.000.000 (sept millions) de visiteurs par an°.

Les gens
Paris-Plages

Pour les Parisiens qui ne voyagent pas pendant l'été°, la ville de Paris a créé° Paris-Plages pour apporter la plage° aux Parisiens! Inauguré en 2001 et installé sur les quais° de la Seine, Paris-Plages consiste en trois kilomètres de sable et d'herbe°, plein° d'activités comme la natation° et le volley. Ouvert en° juillet et en août, près de 4.000.000 (quatre millions) de personnes visitent Paris-Plages chaque° année.

Les musées
Le musée du Louvre

Ancien° palais royal, le musée du Louvre est aujourd'hui un des plus grands musées du monde° avec sa vaste collection de peintures°, de sculptures et d'antiquités orientales, égyptiennes, grecques et romaines. L'œuvre° la plus célèbre de la collection est *La Joconde*° de Léonard de Vinci. La pyramide de verre°, créée par l'architecte américain I.M. Pei, marque l'entrée° principale du musée.

Les transports
Le métro

L'architecte Hector Guimard a commencé à réaliser° des entrées du métro de Paris en 1898 (mille huit cent quatre-vingt-dix-huit). Ces entrées sont construites dans le style Art Nouveau: en forme de plantes et de fleurs°. Le métro est aujourd'hui un système très efficace° qui permet aux passagers de traverser° Paris rapidement.

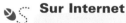 **Qu'est-ce que vous avez appris?** **Complétez les phrases.**

1. La ville de Paris est divisée en vingt _____.
2. Chaque arrondissement a ses propres _____ et _____.
3. Charles Baudelaire est le nom d'un _____ français.
4. Édith Piaf est une _____ française.
5. Plus de 250.000 personnes par an visitent _____ sous les rues de Paris.
6. La tour Eiffel mesure _____ mètres de haut.
7. En 2001, la ville de Paris a créé _____ au bord (*banks*) de la Seine.
8. Le musée du Louvre est un ancien _____.
9. _____ est une création de I.M. Pei.
10. Certaines entrées du métro sont de style _____.

ressources

v Text | CE pp. 83–84 | vhlcentral.com Leçon 3B

Sur Internet

1. Quels sont les monuments les plus importants à Paris? Qu'est-ce qu'on peut faire (*can do*) dans la ville?
2. Trouvez des informations sur un des musées de Paris.
3. Recherchez la vie (*Research the life*) d'un(e) Parisien(ne) célèbre.
4. Cherchez un plan du métro de Paris et trouvez comment aller du Louvre à la tour Eiffel.

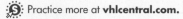 Practice more at **vhlcentral.com.**

construite *built* **centenaire** *100-year anniversary* **pèse** *weighs* **attire près de** *attracts nearly* **par an** *per year* **pendant l'été** *during the summer* **a créé** *created* **apporter la plage** *bring the beach* **quais** *banks* **de sable et d'herbe** *of sand and grass* **plein** *full* **natation** *swimming* **Ouvert en** *Open in* **chaque** *each* **Ancien** *Former* **monde** *world* **peintures** *paintings* **L'œuvre** *The work (of art)* **La Joconde** *The Mona Lisa* **verre** *glass* **entrée** *entrance* **a commencé à réaliser** *began to create* **fleurs** *flowers* **efficace** *efficient* **traverser** *to cross*

Lecture

 **Audio: Synced Reading**

Avant la lecture

Le Top 10 des chiens de race°
% DE FOYERS° POSSESSEURS
les caniches° **9,3%**
les labradors **7,8%**
les yorkshires **5,6%**
les épagneuls bretons° **4,6%**
les bergers allemands° **4,1%**
les autres bergers **3,3%**
les bichons **2,7%**
les cockers/fox-terriers **2,2%**
les boxers **2%**
les colleys **1,6%**

Examinez le texte

Take a quick look at the visual elements of the article in order to generate a list of ideas about its content. Then, compare your list with a classmate's. Are your lists the same or are they different? Discuss your lists and make any changes needed to produce a final list of ideas.

ressources

v̂ Text

vhlcentral.com
Leçon 3B

race *breed* **foyers** *households* **caniches** *poodles*
épagneuls bretons *Brittany Spaniels* **bergers**
allemands *German Shepherds*

Fido

Les Français adorent les animaux. Plus de la moitié° des foyers en France ont un chien, un chat ou un autre animal de compagnie°. Les chiens sont particulièrement appréciés et intégrés dans la famille et la société françaises.

Qui possède un chien en France et pourquoi? Souvent°, la présence d'un chien en famille suit l'arrivée° d'enfants, parce que les parents pensent qu'un chien contribue positivement à leur développement. Il est aussi commun de trouver deux chiens ou plus dans le même° foyer.

Les chiens sont d'excellents compagnons. Leurs maîtres° sont moins seuls° et déclarent avoir moins de stress. Certaines personnes possèdent un chien pour avoir plus d'exercice

en famille

physique. Et il y a aussi des personnes qui possèdent un chien parce qu'elles en ont toujours eu un° et n'imaginent pas une vie° sans° chien.

Les chiens ont parfois° les mêmes droits° que les autres membres de la famille, et parfois des droits spéciaux. Bien sûr, ils accompagnent leurs maîtres pour les courses en ville° et les promenades dans le parc, et ils entrent même dans certains magasins°. Ne trouvez-vous pas parfois un caniche ou un labrador, les deux races les plus° populaires en France, avec son maître dans un restaurant?

En France, il n'est pas difficile d'observer que les chiens ont une place privilégiée au sein de° la famille.

Pourquoi avoir un animal de compagnie?

RAISON	CHIENS	CHATS	OISEAUX	POISSONS
Pour l'amour des animaux	61,4%	60,5%	61%	33%
Pour avoir de la compagnie	43,5%	38,2%	37%	10%
Pour s'occuper°	40,4%	37,7%	0%	0%
Parce que j'en ai toujours eu un°	31,8%	28,9%	0%	0%
Pour le bien-être° personnel	29,2%	26,2%	0%	0%
Pour les enfants	23,7%	21,3%	30%	48%

Plus de la moitié *More than half* **animal de compagnie** *pet* **Souvent** *Often* **suit l'arrivée** *follows the arrival* **même** *same* **maîtres** *owners* **moins seuls** *less lonely* **en ont toujours eu un** *have always had one* **vie** *life* **sans** *without* **parfois** *sometimes* **droits** *rights* **courses en ville** *errands in town* **magasins** *stores* **les plus** *the most* **au sein de** *in the heart of* **s'occuper** *keep busy* **Parce que j'en ai toujours eu un** *Because I've always had one* **bien-être** *well-being*

Après la lecture

Vrai ou faux? Indicate whether these items are **vrai** or **faux**, based on the reading. Correct the false ones.

	Vrai	Faux
1. Les chiens accompagnent leurs maîtres pour les promenades dans le parc.	☐	☐
2. Parfois, les chiens accompagnent leurs maîtres dans les restaurants.	☐	☐
3. Le chat n'est pas un animal apprécié en France.	☐	☐
4. Certaines personnes déclarent posséder un chien pour avoir plus d'exercice physique.	☐	☐
5. Certaines personnes déclarent posséder un chien pour avoir plus de stress.	☐	☐
6. En France, les familles avec enfants n'ont pas de chien.	☐	☐

Fido en famille Choose the correct response according to the article.

1. Combien de foyers en France ont au moins (*at least*) un animal de compagnie?
   a. 20%–25%
   b. 40%–45%
   c. 50%–55%

2. Pourquoi est-ce une bonne idée d'avoir un chien?
   a. pour plus de compagnie et plus de stress
   b. pour l'exercice physique et être seul
   c. pour la compagnie et le développement des enfants

3. Que pensent les familles françaises de leurs chiens?
   a. Les chiens sont plus importants que les enfants.
   b. Les chiens font partie (*are part*) de la famille et participent aux activités quotidiennes (*daily*).
   c. Le rôle des chiens est limité aux promenades.

4. Quelles races de chien les Français préfèrent-ils?
   a. les caniches et les oiseaux
   b. les labradors et les bergers allemands
   c. les caniches et les labradors

5. Y a-t-il des familles avec plus d'un chien?
   a. non
   b. oui
   c. les caniches et les labradors

Mes animaux In groups of three, say why you own or someone you know owns a pet. Give one of the reasons listed in the table on the left or a different one. Use the verb **avoir** and possessive adjectives.

MODÈLE

Mon grand-père a un chien pour son bien-être personnel.

Écriture

Using idea maps

How do you organize ideas for a first draft? Often, the organization of ideas represents the most challenging part of the writing process. Idea maps are useful for organizing pertinent information. Here is an example of an idea map you can use when writing.

SCHÉMA D'IDÉES

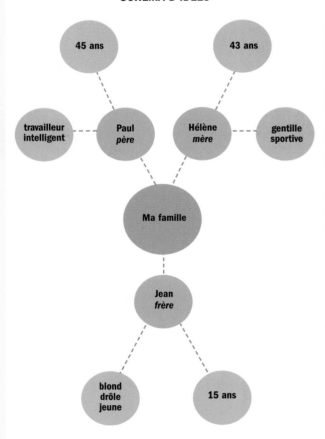

Thème
Écrivez une lettre

Avant l'écriture

1. A French-speaking friend wants to know about your family. Using some of the verbs and adjectives you learned in this lesson, write a brief letter describing your own family or an imaginary one. Be sure to include information from each of these categories for each family member:

- Names, ages, and relationships
- Physical characteristics
- Hobbies and interests

Before you begin, create an idea map like the one on the left, with a circle for each member of your family.

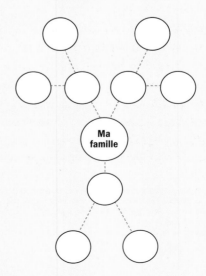

ressources

v̂ Text

vhlcentral.com
Leçon 3B

2. Once you have completed your idea map, compare it with the one created by a classmate. Did you both include the same kind of information? Did you list all your family members? Did you include information from each of the three categories for each person?

3. Here are some useful expressions for writing a letter in French:

Salutations	
Cher Fabien,	*Dear Fabien,*
Chère Joëlle,	*Dear Joëlle,*

Asking for a response	
Réponds-moi vite.	*Write back soon.*
Donne-moi de tes nouvelles.	*Tell me all your news.*

Closings	
Grosses bises!	*Big kisses!*
Je t'embrasse!	*Kisses!*
Bisous!	*Kisses!*
À bientôt!	*See you soon!*
Amitiés,	*In friendship,*
Cordialement,	*Cordially,*
À plus (tard),	*Until later,*

Écriture

Use your idea map and the list of letter-writing expressions to write a letter that describes your family to a friend. Be sure to include some of the verbs and adjectives you have learned in this lesson.

Cher Christophe,

Mon père s'appelle Gabriel. Il a 42 ans. Il est grand, a les cheveux châtains et les yeux marron. Il est architecte et travaille à Paris. Il aime dessiner, lire (to read) et voyager. Ma mère, Nicole, a 37 ans. Elle est petite, blonde et a les yeux bleus. Elle est professeur d'anglais à l'université. Comme mon père, elle aime voyager. Elle aime aussi faire (to do) du sport. Ma sœur, Élodie, a 17 ans. Elle est grande, a les cheveux châtains et les yeux verts. Elle est encore au lycée. Elle adore écouter de la musique et aller au (to go to) cinéma. Mon oncle, …

Et ta famille, comment est-elle? Donne-moi vite de tes nouvelles! À bientôt!

Caroline

Après l'écriture

1. Exchange rough drafts with a partner. Comment on his or her work by answering these questions:

- Did your partner make the adjectives agree with the person described?

- Did your partner include the age, family relationship, physical characteristics, and hobbies and interests of each family member?

- Did your partner use verb forms correctly?

- Did your partner use the letter-writing expressions correctly?

2. Revise your description according to your partner's comments. After writing the final version, read it once more to eliminate these kinds of problems:

- spelling errors

- punctuation errors

- capitalization errors

- use of incorrect verb forms

- adjectives that do not agree with the nouns they modify

La famille

aîné(e)	elder
cadet(te)	younger
un beau-frère	brother-in-law
un beau-père	father-in-law; stepfather
une belle-mère	mother-in-law; stepmother
une belle-sœur	sister-in-law
un(e) cousin(e)	cousin
un demi-frère	half-brother; stepbrother
une demi-sœur	half-sister; stepsister
les enfants (m., f.)	children
un époux/ une épouse	spouse
une famille	family
une femme	wife; woman
une fille	daughter; girl
un fils	son
un frère	brother
une grand-mère	grandmother
un grand-père	grandfather
les grands-parents (m.)	grandparents
un mari	husband
une mère	mother
un neveu	nephew
une nièce	niece
un oncle	uncle
les parents (m.)	parents
un père	father
une petite-fille	granddaughter
un petit-fils	grandson
les petits-enfants (m.)	grandchildren
une sœur	sister
une tante	aunt
un chat	cat
un chien	dog
un oiseau	bird
un poisson	fish

Adjectifs descriptifs

antipathique	unpleasant
bleu(e)	blue
blond(e)	blond
brun(e)	dark (hair)
court(e)	short
drôle	funny
faible	weak
fatigué(e)	tired
fort(e)	strong
frisé(e)	curly
génial(e) (géniaux pl.)	great
grand(e)	big; tall
jeune	young
joli(e)	pretty
laid(e)	ugly
lent(e)	slow
mauvais(e)	bad
méchant(e)	mean
modeste	modest, humble
noir(e)	black
pauvre	poor, unfortunate
pénible	tiresome
petit(e)	small, short (stature)
prêt(e)	ready
raide	straight
rapide	fast
triste	sad
vert(e)	green
vrai(e)	true; real

Vocabulaire supplémentaire

divorcer	to divorce
épouser	to marry
célibataire	single
divorcé(e)	divorced
fiancé(e)	engaged
marié(e)	married
séparé(e)	separated
veuf/veuve	widowed
un(e) voisin(e)	neighbor

Expressions utiles	See pp. 79 and 93.
Possessive adjectives	See p. 84.
Numbers 61–100	See p. 96.
Prepositions of location	See p. 98.

Professions et occupations

un(e) architecte	architect
un(e) artiste	artist
un(e) athlète	athlete
un(e) avocat(e)	lawyer
un coiffeur/ une coiffeuse	hairdresser
un(e) dentiste	dentist
un homme/une femme d'affaires	businessman/ woman
un ingénieur	engineer
un(e) journaliste	journalist
un médecin	doctor
un(e) musicien(ne)	musician

Adjectifs irréguliers

actif/active	active
beau/belle	beautiful; handsome
bon(ne)	kind; good
châtain	brown (hair)
courageux/ courageuse	courageous, brave
cruel(le)	cruel
curieux/curieuse	curious
discret/discrète	discreet; unassuming
doux/douce	sweet; soft
ennuyeux/ennuyeuse	boring
étranger/étrangère	foreign
favori(te)	favorite
fier/fière	proud
fou/folle	crazy
généreux/généreuse	generous
gentil(le)	nice
gros(se)	fat
inquiet/inquiète	worried
intellectuel(le)	intellectual
jaloux/jalouse	jealous
long(ue)	long
(mal)heureux/ (mal)heureuse	(un)happy
marron	brown
naïf/naïve	naive
nerveux/nerveuse	nervous
nouveau/nouvelle	new
paresseux/paresseuse	lazy
roux/rousse	red-haired
sérieux/sérieuse	serious
sportif/sportive	athletic
travailleur/ travailleuse	hard-working
vieux/vieille	old

ressources

vText

vhlcentral.com
Unité 3

Au café

Pour commencer
- Quelle heure est-il, à votre avis?
  a. neuf heures du matin b. midi
  c. dix heures du soir
- Qu'est-ce qu'il y a sur la table?
  a. des sandwiches b. des boissons
  c. de la soupe
- Qu'est-ce que ces garçons ont envie de faire?
  a. boire b. manger c. partager

You will learn how to...

- say where you are going
- say what you are going to do

Audio: Vocabulary Practice
My Vocabulary

Où allons-nous?

Vocabulaire

danser	*to dance*
explorer	*to explore*
fréquenter	*to frequent; to visit*
inviter	*to invite*
nager	*to swim*
patiner	*to skate*
une banlieue	*suburbs*
une boîte (de nuit)	*nightclub*
un bureau	*office; desk*
un centre commercial	*shopping center, mall*
un centre-ville	*city/town center, downtown*
un cinéma (ciné)	*movie theater, movies*
un endroit	*place*
un grand magasin	*department store*
un gymnase	*gym*
un hôpital	*hospital*
un lieu	*place*
un magasin	*store*
un marché	*market*
un musée	*museum*
un parc	*park*
une piscine	*pool*
un restaurant	*restaurant*
une ville	*city, town*

une montagne

une maison

Il passe chez quelqu'un.
(passer)

Elle quitte
la maison.
(quitter)

Ils déjeunent.
(déjeuner)

une place

une terrasse de café

Elles bavardent.
(bavarder)

Mise en pratique

une église

une épicerie

e u r o m a r c h é

JOURNAUX

un kiosque

Il dépense de l'argent (m.).
(dépenser)

Attention!

Remember that nouns that end in –al have an irregular plural. Replace –al with –aux.
un hôpital → deux hôpitaux

À (*to, at*) before **le** or **les** makes these contractions:
à + le = au   à + les = aux
le musée → au musée
les endroits → aux endroits
À does NOT contract with **l'** or **la**.

1 **Associez** Quels lieux associez-vous à ces activités?

1. nager _____
2. danser _____
3. dîner _____
4. travailler _____
5. habiter _____
6. épouser _____
7. voir (*to see*) un film _____
8. acheter (*to buy*) des fruits _____

2 **Écoutez** Djamila parle de sa journée à son amie Samira. Écoutez la conversation et mettez (*put*) les lieux de la liste dans l'ordre chronologique. Il y a deux lieux en trop (*extra*).

____ a. à l'hôpital
____ b. à la maison
____ c. à la piscine
____ d. au centre commercial
____ e. au cinéma
____ f. à l'église
____ g. au musée
____ h. au bureau
____ i. au parc
____ j. au restaurant

Coup de main

Note that the French **Je vais à...** is the equivalent of the English *I am going to...*

3 **Logique ou illogique** Lisez chaque phrase et déterminez si l'action est logique ou illogique. Corrigez si nécessaire.

	logique	illogique
1. Maxime invite Delphine à une épicerie.	☐	☐
2. Caroline et Aurélie bavardent au marché.	☐	☐
3. Nous déjeunons à l'épicerie.	☐	☐
4. Ils dépensent beaucoup d'argent au centre commercial.	☐	☐
5. Vous explorez une ville.	☐	☐
6. Vous escaladez (*climb*) une montagne.	☐	☐
7. J'habite en banlieue.	☐	☐
8. Tu danses dans un marché.	☐	☐

Practice more at **vhlcentral.com.**

Communication

4 **Conversez** Avec un(e) partenaire, échangez vos opinions sur ces activités. Utilisez un élément de chaque colonne dans vos réponses.

MODÈLE

Élève 1: Moi, j'adore bavarder au restaurant, mais je déteste parler au musée.
Élève 2: Moi aussi, j'adore bavarder au restaurant. Je ne déteste pas parler au musée, mais j'aime mieux bavarder au parc.

Opinion	Activité	Lieu
adorer	bavarder	au bureau
aimer (mieux)	danser	au centre commercial
ne pas tellement aimer	déjeuner	au centre-ville
détester	dépenser de l'argent	au cinéma
	étudier	au gymnase
	inviter	au musée
	nager	au parc
	parler	à la piscine
	patiner	au restaurant

5 **La journée d'Anne** Votre professeur va vous donner, à vous et à votre partenaire, une feuille d'activités partiellement illustrée. À tour de rôle, posez-vous des questions pour compléter vos feuilles respectives. Utilisez le vocabulaire de la leçon. Attention! Ne regardez pas la feuille de votre partenaire.

MODÈLE

Élève 1: À 7h30, Anne quitte la maison. Qu'est-ce qu'elle fait ensuite (do next)?
Élève 2: À 8h00, elle...

Anne

6 **Une lettre** Écrivez une lettre à un(e) ami(e) dans laquelle (in which) vous décrivez vos activités de la semaine. Utilisez les expressions de la liste.

bavarder	passer chez quelqu'un
déjeuner	travailler
dépenser de l'argent	quitter la maison
étudier	un centre commercial
manger au restaurant	un cinéma

Cher Paul,

Comment vas-tu? Pour (For) moi, tout va bien. Je suis très actif/active. Je travaille beaucoup et j'ai beaucoup d'amis. En général, le samedi, après les cours, je déjeune chez moi et l'après-midi, je bavarde avec mes amis...

Les sons et les lettres

Audio: Explanation
Record & Compare

Oral vowels

French has two basic kinds of vowel sounds: oral vowels, the subject of this discussion, and nasal vowels, presented in **Leçon 4B**. Oral vowels are produced by releasing air through the mouth. The pronunciation of French vowels is consistent and predictable.

In short words (usually two-letter words), **e** is pronounced similarly to the *a* in the English word *about*.

l**e**	qu**e**	c**e**	d**e**

The letter **a** alone is pronounced like the *a* in *father*.

l**a**	ç**a**	m**a**	t**a**

The letter **i** by itself and the letter **y** are pronounced like the vowel sound in the word *bee*.

ic**i**	l**i**vre	st**y**lo	l**y**cée

The letter combination **ou** sounds like the vowel sound in the English word *who*.

v**ou**s	n**ou**s	**ou**blier	éc**ou**ter

The French **u** sound does not exist in English. To produce this sound, say *ee* with your lips rounded.

t**u**	d**u**	**u**ne	ét**u**dier

Prononcez Répétez les mots suivants à voix haute.

1. je	5. utile	9. mari	13. gymnase
2. chat	6. place	10. active	14. antipathique
3. fou	7. jour	11. Sylvie	15. calculatrice
4. ville	8. triste	12. rapide	16. piscine

Articulez Répétez les phrases suivantes à voix haute.

1. Salut, Luc. Ça va?
2. La philosophie est difficile.
3. Brigitte est une actrice fantastique.
4. Suzanne va à son cours de physique.
5. Tu trouves le cours de maths facile?
6. Viviane a une bourse universitaire.

Plus on est de fous, plus on rit.[2]

Dictons Répétez les dictons à voix haute.

Qui va à la chasse perd sa place.[1]

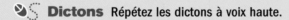

[1] He who steps out of line loses his place.   [2] The more the merrier.

ressources

vText

CE
pp. 88

vhlcentral.com
Leçon 4A

Star du cinéma  Video: *Roman-photo* Record & Compare

Amina

David

Pascal

Sandrine

À l'épicerie...
DAVID Juliette Binoche? Pas possible! Je vais chercher Sandrine!

Au café...
PASCAL Alors, chérie, tu vas faire quoi de ton week-end?
SANDRINE Euh, demain je vais déjeuner au centre-ville.
PASCAL Bon... et quand est-ce que tu vas rentrer?
SANDRINE Euh, je ne sais pas. Pourquoi?

PASCAL Pour rien. Et demain soir, tu vas danser?
SANDRINE Ça dépend. Je vais passer chez Amina pour bavarder avec elle.
PASCAL Combien d'amis as-tu à Aix-en-Provence?
SANDRINE Oh, Pascal...
PASCAL Bon, moi, je vais continuer à penser à toi jour et nuit.

DAVID Mais l'actrice! Juliette Binoche!
SANDRINE Allons-y! Vite! C'est une de mes actrices préférées! J'adore le film *Chocolat*!
AMINA Et comme elle est chic! C'est une vraie star!
DAVID Elle est à l'épicerie! Ce n'est pas loin d'ici!

Dans la rue...
AMINA Mais elle est où, cette épicerie? Nous allons explorer toute la ville pour rencontrer Juliette Binoche?
SANDRINE C'est là, l'épicerie Pierre Dubois, à côté du cinéma?
DAVID Mais non, elle n'est pas à l'épicerie Pierre Dubois, elle est à l'épicerie près de l'église, en face du parc.

AMINA Et combien d'églises est-ce qu'il y a à Aix?
SANDRINE Il n'y a pas d'église en face du parc!
DAVID Bon, hum, l'église sur la place.
AMINA D'accord, et ton église sur la place, elle est ici au centre-ville ou en banlieue?

A C T I V I T É S

1 **Vrai ou faux?** Indiquez pour chaque phrase si l'affirmation est vraie ou fausse et corrigez si nécessaire.

1. David va chercher Pascal.
2. Sandrine va déjeuner au centre-ville.
3. Pascal va passer chez Amina.
4. Pascal va continuer à penser à Sandrine jour et nuit.
5. Pascal va bien.

6. Juliette Binoche est l'actrice préférée de Sandrine.
7. L'épicerie est loin du café.
8. L'épicerie Pierre Dubois est à côté de l'église.
9. Il n'y a pas d'église en face du parc.
10. Juliette Binoche fréquente le P'tit Bistrot.

 Practice more at **vhlcentral.com**.

David et les filles à la recherche de (*in search of*) leur actrice préférée

SANDRINE Oui. Génial.
Au revoir, Pascal.
AMINA Salut, Sandrine. Comment
va Pascal?
SANDRINE Il va bien, mais il
adore bavarder.

DAVID Elle est là, elle est là!
SANDRINE Mais, qui est là?
AMINA Et c'est où, «là»?
DAVID Juliette Binoche! Mais non,
pas ici!
SANDRINE ET AMINA Quoi? Qui? Où?

Devant l'épicerie...
DAVID C'est elle, là! Hé, JULIETTE!
AMINA Oh, elle est belle!
SANDRINE Elle est jolie, élégante!
AMINA Elle est... petite?
DAVID Elle, elle... est... vieille?!?

AMINA Ce n'est pas du tout
Juliette Binoche!
SANDRINE David, tu es complètement
fou! Juliette Binoche, au
centre-ville d'Aix?
AMINA Pourquoi est-ce qu'elle ne
fréquente pas le P'tit Bistrot?

Expressions utiles

Talking about your plans

- **Tu vas faire quoi de ton week-end?**
  What are you doing this weekend?
- **Je vais déjeuner au centre-ville.**
  I'm going to have lunch downtown.
- **Quand est-ce que tu vas rentrer?**
  When are you coming back?
- **Je ne sais pas.**
  I don't know.
- **Je vais passer chez Amina.**
  I am going to Amina's (house).
- **Nous allons explorer toute la ville.**
  We're going to explore the whole city.

Additional vocabulary

- **C'est une de mes actrices préférées.**
  She's one of my favorite actresses.
- **Comme elle est chic!**
  She is so chic!
- **Ce n'est pas loin d'ici!**
  It's not far from here!
- **Ce n'est pas du tout...**
  It's not... at all.
- **Ça dépend.**
  It depends.
- **Pour rien.**
  No reason.
- **Vite!**
  Quick!, Hurry!

2 Questions À l'aide (*the help*) d'un dictionnaire, choisissez le bon mot pour chaque question.

1. (Avec qui, Quoi) Sandrine parle-t-elle au téléphone?

2. (Où, Parce que) Sandrine va-t-elle déjeuner?

3. (Qui, Pourquoi) Pascal demande-t-il à Sandrine quand elle va rentrer?

4. (Combien, Comment) d'amis Sandrine a-t-elle?

5. (Combien, À qui) Amina demande-t-elle comment va Pascal?

6. (Quand, Où) est Juliette Binoche?

3 Écrivez Pensez à votre acteur ou actrice préféré(e) et préparez un paragraphe où vous décrivez son apparence, sa personnalité et sa carrière. Comment est-il/elle? Dans quel(s) (*which*) film(s) joue-t-il/elle? Si un jour vous rencontrez cet acteur/cette actrice, qu'est-ce que vous allez lui dire (*say to him or her*)?

ressources

vText

CE
pp. 89–90

vhlcentral.com
Leçon 4A

ACTIVITÉS

 Reading

Les passe-temps des jeunes Français

Comment est-ce que les jeunes occupent leur temps libre° en France? Les jeunes de 15 à 25 ans passent beaucoup de temps à regarder la télévision: environ° 12 heures par° semaine. Ils écoutent aussi beaucoup de musique: environ 16 heures par semaine, et surfent souvent° sur Internet (11 heures). Environ 25% des jeunes Français ont même° déjà° un blog sur Internet. Les jeux° vidéo sont aussi très populaires: les jeunes jouent° en moyenne° 15 heures par semaine.

En France, les jeunes aiment également° les activités culturelles, en particulier le cinéma: en moyenne, ils y° vont une fois° par semaine. Ils aiment aussi la littérature et l'art: presque° 50% (pour cent) visitent des musées ou des monuments historiques chaque année et plus de° 40% vont au théâtre ou à des concerts. Un jeune sur cinq° joue d'un instrument de musique ou chante°, et environ 20% d'entre eux° pratiquent une activité artistique, comme la danse, le théâtre, la sculpture, le dessin° ou la peinture°. La photographie et la vidéo sont aussi très appréciées.

Il ne faut pas° oublier de mentionner que les jeunes Français sont aussi très sportifs. Bien sûr, comme tous les jeunes, ils préfèrent parfois° simplement se détendre° et bavarder avec des amis.

Finalement, les passe-temps des jeunes Français sont similaires aux activités des jeunes Américains!

temps libre *free time* **environ** *around* **par** *per* **souvent** *often* **même** *even* **déjà** *already* **jeux** *games* **jouent** *play* **en moyenne** *on average* **également** *also* **y** *there* **fois** *time* **presque** *almost* **plus de** *more than* **Un... sur cinq** *One... in five* **chante** *sings* **d'entre eux** *of them* **dessin** *drawing* **peinture** *painting* **Il ne faut pas** *One must not* **parfois** *sometimes* **se détendre** *relax* **les** *them*

Les activités culturelles des Français
(% des Français qui les° pratiquent)

le dessin	7%
la peinture	4%
le piano	3%
autre instrument de musique	3%
la danse	2%
la guitare	2%
la sculpture	1%
le théâtre	1%

SOURCE: Francoscopie

A C T I V I T É S

1 **Vrai ou faux?** Indiquez si les phrases sont **vraies** ou **fausses**. Corrigez les phrases fausses.

1. Les jeunes Français n'écoutent pas de musique.
2. Ils n'utilisent pas Internet.
3. Ils aiment aller au musée.
4. Ils n'aiment pas beaucoup les livres.
5. Ils n'aiment pas pratiquer d'activités artistiques.
6. Les Français entre 15 et 25 ans ne font pas de sport.
7. Les passe-temps des jeunes Américains sont similaires aux passe-temps des jeunes Français.
8. L'instrument de musique le plus (*the most*) populaire en France est le piano.
9. Plus de (*More*) gens pratiquent la peinture que la sculpture.
10. Environ 10% des jeunes Français pratiquent la sculpture.

 Practice more at **vhlcentral.com**.

LE FRANÇAIS QUOTIDIEN

Le verlan

En France, on entend parfois° des jeunes parler en **verlan**. En verlan, les syllabes des mots sont inversées°:

l'envers° → vers-l'en → verlan.

Voici quelques exemples:

français	verlan	anglais
louche	chelou	*shady*
café	féca	*café*
mec	keum	*guy*
femme	meuf	*woman*

parfois *sometimes* **inversées** *inverted* **l'envers** *the reverse*

LE MONDE FRANCOPHONE

Où passer le temps

Voici quelques endroits typiques où les jeunes francophones aiment se restaurer° et passer du temps.

En Afrique de l'Ouest

Le maquis Commun dans beaucoup de pays° d'Afrique de l'Ouest°, le maquis est un restaurant où on peut manger à bas prix°. Situé en ville ou en bord de route°, le maquis est typiquement en plein air°.

Au Sénégal

Le tangana Le terme «tang» signifie «chaud» en wolof, une des langues nationales du Sénégal. Le tangana est un lieu populaire pour se restaurer. On trouve souvent les tanganas au coin de la rue°, en plein air, avec des tables et des bancs°.

se restaurer *have something to eat* **pays** *countries* **Ouest** *West* **à bas prix** *inexpensively* **en bord de route** *on the side of the road* **en plein air** *outdoors* **coin de la rue** *street corner* **bancs** *benches*

Le parc Astérix

Situé° à 30 kilomètres de Paris, en Picardie, le parc Astérix est le premier parc à thème français. Le parc d'attractions°, ouvert° en 1989, est basé sur la bande dessinée° française, *Astérix le Gaulois.* Création de René Goscinny et d'**Albert Uderzo**, Astérix est un guerrier gaulois° qui lutte° contre l'invasion des Romains. Au parc Astérix, il y a des montagnes russes°, des petits trains et des spectacles, tous° basés sur les aventures d'Astérix et de son meilleur ami, Obélix. Une des attractions, *le Tonnerre° de Zeus*, est la plus grande° montagne russe en bois° d'Europe.

Situé *Located* **parc d'attractions** *amusement park* **ouvert** *opened* **bande dessinée** *comic strip* **guerrier gaulois** *Gallic warrior* **lutte** *fights* **montagnes russes** *roller coasters* **tous** *all* **Tonnerre** *Thunder* **la plus grande** *the largest* **en bois** *wooden*

Sur Internet

Comment sont les parcs d'attractions dans les autres pays francophones?

Go to **vhlcentral.com** to find more information related to this **Culture** section.

---

2 **Compréhension** Complétez les phrases.

1. Le parc Astérix est basé sur Astérix le Gaulois, une _____.
2. Astérix le Gaulois est une _____ de René Goscinny et d'Albert Uderzo.
3. Le parc Astérix est près de la ville de _____.
4. Astérix est un _____ gaulois.
5. En verlan, on peut passer du temps avec ses copains au _____.
6. Au Sénégal, on parle aussi le _____.

3 **Vos activités préférées** Posez des questions à trois ou quatre de vos camarades de classe à propos de leurs activités favorites. Comparez vos résultats avec ceux (*those*) d'un autre groupe.

ressources

v̂Text   vhlcentral.com Leçon 4A

A C T I V I T É S

Presentation Tutorial

4A.1 The verb *aller*

Point de départ In **Leçon 1A**, you saw a form of the verb **aller** (*to go*) in the expression **ça va**. Now you will use this verb to talk about going places and to express actions that take place in the immediate future.

Aller			
je vais	*I go*	nous allons	*we go*
tu vas	*you go*	vous allez	*you go*
il/elle va	*he/she/it goes*	ils/elles vont	*they go*

- Note that **aller** is irregular. Only the **nous** and **vous** forms resemble the infinitive.

  Tu **vas** souvent au cinéma?
  Do you go often to the movies?

  Je **vais** à la piscine.
  I'm going to the pool.

  Nous **allons** au marché le samedi.
  We go to the market on Saturdays.

  Vous **allez** au parc aussi?
  Are you going to the park too?

- **Aller** can also be used with another verb to tell what is going to happen. This construction is called **le futur proche** (*immediate future*). Conjugate **aller** in the present tense and place the other verb's infinitive form directly after it.

  Nous **allons déjeuner** sur la terrasse.
  We're going to eat lunch on the terrace.

  Marc et Julie **vont explorer** le centre-ville.
  Marc and Julie are going to explore downtown.

Demain, je vais déjeuner au centre-ville.

Et quand est-ce que tu vas rentrer?

- To negate an expression in **le futur proche**, place **ne/n'** before the conjugated form of **aller** and **pas** after it.

  Je **ne vais pas** faire mes devoirs.
  I'm not going to do my homework.

  Nous **n'allons pas** quitter la maison.
  We're not going to leave the house.

- Note that this construction can be used with the infinitive of **aller** to mean *going to go (somewhere)*.

  Elle **va aller** à la piscine.
  She's going to go to the pool.

  Vous **allez aller** au gymnase ce soir?
  You're going to go to the gym tonight?

---

1 **Questions parentales** Votre père est très curieux. Trouvez les questions qu'il pose.

MODÈLE

tes frères / piscine *Tes frères vont à la piscine?*

1. tu / cinéma / ce soir
2. tes amis et toi, vous / café
3. ta mère et moi, nous / ville / vendredi
4. ton ami(e) / souvent / marché
5. je / musée / avec toi / demain
6. tes amis / parc

2 **Samedi prochain** Voici ce que (*what*) vous et vos amis faites (*are doing*) aujourd'hui. Indiquez que vous allez faire les mêmes (*same*) choses samedi prochain.

MODÈLE

Je nage. *Samedi prochain aussi, je vais nager.*

1. Paul bavarde avec ses copains.
2. Nous dansons.
3. Je dépense de l'argent dans un magasin.
4. Luc et Sylvie déjeunent au restaurant.
5. Vous explorez le centre-ville.
6. Tu patines.

3 **Où vont-ils?** Avec un(e) partenaire, regardez les images et indiquez où vont les personnages.

MODÈLE

Henri va au cinéma.

Henri

1. je

3. Paul et Luc

2. nous

4. vous

 Practice more at **vhlcentral.com**.

COMMUNICATION

4 **Activités du week-end** Avec un(e) partenaire, assemblez les éléments des colonnes pour poser des questions. Rajoutez (*Add*) d'autres éléments utiles.

MODÈLE

Élève 1: Est-ce que tu vas déjeuner avec tes copains?
Élève 2: Oui, je vais déjeuner avec mes copains.

A	B	C	D
ta sœur	aller	voyager	professeur
vous		aller	cinéma
tes copains		déjeuner	boîte de nuit
nous		bavarder	piscine
tu		nager	centre commercial
ton petit ami		danser	café
ta petite amie		parler	parents
tes grands-parents			copains
			petit(e) ami(e)

5 **À Deauville** Votre professeur va vous donner, à vous et à votre partenaire, un plan (*map*) de Deauville. Attention! Ne regardez pas la feuille de votre partenaire.

MODÈLE

Élève 1: Où va Simon?
Élève 2: Il va au kiosque.

6 **Le grand voyage** Vous partez (*leave*) en voyage dans un lieu de votre choix. Par groupes de trois, expliquez à vos camarades ce que vous allez faire pendant (*during*) le voyage. Vos camarades vont deviner (*to guess*) où vous allez.

MODÈLE

Élève 1: Je vais visiter le musée du Louvre.
Élève 2: Est-ce que tu vas aller à Paris?

The preposition à

● The preposition **à** contracts with the definite articles **le** and **les**. It does not contract with **la** or **l'**.

à + le ▸ au

Nous allons **au** magasin.
We're going to the store.

Je rentre **à la** maison.
I'm going back home.

à + les ▸ aux

Ils parlent **aux** profs.
They speak to the teachers.

Il va **à l'**épicerie.
He's going to the grocery store.

● The preposition **à** can be translated in various ways in English: *to, in, at*. It often indicates a physical location, as with **aller à** and **habiter à**. However, it can have other meanings depending on the verb used.

Verbs with the preposition à

commencer à [+ **infinitive**]	*to start (doing something)*	**penser à**	*to think about*
parler à	*to talk to*	**téléphoner à**	*to phone (someone)*

Elle va **parler au** professeur.
She's going to talk to the teacher.

Il **commence à travailler** demain.
He starts working tomorrow.

● In general, **à** is used to mean *at* or *in*, whereas **dans** is used to mean *inside*. When learning a place name in French, learn the preposition that accompanies it.

Prepositions with place names

à la maison	*at home*	**dans la maison**	*inside the house*
à Paris	*in Paris*	**dans Paris**	*inside Paris*
en ville	*in town*	**dans la ville**	*inside the town*
sur la place	*in the square*	**à la/sur la/ en terrasse**	*on the terrace*

Il travaille **à la maison**?
Is he working at home?

On mange **dans la maison**.
We'll eat inside the house.

Essayez! Utilisez la forme correcte du verbe **aller.**

1. Comment ça __va__?
2. Tu _____ à la piscine pour nager.
3. Ils _____ au centre-ville.
4. Nous _____ bavarder au parc.
5. Vous _____ aller au restaurant ce soir?
6. Elle _____ aller à l'église dimanche matin.
7. Ce soir, je _____ danser en boîte.
8. On ne _____ pas passer par l'épicerie cet après-midi.

Presentation Tutorial

4A.2 Interrogative words

Point de départ In **Leçon 2A**, you learned four ways to formulate yes or no questions in French. However, many questions seek information that can't be provided by a simple yes or no answer.

- Use these words with **est-ce que** or inversion.

Interrogative words

à quelle heure?	*at what time?*	quand?	*when?*
combien (de)?	*how many?; how much?*	que/qu'...?	*what?*
		quel(le)(s)?	*which?; what?*
comment?	*how?; what?*	(à/avec/pour) qui?	*(to/with/for) who(m)?*
où?	*where?*		
pourquoi?	*why?*	quoi?	*what?*

À qui le professeur parle-t-il ce matin?
Whom is the teacher talking to this morning?

Combien de villes y a-t-il en Suisse?
How many cities are there in Switzerland?

Pourquoi est-ce que tu danses?
Why are you dancing?

Que vas-tu manger?
What are you going to eat?

- Although **quand?** and **à quelle heure?** can be translated as *when?* in English, they are not interchangeable. Use **quand** to talk about a day or date, and **à quelle heure** to talk about a particular time of day.

Quand est-ce que le cours commence?
When does the class start?

À quelle heure est-ce qu'il commence?
At what time does it begin?

Il commence **le lundi 28 août**.
It starts Monday, August 28.

Il commence **à dix heures et demie**.
It starts at 10:30.

- Another way to formulate questions with most interrogative words is by placing them after a verb. This kind of formulation is very informal but very common.

Tu t'appelles **comment**?
What's your name?

Tu habites **où**?
Where do you live?

- Note that **quoi?** (*what?*) must immediately follow a preposition in order to be used with **est-ce que** or inversion. If no preposition is necessary, place **quoi** after the verb.

À quoi pensez-vous?
What are you thinking about?

Elle étudie **quoi**?
What does she study?

De quoi est-ce qu'il parle?
What is he talking about?

Tu regardes **quoi**?
What are you looking at?

1 **Le français familier** Utilisez l'inversion pour refaire les questions.

MODÈLE

Tu t'appelles comment?
Comment t'appelles-tu?

1. Tu habites où?
2. Le film commence à quelle heure?
3. Il est quelle heure?
4. Tu as combien de frères?
5. Le prof parle quand?
6. Vous aimez quoi?
7. Elle téléphone à qui?
8. Il étudie comment?

2 **La paire** Trouvez la paire et formez des phrases complètes. Utilisez chaque (*each*) phrase une fois (*once*).

1. À quelle heure
2. Comment
3. Combien de
4. Avec qui
5. Où
6. Pourquoi
7. Qu'
8. Quelle

a. est-ce que tu regardes?
b. habitent-ils?
c. est-ce que tu habites dans le centre-ville?
d. est-ce que le cours commence?
e. heure est-il?
f. vous appelez-vous?
g. villes est-ce qu'il y a aux États-Unis?
h. parlez-vous?

3 **La question** Vous avez les réponses. Quelles sont les questions?

MODÈLE

Il est midi.
Quelle heure est-il?

1. Les cours commencent à huit heures.
2. Stéphanie habite à Paris.
3. Julien danse avec Caroline.
4. Elle s'appelle Julie.
5. Laëtitia a deux chiens.
6. Elle déjeune dans ce restaurant parce qu'il est à côté de son bureau.
7. Nous allons bien, merci.
8. Je vais au marché mardi.

Practice more at **vhlcentral.com**.

4 **Questions et réponses** À tour de rôle, posez une question à un(e) partenaire au sujet de chaque (*each*) thème de la liste. Posez une deuxième (*second*) question basée sur sa réponse.

MODÈLE

Élève 1: Où est-ce que tu vas après les cours?
Élève 2: Je vais au gymnase.
Élève 1: Pourquoi est-ce que tu vas au gymnase?

Thèmes

- où vous habitez
- ce que vous faites (*do*) le week-end
- à qui vous téléphonez
- combien de frères et sœurs vous avez
- les endroits que vous fréquentez avec vos copains

5 **La montagne** Par groupes de quatre, lisez (*read*) avec attention la lettre de Céline. Fermez votre livre. Une personne du groupe va poser une question basée sur l'information donnée. La personne qui répond pose une autre question au groupe, etc.

Bonjour. Je m'appelle Céline. J'ai 17 ans. Je suis grande, mince et sportive. J'habite à Grenoble dans une maison agréable. Je suis en première. J'adore la montagne.

Tous les week-ends, je vais skier à Chamrousse avec mes trois amis Théo, Catherine et Pascal. Nous skions de midi à cinq heures. À six heures, nous prenons un chocolat chaud chez moi ou nous allons manger des crêpes chez Théo. Nous allons au cinéma tous ensemble.

- To answer a question formulated with **pourquoi**, use **parce que/qu'** (*because*).

Pourquoi habites-tu en banlieue?	**Parce que** je n'aime pas le centre-ville.
Why do you live in the suburbs?	*Because I don't like downtown.*

- It's impolite to use **Quoi?** to indicate that you don't understand what's being said. Use **Comment?** or **Pardon?** instead.

Vous allez voyager cette année?	**Comment?**
Are you going to travel this year?	*I beg your pardon?*

- Note that when **qui** is used as a subject, the verb that follows is always singular.

Qui fréquente le café?	Nora et Angélique fréquentent le café.
Who goes to the café?	*Nora and Angélique go to the café.*

- **Quel(le)(s)** agrees in gender and number with the noun it modifies.

The interrogative adjective *quel(le)(s)*			
	singular		**plural**
masculine	**quel** hôpital?	*which hospital?*	**quels** restaurants?	*which restaurants?*
feminine	**quelle** place?	*which public square?*	**quelles** montagnes?	*which mountains?*

- **Quel(le)(s)** can be placed before a form of the verb **être**.

Quels problèmes as-tu?	*but*	**Quels sont** tes problèmes?
What problems do you have?		*What are your problems?*

Tu es de quelle origine?

Quel jour sommes-nous?

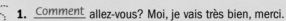

Essayez!   **Donnez les mots (*words*) interrogatifs.**

1. <u>Comment</u> allez-vous? Moi, je vais très bien, merci.
2. _____ est-ce que vous allez faire (*do*) après le cours?
3. Le cours de français commence à _____ heure?
4. _____ est-ce que tu ne travailles pas aujourd'hui?
5. Avec _____ est-ce qu'on va au cinéma ce soir?
6. _____ d'élèves y a-t-il dans la salle de classe?

Révision

1 **En ville** Par groupes de trois, interviewez vos camarades. Où allez-vous en ville? Quand ils mentionnent un endroit de la liste, demandez des détails (quand? avec qui? pourquoi? etc.). Présentez les réponses à la classe.

le centre commercial	le musée
le cinéma	le parc
le gymnase	la piscine
le marché	le restaurant

2 **La semaine prochaine** Voici votre agenda (*day planner*). Parlez de votre semaine avec un(e) partenaire. Mentionnez trois activités associées au travail et trois activités d'un autre type. Deux des activités doivent (*must*) être des activités de groupe.

MODÈLE

Lundi, je vais préparer un examen, mais samedi, je vais danser en boîte.

	L	M	M	J	V	S	D
8h30							
9h00							
9h30							
10h00							
10h30							
11h00							
11h30							
12h00							
12h30							

3 **Le week-end** Par groupes de trois, posez-vous des questions sur vos projets (*plans*) pour le week-end prochain. Donnez des détails. Mentionnez aussi des activités faites (*made*) pour deux personnes.

MODÈLE

Élève 1: *Quels projets avez-vous pour ce week-end?*
Élève 2: *Nous allons au marché samedi.*
Élève 3: *Et nous allons au cinéma dimanche.*

4 **Ma ville** À tour de rôle, vous invitez votre partenaire dans une ville pour une visite d'une semaine. Préparez une liste d'activités variées et proposez-les (*them*) à votre partenaire. Ensuite (*Then*), comparez vos villes et vos projets (*plans*) avec ceux (*those*) d'un autre groupe.

MODÈLE

Élève 1: *Samedi, on va au centre-ville.*
Élève 2: *Nous allons dépenser de l'argent!*

5 **Où passer un long week-end?** Vous et votre partenaire avez la possibilité de passer un long week-end à Montréal ou à La Nouvelle-Orléans, mais vous préférez chacun(e) (*each one*) une ville différente. Jouez la conversation pour la classe.

MODÈLE

Élève 1: *À Montréal, on va aller dans les librairies!*
Élève 2: *Oui, mais à La Nouvelle-Orléans, je vais aller à des concerts de musique cajun!*

Montréal
- le jardin (*garden*) botanique
- le musée des Beaux-Arts
- le parc du Mont-Royal
- le Vieux-Montréal

La Nouvelle-Orléans
- le Café du Monde
- la cathédrale Saint-Louis
- la route des plantations
- le vieux carré, quartier (*neighborhood*) français

6 **La semaine de Martine** Votre professeur va vous donner, à vous et à votre partenaire, des informations sur la semaine de Martine. Attention! Ne regardez pas la feuille de votre partenaire.

MODÈLE

Lundi matin, Martine va dessiner au parc.

ressources

v̂Text

CE
pp. 91–96

vhlcentral.com
Leçon 4A

 Video: TV Clip

Le Zapping

SWISS made

La compagnie Swiss International Air Lines offre à ses passagers une alternative aux compagnies aériennes° contemporaines. En général, le public a une mauvaise opinion des compagnies: les gens° se plaignent° constamment du mauvais service et de la mauvaise cuisine. Voilà pourquoi Swiss International Air Lines propose à ses clients l'élégance et le confort. Sa stratégie de marketing bénéficie de l'excellente réputation des produits et des services suisses, dont° la qualité supérieure est reconnue° dans le monde entier.

—Le ventilateur doucement° murmure...   —Au micro° parle le copilote...

Compréhension Répondez aux questions.

1. Quels endroits d'une ville trouve-t-on dans la publicité (*ad*)?
2. Quels types de personnes y a-t-il dans la publicité? Pourquoi est-ce important?

Discussion Par groupes de quatre, répondez aux questions.

1. Avez-vous un produit fabriqué en Suisse? Si oui, quel produit? Décrivez sa qualité. Sinon, quel produit suisse avez-vous envie de posséder? Pourquoi?
2. Vous allez fonder une compagnie aérienne différente des autres (*from the others*). Comment est-elle différente? Quelles destinations va-t-elle proposer?

compagnies aériennes *airlines* les gens *people* se plaignent *complain* dont *whose*
reconnue *recognized* avion *plane* Le ventilateur doucement *The fan gently* micro *microphone*

 Practice more at **vhlcentral.com**.

You will learn how to...
- order food and beverages
- ask for your check

Audio: Vocabulary Practice
My Vocabulary

J'ai faim!

Vocabulaire

apporter	to bring, to carry
coûter	to cost
Combien coûte(nt)...?	How much is/are...?
une baguette	baguette (long, thin loaf of bread)
le beurre	butter
des frites (f.)	French fries
un fromage	cheese
le jambon	ham
un pain (de campagne)	(country-style) bread
un sandwich	sandwich
une boisson (gazeuse)	(soft) (carbonated) drink/beverage
un chocolat (chaud)	(hot) chocolate
une eau (minérale)	(mineral) water
un jus (d'orange, de pomme, etc.)	(orange, apple, etc.) juice
le lait	milk
une limonade	lemon soda
un thé (glacé)	(iced) tea
(pas) assez (de)	(not) enough (of)
beaucoup (de)	a lot (of)
d'autres	others
un morceau (de)	piece, bit (of)
un peu (plus/moins) (de)	a little (more/less) (of)
plusieurs	several
quelque chose	something; anything
quelques	some
tous (m. pl.)	all
tout (m. sing.)	all
tout le/tous les (m.)	all the
toute la/toutes les (f.)	all the
trop (de)	too many/much (of)
un verre (de)	glass (of)

le prix · un serveur (serveuse f.) · une bouteille d'eau · l'addition (f.) · une soupe · les croissants (m.) · Elle laisse un pourboire. (laisser) · Il a faim.

menu du jour / soupe du jour 3.50€ / plat du jour 12€

Mise en pratique

1 **Chassez l'intrus** Trouvez le mot qui ne va pas avec les autres.

1. un croissant, le pain, le fromage, une baguette
2. une limonade, un jus de pomme, un jus d'orange, le beurre
3. des frites, un sandwich, le sucre, le jambon
4. le jambon, un éclair, un croissant, une baguette
5. l'eau, la boisson, l'eau minérale, la soupe
6. l'addition, un chocolat, le pourboire, coûter
7. apporter, d'autres, plusieurs, quelques
8. un morceau, une bouteille, un verre, une tasse

2 **Reliez** Choisissez les expressions de quantité qui correspondent le mieux (*the best*) aux produits.

MODÈLE

un morceau de baguette

une bouteille de	une tasse de
un morceau de	un verre de
piece	glass

1. _____ eau
2. _____ sandwich
3. _____ fromage
4. _____ chocolat
5. _____ café
6. _____ jus de pomme
7. _____ thé
8. _____ limonade

3 **Écoutez** Écoutez la conversation entre André et le serveur du café Gide, et décidez si les phrases sont **vraies** ou **fausses**.

	Vrai	Faux
1. André n'a pas très soif.	☐	☐
2. André n'a pas faim.	☐	☐
3. Au café, on peut commander (*one may order*) un jus d'orange, une limonade, un café ou une boisson gazeuse.	☐	☐
4. André commande un sandwich au jambon avec du fromage.	☐	☐
5. André commande une tasse de chocolat.	☐	☐
6. André déteste le lait et le sucre.	☐	☐
7. André n'a pas beaucoup d'argent.	☐	☐
8. André ne laisse pas de pourboire.	☐	☐

S Practice more at **vhlcentral.com**.

le sucre

le thé

Il a soif.

une tasse

Il mange quelque chose. (manger)

un café

un éclair

Communication

4 **Combien coûte...?** Regardez la carte et, à tour de rôle, demandez à votre partenaire combien coûte chaque élément. Répondez par des phrases complètes.

MODÈLE

Élève 1: *Combien coûte un sandwich?*
Élève 2: *Un sandwich coûte 3,50€.*

1. _____
2. _____
3. _____
4. _____
5. _____
6. _____
7. _____
8. _____

5 **Conversez** Interviewez un(e) camarade de classe.

1. Qu'est-ce que tu aimes boire (*drink*) quand tu as soif? Quand tu as froid? Quand tu as chaud?
2. Quand tu as faim, est-ce que tu manges un sandwich? Qu'est-ce que tu aimes manger?
3. Est-ce que tu aimes le café ou le thé? Combien de tasses est-ce que tu aimes boire par jour?
4. Comment est-ce que tu aimes le café? Avec du lait? Avec du sucre? Noir (*Black*)?
5. Comment est-ce que tu aimes le thé? Avec du lait? Avec du sucre? Nature (*Black*)?
6. Dans ta famille, qui aime le thé? Et le café?
7. Est-ce que tu aimes les boissons gazeuses ou l'eau minérale?
8. Quand tu manges avec ta famille dans un restaurant, est-ce que vous laissez un pourboire au serveur/à la serveuse?

6 **Au restaurant** Choisissez deux partenaires et écrivez une conversation entre deux client(e)s et leur serveur/serveuse. Préparez-vous à jouer (*perform*) la scène devant la classe.

Client(e)s

- Demandez des détails sur le menu et les prix.
- Choisissez des boissons et des plats (*dishes*).
- Demandez l'addition.

Serveur/Serveuse

- Parlez du menu et répondez aux questions.
- Apportez les plats et l'addition.

Coup de main

Vous désirez?
What can I get you?

Je voudrais...
I would like...

C'est combien?
How much is it/this/that?

7 **Sept différences** Votre professeur va vous donner, à vous et à votre partenaire, deux feuilles d'activités différentes. Attention! Ne regardez pas la feuille de votre partenaire.

MODÈLE

Élève 1: *J'ai deux tasses de café.*
Élève 2: *Oh, j'ai une tasse de thé!*

Les sons et les lettres

Audio: Explanation
Record & Compare

Nasal vowels

In French, when vowels are followed by an **m** or an **n** in a single syllable, they usually become nasal vowels. Nasal vowels are produced by pushing air through both the mouth and the nose.

The nasal vowel sound you hear in **français** is usually spelled **an** or **en**.

an	fr**an**çais	**en**chanté	**en**fant

The nasal vowel sound you hear in **bien** may be spelled **en**, **in**, **im**, **ain**, or **aim**. The nasal vowel sound you hear in **brun** may be spelled **un** or **um**.

exam**en**	améric**ain**	l**un**di	parf**um**

The nasal vowel sound you hear in **bon** is spelled **on** or **om**.

t**on**	all**on**s	combi**en**	**on**cle

When **m** or **n** is followed by a vowel sound, the preceding vowel is not nasal.

image	**in**utile	**am**i	**am**our

Prononcez Répétez les mots suivants à voix haute.

1. blond
2. dans
3. faim
4. entre
5. garçon
6. avant
7. maison
8. cinéma
9. quelqu'un
10. différent
11. amusant
12. télévision
13. impatient
14. rencontrer
15. informatique
16. comment

Articulez Répétez les phrases suivantes à voix haute.

1. Mes parents ont cinquante ans.
2. Tu prends une limonade, Martin?
3. Le Printemps est un grand magasin.
4. Lucien va prendre le train à Montauban.
5. Pardon, Monsieur, l'addition s'il vous plaît!
6. Jean-François a les cheveux bruns et les yeux marron.

Dictons Répétez les dictons à voix haute.

N'allonge pas ton bras au-delà de ta manche.[2]

L'appétit vient en mangeant.[1]

[1] Appetite comes from eating.

[2] Don't bite off more than you can chew. (lit. Don't stretch your arm out farther than your sleeve.)

L'heure du déjeuner

 Video: *Roman-photo*
Record & Compare

PERSONNAGES

Amina

David

Michèle

Rachid

Sandrine

Valérie

Près du café...
AMINA J'ai très faim. J'ai envie de manger un sandwich.
SANDRINE Moi aussi, j'ai faim, et puis j'ai soif. J'ai envie d'une bonne boisson. Eh, les garçons, on va au café?

RACHID Moi, je rentre à l'appartement étudier pour un examen de sciences po. David, tu vas au café avec les filles?
DAVID Non, je rentre avec toi. J'ai envie de dessiner un peu.
AMINA Bon, alors, à tout à l'heure.

Au café...
VALÉRIE Bonjour, les filles! Alors, ça va, les études?
AMINA Bof, ça va. Qu'est-ce qu'il y a de bon à manger, aujourd'hui?
VALÉRIE Eh bien, j'ai une soupe de poisson maison délicieuse! Il y a aussi des sandwichs jambon-fromage, des frites... Et, comme d'habitude, j'ai des éclairs, euh...

VALÉRIE Et pour toi, Amina?
AMINA Hmm... Pour moi, un sandwich jambon-fromage avec des frites.
VALÉRIE Très bien, et je vous apporte du pain tout de suite.
SANDRINE ET AMINA Merci!

Au bar...
VALÉRIE Alors, pour la table d'Amina et Sandrine, une soupe du jour, un sandwich au fromage... Pour la table sept, une limonade, un café, un jus d'orange et trois croissants.
MICHÈLE D'accord! Je prépare ça tout de suite. Mais Madame Forestier, j'ai un problème avec l'addition de la table huit.

VALÉRIE Ah, bon?
MICHÈLE Le monsieur ne comprend pas pourquoi ça coûte onze euros cinquante. Je ne comprends pas non plus. Regardez.
VALÉRIE Ah, non! Avec tout le travail que nous avons cet après-midi, des problèmes d'addition aussi?!

A C T I V I T É S

1 Identifiez Trouvez à qui correspond chacune (*each*) des phrases. Écrivez **A** pour Amina, **D** pour David, **M** pour Michèle, **R** pour Rachid, **S** pour Sandrine et **V** pour Valérie.

_____ 1. Je ne comprends pas non plus.

_____ 2. Vous prenez du jus d'orange uniquement le matin.

_____ 3. Tu bois de l'eau aussi?

_____ 4. Je prépare ça tout de suite.

_____ 5. Je ne bois pas de limonade.

_____ 6. Je vais apprendre à préparer des éclairs.

_____ 7. J'ai envie de dessiner un peu.

_____ 8. Je vous apporte du pain tout de suite.

_____ 9. Moi, je rentre à l'appartement étudier pour un examen de sciences po.

_____ 10. Qu'est-ce qu'il y a de bon à manger, aujourd'hui?

 Practice more at **vhlcentral.com**.

Amina et Sandrine déjeunent au café.

SANDRINE Oh, Madame Forestier, j'adore! Un jour, je vais apprendre à préparer des éclairs. Et une bonne soupe maison. Et beaucoup d'autres choses.
AMINA Mais pas aujourd'hui. J'ai trop faim!
SANDRINE Alors, je choisis la soupe et un sandwich au fromage.

VALÉRIE Et comme boisson?
SANDRINE Une bouteille d'eau minérale, s'il vous plaît. Tu bois de l'eau aussi? Avec deux verres, alors.

Expressions utiles

Talking about food

- **Moi aussi, j'ai faim, et puis j'ai soif.**
  Me too, I am hungry, and I am thirsty as well.
- **J'ai envie d'une bonne boisson.**
  I feel like having a nice drink.
- **Qu'est-ce qu'il y a de bon à manger, aujourd'hui?**
  What looks good on the menu today?
- **Une soupe de poisson maison délicieuse.**
  A delicious homemade fish soup.
- **Je vais apprendre à préparer des éclairs.**
  I am going to learn (how) to prepare éclairs.
- **Je choisis la soupe.**
  I choose the soup.
- **Tu bois de l'eau aussi?**
  Are you drinking water too?
- **Vous prenez du jus d'orange uniquement le matin.**
  You only have orange juice in the morning.

Additional vocabulary

- **On va au café?**
  Shall we go to the café?
- **Bof, ça va.**
  So-so.
- **comme d'habitude**
  as usual
- **Le monsieur ne comprend pas pourquoi ça coûte onze euros cinquante.**
  The gentleman doesn't understand why this costs 11,50€.
- **Je ne comprends pas non plus.**
  I don't understand either.
- **Je prépare ça tout de suite.**
  I am going to prepare this right away.
- **Ça y est! Je comprends!**
  That's it! I get it!
- **C'est noté?**
  Understood?/Got it?
- **Tout est prêt.**
  Everything is ready.

VALÉRIE Ah, ça y est! Je comprends! La boisson gazeuse coûte un euro vingt-cinq, pas un euro soixante-quinze. C'est noté, Michèle?
MICHÈLE Merci, Madame Forestier. Excusez-moi. Je vais expliquer ça au monsieur. Et voilà, tout est prêt pour la table d'Amina et Sandrine.
VALÉRIE Merci, Michèle.

À la table des filles...
VALÉRIE Voilà, une limonade, un café, un jus d'orange et trois croissants.
AMINA Oh? Mais Madame Forestier, je ne bois pas de limonade!
VALÉRIE Et vous prenez du jus d'orange uniquement le matin, n'est-ce pas? Ah! Excusez-moi, les filles!

---

2 **Mettez dans l'ordre** Numérotez les phrases suivantes dans l'ordre correspondant à l'histoire.

- **5** a. Michèle a un problème avec l'addition.
- **3** b. Amina prend (*gets*) un sandwich jambon-fromage.
- **1** c. Sandrine dit qu'elle (*says that she*) a soif.
- **2** d. Rachid rentre à l'appartement.
- **4** e. Valérie va chercher du pain.
- **6** f. Tout est prêt pour la table d'Amina et Sandrine.

3 **Conversez** Au moment où Valérie apporte le plateau (*tray*) de la table sept à Sandrine et Amina, Michèle apporte le plateau de Sandrine et Amina à la table sept. Avec trois partenaires, écrivez la conversation entre Michèle et les client(e)s et jouez-la devant la classe.

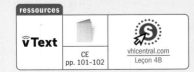

ressources
vText
CE pp. 101–102
vhlcentral.com Leçon 4B

A C T I V I T É S

Reading
Video: *Flash culture*

CULTURE À LA LOUPE

Le café français

À Toute Heure

Quiches	3,50€
Pâtisseries	3,50€
Omelettes	5,25€
Thé	1,50€
Glaces	5,50€
Café	1,50€
Cappuccino	2,00€
Chocolat chaud	2,30€

Le matin, ils y° vont pour prendre un café et un croissant. À midi, pour le déjeuner, ils y vont pour manger un plat du jour° ou un sandwich. Après le travail, ils y vont pour prendre l'apéritif°. L'apéritif, c'est un moment où on boit un verre pour se détendre° avec ses amis. Les élèves et les étudiants se retrouvent souvent° au café, près de leur lycée ou de leur faculté, pour étudier ou prendre un verre.

Il y a de très célèbres cafés à Paris: «Les Deux Magots» ou le «Café de Flore» par exemple, dans le quartier° de Saint-Germain. Ils sont connus° parce que c'était le rendez-vous des intellectuels et des écrivains°, comme Jean-Paul Sartre, Simone de Beauvoir et Albert Camus, après la Deuxième Guerre mondiale°.

Le premier café français, le Procope, a ouvert° ses portes à Paris en 1686. C'était° un lieu° pour boire du café, qui était une boisson exotique à l'époque°. On pouvait° aussi manger un sorbet dans des tasses en porcelaine. Benjamin Franklin et Napoléon Bonaparte fréquentaient le Procope.

Le café est une partie importante de la culture française. Les Français adorent passer du temps° à la terrasse des cafés. C'est un des symboles de l'art de vivre° à la française.

a ouvert *opened* C'était *It was* lieu *place* à l'époque *at the time* pouvait *could*
fréquentaient *used to frequent* passer du temps *spending time* vivre *living* y *there*
plat du jour *lunch special* apéritif *before-dinner drink* se détendre *to relax* souvent *often*
célèbres *famous* quartier *neighborhood* connus *known* écrivains *writers*
Deuxième Guerre mondiale *World War II*

A C T I V I T É S

1 Vrai ou faux? Indiquez si les phrases sont **vraies** ou **fausses**. Corrigez les phrases fausses.

1. Le premier café parisien date des années 1686.
2. Les Français vont au café uniquement le matin.
3. Napoléon Bonaparte et Benjamin Franklin sont d'anciens clients du Procope.
4. Le café est une partie importante de la culture française.
5. Les Français évitent (*avoid*) les terrasses des cafés.

6. Le matin, les Français prennent du jambon et du fromage.
7. Les Français ne prennent pas leur apéritif au café.
8. Les élèves et les étudiants se retrouvent souvent avec leurs amis au café.
9. «Les Deux Magots» et le «Café de Flore» sont deux cafés célèbres à Paris.
10. Les intellectuels français fréquentent les cafés après la Première Guerre mondiale.

 Practice more at **vhlcentral.com.**

LE FRANÇAIS QUOTIDIEN

J'ai faim!

avoir les crocs	*to be hungry*
avoir un petit creux	*to be slightly hungry*
boire à petites gorgées	*to sip*
bouffer	*to eat*
dévorer	*to devour*
grignoter	*to snack on*
mourir de faim	*to be starving*
siroter	*to sip (with pleasure)*

LE MONDE FRANCOPHONE

Des spécialités à grignoter

Voici quelques spécialités à grignoter dans les pays et régions francophones.

En Afrique du Nord la merguez (saucisse épicée°) et le makroud (pâtisserie° au miel° et aux dattes)

En Côte d'Ivoire l'aloco (bananes plantains frites°)

En France le pan-bagnat (sandwich avec de la salade, des tomates, des œufs durs° et du thon°) et les crêpes (pâte° cuite° composée de farine°, d'œufs et de lait, de forme ronde)

À la Martinique les accras de morue° (beignets° à la morue)

Au Québec la poutine (frites avec du fromage fondu° et de la sauce)

Au Sénégal le chawarma (de la viande°, des oignons et des tomates dans du pain pita)

saucisse épicée *spicy sausage* pâtisserie *pastry* miel *honey* frites *fried* œufs durs *hard-boiled eggs* thon *tuna* pâte *batter* cuite *cooked* farine *flour* morue *cod* beignets *fritters* fondu *melted* viande *meat*

PORTRAIT

Les cafés nord-africains

Comme en France, les cafés ont une grande importance culturelle en Afrique du Nord. C'est le lieu où les amis se rencontrent pour discuter° ou pour jouer aux cartes° ou aux dominos. Les cafés ont une variété de boissons, mais ils n'offrent° pas d'alcool. La boisson typique, au café comme à la maison, est le thé à la menthe°. Il a peu de caféine, mais il a des vertus énergisantes et il favorise la digestion. En général, ce sont les hommes qui le° préparent. C'est la boisson qu'on vous sert° quand vous êtes invité, et ce n'est pas poli de refuser!

pour discuter *to chat* **jouer aux cartes** *play cards* **offrent** *offer* **menthe** *mint* **le** *it* **on vous sert** *you are served*

Sur Internet

 Comment prépare-t-on le thé à la menthe au Maghreb?

Go to **vhlcentral.com** to find more information related to this **Culture** section. Then watch the corresponding **Flash culture**.

---

2 **Compréhension** Complétez les phrases.

1. Quand on a un peu soif, on a tendance à (*tends to*) boire _____.
2. On ne peut pas boire de/d' _____ dans un café nord-africain.
3. Les hommes préparent _____ en Afrique du Nord.
4. Il n'est pas poli de _____ une tasse de thé en Afrique du Nord.
5. Si vous aimez les frites, vous allez aimer _____ au Québec.

3 **Un café francophone** Par groupes de quatre, préparez une liste de suggestions pour un nouveau café francophone: noms pour le café, idées (*ideas*) pour le menu, prix, heures, etc. Indiquez où le café va être situé et qui va fréquenter ce café.

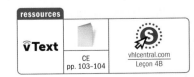

ressources

v̂Text | CE pp. 103–104 | vhlcentral.com Leçon 4B

ACTIVITÉS

Presentation Tutorial

4B.1 The verbs *prendre* and *boire*; Partitives

Point de départ The verbs **prendre** (*to take, to have*) and **boire** (*to drink*), like **être**, **avoir**, and **aller**, are irregular.

Prendre

je prends	*I take*	nous prenons	*we take*
tu prends	*you take*	vous prenez	*you take*
il/elle prend	*he/she/it takes*	ils/elles prennent	*they take*

Brigitte **prend** le métro le soir.
Brigitte takes the subway in the evening.

Nous **prenons** un café chez moi.
We are having a coffee at my house.

- The forms of the verbs **apprendre** (*to learn*) and **comprendre** (*to understand*) follow the same pattern as that of **prendre**.

Tu ne **comprends** pas l'espagnol?
Don't you understand Spanish?

Elles **apprennent** beaucoup en classe.
They're learning a lot in class.

Je ne comprends pas non plus.

Je ne bois pas de limonade.

Boire

je bois	*I drink*	nous buvons	*we drink*
tu bois	*you drink*	vous buvez	*you drink*
il/elle boit	*he/she/it drinks*	ils/elles boivent	*they drink*

Ton père **boit** un jus d'orange.
Your father is drinking an orange juice.

Vous **buvez** un chocolat, M. Dion?
Are you drinking hot chocolate, Mr. Dion?

Nous ne **buvons** pas pendant le repas.
We don't drink during the meal.

Je **bois** toujours du lait froid au petit-déjeuner.
I always drink cold milk for breakfast.

1 Au restaurant Alain est au restaurant avec toute sa famille. Il note les préférences de tout le monde. Utilisez le verbe indiqué.

MODÈLE
Oncle Lucien aime bien le café. (prendre) *Il prend un café.*

1. Marie-Hélène et papa adorent le thé. (prendre)
2. Tu adores le chocolat chaud. (boire)
3. Vous aimez bien le jus de pomme. (prendre)
4. Mes nièces aiment la limonade. (boire)
5. Tu aimes les boissons gazeuses. (prendre)
6. Vous adorez le café. (boire)

2 Au café Indiquez l'article correct.

MODÈLE
Prenez-vous ____*du*____ thé glacé?

1. Avez-vous __du__ lait froid?
2. Je voudrais __de la__ baguette, s'il vous plaît.
3. Elle prend __de__ croissant.
4. Nous ne prenons pas __du__ sucre avec le café.
5. Thérèse ne laisse pas _____ pourboire.
6. Vous mangez _____ frites.
7. Zeina boit _____ boisson gazeuse.
8. Voici _____ eau minérale.
9. Nous mangeons _____ pain.
10. Je ne prends pas _____ fromage.

3 Des suggestions Laurent est au café avec des amis et il fait (*makes*) des suggestions. Que suggère-t-il?

MODÈLE
On prend du jus d'orange?

1. _____   3. _____

2. _____   4. _____

 Practice more at **vhlcentral.com.**

COMMUNICATION

4 **Échanges** Posez les questions à un(e) partenaire.

1. Qu'est-ce que tu bois quand tu as très soif?
2. Qu'est-ce que tu apprends au lycée?
3. Quelles langues est-ce que tes parents comprennent?
4. Est-ce que tu bois beaucoup de café? Pourquoi?
5. Qu'est-ce que tu prends à manger à midi?
6. Quelle langue est-ce que ton/ta meilleur(e) ami(e) apprend?
7. Où est-ce que tu prends tes repas (*meals*)?
8. Qu'est-ce que tu bois le matin? À midi? Le soir?

5 **Je bois, je prends** Votre professeur va vous donner une feuille d'activités. Circulez dans la classe pour demander à vos camarades s'ils prennent rarement, une fois (*once*) par semaine ou tous les jours la boisson ou le plat (*dish*) indiqués. Écrivez (*Write*) les noms sur la feuille, puis présentez vos réponses à la classe.

MODÈLE

Élève 1: *Est-ce que tu bois du café?*
Élève 2: *Oui, je bois du café une fois par semaine. Et toi?*

boisson ou plat	rarement	une fois par semaine	tous les jours
1. café		Didier	
2. fromage			
3. thé			
4. soupe			
5. chocolat chaud			
6. jambon			

6 **Après les cours** Des amis se retrouvent au café. Par groupes de quatre, jouez (*play*) les rôles d'un(e) serveur/serveuse et de trois clients. Utilisez les mots de la liste et présentez la scène à la classe.

addition	chocolat chaud	frites
avoir faim	coûter	prix
avoir soif	croissant	sandwich
boisson	eau minérale	soupe

Partitives

- Use partitive articles in French to express *some* or *any*. To form the partitive, use the preposition **de** followed by a definite article. Although the words *some* and *any* are often omitted in English, the partitive must always be used in French.

  Je bois **du** thé chaud.   Elle prend **de l'**eau?
  I drink (some) hot tea.   *Is she having (some) water?*

- Note that partitive articles are only used with non-count nouns (nouns whose quantity cannot be expressed by a number).

PARTITIVE ARTICLE NON-COUNT NOUN	INDEFINITE ARTICLE COUNT NOUN
Tu prends **de la** soupe tous les jours.	Tu prends **une** banane, aussi.
You have (some) soup every day.	*You have a banana, too.*

- The article **des** also means *some*, but it is the plural form of the indefinite article, not the partitive.

PARTITIVE ARTICLE	INDEFINITE ARTICLE
Vous prenez **de la** limonade.	Nous prenons **des** croissants.
You're having (some) lemon soda.	*We're having (some) croissants.*

- To give a negative response to a question asked using the partitive structure, as with indefinite articles, always use **ne... pas de.**

  Est-ce qu'il y a **du** lait?   Non, il **n'**y a **pas de** lait.
  Is there (any) milk?   *No, there isn't (any) milk.*

  Prends-tu **de la** soupe?   Non, je **ne** prends **pas de** soupe.
  Will you have (some) soup?   *No, I'm not having (any) soup.*

Essayez! **Complétez les phrases. Utilisez la forme correcte du verbe entre parenthèses et l'article qui convient.**

1. Ma sœur ___prend___ (prendre) ___des___ éclairs.
2. Tes parents _____ (boire) _____ café?
3. Louise ne _____ (boire) pas _____ thé.
4. Est-ce qu'il y _____ (avoir) _____ sucre?
5. Nous _____ (boire) _____ limonade.
6. Non, merci. Je ne _____ (prendre) pas _____ frites.
7. Vous _____ (prendre) _____ taxi?
8. Nous _____ (apprendre) _____ français.

 **Presentation Tutorial**

4B.2 Regular *-ir* verbs

Point de départ In **Leçon 2A**, you learned the pattern of **-er** verbs. Verbs that end in **-ir** follow a different pattern.

Finir (to finish)

je finis	nous finissons
tu finis	vous finissez
il/elle finit	ils/elles finissent

Je **finis** mon sandwich
avant tout le monde.
*I am finishing my sandwich
before everyone else.*

Alain et Chloé **finissent**
leur déjeuner.
*Alain and Chloé are finishing
their lunch.*

• Here are some other verbs that follow the same pattern as **finir**.

Other regular *-ir* verbs

choisir	*to choose*	réfléchir (à)	*to think (about), to reflect (on)*
grandir	*to grow*		
grossir	*to gain weight*	réussir (à)	*to succeed (in doing something)*
maigrir	*to lose weight*		
obéir (à)	*to obey*	rougir	*to blush*
réagir	*to react*	vieillir	*to grow old*

Nous **grossissons** quand nous
mangeons beaucoup d'éclairs.
*We gain weight when we
eat a lot of eclairs.*

Je **choisis** un croissant avec
du chocolat chaud.
*I choose a croissant with
hot chocolate.*

• Like for **–er** verbs, use present tense verb forms to give commands.

Réagis vite!   **Obéissez**-moi.   **Réfléchissons** bien.   Ne **rougis** pas.
React quickly!   *Obey me.*   *Let's think well.*   *Don't blush.*

Essayez!   Complétez les phrases.

1. Quand je mange de la salade, je _maigris_ (maigrir).
2. Il _____ (réussir) son examen.
3. Nous _____ (finir) notre déjeuner.
4. Quand les enfants mangent beaucoup de frites, ils _____ (grossir)!
5. Tu _____ (choisir) le fromage ou le dessert?
6. _____ (réfléchir) au problème.
7. Mes enfants _____ (grandir) très vite (*fast*).
8. Vous ne m' _____ (obéir) jamais (*never*)!

MISE EN PRATIQUE

1 **Au restaurant** Complétez le dialogue avec la forme correcte du verbe entre parenthèses.

SERVEUR Vous désirez?

LISE Nous (1) _____ (réfléchir) encore.

FANNY Je pense savoir ce que je veux (*know what I want*).

SERVEUR Que (2) _____ (choisir)-vous, Mademoiselle?

FANNY Je (3) _____ (choisir) un hamburger avec des frites. Et toi?

LISE Euh... je (4) _____ (réfléchir). La soupe ou la salade, je pense... Oui, je prends la salade.

SERVEUR Très bien, Mesdemoiselles. Je vous apporte ça tout de suite (*right away*).

FANNY Tu n'as pas très faim?

LISE Non, pas trop. Et je suis au régime (*on a diet*). J'ai besoin de (5) _____ (maigrir) un peu.

FANNY Tu (6) _____ (réussir) déjà. Ton jean est trop grand. Tu n'as pas envie de partager mon éclair?

LISE Mais non! Je vais (7) _____ (grossir)!

FANNY Alors, je (8) _____ (finir) l'éclair.

2 **Complétez** Complétez les phrases avec la forme correcte des verbes de la liste. N'utilisez les verbes qu'une seule fois.

choisir	maigrir
finir	obéir
grandir	rougir
grossir	vieillir

1. Nous _____ l'endroit où nous allons déjeuner.
2. Corinne _____ quand elle a honte.
3. Mes frères cadets _____ encore. Ils sont déjà (*already*) très grands!
4. Vous ne mangez pas assez et vous _____. Attention!
5. Nous _____ aux profs.
6. Sylvie _____ ses études cette année.
7. Mes grands-parents _____. Mais c'est la vie (*life*).
8. Quand on mange beaucoup de chocolat, on _____.

Practice more at **vhlcentral.com.**

COMMUNICATION

3 Réactions Avec un(e) partenaire, dites ce que ces (*Say what these*) personnes font (*do*) dans ces situations. Utilisez un verbe en **-ir** dans vos réponses.

1. Il fait 35°C et Paul a très soif. Il est dans un café.
2. Nous sommes en classe. Le prof nous donne un problème de maths.
3. Tes parents te demandent d'aller chercher ta sœur à l'école.
4. M. Lepic va avoir 84 ans.
5. Florent mange deux sandwichs et boit un soda tous les midis.

4 Assemblez Avec un(e) partenaire, assemblez les éléments des trois colonnes pour créer des phrases logiques.

A	B	C
je	choisir	aujourd'hui
tu	finir	beaucoup
notre prof	grandir	cette (*this*) année
mes parents	grossir	cours
mon frère	maigrir	devoirs
ma sœur	réfléchir	diplôme
mon/ma petit(e) ami(e)	réussir	encore
mon/ma cousin(e)	rougir	problème
mes camarades de classe	vieillir	vite
?		?

5 Qui…? Posez (*Ask*) des questions pour trouvez une personne dans la classe qui fait ces (*does these*) choses.

MODÈLE

Élève 1: *Est-ce que tu rougis facilement?*
Élève 2: *Non, je ne rougis pas facilement.*

1. rougir facilement (*easily*)
2. réagir vite
3. obéir à ses parents
4. finir toujours ses devoirs
5. choisir bien sa nourriture (*food*)
6. grandir cette année

Le français vivant

Café du Marché

Formule petit-déjeuner simple **5,50€**

boisson chaude + croissant + jus de fruits (au choix°) ou boisson chaude + mini-baguette avec du beurre + jus de fruits (au choix)

✺✺✺

Formule petit-déjeuner complet **7,50€**

boisson chaude + sandwich jambon-fromage + jus de fruits (au choix)

Boissons

Café	1,50€
Café déca	1,60€
Café crème	2,00€
Chocolat chaud	2,20€
Thé	2,20€

Eau minérale	2,50€
Jus de fruits	2,80€
Limonade	2,80€

au choix *your choice of*

Répondez Avec un(e) partenaire, discutez de la carte et de ces (*these*) situations. Utilisez des verbes en **-ir**.

1. Je prends quatre croissants.
2. J'ai très faim.
3. Je ne mange pas beaucoup.
4. Je ne commande pas encore.
5. Je bois toute la bouteille d'eau minérale.

Révision

1 **Ils aiment apprendre** Vous demandez à Sylvie et à Jérôme pourquoi ils aiment apprendre. Un(e) partenaire va poser des questions et l'autre partenaire va jouer les rôles de Jérôme et de Sylvie.

MODÈLE

Élève 1: *Pourquoi est-ce que tu apprends à travailler sur l'ordinateur?*
Élève 2: *J'apprends parce que j'aime les ordinateurs.*

1.

4.

2.

5.

3.

6.

2 **Quelle boisson?** Interviewez une personne de votre classe. Que boit-on dans ces circonstances? Ensuite (*Then*), posez les questions à une personne différente. Utilisez des articles partitifs dans vos réponses.

1. au café
2. au cinéma
3. en classe
4. le dimanche matin
5. le matin très tôt
6. quand il/elle passe des examens
7. quand il/elle a très soif
8. quand il/elle étudie toute la nuit

3 **Notre café** Vous et votre partenaire allez créer un café français. Choisissez le nom du café et huit boissons. Pour chaque (*each*) boisson, inventez deux prix, un pour le comptoir (*bar*) et un pour la terrasse. Comparez votre café au café d'un autre groupe.

4 **La terrasse du café** Avec un(e) partenaire, observez les deux dessins et trouvez au minimum quatre différences. Comparez votre liste à la liste d'un autre groupe. Ensuite, écrivez (*write*) un paragraphe sur ces trois personnages en utilisant (*by using*) des verbes en –**ir**.

MODÈLE

Élève 1: *Mylène prend une limonade.*
Élève 2: *Mylène prend de la soupe.*

Patrick   Mylène   Djamel

5 **Dialogue** Avec un(e) partenaire, créez un dialogue avec les éléments de la liste.

choisir	du chocolat
grossir	de l'eau minérale
maigrir	un sandwich au jambon
réagir	des frites
réfléchir (à)	de la soupe
réussir (à)	du jus de pomme

6 **La famille Arnal au café** Votre professeur va vous donner, à vous et à votre partenaire, des photos de la famille Arnal. Attention! Ne regardez pas la feuille de votre partenaire.

MODÈLE

Élève 1: *Qui prend un sandwich?*
Élève 2: *La grand-mère prend un sandwich.*

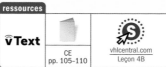

À l'écoute

 Audio: Activities

STRATÉGIE

Listening for the gist

Listening for the general idea, or gist, can help you follow what someone is saying even if you can't hear or understand some of the words. When you listen for the gist, you try to capture the essence of what you hear without focusing on individual words.

🎧 To help you practice this strategy, you will listen to three sentences. Jot down a brief summary of what you hear.

Préparation

Regardez la photo. Combien de personnes y a-t-il? Où sont Charles et Gina? Qu'est-ce qu'ils vont manger? Boire? Quelle heure est-il? Qu'est-ce qu'ils vont faire (*to do*) cet après-midi?

À vous d'écouter 🎧

Écoutez la conversation entre Charles, Gina et leur serveur. Écoutez une deuxième fois (*a second time*) et indiquez quelles activités ils vont faire.

_____ 1. acheter un livre

_____ 2. aller à la librairie

_____ 3. aller à l'église

_____ 4. aller chez des grands-parents

_____ 5. boire un coca

_____ 6. danser

_____ 7. dépenser de l'argent

_____ 8. étudier

_____ 9. manger au restaurant

_____ 10. manger un sandwich

ressources

v̂Text

vhlcentral.com
Leçon 4B

 Practice more at **vhlcentral.com.**

Compréhension

Un résumé 🔵 Complétez ce résumé (*summary*) de la conversation entre Charles et Gina avec des mots et expressions de la liste.

aller au cinéma	une eau minérale
aller au gymnase	en boîte de nuit
avec son frère	faim
café	un jus d'orange
chez ses grands-parents	manger au restaurant
des copains	du pain
un croissant	soif

Charles et Gina sont au (1) _____. Charles va boire (2) _____. Gina n'a pas très (3) _____. Elle va manger (4) _____. Cet après-midi, Charles va (5) _____. Ce soir, il va (6) _____ avec (7) _____. Cet après-midi, Gina va peut-être (8) _____. Ce soir, elle va manger (9) _____. À onze heures, elle va aller (10) _____ avec Charles.

Et vous? Avec un(e) camarade, discutez de vos projets (*plans*) pour ce week-end. Où est-ce que vous allez aller? Qu'est-ce que vous allez faire (*to do*)?

Panorama

Interactive Map Reading

La Normandie

La région en chiffres

▶ **Superficie:** *29.906 km² (vingt-neuf mille neuf cent six kilomètres carrés°)*

▶ **Population:** *3.248.000 (trois millions deux cent quarante-huit mille)*
SOURCE: Institut National de la Statistique et des Études Économiques (INSEE)

▶ **Industries principales:** *élevage bovin°, énergie nucléaire, raffinage° du pétrole*

▶ **Villes principales:** *Alençon, Caen, Évreux, Le Havre, Rouen*

Personnes célèbres

▶ **la comtesse de Ségur,** *femme écrivain° (1799–1874)*

▶ **Guy de Maupassant,** *écrivain (1850–1893)*

▶ **Christian Dior,** *couturier° (1905–1957)*

La Bretagne

La région en chiffres

▶ **Superficie:** *27.208 km² (vingt-sept mille deux cent huit kilomètres carrés)*

▶ **Population:** *3.011.000 (trois millions onze mille)*

▶ **Industries principales:** *agriculture, élevage°, pêche°, tourisme*

▶ **Villes principales:** *Brest, Quimper, Rennes, Saint-Brieuc, Vannes*

Personnes célèbres

▶ **Anne de Bretagne,** *reine° de France (1477–1514)*

▶ **Jacques Cartier,** *explorateur (1491–1557)*

▶ **Bernard Hinault,** *cycliste (1954–)*

carrés *squared* **élevage bovin** *cattle raising* **raffinage** *refining* **femme écrivain** *writer* **couturier** *fashion designer* **élevage** *livestock raising* **pêche** *fishing* **reine** *queen* **les plus grandes marées** *the highest tides* **presqu'île** *peninsula* **entourée de sables mouvants** *surrounded by quicksand* **basse** *low* **île** *island* **haute** *high* **chaque** *each* **onzième siècle** *11ᵗʰ century* **pèlerinage** *pilgrimage* **falaises** *cliffs* **faire** *make* **moulin** *mill*

les falaises° d'Étretat

l'art de faire° les crêpes

un moulin° e

Incroyable mais vrai!

C'est au Mont-Saint-Michel qu'il y a les plus grandes marées° d'Europe. Le Mont-Saint-Michel, presqu'île° entourée de sables mouvants° à marée basse°, est transformé en île° à marée haute°. Trois millions de touristes visitent chaque° année l'église du onzième siècle°, centre de pèlerinage° depuis 1000 (mille) ans.

La gastronomie

Les crêpes et galettes bretonnes et le camembert normand

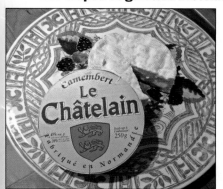

Les crêpes et les galettes sont une des spécialités culinaires de Bretagne; en Normandie, c'est le camembert. Les crêpes sont appréciées sucrées, salées°, flambées... Dans les crêperies°, le menu est complètement composé de galettes et de crêpes! Le camembert normand est un des grands symboles gastronomiques de la France. Il est vendu° dans la fameuse boîte en bois ronde° pour une bonne conservation.

Les arts

Giverny et les impressionnistes

La maison° de Claude Monet, maître du mouvement impressionniste, est à Giverny, en Normandie. Après des rénovations, la résidence et les deux jardins° ont aujourd'hui leur ancienne° splendeur. Le légendaire jardin d'eau est la source d'inspiration pour les célèbres peintures° «Les Nymphéas°» et «Le pont japonais°». Depuis la fin° du dix-neuvième siècle°, beaucoup d'artistes américains, influencés par les techniques impressionnistes, font de la peinture à Giverny.

Les monuments

Les menhirs et les dolmens

À Carnac, en Bretagne, il y a 3.000 (trois mille) menhirs et dolmens. Les menhirs sont d'énormes pierres° verticales. Alignés ou en cercle, ils ont une fonction rituelle associée au culte de la fécondité ou à des cérémonies en l'honneur du soleil°.

Les plus anciens° datent de 4.500 (quatre mille cinq cents) ans avant J.-C.° Les dolmens servent de° sépultures° collectives et ont une fonction culturelle comme° le rite funéraire du passage de la vie° à la mort°.

Les destinations

Deauville: station balnéaire de réputation internationale

Deauville, en Normandie, est une station balnéaire° de luxe et un centre de thalassothérapie°. La ville est célèbre pour sa marina, ses courses hippiques°, son casino, ses grands hôtels et son festival du film américain. La clientèle internationale apprécie beaucoup la plage°, le polo et le golf. L'hôtel le Royal Barrière est un palace° du début° du vingtième° siècle.

Compréhension Complétez ces phrases.

1. _____ est un explorateur breton.
2. Le Mont-Saint-Michel est une _____ à marée haute.
3. _____ sont une spécialité bretonne.
4. Dans _____, on mange uniquement des crêpes.
5. _____ est vendu dans une boîte en bois ronde.

6. Le _____ de Monet est la source d'inspiration de beaucoup de peintures.
7. Beaucoup d'artistes _____ font de la peinture à Giverny.
8. Les menhirs ont une fonction _____.
9. Les dolmens servent de _____.
10. Deauville est une _____ de luxe.

ressources

v̂Text

CE
pp. 111–112

vhlcentral.com
Leçon 4B

Sur Internet

1. Cherchez des informations sur les marées du Mont-Saint-Michel. À quelle heure est la marée haute aujourd'hui?

2. Cherchez des informations sur deux autres impressionnistes. Trouvez deux peintures que vous aimez et dites (*say*) pourquoi.

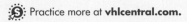
Practice more at **vhlcentral.com.**

salées *salty* crêperies *crêpes restaurants*
vendu *sold* boîte en bois ronde *round, wooden
box* maison *house* jardins *gardens* ancienne
former peintures *paintings* Nymphéas *Waterlilies*
pont japonais *Japanese Bridge* Depuis la fin *Since
the end* dix-neuvième siècle *19th century* pierres
stones soleil *sun* Les plus anciens *The oldest* avant
J.-C. *B.C.* servent de *serve as* sépultures *graves* comme
such as vie *life* mort *death* station balnéaire *seaside
resort* thalassothérapie *seawater therapy* courses
hippiques *horse races* plage *beach* palace *luxury
hotel* début *beginning* vingtième *twentieth*

Lecture  Audio: Synced Reading

Avant la lecture

STRATÉGIE

Scanning

Scanning involves glancing over a document in search of specific information. For example, you can scan a document to identify its format, to find cognates, to locate visual clues about the document's content, or to find specific facts. Scanning allows you to learn a great deal about a text without having to read it word-for-word.

Examinez le texte

Regardez le texte et indiquez huit mots apparentés (*cognates*) que vous trouvez.

1. _____   5. _____
2. _____   6. _____
3. _____   7. _____
4. _____   8. _____

Trouvez

Regardez le document. Indiquez si les informations suivantes sont présentes dans le texte.

_____ 1. une adresse

_____ 2. le nombre d'ordinateurs

_____ 3. un plat du jour (*daily special*)

_____ 4. une terrasse

_____ 5. les noms des propriétaires

_____ 6. des prix réduits pour les jeunes

_____ 7. de la musique *live*

_____ 8. les heures d'ouverture (*business hours*)

_____ 9. un numéro de téléphone

_____10. une librairie à l'intérieur

Décrivez

Regardez les photos. Écrivez un paragraphe succinct pour décrire (*describe*) le cybercafé. Comparez votre paragraphe avec le paragraphe d'un(e) camarade.

Cybercafé Le

- **Ouvert° du lundi au samedi, de 7h00 à 20h00**
- **Snack et restauration rapide**
- **Accès Internet et jeux° vidéo**

Cybercafé Le connecté

MENU

PETIT-DÉJEUNER°	12,00€	**PETIT-DÉJEUNER**	15,00€
FRANÇAIS		**ANGLAIS**	
Café, thé, chocolat chaud ou lait		Café, thé, chocolat chaud ou lait	
Pain, beurre et confiture°		Œufs° (au plat° ou	
Orange pressée		brouillés°), bacon, toasts	
		Orange pressée	
VIENNOISERIES°	3,00€		
Croissant, pain au chocolat,		**DESSERTS**	
brioche°, pain aux raisins		Tarte aux fruits	7,50€
		Banana split	6,40€
SANDWICHS ET SALADES			
Sandwich (jambon ou	7,50€	**AUTRES SÉLECTIONS**	
fromage; baguette ou pain		**CHAUDES**	
de campagne)		Frites	4,30€
Croque-monsieur°	7,80€	Soupe à l'oignon	6,40€
Salade verte°	6,20€	Omelette au fromage	8,50€
		Omelette au jambon	8,50€
BOISSONS CHAUDES			
Café/Déca	3,80€	**BOISSONS FROIDES**	
Grand crème	5,50€	Eau minérale non gazeuse	3,00€
Chocolat chaud	5,80€	Eau minérale gazeuse	3,50€
Thé	5,50€	Jus de fruits (orange...)	5,80€
Lait chaud	4,80€	Soda, limonade	5,50€
		Café, thé glacé°	5,20€

Propriétaires: Bernard et Marie-Claude Fouchier

connecté

- Le connecté, le cybercafé préféré des étudiants

- Ordinateurs disponibles° de 10h00 à 18h00, 1,50€ les 10 minutes

24, place des Terreaux
69001 LYON
Tél. 04.72.45.87.90
www.leconnecte.fr

Place des Terreaux

Rue d'Algérie

Rue Paul Chenavard

Musée des
Beaux-Arts
de Lyon

Rue de Constantine

Situé en face du musée des Beaux-Arts

Ouvert *Open* **jeux** *games* **Petit-déjeuner** *Breakfast* **confiture** *jam* **Viennoiseries** *Breakfast pastries* **brioche** *a light, slightly-sweet bread* **Croque-monsieur** *Grilled sandwich with cheese and ham* **verte** *green* **Œufs** *Eggs* **au plat** *fried* **brouillés** *scrambled* **glacé** *iced* **disponibles** *available*

Après la lecture

Répondez Répondez aux questions par des phrases complètes.

1. Combien coûte un sandwich?
   _____

2. Quand est-ce qu'on peut (*can*) surfer sur Internet?
   _____

3. Qui adore ce cybercafé?
   _____

4. Quelles sont les deux boissons gazeuses? Combien coûtent-elles?
   _____

5. Combien de desserts sont proposés?
   _____

6. Vous aimez le sucre. Qu'est-ce que vous allez manger? (2 sélections)
   _____

Choisissez Indiquez qui va prendre quoi. Écrivez des phrases complètes.

MODÈLE

Julie a soif. Elle n'aime pas les boissons gazeuses. Elle a 6 euros.
Julie va prendre un jus d'orange.

1. Lise a froid. Elle a besoin d'une boisson chaude. Elle a 4 euros et 90 centimes.
   _____

2. Nathan a faim et soif. Il a 14 euros.
   _____

3. Julien va prendre un plat chaud. Il a 8 euros et 80 centimes.
   _____

4. Annie a chaud et a très soif. Elle a 5 euros et 75 centimes.
   _____

5. Martine va prendre une boisson gazeuse. Elle a 4 euros et 20 centimes.
   _____

6. Ève va prendre un dessert. Elle n'aime pas les bananes. Elle a 8 euros.
   _____

L'invitation Avec un(e) camarade, jouez (*play*) cette scène: vous invitez un ami à déjeuner au cybercafé Le connecté. Parlez de ce que vous allez manger et boire. Puis (*Then*), bavardez de vos activités de l'après-midi et du soir.

ressources

v̂Text

vhlcentral.com
Leçon 4B

Écriture

STRATÉGIE

Adding details

How can you make your writing more informative or more interesting? You can add details by answering the "W" questions: Who? What? When? Where? Why? The answers to these questions will provide useful and interesting details that can be incorporated into your writing. You can use the same strategy when writing in French. Here are some useful question words that you have already learned:

(À/Avec) Qui?	À quelle heure?
Quoi?	Où?
Quand?	Pourquoi?

Compare these two sentences.

Je vais aller nager.

Aujourd'hui, à quatre heures, je vais aller nager à la piscine du parc avec mon ami Paul, parce que nous avons chaud.

While both sentences give the same basic information (the writer is going to go swimming), the second, with its detail, is much more informative.

Thème

Un petit mot

Avant l'écriture

1. Vous passez un an en France et vous vivez (*are living*) dans une famille d'accueil (*host family*). C'est samedi, et vous allez passer la journée en ville avec des amis. Écrivez un petit mot (*note*) pour informer votre famille de vos projets (*plans*) pour la journée.

2. D'abord (*First*), choisissez (*choose*) cinq activités que vous allez faire (*to do*) avec vos amis aujourd'hui.

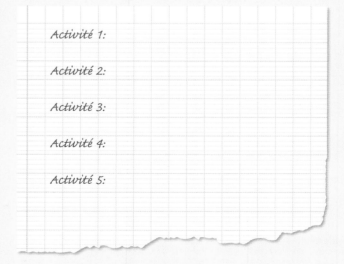

Activité 1:

Activité 2:

Activité 3:

Activité 4:

Activité 5:

3. Ensuite (*Then*), complétez ce tableau (*this chart*) pour organiser vos idées. Répondez à (*Answer*) toutes les questions.

	Activité 1	Activité 2	Activité 3	Activité 4	Activité 5
Qui?					
Quoi?					
Quand?					
Où?					
Comment?					
Pourquoi?					

4. Maintenant (*Now*), comparez votre tableau à celui (*to the one*) d'un(e) partenaire. Avez-vous tous les deux (*both of you*) cinq activités? Avez-vous des informations dans toutes les colonnes? Avez-vous répondu à toutes les questions?

Écriture

Écrivez la note à votre famille d'accueil. Référez-vous au tableau que vous avez créé (*have created*) et incluez toutes les informations. Utilisez les verbes **aller**, **boire** et **prendre**, et le vocabulaire de l'unité. Organisez vos idées de manière logique.

> *Chère famille,*
> *Aujourd'hui, je vais visiter*
> *la ville avec Xavier et*
> *Laurent, deux élèves belges*
> *du lycée...*

Après l'écriture

1. Échangez votre tableau et votre note avec ceux (*the ones*) d'un(e) partenaire. Faites des commentaires sur son travail (*work*) d'après (*according to*) ces questions:

- Votre partenaire a-t-il/elle inclus dans la note toutes les informations du tableau?

- A-t-il/elle correctement (*correctly*) utilisé le vocabulaire de l'unité?

- A-t-il/elle utilisé la forme correcte des verbes **aller**, **boire** et **prendre**?

- A-t-il/elle présenté ses informations de manière logique?

2. Corrigez (*Correct*) votre note d'après les commentaires de votre partenaire. Relisez votre travail pour éliminer ces (*these*) problèmes:

- des fautes (*errors*) d'orthographe

- des fautes de ponctuation

- des fautes de conjugaison

- des fautes d'accord (*agreement*) des adjectifs

ressources

v̂Text

vhlcentral.com
Leçon 4B

Dans la ville

une boîte (de nuit)	nightclub
un bureau	office; desk
un centre commercial	shopping center, mall
un cinéma (ciné)	movie theater, movies
une église	church
une épicerie	grocery store
un grand magasin	department store
un gymnase	gym
un hôpital	hospital
un kiosque	kiosk
un magasin	store
une maison	house
un marché	market
un musée	museum
un parc	park
une piscine	pool
une place	square; place
un restaurant	restaurant
une terrasse de café	café terrace
une banlieue	suburbs
un centre-ville	city/town center, downtown
un endroit	place
un lieu	place
une montagne	mountain
une ville	city, town

Les questions

à quelle heure?	at what time?
à qui?	to whom?
avec qui?	with whom?
combien (de)?	how many?; how much?
comment?	how?; what?
où?	where?
parce que	because
pour qui?	for whom?
pourquoi?	why?
quand?	when?
quel(le)(s)?	which?; what?
que/qu'...?	what?
qui?	who?; whom?
quoi?	what?

À table

avoir faim	to be hungry
avoir soif	to be thirsty
manger quelque chose	to eat something
une baguette	baguette (long, thin loaf of bread)
le beurre	butter
un croissant	croissant (flaky, crescent-shaped roll)
un éclair	éclair (pastry filled with cream)
des frites (f.)	French fries
un fromage	cheese
le jambon	ham
un pain (de campagne)	(country-style) bread
un sandwich	sandwich
une soupe	soup
le sucre	sugar
une boisson (gazeuse)	(soft) (carbonated) drink/beverage
un café	coffee
un chocolat (chaud)	(hot) chocolate
une eau (minérale)	(mineral) water
un jus (d'orange, de pomme, etc.)	(orange, apple, etc.) juice
le lait	milk
une limonade	lemon soda
un thé (glacé)	(iced) tea

Activités

bavarder	to chat
danser	to dance
déjeuner	to eat lunch
dépenser de l'argent (m.)	to spend money
explorer	to explore
fréquenter	to frequent; to visit
inviter	to invite
nager	to swim
passer chez quelqu'un	to stop by someone's house
patiner	to skate
quitter la maison	to leave the house

Expressions utiles	See pp. 115 and 129.
Prepositions	See p. 119.
Partitives	See p. 133.

Expressions de quantité

(pas) assez (de)	(not) enough (of)
beaucoup (de)	a lot (of)
d'autres	others
une bouteille (de)	bottle (of)
un morceau (de)	piece, bit (of)
un peu (plus/moins) (de)	little (more/less) (of)
plusieurs	several
quelque chose	something; anything
quelques	some
une tasse (de)	cup (of)
tous (m. pl.)	all
tout (m. sing.)	all
tout le/tous les (m.)	all the
toute la/toutes les (f.)	all the
trop (de)	too many/much (of)
un verre (de)	glass (of)

Au café

apporter	to bring, to carry
coûter	to cost
laisser un pourboire	to leave a tip
l'addition (f.)	check, bill
Combien coûte(nt)...?	How much is/are...?
un prix	price
un serveur/une serveuse	server

Verbes

aller	to go
apprendre	to learn
boire	to drink
comprendre	to understand
prendre	to take; to have

Verbes réguliers en -ir

choisir	to choose
finir	to finish
grandir	to grow
grossir	to gain weight
maigrir	to lose weight
obéir (à)	to obey
réagir	to react
réfléchir (à)	to think (about), to reflect (on)
réussir (à)	to succeed (in doing something)
rougir	to blush
vieillir	to grow old

Les loisirs

Pour commencer
- Où sont ces deux jeunes hommes? À la mer ou au parc?
- Quel sport pratiquent-ils?
- Pensez-vous qu'ils aiment le sport?
- Et vous, vous aimez le sport? Vous pratiquez quel(s) sport(s)?

You will learn how to...

- talk about activities
- tell how often and how well you do things

Audio: Vocabulary Practice
My Vocabulary

Le temps libre

Vocabulaire

aller à la pêche	to go fishing
bricoler	to tinker; to do odd jobs
désirer	to want
jouer (à/de)	to play
pratiquer	to play regularly, to practice
skier	to ski
le baseball	baseball
le cinéma	movies
le foot(ball)	soccer
le football américain	football
le golf	golf
un jeu	game
un loisir	leisure activity
un passe-temps	pastime, hobby
un spectacle	show
un stade	stadium
le temps libre	free time
le volley(-ball)	volleyball
une/deux fois	one/two time(s)
par jour, semaine, mois, an, etc.	per day, week, month, year, etc.
déjà	already
encore	again, still
jamais	never
longtemps	long time
maintenant	now
parfois	sometimes
rarement	rarely
souvent	often

les joueuses (f.)

un match de tennis (m.)

Elle marche. (marcher)

le sport

une équipe

les joueurs (m.)

Il joue au foot. (jouer)

Il gagne. (gagner)

les cartes (f.)

une bande dessinée (B.D.)

Mise en pratique

Attention!

Use **jouer à** with games and sports.

Elle joue aux cartes/au baseball.
She plays cards/baseball.

Use **jouer de** with musical instruments.

Vous jouez de la guitare/du piano.
You play the guitar/piano.

1 **Remplissez** Choisissez dans la liste le mot qui convient (*the word that fits*) pour compléter les phrases. N'oubliez pas de conjuguer les verbes.

aider	jeu	pratiquer
bande dessinée	jouer	skier
bricoler	marcher	sport
équipe		

1. Notre _____ joue un match cet après-midi.
2. Le tarot est un _____ de cartes.
3. Mon livre préféré, c'est une _____ de Tintin, *Le sceptre d'Ottokar*.
4. J'aime _____ aux cartes avec ma grand-mère.
5. Pour devenir (*To become*) champion de volley, je _____ tous les jours.
6. Le dimanche, nous _____ beaucoup, environ (*about*) cinq kilomètres.
7. Mon _____ préféré, c'est le foot.
8. Mon père _____ mon frère à préparer son match de tennis.
9. J'aime mieux _____ dans les Alpes que dans le Colorado.
10. Il faut réparer la table, mais je n'aime pas _____.

le basket(-ball)

Il aide le joueur.
(aider)

Il chante.
(chanter)

les échecs (*m.*)

Il indique.
(indiquer)

2 **Écoutez** 🎧 Écoutez Sabine et Marc parler de leurs passe-temps préférés. Dans le tableau suivant, écrivez un **S** pour Sabine et un **M** pour Marc pour indiquer s'ils pratiquent ces activités **souvent**, **parfois**, **rarement** ou **jamais**. Attention, toutes les activités ne sont pas utilisées.

Activités	Souvent	Parfois	Rarement	Jamais
1. chanter	_____	_____	_____	_____
2. le basket	_____	_____	_____	_____
3. les cartes	_____	_____	_____	_____
4. le tennis	_____	_____	_____	_____
5. aller à la pêche	_____	_____	_____	_____
6. le golf	_____	_____	_____	_____
7. le cinéma	_____	_____	_____	_____
8. le spectacle	_____	_____	_____	_____

3 **Les loisirs** Utilisez un élément de chaque colonne pour former huit phrases au sujet des loisirs de ces personnes. N'oubliez pas les accords (*agreements*).

Personnes	Activités	Fréquence
Je	jouer aux échecs	maintenant
Ma sœur	chanter	parfois
Mes parents	jouer au tennis	rarement
Christian	gagner le match	souvent
Sandrine et Cédric	skier	déjà
Les élèves	regarder un spectacle	une fois par semaine
Élise	jouer au basket	une fois par mois
Mon ami(e)	aller à la pêche	encore

Practice more at **vhlcentral.com**.

Communication

4 **Répondez** Avec un(e) partenaire, posez-vous (*ask each other*) ces (*these*) questions et répondez (*answer*) à tour de rôle.

1. Quel est votre loisir préféré?
2. Quel est votre sport préféré à la télévision?
3. Êtes-vous sportif/sportive? Si oui, quel sport pratiquez-vous?
4. Qu'est-ce que vous désirez faire (*to do*) ce week-end?
5. Combien de fois par mois allez-vous au cinéma?
6. Que faites-vous (*do you do*) quand vous avez du temps libre?
7. Est-ce que vous aidez quelqu'un? Qui? À faire quoi? Comment?
8. Quel est votre jeu de société (*board game*) préféré? Pourquoi?

5 **Sondage** Avec la feuille d'activités que votre professeur va vous donner, circulez dans la classe et demandez à vos camarades s'ils pratiquent ces activités et si oui (*if so*), à quelle fréquence. Quelle est l'activité la plus pratiquée (*the most practiced*) de la classe?

MODÈLE

aller à la pêche
Élève 1: *Est-ce que tu vas à la pêche?*
Élève 2: *Oui, je vais parfois à la pêche.*

Activités	Noms	Fréquence
1. aller à la pêche	François	parfois
2. jouer au tennis		
3. jouer au foot		
4. skier		

6 **Conversez** Avec un(e) partenaire, utilisez les expressions de la liste et les mots de **CONTEXTES** et écrivez une conversation au sujet de vos loisirs. Présentez votre travail au reste de la classe.

MODÈLE

Élève 1: *Que fais-tu (do you do) comme sport?*
Élève 2: *Je joue au volley.*
Élève 1: *Tu joues souvent?*
Élève 2: *Oui, trois fois par semaine, avec mon amie Julie. C'est un sport que j'adore. Et toi, quel est ton passe-temps préféré?*

Avec qui?	Pourquoi?
Combien de fois par...?	Quand?
Comment?	Quel(le)(s)?
Où?	Quoi?

7 **La lettre** Écrivez une lettre à un(e) ami(e). Dites ce que vous faites (*do*) pendant vos loisirs, quand, avec qui et à quelle fréquence.

Cher Marc,

Pendant (*During*) mon temps libre, j'aime bien jouer au basket et au tennis. J'aime gagner, mais ça n'arrive pas souvent! Je joue au tennis avec mes amis deux fois par semaine, le mardi et le vendredi, et au basket le samedi. J'adore les films et je vais souvent au cinéma avec ma sœur ou mes amis. Le soir...

Les sons et les lettres

 **Audio: Explanation Record & Compare**

 **Intonation**

In short, declarative sentences, the pitch of your voice, or intonation, falls on the final word or syllable.

Nathalie est française.   **Hector joue au football.**

In longer, declarative sentences, intonation rises, then falls.

À trois heures et demie, j'ai sciences politiques.

In sentences containing lists, intonation rises for each item in the list and falls on the last syllable of the last one.

Martine est jeune, blonde et jolie.

In long, declarative sentences, such as those containing clauses, intonation may rise several times, falling on the final syllable.

Le samedi, à dix heures du matin, je vais au centre commercial.

Questions that require a yes or no answer have rising intonation. Information questions have falling intonation.

C'est ta mère?   **Est-ce qu'elle joue au tennis?**

Quelle heure est-il?   **Quand est-ce que tu arrives?**

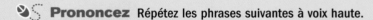

Prononcez Répétez les phrases suivantes à voix haute.

1. J'ai dix-neuf ans.
2. Tu fais du sport?
3. Quel jour sommes-nous?
4. Sandrine n'habite pas à Paris.
5. Quand est-ce que Marc arrive?
6. Charlotte est sérieuse et intellectuelle.

Articulez Répétez les dialogues à voix haute.

1. —Qu'est-ce que c'est?
   —C'est un ordinateur.
2. —Tu es américaine?
   —Non, je suis canadienne.
3. —Qu'est-ce que Christine étudie?
   —Elle étudie l'anglais et l'espagnol.
4. —Où est le musée?
   —Il est en face de l'église.

Dictons Répétez les dictons à voix haute.

Petit à petit, l'oiseau fait son nid.[2]

Si le renard court, le poulet a des ailes.[1]

[1] Though the fox runs, the chicken has wings.
[2] Little by little, a bird builds its nest.

Au parc

 **Video: *Roman-photo*
Record & Compare**

PERSONNAGES

David

Rachid

Sandrine

Stéphane

DAVID Oh là là... On fait du sport aujourd'hui!

RACHID C'est normal! On est dimanche. Tous les week-ends à Aix, on fait du vélo, on joue au foot...

SANDRINE Oh, quelle belle journée! Faisons une promenade!

DAVID D'accord.

DAVID Moi, le week-end, je sors souvent. Mon passe-temps favori, c'est de dessiner la nature et les belles femmes. Mais Rachid, lui, c'est un grand sportif.

RACHID Oui, je joue au foot très souvent et j'adore.

RACHID Tiens, Stéphane! Déjà? Il est en avance.

SANDRINE Salut.

STÉPHANE Salut. Ça va?

DAVID Ça va.

STÉPHANE Salut.

RACHID Salut.

STÉPHANE Pfft! Je n'aime pas l'histoire-géo.

RACHID Mais, qu'est-ce que tu aimes alors, à part le foot?

STÉPHANE Moi? J'aime presque tous les sports. Je fais du ski, de la planche à voile, du vélo... et j'adore nager.

RACHID Oui, mais tu sais, le sport ne joue pas un grand rôle au bac.

RACHID Et puis, les études, c'est comme le sport. Pour être bon, il faut travailler!

STÉPHANE Ouais, ouais.

RACHID Allez, commençons. En quelle année Napoléon a-t-il...

SANDRINE Dis-moi David, c'est comment chez toi, aux États-Unis? Quels sont les sports favoris des Américains?

DAVID Euh... chez moi? Beaucoup pratiquent le baseball ou le basket et surtout, on adore regarder le football américain. Mais toi, Sandrine, qu'est-ce que tu fais de tes loisirs? Tu aimes le sport? Tu sors?

1 **Les événements** Mettez ces (*these*) événements dans l'ordre chronologique.

_____ a. David dessine un portrait de Sandrine.

_____ b. Stéphane se plaint (*complains*) de ses cours.

_____ c. Rachid parle du match de foot.

_____ d. David complimente Sandrine.

_____ e. David mentionne une activité que Rachid aime faire.

_____ f. Sandrine est curieuse de savoir (*to know*) quels sont les sports favoris des Américains.

_____ g. Stéphane dit (*says*) qu'il ne sait (*knows*) pas s'il va gagner son prochain match.

_____ h. Stéphane arrive.

_____ i. David parle de son passe-temps favori.

_____ j. Sandrine parle de sa passion.

 Practice more at **vhlcentral.com.**

Les amis parlent de leurs loisirs.

RACHID Alors, Stéphane, tu crois que tu vas gagner ton prochain match?
STÉPHANE Hmm, ce n'est pas garanti! L'équipe de Marseille est très forte.
RACHID C'est vrai, mais tu es très motivé, n'est-ce pas?
STÉPHANE Bien sûr.

RACHID Et, pour les études, tu es motivé? Qu'est-ce que vous faites en histoire-géo en ce moment?
STÉPHANE Oh, on étudie Napoléon.
RACHID C'est intéressant! Les cent jours, la bataille de Waterloo...

SANDRINE Bof, je n'aime pas tellement le sport, mais j'aime bien sortir le week-end. Je vais au cinéma ou à des concerts avec mes amis. Ma vraie passion, c'est la musique. Je désire être chanteuse professionnelle.

DAVID Mais tu es déjà une chanteuse extraordinaire! Eh! J'ai une idée. Je peux faire un portrait de toi?
SANDRINE De moi? Vraiment? Oui, si tu insistes!

Expressions utiles

Talking about your activities

- **Qu'est-ce que tu fais de tes loisirs? Tu sors?**
  What do you do in your free time? Do you go out?
- **Le week-end, je sors souvent.**
  On weekends I often go out.
- **J'aime bien sortir.**
  I like to go out.
- **Tous les week-ends, on/tout le monde fait du sport.**
  Every weekend, people play/everyone plays sports.
- **Qu'est-ce que tu aimes alors, à part le foot?**
  What else do you like then, besides soccer?
- **J'aime presque tous les sports.**
  I like almost all sports.
- **Je peux faire un portrait de toi?**
  Can/May I do a portrait of you?
- **Qu'est-ce que vous faites en histoire-géo en ce moment?**
  What are you doing in history-geography at this moment?
- **Les études, c'est comme le sport. Pour être bon, il faut travailler!**
  Studies are like sports. To be good, you have to work!
- **Faisons une promenade!**
  Let's take a walk!

Additional vocabulary

- **Dis-moi.**
  Tell me.
- **Bien sûr.**
  Of course.
- **Tu sais.**
  You know.
- **Tiens.**
  Hey, look./Here you are.
- **Ce n'est pas garanti!**
  It's not guaranteed!
- **Vraiment?**
  Really?

---

2 **Questions** Choisissez la traduction (*translation*) qui convient pour chaque activité. Essayez de ne pas utiliser de dictionnaire. Combien de traductions y a-t-il pour le verbe **faire**?

_____ 1. faire du ski   a. to play sports
_____ 2. faire une promenade   b. to go biking
_____ 3. faire du vélo   c. to ski
_____ 4. faire du sport   d. to take a walk

3 **À vous!** David et Rachid parlent de faire des projets (*plans*) pour le week-end, mais les loisirs qu'ils aiment sont très différents. Ils discutent de leurs préférences et finalement choisissent (*choose*) une activité qu'ils vont pratiquer ensemble (*together*). Avec un(e) partenaire, écrivez la conversation et jouez la scène devant la classe.

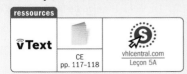
A C T I V I T É S

Reading
Video: *Flash culture*

Le football

Le football est le sport le plus° populaire dans la majorité des pays° francophones. Tous les quatre ans°, des centaines de milliers de° fans, ou «supporters», regardent la Coupe du Monde°: le championnat de foot(ball) le plus important du monde. En 1998 (mille neuf cent quatre-vingt-dix-huit), l'équipe de France gagne la Coupe du Monde et en 2006 (deux mille six), elle perd en finale contre l'Italie.

Le Cameroun a aussi une grande équipe de football. «Les Lions Indomptables°» gagnent la médaille d'or° aux Jeux Olympiques de Sydney en 2000. En 2007, l'équipe camerounaise est la première équipe africaine à être dans le classement mondial° de la FIFA (Fédération Internationale de Football Association). Certains «Lions» jouent dans les clubs français et européens.

En France, il y a deux ligues professionnelles de vingt équipes chacune°. Ça fait° quarante équipes professionnelles de football pour un pays plus petit que° le Texas! Certaines équipes, comme le Paris Saint-Germain («le PSG») ou l'Olympique de Marseille («l'OM»), ont beaucoup de supporters.

Les Français, comme les Camerounais, adorent regarder le football, mais ils sont aussi des joueurs très sérieux: aujourd'hui en France, il y a plus de 19.000 (dix-neuf mille) clubs amateurs de football et plus de deux millions de joueurs.

Nombre° de membres des fédérations sportives en France	
Football	2.066.000
Tennis	1.068.000
Judo-jujitsu	577.000
Basket-ball	427.000
Hand-ball	334.000
Golf	325.000
Voile°	279.000
Rugby	253.000
Natation°	214.000
Ski	152.000

SOURCE: Ministère de la Jeunesse et des Sports

le plus *the most* pays *countries* Tous les quatre ans *Every four years* centaines de milliers de *hundreds of thousands of* Coupe du Monde *World Cup* Indomptables *Untamable* or *gold* classement mondial *world ranking* chacune *each* Ça fait *That makes* un pays plus petit que *a country smaller than* Nombre *Number* Voile *Sailing* Natation *Swimming*

A C T I V I T É S

1 **Vrai ou faux?** Indiquez si ces phrases sont **vraies** ou **fausses**. Corrigez les phrases fausses.

1. Le football est le sport le plus populaire en France.

2. La Coupe du Monde a lieu (*takes place*) tous les deux ans.

3. En 1998, l'équipe de France gagne la Coupe du Monde.

4. Le Cameroun gagne le tournoi de football aux Jeux Olympiques de Sydney.

5. L'équipe du Cameroun est la première équipe africaine à être au classement mondial de la FIFA.

6. Certains «Tigres Indomptables» jouent dans des clubs français et européens.

7. En France, il y a vingt équipes professionnelles de football.

8. La France est plus petite que le Texas.

9. L'Olympique de Marseille est un célèbre stade de football.

10. Les Français aiment jouer au football.

 Practice more at **vhlcentral.com**.

LE FRANÇAIS QUOTIDIEN

Le sport

arbitre (*m./f.*)	*referee*
ballon (*m.*)	*ball*
coup de sifflet (*m.*)	*whistle*
entraîneur/-euse	*coach*
maillot (*m.*)	*jersey*
terrain (*m.*)	*playing field*
hors-jeu	*off-side*
marquer	*to score*

LE MONDE FRANCOPHONE

Des champions

Voici quelques champions olympiques récents.

Algérie Amar Benikhlef, judo, argent°, Beijing 2008

Burundi Venuste Niyongabo, athlétisme°, or°, Atlanta, 1996

Cameroun Patrick Mboma Dem, football, or, Sydney, 2000

Canada Eric Lamaze, équitation°, or, Pékin, 2008

France Teddy Riner, judo, or, Londres, 2012

Maroc Hicham El Guerrouj, athlétisme, or, Athènes, 2004

Suisse Carlo Janka, ski alpin°, or, Vancouver, 2010

Tunisie Oussama Mellouli, natation, or, Londres, 2012

argent *silver* **athlétisme** *track and field* **or** *gold* **équitation** *show jumping* **ski alpin** *downhill skiing*

PORTRAIT

Zinédine Zidane et Laura Flessel

Zinédine Zidane, ou «Zizou», est un footballeur français. Né° à Marseille de parents algériens, il joue dans différentes équipes françaises. Nommé trois fois «Joueur de l'année» par la FIFA (la Fédération Internationale de Football Association), il gagne la Coupe du Monde avec l'équipe de France en 1998 (mille neuf cent quatre-vingt-dix-huit). Pendant° sa carrière, il joue aussi pour une équipe italienne et pour le Real Madrid, en Espagne°.

Née à la Guadeloupe, **Laura Flessel** commence l'escrime à l'âge de sept ans. Après plusieurs titres° de championne de Guadeloupe, elle va en France pour continuer sa carrière. En 1991 (mille neuf cent quatre-vingt-onze), à 20 ans, elle est championne de France et cinq ans plus tard, elle est double championne olympique à Atlanta en 1996.

Né *Born* **Pendant** *During* **Espagne** *Spain* **plusieurs titres** *several titles*

Sur Internet

Qu'est-ce que le «free-running»?

Go to **vhlcentral.com** to find more information related to this **Culture** section. Then watch the corresponding **Flash culture**.

2 **Zinédine ou Laura?** Indiquez de qui on parle.

1. _____ est de France métropolitaine.
2. _____ est née à la Guadeloupe.
3. _____ gagne la Coupe du Monde pour la France en 1998.
4. _____ est championne de France en 1991.
5. _____ est double championne olympique en 1996.
6. _____ a été trois fois joueur de l'année.

3 **Une interview** Avec un(e) partenaire, préparez une interview entre un(e) journaliste et un(e) athlète que vous aimez. Jouez la scène devant la classe. Est-ce que vos camarades peuvent deviner (*can guess*) le nom de l'athlète?

ressources

v̂Text

CE pp. 119–120

vhlcentral.com Leçon 5A

A C T I V I T É S

Presentation Tutorial

5A.1 The verb *faire*

Point de départ Like other commonly used verbs, the verb **faire** (*to do, to make*) is irregular in the present tense.

Faire

je fais	nous faisons
tu fais	vous faites
il/elle fait	ils/elles font

Il ne **fait** pas ses devoirs.
He's not doing his homework.

Qu'est-ce que vous **faites** ce soir?
What are you doing this evening?

> On fait du sport aujourd'hui!

> Qu'est-ce que vous faites en histoire-géo?

- Use the verb **faire** in these idiomatic expressions. Note that it is not always translated into English as *to do* or *to make*.

Expressions with *faire*

faire de l'aérobic	to do aerobics	faire de la planche à voile	to go wind-surfing
faire attention (à)	to pay attention (to)	faire une promenade	to go for a walk
faire du camping	to go camping	faire une randonnée	to go for a hike
faire du cheval	to go horseback riding	faire du ski	to go skiing
faire la connaissance de...	to meet (someone) for the first time	faire du sport	to do sports
faire la cuisine	to cook	faire un tour (en voiture)	to go for a walk (drive)
faire de la gym	to work out	faire du vélo	to go bike riding
faire du jogging	to go jogging		

Tu **fais** souvent **du sport**?
Do you do sports often?

Nous **faisons attention** en classe.
We pay attention in class.

Elles **font du camping**.
They go camping.

Yves **fait la cuisine**.
Yves is cooking.

Je **fais de la gym**.
I'm working out.

Faites-vous **une promenade**?
Are you going for a walk?

MISE EN PRATIQUE

1 **Chassez l'intrus** Quelle activité ne fait pas partie du groupe?

1. a. faire du jogging   b. faire une randonnée   c. faire de la planche à voile
2. a. faire du vélo   b. faire du camping   c. faire du jogging
3. a. faire une promenade   b. faire la cuisine   c. faire un tour
4. a. faire du sport   b. faire du vélo   c. faire la connaissance de quelqu'un
5. a. faire ses devoirs   b. faire du ski   c. faire du camping
6. a. faire la cuisine   b. faire du sport   c. faire de la planche à voile

2 **La paire** Reliez (*Link*) les éléments des deux colonnes et ajoutez (*add*) la forme correcte du verbe **faire**.

1. Elle aime courir (*to run*), alors elle...
2. Ils adorent les animaux. Ils...
3. Quand j'ai faim, je...
4. L'hiver, vous...
5. Pour marcher, nous...
6. Tiger Woods...

a. du golf.
b. la cuisine.
c. les devoirs.
d. du cheval.
e. du jogging.
f. une promenade.
g. du ski.
h. de l'aérobic.

3 **Que font-ils?** Regardez les dessins. Que font les personnages?

MODÈLE

Julien fait du jogging.

Julien

1. je

3. Anne

2. tu

4. Louis et Paul

Practice more at **vhlcentral.com**.

COMMUNICATION

 4 **Ce week-end** Que faites-vous ce week-end? Avec un(e) partenaire, posez les questions à tour de rôle.

MODÈLE

tu / jogging
Élève 1: Est-ce que tu fais du jogging ce week-end?
Élève 2: Non, je ne fais pas de jogging. Je fais du cheval.

1. tu / le vélo
2. tes amis / la cuisine
3. ton/ta petit(e) ami(e) et toi, vous / le jogging
4. toi et moi, nous / une randonnée
5. tu / la gym
6. ton/ta cousin(e) / le sport

5 **De bons conseils** Avec un(e) partenaire, donnez de bons conseils (advice). À tour de rôle, posez des questions et utilisez les éléments de la liste. Présentez vos idées à la classe.

MODÈLE

Élève 1: Qu'est-ce qu'il faut faire pour avoir de bonnes notes?
Élève 2: Il faut étudier jour et nuit.

être en pleine forme (great shape)	avoir de bonnes notes
avoir de l'argent	gagner une course (race)
avoir beaucoup d'amis	bien manger
être champion de ski	réussir (succeed) aux examens

6 **Les activités** Votre professeur va vous donner une feuille d'activités. Faites une enquête sur le nombre d'élèves qui pratiquent certaines activités dans votre classe. Présentez les résultats à la classe.

MODÈLE

Élève 1: Est-ce que tu fais du jogging?
Élève 2: Oui, je fais du jogging.

Activités	Noms
1. jogging	Carole
2. vélo	
3. planche à voile	
4. cuisine	
5. camping	
6. cheval	

• Make sure to learn the correct article with each **faire** expression that calls for one. For **faire** expressions requiring a partitive or indefinite article, the article is replaced with **de** when the expression is negated.

Elles font **de la** gym trois fois par semaine.
They work out three times a week.

Elles ne font pas **de** gym le dimanche.
They don't work out on Sundays.

• Use **faire la connaissance de** before someone's name or another noun that identifies a person.

Je vais **faire la connaissance de Martin**.
I'm going to meet Martin for the first time.

Je vais **faire la connaissance des joueurs**.
I'm going to meet the players for the first time.

The expression *il faut*

Pour être bon, il faut travailler!

Il ne faut pas regarder la télé.

• When followed by a verb in the infinitive, the expression **il faut...** means *it is necessary to...* or *one must...*

Il faut faire attention en cours de maths.
It is necessary to pay attention in math class.

Il ne faut pas manger après dix heures.
One must not eat after 10 o'clock.

Faut-il laisser un pourboire?
Is it necessary to leave a tip?

Il faut gagner le match!
We must win the game!

Essayez! Complétez chaque phrase avec la forme correcte du verbe **faire** au présent.

1. Tu ___fais___ tes devoirs le samedi?
2. Vous ne _____ pas attention au professeur.
3. Nous _____ du camping.
4. Ils _____ du jogging.
5. On _____ une promenade au parc.
6. Il _____ du ski en montagne.
7. Je _____ de l'aérobic.
8. Elles _____ un tour en voiture.
9. Est-ce que vous _____ la cuisine?
10. Nous ne _____ pas de sport.

Presentation Tutorial

5A.2 Irregular *-ir* verbs

Point de départ You are already familiar with regular verbs whose infinitives end in **-er** and **-ir**. Some of the most commonly used **-ir** verbs are irregular.

- **Sortir** is used to express leaving a room or a building. It also expresses the idea of going out, as with friends or on a date. The preposition **de** is used after **sortir** when the place someone is leaving is expressed.

Sortir	
je sors	nous sortons
tu sors	vous sortez
il/elle sort	ils/elles sortent

Tu **sors** souvent avec tes copains?
Do you go out often with your friends?

Pierre et moi **sortons de** la salle de classe.
Pierre and I leave the classroom.

Le week-end, je sors souvent.

Ils partent pour la fac.

- **Partir** is generally used to say someone is leaving a large place such as a city, country, or region. Often, a form of **partir** is accompanied by the preposition **pour** and a destination name to say *to leave for (a place)*.

Partir	
je pars	nous partons
tu pars	vous partez
il/elle part	ils/elles partent

Je **pars pour** l'Algérie.
I'm leaving for Algeria.

Ils **partent pour** Genève demain.
They're leaving for Geneva tomorrow.

BOÎTE À OUTILS
As you learned in **Leçon 4A**, **quitter** is used to say that someone leaves a place or another person: **Tu quittes la maison?** (*Are you leaving the house?*)

1 **Choisissez** Monique et ses amis aiment bien sortir. Choisissez la forme correcte des verbes **partir** ou **sortir** pour compléter la description de leurs activités.

1. Samedi soir, je _____ avec mes copains.
2. Mes copines Magali et Anissa _____ pour New York.
3. Nous _____ du cinéma.
4. Nicolas _____ pour Dakar vers 10 heures du soir.
5. Samedi matin, vous _____ pour Londres.
6. Je _____ pour le Maroc dans une semaine.
7. Tu _____ avec ton petit ami ce week-end.
8. Olivier et Bernard _____ tard du bureau.

2 **Vos habitudes** Utilisez les éléments des colonnes pour décrire (*describe*) les habitudes de votre famille et de vos amis.

A	B	C
je	(ne pas) courir	jusqu'à (*until*) midi
mon frère	(ne pas) dormir	tous les week-ends
ma sœur	(ne pas) partir	tous les jours
mes parents	(ne pas) sortir	souvent
mes cousins		rarement
mon petit ami		jamais
ma petite amie		une (deux, etc.) fois par jour/ semaine
mes copains		
?		?

3 **La question** Vincent parle au téléphone avec sa mère. Vous entendez (*hear*) ses réponses, mais pas les questions. Avec un(e) partenaire, reconstruisez la conversation.

MODÈLE
Comment vas-tu? Ça va bien, merci.

1. _____ Oui, je sors avec mes amis ce soir.
2. _____ Nous partons à six heures.
3. _____ Oui, nous allons jouer au tennis.
4. _____ Après, nous allons au restaurant.
5. _____ Nous sortons du restaurant à neuf heures.
6. _____ Marc et Audrey partent pour Nice le week-end prochain.

 Practice more at **vhlcentral.com.**

COMMUNICATION

4 Descriptions Avec un(e) partenaire, complétez les phrases avec la forme correcte d'un verbe de la liste.

| courir | dormir | partir | sentir | servir | sortir |

1. Véronique / _____ / tard

2. je / _____ / sandwichs

3. les enfants / _____ / le chocolat chaud

4. nous / _____ / souvent

5. tu / _____ / de l'hôpital

6. vous / _____ / pour la France demain

5 Indiscrétions Votre partenaire est curieux/curieuse et désire savoir (*to know*) ce que vous faites chez vous. Répondez à ses questions.

1. Jusqu'à (*Until*) quelle heure dors-tu le week-end?
2. Dors-tu pendant (*during*) les cours au lycée? Pendant quels cours? Pourquoi?
3. À quelle heure sors-tu le samedi soir?
4. Avec qui sors-tu le samedi soir?
5. Que sers-tu quand tu as des copains à la maison?
6. Pars-tu bientôt en vacances (*vacation*)? Où?

6 Dispute Laëtitia est très active. Son petit ami Bertrand ne sort pas beaucoup, alors ils ont souvent des disputes. Avec un(e) partenaire, jouez les deux rôles. Utilisez les mots et les expressions de la liste.

dormir	partir
faire des promenades	un passe-temps
	sentir
faire un tour (en voiture)	sortir
par semaine	rarement
	souvent

● Here is a list of verbs that are conjugated like **sortir** and **partir**.

Other irregular -ir verbs

	dormir (*to sleep*)	servir (*to serve*)	sentir (*to feel*)	courir (*to run*)
je	dors	sers	sens	cours
tu	dors	sers	sens	cours
il/elle	dort	sert	sent	court
nous	dormons	servons	sentons	courons
vous	dormez	servez	sentez	courez
ils/elles	dorment	servent	sentent	courent

Rachid dort.

Nous courons.

Nous **servons** du thé glacé aux enfants.
We are serving iced tea to the children.

Vous **courez** vite!
You run fast!

Je **sers** du fromage aux invités.
I'm serving cheese to the guests.

Elles **dorment** jusqu'à midi.
They sleep until noon.

● **Sentir** can mean *to feel, to smell,* or *to sense.*

Je **sens** qu'il va arriver dans quelques minutes.
I sense that he's going to arrive in a few minutes.

Ça **sent** bon!
That smells good!

Vous **sentez** l'odeur de ce bouquet de fleurs?
Do you smell the scent of these flowers?

Ils **sentent** sa présence.
They feel his presence.

Essayez! Complétez les phrases avec la forme correcte du verbe.

1. Nous <u>sortons</u> (sortir) vers neuf heures.
2. Je _____ (servir) des boissons gazeuses aux invités.
3. Tu _____ (partir) quand pour le Canada?
4. Nous ne _____ (dormir) pas en cours.
5. Ils _____ (courir) pour attraper (*to catch*) le bus.
6. Tu manges des oignons? Ça _____ (sentir) mauvais.
7. Vous _____ (sortir) avec des copains ce soir.
8. Elle _____ (partir) pour Dijon ce week-end.

Révision

1 Au parc C'est dimanche. Avec un(e) partenaire, décrivez les activités de tous les personnages. Comparez vos observations avec les observations d'un autre groupe pour compléter votre description.

2 Mes habitudes Avec un(e) partenaire, parlez de vos habitudes de la semaine. Que faites-vous régulièrement? Utilisez tous les mots de la liste.

MODÈLE

Élève 1: Je fais parfois de la gym le lundi. Et toi?
Élève 2: Moi, je fais parfois la cuisine le lundi.

parfois le lundi	souvent à midi
le mercredi à midi	toujours le vendredi
le jeudi soir	tous les jours
le vendredi matin	trois fois par semaine
rarement le matin	une fois par semaine

3 Mes vacances Parlez de vos prochaines vacances (*vacation*) avec un(e) partenaire. Mentionnez cinq de vos passe-temps habituels en vacances et cinq nouvelles activités que vous allez essayer (*to try*). Comparez votre liste avec la liste de votre partenaire, puis présentez les réponses à la classe.

4 Que faire ici? Avec un(e) partenaire, trouvez au minimum quatre choses à faire dans chaque (*each*) endroit. Quel endroit préférez-vous et pourquoi? Comparez votre liste avec un autre groupe et parlez de vos préférences avec la classe.

MODÈLE

Élève 1: À la campagne, on fait des randonnées à cheval.
Élève 2: Oui, et il faut marcher.

1. à la campagne

3. au parc

2. à la plage

4. au gymnase

5 Le conseiller Un(e) conseiller/conseillère au lycée suggère des stratégies à un(e) élève pour l'aider (*help him or her*) à préparer les examens. Avec un(e) partenaire, jouez les deux rôles. Vos camarades vont sélectionner les meilleurs conseils (*best advice*).

MODÈLE

Il faut faire tous ses devoirs.

6 Quelles activités? Votre professeur va vous donner, à vous et à votre partenaire, deux feuilles d'activités différentes pour le week-end. Attention! Ne regardez pas la feuille de votre partenaire.

MODÈLE

Élève 1: Est-ce que tu fais une randonnée dimanche après-midi?
Élève 2: Oui, je fais une randonnée dimanche après-midi.

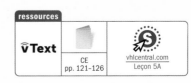

ressources

v̂Text

CE
pp. 121–126

vhlcentral.com
Leçon 5A

Video: TV Clip

Le Zapping

Sponsors de demain

Fondée en 1857, SwissLife est la plus grande° compagnie d'assurance vie° de Suisse, avec des filiales° aussi dans d'autres pays européens. C'est une entreprise° consciente de l'importance de la vie culturelle et sportive des communautés. SwissLife sponsorise des associations et des programmes aux niveaux° national et communautaire parce qu'elle reconnaît° qu'ils ont un effet positif sur les générations futures. En 2004, SwissLife commence à soutenir° l'équipe nationale suisse de football et, en 2007, le Kids Festival, tournois de football pour les enfants de six à dix ans.

Prêts pour l'avenir.

Sponsor officiel des équipes nationales suisses de football

—Gagner la Ligue des Champions...

—Jouer en finale de la Coupe du Monde...

Compréhension Répondez aux questions.

1. Qui sont les personnes dans la publicité (*ad*)?
2. Quel âge le narrateur a-t-il à peu près (*approximately*)?
3. Qu'est-ce que le narrateur a envie de faire un jour?

Discussion Par groupes de trois, répondez aux questions.

1. Pourquoi est-ce un enfant qui parle dans la pub, et non un adulte? Quel est le rôle des adultes?
2. Quelle personne est un modèle pour vous? Que fait-elle?

la plus grande *the largest* **assurance vie** *life insurance* **filiales** *branches* **entreprise** *company* **niveaux** *levels* **reconnaît** *recognizes* **soutenir** *to support*

 Practice more at **vhlcentral.com**.

Audio: Vocabulary Practice
My Vocabulary

You will learn how to...
- talk about seasons and the date
- discuss the weather

Quel temps fait-il?

Vocabulaire

Il fait 18 degrés.	It is 18 degrees.
Il fait beau.	The weather is nice.
Il fait bon.	The weather is good/warm.
Il fait mauvais.	The weather is bad.
Il fait un temps épouvantable.	The weather is dreadful.
Le temps est orageux.	It is stormy.
Quel temps fait-il?	What is the weather like?
Quelle température fait-il?	What is the temperature?
une saison	season
en automne	in the fall
en été	in the summer
en hiver	in the winter
au printemps	in the spring
Quelle est la date?	What's the date?
C'est le 1er (premier) octobre.	It's the first of October.
C'est quand votre/ton anniversaire?	When is your birthday?
C'est le 2 mai.	It's the second of May.
C'est quand l'anniversaire de Paul?	When is Paul's birthday?
C'est le 15 mars.	It's March 15th.
un anniversaire	birthday

Il neige. (neiger)

Il fait froid.

L'hiver (m.): décembre, janvier, février

Il fait (du) soleil.

Il fait chaud.

Quelle est la date d'aujourd'hui? C'est le 14 juillet.

Bal du 14 juillet

L'été (m.): juin, juillet, août

ressources
vText
CE pp. 127–129
vhlcentral.com Leçon 5B

Attention!

In France and in most of the Francophone world, temperature is given in Celsius. Convert from Celsius to Fahrenheit with this formula: F = (C x 1.8) + 32. Convert from Fahrenheit to Celsius with this formula: C = (F – 32) x 0.56.
11°C = 52°F   78°F = 26°C

Il pleut. (pleuvoir)

un parapluie

un imperméable

Le printemps (m.): mars, avril, mai

Le temps est nuageux.

Il fait frais.

Il fait du vent.

L'automne (m.): septembre, octobre, novembre

Mise en pratique

1 **Les fêtes et les jours fériés** Indiquez la date et la saison de chaque fête et jour férié (*holiday*).

	Date	Saison
1. la fête nationale française	_____	_____
2. l'indépendance des États-Unis	_____	_____
3. Poisson d'avril (*April Fool's Day*)	_____	_____
4. Noël	_____	_____
5. la Saint-Valentin	_____	_____
6. le Nouvel An	_____	_____
7. Halloween	_____	_____
8. l'anniversaire de Washington	_____	_____

2 **Quel temps fait-il?** Répondez aux questions par des phrases complètes.

1. Quel temps fait-il en été?
2. Quel temps fait-il en automne?
3. Quel temps fait-il au printemps?
4. Quel temps fait-il en hiver?
5. Où est-ce qu'il neige?
6. Quel est votre mois préféré de l'année? Pourquoi?
7. Quand est-ce qu'il pleut où vous habitez?
8. Quand est-ce que le temps est orageux où vous habitez?

3 **Écoutez** 🎧 Écoutez le bulletin météorologique et répondez aux questions suivantes.

	Vrai	Faux
1. C'est l'été.	☐	☐
2. Le printemps commence le 21 mars.	☐	☐
3. Il fait 11 degrés vendredi.	☐	☐
4. Il fait du vent vendredi.	☐	☐
5. Il va faire soleil samedi.	☐	☐
6. Il faut utiliser le parapluie et l'imperméable vendredi.	☐	☐
7. Il va faire un temps épouvantable dimanche.	☐	☐
8. Il ne va pas faire chaud samedi.	☐	☐

Practice more at **vhlcentral.com**.

Communication

4 **Conversez** Interviewez un(e) camarade de classe.

1. C'est quand ton anniversaire? C'est quand l'anniversaire de ton père? Et de ta mère?
2. En quelle saison est ton anniversaire? Quel temps fait-il?
3. Quelle est ta saison préférée? Pourquoi? Quelles activités aimes-tu pratiquer?
4. En quelles saisons utilises-tu un parapluie et un imperméable? Pourquoi?
5. À quel moment de l'année es-tu en vacances? Précise les mois. Pendant (*During*) quels mois de l'année préfères-tu voyager? Pourquoi?
6. À quelle période de l'année étudies-tu? Précise les mois.
7. Quelle saison détestes-tu le plus (*the most*)? Pourquoi?
8. Quand est l'anniversaire de mariage de tes parents?

5 **Une lettre** Vous avez un(e) correspondant(e) (*pen pal*) en France qui veut (*wants*) vous rendre visite (*to visit you*). Écrivez (*Write*) une lettre à votre ami(e) où vous décrivez (*describe*) le temps qu'il fait à chaque saison et les activités que vous pouvez (*can*) pratiquer ensemble (*together*). Comparez votre lettre avec la lettre d'un(e) camarade de classe.

> Cher Thomas,
>
> Ici à Boston, il fait très froid en hiver et il neige souvent. Est-ce que tu aimes la neige? Moi, j'adore parce que je fais du ski tous les week-ends.
>
> Et toi, tu fais du ski? ...

6 **Quel temps fait-il en France?** Votre professeur va vous donner, à vous et à votre partenaire, deux feuilles d'activités différentes. Attention! Ne regardez pas la feuille de votre partenaire.

> **MODÈLE**
>
> **Élève 1:** *Quel temps fait-il à Paris?*
> **Élève 2:** *À Paris, le temps est nuageux et la température est de dix degrés.*

7 **La météo** Préparez avec un(e) camarade de classe une présentation où vous:

- mentionnez le jour, la date et la saison.
- présentez la météo d'une ville francophone.
- présentez les prévisions météo (*weather forecasts*) pour le reste de la semaine.
- préparez une affiche pour illustrer votre présentation.

La météo d'Haïti en juillet — Port-au-Prince

samedi 23	dimanche 24	lundi 25
27°C	35°C	37°C
☀	⛅	⛈
soleil	nuageux	orageux

Aujourd'hui samedi, c'est le 23 juillet.
C'est l'été. Il va faire soleil...

Les sons et les lettres

Audio: Explanation
Record & Compare

🎧 **Open vs. closed vowels: Part 1**

You have already learned that **é** is pronounced like the vowel *a* in the English word *cake*. This is a closed **e** sound.

étudiant	**agréable**	**nationalité**	**enchanté**

The letter combinations **–er** and **–ez** at the end of a word are pronounced the same way, as is the vowel sound in single-syllable words ending in **–es**.

travailler	**avez**	**mes**	**les**

The vowels spelled **è** and **ê** are pronounced like the vowel in the English word *pet*, as is an **e** followed by a double consonant. These are open **e** sounds.

répète	**première**	**pêche**	**italienne**

The vowel sound in *pet* may also be spelled **et**, **ai**, or **ei**.

secret	**français**	**fait**	**seize**

Compare these pairs of words. To make the vowel sound in *cake*, your mouth should be slightly more closed than when you make the vowel sound in *pet*.

mes **mais**	**ces** **cette**	**théâtre** **thème**

Prononcez Répétez les mots suivants à voix haute.

1. thé
2. lait
3. belle
4. été
5. neige
6. aider
7. degrés
8. anglais
9. cassette
10. discret
11. treize
12. mauvais

Articulez Répétez les phrases suivantes à voix haute.

1. Hélène est très discrète.
2. Céleste achète un vélo laid.
3. Il neige souvent en février et en décembre.
4. Désirée est canadienne; elle n'est pas française.

Dictons Répétez les dictons à voix haute.

Qui sème le vent récolte la tempête.[2]

Péché avoué est à demi pardonné.[1]

[1] An offense admitted is half pardoned.
[2] You reap what you sow. (lit. He who sows the wind reaps a storm.)

ressources

v̂ Text

CE
p. 130

vhlcentral.com
Leçon 5B

Quel temps!

 Video: *Roman-photo*
Record & Compare

David

Rachid

Sandrine

Stéphane

Au parc...

RACHID Napoléon établit le Premier Empire en quelle année?

STÉPHANE Euh... mille huit cent quatre?

RACHID Exact! On est au mois de novembre et il fait toujours chaud.

STÉPHANE Oui, il fait bon!... dix-neuf, dix-huit degrés!

RACHID Et on a chaud aussi parce qu'on court.

STÉPHANE Bon, allez, je rentre faire mes devoirs d'histoire-géo.

RACHID Et moi, je rentre boire une grande bouteille d'eau.

RACHID À demain, Stéph! Et n'oublie pas: le cours du jeudi avec ton professeur, Monsieur Rachid Kahlid, commence à dix-huit heures, pas à dix-huit heures vingt!

STÉPHANE Pas de problème! Merci et à demain!

SANDRINE Et puis, en juillet, le Tour de France commence. J'aime bien le regarder à la télévision. Et après, c'est mon anniversaire, le 20. Cette année, je fête mes vingt et un ans. Tous les ans, pour célébrer mon anniversaire, j'invite mes amis et je prépare une super soirée. J'adore faire la cuisine, c'est une vraie passion!

DAVID Ah, oui?

SANDRINE En parlant d'anniversaire, Stéphane célèbre ses dix-huit ans samedi prochain. C'est un anniversaire important. ...On organise une surprise. Tu es invité!

DAVID Hmm, c'est très gentil, mais... Tu essaies de ne pas parler deux minutes, s'il te plaît? Parfait!

SANDRINE Pascal! Qu'est-ce que tu fais aujourd'hui? Il fait beau à Paris?

DAVID Encore un peu de patience! Allez, encore dix secondes... Voilà!

ACTIVITÉS

1 **Qui?** Identifiez les personnages pour chaque phrase. Écrivez **D** pour David, **R** pour Rachid, **S** pour Sandrine et **St** pour Stéphane

1. Cette personne aime faire la cuisine.

2. Cette personne sort quand il fait froid.

3. Cette personne aime le Tour de France.

4. Cette personne n'aime pas la pluie.

5. Cette personne va boire de l'eau.

6. Ces personnes ont rendez-vous tous les jeudis.

7. Cette personne fête son anniversaire en janvier.

8. Ces personnes célèbrent un joli portrait.

9. Cette personne fête ses dix-huit ans samedi prochain.

10. Cette personne prépare des crêpes pour le dîner.

 Practice more at **vhlcentral.com**.

Les anniversaires à travers (*through*) les saisons

À l'appartement de David et de Rachid...

SANDRINE C'est quand, ton anniversaire?

DAVID Qui, moi? Oh, c'est le quinze janvier.

SANDRINE Il neige en janvier, à Washington?

DAVID Parfois... et il pleut souvent à l'automne et en hiver.

SANDRINE Je déteste la pluie. C'est pénible. Qu'est-ce que tu aimes faire quand il pleut, toi?

DAVID Oh, beaucoup de choses! Dessiner, écouter de la musique. J'aime tellement la nature, je sors même quand il fait très froid.

SANDRINE Moi, je préfère l'été. Il fait chaud. On fait des promenades.

RACHID Oh là là, j'ai soif! Mais... qu'est-ce que vous faites, tous les deux?

DAVID Oh, rien! Je fais juste un portrait de Sandrine.

RACHID Bravo, c'est pas mal du tout! Hmm, mais quelque chose ne va pas, David. Sandrine n'a pas de téléphone dans la main!

SANDRINE Oh, Rachid, ça suffit! C'est vrai, tu as vraiment du talent, David. Pourquoi ne pas célébrer mon joli portrait? Vous avez faim, les garçons?

RACHID ET DAVID Oui!

SANDRINE Je prépare le dîner. Vous aimez les crêpes ou vous préférez une omelette?

RACHID ET DAVID Des crêpes... Miam!

Expressions utiles

Talking about birthdays

- **Cette année, je fête mes vingt et un ans.**
  This year, I celebrate my twenty-first birthday.
- **Pour célébrer mon anniversaire, je prépare une super soirée.**
  To celebrate my birthday, I plan a great party.
- **Stéphane célèbre ses dix-huit ans samedi prochain.**
  Stéphane celebrates his eighteenth birthday next Saturday.
- **On organise une surprise.**
  We are planning a surprise.

Talking about hopes and preferences

- **Tu essaies de ne pas parler deux minutes, s'il te plaît?**
  Could you try not to talk for two minutes, please?
- **J'aime tellement la nature, je sors même quand il fait très froid.**
  I like nature so much, I go out even when it's very cold.
- **Moi, je préfère l'été.**
  Me, I prefer summer.
- **Vous aimez les crêpes ou vous préférez une omelette?**
  Do you like crêpes or do you prefer an omelette?

Additional vocabulary

- **encore un peu**
  a little more
- **Quelque chose ne va pas.**
  Something's not right/working.
- **Allez.**
  Come on.
- **main**
  hand
- **Ça suffit!**
  That's enough!
- **Miam!**
  Yum!

---

2 **Faux!** Toutes ces phrases contiennent une information qui est fausse. Corrigez chaque phrase.

1. Stéphane a dix-huit ans.
2. David et Rachid préfèrent une omelette.
3. Il fait froid et il pleut.
4. On n'organise rien (*anything*) pour l'anniversaire de Stéphane.
5. L'anniversaire de Stéphane est au printemps.
6. Rachid et Stéphane ont froid.

3 **Conversez** Parlez avec vos camarades de classe pour découvrir (*find out*) qui a l'anniversaire le plus proche du vôtre (*closest to yours*). Qui est-ce? Quand est son anniversaire? En quelle saison? Quel mois? En général, quel temps fait-il le jour de son anniversaire?

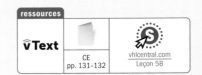

ressources

vText | CE pp. 131–132 | vhlcentral.com Leçon 5B

ACTIVITÉS

CULTURE À LA LOUPE

Les jardins publics français

Dans toutes les villes françaises, la plupart° du temps au centre-ville, on trouve des jardins° publics. Les jardins à la française ou jardins classiques sont très célèbres° depuis° le 17e (dix-septième) siècle°. Les jardins de Versailles, créés° pour Louis XIV, le roi° Soleil, vont être copiés par toutes les cours° d'Europe. Dans le jardin à la française, l'ordre et la symétrie dominent: Il faut dompter° la nature «sauvage». La perspective et l'harmonie donnent une notion de grandeur absolue. De façon° très symbolique, la géométrie présente un monde° ordré où le contrôle règne°. Il y a beaucoup de châteaux qui ont de très beaux jardins.

À Paris, le jardin des Tuileries et le jardin du Luxembourg sont deux jardins publics de style classique. Il y a des parterres de fleurs° extraordinaires avec de savants° agencements° de couleurs. Dans les deux jardins, il n'y a pas de bancs° mais des chaises, où on peut° se reposer tranquillement à l'endroit de son choix, sous un arbre° ou près d'un bassin°. Il y a aussi deux grands parcs à côté de Paris: le bois° de Vincennes, qui a un zoo, et le bois de Boulogne, qui a un parc d'attractions° pour les enfants.

En général, les villes de France sont très fleuries°. Il y a même° des concours° pour la ville la plus° fleurie. Le concours des villes et villages fleuris a lieu° depuis 1959. Il est organisé pour promouvoir° le développement des espaces verts dans les villes.

Coup de main

In France and in most other countries, units of measurement are different than those used in the United States.

1 hectare = *2.47 acres*

1 kilomètre = *0.62 mile*

1 mètre = *approximately 1 yard (3 feet)*

| Le bois de Vincennes et le bois de Boulogne ||
VINCENNES	BOULOGNE
• une superficie° totale de 995 hectares	• une superficie totale de 863 hectares
• un zoo de 15 hectares	• cinq entrées°
• 19 km de sentiers pour les promenades à cheval et à vélo	• 95 km d'allées
• 32 km d'allées pour le jogging	• une cascade° de 10 mètres de large° et 14 mètres de haut°
• la Ferme° de Paris, une ferme de 5 hectares	• deux hippodromes°

la plupart *most* **jardins** *gardens, parks* **célèbres** *famous* **depuis** *since*
siècle *century* **créés** *created* **roi** *king* **cours** *courts* **dompter** *to tame*
façon *way* **monde** *world* **règne** *reigns* **parterres de fleurs** *flower beds*
savants *clever* **agencements** *schemes* **bancs** *benches* **peut** *can* **arbre** *tree*
bassin *fountain, pond* **bois** *forest, wooded park* **parc d'attractions** *amusement park*
fleuries *decorated with flowers* **même** *even* **concours** *competitions* **la plus** *the most*
a lieu *takes place* **promouvoir** *to promote* **superficie** *area* **Ferme** *Farm*
entrées *entrances* **cascade** *waterfall* **de large** *wide* **de haut** *high*
hippodromes *horse racetracks*

A C T I V I T É S

1 Répondez Répondez aux questions par des phrases complètes.

1. Où trouve-t-on, en général, des jardins publics?
2. Les jardins de Versailles sont créés pour quel roi?
3. Qu'est-ce qui domine dans le jardin à la française?
4. Quelle est la fonction de la perspective et de l'harmonie?
5. Qu'est-ce qu'il y a dans le jardin des Tuileries?
6. Que peut-on faire au jardin du Luxembourg grâce (*thanks*) aux chaises?
7. Quels deux grands parcs y a-t-il à côté de Paris?
8. Que peut-on faire au bois de Vincennes?
9. Comment les villes françaises sont-elles en général?
10. Pourquoi les concours de villes et villages fleuris sont-ils organisés?

LE FRANÇAIS QUOTIDIEN

Les catastrophes naturelles

tempête (f.) de neige	*blizzard*
canicule (f.)	*heat wave*
inondation (f.)	*flood*
ouragan (m.)	*hurricane*
raz-de-marée (m.)	*tidal wave, tsunami*
sécheresse (f.)	*drought*
tornade (f.)	*tornado*
tremblement (m.) de terre	*earthquake*

LE MONDE FRANCOPHONE

Des parcs publics

Voici quelques parcs publics du monde francophone.

Bruxelles, Belgique
le bois de la Cambre 123 hectares, un lac° avec une île° au centre

Casablanca, Maroc
le parc de la Ligue Arabe des palmiers°, un parc d'attractions pour enfants, des cafés et restaurants

Québec, Canada
le parc des Champs de Batailles («Plaines d'Abraham») 107 hectares, 6.000 arbres°

Tunis, Tunisie
le parc du Belvédère 110 hectares, un zoo de 13 hectares, 230.000 arbres (80 espèces° différentes), situé° sur une colline°

lac *lake* **île** *island* **palmiers** *palm trees* **arbres** *trees* **espèces* *species* **situé** *located* **colline** *hill*

PORTRAIT

Les Français et le vélo

Tous les étés, la course° cycliste du Tour de France attire° un grand nombre de spectateurs, Français et étrangers, surtout lors de° son arrivée sur les Champs-Élysées, à Paris. C'est le grand événement° sportif de l'année pour les amoureux du cyclisme. Les Français adorent aussi faire du vélo pendant° leur temps libre.

Beaucoup de clubs organisent des randonnées en vélo de course° le week-end. Pour les personnes qui préfèrent le vélo tout terrain (VTT)°, il y a des sentiers° adaptés dans les parcs régionaux et nationaux. Certaines agences de voyages proposent aussi des vacances «vélo» en France ou à l'étranger°.

course *race* **attire** *attracts* **lors de** *at the time of* **événement** *event* **pendant** *during* **vélo de course** *road bike* **vélo tout terrain (VTT)** *mountain biking* **sentiers** *paths* **à l'étranger** *abroad*

le Tour de France sur les Champs-Élysées

Sur Internet

Qu'est-ce que Jacques Anquetil, Eddy Merckx et Bernard Hinault ont en commun?

Go to **vhlcentral.com** to find more information related to this **Culture** section.

---

2 **Vrai ou faux?** Indiquez si les phrases sont **vraies** ou **fausses**. Corrigez les phrases fausses.

1. Les Français ne font pas de vélo.
2. Les membres de clubs de vélo font des promenades le week-end.
3. Les agences de voyages offrent des vacances «vélo».
4. On utilise un VTT quand on fait du vélo sur la route.
5. Le Tour de France arrive sur les Champs-Élysées à Paris.

3 **Les catastrophes naturelles** Avec un(e) partenaire, parlez de trois catastrophes naturelles. Quel temps fait-il, en général, pendant (*during*) chaque catastrophe? Choisissez une catastrophe et décrivez-la à vos camarades. Peuvent-ils deviner (*Can they guess*) de quelle catastrophe vous parlez?

ressources

v̂ Text

vhlcentral.com
Leçon 5B

Practice more at **vhlcentral.com**.

A C T I V I T É S

 **Presentation Tutorial**

5B.1 Numbers 101 and higher

Numbers 101 and higher

101	cent un	800	huit cents
125	cent vingt-cinq	900	neuf cents
198	cent quatre-vingt-dix-huit	1.000	mille
200	deux cents	1.100	mille cent
245	deux cent quarante-cinq	2.000	deux mille
300	trois cents	5.000	cinq mille
400	quatre cents	100.000	cent mille
500	cinq cents	550.000	cinq cent cinquante mille
600	six cents	1.000.000	un million
700	sept cents	8.000.000	huit millions

- Note that French uses a period, rather than a comma, to indicate thousands and millions.

- The word **cent** does not take a final **-s** when it is followed by the numbers **1–99**.

  Il y a **deux cent cinquante** jours de soleil.
  There are 250 sunny days.

  but

  J'ai **quatre cents** bandes dessinées.
  I have 400 comic books.

- The number **un** is not used before the word **mille** to mean *a/one thousand*. It is used, however, before **million** to say *a/one million*.

  Mille personnes habitent le village.
  One thousand people live in the village.

  but

  Un million de personnes habitent la région.
  One million people live in the region.

- **Mille**, unlike **cent** and **million**, is invariable. It never takes an **-s**.

  Aimez-vous *Les **Mille** et Une Nuits*?
  Do you like "The Thousand and One Nights"?

  Onze mille étudiants sont inscrits.
  Eleven thousand students are registered.

- Before a noun, **million** and **millions** are followed by **de/d'**.

  Deux millions de personnes sont en vacances.
  Two million people are on vacation.

  Il y a **onze millions d'habitants** dans la capitale.
  There are 11,000,000 inhabitants in the capital.

- When writing out years, the word **mille** is sometimes shortened to **mil**.

  mil huit cent soixante-cinq
  eighteen (hundred) sixty-five

MISE EN PRATIQUE

1 **Quelle adresse?** Vous allez distribuer des journaux (*newspapers*) et vous téléphonez aux clients pour avoir leur adresse. Écrivez les adresses.

MODÈLE

cent deux, rue Lafayette
102, rue Lafayette

1. deux cent cinquante-deux, rue de Bretagne
2. quatre cents, avenue Malbon
3. cent soixante-dix-sept, rue Jeanne d'Arc
4. cinq cent quarante-six, boulevard St. Marc
5. six cent quatre-vingt-huit, avenue des Gaulois
6. trois cent quatre-vingt-douze, boulevard Micheline
7. cent vingt-cinq, rue des Pierres
8. trois cent quatre, avenue St. Germain

2 **Les maths** Faites les opérations et écrivez les réponses.

MODÈLE

200 + 300 =
Deux cents plus trois cents font cinq cents.

1. 650 + 750 =
2. 2.000.000 + 3.000.000 =
3. 966 − 342 =
4. 155 + 310 =
5. 2.000 − 150 =
6. 375 × 2 =
7. 1.250 + 2.250 =
8. 4.444 ÷ 4 =

3 **Combien d'habitants?** À tour de rôle, demandez à votre partenaire combien d'habitants il y a dans chaque ville d'après (*according to*) les statistiques.

MODÈLE

Dijon: 153.813
Élève 1: *Combien d'habitants y a-t-il à Dijon?*
Élève 2: *Il y a cent cinquante-trois mille huit cent treize habitants.*

1. Toulouse: 398.423
2. Abidjan: 2.877.948
3. Lyon: 453.187
4. Québec: 510.559
5. Marseille: 807.071
6. Papeete: 26.181

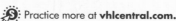 Practice more at **vhlcentral.com**.

COMMUNICATION

4 **Quand?** Avec un(e) partenaire, regardez les dates et dites quand ces événements ont lieu (*take place*).

1. Le Pathfinder arrive sur la planète Mars.
2. La Première Guerre mondiale commence.
3. La Seconde Guerre mondiale prend fin (*ends*).
4. L'Amérique déclare son indépendance.
5. Martin Luther King, Jr. est assassiné.
6. La Première Guerre Mondiale prend fin.

5 **Combien ça coûte?** Vous regardez un catalogue avec un(e) ami(e). À tour de rôle, demandez à votre partenaire le prix des choses.

MODÈLE

Élève 1: Combien coûte l'ordinateur?
Élève 2: Il coûte mille huit cents euros.

1.

2.

3.

4.

6 **Dépensez de l'argent** Vous et votre partenaire avez 100.000€. Décidez quels articles de la liste vous allez prendre. Justifiez vos choix à la classe.

MODÈLE

Élève 1: On prend un rendez-vous avec Brad Pitt.
Élève 2: Alors, nous n'avons pas assez d'argent pour la voiture!

un ordinateur... 2.000€	des vacances à Tahiti... 7.000€
un rendez-vous avec Brad Pitt... 50.000€	un vélo... 1.000€
un rendez-vous avec Madonna... 50.000€	une voiture de luxe... 60.000€

- In French, years before 2000 may be written out in two ways. Notice that in English, the word *hundred* can be omitted, but in French, the word **cent** is required.

mil neuf cent treize	*or*	**dix-neuf cent treize**
one thousand nine hundred (and) thirteen		*nineteen (hundred) thirteen*

- You can talk about mathematical operations both formally and informally.

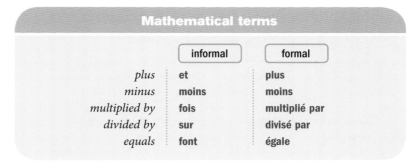

Mathematical terms

	informal	formal
plus	**et**	**plus**
minus	**moins**	**moins**
multiplied by	**fois**	**multiplié par**
divided by	**sur**	**divisé par**
equals	**font**	**égale**

- The verb **égaler** (*to equal*) is expressed in the singular, but the verb **faire** is plural.

110 et 205 font 315	**110 plus 205 égale 315**
110 + 205 = 315	*110 + 205 = 315*
60 fois 3 font 180	**60 multiplié par 3 égale 180**
60 × 3 = 180	*60 × 3 = 180*
999 sur 9 font 111	**999 divisé par 9 égale 111**
999 ÷ 9 = 111	*999 ÷ 9 = 111*

- In French, decimal punctuation is inverted. Use **une virgule** (*comma*) instead of **un point** (*period*).

5.419,32	**cinq mille quatre cent dix-neuf virgule trente-deux**
5,419.32	*five thousand four hundred nineteen point thirty-two*

- The expression **pour cent** (*percent*) is two words, not one.

Le magasin offre une réduction de soixante **pour cent**.
The store is offering a sixty percent discount.

Essayez! Donnez les équivalents en français.

1. 10.000 ___dix mille___
2. 620 _____
3. 365 _____
4. 42.000 _____
5. 200.000.000 _____
6. 480 _____
7. 1.789 _____
8. 400 _____
9. 150% _____
10. 1.250,50 _____

Presentation Tutorial

5B.2 Spelling-change *-er* verbs

Point de départ Some **-er** verbs, though regular with respect to their verb endings, have spelling changes that occur in the verb stem (what remains after the **-er** is dropped).

- Most infinitives whose next-to-last syllable contains an **e** (no accent) change this letter to **è** in all forms except **nous** and **vous**.

Acheter (to buy)

j'achète	nous achetons
tu achètes	vous achetez
il/elle achète	ils/elles achètent

Où est-ce que tu **achètes** des skis?	Ils **achètent** beaucoup sur Internet.
Where do you buy skis?	*They buy a lot on the Internet.*

- Infinitives whose next-to-last syllable contains an **é** change this letter to **è** in all forms except **nous** and **vous**.

Espérer (to hope)

j'espère	nous espérons
tu espères	vous espérez
il/elle espère	ils/elles espèrent

Elle **espère** arriver tôt aujourd'hui.	Nos profs **espèrent** commencer les cours.
She hopes to arrive early today.	*Our teachers hope to start classes.*

Elle achète quelque chose.

Ils répètent.

- Infinitives ending in **-yer** change **y** to **i** in all forms except **nous** and **vous**.

Envoyer (to send)

j'envoie	nous envoyons
tu envoies	vous envoyez
il/elle envoie	ils/elles envoient

J'**envoie** une lettre.	Tes amis **envoient** un e-mail.
I'm sending a letter.	*Your friends send an e-mail.*

---

1 **Passe-temps** Chaque membre de la famille Desrosiers a son passe-temps préféré. Utilisez les éléments pour dire ce qu'ils (*what they*) font.

MODÈLE
Tante Manon fait une randonnée. (acheter / sandwichs)
Elle achète des sandwichs.

1. Nous faisons du vélo. (essayer / vélo)
2. Christiane aime chanter. (répéter)
3. Les filles jouent au foot. (espérer / gagner)
4. Vous allez à la pêche. (emmener / enfants)
5. Papa fait un tour en voiture. (nettoyer / voiture)
6. Mes frères font du camping. (préférer / partir tôt)

2 **Invitation au cinéma** Avec un(e) partenaire, jouez les rôles de Halouk et de Thomas. Ensuite, présentez la scène à la classe.

THOMAS J'ai envie d'aller au cinéma.

HALOUK Bonne idée. Nous (1) _____ (emmener, protéger) Véronique avec nous?

THOMAS J' (2) _____ (acheter, espérer) qu'elle a du temps libre.

HALOUK Peut-être, mais je/j' (3) _____ (envoyer, payer) des e-mails tous les jours et elle ne répond pas.

THOMAS Parce que son ordinateur ne fonctionne pas. Elle (4) _____ (essayer, préférer) parler au téléphone.

HALOUK D'accord. Alors toi, tu (5) _____ (acheter, répéter) les tickets au cinéma et moi, je vais chercher Véronique.

3 **Que font-ils?** Dites ce que (*Say what*) font les personnages.

MODÈLE
Il achète une baguette.

acheter

1. envoyer

3. répéter

2. payer

4. nettoyer

 Practice more at **vhlcentral.com.**

4 **Questions** À tour de rôle, posez les questions à un(e) partenaire.

1. Qu'est-ce que tu achètes pour la Fête des mères?
2. Qu'est-ce que tu achètes au supermarché?
3. Comment célèbres-tu l'anniversaire de ton/ta meilleur(e) ami(e)?
4. Et quand tu sors avec des copains, qui paie quoi?
5. Quelle marque (*make*) de voiture préfères-tu?
6. Qui nettoie ta chambre?
7. À qui est-ce que tu envoies des e-mails?
8. Qu'est-ce que tu espères faire cet été?

5 **Réponses affirmatives** Votre professeur va vous donner une feuille d'activités. Trouvez au moins un(e) camarade de classe qui réponde oui à chaque question. Et si vous aussi, vous répondez oui aux questions, écrivez votre nom.

MODÈLE

Élève 1: Est-ce que tu achètes exclusivement sur Internet?
Élève 2: Oui, j'achète exclusivement sur Internet.

Questions	Noms
1. acheter exclusivement sur Internet	Virginie, Éric
2. posséder un ordinateur	
3. envoyer des lettres à ses grands-parents	
4. célébrer une occasion spéciale demain	

6 **E-mail à l'oncle Marcel** Xavier va écrire un e-mail à son oncle pour raconter (*to tell*) ses activités de la semaine prochaine. Il prépare une liste des choses qu'il veut dire (*wants to say*). Avec un(e) partenaire, écrivez son e-mail.

- lundi: emmener maman chez le médecin
- mercredi: cours de français envoyer notes
- jeudi: répéter rôle Roméo et Juliette
- vendredi: célébrer anniversaire papa
- vendredi: essayer faire gym
- samedi: parents acheter voiture

● The change of **y** to **i** is optional in verbs whose infinitives end in **-ayer**.

Comment est-ce que tu **payes**?   Je **paie** avec une carte de crédit.
How do you pay?   *I pay with a credit card.*

Other spelling-change -er verbs

like espérer		like acheter	
célébrer	to celebrate	amener	to bring (someone)
considérer	to consider	emmener	to take (someone)
posséder	to possess, to own		
préférer	to prefer	**like envoyer**	
protéger	to protect	employer	to use; to employ
répéter	to repeat; to rehearse	essayer (de + inf.)	to try (to)
		nettoyer	to clean
		payer	to pay

Je préfère l'été. Il fait chaud.

Tu essaies de ne pas parler?

● Note that the **nous** and **vous** forms of the verbs presented in this section have no spelling changes.

Vous **achetez** des sandwichs aussi.
You're buying sandwiches, too.

Nous **envoyons** les enfants à l'école.
We're sending the children to school.

Nous **espérons** partir à huit heures.
We hope to leave at 8 o'clock.

Vous **payez** avec une carte de crédit.
You pay with a credit card.

Essayez!   Complétez les phrases avec la forme correcte du verbe.

1. Les bibliothèques _emploient_ (employer) beaucoup d'étudiants.
2. Vous _____ (répéter) les phrases en français.
3. Nous _____ (payer) assez pour les livres.
4. Mon frère ne _____ (nettoyer) pas son bureau.
5. Est-ce que tu _____ (espérer) gagner?
6. Vous _____ (essayer) parfois d'arriver à l'heure.
7. Tu _____ (préférer) prendre du thé ou du café?
8. Elle _____ (emmener) sa mère au cinéma.
9. On _____ (célébrer) une occasion spéciale.
10. Les parents _____ (protéger) leurs enfants.

Révision

1 **Le basket** Avec un(e) partenaire, utilisez les verbes de la liste pour compléter le paragraphe.

acheter	considérer	envoyer	essayer	préférer
amener	employer	espérer	payer	répéter

Je m'appelle Stéphanie et je joue au basket. Je/J'
(1) _____ toujours (*always*) mes parents avec moi aux
matchs le samedi. Ils (2) _____ que les filles sont de très
bonnes joueuses. Mes parents font aussi du sport. Ma mère
fait du vélo et mon père (3) _____ gagner son prochain
match de foot! Le vendredi matin, je/j' (4) _____ un e-mail
à ma mère pour lui rappeler (*remind her of*) le match. Mais
elle n'oublie jamais! Ils ne/n' (5) _____ pas de tickets pour
les matchs, parce que les parents des joueurs ne/n'
(6) _____ pas. Nous (7) _____ toujours d'arriver une
demi-heure avant le match, parce que maman et papa
(8) _____ s'asseoir (*to sit*) tout près du terrain (*court*).
Ils sont tellement fiers!

2 **Que font-ils?** Avec un(e) partenaire, parlez des activités
des personnages et écrivez une phrase par illustration.

1. _____

2. _____

3. _____

4. _____

5. _____

6. _____

3 **Où partir?** Avec un(e) partenaire, choisissez cinq endroits
intéressants à visiter où il fait le temps indiqué sur la liste.
Ensuite, répondez aux questions.

| Il fait chaud. | Il fait soleil. | Il fait du vent. | Il neige. | Il pleut. |

1. Où essayez-vous d'aller cet été? Pourquoi?
2. Où préférez-vous partir cet hiver? Pourquoi?
3. Quelle est la première destination que vous espérez
   visiter? La dernière? Pourquoi?
4. Qui emmenez-vous avec vous? Pourquoi?

4 **Quelle générosité!** Vous allez payer un voyage aux
membres de votre famille et à vos amis. À tour de rôle, choisissez
un voyage et donnez à votre partenaire la liste des personnes qui
partent. Votre partenaire va vous donner le prix à payer.

MODÈLE

Élève 1: *J'achète un voyage de dix jours dans les Pays de la
Loire à ma cousine Pauline et à mon frère Alexandre.*
Élève 2: *D'accord. Tu paies deux mille cinq cent soixante-deux
euros.*

Voyages	Prix par personne	Commission
Dix jours dans les Pays de la Loire .... 1.250€ .... 62€
Deux semaines de camping....................... 660€ .... 35€
Sept jours au soleil en hiver .... 2.100€ .... 78€
Trois jours à Paris en avril.......................... 500€ .... 55€
Trois mois en Europe en été .... 10.400€ .... 47€
Un week-end à Nice en septembre.............. 350€ .... 80€
Une semaine à la montagne en juin............ 990€ .... 66€
Une semaine à la neige .... 1.800€ .... 73€

5 **La vente aux enchères** Par groupes de quatre,
organisez une vente aux enchères (*auction*) pour vendre les
affaires (*things*) du professeur. À tour de rôle, un(e) élève joue le
rôle du vendeur/de la vendeuse et les autres élèves jouent le rôle
des enchérisseurs (*bidders*). Vous avez 5.000 euros et toutes les
enchères (*bids*) commencent à cent euros.

MODÈLE

Élève 1: *J'ai le cahier du professeur. Qui paie cent euros?*
Élève 2: *Moi, je paie cent euros.*
Élève 1: *Qui paie cent cinquante euros?*

6 **À la bibliothèque** Votre professeur va vous donner, à
vous et à votre partenaire, deux feuilles d'activités différentes.
Attention! Ne regardez pas la feuille de votre partenaire.

MODÈLE

Élève 1: *Est-ce que tu as le livre «Candide»?*
Élève 2: *Oui, son numéro de référence est P, Q, deux
cent soixante-six, cent quarante-sept, cent dix.*

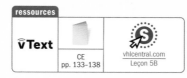

ressources

vText | CE pp. 133–138 | vhlcentral.com Leçon 5B

À l'écoute

 Audio: Activities

STRATÉGIE

Listening for key words

By listening for key words (**mots-clés**) or phrases, you can identify the subject and main ideas of what you hear, as well as some of the details.

To practice this strategy, you will listen to a short paragraph. Jot down the key words that help you identify the subject of the paragraph and its main ideas.

Préparation

Regardez l'image. Où trouve-t-on ce type d'image? Manque-t-il des éléments (*Is anything missing*) sur cette carte? Faites une liste de mots-clés qui vont vous aider à trouver ces informations quand vous allez écouter la météo (*the forecast*).

À vous d'écouter 🎧

Écoutez la météo. Puis, écoutez une deuxième fois et complétez le tableau. Notez la température et écrivez un **X** pour indiquer le temps qu'il fait dans chaque ville.

Ville	☀️	🌤️	☁️	🌧️	🌬️	❄️	Température
Paris			X				8°C
Lille				X			
Strasbourg							5°C
Brest			X				10°C
Lyon							9°C
Bordeaux							11°C
Toulouse							12°C
Marseille				X			
Nice							13°C

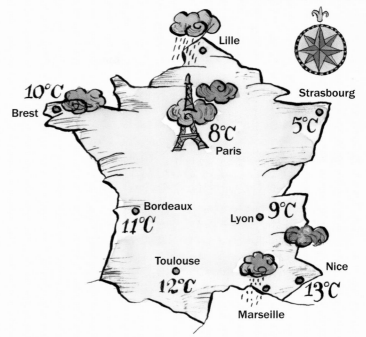

Compréhension

Probable ou improbable? Indiquez si ces (*these*) phrases sont probables ou improbables, d'après la météo d'aujourd'hui.

	Probable	Improbable

MODÈLE

Ève va nager à Strasbourg. ____ ✓

1. Lucie fait du vélo à Lille. ____ ____
2. Il fait un temps épouvantable à Toulouse. ____ ____
3. Émilien joue aux cartes à la maison à Lyon. ____ ____
4. Il va neiger à Marseille. ____ ____
5. Jérome et Yves jouent au golf à Bordeaux. ____ ____
6. À Lyon, on a besoin d'un imperméable. ____ ____
7. Il fait froid à Strasbourg. ____ ____
8. Nous allons nager à Nice cet après-midi. ____ ____

Quelle ville choisir? Imaginez qu'aujourd'hui vous êtes en France. Décidez dans quelle ville vous avez envie de passer la journée. Pourquoi? Décrivez le temps qu'il fait et citez des activités que vous allez peut-être faire.

MODÈLE

J'ai envie d'aller à Strasbourg parce que j'aime l'hiver et la neige. Aujourd'hui, il fait froid et il neige. Je vais faire une promenade en ville et après, je vais boire un chocolat chaud au café.

Panorama

Interactive Map Reading

Les Pays de la Loire

La région en chiffres

- ▶ **Superficie:** *32.082 km²°*
- ▶ **Population:** *3.344.000*
  SOURCE: INSEE
- ▶ **Industries principales:** *aéronautique, agriculture, informatique, tourisme, viticulture°*
- ▶ **Villes principales:** *Angers, Laval, Le Mans, Nantes, Saint Nazaire*

Personnes célèbres

- ▶ **Claire Bretécher,** *dessinatrice de bandes dessinées (1940–)*
- ▶ **Léon Bollée,** *inventeur d'automobiles (1870–1913)*
- ▶ **Jules Verne,** *écrivain° (1828–1905)* · · ·

Le Centre

La région en chiffres

- ▶ **Superficie:** *39.152 km²*
- ▶ **Population:** *2.480.000*
- ▶ **Industrie principale:** *tourisme*
- ▶ **Villes principales:** *Bourges, Chartres, Orléans, Tours, Vierzon*

Personnes célèbres

- ▶ **Honoré de Balzac,** *écrivain (1799–1850)*
- ▶ **George Sand,** *femme écrivain* · · · · · · · · (1804–1876)
- ▶ **Gérard Depardieu,** *acteur (1948–)*

km² (kilomètres carrés) *square kilometers* **viticulture** *wine-growing* **écrivain** *writer* **Construit** *Constructed* **siècle** *century* **pièces** *rooms* **escaliers** *staircases* **chaque** *each* **logis** *living area* **hélice** *helix* **même** *same* **ne se croisent jamais** *never cross* **pèlerinage** *pilgrimage* **course** *race*

un pèlerinage° à la cathédrale de Chartres

LA FRANCE

la Mayenne
la Sarthe
le Loir
la Loire
l'Indre
le Cher
la Vienne
la Loire (F.)

Chartres
Laval
Le Mans
Orléans
PAYS DE LA LOIRE
Chambord
St.-Nazaire
Angers
Tours
Chenonceaux
Vierzon
Nantes
Saumur
Bourges
CENTRE
Cholet
L'île de Noirmoutier
L'île d'Yeu
Châteauroux
La Roche-sur-Yon
Les Sables-d'Olonne

L'OCÉAN ATLANTIQUE

le Vendée Globe, course° nautique

la Loire

0		50 miles
0		50 kilomètres

Incroyable mais vrai!

Construit° au XVIᵉ (seizième) siècle°, l'architecture du château de Chambord est influencée par Léonard de Vinci. Le château a 440 pièces°, 84 escaliers° et 365 cheminées (une pour chaque° jour de l'année). Le logis° central a deux escaliers en forme de double hélice°. Les escaliers vont dans la même° direction, mais ne se croisent jamais°.

Les monuments
La vallée des rois

La vallée de la Loire, avec ses châteaux, est appelée la vallée des rois°. C'est au XVIᵉ (seizième) siècle° que les Valois° quittent Paris pour habiter dans la région, où ils construisent° de nombreux° châteaux de style Renaissance. François Iᵉʳ inaugure le siècle des «rois voyageurs»: ceux° qui vont d'un château à l'autre avec leur cour° et toutes leurs possessions. Chenonceau, Chambord et Amboise sont aujourd'hui les châteaux les plus° visités.

Les festivals
Le Printemps de Bourges

Le Printemps de Bourges est un festival de musique qui a lieu° chaque année, en avril. Pendant° une semaine, tous les styles de musique sont représentés: variété française, musiques du monde°, rock, musique électronique, reggae, hip-hop, etc... Il y a des dizaines° de spectacles, de nombreux artistes, des milliers de spectateurs et des noms légendaires comme Serge Gainsbourg, Yves Montand, Ray Charles et Johnny Clegg.

Les sports
Les 24 heures du Mans

Les 24 heures du Mans, c'est la course° d'endurance automobile la plus célèbre° du monde. Depuis° 1923, de prestigieuses marques° y° participent. C'est sur ce circuit de 13,6 km que Ferrari gagne neuf victoires et que Porsche détient° le record de 16 victoires avec une vitesse moyenne° de 222 km/h sur 5.335 km. Il existe aussi les 24 heures du Mans moto°.

Les destinations
La route des vins

La vallée de la Loire est réputée pour ses vignobles°, en particulier pour ses vins blancs°. Le Sauvignon et le Chardonnay, par exemple, constituent environ° 75% (pour cent) de la production. La vigne est cultivée dans la vallée depuis l'an 380. Aujourd'hui, les vignerons° de la région produisent 400 millions de bouteilles par an.

 Qu'est-ce que vous avez appris? Répondez aux questions par des phrases complètes.

1. Quel événement peut-on voir aux Sables d'Olonne?
2. Au seizième siècle, qui influence le style de construction de Chambord?
3. Combien de cheminées y a-t-il à Chambord?
4. De quel style sont les châteaux de la Loire?
5. Pourquoi les Valois sont-ils «les rois voyageurs»?
6. Combien de spectateurs vont au Printemps de Bourges chaque année?
7. Qu'est-ce que les 24 heures du Mans?
8. Quel autre type de course existe-t-il au Mans?
9. Quels vins sont produits dans la vallée de la Loire?
10. Combien de bouteilles y sont produites chaque année?

ressources

v̂Text

CE pp. 139–140

vhlcentral.com Leçon 5B

Sur Internet

1. Trouvez des informations sur le Vendée Globe. Quel est l'itinéraire de la course? Combien de bateaux (*boats*) y participent chaque année?
2. Qui étaient (*were*) les artistes invités au dernier Printemps de Bourges? En connaissez-vous quelques-uns? (*Do you know some of them?*)

 Practice more at **vhlcentral.com.**

rois *kings* **siècle** *century* **les Valois** *name of a royal dynasty* **construisent** *build* **de nombreux** *numerous* **ceux** *those* **cour** *court* **les plus** *the most* **a lieu** *takes place* **Pendant** *For* **monde** *world* **dizaines** *dozens* **course** *race* **célèbre** *famous* **Depuis** *Since* **marques** *brands* **y** *there* **détient** *holds* **vitesse moyenne** *average speed* **moto** *motorcycle* **vignobles** *vineyards* **vins blancs** *white wines* **environ** *around* **vignerons** *wine-growers*

Lecture

 **Audio: Synced Reading**

Avant la lecture

Examinez le texte

Regardez rapidement le texte. Quel est le titre (*title*) du texte? En combien de parties le texte est-il divisé? Quels sont les titres des parties? Maintenant, regardez les photos. Quel est le sujet de l'article?

Catégories

Dans le texte, trouvez trois mots ou expressions qui représentent chaque catégorie.

les loisirs culturels

_____   _____   _____

les activités sportives

_____   _____   _____

les activités de plein air (*outdoor*)

_____   _____   _____

Trouvez

Regardez le document. Indiquez si vous trouvez ces informations.

_____ 1. où manger cette semaine

_____ 2. le temps qu'il va faire cette semaine

_____ 3. où aller à la pêche

_____ 4. des prix d'entrée (*entrance*)

_____ 5. des numéros de téléphone

_____ 6. des sports

_____ 7. des spectacles

_____ 8. des adresses

ressources

vText

vhlcentral.com
Leçon 5B

CETTE SEMAINE À MONTRÉAL ET DANS LA RÉGION

ARTS ET CULTURE

Festivals et autres manifestations culturelles à explorer:

- Festival de musique classique, samedi de 16h00 à 22h00, à la Salle de concerts Richelieu, à Montréal
- Festival du cinéma africain, dans tous les cinémas de Montréal
- Journée de la bande dessinée, samedi toute la journée, à la Librairie Rochefort, à Montréal
- Festival de reggae, dimanche tout l'après-midi, à l'Espace Lemay, à Montréal

Spectacle à voir°

- *La Cantatrice chauve*, pièce° d'Eugène Ionesco, samedi et dimanche à 20h00, au Théâtre du Chat Bleu, à Montréal

À ne pas oublier°

- Le musée des Beaux-Arts de Montréal, avec sa collection de plus de° 30.000 objets d'art du monde entier°

SPORTS ᴇᴛ JEUX

- L'Académie de golf de Montréal organise un grand tournoi° le mois prochain. Pour plus d'informations, contactez le (514) 846-1225.
- Tous les dimanches, le Club d'échecs de Montréal organise des tournois d'échecs en plein air° dans le parc Champellier. Pour plus d'informations, appelez le (514) 846-1085.
- Skiez! Passez la fin de semaine dans les Laurentides° ou dans les Cantons-de-l'Est!
- Et pour la famille sportive: essayez le parc Lafontaine, un centre d'amusement pour tous qui offre: volley-ball, tennis, football et baseball.

PASSIONNÉ° DE PÊCHE?
N'OUBLIEZ PAS LES NOMBREUX
LACS° OÙ LA PÊCHE EST AUTORISÉE.

EXPLORATION

Redécouvrez la nature grâce à° ces activités à ne pas manquer°:

Visite du parc national de la Jacques-Cartier°

- Camping
- Promenades et randonnées
- Observation de la faune et de la flore

Région des Laurentides et Gaspésie°

- Équitation°
- Randonnées à cheval de 2 à 5 jours en camping

voir *see* **pièce (de théâtre)** *play* **À ne pas oublier** *Not to be forgotten* **plus de** *more than* **du monde entier** *from around the world* **tournoi** *tournament* **en plein air** *outdoor* **Laurentides** *region of eastern Quebec* **Passionné** *Enthusiast* **lacs** *lakes* **grâce à** *thanks to* **à ne pas manquer** *not to be missed* **la Jacques-Cartier** *the Jacques-Cartier river in Quebec* **Gaspésie** *peninsula of Quebec* **Équitation** *Horseback riding*

Après la lecture

Répondez Répondez aux questions avec des phrases complètes.

1. Citez deux activités sportives qu'on peut pratiquer à l'extérieur.
   _____

2. À quel jeu est-ce qu'on joue dans le parc Champellier?
   _____

3. Où va peut-être aller un passionné de lecture et de dessin?
   _____

4. Où pratique-t-on des sports d'équipe?
   _____

5. Où y a-t-il de la neige au Québec en cette saison?
   _____

6. Si on aime beaucoup la musique, où peut-on aller?
   _____

Suggestions Lucille passe une année dans un lycée du Québec. Ce week-end, elle invite sa famille à explorer la région. Choisissez une activité à faire ou un lieu à visiter que chaque membre de sa famille va aimer.

MODÈLE

La sœur cadette de Lucille adore le ski.
Elle va aimer les Laurentides et les Cantons-de-l'Est.

1. La mère de Lucille est artiste.
   _____

2. Le frère de Lucille joue au volley-ball à l'université.
   _____

3. La sœur aînée de Lucille a envie de voir un film sénégalais.
   _____

4. Le grand-père de Lucille joue souvent aux échecs.
   _____

5. La grand-mère de Lucille est fan de théâtre.
   _____

6. Le père de Lucille adore la nature et les animaux, mais il n'est pas très sportif.
   _____

Une invitation 👥👥👥 Vous allez passer le week-end au Québec. Qu'est-ce que vous allez faire? Par groupes de quatre, discutez des activités qui vous intéressent (*that interest you*) et essayez de trouver trois ou quatre activités que vous avez en commun. Attention! Il va peut-être pleuvoir ce week-end, alors ne choisissez pas (*don't choose*) uniquement des activités de plein air!

Écriture

Using a dictionary

A common mistake made by beginning language learners is to embrace the dictionary as the ultimate resource for reading, writing, and speaking. While it is true that the dictionary is a useful tool that can provide valuable information about vocabulary, using the dictionary correctly requires that you understand the elements of each entry.

If you glance at a French-English dictionary, you will notice that the format is similar to that of an English dictionary. The word is listed first, usually followed by its pronunciation. Then come the definitions, organized by parts of speech. Sometimes, the most frequently used meanings are listed first.

To find the best word for your needs, you should refer to the abbreviations and the explanatory notes that appear next to the entries. For example, imagine that you are writing about your pastimes. You want to write *I want to buy a new racket for my match tomorrow*, but you don't know the French word for *racket*.

In the dictionary, you might find an entry like this one:

> **racket** n 1. boucan; 2. raquette (sport)

The abbreviation key at the front of the dictionary says that *n* corresponds to **nom** (*noun*). Then, the first word you see is **boucan**. The definition of **boucan** is *noise or racket,* so **boucan** is probably not the word you want. The second word is **raquette**, followed by the word *sport*, which indicates that it is related to **sports**. This detail indicates that the word **raquette** is the best choice for your needs.

Thème

Écrire une brochure ♨

Avant l'écriture

1. Choisissez le sujet de votre brochure:

   A. Vous travaillez à la Chambre de Commerce de votre région pour l'été. Des hommes et des femmes d'affaires québécois vont visiter votre région cette année, mais ils n'ont pas encore décidé (*have not yet decided*) quand. La Chambre de Commerce vous demande de créer (*asks you to create*) une petite brochure sur le temps qu'il fait dans votre région aux différentes saisons de l'année. Dites quelle saison, à votre avis (*in your opinion*), est idéale pour visiter votre région et expliquez pourquoi.

   B. Vous avez une réunion familiale pour décider où aller en vacances cette année, mais chaque membre de la famille suggère un endroit différent. Choisissez un lieu de vacances où vous avez envie d'aller et créez une brochure pour montrer à votre famille pourquoi vous devriez (*should*) tous y aller (*go there*). Décrivez la météo de l'endroit et indiquez les différentes activités culturelles et sportives qu'on peut y faire.

   C. Vous passez un semestre/trimestre dans le pays francophone de votre choix (*of your choice*). Deux élèves de votre cours de français ont aussi envie de visiter ce pays. Créez une petite brochure pour partager vos impressions du pays. Présentez le pays, donnez des informations météorologiques et décrivez vos activités préférées.

2. Choisissez le sujet de votre brochure et pensez au vocabulaire utile à son écriture. Utilisez le tableau (*chart*) pour noter tous les mots (*words*) en français qui vous viennent à l'esprit (*you can think of*). Ensuite (*Then*), révisez (*review*) la liste de vocabulaire des unités 1–4 et ajoutez (*add*) le vocabulaire utile pour le sujet. Enfin (*Finally*), regardez votre tableau. Quels sont les mots en anglais que vous pourriez (*could*) ajouter? Créez une nouvelle liste et cherchez les mots dans un dictionnaire.

Mots en français (de moi)	Mots en français (des listes)	Mots en anglais
		anglais / français:

3. Cherchez les mots dans le dictionnaire. N'oubliez pas d'utiliser la procédure de **Stratégie**.

Écriture

Utilisez le vocabulaire du tableau pour créer votre brochure. N'oubliez pas de penser à un titre (*title*). Ensuite, créez des sections et donnez-leur (*them*) aussi un titre, comme **Printemps, Été, ...; Ville, Campagne (Countryside), ...; France, Tunisie, ...** Vous pouvez (*can*) utiliser des photos pour illustrer.

Après l'écriture

1. Échangez votre brochure avec celle (*the one*) d'un(e) partenaire. Répondez à ces questions pour commenter son travail.

- Votre partenaire a-t-il/elle couvert (*did cover*) le sujet?

- A-t-il/elle donné (*did give*) un titre à la brochure et aux sections?

- S'il (*If there*) y a des photos, illustrent-elles le texte?

- Votre partenaire a-t-il/elle utilisé (*did use*) le vocabulaire approprié?

- A-t-il/elle correctement conjugué (*did conjugate*) les verbes?

2. Corrigez votre brochure d'après (*according to*) les commentaires de votre partenaire. Relisez votre travail pour éliminer ces problèmes:

- des fautes (*errors*) d'orthographe

- des fautes de ponctuation

- des fautes de conjugaison

- des fautes d'accord (*agreement*) des adjectifs

- un mauvais emploi (*use*) de la grammaire

Activités sportives et loisirs

aider	to help
aller à la pêche	to go fishing
bricoler	to tinker; to do odd jobs
chanter	to sing
désirer	to want
gagner	to win
indiquer	to indicate
jouer (à/de)	to play
marcher	to walk (person); to work (thing)
pratiquer	to play regularly, to practice
skier	to ski
une bande dessinée (B.D.)	comic strip
le baseball	baseball
le basket(-ball)	basketball
les cartes (f.)	cards
le cinéma	movies
les échecs (m.)	chess
une équipe	team
le foot(ball)	soccer
le football américain	football
le golf	golf
un jeu	game
un joueur/ une joueuse	player
un loisir	leisure activity
un match	game
un passe-temps	pastime, hobby
un spectacle	show
le sport	sport
un stade	stadium
le temps libre	free time
le tennis	tennis
le volley(-ball)	volleyball

Verbes irréguliers en –ir

courir	to run
dormir	to sleep
partir	to leave
sentir	to feel; to smell; to sense
servir	to serve
sortir	to go out, to leave

Le temps qu'il fait

Il fait 18 degrés.	It is 18 degrees.
Il fait beau.	The weather is nice.
Il fait bon.	The weather is good/warm.
Il fait chaud.	It is hot (out).
Il fait (du) soleil.	It is sunny.
Il fait du vent.	It is windy.
Il fait frais.	It is cool.
Il fait froid.	It is cold.
Il fait mauvais.	The weather is bad.
Il fait un temps épouvantable.	The weather is dreadful.
Il neige. (neiger)	It is snowing. (to snow)
Il pleut. (pleuvoir)	It is raining. (to rain)
Le temps est nuageux.	It is cloudy.
Le temps est orageux.	It is stormy.
Quel temps fait-il?	What is the weather like?
Quelle température fait-il?	What is the temperature?
un imperméable	rain jacket
un parapluie	umbrella

Verbes

acheter	to buy
amener	to bring (someone)
célébrer	to celebrate
considérer	to consider
emmener	to take (someone)
employer	to use; to employ
envoyer	to send
espérer	to hope
essayer (de + inf.)	to try (to)
nettoyer	to clean
payer	to pay
posséder	to possess, to own
préférer	to prefer
protéger	to protect
répéter	to repeat; to rehearse

La fréquence

une/deux fois	one/two time(s)
par jour, semaine, mois, an, etc.	per day, week, month, year, etc.
déjà	already
encore	again, still
jamais	never
longtemps	long time
maintenant	now
parfois	sometimes
rarement	rarely
souvent	often

Les saisons, les mois, les dates

une saison	season
l'automne (m.)/ en automne	fall/in the fall
l'été (m.)/en été	summer/in the summer
l'hiver (m.)/en hiver	winter/in the winter
le printemps (m.)/ au printemps	spring/in the spring
Quelle est la date?	What's the date?
C'est le 1er (premier) octobre.	It's the first of October.
C'est quand votre/ ton anniversaire?	When is your birthday?
C'est le 2 mai.	It's the second of May.
C'est quand l'anniversaire de Paul?	When is Paul's birthday?
C'est le 15 mars.	It's March 15th.
un anniversaire	birthday
janvier	January
février	February
mars	March
avril	April
mai	May
juin	June
juillet	July
août	August
septembre	September
octobre	October
novembre	November
décembre	December

Expressions utiles	See pp. 151 and 165.
Expressions with *faire*	See p. 154.
faire	See p. 154.
Il faut...	See p. 155.
Numbers 101 and higher	See p. 168.

Les fêtes

Unité
6

Pour commencer
- Combien de personnes y a-t-il sur la photo? Quel âge ont-ils, à votre avis?
- Qu'est-ce qu'ils fêtent aujourd'hui?
- Qu'est-ce qu'ils vont manger, du fromage ou un dessert?
- Et vous, organisez-vous souvent des fêtes? Pour quelles occasions?

You will learn how to...
- talk about celebrations
- talk about the stages of life

S Audio: Vocabulary Practice
My Vocabulary

Surprise!

les invitées (f.)

les invités (m.)

l'hôte (m.)

l'hôtesse (f.)

le gâteau

la glace

les biscuits (m.)

les bonbons (m.)

le champagne

les desserts (m.)

les glaçons (m.)

Vocabulaire

faire la fête	to party
faire une surprise (à quelqu'un)	to surprise (someone)
fêter	to celebrate
organiser une fête	to organize a party
une fête	party; celebration
un jour férié	holiday
une bière	beer
le vin	wine
l'amitié	friendship
l'amour	love
le bonheur	happiness
un(e) fiancé(e)	fiancé
des jeunes mariés (m.)	newlyweds
un rendez-vous	date; appointment
l'adolescence (f.)	adolescence
l'âge adulte (m.)	adulthood
un divorce	divorce
l'enfance (f.)	childhood
une étape	stage
l'état civil (m.)	marital status
la jeunesse	youth
un mariage	marriage; wedding
la mort	death
la naissance	birth
la vie	life
la vieillesse	old age
prendre sa retraite	to retire
tomber amoureux/ amoureuse	to fall in love
ensemble	together

ressources

vText

CE pp. 141–143

S vhlcentral.com
Leçon 6A

BON ANNIVERSAIRE, MARC!

la surprise

le couple

le cadeau

Mise en pratique

1 **Chassez l'intrus** Indiquez le mot ou l'expression qui n'appartient pas (*doesn't belong*) à la liste.

1. l'amour, tomber amoureux, un fiancé, un divorce
2. un mariage, un couple, un jour férié, un fiancé
3. un biscuit, une bière, un dessert, un gâteau
4. une glace, une bière, le champagne, le vin
5. la vieillesse, la naissance, l'enfance, la jeunesse
6. faire la fête, un hôte, des invités, une étape
7. fêter, un cadeau, la vie, une surprise
8. l'état civil, la naissance, la mort, l'adolescence

2 **Écoutez** 🎧 Écoutez la conversation entre Anne et Nathalie. Indiquez si les affirmations sont **vraies** ou **fausses**.

	Vrai	Faux
1. Jean-Marc va prendre sa retraite dans six mois.	☐	☐
2. Nathalie a l'idée d'organiser une fête pour Jean-Marc.	☐	☐
3. Anne va acheter un gâteau.	☐	☐
4. Nathalie va apporter de la glace.	☐	☐
5. La fête est une surprise.	☐	☐
6. Nathalie va envoyer les invitations par e-mail.	☐	☐
7. La fête va avoir lieu (*take place*) dans le bureau d'Anne.	☐	☐
8. La maison d'Anne n'est pas belle.	☐	☐
9. Tout le monde va donner des idées pour le cadeau.	☐	☐
10. Les invités vont acheter le cadeau.	☐	☐

3 **Associez** Faites correspondre les mots et expressions de la colonne de gauche avec les définitions de la colonne de droite. Notez que tous les éléments ne sont pas utilisés. Ensuite (*Then*), avec un(e) partenaire, donnez votre propre définition de quatre expressions de la première colonne. Votre partenaire doit deviner (*must guess*) de quoi vous parlez.

_____ 1. la naissance
_____ 2. l'enfance
_____ 3. l'adolescence
_____ 4. l'âge adulte
_____ 5. tomber amoureux
_____ 6. un jour férié
_____ 7. le mariage
_____ 8. le divorce
_____ 9. prendre sa retraite
_____ 10. la mort

a. C'est une date importante, comme le 4 juillet aux États-Unis.
b. C'est la fin de l'étape prénatale.
c. C'est l'étape de la vie pendant laquelle (*during which*) on va au lycée.
d. C'est un événement très triste.
e. C'est soudain (*suddenly*) aimer une personne.
f. C'est le futur probable d'un couple qui se dispute (*fights*) tout le temps.
g. C'est un jour de bonheur et de célébration de l'amour.
h. C'est quand une personne décide de ne plus travailler.

 Practice more at **vhlcentral.com**.

Communication

4 **Le mot juste** Complétez les phrases par le mot illustré. Faites les accords nécessaires. Ensuite (*Then*), avec un(e) partenaire, créez (*create*) une phrase pour laquelle (*for which*) vous illustrez trois mots de **CONTEXTES**. Échangez votre phrase avec celle d'un autre groupe et résolvez le rébus.

1. Caroline est une amie d' _____ . Je vais lui faire une _____ samedi. C'est son anniversaire.

2. Marc et Sophie sont inséparables. Ils sont toujours _____ . C'est le bonheur et le grand _____ .

3. Les _____ aiment beaucoup les desserts: un _____ au chocolat et des _____ .

4. Les _____ ont beaucoup de _____ .

5. La _____ de ma sœur est un grand _____ pour mes parents.

5 **Sept différences** Votre professeur va vous donner, à vous et à votre partenaire, deux feuilles d'activités différentes. À tour de rôle, posez-vous des questions pour trouver les sept différences entre les illustrations de l'anniversaire des jumeaux (*twins*) Boniface. Attention! Ne regardez pas la feuille de votre partenaire.

MODÈLE

Élève 1: *Sur mon image, il y a trois cadeaux. Combien de cadeaux y a-t-il sur ton image?*
Élève 2: *Sur mon image, il y a quatre cadeaux.*

6 **C'est la fête!** Vous venez de passer le bac, et vous allez organiser une fête! Avec un(e) partenaire, écrivez une conversation au sujet de la préparation de cette fête. N'oubliez pas de répondre aux questions suivantes. Ensuite (*Then*), jouez (*act out*) votre dialogue devant la classe.

1. Quand allez-vous organiser la fête?
2. Qui vont être les invités?
3. Où la fête va-t-elle avoir lieu (*take place*)?
4. Qu'allez-vous manger? Qu'allez-vous boire?
5. Qui va apporter quoi?
6. Qui est responsable de la musique? De la décoration?
7. Qu'allez-vous faire pendant (*during*) la fête?
8. Qui va nettoyer après la fête?

Les sons et les lettres

Audio: Explanation
Record & Compare

🎧 Open vs. closed vowels: Part 2

The letter combinations **au** and **eau** are pronounced like the vowel sound in the English word *coat*, but without the glide heard in English. These are closed **o** sounds.

ch**au**d	**au**ssi	be**au**coup	table**au**

When the letter **o** is followed by a consonant sound, it is usually pronounced like the vowel in the English word *raw*. This is an open **o** sound.

h**o**mme	télé**ph**one	**o**rdinateur	**o**range

When the letter **o** occurs as the last sound of a word or is followed by a *z* sound, such as a single **s** between two vowels, it is usually pronounced with the closed **o** sound.

tr**o**p	hér**o**s	r**o**se	ch**o**se

When the letter **o** has an **accent circonflexe**, it is usually pronounced with the closed **o** sound.

dr**ô**le	bient**ô**t	p**ô**le	c**ô**té

🔊 **Prononcez** Répétez les mots suivants à voix haute.

1. rôle
2. porte
3. dos
4. chaud
5. prose
6. gros
7. oiseau
8. encore
9. mauvais
10. nouveau
11. restaurant
12. bibliothèque

🔊 **Articulez** Répétez les phrases suivantes à voix haute.

1. En automne, on n'a pas trop chaud.
2. Aurélie a une bonne note en biologie.
3. Votre colocataire est d'origine japonaise?
4. Sophie aime beaucoup l'informatique et la psychologie.
5. Nos copains mangent au restaurant marocain aujourd'hui.
6. Comme cadeau, Robert et Corinne vont préparer un gâteau.

🔊 **Dictons** Répétez les dictons à voix haute.

La fortune vient en dormant.[2]

Tout nouveau, tout beau.[1]

[1] Shiny and new.
[2] Fortune comes while you sleep.

Les cadeaux

 Video: *Roman-photo*
Record & Compare

À l'appartement de Sandrine...

SANDRINE Allô, Pascal? Tu m'as téléphoné? Écoute, je suis très occupée, là. Je prépare un gâteau d'anniversaire pour Stéphane... Il a dix-huit ans aujourd'hui... On organise une fête surprise au P'tit Bistrot.

SANDRINE J'ai fait une mousse au chocolat, comme pour ton anniversaire. Stéphane adore ça! J'ai aussi préparé des biscuits que David aime bien.

SANDRINE Quoi? David!... Mais non, il n'est pas marié. C'est un bon copain, c'est tout!... Désolée, je n'ai pas le temps de discuter. À bientôt.

RACHID Écoute, Astrid. Il faut trouver un cadeau... un *vrai* cadeau d'anniversaire.
ASTRID Excusez-moi, Madame. Combien coûte cette montre, s'il vous plaît?
VENDEUSE Quarante euros.
ASTRID Que penses-tu de cette montre, Rachid?
RACHID Bonne idée.

VENDEUSE Je fais un paquet cadeau?
ASTRID Oui, merci.
RACHID Eh, Astrid, il faut y aller!
VENDEUSE Et voilà dix euros. Merci, Mademoiselle, bonne fin de journée.

Au café...

VALÉRIE Ah, vous voilà! Astrid, aide-nous avec les décorations, s'il te plaît. La fête commence à six heures. Sandrine a tout préparé.
ASTRID Quelle heure est-il? Zut, déjà? En tout cas, on a trouvé des cadeaux.
RACHID Je vais chercher Stéphane.

A C T I V I T É S

1 **Vrai ou faux?** Indiquez si ces (*these*) affirmations sont **vraies** ou **fausses**. Corrigez les phrases fausses.

1. Sandrine prépare un gâteau d'anniversaire pour Stéphane.
2. Sandrine est désolée parce qu'elle n'a pas le temps de discuter avec Rachid.
3. Rachid ne comprend pas la blague.
4. Pour aider Sandrine, Valérie va apporter les desserts.

5. Rachid et Astrid trouvent un cadeau pour Valérie.
6. Rachid n'aime pas l'idée de la montre pour Stéphane.
7. La fête d'anniversaire pour Stéphane commence à huit heures.
8. Sandrine va chercher Stéphane.
9. Amina a apporté de la glace au chocolat.
10. Les parents d'Amina vont passer l'été en France.

 Practice more at **vhlcentral.com**.

Tout le monde prépare la surprise pour Stéphane.

VALÉRIE Oh là là! Tu as fait tout ça pour Stéphane?!

SANDRINE Oh, ce n'est pas grand-chose.

VALÉRIE Tu es un ange! Stéphane va bientôt arriver. Je t'aide à apporter ces desserts?

SANDRINE Oh, merci, c'est gentil.

Dans un magasin...

ASTRID Eh Rachid, j'ai eu une idée géniale... Des cadeaux parfaits pour Stéphane. Regarde! Ce matin, j'ai acheté cette calculatrice et ces livres.

RACHID Mais enfin, Astrid, Stéphane n'aime pas les livres.

ASTRID Oh, Rachid, tu ne comprends rien. C'est une blague.

AMINA Bonjour! Désolée, je suis en retard!

VALÉRIE Ce n'est pas grave. Tu es toute belle ce soir!

AMINA Vous trouvez? J'ai acheté ce cadeau pour Stéphane. Et j'ai apporté de la glace au chocolat aussi.

VALÉRIE Oh, merci! Il faut aider Astrid avec les décorations.

ASTRID Salut, Amina. Ça va?

AMINA Oui, super. Mes parents ont téléphoné du Sénégal ce matin! Ils vont passer l'été ici. C'est le bonheur!

Expressions utiles

Talking about celebrations

- **J'ai fait une mousse au chocolat, comme pour ton anniversaire.**
  I made a chocolate mousse, (just) like for your birthday.
- **J'ai aussi préparé des biscuits que David aime bien.**
  I have also prepared some cookies that David likes.
- **Je fais un paquet cadeau?**
  Shall I wrap the present?
- **En tout cas, on a trouvé des cadeaux.**
  In any case, we have found some presents.
- **Et j'ai apporté de la glace au chocolat.**
  And I brought some chocolate ice cream.

Talking about the past

- **Tu m'as téléphoné?**
  Did you call me?
- **Tu as fait tout ça pour Stéphane?!**
  You did all that for Stéphane?!
- **J'ai eu une idée géniale.**
  I had a great idea.
- **Sandrine a tout préparé.**
  Sandrine prepared everything.

Pointing out things

- **Je t'aide à apporter ces desserts?**
  Can I help you to carry these desserts?
- **J'ai acheté cette calculatrice et ces livres.**
  I bought this calculator and these books.
- **J'ai acheté ce cadeau pour Stéphane.**
  I bought this present for Stéphane.

Additional vocabulary

- **Ce n'est pas grave.**
  It's okay./No problem.
- **Tu ne comprends rien.**
  You don't understand a thing.
- **désolé(e)**
  sorry
- **discuter**
  to talk
- **zut**
  darn

---

2 **Le bon mot** Choisissez le bon mot entre **ce** (*m.*), **cette** (*f.*) et **ces** (*pl.*) pour compléter les phrases. Attention, les phrases ne sont pas identiques aux dialogues!

1. Je t'aide à apporter _____ gâteau?
2. Ce matin, j'ai acheté _____ calculatrices et _____ livre.
3. Rachid ne comprend pas _____ blague.
4. Combien coûtent _____ montres?
5. À quelle heure commence _____ classe?

3 **Imaginez** Avec un(e) partenaire, imaginez qu'Amina soit (*is*) dans un grand magasin et qu'elle téléphone à Valérie pour l'aider à choisir le cadeau idéal pour Stéphane. Amina propose plusieurs possibilités de cadeaux et Valérie donne son avis (*opinion*) sur chacune d'entre elles (*each of them*).

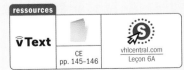
A C T I V I T É S

Reading
Video: *Flash culture*

CULTURE À LA LOUPE

Le carnaval

Tous les ans, beaucoup de pays° et de régions francophones célèbrent le carnaval. Cette tradition est l'occasion de fêter la fin° de l'hiver et l'arrivée° du printemps. En général, la période de fête commence la semaine avant le Carême° et se termine° le jour du Mardi gras. Le carnaval demande très souvent des mois de préparation. La ville organise des défilés° de musique, de masques, de costumes et de chars fleuris°. La fête finit souvent par la crémation du roi° Carnaval, personnage de papier qui représente le carnaval et l'hiver.

Certaines villes et certaines régions sont réputées° pour leur carnaval: Nice, en France, la ville de Québec, au Canada, La Nouvelle-Orléans, aux États-Unis, et la Martinique. Chaque ville a ses traditions particulières. La ville de Nice, lieu du plus grand carnaval français, organise une grande bataille de fleurs° où des jeunes, sur des chars, envoient des milliers° de fleurs aux spectateurs. À Québec, le climat intense transforme le carnaval en une célébration de l'hiver. Le symbole

le roi du carnaval de Nice

officiel de la fête est le «Bonhomme» (de neige°) et les gens font du ski, de la pêche sous la glace° ou des courses de traîneaux à chiens°. À la Martinique, le carnaval continue jusqu'au° mercredi des Cendres°, à minuit: les gens, tout en noir et blanc°, regardent la crémation de Vaval, le roi Carnaval. Le carnaval de La Nouvelle-Orléans est célébré avec de nombreux bals° et défilés costumés. Ses couleurs officielles sont l'or°, le vert° et le violet.

Le carnaval en détail

Martinique	Chaque ville choisit une reine°.
Nice	La première bataille de fleurs a eu lieu° en 1876. Chaque année, on envoie entre 80.000 et 100.000 fleurs aux spectateurs.
La Nouvelle-Orléans	Il y a plus de 70 défilés pendant° le carnaval.
la ville de Québec	Le premier carnaval a eu lieu en 1894.

pays *countries* **fin** *end* **arrivée** *arrival* **Carême** *Lent* **se termine** *ends* **défilés** *parades* **chars fleuris** *floats decorated with flowers* **roi** *king* **réputées** *famous* **bataille de fleurs** *flower battle* **milliers** *thousands* **«Bonhomme» (de neige)** *snowman* **pêche sous la glace** *ice-fishing* **courses de traîneaux à chiens** *dogsled races* **jusqu'au** *until* **mercredi des Cendres** *Ash Wednesday* **noir et blanc** *black and white* **bals** *balls (dances)* **or** *gold* **vert** *green* **reine** *queen* **a eu lieu** *took place* **pendant** *during*

A C T I V I T É S

1 Compréhension Répondez par des phrases complètes.

1. En général, quel est le dernier jour du carnaval?
2. Dans quelle ville des États-Unis est-ce qu'on célèbre le carnaval?
3. Où a lieu le plus grand carnaval français?
4. Qu'est-ce que les jeunes envoient aux spectateurs du carnaval de Nice?
5. Quel est le symbole officiel du carnaval de Québec?

6. Que fait-on pendant (*during*) le carnaval de Québec?
7. Qu'est-ce qui est différent au carnaval de la Martinique?
8. Qui est Vaval?
9. Comment est-ce qu'on célèbre le carnaval à La Nouvelle-Orléans?
10. Quelles sont les couleurs officielles du carnaval de La Nouvelle-Orléans?

LE FRANÇAIS QUOTIDIEN

Les vœux

À votre santé!	To your health!
Bonne année!	Happy New Year!
Bravo! Félicitations!	Bravo! Congratulations!
Joyeuses fêtes!	Have a good holiday!
Meilleurs vœux!	Best wishes!
Santé!	Cheers!
Tous mes vœux de bonheur!	All the best!

LE MONDE FRANCOPHONE

Fêtes et festivals

Voici d'autres fêtes et festivals francophones.

En Côte d'Ivoire
La fête des Ignames (plusieurs dates) On célèbre la fin° de la récolte° des ignames°, une ressource très importante pour les Ivoiriens.

Au Maroc
La fête du Trône (le 30 juillet) Tout le pays honore le roi° avec des parades et des spectacles.

À la Martinique/À la Guadeloupe
La fête des Cuisinières (en août) Les femmes défilent° en costumes traditionnels et présentent des spécialités locales qu'elles ont préparées pour la fête.

Dans de nombreux pays
L'Aïd el-Fitr C'est la fête musulmane° de la rupture du jeûne° à la fin du Ramadan.

fin *end* **récolte** *harvest* **ignames** *yams* **roi** *king* **défilent** *parade* **musulmane** *Muslim* **jeûne** *fast*

PORTRAIT

Le 14 juillet

Le 14 juillet 1789, sous le règne° de Louis XVI, les Français se sont rebellés contre° la monarchie et ont pris° la Bastille, une forteresse utilisée comme prison. Cette date est très importante dans l'histoire de France parce qu'elle représente le début de la Révolution. Le 14 juillet symbolise la fondation de la République française et a donc° été sélectionné comme date de la Fête nationale. Tous les ans, il y a un grand défilé° militaire sur les Champs-Élysées, la plus grande° avenue parisienne. Partout° en France, les gens assistent à des défilés et à des fêtes dans les rues°. Le soir, il y a de nombreux bals populaires° où les Français dansent et célèbrent cette date historique. Le soir, on assiste aux feux d'artifices° traditionnels.

règne *reign* **se sont rebellés contre** *rebelled against* **ont pris** *stormed* **donc** *therefore* **défilé** *parade* **la plus grande** *the largest* **Partout** *Everywhere* **rues** *streets* **bals populaires** *public dances* **feux d'artifices** *fireworks*

Sur Internet

 Qu'est-ce que c'est, la fête des Rois?

Go to **vhlcentral.com** to find more cultural information related to this **Culture** section. Then watch the corresponding **Flash culture.**

---

2 **Les fêtes** Complétez les phrases.

1. Le 14 juillet 1789 est la date _____.
2. Aujourd'hui, le 14 juillet est la _____.
3. En France, le soir du 14 juillet, il y a _____.
4. À plusieurs dates, les Ivoiriens fêtent _____.
5. Au Maroc, il y a un festival au mois de _____.
6. Dans les pays musulmans, l'Aïd el-Fitr célèbre _____.

 Practice more at **vhlcentral.com.**

3 **Faisons la fête ensemble!** Vous êtes en vacances dans un pays francophone et vous invitez un(e) ami(e) à aller à une fête ou à un festival francophone avec vous. Expliquez à votre partenaire ce que vous allez faire. Votre partenaire va vous poser des questions.

ressources

vText	CE pp. 147–148	vhlcentral.com Leçon 6A

A C T I V I T É S

Presentation Tutorial

6A.1 Demonstrative adjectives

Point de départ To identify or point out a noun with the French equivalent of *this/these* and *that/those*, use a demonstrative adjective before the noun.

Demonstrative adjectives

	singular		plural
	Before consonant	Before vowel sound	
masculine	ce café	cet éclair	ces cafés, ces éclairs
feminine	cette surprise	cette amie	ces surprises, ces amies

Ce copain organise une fête.
This friend is organizing a party.

Cette glace est excellente.
This ice cream is excellent.

Cet hôpital est trop loin du centre-ville.
That hospital is too far from downtown.

Je préfère ces cadeaux.
I prefer those gifts.

Combien coûte cette montre?

J'ai ce cadeau pour Stéphane.

- Although the forms of **ce** can refer to a noun that is near (*this/ these*) and one that is far (*that/those*), the meaning will usually be clear from context.

Ce dessert est délicieux.
This dessert is delicious.

Ils vont aimer cette surprise.
They're going to like this surprise.

Joël préfère cet éclair.
Joël prefers that éclair.

Ces glaçons sont pour la limonade.
Those ice cubes are for the lemon soda.

La maison Julien

Pour toutes ces occasions...

pour célébrer tout ce bonheur...

nous pensons à tous les détails.

1 **Remplacez** Remplacez les noms au singulier par des noms au pluriel et vice versa.

MODÈLE

J'aime mieux ce dessert.
J'aime mieux ces desserts.

1. Ces glaces au chocolat sont délicieuses.
2. Ce gâteau est énorme.
3. Ces biscuits ne sont pas bons.
4. Ces invitées sont gentilles.
5. Ces hôtes parlent japonais.
6. Cette fille est allemande.

2 **Monsieur Parfait** Avant la fête, l'hôte donne à sa femme son opinion sur les préparations. Complétez ce texte avec **ce**, **cette** ou **ces**.

Mmm! (1) _____ glace est parfaite. Ah! (2) _____ gâteaux sont magnifiques, (3) _____ biscuits sont délicieux et j'adore (4) _____ chocolats. Bah! (5) _____ bonbons sont originaux, mais pas très bons. Ouvre (*Open*) (6) _____ bouteille. (7) _____ café sur (8) _____ table sent très bon. (9) _____ plante a besoin d'eau. (10) _____ tableau (*painting*) n'est pas droit (*straight*)! Oh là là! Arrange (11) _____ chaises autour de (*around*) (12) _____ trois tables!

3 **Magazine** Complétez les phrases.

MODÈLE

Ce cheval est très grand.

1. _____ au chocolat et _____ sont délicieux.

3. _____ sont très heureux.

2. _____ aime beaucoup _____.

4. _____ est à la retraite.

 Practice more at **vhlcentral.com**.

4 **Comparez** Avec un(e) partenaire, comparez le contenu (*content*) à tour de rôle.

MODÈLE

Élève 1: *Comment sont ces hommes?*
Élève 2: *Cet homme-ci est petit et cet homme-là est grand.*

l'homme

1. la femme

3. le chien

2. l'automobile (*f.*)

4. la fille

5 **Préférences** Demandez à votre partenaire ses préférences, puis donnez votre opinion. Employez des adjectifs démonstratifs et présentez vos réponses à la classe.

MODÈLE

Élève 1: *Quel film est-ce que tu aimes?*
Élève 2: *J'aime bien Casablanca.*
Élève 1: *Moi, je n'aime pas du tout ce vieux film.*

acteur/actrice	passe-temps
chanteur/chanteuse	restaurant
dessert	saison
film	sport
magasin	ville
?	?

6 **Invitation** Nathalie est au supermarché avec une amie. Elles organisent une fête, mais elles ne sont pas d'accord sur ce qu'elles vont acheter. Avec un(e) partenaire, jouez les rôles.

MODÈLE

Élève 1: *On achète cette glace-ci?*
Élève 2: *Je n'aime pas cette glace-ci. Je préfère cette glace-là!*
Élève 1: *Mais cette glace-là coûte dix euros!*
Élève 2: *D'accord! On prend cette glace-ci.*

- To make it especially clear that you're referring to something near versus something far, add **-ci** or **-là**, respectively, to the noun following the demonstrative adjective.

ce couple**-ci**	**ces** biscuits**-ci**
this couple (here)	*these cookies (here)*
cette invitée**-là**	**ces** fêtes**-là**
that guest (there)	*those parties (there)*

- Use **-ci** and **-là** in the same sentence to contrast similar items.

On prend **cette glace-ci**, pas **cette glace-là**.	Tu achètes **ce fromage-ci** ou **ce fromage-là**?
We'll have this ice cream, not that ice cream.	*Are you buying this cheese or that cheese?*

J'aime bien **cette robe-ci**.
I like this dress.

Je n'aime pas **ces chaussures-là**.
I don't like those shoes.

Essayez! Complétez les phrases avec la forme correcte de l'adjectif démonstratif.

1. ___Cette___ glace au chocolat est très bonne!
2. Qu'est-ce que tu penses de _____ cadeau?
3. _____ homme-là est l'hôte de la fête.
4. Tu préfères _____ biscuits-ci ou _____ biscuits-là?
5. Vous aimez mieux _____ dessert-ci ou _____ dessert-là?
6. _____ année-ci, on va fêter l'anniversaire de mariage de nos parents en famille.
7. Tu achètes _____ éclair-là.
8. Vous achetez _____ montre?
9. _____ surprise va être géniale!
10. _____ invité-là est antipathique.

 Presentation Tutorial

6A.2 The *passé composé* with *avoir*

Point de départ In order to talk about events in the past, French uses two principal tenses: the **passé composé** and the imperfect. In this lesson, you will learn how to form the **passé composé**, which is used to express actions or states of being completed in the past. You will learn about the imperfect in **Leçon 7B**.

- The **passé composé** of most verbs is formed with a present-tense form of **avoir** (the auxiliary verb) followed by the past participle of the verb expressing the action.

AUXILIARY PAST
VERB PARTICIPLE

Nous **avons fêté.**
We celebrated / have celebrated.

- The past participle of a regular **-er** verb is formed by replacing the **-er** ending of the infinitive with **-é**.

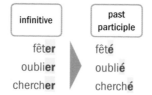

infinitive	past participle
fêt**er**	fêt**é**
oubli**er**	oubli**é**
cherch**er**	cherch**é**

- Most regular **-er** verbs are conjugated in the **passé composé** like the verb **parler** shown below.

The *passé composé*

j'ai parlé	*I spoke/have spoken*	nous avons parlé	*we spoke/ have spoken*
tu as parlé	*you spoke/ have spoken*	vous avez parlé	*you spoke/ have spoken*
il/elle a parlé	*he/she/it spoke/ has spoken*	ils/elles ont parlé	*they spoke/ have spoken*

- To make a verb negative in the **passé composé**, place **ne/n'** and **pas** around the conjugated form of **avoir**.

On **n'**a **pas** fêté
mon anniversaire.
*We didn't celebrate
my birthday.*

Elles **n'**ont **pas** acheté
de biscuits hier?
*They didn't buy any cookies
yesterday?*

- To ask questions using inversion in the **passé composé**, invert the subject pronoun and the conjugated form of **avoir**.

Avez-vous fêté votre
anniversaire?
Did you celebrate your birthday?

Est-ce qu'elles **ont acheté**
des biscuits?
Did they buy any cookies?

1 **Qu'est-ce qu'ils ont fait?** Laurent parle de son week-end en ville avec sa famille. Complétez ses phrases avec le **passé composé** du verbe correct.

1. Nous _____ (nager, manger) des escargots.
2. Papa _____ (acheter, apprendre) une nouvelle montre.
3. J'_____ (prendre, oublier) une glace à la terrasse d'un café.
4. Vous _____ (enseigner, essayer) un nouveau restaurant.
5. Mes parents _____ (dessiner, célébrer) leur anniversaire de mariage.
6. Ils _____ (fréquenter, faire) une promenade.
7. Ma sœur _____ (boire, nettoyer) un chocolat chaud.
8. Le soir, nous _____ (écouter, avoir) sommeil.

2 **Pas encore** Un copain pose des questions pénibles. Écrivez ses questions, puis donnez des réponses négatives.

MODÈLE

inviter vos amis (vous)
Vous avez invité vos amis?
Non, nous n'avons pas invité nos amis.

1. écouter mon CD (tu)
2. faire ses devoirs (Matthieu)
3. courir dans le parc (elles)
4. parler aux profs (tu)
5. apprendre les verbes irréguliers (Yassim)
6. être à la piscine (Marie et Lise)
7. emmener André au cinéma (vous)
8. avoir le temps d'étudier (tu)

3 **La semaine** À tour de rôle, assemblez les éléments des colonnes pour raconter (*to tell*) à votre partenaire ce que (*what*) tout le monde (*everyone*) a fait cette semaine.

A	B	C
je	acheter	bonbons
Luc	apprendre	café
mon prof	boire	l'espagnol
Sylvie	faire	famille
mes parents	jouer	foot
mes copains et moi	manger	glace
tu	parler	jogging
vous	prendre	promenade

 Practice more at **vhlcentral.com.**

COMMUNICATION

4 **Vendredi soir** Vous et votre partenaire avez assisté à une fête vendredi soir. Parlez de la fête à tour de rôle. Qu'est-ce que les invités ont fait? Quelle a été l'occasion?

5 **L'été dernier** Vous avez passé l'été dernier avec deux amis, mais vos souvenirs (*memories*) diffèrent. Par groupes de trois, utilisez les expressions de la liste et imaginez le dialogue.

MODÈLE

Élève 1: *Nous avons fait du cheval tous les matins.*
Élève 2: *Mais non! Moi, j'ai fait du cheval. Vous deux, vous avez fait du jogging.*
Élève 3: *Je n'ai pas fait de jogging. J'ai dormi!*

acheter	essayer	faire une
courir	faire du cheval	promenade
dormir	faire du jogging	jouer aux cartes
emmener	faire la fête	jouer au foot
		manger

6 **Qu'est-ce que tu as fait?** Avec un(e) partenaire, posez-vous les questions à tour de rôle. Ensuite, présentez vos réponses à la classe.

1. As-tu fait la fête samedi dernier? Où? Avec qui?
2. Est-ce que tu as célébré une occasion importante cette année? Quelle occasion?
3. As-tu organisé une fête? Pour qui?
4. Qui est-ce que tu as invité à ta dernière fête?
5. Qu'est-ce que tu as fait pour fêter ton dernier anniversaire?
6. Est-ce que tu as préparé quelque chose à manger pour une fête ou un dîner? Quoi?

- The adverbs **hier** (*yesterday*) and **avant-hier** (*the day before yesterday*) are used often with the **passé composé**.

- Place the adverbs **déjà**, **encore**, **bien**, **mal**, and **beaucoup** between the auxiliary verb or **pas** and the past participle.

Tu as **déjà** mangé ta part de gâteau.
You already ate your piece of cake.

Elle n'a pas **encore** visité notre ville.
She hasn't visited our town yet.

- The past participle of spelling-change **-er** verbs has no spelling changes.

Laurent a-t-il **acheté** le champagne?
Did Laurent buy the champagne?

Vous avez **envoyé** des bonbons.
You sent candy.

- The past participle of most **-ir** verbs is formed by replacing the **-ir** ending with **-i**.

Sylvie a **dormi** jusqu'à dix heures.
Sylvie slept until 10 o'clock.

On a **senti** leurs regards.
We felt their stares.

Some irregular past participles

apprendre	appris	être	été
avoir	eu	faire	fait
boire	bu	pleuvoir	plu
comprendre	compris	prendre	pris
courir	couru	surprendre	surpris

Nous avons **bu** de la limonade.
We drank lemonade.

Ils ont **été** très en retard.
They were very late.

- The **passé composé** of **il faut** is **il a fallu**; that of **il y a** is **il y a eu**.

Il a fallu passer par le supermarché.
It was necessary to stop by the supermarket.

Il y a eu deux fêtes hier soir.
There were two parties last night.

BOÎTE À OUTILS
Some verbs, like **aller**, use **être** instead of **avoir** to form the **passé composé**. You will learn more about these verbs in **Leçon 7A**.

Essayez! **Indiquez les formes du passé composé des verbes.**

1. j' *ai commencé, ai payé, ai bavardé* (commencer, payer, bavarder)
2. tu _____ (servir, comprendre, donner)
3. on _____ (parler, avoir, dormir)
4. nous _____ (adorer, faire, amener)
5. vous _____ (prendre, employer, courir)
6. elles _____ (espérer, boire, apprendre)

Révision

1 **L'année dernière et cette année** Décrivez vos dernières fêtes de Thanksgiving à votre partenaire. Utilisez les verbes de la liste. Parlez aussi de vos projets (*plans*) pour le prochain Thanksgiving.

MODÈLE

Élève 1: *L'année dernière, nous avons fêté Thanksgiving chez mes grands-parents. Cette année, je vais manger au restaurant avec mes parents.*

Élève 2: *Moi, j'ai fait la fête avec mes amis l'année dernière. Cette année, je vais visiter New York avec ma sœur.*

aller	donner	fêter	préparer
acheter	dormir	manger	regarder
boire	faire	prendre	téléphoner

2 **Ce musée, cette ville** Faites par écrit (*Write*) une liste de cinq lieux (villes, musées, restaurants, etc.) que vous avez visités. Avec un(e) partenaire, comparez vos listes. Utilisez des adjectifs démonstratifs dans vos phrases.

MODÈLE

Élève 1: *Ah, tu as visité Bruxelles. Moi aussi, j'ai visité cette ville. Elle est belle.*

Élève 2: *Tu as mangé au restaurant La Douce France. Je n'aime pas du tout ce restaurant!*

3 **La fête** Vous et votre partenaire avez préparé une fête avec vos amis. Vous avez acheté des cadeaux, des boissons et des snacks. À tour de rôle, parlez de ce qu'il y a sur l'illustration.

MODÈLE

Élève 1: *J'aime bien ces biscuits-là.*

Élève 2: *Moi, j'ai apporté cette glace-ci.*

4 **Enquête** Qu'est-ce que vos camarades ont fait de différent dans leur vie? Votre professeur va vous donner une feuille d'activités. Parlez à vos camarades pour trouver une personne différente pour chaque expérience, puis écrivez son nom.

MODÈLE

Élève 1: *As-tu parlé à un acteur?*

Élève 2: *Oui! Une fois, j'ai parlé à Bruce Willis!*

Expérience	Noms
1. parler à un(e) acteur/actrice	Julien
2. passer une nuit entière sans dormir	
3. dépenser plus de $100 pour de la musique en une fois	
4. faire la fête un lundi soir	
5. courir cinq kilomètres ou plus	
6. faire une surprise à un(e) ami(e) pour son anniversaire	

5 **Conversez** Avec un(e) partenaire, imaginez une conversation entre deux ami(e)s qui ont mangé dans un restaurant le week-end dernier. À tour de rôle, racontez:

- où ils ont mangé
- les thèmes de la conversation
- qui a parlé de quoi
- qui a payé
- la date du prochain dîner

6 **Magali fait la fête** Votre professeur va vous donner, à vous et à votre partenaire, deux feuilles d'activités différentes. Attention! Ne regardez pas la feuille de votre partenaire.

MODÈLE

Élève 1: *Magali a parlé avec un homme. Cet homme n'a pas l'air intéressant du tout!*

Élève 2: *Après, ...*

ressources

vText

CE
pp. 149–154

vhlcentral.com
Leçon 6A

 **Video: TV Clip**

Le Zapping

La Poste

La Poste, le service postal belge, distribue tous les jours les cartes de vœux° (et le reste du courrier°) chez ses clients, comme la poste des États-Unis et celle (*the one*) du Canada. Pourtant°, en Belgique, La Poste offre aussi à ses clients une vaste gamme° de services pour la gestion° de leur argent. Par l'intermédiaire de° la Banque de La Poste, les Belges ont la possibilité d'ouvrir° des comptes° chèques et de posséder des cartes de crédit comme avec une banque traditionnelle. Il existe aussi des prêts° variés pour les grandes dépenses, comme des vacances ou même une maison. Tout ça à La Poste!

Envoyez vos cartes de vœux.

—Une bonne année commence toujours°...

—... par quelqu'un qui vous la souhaite°.

Compréhension Répondez aux questions.

1. Qui est l'homme dans la publicité (*ad*)? Comment est son année?
2. Que fête-t-il cette année?
3. Pourquoi l'année commence-t-elle par la fin (*end*)?

Discussion Avec un(e) partenaire, répondez aux questions et discutez.

1. Quelles sortes d'événements fêtez-vous? Comment?
2. Envoyez-vous des cartes de vœux? Quel effet ont-elles sur le/la destinataire (*recipient*)?

cartes de vœux *greeting cards* **courrier** *mail* **Pourtant** *However* **gamme** *range* **gestion** *management*
Par l'intermédiaire de *Through* **ouvrir** *to open* **comptes** *accounts* **prêts** *loans*
toujours *always* **par quelqu'un qui vous la souhaite** *with someone who wishes it for you*

 Practice more at **vhlcentral.com**.

You will learn how to...

- describe clothing
- offer and accept gifts

Audio: Vocabulary Practice
My Vocabulary

Très chic!

Vocabulaire

aller avec	*to go with*
un anorak	*ski jacket, parka*
une chaussette	*sock*
une chemise (à manches courtes/longues)	*shirt (short-/long-sleeved)*
un chemisier	*blouse*
un gant	*glove*
un jean	*jeans*
une jupe	*skirt*
un manteau	*coat*
un pantalon	*pants*
un pull	*sweater*
un sous-vêtement	*underwear*
une taille	*clothing size*
un tailleur	*(woman's) suit; tailor*
un tee-shirt	*tee shirt*
un vendeur/une vendeuse	*salesman/saleswoman*
des vêtements (*m.*)	*clothing*
De quelle couleur...?	*In what color...?*
des soldes (*m.*)	*sales*
chaque	*each*
large	*loose; big*
serré(e)	*tight*

un chapeau (chapeaux *pl.*)

un maillot de bain

cher (chère *f.*)

une cravate

une ceinture

une robe

un short

des baskets (*f.*)

Il porte un costume. (porter)

un sac à main

des chaussures (*f.*)

violet (violette *f.*)

vert (verte *f.*)

rose

gris (grise *f.*)

jaune

noir (noire *f.*)

orange

bleu (bleue *f.*)

marron

blanc (blanche *f.*)

rouge

Mise en pratique

1 **Les vêtements** Choisissez le mot qui ne va pas avec les autres.

1. des baskets, une cravate, une chaussure
2. un jean, un pantalon, une jupe
3. un tailleur, un costume, un short
4. des lunettes, un chemisier, une chemise
5. un tee-shirt, un pull, un anorak
6. une casquette, une ceinture, un chapeau
7. un sous-vêtement, une chaussette, un sac à main
8. une jupe, une robe, une écharpe

2 **Écoutez** 🎧 Guillaume prépare ses vacances d'hiver (*winter vacation*). Indiquez quels vêtements il va acheter pour son voyage.

	Oui	Non
1. des baskets	☐	☐
2. un maillot de bain	☐	☐
3. des chemises	☐	☐
4. un pantalon noir	☐	☐
5. un manteau	☐	☐
6. un anorak	☐	☐
7. un jean	☐	☐
8. un short	☐	☐
9. un pull	☐	☐
10. une robe	☐	☐

Guillaume

3 **De quelle couleur?** Indiquez de quelle(s) couleur(s) sont ces choses.

MODÈLE

l'océan
Il est bleu.
la statue de la Liberté
Elle est verte.

1. le drapeau français _____
2. les dollars américains _____
3. les pommes (*apples*) _____
4. le soleil _____
5. la nuit _____
6. le zèbre _____
7. la neige _____
8. les oranges _____
9. le café _____
10. les bananes _____

des lunettes (de soleil) (*f.*)

une casquette

une écharpe

un blouson

bon marché

150€ 18€

🖱️ Practice more at **vhlcentral.com**.

Communication

4 **Qu'est-ce qu'ils portent?** Avec un(e) camarade de classe, regardez les images et à tour de rôle, décrivez ce que les personnages portent.

MODÈLE

Elle porte un maillot de bain rouge.

1. 2. 3. 4.

5 **On fait du shopping** Choisissez deux partenaires et préparez une conversation. Deux client(e)s et un vendeur/une vendeuse sont dans un grand magasin; les client(e)s sont invité(e)s à un événement très chic, mais ils ou elles ne veulent pas (*don't want*) dépenser beaucoup d'argent.

Client(e)s
- Décrivez l'événement auquel (*to which*) vous êtes invité(e)s.
- Parlez des vêtements que vous cherchez, de vos couleurs préférées, de votre taille. Trouvez-vous le vêtement trop large, trop serré, etc.?
- Demandez les prix et dites si vous trouvez que c'est cher, bon marché, etc.

Vendeur/Vendeuse
- Demandez les tailles, préférences, etc. des client(e)s.
- Répondez à toutes les questions de vos client(e)s.
- Suggérez des vêtements appropriés.

Coup de main

To compare French and American sizes, see the chart on p. 202.

6 **Conversez** Interviewez un(e) camarade de classe.

1. Qu'est-ce que tu portes l'hiver? Et l'été?
2. Qu'est-ce que tu portes pour aller au lycée?
3. Qu'est-ce que tu portes pour aller à la plage (*beach*)?
4. Qu'est-ce que tu portes pour faire une randonnée?
5. Qu'est-ce que tu portes pour aller en boîte de nuit?
6. Qu'est-ce que tu portes quand il pleut?
7. Quelle est ta couleur préférée? Pourquoi?
8. Qu'est-ce que tu portes pour aller dans un restaurant très élégant?
9. Où est-ce que tu achètes tes vêtements? Pourquoi?
10. Est-ce que tu prêtes (*lend*) tes vêtements à tes ami(e)s?

7 **Défilé de mode** Votre classe a organisé un défilé de mode (*fashion show*). Votre partenaire est mannequin (*model*) et vous représentez la marque (*brand*) de vêtements. Pendant que votre partenaire défile, vous décrivez à la classe les vêtements qu'il ou elle porte. Après, échangez les rôles.

MODÈLE

Et voici la charmante Julie, qui porte les modèles de la dernière collection H&M®: une chemise à manches courtes et un pantalon noir, ensemble idéal pour sortir le soir. Ses chaussures blanches vont parfaitement avec l'ensemble.Cette collection H&M est très à la mode et très bon marché.

Les sons et les lettres

Audio: Explanation
Record & Compare

Open vs. closed vowels: Part 3

The letter combination **eu** can be pronounced two different ways, open and closed. Compare the pronunciation of the vowel sounds in these words.

| cheveux | neveu | heure | meilleur |

When **eu** is followed by a pronounced consonant, it has an open sound. The open **eu** sound does not exist in English. To pronounce it, say **è** with your lips only slightly rounded.

| peur | jeune | chanteur | beurre |

The letter combination **œu** is usually pronounced with an open **eu** sound.

| sœur | bœuf | œuf | chœur |

When **eu** is the last sound of a syllable, it has a closed vowel sound, similar to the vowel sound in the English word *full*. While this exact sound does not exist in English, you can make the closed **eu** sound by saying **é** with your lips rounded.

| deux | bleu | peu | mieux |

When **eu** is followed by a z sound, such as a single **s** between two vowels, it is usually pronounced with the closed **eu** sound.

| chanteuse | généreuse | sérieuse | curieuse |

Prononcez Répétez les mots suivants à voix haute.

1. leur
2. veuve
3. neuf
4. vieux
5. curieux
6. acteur
7. monsieur
8. coiffeuse
9. ordinateur
10. tailleur
11. vendeuse
12. couleur

Articulez Répétez les phrases suivantes à voix haute.

1. Le professeur Heudier a soixante-deux ans.
2. Est-ce que Matthieu est jeune ou vieux?
3. Monsieur Eustache est un chanteur fabuleux.
4. Eugène a les yeux bleus et les cheveux bruns.

Dictons Répétez les dictons à voix haute.

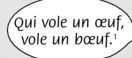
Qui vole un œuf, vole un bœuf.[1]

Les conseilleurs ne sont pas les payeurs.[2]

[1] He who steals an egg would steal an ox.
[2] Those who give advice are not the ones who pay the price.

ressources
vText
CE p. 158
vhlcentral.com
Leçon 6B

L'anniversaire

Video: *Roman-photo*
Record & Compare

PERSONNAGES

Amina

Astrid

Rachid

Sandrine

Stéphane

Valérie

Au café...

VALÉRIE, SANDRINE, AMINA, ASTRID ET RACHID Surprise! Joyeux anniversaire, Stéphane!

STÉPHANE Alors là, je suis agréablement surpris!

VALÉRIE Bon anniversaire, mon chéri!

SANDRINE On a organisé cette surprise ensemble...

VALÉRIE Pas du tout! C'est Sandrine qui a presque tout préparé.

SANDRINE Oh, je n'ai fait que les desserts et ton gâteau d'anniversaire.

STÉPHANE Tu es un ange.

RACHID Bon anniversaire, Stéphane. Tu sais, à ton âge, il ne faut pas perdre son temps. Alors cette année, tu travailles sérieusement, c'est promis?

STÉPHANE Oui, oui.

AMINA Rachid a raison. Dix-huit ans, c'est une étape importante dans la vie! Il faut fêter ça.

ASTRID Joyeux anniversaire, Stéphane.

STÉPHANE Oh, et en plus, vous m'avez apporté des cadeaux!

AMINA Oui. J'ai tout fait moi-même: ce tee-shirt, cette jupe et j'ai acheté ces chaussures.

SANDRINE Tu es une véritable artiste, Amina! Ta jupe est très originale! J'adore!

AMINA J'ai une idée. Tu me prêtes ta robe grise samedi et je te prête ma jupe. D'accord?

SANDRINE Bonne idée!

STÉPHANE Eh! C'est super cool, ce blouson en cuir noir. Avec des gants en plus! Merci, maman!

AMINA Ces gants vont très bien avec le blouson! Très à la mode!

STÉPHANE Tu trouves?

RACHID Tiens, Stéphane.

STÉPHANE Mais qu'est-ce que c'est? Des livres?

RACHID Oui, la littérature, c'est important pour la culture générale!

VALÉRIE Tu as raison, Rachid.

STÉPHANE Euh oui... euh... c'est gentil... euh... merci, Rachid.

Vrai ou faux? Indiquez si ces affirmations sont **vraies** ou **fausses**. Corrigez les phrases fausses.

1. David ne veut pas (*doesn't want*) aller à la fête.

2. Sandrine porte une jupe bleue.

3. Amina a fait sa jupe elle-même (*herself*).

4. Le tee-shirt d'Amina est en soie.

5. Valérie donne un blouson en cuir et une ceinture à Stéphane.

6. Sandrine n'aime pas partager ses vêtements.

7. Pour Amina, 18 ans, c'est une étape importante.

8. Sandrine n'a rien fait (*didn't do anything*) pour la fête.

9. Rachid donne des livres de littérature à Stéphane.

10. Stéphane pense que ses amis sont drôles.

 Practice more at **vhlcentral.com**.

Les amis fêtent l'anniversaire de Stéphane.

SANDRINE Ah au fait, David est désolé de ne pas être là. Ce week-end, il visite Paris avec ses parents. Mais il pense à toi.
STÉPHANE Je comprends tout à fait. Les parents de David sont de Washington, n'est-ce pas?
SANDRINE Oui, c'est ça.

AMINA Merci, Sandrine. Je trouve que tu es très élégante dans cette robe grise! La couleur te va très bien.
SANDRINE Vraiment? Et toi, tu es très chic. C'est du coton?
AMINA Non, de la soie.
SANDRINE Cet ensemble, c'est une de tes créations, n'est-ce pas?

STÉPHANE Une calculatrice rose... pour moi?
ASTRID Oui, c'est pour t'aider à répondre à toutes les questions en maths, et avec le sourire.
STÉPHANE Euh, merci beaucoup! C'est très... utile.
ASTRID Attends! Il y a encore un cadeau pour toi...

STÉPHANE Ouah, cette montre est géniale, merci!
ASTRID Tu as aimé notre petite blague? Nous, on a bien ri.
RACHID Eh Stéphane! Tu as vraiment aimé tes livres et ta calculatrice?
STÉPHANE Ouais, vous deux, ce que vous êtes drôles.

Expressions utiles

Talking about your clothes

- **Et toi, tu es très chic. C'est du coton/de la soie?**
  And you, you are very chic. Is it cotton/silk?
- **J'ai tout fait moi-même.**
  I did/made everything myself.
- **La couleur te va très bien.**
  The color suits you well.
- **Tu es une véritable artiste! Ta jupe est très originale!**
  You are a true artist! Your skirt is very original!
- **Tu me prêtes ta robe grise samedi et je te prête ma jupe.**
  You lend me your gray dress Saturday and I'll lend you my skirt.
- **C'est super cool, ce blouson en cuir/laine/velours noir(e). Avec des gants en plus!**
  It's really cool, this black leather/wool/velvet jacket. With gloves as well!

Additional vocabulary

- **Vous m'avez apporté des cadeaux!**
  You brought me gifts!
- **Tu sais, à ton âge, il ne faut pas perdre son temps.**
  You know, at your age, one should not waste time.
- **C'est pour t'aider à répondre à toutes les questions en maths, et avec le sourire.**
  It's to help you answer all the questions in math, with a smile.

- **agréablement surpris(e)**
  pleasantly surprised
- **C'est promis?**
  Promise?
- **Il pense à toi.**
  He's thinking of you.
- **tout à fait**
  absolutely
- **Vraiment?**
  Really?
- **véritable**
  true, genuine
- **Pour moi?**
  For me?
- **Attends!**
  Wait!
- **On a bien ri.**
  We had a good laugh.

---

2 **Identifiez** Indiquez qui a dit (*said*) ces phrases: Amina (**A**), Astrid (**As**), Rachid (**R**), Sandrine (**S**), Stéphane (**St**) ou Valérie (**V**).

_____ 1. Tu es une véritable artiste.

_____ 2. On a bien ri.

_____ 3. Très à la mode.

_____ 4. Je comprends tout à fait.

_____ 5. C'est Sandrine qui a presque tout préparé.

_____ 6. C'est promis?

3 **À vous!** Ce sont les soldes. Sandrine, David et Amina vont dans un magasin pour acheter des vêtements. Ils essaient différentes choses, donnent leur avis (*opinion*) et parlent de leurs préférences, des prix et des matières (*fabrics*). Avec un(e) partenaire, écrivez la conversation et jouez la scène devant la classe.

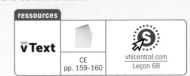

ressources

vText

CE pp. 159–160

vhlcentral.com
Leçon 6B

Reading

CULTURE À LA LOUPE

La mode en France

Pour la majorité des Français, la mode est un moyen° d'expression. Les jeunes adorent les marques°, surtout les marques américaines. Avoir un *sweatshirt* de style américain est considéré comme à la mode. C'est pareil° pour les chaussures. Bien sûr, les styles varient beaucoup. Il y a le style bon chic bon genre, par exemple, plus classique avec la prédominance de la couleur bleu marine°.

Il y a aussi le style «baba cool», c'est-à-dire° *hippie*.

Les marques coûtent cher, mais en France il y a encore beaucoup de boutiques indépendantes où les vêtements ne sont pas nécessairement plus chers. Souvent les vendeurs et les vendeuses sont aussi propriétaires du magasin. Ils encouragent donc° plus les clients à acheter. Mais il y a aussi beaucoup de chaînes françaises comme Lacoste, Bensimon et The Kooples. Et les chaînes américaines sont de plus en plus présentes dans les villes. Les Français achètent également° des vêtements dans les hypermarchés°, comme Auchan ou Carrefour, et dans les centres commerciaux.

L'anthropologue américain Lawrence Wylie a écrit° sur les différences entre les vêtements français et américains. Les Américains portent des vêtements plus amples et plus confortables. Pour les Français, l'aspect esthétique est plus important que le confort. Les femmes mettent des baskets uniquement pour faire du sport. Les costumes français sont plus serrés et plus près du corps° et les épaules° sont en général plus étroites°.

Coup de main

Comparaison des tailles°

FEMMES

France	32	34	36	38	40	42
USA	2	4	6	8	10	12

HOMMES (PANTALONS)

France	36	38	40	42	44	46
USA	26	28	30	32	34	36

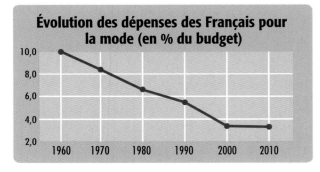

Évolution des dépenses des Français pour la mode (en % du budget)

moyen *means* marques *brand names* pareil *the same* marine *navy*
c'est-à-dire *in other words* donc *therefore* également *also* hypermarchés *large supermarkets*
a écrit *wrote* corps *body* épaules *shoulders* étroites *narrow* tailles *sizes*

A C T I V I T É S

1 **Vrai ou faux?** Indiquez si les phrases sont **vraies** ou **fausses**. Corrigez les phrases fausses.

1. Pour beaucoup de Français, la mode est un moyen d'expression.

2. Un *sweatshirt* de style américain est considéré comme du mauvais goût (*taste*) par les jeunes.

3. La couleur bleu marine prédomine dans le style bon chic bon genre.

4. En France les boutiques indépendantes sont rares.

5. Les vendeurs et les vendeuses des boutiques indépendantes sont souvent aussi propriétaires.

6. Lacoste, Bensimon et The Kooples sont des chaînes françaises.

7. Il est possible d'acheter des vêtements dans les hypermarchés.

8. Lawrence Wylie a écrit sur la mode italienne.

9. Les Français portent des vêtements plus amples et plus confortables.

10. Les costumes français sont très larges.

 Practice more at **vhlcentral.com.**

Les vêtements et la mode

fringues (*f.*)	*clothes*
look (*m.*)	*style*
vintage (*m.*)	*vintage clothing*
BCBG (bon chic bon genre)	*chic and conservative*
ringard(e)	*out-of-style*
être bien/ mal sapé(e)	*to be well/ badly dressed*
être sur son 31	*to be well dressed*

Vêtements et tissus

Voici quelques vêtements et tissus° traditionnels du monde francophone.

En Afrique centrale et de l'Ouest

Le boubou tunique plus ou moins° longue et souvent très colorée

Les batiks tissus traditionnels très colorés

En Afrique du Nord

La djellaba longue tunique à capuche°

Le kaftan sorte de djellaba portée à la maison

À la Martinique

Le madras tissu typique aux couleurs vives

À Tahiti

Le paréo morceau° de tissu attaché au-dessus de la poitrine° ou à la taille°

tissus *fabrics* **plus ou moins** *more or less* **à capuche** *hooded* **morceau** *piece* **poitrine** *chest* **taille** *waist*

Coco Chanel, styliste parisienne

«La mode se démode°, le style jamais.»
—*Coco Chanel*

Coco Chanel (1883–1971) est considérée comme étant° l'icône du parfum et de la mode du vingtième siècle°. Dans les années 1910, elle a l'idée audacieuse° d'intégrer la mode «à la garçonne» dans ses créations: les lignes féminines empruntent aux° éléments de la mode masculine. C'est la naissance du fameux tailleur Chanel.

Pour «Mademoiselle Chanel», l'important dans la mode, c'est que les vêtements permettent de bouger°; ils doivent° être simples et confortables. Son invention de «la petite robe noire» illustre l'esprit° classique et élégant de ses collections. De nombreuses célébrités ont immortalisé le nom de Chanel: Jacqueline Kennedy avec le tailleur et Marilyn Monroe avec le parfum No. 5, par exemple.

se démode *goes out of fashion* **étant** *being* **vingtième siècle** *twentieth century* **idée audacieuse** *daring idea* **empruntent aux** *borrow from* **bouger** *move* **doivent** *have to* **esprit** *spirit*

Sur Internet

Combien de couturiers présentent leurs collections dans les défilés de mode, à Paris, chaque hiver?

Go to **vhlcentral.com** to find more information related to this **Culture** section.

---

2 **Coco Chanel** Complétez les phrases.

1. Coco Chanel était (*was*) _____.
2. Le style Chanel est inspiré de _____.
3. Les vêtements Chanel sont _____.
4. Jacqueline Kennedy portait souvent des _____ Chanel.
5. D'après «Mademoiselle Chanel», il est très important de pouvoir (*to be able to*) _____ dans ses vêtements.
6. C'est Coco Chanel qui a inventé _____.

3 **Le «relookage»** Vous êtes conseiller/conseillère en image (*image counselors*), spécialisé(e) dans le «relookage». Votre nouveau (nouvelle) client(e), une célébrité, vous demande de l'aider à sélectionner un nouveau style. Discutez de ce nouveau look avec un(e) partenaire.

A C T I V I T É S

Presentation Tutorial

6B.1 Indirect object pronouns

- An indirect object expresses *to whom* or *for whom* an action is done. In the example below, the indirect object answers this question: **À qui parle Claire?** (*To whom does Claire speak?*)

SUBJECT	VERB	INDIRECT OBJECT NOUN

Claire parle à sa mère.
Claire speaks to her mother.

Indirect object pronouns

singular				plural		
me	te	lui		nous	vous	leur

- Indirect object pronouns replace indirect object nouns.

Claire parle à **sa mère**.
Claire speaks to her mother.

Claire **lui** parle.
Claire speaks to her.

J'envoie des cadeaux à **mes nièces**.
I send gifts to my nieces.

Je **leur** envoie des cadeaux.
I send them gifts.

Vous m'avez apporté des cadeaux!

Je te prête ma jupe. D'accord?

- The indirect object pronoun usually precedes the conjugated verb.

Antoine, je **te** parle.
Antoine, I'm speaking to you.

Notre père **nous** a envoyé un e-mail.
Our father sent us an e-mail.

- In a negative statement, place the indirect object pronoun between **ne** and the conjugated verb.

Antoine, je **ne te parle** pas de ça.
Antoine, I'm not speaking to you about that.

Notre père **ne nous a** pas envoyé d'e-mail.
Our father didn't send us an e-mail.

- When an infinitive follows a conjugated verb, the indirect object pronoun precedes the infinitive.

Nous allons **lui donner** la cravate.
We're going to give him the tie.

Ils espèrent **vous prêter** le costume.
They hope to lend you the suit.

MISE EN PRATIQUE

1 **Complétez** Corinne fait du shopping avec sa copine Célia. Trouvez le bon pronom d'objet indirect pour compléter ses phrases.

1. Je _____ achète des baskets. (à mes cousins)
2. Je _____ prends une ceinture. (à toi, Célia)
3. Nous _____ achetons une jupe. (à notre copine Christelle)
4. Célia _____ prend des lunettes de soleil. (à ma mère et à moi)
5. Je _____ achète des gants. (à ta mère et à toi, Célia)
6. Célia _____ achète un pantalon. (à moi)

2 **Dialogues** Complétez les dialogues.

1. M. SAUNIER Tu m'as posé une question, chérie?
   MME SAUNIER Oui. Je _____ ai demandé l'heure.
2. CLIENT Je cherche un beau pull.
   VENDEUSE Je vais _____ montrer ce pull noir.
3. PROF 1 Mes élèves ont passé l'examen.
   PROF 2 Tu _____ envoies les résultats?
4. MÈRE Qu'est-ce que vous allez faire?
   ENFANTS On va aller au cinéma. Tu _____ donnes de l'argent?
5. PIERRE Tu _____ téléphones ce soir?
   CHARLOTTE D'accord. Je te téléphone.
6. GÉRARD Christophe a oublié son pull. Il a froid!
   VALENTIN Je _____ prête mon blouson.

3 **Assemblez** Avec un(e) partenaire, assemblez les éléments des colonnes pour comparer vos familles et vos amis.

MODÈLE

Élève 1: *Mon père me prête souvent ses pulls.*
Élève 2: *Mon père, lui, nous prête de l'argent.*

A	B	C
je	acheter	argent
tu	apporter	biscuits
mon père	envoyer	cadeaux
ma mère	expliquer	devoirs
mon frère	faire	e-mails
ma sœur	montrer	problèmes
mon/ma	parler	vêtements
petit(e) ami(e)	payer	voiture
mes copains	prêter	

 Practice more at **vhlcentral.com**.

COMMUNICATION

4 **Qu'allez-vous faire?** Avec un(e) partenaire, dites ce que vous allez faire pour aider ces personnes. Employez les verbes de la liste et présentez vos réponses à la classe.

MODÈLE

Un ami a soif.
On va lui donner de l'eau.

apporter	parler
demander	poser des questions
donner	préparer
envoyer	prêter
faire	téléphoner

1. Une personne âgée (*old*) a froid.
2. Des touristes sont perdus (*lost*).
3. Un homme est sans abri (*homeless*).
4. Votre professeur est à l'hôpital.
5. Des amis vous invitent à manger chez eux.
6. Vos nièces ont faim.
7. Votre petit(e) ami(e) fête son anniversaire.
8. Votre meilleur(e) (*best*) ami(e) a des problèmes.

5 **Les cadeaux de l'année dernière** Par groupes de trois, parlez des cadeaux que vous avez achetés à votre famille et à vos amis l'année dernière. Que vous ont-ils acheté? Présentez vos réponses à la classe.

MODÈLE

Élève 1: *Qu'est-ce que tu as acheté à ta mère?*
Élève 2: *Je lui ai acheté un ordinateur.*
Élève 3: *Ma copine Dominique m'a acheté une montre.*

6 **Au grand magasin** Par groupes de trois, jouez les rôles de deux client(e)s et d'un(e) vendeur/vendeuse. Les client(e)s cherchent des vêtements pour faire des cadeaux. Ils parlent de ce qu'ils (*what they*) cherchent et le/la vendeur/vendeuse leur fait des suggestions.

Verbs used with indirect object pronouns

demander à	to ask, to request	parler à	to speak to
donner à	to give to	poser une question à	to pose/ ask a question (to)
envoyer à	to send to	prêter à	to lend to
montrer à	to show to	téléphoner à	to phone, to call

- The indirect object pronouns **me** and **te** become **m'** and **t'** before a verb beginning with a vowel sound.

  Ton petit ami **t'envoie** des fleurs.
  Your boyfriend sends you flowers.

  Isabelle **m'a** prêté son sac à main.
  Isabelle lent me her handbag.

Disjunctive pronouns

BOÎTE À OUTILS
In **Leçon 3B**, you learned to use disjunctive pronouns (**moi, toi, lui, elle, nous, vous, eux, elles**) after prepositions: **J'ai une écharpe pour ton frère/pour lui.** (*I have a scarf for your brother/for him.*)

- Disjunctive pronouns can also be used alone or in phrases without a verb.

  Qui prend du café?   **Moi**!   **Eux** aussi?
  Who's having coffee?   *Me!*   *Them, too?*

- Disjunctive pronouns emphasize the person to whom they refer.

  Moi, je porte souvent une casquette.
  Me, I often wear a cap.

  Mon frère, **lui**, déteste les casquettes.
  My brother, on the other hand, hates caps.

- To say *myself*, *ourselves*, etc., add **-même(s)** after the disjunctive pronoun.

  Tu fais ça **toi-même**?
  Are you doing that yourself?

  Ils organisent la fête **eux-mêmes**.
  They're organizing the party themselves.

Essayez! **Complétez les phrases avec le pronom d'objet indirect approprié.**

1. Tu _nous_ montres tes photos? (*us*)
2. Luc, je _____ donne ma nouvelle adresse. (*you, fam.*)
3. Vous _____ posez de bonnes questions. (*me*)
4. Nous _____ avons demandé. (*them*)
5. On _____ achète une nouvelle robe. (*you, form.*)
6. Ses parents _____ ont acheté un tailleur. (*her*)
7. Je vais _____ téléphoner à dix heures. (*him*)
8. Elle va _____ prêter sa jupe. (*me*)

6B.2 Regular and irregular -re verbs

Point de départ You've already seen infinitives that end in **-er** and **-ir**. The infinitive forms of some French verbs end in **-re**.

- Many **-re** verbs, such as **attendre** (*to wait*), follow a regular pattern of conjugation, as shown below.

Attendre

j'attends	nous attendons
tu attends	vous attendez
il/elle attend	ils/elles attendent

Tu **attends** les soldes?
Are you waiting for the sales?

Nous **attendons** dans le magasin.
We're waiting in the store.

Other regular -re verbs

descendre (de)	to go downstairs; to get off; to take down	rendre (à)	to give back, to return (to)
		rendre visite (à)	to visit someone
entendre	to hear	répondre (à)	to respond, to answer (to)
perdre (son temps)	to lose (to waste one's time)	vendre	to sell

- The verb **attendre** means *to wait* or *to wait for*. Unlike English, it does not require a preposition.

Marc **attend le bus**.
Marc is waiting for the bus.

Ils **attendent Robert**.
They're waiting for Robert.

- To form the past participle of regular **-re** verbs, drop the **-re** from the infinitive and add **-u**.

Les étudiants ont **vendu** leurs livres.
The students sold their books.

Il a **entendu** arriver la voiture de sa femme.
He heard his wife's car arrive.

J'ai **répondu** à ton e-mail.
I answered your e-mail.

Nous avons **perdu** patience.
We lost patience.

- **Rendre visite à** means *to visit a person*, while **visiter** means *to visit a place*.

Tu **rends visite à ta grand-mère** le lundi.
You visit your grandmother on Mondays.

Cécile va **visiter le musée** aujourd'hui.
Cécile is going to visit the museum today.

MISE EN PRATIQUE

1 **Qui fait quoi?** Quelles phrases vont avec les illustrations?

 1.

 3.

 2.

4.

_____ a. Martin attend ses copains.

_____ b. Nous rendons visite à notre grand-mère.

_____ c. Tu vends de jolis vêtements.

_____ d. Je ris en regardant un film.

2 **Les clients difficiles** Florian et Vincent travaillent dans un grand magasin. Complétez leur conversation.

VINCENT Tu n'as pas encore mangé?

FLORIAN Non, j' (1) _____ (attendre) Jérémy.

VINCENT Il ne (2) _____ (descendre) pas tout de suite. Il (3) _____ (perdre) son temps avec un client difficile. Il (4) _____ (mettre) des cravates, des costumes, des chaussures...

FLORIAN Nous ne (5) _____ (vendre) pas souvent à des clients comme ça.

VINCENT C'est vrai. Ils (6) _____ (promettre) d'acheter quelque chose, puis ils partent les mains vides (*empty*).

3 **La journée de Béatrice** Hier, Béatrice a fait une liste des choses à faire. Avec un(e) partenaire, utilisez les verbes de la liste au passé composé pour dire (*to say*) tout ce qu'elle a fait.

attendre	mettre
conduire	rendre visite
entendre	traduire

1. devoir d'espagnol	4. tante Albertine
2. mon nouveau CD	5. gants dans mon sac
3. e-mail de Sébastien	6. vieille voiture (car)

 Practice more at **vhlcentral.com**.

4 **Fréquence** Employez les verbes de la liste et d'autres verbes pour dire (*to tell*) à un(e) partenaire ce que (*what*) vous faites tous les jours, une fois par mois et une fois par an. Alternez les rôles.

MODÈLE

Élève 1: *J'attends mes copains à la cantine tous les jours.*
Élève 2: *Moi, je rends visite à mes grands-parents une fois par mois.*

attendre	perdre
conduire	rendre
entendre	répondre
mettre	sourire
?	?

5 **La journée des vendeuses** Votre professeur va vous donner, à vous et à votre partenaire, une série d'illustrations qui montrent la journée d'Aude et d'Aurélie. Attention! Ne regardez pas la feuille de votre partenaire.

MODÈLE

Élève 1: *Le matin, elles ont conduit pour aller au magasin.*
Élève 2: *Après, ...*

6 **Les charades** Par groupes de quatre, jouez aux charades. Chaque élève pense à une phrase différente avec un des verbes en **-re**. La première personne qui devine (*guesses*) propose la charade suivante.

- Some verbs whose infinitives end in **-re** are irregular.

	conduire (*to drive*)	mettre (*to put (on)*)	rire (*to laugh*)
je	conduis	mets	ris
tu	conduis	mets	ris
il/elle	conduit	met	rit
nous	conduisons	mettons	rions
vous	conduisez	mettez	riez
ils/elles	conduisent	mettent	rient

Je **conduis** bien.   Il **met** ses gants.   Elles **rient** toujours.
I drive well.   *He puts on his gloves.*   *They always laugh.*

Other irregular -re verbs

like conduire		like mettre	
construire	to build, to construct	permettre	to allow
détruire	to destroy	promettre	to promise
produire	to produce		
réduire	to reduce	like rire	
traduire	to translate	sourire	to smile

- The past participle of the verb **mettre** is **mis**. Verbs derived from **mettre** (**permettre**, **promettre**) follow the same pattern: **permis**, **promis**.

- The past participle of **conduire** is **conduit**. Verbs like it follow the same pattern: **construire → construit**; **détruire → détruit**; **produire → produit**; **réduire → réduit**; **traduire → traduit**.

- The past participle of **rire** is **ri**. The past participle of **sourire** is **souri**.

- Like for the other verb groups, use present tense verb forms to give commands.

Conduis moins vite!   **Promettez**-moi.   **Réponds**-lui.
Drive more slowly!   *Promise me.*   *Answer him.*

Essayez! **Complétez les phrases avec la forme correcte du présent du verbe.**

1. Ils __attendent__ (attendre) l'arrivée du train.
2. Nous _____ (répondre) aux questions du professeur.
3. Je _____ (sourire) quand je suis heureuse.
4. Si on _____ (construire) trop, on _____ (détruire) la nature.
5. Quand il fait froid, vous _____ (mettre) un pull.
6. Est-ce que les élèves _____ (entendre) le professeur?

Révision

1 **Je leur téléphone** Par groupes de quatre, interviewez vos camarades. Préparez dix questions avec un verbe et une personne de la liste. Écrivez les réponses.

MODÈLE

Élève 1: *Est-ce que tu parles souvent à tes cousines?*
Élève 2: *Oui, je leur parle toutes les semaines.*

verbes	personnes
donner un cadeau	copain ou copine d'enfance
envoyer une carte/un e-mail	cousin ou cousine
parler	grands-parents
rendre visite	petit(e) ami(e)
téléphoner	sœur ou frère

2 **Mes e-mails** Ces personnes vous envoient des e-mails. Que faites-vous? Vous ne répondez pas, vous attendez quelques jours, vous leur téléphonez? Par groupes de trois, comparez vos réactions.

MODÈLE

Élève 1: *Ma sœur m'envoie un e-mail tous les jours.*
Élève 2: *Tu lui réponds tout de suite?*
Élève 3: *Tu préfères ne pas lui répondre?*

1. un e-mail anonyme
2. un e-mail d'un(e) camarade de classe
3. un e-mail d'un professeur
4. un e-mail d'un(e) ami(e) d'enfance
5. un e-mail d'un(e) ex-petit(e) ami(e)
6. un e-mail de vos parents

3 **Une liste** Des membres de votre famille ou des amis vous ont donné ou acheté des vêtements que vous n'aimez pas du tout. Faites une liste de quatre ou cinq de ces vêtements. Comparez votre liste à la liste d'un(e) camarade.

MODÈLE

Élève 1: *Ma soeur m'a donné une écharpe verte et laide et mon père m'a acheté des chaussettes marron trop petites!*
Élève 2: *L'année dernière, mon petit ami m'a donné...*

4 **Quoi mettre?** Vous et votre partenaire allez faire des choses différentes. Un(e) partenaire va fêter la retraite de ses grands-parents à Tahiti. L'autre va skier dans les Alpes. Qu'allez-vous porter? Demandez des vêtements à votre partenaire si vous n'aimez pas tous les vêtements de votre ensemble.

MODÈLE

Élève 1: *Est-ce que tu me prêtes ton tee-shirt violet?*
Élève 2: *Ah non, j'ai besoin de ce tee-shirt. Tu me prêtes ton pantalon?*

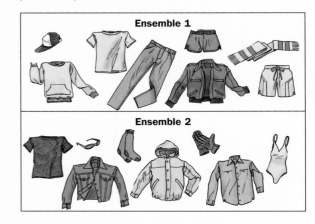

Ensemble 1

Ensemble 2

5 **S'il te plaît** Votre ami(e) a acheté un nouveau vêtement que vous aimez beaucoup. Vous essayez de convaincre *(to convince)* cet(te) ami(e) de vous prêter ce vêtement. Préparez un dialogue avec un(e) partenaire où vous employez tous les verbes. Jouez la scène pour la classe.

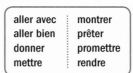

aller avec	montrer
aller bien	prêter
donner	promettre
mettre	rendre

6 **Bon anniversaire, Nicolas!** Votre professeur va vous donner, à vous et à votre partenaire, deux feuilles d'activités différentes. Attention! Ne regardez pas la feuille de votre partenaire.

MODÈLE

Élève 1: *Les amis de Nicolas lui téléphonent.*
Élève 2: *Ensuite, ...*

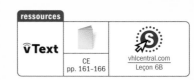

ressources

vText

CE
pp. 161–166

vhlcentral.com
Leçon 6B

À l'écoute

 Audio: Activities

STRATÉGIE

Listening for linguistic cues

You can enhance your listening comprehension by listening for specific linguistic cues. For example, if you listen for the endings of conjugated verbs, or for familiar constructions, such as the **passé composé** with **avoir**, **avoir envie de** + [*infinitive*] or **aller** + [*infinitive*], you can find out whether a person did something in the past, wants to do something, or will do something in the future.

🎧 To practice listening for linguistic cues, you will listen to four sentences. As you listen, note whether each sentence refers to a past, present, or future action.

Préparation

Regardez la photo. Où sont Pauline et Sarah? Que font-elles? Décrivez les vêtements qu'elles regardent. À votre avis, pour quelle occasion cherchent-elles des vêtements?

À vous d'écouter 🎧

Écoutez la conversation entre Pauline et Sarah. Après une deuxième écoute, indiquez si les actions suivantes sont du **passé (p)**, du **présent (pr)** ou du **futur (f)**.

____ 1. aller à la fête de la cousine de Pauline

____ 2. beaucoup danser

____ 3. rencontrer un musicien

____ 4. déjeuner avec un garçon intéressant

____ 5. chercher de nouveaux vêtements

____ 6. mettre des chaussures en cuir noir

____ 7. aimer une robe bleue

____ 8. acheter la robe bleue

ressources

v̂Text

 vhlcentral.com
Leçon 6B

 Practice more at **vhlcentral.com**.

Compréhension

Complétez Complétez les phrases.

1. Pauline cherche des vêtements pour ____.
   a. un dîner **b.** une fête **c.** un rendez-vous

2. Pauline va acheter un pantalon noir et ____.
   a. un tee-shirt **b.** une chemise rose **c.** un maillot de bain

3. Sarah pense que ____ ne vont pas avec les nouveaux vêtements.
   a. l'écharpe verte **b.** les baskets roses **c.** les lunettes de soleil

4. D'après Sarah, les chaussures ____ sont élégantes.
   a. en cuir noir **b.** roses **c.** en soie

5. La couleur préférée de Sarah n'est pas le ____.
   a. rose **b.** jaune **c.** vert

6. Sarah cherche un vêtement pour ____.
   a. un déjeuner **b.** la fête de retraite de son père **c.** un mariage

7. Sarah va acheter une robe en soie ____.
   a. à manches courtes **b.** à manches longues **c.** rouge

8. La robe existe en vert, en bleu et en ____.
   a. noir **b.** marron **c.** blanc

Une occasion spéciale Décrivez la dernière fois que vous avez fêté une occasion spéciale. Qu'est-ce que vous avez fêté? Où? Comment? Avec qui? Qu'est-ce que vous avez mis comme vêtements? Et les autres?

MODÈLE

Samedi, nous avons fêté l'anniversaire de mon frère. Mes parents ont invité nos amis Paul, Marc, Julia et Naomi dans un restaurant élégant. Moi, j'ai mis une belle robe verte en coton. Mon frère a mis un costume gris. Paul a mis...

Panorama

Interactive Map Reading

LA FRANCE
L'OCÉAN ATLANTIQUE
Périgueux
Bordeaux
la Garonne
AQUITAINE
Agen
Rodez
Mende
LES CÉVENNES
le Tarn
Nîmes
Montpellier
MIDI-PYRÉNÉES
Auch
Bayonne
Toulouse
Pau
Tarbes
la Garonne
Béziers
LANGUEDOC-ROUSSILLON
LES PYRÉNÉES
LA MER MÉDITERRANÉE
L'ESPAGNE
Perpignan
ANDORRE
0 50 miles
0 50 kilomètres

la dune du Pilat

le canal du Midi

la cité de Carcassonne

Aquitaine

La région en chiffres

- **Superficie:** *41.308 km²*
- **Population:** *3.049.000*
- **Industrie principale:** *agriculture*
- **Villes principales:** *Bordeaux, Pau, Périgueux*

Midi-Pyrénées

La région en chiffres

- **Superficie:** *45.348 km²*
- **Population:** *2.687.000*
- **Industries principales:** *aéronautique, agriculture*
- **Villes principales:** *Auch, Toulouse, Rodez*

Languedoc-Roussillon

La région en chiffres

- **Superficie:** *27.376 km²*
- **Population:** *2.458.000*
- **Industrie principale:** *agriculture*
- **Villes principales:** *Montpellier, Nîmes, Perpignan*

Personnes célèbres

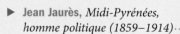

- **Aliénor d'Aquitaine,** *Aquitaine, reine° de France (1122–1204)*

- **Jean Jaurès,** *Midi-Pyrénées, homme politique (1859–1914)*
- **Henri de Toulouse-Lautrec,** *Midi-Pyrénées, peintre et lithographe (1864–1901)*
- **Georges Brassens,** *Languedoc-Roussillon, chanteur (1921–1981)*
- **Francis Cabrel,** *Aquitaine, chanteur (1953–)*

reine *queen* **grotte** *cave* **gravures** *carvings* **peintures** *paintings* **découvrent** *discover*

Incroyable mais vrai!

Appelée parfois «la chapelle Sixtine préhistorique», la grotte° de Lascaux, en Aquitaine, est décorée de 1.500 gravures° et de 600 peintures°, vieilles de plus de 17.000 ans. En 1940, quatre garçons découvrent° ce sanctuaire. Les fresques, composées de plusieurs animaux, ont jusqu'à ce jour une signification mystérieuse.

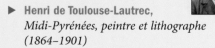

La gastronomie

Le foie gras et le cassoulet

Le foie gras° et le cassoulet sont des spécialités du sud-ouest° de la France. Le foie gras est un produit° de luxe, en général réservé aux grandes occasions. On le mange sur du pain grillé ou comme ingrédient d'un plat° élaboré. Le cassoulet est un plat populaire, préparé à l'origine dans une «cassole°». Les ingrédients varient, mais en général, cette spécialité est composée d'haricots° blancs, de viande° de porc et de canard, de saucisses°, de tomates, d'ail° et d'herbes.

Les monuments

Les arènes de Nîmes

Inspirées du Colisée de Rome, les arènes° de Nîmes, en Languedoc-Roussillon, datent de la fin du premier siècle. C'est l'amphithéâtre le plus grand° de France et le mieux° conservé de l'ère° romaine. Les spectacles de gladiateurs d'autrefois°, appréciés par plus de° 20.000 spectateurs, sont aujourd'hui remplacés° par des corridas° et des spectacles musicaux pour le plaisir de 15.000 spectateurs en été et 7.000 spectateurs en hiver.

Le sport

La pelote basque

L'origine de la pelote est ancienne°: on retrouve des versions du jeu chez les Mayas, les Grecs et les Romains. C'est au Pays Basque, à la frontière° entre la France et l'Espagne, en Aquitaine, que le jeu se transforme en véritable sport. La pelote basque existe sous sept formes différentes; le principe de base est de lancer° une balle en cuir°, la «pelote», contre un mur° avec la «paleta», une raquette en bois°, et le «chistera», un grand gant en osier°.

Les traditions

La langue d'Oc

La langue d'Oc (l'occitan) est une langue romane° née° dans le sud de la France. Cette langue a donné son nom à la région: Languedoc-Roussillon. La poésie lyrique occitane et l'idéologie des troubadours° du Moyen Âge° influencent les valeurs° culturelles et intellectuelles européennes. Il existe plusieurs dialectes de l'occitan. «Los cats fan pas de chins» (les chats ne font pas des chiens) et «la bornicarié porta pas pa a casa» (la beauté n'apporte pas de pain à la maison) sont deux proverbes occitans connus°.

 Qu'est-ce que vous avez appris? Répondez aux questions par des phrases complètes.

1. Qui était (*was*) peintre, lithographe et d'origine midi-pyrénéenne?
2. Quel est le surnom (*nickname*) de la grotte de Lascaux?
3. Que trouve-t-on dans la grotte de Lascaux?
4. Quand mange-t-on du foie gras, en général?
5. Quels ingrédients utilise-t-on pour le cassoulet?
6. Quand les arènes de Nîmes ont-elles été construites?
7. Combien de spectateurs y a-t-il dans les arènes de Nîmes en hiver?
8. Quelles civilisations ont une version de la pelote?
9. Combien de formes différentes de pelote basque y a-t-il?
10. Qu'est-ce qui influence les valeurs culturelles et intellectuelles européennes?

ressources

v̂Text

CE
pp. 167-168

vhlcentral.com
Leçon 6B

Sur Internet

1. Il existe une forme de la pelote basque aux États-Unis. Comment s'appelle ce sport?
2. Cherchez des peintures de la grotte de Lascaux. Quelles sont vos préférées? Pourquoi?
3. Cherchez plus d'informations sur Henri de Toulouse-Lautrec. Avez-vous déjà vu quelques-unes de ses peintures? Où?

 Practice more at **vhlcentral.com**.

foie gras *fatted liver of an animal served in the form of a pâté* **sud-ouest** *southwest* **produit** *product* **plat** *dish* **cassole** *pottery dish* **haricots** *beans* **viande** *meat* **saucisses** *sausages* **ail** *garlic* **arènes** *amphitheaters* **le plus grand** *the largest* **le mieux** *the most* **ère** *era* **autrefois** *long ago* **plus de** *more than* **remplacés** *replaced* **corridas** *bullfights* **ancienne** *ancient* **frontière** *border* **lancer** *throw* **cuir** *leather* **mur** *wall* **bois** *wood* **osier** *wicker* **langue romane** *romance language* **née** *born* **troubadours** *minstrels* **Moyen Âge** *Middle Ages* **valeurs** *values* **connus** *well-known*

Lecture 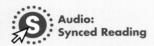 🅢 **Audio:** Synced Reading

Avant la lecture

STRATÉGIE

Recognizing word families

Recognizing related words can help you guess the meaning of words in context, ensuring better comprehension of a reading selection. Using this strategy will enrich your French vocabulary.

Examinez le texte

Voici quelques mots que vous avez déjà appris. Pour chaque mot, trouvez un terme de la même famille dans le texte et utilisez un dictionnaire pour donner son équivalent en anglais.

MODÈLE

ami	_amitié_	_friendship_

1. diplôme _____ _____
2. commencer _____ _____
3. sortir _____ _____
4. timide _____ _____
5. difficile _____ _____
6. préférer _____ _____

Familles de mots 👥

Avec un(e) partenaire, trouvez le bon mot pour compléter chaque famille de mots. (Note: vous avez appris tous les mots qui manquent (*all the missing words*) dans cette unité et il y a un mot de chaque famille dans le texte.)

MODÈLE

attendre	_l'attente_	_attendu(e)_
VERBE	**NOM**	**ADJECTIF**
1. boire	la boisson	_____
2. _____	la fête	festif/festive
3. vivre	_____	vif/vive
4. rajeunir	_____	jeune
5. surprendre	_____	surpris(e)
6. _____	la réponse	répondu(e)

Ça y est, c'est officiel

Bravo, jeunes diplômés°! C'est le commencement d'une nouvelle vie. Il est maintenant temps de fêter ça!

Pour faire retomber la pression°, Mathilde, Christophe, Alexandre et Laurence vous invitent à fêter entre amis votre diplôme bien mérité°!

À laisser chez vous:
La timidité, la fatigue, les soucis° et les difficultés des études et de la vie quotidienne° pour une ambiance festive

Quoi d'autre?
Un groupe de musique (le frère de Mathilde et sa bande) va venir° jouer pour nous!

À apporter:
Nourriture° et boissons: Chaque invité apporte
quelque chose pour le buffet: salades, plats°
froids/chauds, fruits, desserts, boissons
Activités: Jeux de cartes, ballons°, autres jeux
selon° vos préférences, chaises pliantes°, maillot
de bain (pour la piscine), crème solaire
Surprenez-nous!

Quand:
Le samedi 16 juillet (de 16h00 à minuit)

Où:
Chez les parents de Laurence, 14 route des
Mines, Allouagne, Nord-Pas-de-Calais

Comment y aller°:
À la sortie d'Allouagne, prenez la route de
Lozinghem. Tournez à gauche sur la route des
Mines. Le numéro 14 est la grande maison sur
la droite. (Nous allons mettre des ballons° de
couleurs sur la route pour indiquer l'endroit.)

Au programme:
Faire la fête, bien sûr! Manger (buffet et
barbecue), rire, danser et fêter la fin des cours!
Attendez-vous à passer un bon moment!

Autres activités:
Activités en plein air° (football, badminton,
volley, piscine... et surtout détente°!)

Pour répondre à cette invitation:
Téléphonez à Laurence (avant le 6 juillet,
SVP°) au 06.14.55.85.80 ou par e-mail:
laurence@courriel.fr

Ça y est! *That's it!* diplômés *graduates* faire retomber la pression *to unwind* bien
mérité *well deserved* soucis *worries* vie quotidienne *daily life* va venir *is going to
come* Nourriture *Food* plats *dishes* ballons *balls* selon *depending on* pliantes *folding*
y aller *get there* ballons *balloons* en plein air *outdoor* détente *relaxation* svp *please*

Après la lecture

Vrai ou faux? Indiquez si les phrases sont **vraies** ou
fausses. Corrigez les phrases fausses.

1. C'est une invitation à une fête d'anniversaire.

2. Les invités vont passer un mauvais moment.

3. On va manger des salades et des desserts.

4. Les invités vont faire toutes les activités dans la maison.

5. Un groupe de musique va jouer à la fête.

6. La fête commence à 16h00.

Conseillez Vous êtes Laurence, l'organisatrice de la fête.
Les invités veulent (*want*) assister à la fête, mais ils vous con-
tactent pour parler de leurs soucis respectifs. Donnez-leur des
conseils (*advice*) pour les mettre à l'aise (*at ease*).

MODÈLE

Isabelle: J'ai beaucoup de soucis cette semaine.
Vous: *Tu vas laisser tes soucis à la maison et venir* (come)
à la fête.

1. Thomas: Je ne sais (*know*) pas quoi apporter.
   Vous: _____

2. Sarah: Je me perds (*get lost*) facilement quand je conduis.
   Vous: _____

3. Sylvie: Je ne fais pas de sport.
   Vous: _____

4. Salim: Je veux (*want*) répondre à l'invitation, mais je n'ai
   pas d'ordinateur.
   Vous: _____

5. Sandra: Je n'aime pas le barbecue.
   Vous: _____

6. Véronique: J'aime faire du sport en plein air, mais je n'aime
   pas le football.
   Vous: _____

On va à la fête? Vous êtes invité(e) à cette
fête et vous allez amener un(e) ami(e). Téléphonez à cet(te)
ami(e) (votre partenaire) pour l'inviter. Donnez des détails
et répondez aux questions de votre ami(e) sur les hôtes, les
invités, les activités de l'après-midi et de la soirée, les choses
à apporter, etc.

ressources

v Text

vhlcentral.com
Leçon 6B

Écriture

STRATÉGIE

How to report an interview

There are several ways to prepare a written report about an interview. For example, you can transcribe the interview verbatim, or you can summarize it. In any event, the report should begin with an interesting title and a brief introduction including the five W's (*who, what, when, where, why*) and the H (*how*) of the interview. The report should end with an interesting conclusion. Note that when you transcribe a conversation in French, you should pay careful attention to format and punctuation.

Écrire une conversation en français

- Pour indiquer qui parle dans une conversation, on peut mettre le nom de la personne qui parle devant sa phrase.

  MONIQUE Lucie, qu'est-ce que tu vas mettre pour l'anniversaire de Julien?

  LUCIE Je vais mettre ma robe en soie bleue à manches courtes. Et toi, tu vas mettre quoi?

  MONIQUE Eh bien, une jupe en coton et un chemisier, je pense. Ou peut-être mon pantalon en cuir avec... Tiens, tu me prêtes ta chemise jaune et blanche?

  LUCIE Oui, si tu me la rends (*return it to me*) dimanche. Elle va avec le pantalon que je vais porter la semaine prochaine.

- On peut aussi commencer les phrases avec des tirets (*dashes*) pour indiquer quand une nouvelle personne parle.

— Qu'est-ce que tu as acheté comme cadeau pour Julien?

— Une cravate noire et violette. Elle est très jolie. Et toi?

— Je n'ai pas encore acheté son cadeau. Des lunettes de soleil peut-être?

— Oui, c'est une bonne idée! Et il y a des soldes à Saint-Louis Lunettes.

Thème

Écrire une interview ✎⟲

Avant l'écriture

1. Clarisse Deschamps est une styliste suisse. Elle dessine des vêtements pour les jeunes et va présenter sa nouvelle collection sur votre campus. Vous allez interviewer Clarisse pour le journal de votre lycée.

   Préparez une liste de questions à poser à Clarisse Deschamps sur sa nouvelle collection. Vous pouvez (*can*) poser des questions sur:

   - les types de vêtements
   - les couleurs
   - le style
   - les prix

Quoi?	1. 2.
Comment?	1. 2.
Pour qui?	1. 2.
Combien?	1. 2.
Pourquoi?	1. 2.
Où?	1. 2.
Quand?	1. 2.

2. Une fois que vous avez rempli (*filled out*) le tableau (*chart*), choisissez les questions à poser pendant (*during*) l'interview.

3. Une fois (*Once*) vos questions finalisées, notez les réponses. Ensuite (*Then*), organisez les informations en catégories telles que (*such as*) les types de vêtements, les couleurs et les styles, la clientèle, le prix, etc.

Écriture

Écrivez un compte rendu (*report*) de l'interview.

- Commencez par une courte introduction.

  > **MODÈLE** *Voici une interview de Clarisse Deschamps, styliste suisse.*

- Résumez (*Summarize*) les informations obtenues (*obtained*) pour chaque catégorie et présentez ces éléments de manière cohérente. Citez la personne interviewée au moins deux fois (*at least twice*).

  > **MODÈLE** *Je lui ai demandé: —Quel genre de vêtements préférez-vous porter pour sortir?*
  > *Elle m'a répondu: —Moi, je préfère porter une robe noire. C'est très élégant.*

- Terminez par une brève (*brief*) conclusion.

  > **MODÈLE** *On vend la collection de Clarisse Deschamps à Vêtements & Co à côté du lycée. Cette semaine, il y a des soldes!*

Tête-à-tête avec Clarisse Deschamps

Voici une interview de Clarisse Deschamps, styliste suisse.

Je lui ai demandé:
- Quel genre de vêtements préférez-vous porter pour sortir?
Elle m'a répondu:
- Moi, je préfère porter une robe noire. C'est très élégant...

On vend la collection de Clarisse Deschamps à Vêtements & Co dans le magasin qui est à côté de notre lycée. Cette semaine, il y a des soldes!

Après l'écriture

1. Échangez votre compte rendu avec celui (*the one*) d'un(e) partenaire. Répondez à ces questions pour commenter son travail.

- Votre partenaire a-t-il/elle organisé les informations en plusieurs catégories?

- A-t-il/elle inclu au moins deux citations (*quotes*) dans son compte rendu?

- A-t-il/elle utilisé le bon style pour écrire les citations?

- A-t-il/elle utilisé les bonnes formes verbales?

2. Corrigez votre compte rendu d'après (*according to*) les commentaires de votre partenaire. Relisez votre travail pour éliminer ces problèmes:

- des fautes (*errors*) d'orthographe

- des fautes de ponctuation

- des fautes de conjugaison

- des fautes d'accord (*agreement*) des adjectifs

- un mauvais emploi (*use*) de la grammaire

ressources

v̂Text

vhlcentral.com
Leçon 6B

Les vêtements

aller avec	to go with
porter	to wear
un anorak	ski jacket; parka
des baskets (f.)	tennis shoes
un blouson	jacket
une casquette	(baseball) cap
une ceinture	belt
un chapeau	hat
une chaussette	sock
une chaussure	shoe
une chemise (à manches courtes/longues)	shirt (short-/ long-sleeved)
un chemisier	blouse
un costume	(man's) suit
une cravate	tie
une écharpe	scarf
un gant	glove
un jean	jeans
une jupe	skirt
des lunettes (de soleil) (f.)	(sun)glasses
un maillot de bain	swimsuit, bathing suit
un manteau	coat
un pantalon	pants
un pull	sweater
une robe	dress
un sac à main	purse, handbag
un short	shorts
un sous-vêtement	underwear
une taille	clothing size
un tailleur	(woman's) suit; tailor
un tee-shirt	tee shirt
des vêtements (m.)	clothing
des soldes (m.)	sales
un vendeur/ une vendeuse	salesman/ saleswoman
bon marché	inexpensive
chaque	each
cher/chère	expensive
large	loose; big
serré(e)	tight

Les fêtes

faire la fête	to party
faire une surprise (à quelqu'un)	to surprise (someone)
fêter	to celebrate
organiser une fête	to organize a party
une bière	beer
un biscuit	cookie
un bonbon	candy
le champagne	champagne
un dessert	dessert
un gâteau	cake
la glace	ice cream
un glaçon	ice cube
le vin	wine
un cadeau	gift
une fête	party; celebration
un hôte/une hôtesse	host(ess)
un(e) invité(e)	guest
un jour férié	holiday
une surprise	surprise

Périodes de la vie

l'adolescence (f.)	adolescence
l'âge adulte (m.)	adulthood
un divorce	divorce
l'enfance (f.)	childhood
une étape	stage
l'état civil (m.)	marital status
la jeunesse	youth
un mariage	marriage; wedding
la mort	death
la naissance	birth
la vie	life
la vieillesse	old age
prendre sa retraite	to retire
tomber amoureux/ amoureuse	to fall in love
avant-hier	the day before yesterday
hier	yesterday

Expressions utiles	See pp. 187 and 201.
Demonstrative adjectives	See p. 190.
Indirect object pronouns	See p. 204.
Disjunctive pronouns	See p. 205.

Les relations

l'amitié (f.)	friendship
l'amour (m.)	love
le bonheur	happiness
un couple	couple
un(e) fiancé(e)	fiancé
des jeunes mariés (m.)	newlyweds
un rendez-vous	date; appointment
ensemble	together

Les couleurs

De quelle couleur...?	In what color...?
blanc(he)	white
bleu(e)	blue
gris(e)	gray
jaune	yellow
marron	brown
noir(e)	black
orange	orange
rose	pink
rouge	red
vert(e)	green
violet(te)	purple; violet

Verbes en –re

attendre	to wait
conduire	to drive
construire	to build; to construct
descendre (de)	to go down; to get off; to take down
détruire	to destroy
entendre	to hear
mettre	to put (on); to place
perdre (son temps)	to lose (to waste one's time)
permettre	to allow
produire	to produce
promettre	to promise
réduire	to reduce
rendre (à)	to give back; to return (to)
rendre visite (à)	to visit someone
répondre (à)	to respond; to answer (to)
rire	to laugh
sourire	to smile
traduire	to translate
vendre	to sell

vText

vhlcentral.com
Unité 6

En vacances

Pour commencer

- Indiquez les couleurs qu'on voit (*sees*) sur la photo.
- Quel temps fait-il? C'est quelle saison, à votre avis?
- Où a été prise cette photo? Dans un hôtel à la plage? Dans une maison de campagne? À la montagne?
- Avez-vous envie de passer vos vacances dans cet endroit? Pourquoi ou pourquoi pas?

You will learn how to...

- describe trips you have taken
- tell where you went

Audio: Vocabulary Practice
My Vocabulary

Bon voyage!

Vocabulaire

faire du shopping	*to go shopping*
faire les valises	*to pack one's bags*
faire un séjour	*to spend time (somewhere)*
partir en vacances	*to go on vacation*
prendre un train (un taxi, un (auto)bus, un bateau)	*to take a train (taxi, bus, boat)*
rouler en voiture	*to ride in a car*
un aéroport	*airport*
un arrêt d'autobus (de bus)	*bus stop*
un billet aller-retour	*round-trip ticket*
un billet (d'avion, de train)	*(plane, train) ticket*
un (jour de) congé	*day off*
une douane	*customs*
une gare (routière)	*train station (bus terminal)*
une station (de métro)	*(subway) station*
une station de ski	*ski resort*
un ticket (de bus, de métro)	*(bus, subway) ticket*
des vacances (f.)	*vacation*
un vol	*flight*
à l'étranger	*abroad, overseas*
la campagne	*country(side)*
une capitale	*capital*
un pays	*country*
(en/l') Allemagne (f.)	*(to/in) Germany*
(en/l') Angleterre (f.)	*(to/in) England*
(en/la) Belgique (belge)	*(to/in) Belgium (Belgian)*
(au/le) Brésil (brésilien(ne))	*(to/in) Brazil (Brazilian)*
(en/la) Chine (chinois(e))	*(to/in) China (Chinese)*
(en/l') Irlande (irlandais(e)) (f.)	*(to/in) Ireland (Irish)*
(en/l') Italie (f.)	*(to/in) Italy*
(au/le) Japon	*(to/in) Japan*
(en/la) Suisse	*(to/in) Switzerland*

une sortie

Il utilise un plan. (utiliser)

la plage

le soleil!

Elle bronze. (bronzer)

la mer

les gens (m.)

Le Figaro

le journal

ressources

vText

CE
pp. 169–171

vhlcentral.com
Leçon 7A

Mise en pratique

une arrivée

un départ

un avion

Ils vont faire un voyage.

le Canada
(au Canada)

les États-Unis (m.)
(aux États-Unis)

le Mexique
(au Mexique)

l'Espagne (f.)
(en Espagne)

la France
(en France)

Le Monde

1 **Chassez l'intrus** Indiquez le mot ou l'expression qui ne convient pas.

1. faire un séjour, partir en vacances, un jour de congé, une station de ski
2. un aéroport, une station de métro, une arrivée, une gare routière
3. une douane, un départ, une arrivée, une sortie
4. le monde, un pays, le journal, une capitale
5. la campagne, la mer, la plage, des gens
6. prendre un bus, un arrêt de bus, utiliser un plan, une gare routière
7. bronzer, prendre un avion, un vol, un aéroport
8. prendre un taxi, rouler en voiture, un vol, une gare routière

2 **Écoutez** 🎧 Écoutez Cédric et Nathalie parler de leurs vacances. Ensuite (*Then*), complétez les phrases avec un mot ou une expression de la section **CONTEXTES**. Notez que toutes les options ne sont pas utilisées.

_____ 1. Nathalie va partir...
_____ 2. Nathalie a déjà...
_____ 3. Nathalie va peut-être...
_____ 4. La famille de Cédric...
_____ 5. Paul pense que l'Espagne est...
_____ 6. Pour Cédric, les plages du Brésil...
_____ 7. Un jour, Cédric va faire...
_____ 8. Nathalie va utiliser...

a. sont idéales pour bronzer.
b. son billet d'avion.
c. le plan de Paris de Cédric.
d. la capitale du Mexique.
e. le tour du monde.
f. à l'étranger.
g. n'a pas encore décidé entre l'Espagne, le Mexique et le Brésil.
h. un pays superbe.
i. faire un séjour en Italie.

3 **Les vacances** Justine va partir en vacances demain. Complétez le paragraphe avec les mots et expressions de la liste. Toutes les options ne sont pas utilisées.

aller-retour	faire ma valise	sortie
une arrivée	pays	station
faire un séjour	plage	taxi
faire du shopping	prendre un bus	vol

Demain, je pars en vacances. Je vais (1) _____ avec mon frère à l'île Maurice, une petite île (*island*) tropicale dans l'océan Indien. Nous allons (2) _____ pour l'aéroport à 7h00. Mon frère veut (*wants*) prendre un (3) _____, mais moi, je pense qu'il faut économiser parce que j'ai envie de (4) _____ au marché et dans les boutiques de Port-Louis, la capitale. Le (5) _____ est à 10h. Nous n'avons pas besoin de visa pour le voyage; pour entrer dans le (6) _____, il faut seulement montrer un passeport et un billet (7) _____. J'ai acheté un nouveau maillot de bain pour aller à la (8) _____. Et maintenant, je vais (9) _____!

Practice more at **vhlcentral.com.**

Communication

4 **Répondez** Avec un(e) partenaire, posez-vous ces questions et répondez-y (*them*) à tour de rôle.

1. Où pars-tu en vacances cette année? Quand?
2. Quand fais-tu tes valises? Avec combien de valises voyages-tu?
3. Préfères-tu la mer, la campagne ou les stations de ski?
4. Comment vas-tu à l'aéroport? Prends-tu l'autobus? Le métro?

5. Quelles sont tes vacances préférées?
6. Quand utilises-tu un plan?
7. Quel est ton pays favori? Pourquoi?
8. Dans quel(s) pays as-tu envie de voyager?

5 **Décrivez** Avec un(e) partenaire, écrivez (*write*) une description des images. Donnez autant de (*as many*) détails que possible. Ensuite (*Then*), rejoignez un autre groupe et lisez vos descriptions. L'autre groupe doit deviner (*must guess*) quelle image vous décrivez (*describe*).

1.

2.

3.

4.

5.

6.

6 **Conversez** Votre professeur va vous donner, à vous et à votre partenaire, une feuille d'activités. L'un de vous est un(e) client(e) qui a besoin de faire une réservation pour des vacances, l'autre est l'agent de voyages. Travaillez ensemble pour finaliser la réservation et compléter vos feuilles respectives. Attention! Ne regardez pas la feuille de votre partenaire.

7 **Un voyage** Vous allez faire un voyage en Europe et rendre visite à votre cousin, Jean-Marc, qui étudie en Belgique. Écrivez-lui (*Write him*) une lettre et utilisez les mots de la liste.

un aéroport	la France
la Belgique	prendre un taxi
un billet	la Suisse
faire un séjour	un vol
faire les valises	un voyage

- Parlez des détails de votre départ.
- Expliquez votre tour d'Europe.
- Organisez votre arrivée en Belgique.
- Parlez de ce que (*what*) vous allez faire ensemble.

Les sons et les lettres

 Audio: Explanation
Record & Compare

🎧 **Diacriticals for meaning**

Some French words with different meanings have nearly identical spellings except for a diacritical mark (*accent*). Sometimes a diacritical does not affect pronunciation at all.

ou	**où**	**a**	**à**
or	*where*	*has*	*to, at*

Sometimes, you can clearly hear the difference between the words.

côte	**côté**	**sale**	**salé**
coast	*side*	*dirty*	*salty*

Very often, two similar-looking words are different parts of speech. Many similar-looking word pairs are those with and without an **-é** at the end.

âge	**âgé**	**entre**	**entré (entrer)**
age (n.)	*elderly* (adj.)	*between* (prep.)	*entered* (p.p.)

In such instances, context should make their meaning clear.

Tu as quel âge?   **C'est un homme âgé.**
How old are you? / What is your age?   *He's an elderly man.*

🔊 **Prononcez** Répétez les mots suivants à voix haute.

1. la (*the*)   là (*there*)
2. êtes (*are*)   étés (*summers*)
3. jeune (*young*)   jeûne (*fasting*)
4. pêche (*peach*)   pêché (*fished*)

🔊 **Articulez** Répétez les phrases suivantes à voix haute.

1. J'habite dans une ferme (*farm*).
   Le magasin est fermé (*closed*).
2. Les animaux mangent du maïs (*corn*).
   Je suis suisse, mais il est belge.
3. Est-ce que tu es prête?
   J'ai prêté ma voiture (*car*) à Marcel.
4. La lampe est à côté de la chaise.
   J'adore la côte ouest de la France.

🔊 **Dictons** Répétez les dictons à voix haute.

C'est un prêté pour un rendu.[2]

À vos marques, prêts, partez! [1]

ressources

v̂ Text

CE
p. 172

vhlcentral.com
Leçon 7A

[1] On your mark, get set, go!
[2] One good turn deserves another. (lit. It is one loaned for one returned.)

De retour au P'tit Bistrot

Video: *Roman-photo*
Record & Compare

PERSONNAGES

David

Rachid

Sandrine

Stéphane

À la gare...

RACHID Tu as fait bon voyage?

DAVID Salut! Excellent, merci.

RACHID Tu es parti pour Paris avec une valise et te voici avec ces énormes sacs en plus!

DAVID Mes parents et moi sommes allés aux Galeries Lafayette. On a acheté des vêtements et des trucs pour l'appartement aussi.

RACHID Ah ouais?

DAVID Mes parents sont arrivés des États-Unis jeudi soir. Ils ont pris une chambre dans un bel hôtel, tout près de la tour Eiffel.

RACHID Génial!

DAVID Moi, je suis arrivé à la gare vendredi soir. Et nous sommes allés dîner dans une excellente brasserie. Mmm!

DAVID Samedi, on a pris un bateau-mouche sur la Seine. J'ai visité un musée différent chaque jour: le musée du Louvre, le musée d'Orsay...

RACHID En résumé, tu as passé de bonnes vacances dans la capitale... Bon, on y va?

DAVID Ah, euh, oui, allons-y!

STÉPHANE Pour moi, les vacances idéales, c'est un voyage à Tahiti. Ahhh... la plage, et moi en maillot de bain avec des lunettes de soleil... et les filles en bikini!

DAVID Au fait, je n'ai pas oublié ton anniversaire.

STÉPHANE Ouah! Super, ces lunettes de soleil! Merci, David, c'est gentil.

DAVID Désolé de ne pas avoir été là pour ton anniversaire, Stéphane. Alors, ils t'ont fait la surprise?

STÉPHANE Oui, et quelle belle surprise! J'ai reçu des cadeaux trop cool. Et le gâteau de Sandrine, je l'ai adoré.

DAVID Ah, Sandrine... elle est adorable... Euh, Stéphane, tu m'excuses une minute?

DAVID Coucou! Je suis de retour!

SANDRINE Oh! Salut, David. Alors, tu as aimé Paris?

DAVID Oui! J'ai fait plein de choses... de vraies petites vacances! On a fait...

A C T I V I T É S

1 **Les événements** Mettez ces événements dans l'ordre chronologique.

_____ a. Rachid va chercher David.

_____ b. Stéphane parle de son anniversaire.

_____ c. Sandrine va faire une réservation.

_____ d. David donne un cadeau à Stéphane.

_____ e. Rachid mentionne que David a beaucoup de sacs.

_____ f. Stéphane met les lunettes de soleil.

_____ g. Stéphane décrit (*describes*) ses vacances idéales.

_____ h. David parle avec Sandrine.

_____ i. Sandrine pense à ses vacances.

_____ j. Rachid et David repartent en voiture.

 Practice more at **vhlcentral.com**.

David parle de ses vacances.

Bonjour

STÉPHANE Alors, ces vacances? Tu as fait un bon séjour?

DAVID Oui, formidable!

STÉPHANE Alors, vous êtes restés combien de temps à Paris?

DAVID Quatre jours. Ce n'est pas très long, mais on a visité pas mal d'endroits.

STÉPHANE Comment est-ce que vous avez visité la ville? En voiture?

DAVID En voiture!? Tu es fou! On a pris le métro, comme tout le monde.

STÉPHANE Tes parents n'aiment pas conduire?

DAVID Si, à la campagne, mais pas en ville, surtout une ville comme Paris. On a visité les monuments, les musées...

STÉPHANE Et Monsieur l'artiste a aimé les musées de Paris?

DAVID Je les ai adorés!

SANDRINE Oh! Des vacances!

DAVID Oui... Des vacances? Qu'est-ce qu'il y a?

SANDRINE Je vais à Albertville pour les vacances d'hiver. On va faire du ski!

SANDRINE Est-ce que tu skies?

DAVID Un peu, oui...

SANDRINE Désolée, je dois partir. J'ai une réservation à faire! Rendez-vous ici demain, David. D'accord? Ciao!

Expressions utiles

Talking about vacations

- **Tu es parti pour Paris avec une valise et te voici avec ces énormes sacs en plus!**
  You left for Paris with one suitcase and here you are with these huge extra bags!

- **Nous sommes allés aux Galeries Lafayette.**
  We went to the Galeries Lafayette.

- **On a acheté des trucs pour l'appartement aussi.**
  We also bought some things for the apartment.

- **Moi, je suis arrivé à la gare vendredi soir et nous sommes allés dîner.**
  I got to/arrived at the station Friday night and we went to dinner.

- **On a pris un bateau-mouche sur la Seine.**
  We took a sightseeing boat on the Seine.

- **Vous êtes restés combien de temps à Paris?**
  How long did you stay in Paris?

- **On a pris le métro, comme tout le monde.**
  We took the subway, like everyone else.

- **J'ai fait plein de choses.**
  I did a lot of things.

- **Les musées de Paris, je les ai adorés!**
  The museums in Paris, I loved them!

Additional vocabulary

- **Alors, ils t'ont fait la surprise?**
  So, they surprised you?

- **J'ai reçu des cadeaux trop cool.**
  I got the coolest gifts.

- **Le gâteau, je l'ai adoré.**
  I loved the cake.

- **Tu m'excuses une minute?**
  Would you excuse me a minute?

- **Oui, formidable!**
  Yes, wonderful!

- **Qu'est-ce qu'il y a?**
  What is the matter?

- **Désolé(e), je dois partir.**
  Sorry, I have to leave.

---

2 **Questions** Répondez aux questions.

1. David est parti pour Paris avec combien de valises? À son retour (*Upon his return*), est-ce qu'il a le même nombre de valises?

2. Qu'est-ce que David a fait pour ses vacances?

3. Qu'est-ce que David donne à Stéphane comme cadeau d'anniversaire? Stéphane aime-t-il le cadeau?

4. Quelles sont les vacances idéales de Stéphane?

5. Qu'est-ce que Sandrine va faire pour ses vacances d'hiver?

3 **Écrivez** Imaginez: vous êtes David, Stéphane ou Sandrine et vous allez en vacances à Paris, Tahiti ou Albertville. Écrivez un e-mail à Valérie. Quel temps fait-il? Où est-ce que vous séjournez? Quels vêtements est-ce que vous avez apportés? Qu'est-ce que vous faites chaque jour?

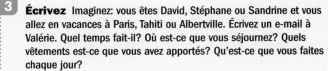

ressources

v̂Text   CE pp. 173–174   vhlcentral.com Leçon 7A

A C T I V I T É S

S Reading
Video: *Flash culture*

CULTURE À LA LOUPE

Tahiti

Tahiti, dans le sud° de l'océan Pacifique, est la plus grande île° de la Polynésie française. Elle devient° un protectorat français en 1842, puis° une colonie française en 1880. Depuis 1959, elle fait partie de la collectivité d'outre-mer° de Polynésie française. Les langues officielles de Tahiti sont le français et le tahitien.

Le tourisme est une source d'activité très importante pour l'île. Ses hôtels de luxe et leurs fameux bungalows sur l'eau accueillent° près de 200.000 visiteurs par an. Les touristes apprécient Tahiti pour son climat chaud, ses plages superbes et sa culture riche en traditions. À Tahiti, il y a la possibilité de faire toutes sortes d'activités aquatiques comme du bateau, de la pêche, de la planche à voile ou de la plongée°. On peut aussi faire des randonnées en montagne ou explorer les nombreux lagons bleus de l'île. Si on n'a pas envie de faire de sport, on peut se détendre° dans un spa, bronzer à la plage ou se promener° sur l'île. Papeete, capitale de la Polynésie française et ville principale de Tahiti, offre de bons restaurants, des boîtes de nuit, des boutiques variées et un marché.

sud *south* **la plus grande île** *the largest island* **devient** *becomes* **puis** *then* **collectivité d'outre-mer** *overseas territory* **accueillent** *welcome* **plongée** *scuba diving* **se détendre** *relax* **se promener** *go for a walk*

Coup de main

Si introduces a hypothesis. It may come at the beginning or at the middle of a sentence.

si + *subject* + *verb* + *subject* + *verb*

Si on n'a pas envie de faire de sport, on peut se détendre dans un spa.

subject + *verb* + **si** + *subject* + *verb*

On peut se détendre dans un spa si on n'a pas envie de faire de sport.

ACTIVITÉS

1 **Répondez** Répondez aux questions par des phrases complètes.

1. Où est Tahiti?
2. Quand est-ce que Tahiti devient une colonie française?
3. De quoi fait partie Tahiti?
4. Quelles langues parle-t-on à Tahiti?
5. Quelle particularité ont les hôtels de luxe à Tahiti?
6. Combien de personnes par an visitent Tahiti?
7. Pourquoi est-ce que les touristes aiment visiter Tahiti?
8. Quelles sont deux activités sportives que les touristes aiment faire à Tahiti?
9. Comment s'appelle la ville principale de Tahiti?
10. Où va-t-on à Papeete pour acheter un cadeau pour un ami?

LE FRANÇAIS QUOTIDIEN

À la gare

contrôleur	ticket inspector
couchette	berth
guichet	ticket window
horaire	schedule
quai	train/metro platform
voie	track
wagon-lit	sleeper car
composter	to punch one's (train) ticket

LE MONDE FRANCOPHONE

Les transports

Voici quelques faits insolites° dans les transports.
Au Canada Inauguré en 1966, le métro de Montréal est le premier du monde à rouler° sur des pneus° et non sur des roues° en métal. Chaque station a été conçue° par un architecte différent.
En France L'Eurotunnel (le tunnel sous la Manche°) permet aux trains Eurostar de transporter des voyageurs et des marchandises entre la France et l'Angleterre.
En Mauritanie Le train du désert, en Mauritanie, en Afrique, est peut-être le train de marchandises le plus long° du monde. Long de 2 à 3 km en général, le train fait deux ou trois voyages chaque jour du Sahara à la côte ouest°. C'est un voyage de plus de 600 km qui dure jusqu'à° 18 heures. Un des seuls moyens° de transport dans la région, ce train est aussi un train de voyageurs.

faits insolites *unusual facts* rouler *ride* pneus *tires* roues *wheels* conçue *designed* Manche *English Channel* le plus long *the longest* côte ouest *west coast* dure jusqu'à *lasts up to* seuls moyens *only means*

PORTRAIT

Le musée d'Orsay

Le musée d'Orsay est un des musées parisiens les plus° visités. Le lieu n'a pourtant° pas toujours été un musée. À l'origine, ce bâtiment° est une gare, construite par l'architecte Victor Laloux et inaugurée en 1900 à l'occasion de l'Exposition universelle. Les voies° de la gare d'Orsay deviennent° trop courtes et en 1939, on décide de limiter le service aux trains de banlieue. Plus tard, la gare sert de décor à des films, comme *Le Procès* de Kafka adapté par Orson Welles, puis° elle devient théâtre, puis salle de ventes aux enchères°. En 1986, le bâtiment est transformé en musée. Il est principalement dédié° à l'art du dix-neuvième siècle°, avec une magnifique collection d'art impressionniste.

Danseuses en bleu,
Edgar Degas

les plus *the most* pourtant *however* bâtiment *building* voies *tracks* deviennent *become* puis *then* ventes aux enchères *auction* principalement dédié *mainly dedicated* siècle *century*

Sur Internet

Qu'est-ce que le funiculaire de Montmartre?

Go to **vhlcentral.com** to find more information related to this **Culture** section. Then watch the corresponding **Flash culture**.

---

2 **Vrai ou faux?** Indiquez si les phrases sont **vraies** ou **fausses**. Corrigez les phrases fausses.

1. Le musée d'Orsay a été un théâtre.
2. Le musée d'Orsay a été une station de métro.
3. Le musée d'Orsay est dédié à la sculpture moderne.
4. Il y a un tunnel entre la France et la Guyane française.
5. Le métro de Montréal roule sur des roues en métal.
6. Le train du désert transporte aussi des voyageurs.

 Practice more at **vhlcentral.com.**

3 **Comment voyager?** Vous allez passer deux semaines en France. Vous avez envie de visiter Paris et deux autres régions. Par petits groupes, parlez des moyens (*means*) de transport que vous allez utiliser pendant votre voyage. Expliquez vos choix (*choices*).

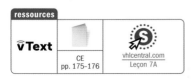

ressources		
v̄Text	CE pp. 175–176	vhlcentral.com Leçon 7A

Presentation Tutorial

7A.1 The *passé composé* with *être*

Point de départ In **Leçon 6A**, you learned to form the **passé composé** with **avoir**. Some verbs, however, form the **passé composé** with **être**.

• To form the **passé composé** of these verbs, use a present-tense form of **être** and the past participle of the verb that expresses the action.

PRESENT TENSE	PAST PARTICIPLE		PRESENT TENSE	PAST PARTICIPLE
Je suis	**allé.**		**Il est**	**sorti.**

• Many of the verbs that take **être** in the **passé composé** involve motion. You have already learned a few of them: **aller**, **arriver**, **descendre**, **partir**, **passer**, **rentrer**, **sortir**, and **tomber**.

Jean-Luc **est parti** en vacances.
Jean-Luc left on vacation.

Je **suis tombé** de la chaise.
I fell off the chair.

Tu es parti pour Paris.

Mes parents sont arrivés des États-Unis.

• The past participles of verbs conjugated with **être** agree with their subjects in number and gender.

Charles, tu **es allé** à Montréal?
Charles, did you go to Montreal?

Florence **est partie** en vacances.
Florence left on vacation.

Mes frères **sont rentrés**.
My brothers came back.

Elles **sont arrivées** hier soir.
They arrived last night.

• To make a verb negative in the **passé composé**, place **ne/n'** and **pas** around the auxiliary verb, in this case, **être**.

Emma et Élodie **ne sont pas sorties**?
Emma and Élodie didn't go out?

Nous **ne sommes pas allées** à la plage.
We didn't go to the beach.

Je **ne suis pas passé** chez mon amie.
I didn't stop by my friend's house.

Vous **n'êtes pas rentrés** à la maison hier.
You didn't come home yesterday.

1 **Un week-end sympa** Carole raconte son week-end à Paris. Complétez l'histoire avec les formes correctes des verbes au passé composé.

Thomas et moi, nous (1) _____ (partir) de Lyon samedi et nous (2) _____ (arriver) à Paris à onze heures. Nous (3) _____ (passer) à l'hôtel et puis, je (4) _____ (aller) au Louvre. En route, je (5) _____ (tomber) sur un vieil ami, et nous (6) _____ (aller) prendre un café. Ensuite, je (7) _____ (entrer) dans le musée. Samedi soir, Thomas et moi (8) _____ (monter) au sommet de la tour Eiffel et après, nous (9) _____ (sortir) en boîte. Dimanche, nous (10) _____ (retourner) au Louvre. Ouf... je suis fatiguée!

2 **Dimanche dernier** Dites ce que (*what*) ces personnes ont fait dimanche dernier. Utilisez les verbes de la liste.

MODÈLE

Laure est allée à la piscine.

aller	monter
arriver	rentrer
descendre	sortir

Laure

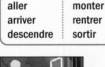

1. je

3. nous

2. tu

4. Pamela et Caroline

3 **L'accident** Le mois dernier, Djénaba et Safiatou sont allées au Sénégal. Racontez (*Tell*) leur histoire. Avec un(e) partenaire, complétez les phrases au passé composé. Ensuite, mettez-les dans l'ordre chronologique.

____ a. les filles / partir pour Dakar en avion

____ b. Djénaba / tomber de vélo

____ c. elles / aller faire du vélo dimanche matin

____ d. elles / arriver à Dakar tard le soir

____ e. elles / descendre à l'hôtel Sofitel

____ f. elle / aller à l'hôpital

 Practice more at **vhlcentral.com**.

COMMUNICATION

 Les vacances de printemps Avec un(e) partenaire, parlez de vos dernières vacances de printemps. Répondez à toutes ses questions.

MODÈLE

quand / partir
Élève 1: *Quand es-tu parti(e)?*
Élève 2: *Je suis parti(e) vendredi soir.*

1. où / aller
2. avec qui / partir
3. comment / voyager
4. à quelle heure / arriver
5. où / descendre
6. combien de temps / rester
7. que / visiter
8. sortir / souvent le soir
9. que / acheter
10. quand / rentrer

5 **Enquête** Votre professeur va vous donner une feuille d'activités. Circulez dans la classe et demandez à différents camarades s'ils ont fait ces choses récemment (*recently*). Présentez les résultats de votre enquête à la classe.

MODÈLE

Élève 1: *Es-tu allé(e) au musée récemment?*
Élève 2: *Oui, je suis allé(e) au musée jeudi dernier.*

Questions	Noms
1. aller au musée	François
2. passer chez ses amis	
3. sortir en boîte	
4. rester à la maison pour écouter de la musique	
5. partir en week-end	
6. monter dans un avion	

6 **À l'aéroport** Par groupes de quatre, parlez d'une mauvaise expérience dans un aéroport. À tour de rôle, racontez (*tell*) vos aventures et posez le plus (*most*) de questions possible. Utilisez les expressions de la liste et d'autres.

MODÈLE

Élève 1: *Quand je suis rentré(e) de la Martinique, j'ai attendu trois heures à la douane.*
Élève 2: *Quelle horreur! Pourquoi?*

arriver	partir
attendre	perdre
avion	prendre un avion
billet (aller-retour)	sortir
douane	vol

● Here are a few more verbs that take **être** instead of **avoir** in the **passé composé**.

Some verbs used with *être*			
entrer	*to enter*	**naître**	*to be born*
monter	*to go up; to get in/on*	**rester**	*to stay*
mourir	*to die*	**retourner**	*to return*

Mes parents **sont nés** en 1958 à Paris.
My parents were born in 1958 in Paris.

Ma grand-mère maternelle **est morte** l'année dernière.
My maternal grandmother died last year.

● Note that the verb **passer** takes **être** when it means *to pass by,* but it takes **avoir** when it means *to spend time.*

Maryse **est passée** par la douane.
Maryse passed through customs.

Maryse **a passé** trois jours à la campagne.
Maryse spent three days in the country.

● To form a question using inversion in the **passé composé,** invert the subject pronoun and the conjugated form of **être.**

Est-elle descendue à l'hôtel Aquabella?
Did she stay at the Hotel Aquabella?

Êtes-vous arrivée ce matin, Madame Roch?
Did you arrive this morning, Mrs. Roch?

● Place short adverbs such as **déjà, encore, bien, mal,** and **beaucoup** between the auxiliary verb **être** or **pas** and the past participle.

Elle **est déjà rentrée** de vacances?
She already came back from vacation?

Nous **ne sommes pas encore arrivés** à Aix-en-Provence.
We haven't arrived in Aix-en-Provence yet.

Essayez! Choisissez le participe passé approprié.

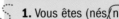

1. Vous êtes (nés/né) en 1959, Monsieur?
2. Les élèves sont (partis/parti) le 2 juin.
3. Les filles sont (rentrées/rentrés) de vacances.
4. Simone de Beauvoir est-elle (mort/morte) en 1986?
5. Mes frères sont (sortis/sortie).
6. Paul n'est pas (resté/restée) chez sa grand-mère.
7. Tu es (arrivés/arrivée) avant dix heures, Sophie.
8. Jacqueline a (passée/passé) une semaine en Suisse.

Presentation Tutorial

7A.2 Direct object pronouns

Point de départ In **Leçon 6B**, you learned about indirect objects. You are now going to learn about direct objects.

DIRECT OBJECT	INDIRECT OBJECT

J'ai fait **un cadeau à ma sœur**.
I gave a gift to my sister.

- Note that a direct object receives the action of a verb directly and an indirect object receives the action of a verb indirectly. While indirect objects are frequently preceded by the preposition **à**, no preposition is needed before the direct object.

J'emmène **mes parents**.   *but*   Je parle **à mes parents**.
I'm taking my parents.   *I'm speaking to my parents.*

- You can use a direct object pronoun in the place of a direct object noun.

Tu fais **les valises**?   Tu **les** fais?
Are you packing the suitcases?   *Are you packing them?*

Ils retrouvent **Luc** à la gare.   Ils **le** retrouvent à la gare.
They're meeting Luc at   *They're meeting him at*
the station.   *the station.*

Direct object pronouns

singular		plural	
me/m'	*me*	nous	*us*
te/t'	*you*	vous	*you*
le/la/l'	*him/her/it*	les	*them*

Tes parents sont allés te chercher?

Tu m'excuses une minute?

- Place a direct object pronoun before the conjugated verb.

Les langues? Laurent et Xavier   Les élèves **vous**
les étudient.   ont entendu(e)(s).
Languages? Laurent and Xavier   *The students heard*
study them.   *you.*

MISE EN PRATIQUE

1 **Des activités** Dites ce que (*what*) ces gens font le week-end. Employez les pronoms d'objet direct.

MODÈLE

Il l'écoute.

Dominique écoute ce CD.

1. Benoît regarde ses DVD.

3. Il mange son gâteau.

2. Ma mère admire cette robe.

4. Ils achètent ces lunettes.

2 **À la plage** La famille de Dalila a passé une semaine à la mer. Dalila parle de ce que (*what*) chaque membre de sa famille a fait. Employez des pronoms d'objet direct.

MODÈLE

J'ai conduit Ahmed à la plage. *Je l'ai conduit à la plage.*

1. Mon père a acheté le journal tous les matins.
2. Ma sœur a retrouvé son petit ami au café.
3. Mes parents ont emmené les enfants au cinéma.
4. Mon frère a invité sa fiancée au restaurant.
5. Anissa a porté ses lunettes de soleil.
6. À midi, Chekib a acheté les baguettes pour le repas (*meal*).

3 **Des doutes** Julie et son amie Caroline sont au parc. Elle répond à ses questions sur leurs vacances chez ses parents. Formez les questions que pose Caroline. Avec un(e) partenaire, jouez les deux rôles. Ensuite, présentez la scène à la classe.

1. Oui, mes parents t'invitent au bord de la mer.
2. Oui, je vais t'attendre à l'aéroport.
3. Oui, mon frère va nous emmener sur son bateau.
4. Oui, je pense que ma famille va bien t'aimer.
5. J'ai choisi d'emporter (*take*) les chaussures vertes.
6. J'ai pris le maillot de bain bleu.

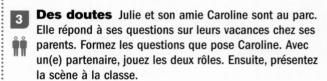 Practice more at **vhlcentral.com**.

COMMUNICATION

4 **À Tahiti** Vous allez partir à Tahiti. Avec un(e) partenaire, posez-vous ces questions. Il/Elle vous répond en utilisant (*by using*) le pronom d'objet direct approprié. Ensuite, alternez les rôles.

MODÈLE

Est-ce que tu prends le bus pour aller à la plage?
Non, je ne le prends pas.

1. Est-ce que tu prends l'avion?
2. Qui va t'attendre à l'aéroport?
3. Quand as-tu fait tes valises?
4. Est-ce que tu as acheté ton maillot de bain?
5. Est-ce que tu prends ton appareil photo?
6. Quels vêtements as-tu achetés?
7. Tu vas regarder la télévision tahitienne?
8. Vas-tu essayer les plats typiques de Tahiti?

5 **Le départ** Clémentine va partir au Cameroun chez sa correspondante (*pen pal*) Léa. Sa mère veut (*wants*) être sûre qu'elle n'a pas oublié un objet important, mais sa fille n'a presque rien (*nothing*) fait. Avec un(e) partenaire, jouez leur conversation en utilisant les phrases de la liste.

MODÈLE

Élève 1: *Tu as acheté le cadeau pour ton amie?*
Élève 2: *Non, je ne l'ai pas encore acheté.*
Élève 1: *Quand vas-tu l'acheter?*
Élève 2: *Je vais l'acheter cet après-midi.*

acheter ton billet d'avion	faire tes valises
avoir l'adresse de Léa	prendre tes lunettes
chercher ton maillot de bain	préparer tes vêtements
confirmer l'heure d'arrivée	trouver ton passeport

• In a negative statement, place the direct object pronoun between **ne/n'** and the conjugated verb.

Le chinois? Je **ne le parle pas**.
Chinese? I don't speak it.

Elle **ne l'a pas** pris à 14 heures?
She didn't take it at 2 o'clock?

• When an infinitive follows a conjugated verb, the direct object pronoun precedes the infinitive.

Marcel va **nous écouter**.
Marcel is going to listen to us.

Tu ne préfères pas **la porter** demain?
Don't you prefer to wear it tomorrow?

• When a direct object pronoun is used with the **passé composé**, the past participle must agree with it in both gender and number.

J'ai mis **la valise** dans la voiture ce matin.
I put the suitcase in the car this morning.

Je l'ai **mise** dans la voiture ce matin.
I put it in the car this morning.

J'ai attendu **les filles** à la gare.
I waited for the girls at the station.

Je **les** ai **attendues** à la gare.
I waited for them at the station.

• In questions using **Quel(s)/Quelle(s)** and the **passé composé**, the past participle must agree with the gender and number of **Quel(s)/Quelle(s)**.

Quel hôtel avez-vous **choisi**?
Which hotel did you choose?

Quelle plage as-tu **préférée**?
Which beach did you prefer?

Quels pays as-tu **visités**?
Which countries did you visit?

Quelles valises as-tu **apportées**?
Which suitcases did you bring?

Essayez! **Répondez aux questions en remplaçant (*by replacing*) l'objet direct par un pronom d'objet direct.**

1. Thierry prend le train? Oui, il ___*le*___ prend.
2. Tu attends ta mère? Oui, je _____ attends.
3. Vous entendez Olivier et Vincent? Oui, on _____ entend.
4. Le professeur te cherche? Oui, il _____ cherche.
5. Quels copains retrouves-tu au parc? Marc et Cyril? Oui, je _____ retrouve au parc.
6. Vous m'invitez? Oui, nous _____ invitons.
7. Tu nous comprends? Oui, je _____ comprends.
8. Quelle valise prends-tu pour aller en vacances? La rouge? Oui, je _____ prends.
9. Chloé aime écouter la musique classique? Oui, elle aime _____ écouter.
10. Vous avez regardé le film *Chacun cherche son chat*? Oui, nous _____ avons regardé.

Révision

1 **Il y a dix minutes** Avec un(e) partenaire, décrivez (*describe*) dans cette scène les actions qui se sont passées (*happened*) il y a dix minutes. Utilisez les verbes de la liste pour écrire (*write*) des phrases. Ensuite, comparez vos phrases avec les phrases d'un autre groupe.

MODÈLE

Élève 1: *Il y a dix minutes, M. Hamid est parti.*
Élève 2: *Il y a dix minutes, …*

aller	partir
arriver	rentrer
descendre	sortir
monter	tomber

2 **Qui aime quoi?** Votre professeur va vous donner une feuille d'activités. Circulez dans la classe pour trouver un(e) camarade différent(e) qui aime ou qui n'aime pas chaque lieu de la liste.

MODÈLE

Élève 1: *Est-ce que tu aimes les aéroports?*
Élève 2: *Je ne les aime pas du tout; je les déteste.*

3 **À l'étranger** Par groupes de quatre, interviewez vos camarades. Dans quels pays sont-ils déjà allés? Dans quelles villes? Comparez vos destinations, puis présentez toutes les réponses à la classe. N'oubliez pas de demander:

- quand vos camarades sont parti(e)s
- où ils/elles sont allé(e)s
- où ils/elles sont resté(e)s
- combien de temps ils/elles ont passé là-bas

4 **La valise** Sandra et John sont partis en vacances. Voici leur valise. Avec un(e) partenaire, faites une description écrite (*written*) de leurs vacances. Où sont-ils allés? Comment sont-ils partis?

5 **Un long week-end** Avec un(e) partenaire, préparez huit questions sur le dernier long week-end. Utilisez les verbes de la liste. Ensuite, par groupes de quatre, répondez à toutes les questions.

MODÈLE

Élève 1: *Où es-tu allé(e) vendredi soir?*
Élève 2: *Vendredi soir, je suis resté(e) chez moi. Mais samedi, je suis sorti(e)!*

aller	rentrer
arriver	rester
partir	retourner
passer	sortir

6 **Mireille et les Girard** Votre professeur va vous donner, à vous et à votre partenaire, une feuille sur le week-end de Mireille et de la famille Girard. Attention! Ne regardez pas la feuille de votre partenaire.

MODÈLE

Élève 1: *Qu'est-ce que Mireille a fait vendredi soir?*
Élève 2: *Elle est allée au cinéma.*

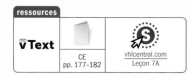

ressources

v̂Text

CE
pp. 177–182

vhlcentral.com
Leçon 7A

 **Video: TV Clip**

Le Zapping

Comparez, choisissez°, partez.

Le site Trivago est né en 2005 à Düsseldorf, en Allemagne. C'est un moteur de recherche gratuit° où les voyageurs ont la possibilité de comparer le prix des hôtels et de choisir la meilleure° offre. Sa technologie innovante lui permet de scanner plus de cent sites partenaires en quelques secondes. Aujourd'hui, Trivago réalise environ° un million de recherches par jour parmi° 500.000 hôtels.

Le petit plus de Trivago est la qualité des informations qu'il donne aux voyageurs. Le site présente non seulement° les hôtels les moins° chers, mais aussi ceux qui° correspondent parfaitement aux envies et aux besoins de chaque utilisateur.

Mais deux prix différents.

... où réserver la meilleure offre.

Compréhension Répondez aux questions.

1. Qui sont les deux personnages dans cette publicité (*ad*)? Faites une description rapide de chacun (*each one*)?
2. Où est-ce qu'ils passent leurs vacances?
3. Quel personnage connaît (*knows*) le site Trivago?

Discussion Par groupes de trois, répondez ensemble aux questions.

1. Avez-vous déjà utilisé un site comme Trivago? Quand et en quelle occasion?
2. Pour voyager, aimez-vous tout planifier et tout organiser avant de partir?
3. Que sont des vacances spontanées pour vous? Seriez-vous (*Would you be*) prêt(e)s à partir à l'aventure? Où et dans quelles conditions?

choisissez *choose* **moteur de recherche gratuit** *free search engine*
meilleure *best* **environ** *around* **parmi** *among* **non seulement** *not only*
les moins *the least* **ceux qui** *those that*

You will learn how to...

- make hotel reservations
- give instructions

Audio: Vocabulary Practice
My Vocabulary

À l'hôtel

Vocabulaire	
annuler une réservation	to cancel a reservation
réserver	to reserve, to book
premier/première	first
cinquième	fifth
neuvième	ninth
vingt et unième	twenty-first
vingt-deuxième	twenty-second
trente et unième	thirty-first
centième	hundredth
une agence de voyages	travel agency
un agent de voyages	travel agent
une auberge de jeunesse	youth hostel
une chambre individuelle	single room
un hôtel	hotel
un passager/une passagère	passenger
complet/complète	full (no vacancies)
libre	available
alors	so, then; at that moment
après (que)	after
avant (de)	before
d'abord	first
donc	therefore
enfin	finally, at last
ensuite	then, next
finalement	finally
pendant (que)	during, while
puis	then
tout à coup	suddenly
tout de suite	right away

la réception

le lit

l'hôtelière (f.)

l'hôtelier (m.)

le passeport

la clé

les client(e)s

ressources

 vText

CE
pp. 183–185

 vhlcentral.com
Leçon 7B

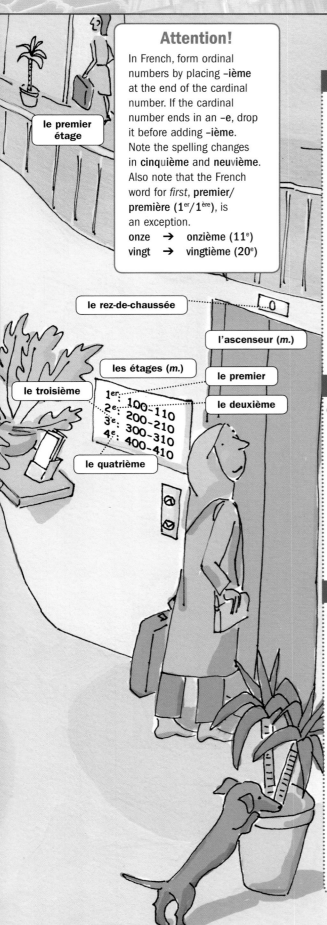

le premier étage

le rez-de-chaussée

l'ascenseur (m.)

les étages (m.)

le premier

le troisième

le deuxième

1er
2e : 100-110
3e : 200-210
4e : 300-310
     400-410

le quatrième

Attention!

In French, form ordinal numbers by placing –ième at the end of the cardinal number. If the cardinal number ends in an –e, drop it before adding –ième. Note the spelling changes in **cinqu**ième and **neuv**ième. Also note that the French word for *first*, **premier/première** (1er/1ère), is an exception.

onze → onzième (11e)
vingt → vingtième (20e)

Mise en pratique

1 **Remplissez** Complétez les phrases avec le nombre ordinal qui convient (*fits*).

MODÈLE

B est la _____deuxième_____ lettre de l'alphabet.

1. Décembre est le _____ mois de l'année.
2. Mercredi est le _____ jour de la semaine.
3. Aux États-Unis, le rez-de-chaussée est le _____ étage.
4. Ma classe de français est au _____ (étage).
5. Octobre est le _____ mois de l'année.
6. Z est la _____ lettre de l'alphabet.
7. Samedi est le _____ jour de la semaine.
8. Barack Obama est le _____ président des États-Unis.
9. Mon prénom (*first name*) commence avec la _____ lettre de l'alphabet.
10. La fête nationale américaine est le _____ jour du mois de juillet.

2 **Écoutez** 🎧 Écoutez la conversation entre Mme Renoir et un hôtelier et décidez si les phrases sont **vraies** ou **fausses**.

	Vrai	Faux
1. Mme Renoir est à l'agence de voyages.	☐	☐
2. Mme Renoir a fait une réservation.	☐	☐
3. Mme Renoir prend la chambre au cinquième étage.	☐	☐
4. Il y a un ascenseur dans l'hôtel.	☐	☐
5. Mme Renoir a réservé une chambre à deux lits.	☐	☐
6. La cliente s'appelle Margot Renoir.	☐	☐
7. L'hôtel a des chambres libres.	☐	☐
8. L'hôtelier donne à Mme Renoir la clé de la chambre 27.	☐	☐

3 **Hôtel Paradis** Virginie téléphone à l'hôtel Paradis pour faire une réservation. Mettez les phrases dans l'ordre chronologique.

_____ a. Finalement, il me demande le numéro de ma carte de crédit (*credit card*) pour finaliser la réservation.

_____ b. Pendant la conversation, je demande une chambre individuelle au troisième étage.

_____ c. D'abord, j'appelle l'hôtel Paradis pour faire une réservation.

_____ d. Je ne veux (*want*) pas dormir au rez-de-chaussée, donc je demande une chambre au deuxième étage.

_____ e. Ensuite, l'hôtel me rappelle (*calls me back*) pour annoncer qu'il n'y a plus de chambre libre au troisième étage, donc ma réservation est annulée.

_____ f. C'est alors que l'hôtelier me donne une chambre au deuxième étage à côté de l'ascenseur.

🅢 Practice more at **vhlcentral.com.**

Communication

4 **Conversez** Un(e) camarade passe des vacances idéales dans un hôtel. Interviewez-le/la (*him/her*).

1. Quelles sont les dates de ton séjour?
2. Où vas-tu? Dans quel pays, quelle région ou quelle ville? Vas-tu à la mer, à la campagne, ...?
3. À quel hôtel descends-tu (*do you stay*)?
4. Qui fait la réservation?
5. Comment est l'hôtel? Est-ce que l'hôtel a un ascenseur, une piscine, ...?
6. À quel étage est ta chambre?
7. Combien de lits a ta chambre?
8. Laisses-tu ton passeport à la réception?

5 **Notre réservation** Par groupes de trois, travaillez pour préparer une présentation où deux touristes font une réservation dans un hôtel ou une auberge de jeunesse francophone. N'oubliez pas d'ajouter (*add*) les informations de la liste.

- le nom de l'hôtel
- le type de chambre(s)
- l'étage
- le nombre de lits
- les dates
- le prix

6 **Mon hôtel** Vous allez ouvrir (*open*) votre propre hôtel. Par groupes de quatre, créez une affiche (*poster*) pour le promouvoir (*promote*) avec l'information de la liste et présentez votre hôtel au reste de la classe. Votre professeur va ensuite donner à chaque groupe un budget. Avec ce budget, vous allez faire la réservation à l'hôtel qui convient le mieux (*best suits*) à votre groupe.

- le nom de votre hôtel
- le nombre d'étoiles (*stars*)
- les services offerts
- le prix pour une nuit

★ une étoile	★★ deux étoiles	★★★ trois étoiles	★★★★ quatre étoiles	★★★★★ cinq étoiles

7 **Votre dernière réservation** Écrivez un paragraphe où vous décrivez (*describe*) ce qu'un touriste doit (*must*) faire pour réserver une chambre. Utilisez au moins cinq mots de la liste. Échangez et comparez votre paragraphe avec celui (*the one*) d'un camarade de classe.

alors	d'abord	puis
après (que)	donc	tout à coup
avant (de)	enfin	tout de suite

Les sons et les lettres

**Audio: Explanation
Record & Compare**

ti, sti, and ssi

The letters **ti** followed by a consonant are pronounced like the English word *tea*, but without the puff released in the English pronunciation.

ac**ti**f	pe**ti**t	**ti**gre	u**ti**les

When the letter combination **ti** is followed by a vowel sound, it is often pronounced like the sound linking the English words *miss you*.

dic**ti**onnaire	pa**ti**ent	ini**ti**al	addi**ti**on

Regardless of whether it is followed by a consonant or a vowel, the letter combination **sti** is pronounced *stee*, as in the English word *steep*.

ge**sti**on	que**sti**on	Séba**sti**en	arti**sti**que

The letter combination **ssi** followed by another vowel or a consonant is usually pronounced like the sound linking the English words *miss you*.

pa**ssi**on	expre**ssi**on	mi**ssi**on	profe**ssi**on

Words that end in **-sion** or **-tion** are often cognates with English words, but they are pronounced quite differently. In French, these words are never pronounced with a *sh* sound.

compre**ssi**on	na**ti**on	atten**ti**on	addi**ti**on

Prononcez Répétez les mots suivants à voix haute.

1. artiste
2. mission
3. réservation
4. impatient
5. position
6. initiative
7. possession
8. nationalité
9. compassion
10. possible

Articulez Répétez les phrases suivantes à voix haute.

1. L'addition, s'il vous plaît.
2. Christine est optimiste et active.
3. Elle a fait une bonne première impression.
4. Laëtitia est impatiente parce qu'elle est fatiguée.
5. Tu cherches des expressions idiomatiques dans le dictionnaire.

Il n'est de règle sans exception.²

Dictons Répétez les dictons à voix haute.

De la discussion jaillit la lumière.¹

¹ Discussion brings light.
² The exception proves the rule.

ressources

v̂Text

CE p. 186

vhlcentral.com
Leçon 7B

La réservation d'hôtel

Video: *Roman-photo*
Record & Compare

PERSONNAGES

Agent de voyages

Amina

Pascal

Sandrine

À l'agence de voyages...

SANDRINE J'ai besoin d'une réservation d'hôtel, s'il vous plaît. C'est pour les vacances de Noël.

AGENT Où allez-vous? En Italie?

SANDRINE Nous allons à Albertville.

AGENT Et c'est pour combien de personnes?

SANDRINE Nous sommes deux, mais il nous faut deux chambres individuelles.

AGENT Très bien. Quelles sont les dates du séjour, Mademoiselle?

SANDRINE Alors, le 25, c'est Noël, donc je fête en famille. Disons du 26 décembre au 2 janvier.

AGENT Ce n'est pas possible à Albertville, mais à Megève, j'ai deux chambres à l'hôtel Le Vieux Moulin pour 143 euros par personne. Ou alors, à l'hôtel Le Mont Blanc pour 171 euros par personne.

SANDRINE Oh non, mais Megève, ce n'est pas Albertville... et ces prix! C'est vraiment trop cher.

AGENT C'est la saison, Mademoiselle. Les hôtels les moins chers sont déjà complets.

SANDRINE Oh là là. Je ne sais pas quoi faire... J'ai besoin de réfléchir. Merci, Monsieur. Au revoir!

AGENT Au revoir, Mademoiselle.

Chez Sandrine...

SANDRINE Oui, Pascal. Amina nous a trouvé une auberge à Albertville. C'est génial, non? En plus, c'est pas cher!

PASCAL Euh, en fait... Albertville, maintenant, c'est impossible.

SANDRINE Qu'est-ce que tu dis?

PASCAL C'est que... j'ai du travail.

SANDRINE Du travail! Mais c'est Noël! On ne travaille pas à Noël! Et Amina a déjà tout réservé... Oh! C'est pas vrai!

PASCAL (*à lui-même*) Elle n'est pas très heureuse maintenant, mais quelle surprise en perspective!

Un peu plus tard...

AMINA On a réussi, Sandrine! La réservation est faite. Tu as de la chance! Mais, qu'est-ce qu'il y a?

SANDRINE Tu es super gentille, Amina, mais Pascal a annulé pour Noël. Il dit qu'il a du travail... Lui et moi, c'est fini. Tu as fait beaucoup d'efforts pour faire la réservation, je suis désolée.

ACTIVITÉS

1 **Vrai ou faux?** Indiquez si ces affirmations sont **vraies** ou **fausses**. Corrigez les phrases fausses.

1. Sandrine fait une réservation à l'agence de voyages.
2. Pascal dit un mensonge (*lie*).
3. Amina fait une réservation à l'hôtel Le Mont Blanc.
4. Il faut annuler la réservation à l'auberge de la Costaroche.
5. Amina est fâchée (*angry*) contre Sandrine.
6. Pascal est fâché contre Sandrine.
7. Sandrine est fâchée contre Pascal.
8. Sandrine a envie de voyager le 25 décembre.
9. Cent soixante et onze euros, c'est beaucoup d'argent pour Sandrine.
10. Il y a beaucoup de touristes à Albertville en décembre.

 Practice more at **vhlcentral.com**.

Sandrine essaie d'organiser son voyage.

Au P'tit Bistrot...

SANDRINE Amina, je n'ai pas réussi à faire une réservation pour Albertville. Tu peux m'aider?

AMINA C'est que... je suis connectée avec Cyberhomme.

SANDRINE Avec qui?

AMINA J'écris un e-mail à... Bon, je t'explique plus tard. Dis-moi, comment est-ce que je peux t'aider?

Un peu plus tard...

AMINA Bon, alors... Sandrine m'a demandé de trouver un hôtel pas cher à Albertville. Pas facile à Noël... Je vais essayer... Voilà! L'auberge de la Costaroche... 39 euros la nuit pour une chambre individuelle. L'hôtel n'est pas complet et il y a deux chambres libres. Quelle chance, cette Sandrine! Bon, nom... Sandrine Aubry...

AMINA Bon, la réservation, ce n'est pas un problème. C'était facile de réserver. Mais toi, Sandrine, c'est évident, ça ne va pas.

SANDRINE C'est vrai. Mais, alors, c'est qui, ce «Cyberhomme»?

AMINA Oh, c'est juste un ami virtuel. On correspond sur Internet, c'est tout. Ce soir, c'est son dixième message!

SANDRINE Lis-le-moi!

AMINA Euh non, c'est personnel...

SANDRINE Alors, dis-moi comment il est!

AMINA D'accord... Il est étudiant, sportif mais sérieux. Très intellectuel.

SANDRINE S'il te plaît, écris-lui: «Sandrine cherche aussi un cyberhomme»!

Expressions utiles

Getting help

- **Je ne sais pas quoi faire... J'ai besoin de réfléchir.**
  I don't know what to do... I have to think.
- **Je n'ai pas réussi à faire une réservation pour Albertville.**
  I didn't manage to make a reservation for Albertville.
- **Tu peux m'aider?**
  Can you help me?
- **Dis-moi, comment est-ce que je peux t'aider?**
  Tell me, how can I help you?
- **Qu'est-ce que tu dis?**
  What are you saying/did you say?
- **On a réussi.**
  We succeeded./We got it.
- **S'il te plaît, écris-lui.**
  Please, write to him.

Additional vocabulary

- **C'est trop tard?**
  Is it too late?
- **Disons...**
  Let's say...
- **La réservation est faite.**
  The reservation has been made.
- **C'est fini.**
  It's over.
- **Je suis connectée avec...**
  I am online with...
- **Lis-le-moi.**
  Read it to me.
- **Il dit que...**
  He says that...
- **les moins chers**
  the least expensive
- **en fait**
  in fact

---

2 **Questions** Répondez aux questions.

1. Pourquoi est-il difficile de faire une réservation pour Albertville?
2. Pourquoi est-ce que Sandrine ne veut pas (*doesn't want*) descendre à l'hôtel Le Vieux Moulin?
3. Pourquoi Pascal dit-il qu'il ne peut pas (*can't*) aller à Albertville?
4. Qui est Cyberhomme?
5. À votre avis (*In your opinion*), Sandrine va-t-elle rester (*stay*) avec Pascal?

3 **Devinez** Inventez-vous une identité virtuelle. Écrivez un paragraphe dans lequel (*in which*) vous vous décrivez, vous et vos loisirs préférés. Donnez votre nom d'internaute (*cybername*). Votre professeur va afficher (*post*) vos messages. Devinez (*Guess*) à qui correspondent les descriptions.

A C T I V I T É S

 **Reading**

Les vacances des Français

Cassis

Les Français, aujourd'hui, ont beaucoup de vacances.
En 1936, les Français obtiennent° leurs premiers congés payés: deux semaines par an. En 1956, les congés payés passent à trois semaines, puis à quatre en 1969, et enfin à cinq semaines en 1982. Aujourd'hui, les Français sont parmi ceux qui° ont le plus de vacances en Europe. Pendant longtemps, les Français prenaient° un mois de congés l'été, en août,

Les destinations de vacances des Français aujourd'hui	
PAYS / CONTINENT	**SÉJOURS**
France	90,1%
Espagne	1,9%
Afrique	1,8%
Italie	1,6%
Amérique	1,3%
Belgique / Luxembourg	0,9%
Grande-Bretagne / Irlande	0,9%
Allemagne	0,8%
Asie / Océanie	0,7%
SOURCE: TNS Sofres	

et beaucoup d'entreprises°, de bureaux et de magasins fermaient° tout le mois (la fermeture annuelle). Aujourd'hui, les Français ont tendance à prendre des vacances plus courtes (sept jours en moyenne°), mais plus souvent. Quant aux° destinations de vacances, 90% (pour cent) des Français restent en France. S'ils partent à l'étranger, leurs destinations préférées sont l'Espagne, l'Afrique et l'Italie. Environ° 35% des Français vont à la campagne, 30% vont en ville, 25% vont à la mer et 10% vont à la montagne.

Ce sont les personnes âgées et les agriculteurs° qui partent le moins souvent en vacances et les étudiants qui voyagent le plus, parce qu'ils ont beaucoup de congés. Pour eux, les cours commencent en septembre ou octobre avec la rentrée des classes. Puis, il y a deux semaines de vacances plusieurs fois dans l'année: les vacances de Noël en décembre-janvier, les vacances d'hiver en février-mars et les vacances de printemps en avril-mai. Les élèves (de la maternelle° au lycée) ont une semaine en plus pour les vacances de la Toussaint en octobre-novembre. L'été, les étudiants et les élèves ont les grandes vacances de juin jusqu'à° la rentrée.

obtiennent *obtain* parmi ceux qui *among the ones who* prenaient *took*
entreprises *companies* fermaient *closed* en moyenne *on average* Quant aux *As for*
Environ *Around* agriculteurs *farmers* maternelle *pre-school* jusqu'à *until*

Coup de main

To form the superlative of nouns, use **le plus (de)** + (*noun*) to say *the most* and **le moins (de)** + (*noun*) to say *the least*.

Les étudiants ont le plus de congés.

Les personnes âgées prennent le moins de congés.

A C T I V I T É S

1 **Complétez** Complétez les phrases.

1. C'est en 1936 que les Français obtiennent leurs premiers _____.

2. Depuis (*Since*) 1982, les Français ont _____ de congés payés.

3. Pendant longtemps, les Français ont pris leurs vacances au mois _____.

4. Pendant _____, beaucoup de magasins sont fermés.

5. _____ est le lieu de vacances préféré de 90% des Français.

6. Les destinations étrangères préférées des Français sont _____.

7. Le lieu de séjour favori des Français est _____.

8. _____ ne partent pas souvent en vacances.

9. Ce sont _____ qui ont le plus de vacances.

10. Les étudiants ont _____ plusieurs fois par an.

Practice more at **vhlcentral.com**.

À l'auberge de jeunesse

bagagerie (*f.*)	*baggage check room*
cadenas (*m.*)	*padlock*
casier (*m.*)	*locker*
couvre-feu (*m.*)	*curfew*
dortoir (*m.*)	*dormitory*
sac (*m.*) **de couchage**	*sleeping bag*
mixte	*coed*

Des vacances francophones

Si vous voulez° partir en vacances et pratiquer le français, vous pouvez° aller en France, bien sûr, mais il y a aussi beaucoup d'autres destinations.

Près des États-Unis

En hiver, dans les Antilles, il y a la Guadeloupe et la Martinique. Ces deux îles° tropicales sont des départements français. Leurs habitants ont donc des passeports français.

Dans l'océan Pacifique

De la Côte Ouest des États-Unis, au sud° de Hawaï, vous pouvez aller dans les îles de la Polynésie française: les îles Marquises; les îles du Vent, avec Tahiti; les îles Tuamotu. Au total il y a 118 îles, dont° 67 sont habitées°.

voulez *want* **pouvez** *can* **îles** *islands* **sud** *south* **dont** *of which* **habitées** *inhabited*

Les Alpes et le ski

Près de 11% des Français partent à la montagne pendant les vacances d'hiver. Soixante-dix pour cent d'entre eux° choisissent° une station de ski des Alpes françaises. La chaîne° des Alpes est la plus grande chaîne de montagnes d'Europe. Elle fait plus de 1.000 km de long et va de la Méditerranée à l'Autriche°. Plusieurs pays la partagent: entre autres° la France, la Suisse, l'Allemagne et l'Italie. Le Mont-Blanc, le sommet° le plus haut° d'Europe occidentale°, est à 4.811 mètres d'altitude. On trouve d'excellentes pistes° de ski dans les Alpes, comme à Chamonix, Tignes, Val d'Isère et aux Trois Vallées.

d'entre eux *of them* **choisissent** *choose* **chaîne** *range* **l'Autriche** *Austria* **entre autres** *among others* **sommet** *peak* **le plus haut** *the highest* **occidentale** *Western* **pistes** *trails*

Sur Internet

Chaque année, depuis (*since*) 1982, plus de 4 millions de Français utilisent des Chèques-Vacances pour payer leurs vacances. Qu'est-ce que c'est, un Chèque-Vacances?

Go to **vhlcentral.com** to find more information related to this **Culture** section.

---

2 **Répondez** Répondez aux questions par des phrases complètes.

1. Que peut-on utiliser à la place des draps?
2. Quand on passe la nuit dans le dortoir d'une auberge de jeunesse, où met-on ses affaires (*belongings*)?
3. Qu'est-ce que c'est, les Alpes?
4. Quel est le sommet le plus haut d'Europe occidentale?
5. Quelles îles des Antilles sont françaises?

3 **À l'agence de voyages** Vous travaillez dans une agence de voyages en France. Votre partenaire, un(e) client(e), va vous parler des activités et du climat qu'il/elle aime. Faites quelques suggestions de destinations. Votre client(e) va vous poser des questions sur les différents voyages que vous suggérez.

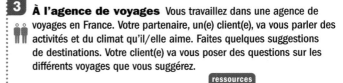

ressources

vText

vhlcentral.com
Leçon 7B

ACTIVITÉS

Presentation Tutorial

7B.1 Adverbs

Point de départ Adverbs describe how, when, and where actions take place. They modify verbs, adjectives, and even other adverbs. You've already learned some adverbs such as **bien**, **déjà**, **surtout**, and **très**.

- To form an adverb from an adjective that ends in a consonant, take the feminine singular form and add **-ment**. This ending is equivalent to the English *-ly*.

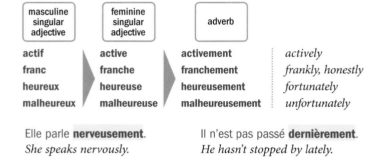

masculine singular adjective	feminine singular adjective	adverb	
actif	active	activement	*actively*
franc	franche	franchement	*frankly, honestly*
heureux	heureuse	heureusement	*fortunately*
malheureux	malheureuse	malheureusement	*unfortunately*

Elle parle **nerveusement**.
She speaks nervously.

Il n'est pas passé **dernièrement**.
He hasn't stopped by lately.

- If the masculine singular form of an adjective ends in a vowel, just add **-ment** to the end.

masculine singular adjective	adverb	
absolu	absolument	*absolutely*
vrai	vraiment	*really*

Martin répond **poliment**.
Martin answers politely.

Ils réservent **facilement** la chambre.
They reserve the room easily.

- To form an adverb from an adjective that ends in **-ant** or **-ent** in the masculine singular, replace the ending with **-amment** or **-emment**, respectively. Both endings are pronounced identically, like **femme**.

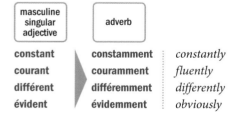

masculine singular adjective	adverb	
constant	constamment	*constantly*
courant	couramment	*fluently*
différent	différemment	*differently*
évident	évidemment	*obviously*

Les élèves lisent **patiemment**.
The students are reading patiently.

Je préfère travailler **indépendamment**.
I prefer to work independently.

Elle parle **couramment** français.
She speaks French fluently.

Vous pensez **différemment**.
You think differently.

---

1 Assemblez Trouvez l'adverbe opposé.

_____ 1. gentiment   a. difficilement
_____ 2. bien   b. rarement
_____ 3. heureusement   c. faiblement
_____ 4. lentement   d. impatiemment
_____ 5. facilement   e. mal
_____ 6. patiemment   f. méchamment
_____ 7. fréquemment   g. vite
_____ 8. fortement   h. malheureusement

2 Invitation aux vacances Béatrice parle de ses vacances chez sa cousine. Complétez les phrases avec les adverbes qui correspondent aux adjectifs entre parenthèses.

Ma cousine Caroline m'a invitée à passer les vacances chez elle, à Nice. (1) _____ (Évident), j'ai été très contente et j'ai (2) _____ (rapide) accepté son invitation. J'ai (3) _____ (attentif) lu les brochures touristiques et j'ai (4) _____ (constant) parlé de mon voyage. (5) _____ (Final), le jour de mon départ est arrivé. J'ai (6) _____ (prudent) fait ma valise. À Paris, j'ai attendu le train très (7) _____ (impatient). (8) _____ (Franc), j'avais hâte (*was eager*) d'arriver!

3 Les activités Avec un(e) partenaire, assemblez les éléments des colonnes pour décrire à tour de rôle comment on fait ces activités.

MODÈLE
Élève 1: *Je travaille sérieusement.*
Élève 2: *Mon frère joue constamment.*

A	B	C
je	aider	constamment
mon frère	dormir	facilement
ma sœur	faire la cuisine	franchement
mon ami(e)	jouer	gentiment
mes profs	parler	patiemment
ma mère	travailler	rapidement
mon père	voyager	sérieusement
?	?	?

 Practice more at **vhlcentral.com**.

COMMUNICATION

4 **Au lycée** Vous désirez mieux connaître (*know better*) vos camarades de classe. Répondez aux questions de votre partenaire avec les adverbes de la liste ou avec d'autres.

attentivement	mal	rapidement
bien	parfois	rarement
facilement	patiemment	sérieusement
lentement	prudemment	souvent

1. Quand vas-tu à la cantine?
2. Comment étudies-tu en général?
3. Quand tes amis et toi étudiez-vous ensemble?
4. Comment les élèves écoutent-ils leur prof?
5. Comment ton prof de français parle-t-il?
6. Comment vas-tu au lycée?
7. Quand fais-tu du sport?
8. Quand allez-vous au cinéma, tes amis et toi?

5 **Fréquences** Votre professeur va vous donner une feuille d'activités. Circulez dans la classe et demandez à vos camarades à quelle fréquence ils/elles font ces choses. Trouvez une personne différente pour chaque réponse, puis présentez les réponses à la classe.

MODÈLE

Élève 1: À quelle fréquence pars-tu en vacances?
Élève 2: Je pars fréquemment en vacances.

6 **Notre classe** Par groupes de quatre, choisissez les camarades de votre classe qui correspondent à ces descriptions. Trouvez le plus de (*the most*) personnes possible.

Qui dans la classe...

1. bavarde constamment avec ses voisins?
2. parle bien français?
3. chante bien?
4. apprend facilement les langues?
5. écoute attentivement le prof?
6. travaille sérieusement après les cours?
7. aime beaucoup les maths?
8. travaille trop?
9. dessine souvent pendant les cours?
10. dort parfois pendant les cours?

- Some adverbs are irregular.

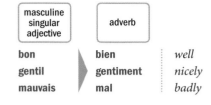

masculine singular adjective	adverb	
bon	bien	*well*
gentil	gentiment	*nicely*
mauvais	mal	*badly*

Son français est bon; il le parle **bien**.
His French is good; he speaks it well.

Leurs devoirs sont mauvais; ils écrivent **mal**.
Their homework is bad; they write badly.

- Although the adverb **rapidement** can be formed from the adjective **rapide**, you can also use the adverb **vite** to say *fast/quickly*. Note that when you use **vite** with a verb in the **passé composé** when meaning *fast*, the adverb needs to be placed after the past participle.

Bérénice a gagné la course? Oui, elle a couru **vite**.
Did Bérénice win the race? Yes, she ran fast.

- You've learned **jamais**, **parfois**, **rarement**, and **souvent**. Here are three more adverbs of frequency: **de temps en temps** (*from time to time*), **en général** (*in general*), **quelquefois** (*sometimes*).

Elle lit **souvent**.
She often reads.

En général, ils prennent le bus.
In general, they take the bus.

- Place an adverb that modifies an adjective or another adverb before the word it modifies.

La chambre est **assez** grande.
The room is pretty big.

Ils font très **vite** les réservations.
They make reservations very quickly.

- Place an adverb that modifies a verb immediately after the verb.

Il parle **bien** le français?
Does he speak French well?

Elles parlent **constamment**.
They talk constantly.

- In the **passé composé**, place short adverbs before the past participle.

Ils sont **vite** partis.
They left quickly.

Ils ont **bien** travaillé.
They worked well.

Essayez! Donnez les adverbes qui correspondent à ces adjectifs.

1. complet _complètement_
2. sérieux _____
3. séparé _____
4. constant _____
5. mauvais _____
6. actif _____
7. impatient _____
8. bon _____
9. franc _____
10. difficile _____
11. vrai _____
12. gentil _____

Presentation Tutorial

7B.2 The *imparfait*

Point de départ You've learned how the **passé composé** can express past actions. Now you'll learn another past tense, the **imparfait** (*imperfect*).

- The **imparfait** can be translated several ways into English.

Hakim **voyageait**.	Nina **chantait**.
Hakim traveled.	*Nina sang.*
Hakim used to travel.	*Nina used to sing.*
Hakim was traveling.	*Nina was singing.*

- The **imparfait** is used to talk about actions that took place repeatedly or habitually during an unspecified period of time.

Je **prenais** le bus en ville.	Vous m'**appeliez** tous les jours.
I used to take the bus to town.	*You used to call me every day.*
Nous **réservions** la même chambre.	Il **faisait** toujours du shopping.
We reserved the same room.	*He was always going shopping.*

- To form the **imparfait**, drop the **-ons** ending from the **nous** form of the present tense and replace it with these endings.

The *imparfait*

	parler (parl~~ons~~)	finir (finiss~~ons~~)	vendre (vend~~ons~~)	boire (buv~~ons~~)
je	parlais	finissais	vendais	buvais
tu	parlais	finissais	vendais	buvais
il/elle	parlait	finissait	vendait	buvait
nous	parlions	finissions	vendions	buvions
vous	parliez	finissiez	vendiez	buviez
ils/elles	parlaient	finissaient	vendaient	buvaient

- Verbs whose infinitives end in **-ger** add an **e** before all endings of the **imparfait** except in the **nous** and **vous** forms. Verbs whose infinitives end in **-cer** change **c** to **ç** before all endings except in the **nous** and **vous** forms.

tu **voyageais**	*but*	nous **voyagions**
les invités **commençaient**	*but*	vous **commenciez**

- Note that the **nous** and **vous** forms of infinitives ending in **-ier** contain a double **i** in the **imparfait**.

Vous **skiiez** en janvier.	Nous **étudiions** jusqu'à minuit.
You used to ski in January.	*We studied until midnight.*

1 **Nos voyages** La famille d'Emmanuel voyageait souvent quand il était petit. Complétez son histoire en mettant (*by putting*) à l'imparfait les verbes entre parenthèses.

Quand j' (1) _____ (être) jeune, mon père (2) _____ (travailler) pour une société canadienne et nous (3) _____ (voyager) souvent. Quand nous (4) _____ (partir), je (5) _____ (faire) ma valise et je (6) _____ (préparer) toutes mes affaires. Ma petite sœur (7) _____ (détester) voyager. Elle (8) _____ (dire) qu'elle (9) _____ (aimer) rester chez nous près de ses amis et que ce n' (10) _____ (être) pas juste!

2 **Le samedi** Dites ce que (*what*) ces personnes faisaient habituellement le samedi.

 MODÈLE
Paul dormait.

1. je / faire / jogging

3. vous / manger / glace

2. ils / finir / devoirs

4. tu / prendre / café

3 **Maintenant et avant** Qu'est-ce qu'Emmanuel et sa famille font différemment aujourd'hui? Avec un(e) partenaire, écrivez des phrases à l'imparfait et trouvez les adverbes opposés.

MODÈLE

beaucoup travailler (je)
Maintenant, je travaille beaucoup, mais avant je travaillais peu.

1. rarement voyager (je)
2. facilement prendre le train (nous)
3. souvent aller à la piscine (on)
4. parfois acheter des cartes postales (mes parents)
5. bien bricoler (vous)
6. patiemment attendre son anniversaire (ma sœur)

 Practice more at **vhlcentral.com.**

COMMUNICATION

4 **Quand tu avais dix ans** À tour de rôle, posez ces questions à votre partenaire pour savoir *(to know)* les détails de sa vie quand il/elle avait dix ans.

1. Où habitais-tu?
2. Est-ce que tu faisais beaucoup de vélo?
3. Où est-ce que ta famille et toi alliez en vacances?
4. Pendant combien de temps partiez-vous en vacances?
5. Est-ce que tes amis et toi, vous jouiez ensemble après l'école?
6. Que faisaient tes parents le week-end?
7. Quels sports pratiquais-tu?
8. Quel genre de musique écoutais-tu?
9. Comment était ton école?
10. Aimais-tu l'école? Pourquoi?

5 **Discutez** Regardez l'image. Un(e) partenaire et vous avez passé vos vacances à Saint-Barthélemy. Avec votre partenaire, écrivez un paragraphe d'au moins six phrases. Décrivez le temps qu'il faisait et ce que *(what)* vous faisiez quand vous étiez là-bas. Utilisez l'imparfait dans votre description.

6 **Une énigme** La nuit dernière, quelqu'un est entré dans le bureau de votre professeur et a emporté *(took away)* l'examen de français. Vous devez *(must)* trouver qui. Qu'est-ce que vos camarades de classe faisaient hier soir? Relisez vos notes et dites qui est le voleur *(thief)*. Ensuite, présentez vos conclusions à la classe.

• The **imparfait** is used for description, often with the verb **être**, which is irregular in this tense.

The *imparfait* of *être*	
j'étais	nous étions
tu étais	vous étiez
il/elle était	ils/elles étaient

J'**étais** dans la chambre.
I was in the bedroom.

Vous **étiez** à l'hôtel.
You were at the hotel.

• Note the imperfect forms of these expressions.

Il **pleuvait** chaque matin.
It rained each morning.

Il **neigeait** parfois au printemps.
It snowed sometimes in the spring.

Il y **avait** deux clés.
There were two keys.

Il **fallait** payer le repas.
It was necessary to pay for the meal

The verbs *dire, lire,* and *écrire*

• The verbs **dire** (*to say*), **lire** (*to read*), and **écrire** (*to write*) are conjugated as follows: **je dis, tu dis, il dit, nous disons, vous dites, ils disent; je lis, tu lis, il lit, nous lisons, vous lisez, ils lisent; j'écris, tu écris, il écrit, nous écrivons, vous écrivez, ils écrivent.** The verb **décrire** (*to describe*) is conjugated like **écrire**.

Elle m'**écrit**.
She writes to me.

Ne **dis** pas ton secret.
Don't tell your secret.

Lisez cet e-mail.
Read that e-mail.

• The past participle of **dire**, **écrire**, and **décrire**, respectively, are **dit**, **écrit**, and **décrit**. The past participle of **lire** is **lu**.

Ils l'**ont dit**.
They said it.

Tu l'**as écrit**.
You wrote it.

Nous l'**avons** lu.
We read it.

• In the **imparfait**, these verbs have regular endings.

Je le **disais**.
I used to say it.

Ils **lisaient** souvent.
They read often.

Tu **écrivais** rarement.
You wrote rarely.

Essayez! Choisissez la réponse correcte pour compléter les phrases.

1. Muriel (réservais/réservait) une chambre en ville.
2. Vous (partageait/partagiez) une chambre avec un autre étudiant.
3. Nous (écrivait/écrivions) beaucoup à nos amis.
4. Il y (avait/était) un bon restaurant au premier étage.
5. Il (neigeait/fallait) mettre le chauffage (*heat*) quand il (faisaient/faisait) froid.
6. Qu'est-ce que tu (faisait/faisais) à la plage?
7. Vous (lisiez/lisaient) beaucoup avant?
8. Nous (étaient/étions) trois dans la petite chambre.

Révision

1 **Mes affaires** Vous cherchez vos affaires (*belongings*). À tour de rôle, demandez de l'aide à votre partenaire. Où étaient-elles la dernière fois?

MODÈLE

Élève 1: *Je cherche mes clés. Où sont-elles?*

Élève 2: *Tu n'as pas cherché à la réception? Elles étaient à la réception.*

baskets	passeport
journal	pull
livre	sac à dos
parapluie	valise

à la réception	sur la chaise
au rez-de-chaussée	sous le lit
dans la chambre	dans ton sac
au deuxième étage	à l'auberge de jeunesse

2 **Les anniversaires** Avec un(e) partenaire, préparez huit questions pour savoir (*know*) comment vos camarades de classe célébraient leur anniversaire quand ils étaient enfants. Employez l'imparfait et des adverbes dans vos questions, puis posez-les à un autre groupe.

MODÈLE

Élève 1: *Que faisais-tu souvent pour ton anniversaire?*

Élève 2: *Quand j'étais petit, mes parents organisaient souvent une fête.*

3 **Sports et loisirs** Votre professeur va vous donner une feuille d'activités. Circulez dans la classe et demandez à vos camarades s'ils pratiquaient ces activités avant d'entrer au lycée. Trouvez une personne différente qui dise (*says*) oui pour chaque activité. Présentez les réponses à la classe.

MODÈLE

Élève 1: *Est-ce que tu faisais souvent du jogging avant d'entrer au lycée?*

Élève 2: *Oui, je courais souvent le matin.*

4 **Pendant les vacances** Par groupes de trois, créez le texte d'un article qui décrit ce que (*what*) faisaient ces gens. Utilisez des verbes à l'imparfait et des adverbes dans vos descriptions. Ensuite, présentez vos articles à la classe.

5 **Mes mauvaises habitudes** Vous aviez de mauvaises habitudes, mais vous les avez changées. Maintenant, vous parlez avec votre ancien prof de français que vous rencontrez dans la rue. Avec un(e) partenaire, préparez la conversation.

MODÈLE

Élève 1: *Vous dormiez tout le temps en cours!*

Élève 2: *Je dormais souvent, mais je travaillais aussi. Maintenant, je travaille sérieusement.*

6 **Un week-end en vacances** Votre professeur va vous donner, à vous et à votre partenaire, une feuille de dessins sur le week-end de M. et Mme Bardot et de leur fille Alexandra. Attention! Ne regardez pas la feuille de votre partenaire.

MODÈLE

Élève 1: *En général, ils logeaient dans un hôtel.*

Élève 2: *Tous les jours, …*

À l'écoute Audio: Activities

Préparation

Quand vous partez en vacances, qui décide où aller? Qui fait les réservations? Est-ce que vous utilisez les services d'une agence de voyages? Internet?

À vous d'écouter 🎧

Écoutez la publicité. Puis écoutez une deuxième fois et notez les informations qui manquent (*that are missing*). Notez aussi un détail supplémentaire pour chaque voyage.

Pays (ville/région)	Nombre de jours/semaines	Prix par personne	Détail supplémentaire
1.	3 jours		
2.	1 semaine		
3. Irlande (Dublin)			
4.			
5. France (Avignon)			

Compréhension

Où vont-ils? 🔊 Vous travaillez pour l'agence Vacances Pour Tous cet été. Indiquez où chaque personne va aller.

1. Madame Dupuis n'a pas envie d'aller à l'étranger.

   _____

2. Le fils de Monsieur Girard a besoin de pratiquer son espagnol et son anglais.

   _____

3. Madame Leroy a envie de visiter une capitale européenne.

   _____

4. Yves Marignaud a seulement trois jours de congé.

   _____

5. Justine adore la plage et le soleil.

   _____

6. La famille Abou a envie de passer ses vacances à la campagne.

   _____

Votre voyage Vous avez fait un des voyages proposés par l'agence Vacances Pour Tous. C'est le dernier jour et vous écrivez une carte postale (*postcard*) à un(e) ami(e) francophone. Parlez-lui de votre séjour. Quel voyage avez-vous fait? Pourquoi? Comment avez-vous voyagé? Qu'est-ce que vous avez fait pendant votre séjour? Est-ce que vous avez aimé vos vacances? Expliquez pourquoi.

Panorama

Interactive Map Reading

le ski dans les Alpes

Provence-Alpes-Côte d'Azur

La région en chiffres

▶ **Superficie:** *31.400 km²*

▶ **Population:** *4.818.000*
SOURCE: INSEE

▶ **Industries principales:** *agriculture, industries agro-alimentaires°, métallurgiques et mécaniques, parfumerie, tourisme*

▶ **Villes principales:** *Avignon, Gap, Marseille, Nice, Toulon*

Personnes célèbres

▶ **Nostradamus,** *astrologue et médecin (1503–1566)*

▶ **Marcel Pagnol,** *cinéaste° et écrivain (1895–1974)*

▶ **Surya Bonaly,** *athlète olympique (1973–)*

Rhône-Alpes

La région en chiffres

▶ **Superficie:** *43.698 km²*

▶ **Population:** *6.058.000*

▶ **Industries principales:** *agriculture, élevage°, tourisme, industries chimiques, métallurgiques et textiles*

▶ **Villes principales:** *Annecy, Chambéry, Grenoble, Lyon, Saint-Étienne*

Personnes célèbres

▶ **Louise Labé,** *poétesse (1524–1566)*

▶ **Stendhal,** *écrivain (1783–1842)*

▶ 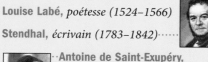 **Antoine de Saint-Exupéry,** *écrivain, auteur° du* Petit Prince *(1900–1944)*

agro-alimentaires *food-processing* **cinéaste** *filmmaker* **élevage** *livestock raising* **auteur** *author* **confrérie** *brotherhood* **gardians** *herdsmen* **depuis** *since* **sud** *south* **chevaux** *horses* **taureaux** *bulls* **flamants** *flamingos* **Montés** *Riding* **Papes** *Popes*

(map of France showing Rhône-Alpes and Provence-Alpes-Côte d'Azur regions)

LA SUISSE
Chamonix
Annecy
Mont-Blanc
Lyon   le Rhône   Albertville
St-Étienne   Chambéry
RHÔNE-ALPES
LA FRANCE
l'Isère
Grenoble   L'ITALIE
Valence
la Drôme
Montélimar   Gap   la Durance
PROVENCE-ALPES-CÔTE D'AZUR (PACA)
le Verdon
le Var
Avignon
la Durance   Grasse   Nice
Arles   Cannes   MONACO
LA CAMARGUE   Antibes
Aix-en-Provence
Marseille   Toulon
Les îles d'Hyères
LA MER MÉDITERRANÉE
la Saône
le Rhône

0   50 miles
0   50 kilomètres

le palais des Papes° à Avignon

la promenade des Anglais à Nice

Incroyable mais vrai!

Tous les cow-boys ne sont pas américains. En Camargue, la confrérie° des gardians° perpétue depuis° 1512 les traditions des cow-boys français. C'est dans le sud° que cohabitent les chevaux° blancs camarguais, des taureaux° noirs et des flamants° roses. Montés° sur des chevaux blancs, les gardians gardent les taureaux noirs.

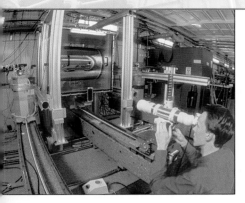

Les destinations

Grenoble

La ville de Grenoble, dans la région Rhône-Alpes, est surnommée «Capitale des Alpes» et «Ville Technologique». Située° à la porte des Alpes, elle donne accès aux grandes stations de ski alpin et est le premier centre de recherche° en France après Paris, avec plus de° 15.000 chercheurs°. Le synchrotron de Grenoble, un des plus grands° accélérateurs de particules du monde, permet à 5.000 chercheurs d'étudier la matière°. Grenoble est également° une ville universitaire avec quatre universités et 60.000 étudiants.

Les arts

Le festival de Cannes

Chaque année depuis° 1946, au mois de mai, de nombreux acteurs, réalisateurs° et journalistes viennent à Cannes, sur la Côte d'Azur, pour le Festival International du Film. Avec près de 4.000 films (courts et longs métrages°), 4.500 journalistes et plus de 90 pays représentés, c'est la manifestation cinématographique annuelle la plus médiatisée°. Après deux semaines de projections, de fêtes, d'expositions et de concerts, le jury international du festival choisit le meilleur° des vingt films présentés en compétition officielle.

La gastronomie

La raclette et la fondue

La Savoie, dans la région Rhône-Alpes, est très riche en fromages et deux de ses spécialités sont à base de fromage. Pour la raclette, on met du fromage à raclette sur un appareil° à raclette pour le faire fondre°. Chaque personne racle° du fromage dans son assiette° et le mange avec des pommes de terre° et de la charcuterie°. La fondue est un mélange° de fromages fondus°. Avec un bâton°, on trempe° un morceau° de pain dans la fondue. Ne le faites pas tomber!

Les traditions

Grasse, France

La ville de Grasse, sur la Côte d'Azur, est le centre de la parfumerie° française. Capitale mondiale du parfum depuis le dix-huitième siècle, Grasse cultive les fleurs depuis le Moyen Âge°: violette, lavande, rose, plantes aromatiques, etc. Au dix-neuvième siècle, ses parfumeurs, comme Molinard, ont conquis° les marchés du monde grâce à° la fabrication industrielle.

Qu'est-ce que vous avez appris? Répondez aux questions par des phrases complètes.

1. Comment s'appelle la région où les gardians perpétuent les traditions des cow-boys français?
2. Qui a écrit *Le Petit Prince*?
3. Quel est le rôle des gardians?
4. Où est située Grenoble?
5. À Grenoble, qui vient étudier la matière?
6. Depuis quand existe le festival de Cannes?
7. Qui choisit le meilleur film au festival de Cannes?
8. Avec quoi mange-t-on la raclette?
9. Quelle ville est le centre de la parfumerie française?
10. Pourquoi Grasse est-elle le centre de la parfumerie française?

ressources

v̂Text

CE pp. 195-196

vhlcentral.com Leçon 7B

Sur Internet

1. Quels films étaient (*were*) en compétition au dernier festival de Cannes? Qui composait (*made up*) le jury?
2. Trouvez des informations sur la parfumerie à Grasse. Quelles sont deux autres parfumeries qu'on trouve à Grasse?

Practice more at **vhlcentral.com.**

Située *Located* **recherche** *research* **plus de** *more than* **chercheurs** *researchers* **des plus grands** *of the largest* **matière** *matter* **également** *also* **depuis** *since* **réalisateurs** *filmmakers* **métrages** *films* **la plus médiatisée** *the most publicized* **meilleur** *best* **appareil** *machine* **fondre** *melt* **racle** *scrapes* **assiette** *plate* **pommes de terre** *potatoes* **charcuterie** *cooked pork meats* **mélange** *mix* **fondus** *melted* **bâton** *stick* **trempe** *dips* **morceau** *piece* **parfumerie** *perfume industry* **Moyen Âge** *Middle Ages* **ont conquis** *conquered* **grâce à** *thanks to*

Lecture

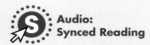 **Audio:**
Synced Reading

Avant la lecture

Examinez le texte

Regardez le titre (*title*) et les sous-titres (*subtitles*) du texte. À votre avis, quel type de document est-ce? Avec un(e) camarade, faites une liste des informations que vous allez probablement trouver dans chaque section du document.

Des titres

Regardez ces titres et indiquez en quelques mots le sujet possible du texte qui suit (*follows*) chaque titre. Où pensez-vous qu'on a trouvé ces titres (dans un journal, un magazine, une brochure, un guide, etc.)?

Cette semaine à Paris:

Encore un nouveau restaurant pour chiens

L'Égypte des pyramides en 8 jours

L'AÉROPORT CHARLES-DE-GAULLE A PERDU LES VALISES
D'UN VOL DE TOURISTES ALLEMANDS

Plan du centre-ville

Résultats du septième match de football
entre la France et l'Angleterre

Hôtel confortable près de la gare routière

TOUR DE CORSE

Voyage organisé de 12 jours

3.000 euros tout compris°
Promotion spéciale de
Vacances–Voyages,
agence de voyages certifiée

ITINÉRAIRE

JOUR 1   Paris—Ajaccio

Vous partez de Paris en avion pour Ajaccio, en Corse. Vous prenez tout de suite le bus pour aller à votre hôtel. Vous commencez par visiter la ville d'Ajaccio à pied°, puis vous dînez à l'hôtel.

JOUR 2   Ajaccio—Bonifacio

Le matin, vous partez en autobus pour Bonifacio, la belle ville côtière° où vous déjeunez dans un petit restaurant italien avant de visiter la ville. L'après-midi, vous montez à bord° d'un bateau pour une promenade en mer, occasion idéale pour observer les falaises rocailleuses° et les plages blanches de l'île°. Ensuite, vous rentrez à l'hôtel pour dîner et y (*there*) passer la nuit.

JOUR 3   Bonifacio—Corte

La forêt de l'Ospédale est l'endroit idéal pour une randonnée à pied. Vous pique-niquez à Zonza, petite ville montagneuse, avant de continuer vers Corte, l'ancienne° capitale de la Corse. Vous passez la soirée et la nuit à Corte.

JOUR 4   Corte—Bastia

Vous avez la journée pour visiter la ville de Bastia. Vous assistez à un spectacle de danse, puis vous passez la soirée à l'hôtel.

JOUR 5   Bastia—Calvi

Vous visitez d'abord le Cap Corse, la péninsule au nord° de la Corse. Puis, vous continuez vers le désert des Agriates, zone de montagnes désertiques où la chaleur est très forte. Ensuite, c'est l'Île-Rousse et une promenade à vélo dans la ville de Calvi. Vous dînez à votre hôtel.

JOUR 6   Calvi–Porto
Vous partez en bus le matin pour la vallée du Fango et le golfe de Galéria à l'ouest° de l'île. Puis, vous visitez le parc naturel régional et le golfe de Porto. Ensuite, vous faites une promenade en bateau avant de passer la soirée dans la ville de Porto.

JOUR 7   Porto–Ajaccio
En bateau, vous visitez des calanques°, particularité géographique de la région méditerranéenne, avant de retourner à Ajaccio.

JOURS 8 à 11   Ajaccio
À Ajaccio, vous avez trois jours pour explorer la ville. Vous avez la possibilité de visiter la cathédrale, la maison natale° de Napoléon ou des musées, et aussi de faire du shopping ou d'aller à la plage.

JOUR 12   Ajaccio–Paris
Vous retournez à Paris en avion.

tout compris *all-inclusive* **à pied** *on foot* **côtière** *coastal* **à bord** *aboard*
falaises rocailleuses *rocky cliffs* **île** *island* **ancienne** *former* **nord** *north*
ouest *west* **calanques** *rocky coves or creeks* **natale** *birth*

Après la lecture

Les questions du professeur Vous avez envie de faire ce voyage en Corse et vous parlez du voyage organisé avec votre professeur de français. Répondez à ses questions par des phrases complètes, d'après la brochure.

1. Comment allez-vous aller en Corse?
   _____

2. Où le vol arrive-t-il en Corse?
   _____

3. Combien de temps est-ce que vous allez passer en Corse?
   _____

4. Est-ce que vous allez dormir dans des auberges de jeunesse?
   _____

5. Qu'est-ce que vous allez faire à Bastia?
   _____

6. Est-ce que vous retournez à Ajaccio le neuvième jour?
   _____

7. Qu'est-ce que vous allez prendre comme transports en Corse?
   _____

8. Avez-vous besoin de faire toutes les réservations?
   _____

Partons en Corse! Vous allez en France avec votre famille pour trois semaines et vous aimeriez *(would like)* faire le voyage organisé en Corse au départ de Paris. Vous téléphonez à l'agence de voyages pour avoir plus de détails pour convaincre *(convince)* votre famille. Posez des questions sur le voyage et demandez des précisions sur les villes visitées, les visites et les activités au programme, les hôtels, les transports, etc.

- Vous aimez faire des randonnées, mais votre frère/sœur préfère voir *(to see)* des spectacles et faire du shopping.
- L'agent va expliquer pourquoi vous allez aimer ce voyage en Corse.
- Demandez à l'agent de vous trouver des billets d'avion aller-retour pour aller de votre ville à Paris.
- Demandez aussi un hôtel à Paris pour la troisième semaine de votre séjour en France.
- L'agent va aussi suggérer des visites et des activités intéressantes à faire à Paris.
- Vous expliquez à l'agent que votre famille veut *(wants)* avoir du temps libre pendant le voyage.

ressources

v̂ Text

vhlcentral.com
Leçon 7B

Écriture

Making an outline

When we write to share information, an outline can serve to separate topics and subtopics, providing a framework for presenting the data. Consider the following excerpt from an outline of the tourist brochure on pages 248–249.

I. Itinéraire et description du voyage

   A. Jour 1
      1. ville: Ajaccio
      2. visites: visite de la ville à pied
      3. activités: dîner

   B. Jour 2
      1. ville: Bonifacio
      2. visites: la ville de Bonifacio
      3. activités: promenade en bateau, dîner

II. Description des hôtels et des transports

   A. Hôtels
   B. Transports

Schéma d'idées

Idea maps can be used to create outlines. The major sections of an idea map correspond to the Roman numerals in an outline. The minor sections correspond to the outline's capital letters, and so on. Consider the idea map that led to the outline above.

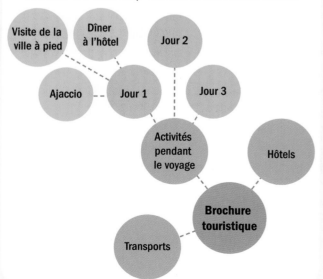

Thème

Écrivez une brochure

Avant l'écriture

1. Vous allez préparer une brochure pour un voyage organisé que vous avez fait ou que vous avez envie de faire dans un pays francophone. Utilisez un schéma d'idées pour vous aider. Voici des exemples d'informations que votre brochure peut (*can*) donner.

- le pays et la ville

- le nombre de jours

- la date et l'heure du départ et du retour

- les transports utilisés (train, avion, …) et le lieu de départ (aéroport JFK, gare de Lyon, …)

- le temps qu'il va probablement faire et quelques suggestions de vêtements à porter

- où on va dormir (hôtel, auberge de jeunesse, camping, …)

- où on va manger (restaurant, café, pique-nique dans un parc, …)

- les visites culturelles (monuments, musées, …)

- les autres activités au programme (explorer la ville, aller au marché, faire du sport, …)

- le prix du voyage par personne

2. Complétez le schéma d'idées pour vous aider à visualiser ce que (*what*) vous allez présenter dans votre brochure.

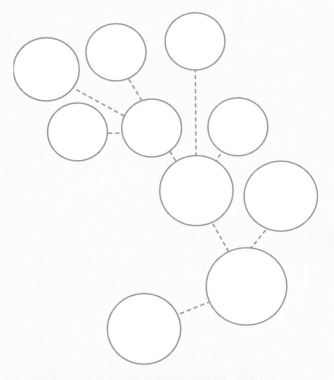

3. Une fois (*Once*) votre schéma d'idées créé, pensez à d'autres informations qui pourraient (*could*) être importantes pour la création de votre brochure.

Écriture

Utilisez votre schéma d'idées pour créer la brochure de votre voyage. Donnez un titre (*title*) à la présentation et aux différentes catégories. Chaque section et sous-section (*minor section*) doit (*must*) avoir son titre et être présentée séparément. Incorporez au moins (*at least*) quatre sous-sections. Vous pouvez inclure (*can include*) des visuels. Faites attention à bien les placer dans les sections correspondantes. Utilisez les constructions grammaticales et le vocabulaire que vous avez appris dans cette unité.

ressources

v̂ Text

vhlcentral.com
Leçon 7B

Après l'écriture

1. Échangez votre brochure avec celle (*the one*) d'un(e) partenaire. Répondez à ces questions pour commenter son travail.

- La brochure de votre partenaire correspond-elle au schéma d'idées qu'il/elle a créé?

- Votre partenaire a-t-il/elle inclu au moins quatre sections?

- Toutes les sections et sous-sections ont-elles un titre?

- Votre partenaire a-t-il/elle décrit en détail chaque catégorie?

- Chaque sous-section présente-t-elle des informations supplémentaires sur le sujet?

- Si votre partenaire a ajouté (*added*) des visuels, illustrent-ils vraiment le texte qu'ils accompagnent?

- Votre partenaire a-t-il/elle correctement utilisé les constructions grammaticales et le vocabulaire de l'unité?

2. Corrigez votre brochure d'après (*according to*) les commentaires de votre partenaire. Relisez votre travail pour éliminer ces problèmes:

- des fautes (*errors*) d'orthographe

- des fautes de ponctuation

- des fautes de conjugaison

- des fautes d'accord (*agreement*) des adjectifs

- un mauvais emploi (*use*) de la grammaire

Partir en voyage

un aéroport	airport
un arrêt d'autobus (de bus)	bus stop
une arrivée	arrival
un avion	plane
un billet aller-retour	round-trip ticket
un billet (d'avion, de train)	(plane, train) ticket
un départ	departure
une douane	customs
une gare (routière)	train station (bus terminal)
une sortie	exit
une station (de métro)	(subway) station
une station de ski	ski resort
un ticket (de bus, de métro)	(bus, subway) ticket
un vol	flight
un voyage	trip
à l'étranger	abroad, overseas
la campagne	country(side)
une capitale	capital
des gens (m.)	people
le monde	world
un pays	country

Les pays

(en/l') Allemagne (f.)	(to/in) Germany
(en/l') Angleterre (f.)	(to/in) England
(en/la) Belgique (belge)	(to/in) Belgium (Belgian)
(au/le) Brésil (brésilien(ne))	(to/in) Brazil (Brazilian)
(au/le) Canada	(to/in) Canada
(en/la) Chine (chinois(e))	(to/in) China (Chinese)
(en/l') Espagne (f.)	(to/in) Spain
(aux/les) États-Unis (m.)	(to/in) United States
(en/la) France	(to/in) France
(en/l') Irlande (f.) (irlandais(e))	(to/in) Ireland (Irish)
(en/l') Italie (f.)	(to/in) Italy
(au/le) Japon	(to/in) Japan
(au/le) Mexique	(to/in) Mexico
(en/la) Suisse	(to/in) Switzerland

Les vacances

bronzer	to tan
faire du shopping	to go shopping
faire les valises	to pack one's bags
faire un séjour	to spend time (somewhere)
partir en vacances	to go on vacation
prendre un train (un avion, un taxi, un (auto)bus, un bateau)	to take a train (plane, taxi, bus, boat)
rouler en voiture	to ride in a car
utiliser un plan	to use/read a map
un (jour de) congé	day off
le journal	newspaper
la mer	sea
une plage	beach
des vacances (f.)	vacation

Adverbes et locutions de temps

alors	so, then; at that moment
après (que)	after
avant (de)	before
d'abord	first
donc	therefore
enfin	finally, at last
ensuite	then, next
finalement	finally
pendant (que)	during, while
puis	then
tout à coup	suddenly
tout de suite	right away

Verbes

aller	to go
arriver	to arrive
descendre	to go/take down
entrer	to enter
monter	to go/come up; to get in/on
mourir	to die
naître	to be born
partir	to leave
passer	to pass by; to spend time
rentrer	to return
rester	to stay
retourner	to return
sortir	to go out
tomber (sur quelqu'un)	to fall (to run into somebody)

Faire une réservation

annuler	to cancel
une réservation	a reservation
réserver	to reserve, to book
une agence de voyages	travel agency
un agent de voyages	travel agent
un ascenseur	elevator
une auberge de jeunesse	youth hostel
une chambre individuelle	single room
une clé	key
un(e) client(e)	client; guest
un étage	floor
un hôtel	hotel
un hôtelier/ une hôtelière	hotel keeper
un lit	bed
un passager/ une passagère	passenger
un passeport	passport
la réception	reception desk
le rez-de-chaussée	ground floor
complet/complète	full (no vacancies)
libre	available

Verbes irréguliers

décrire	to describe
dire	to say
écrire	to write
lire	to read

Expressions utiles	See pp. 223 and 237.
Direct object pronouns	See pp. 228–229.
Ordinal numbers	See pp. 232–233.
Adverbs	See pp. 240–241

Chez nous

Pour commencer
- Où sont ces personnes?
  a. dans la salle à manger b. dans la salle de bains c. dans la chambre
- Qu'est-ce qu'il y a sur la photo?
  a. un bureau b. une table c. une télévision
- Que fait les personnes de cette famille?
  a. Elles étudient. b. Elles passent un bon moment à table. c. Elles regardent la télé.

You will learn how to...

- describe your home
- talk about habitual past actions

 Audio: Vocabulary Practice
My Vocabulary

La maison

Vocabulaire

déménager	to move out
emménager	to move in
louer	to rent
un appartement	apartment
une cave	cellar; basement
un couloir	hallway
une cuisine	kitchen
un escalier	staircase
un immeuble	building
un jardin	garden; yard
un logement	housing
un loyer	rent
une pièce	room
un quartier	area, neighborhood
une résidence universitaire	dorm
une salle à manger	dining room
un salon	formal living/sitting room
un studio	studio (apartment)
une armoire	armoire, wardrobe
une douche	shower
un lavabo	bathroom sink
un meuble	piece of furniture
un placard	closet, cupboard
un tiroir	drawer
un(e) propriétaire	owner

le balcon

la salle de bains

les toilettes (f.)/
les W.C. (m.)

le miroir

la lampe

la baignoire

le canapé

le tapis

le fauteuil

une fleur

la salle de séjour

le sous-sol

 ressources

v̂Text

CE
pp. 197–199

vhlcentral.com
Leçon 8A

254 *deux cent cinquante-quatre*

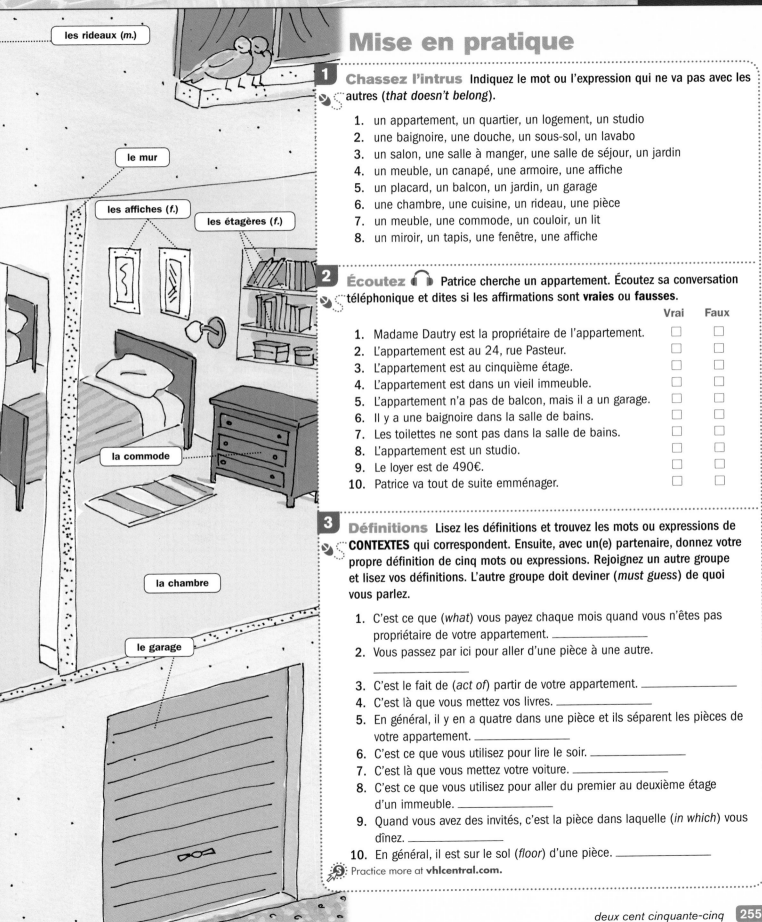

les rideaux (*m.*)

le mur

les affiches (*f.*)

les étagères (*f.*)

la commode

la chambre

le garage

Mise en pratique

1 **Chassez l'intrus** Indiquez le mot ou l'expression qui ne va pas avec les autres (*that doesn't belong*).

1. un appartement, un quartier, un logement, un studio
2. une baignoire, une douche, un sous-sol, un lavabo
3. un salon, une salle à manger, une salle de séjour, un jardin
4. un meuble, un canapé, une armoire, une affiche
5. un placard, un balcon, un jardin, un garage
6. une chambre, une cuisine, un rideau, une pièce
7. un meuble, une commode, un couloir, un lit
8. un miroir, un tapis, une fenêtre, une affiche

2 **Écoutez** Patrice cherche un appartement. Écoutez sa conversation téléphonique et dites si les affirmations sont **vraies** ou **fausses**.

	Vrai	Faux
1. Madame Dautry est la propriétaire de l'appartement.	☐	☐
2. L'appartement est au 24, rue Pasteur.	☐	☐
3. L'appartement est au cinquième étage.	☐	☐
4. L'appartement est dans un vieil immeuble.	☐	☐
5. L'appartement n'a pas de balcon, mais il a un garage.	☐	☐
6. Il y a une baignoire dans la salle de bains.	☐	☐
7. Les toilettes ne sont pas dans la salle de bains.	☐	☐
8. L'appartement est un studio.	☐	☐
9. Le loyer est de 490€.	☐	☐
10. Patrice va tout de suite emménager.	☐	☐

3 **Définitions** Lisez les définitions et trouvez les mots ou expressions de **CONTEXTES** qui correspondent. Ensuite, avec un(e) partenaire, donnez votre propre définition de cinq mots ou expressions. Rejoignez un autre groupe et lisez vos définitions. L'autre groupe doit deviner (*must guess*) de quoi vous parlez.

1. C'est ce que (*what*) vous payez chaque mois quand vous n'êtes pas propriétaire de votre appartement. _____
2. Vous passez par ici pour aller d'une pièce à une autre. _____
3. C'est le fait de (*act of*) partir de votre appartement. _____
4. C'est là que vous mettez vos livres. _____
5. En général, il y en a quatre dans une pièce et ils séparent les pièces de votre appartement. _____
6. C'est ce que vous utilisez pour lire le soir. _____
7. C'est là que vous mettez votre voiture. _____
8. C'est ce que vous utilisez pour aller du premier au deuxième étage d'un immeuble. _____
9. Quand vous avez des invités, c'est la pièce dans laquelle (*in which*) vous dînez. _____
10. En général, il est sur le sol (*floor*) d'une pièce. _____

Practice more at **vhlcentral.com**.

Communication

4 **Répondez** À tour de rôle avec un(e) partenaire, posez-vous ces questions et répondez-y (*them*).

1. Où est-ce que tu habites?
2. Quelle est la taille de ton appartement ou de ta maison? Combien de pièces y a-t-il?
3. Quand as-tu emménagé?
4. Est-ce que tu as un jardin? Un garage?
5. Combien de placards as-tu? Où sont-ils?
6. Quels meubles as-tu? Comment sont-ils?
7. Quels meubles est-ce que tu voudrais (*would like*) avoir dans ta chambre?
   (Répondez: **Je voudrais...**)
8. Qu'est-ce que tu n'aimes pas au sujet de ta chambre?

5 **Votre chambre** Écrivez une description de votre chambre. À tour de rôle, lisez votre description à votre partenaire. Il/Elle va vous demander d'autres détails et dessiner un plan. Ensuite, regardez le dessin (*drawing*) de votre partenaire et dites s'il correspond à votre chambre ou non. N'oubliez pas d'inclure (*include*) des prépositions pour indiquer où sont certains meubles et objets.

6 **Sept différences** Votre professeur va vous donner, à vous et à votre partenaire, deux feuilles d'activités différentes. Il y a sept différences entre les deux images. Comparez vos dessins et faites une liste de ces différences. Quel est le groupe le plus rapide (*the quickest*) de la classe? Attention! Ne regardez pas la feuille de votre partenaire.

MODÈLE

Élève 1: *Dans mon appartement, il y a un lit. Il y a une lampe à côté du lit.*
Élève 2: *Dans mon appartement aussi, il y a un lit, mais il n'y a pas de lampe.*

7 **La décoration** Formez un groupe de trois. L'un de vous est un décorateur d'intérieur qui a rendez-vous avec deux clients qui veulent (*want*) redécorer leur maison. Les clients sont très difficiles. Imaginez votre conversation et jouez la scène devant la classe. Utilisez les mots de la liste.

un canapé	un fauteuil
une chambre	un meuble
une cuisine	un mur
un escalier	un placard
une étagère	un tapis

Les sons et les lettres

Audio: Explanation
Record & Compare

s and ss

You've already learned that an **s** at the end of a word is usually silent.

| lavabo**s** | copain**s** | va**s** | placard**s** |

An **s** at the beginning of a word, before a consonant, or after a pronounced consonant is pronounced like the s in the English word *set*.

| **s**oir | **s**alon | **s**tudio | ab**s**olument |

A double **s** is pronounced like the *ss* in the English word *kiss*.

| gro**ss**e | a**ss**ez | intére**ss**ant | rou**ss**e |

An **s** at the end of a word is often pronounced when the following word begins with a vowel sound. An **s** in a liaison sounds like a *z*, like the s in the English word *rose*.

| trè**s** **é**légant | troi**s** **h**ommes |

The other instance where the French **s** has a *z* sound is when there is a single **s** between two vowels within the same word. The **s** is pronounced like the s in the English word *music*.

| mu**s**ée | amu**s**ant | oi**s**eau | be**s**oin |

These words look alike, but have different meanings. Compare the pronunciations of each word pair.

| poi**s**on | poi**ss**on | dé**s**ert | de**ss**ert |

Prononcez Répétez les mots suivants à voix haute.

1. sac
2. triste
3. suisse
4. chose
5. bourse
6. passer
7. surprise
8. assister
9. magasin
10. expressions
11. sénégalaise
12. sérieusement

Articulez Répétez les phrases suivantes à voix haute.

1. Le spectacle est très amusant et la chanteuse est superbe.
2. Est-ce que vous habitez dans une résidence universitaire?
3. De temps en temps, Suzanne assiste à l'inauguration d'expositions au musée.
4. Heureusement, mes professeurs sont sympathiques, sociables et très sincères.

Dictons Répétez les dictons à voix haute.

> Les oiseaux de même plumage s'assemblent sur le même rivage.[2]

> Si jeunesse savait, si vieillesse pouvait. [1]

[2] Birds of a feather flock together.
(lit. If youth but knew, if old age but could.)
[1] Youth is wasted on the young.

ressources

v̂Text

CE
p. 200

vhlcentral.com
Leçon 8A

La visite surprise
 Video: *Roman-photo*
Record & Compare

PERSONNAGES

David

Pascal

Rachid

Sandrine

En ville, Pascal fait tomber (drops) ses fleurs.

PASCAL Aïe!
RACHID Tenez. *(Il aide Pascal.)*
PASCAL Oh, merci.
RACHID Aïe!
PASCAL Oh pardon, je suis vraiment désolé!
RACHID Ce n'est rien.
PASCAL Bonne journée!

Chez Sandrine...

RACHID Eh, salut, David! Dis donc, ce n'est pas un logement d'étudiants ici! C'est grand chez toi! Tu ne déménages pas, finalement?
DAVID Heureusement, Sandrine a décidé de rester.
SANDRINE Oui, je suis bien dans cet appartement. Seulement, les loyers sont très chers au centre-ville.

RACHID Oui, malheureusement! Tu as combien de pièces?
SANDRINE Il y a trois pièces: le salon, la salle à manger, ma chambre. Bien sûr, il y a une cuisine et j'ai aussi une grande salle de bains. Je te fais visiter?

SANDRINE Et voici ma chambre.
RACHID Elle est belle!
SANDRINE Oui... j'aime le vert.

RACHID Dis, c'est vrai, Sandrine, ta salle de bains est vraiment grande.
DAVID Oui! Et elle a un beau miroir au-dessus du lavabo et une baignoire!
RACHID Chez nous, on a seulement une douche.
SANDRINE Moi, je préfère les douches, en fait.

Le téléphone sonne (rings).

RACHID Comparé à cet appartement, le nôtre, c'est une cave! Pas de décorations, juste des affiches, un canapé, des étagères et mon bureau.
DAVID C'est vrai. On n'a même pas de rideaux.

1 **Vrai ou faux?** Indiquez si ces affirmations sont **vraies** ou **fausses**. Corrigez les phrases fausses.

1. C'est la première fois que Rachid visite l'appartement.
2. Sandrine ne déménage pas.
3. Les loyers au centre-ville ne sont pas chers.
4. Sandrine invite ses amis chez elle.
5. Rachid préfère son appartement à l'appartement de Sandrine.

6. Chez les garçons, il y a une baignoire et des rideaux.
7. Quand Pascal arrive, Sandrine est contente (*pleased*).
8. Pascal doit (*must*) travailler ce week-end.

 Practice more at **vhlcentral.com**.

ACTIVITÉS

Pascal arrive à Aix-en-Provence.

SANDRINE Voici la salle à manger.
RACHID Ça, c'est une pièce très importante pour nous, les invités.

SANDRINE Et puis, la cuisine.
RACHID Une pièce très importante pour Sandrine...
DAVID Évidemment!

SANDRINE Mais Pascal... je pensais que tu avais du travail... Quoi? Tu es ici, maintenant? C'est une blague!
PASCAL Mais ma chérie, j'ai pris le train pour te faire une surprise...

SANDRINE Une surprise! Nous deux, c'est fini! D'abord, tu me dis que les vacances avec moi, c'est impossible et ensuite tu arrives à Aix sans me téléphoner!
PASCAL Bon, si c'est comme ça, reste où tu es. Ne descends pas. Moi, je m'en vais. Voilà tes fleurs. Tu parles d'une surprise!

Expressions utiles

Talking about your home

- **Tu ne déménages pas, finalement?**
  You are not moving, after all?

- **Heureusement, Sandrine a décidé de rester.**
  Thankfully/Happily, Sandrine has decided to stay.

- **Seulement, les loyers sont très chers au centre-ville.**
  However, rents are very expensive downtown.

- **Je te fais visiter?**
  Shall I give you a tour?

- **Ta salle de bains est vraiment grande.**
  Your bathroom is really big.

- **Elle a un beau miroir au-dessus du lavabo.**
  It has a nice mirror above the sink.

- **Chez nous, on a seulement une douche.**
  At our place, we only have a shower.

Additional vocabulary

- **Aïe!**
  Ouch!

- **Tenez.**
  Here.

- **Je pensais que tu avais du travail.**
  I thought you had work to do.

- **Mais ma chérie, j'ai pris le train pour te faire une surprise.**
  But sweetie, I took the train to surprise you.

- **sans**
  without

- **Moi, je m'en vais.**
  I am leaving/getting out of here.

2 **Quel appartement?** Indiquez si ces objets sont dans l'appartement de Sandrine (**S**) ou dans l'appartement de David et Rachid (**D & R**).

1. baignoire
2. douche
3. rideaux
4. canapé
5. trois pièces
6. étagères
7. miroir
8. affiches

3 **Conversez** Sandrine décide que son loyer est vraiment trop cher. Elle cherche un appartement à partager avec Amina. Avec deux partenaires, écrivez leur conversation avec un agent immobilier (*real estate agent*). Elles décrivent l'endroit idéal, le prix et les meubles qu'elles préfèrent. L'agent décrit plusieurs possibilités.

ressources

vText   CE pp. 201–202   vhlcentral.com Leçon 8A

A C T I V I T É S

 **Reading**
Video: *Flash culture*

CULTURE À LA LOUPE

Le logement en France

Il y a différents types de logements. En ville, on habite dans une maison ou un appartement. À la campagne, on peut° habiter dans une villa, un château, un chalet ou un mas° provençal.

Vous avez peut-être remarqué° dans un film français qu'il y a une grande diversité de style d'habitation°. En effet°, le style et l'architecture varient d'une région à l'autre, souvent en raison° du climat et des matériaux disponibles°. Dans le Nord°, les maisons sont traditionnellement en briques° avec des toits en ardoise°. Dans l'Est°, en Alsace-Lorraine, il y a de vieilles maisons à colombages° avec des parties de mur en bois°. Dans le Sud°, il y a des villas de style méditerranéen avec des toits en tuiles° rouges et des mas provençaux (de vieilles maisons en pierre°). Dans les Alpes, en Savoie, les chalets sont en bois avec de grands balcons très fleuris°, comme en Suisse. Les maisons traditionnelles de l'Ouest° ont des toits en chaume°. Presque toutes les maisons françaises ont des volets° et les fenêtres sont assez différentes aussi des fenêtres aux États-Unis. Très souvent il n'y a pas de moustiquaire°, même° dans le sud de la France où il fait très chaud en été.

En France les trois quarts des gens habitent en ville. Beaucoup habitent dans la banlieue, où il y a beaucoup de grands immeubles mais aussi de petits pavillons individuels (maisons avec de petits jardins). Dans les centres-villes et dans les banlieues, il y a des HLM. Ce sont des habitations à loyer modéré°. Les HLM sont construits par l'État. Ce sont souvent des logements réservés aux familles qui ont moins d'argent.

peut *can* mas *farmhouse* remarqué *noticed* habitation *dwelling* En effet *Indeed* en raison du *due to the* disponibles *available* Nord *North* en briques *made of bricks* toits en ardoise *slate roofs* Est *East* à colombages *half-timbered* en bois *made of wood* Sud *South* en tuiles *made of tiles* en pierre *made of stone* fleuris *full of flowers* Ouest *West* en chaume *thatched* volets *shutters* moustiquaire *window screen* même *even* habitations à loyer modéré *low-cost government housing*

Coup de main

Here are some terms commonly used in statistics.

un quart = *one quarter*

un tiers = *one third*

la moitié = *half*

la plupart de = *most of*

un sur cinq = *one in five*

A C T I V I T É S

1 **Vrai ou faux?** Indiquez si les phrases sont **vraies** ou **fausses**. Corrigez les phrases fausses.

1. Les maisons sont similaires dans les différentes régions françaises.
2. Dans le Nord les maisons sont traditionnellement en briques.
3. En Alsace-Lorraine il y a des chalets.
4. Dans les Alpes il y a des mas provençaux.
5. Les mas provençaux sont des maisons en bois.
6. Presque toutes les maisons francaises ont des volets.

7. Les maisons françaises n'ont pas toujours des moustiquaires.
8. La plupart (*majority*) des Français habite à la campagne.
9. Le pavillon individuel est une sorte de grand immeuble.
10. Les millionnaires habitent dans des HLM.

 Practice more at **daccord1.vhlcentral.com.**

Location d'un logement

agence (f.) de location	*rental agency*
bail (m.)	*lease*
caution (f.)	*security deposit*
charges (f.)	*basic utilities*
chauffage (m.)	*heating*
électricité (f.)	*electricity*
locataire (m./f.)	*tenant*
petites annonces (f.)	*(rental) ads*

L'architecture

Voici quelques exemples d'habitations traditionnelles.

En Afrique centrale et de l'Ouest des maisons construites sur pilotis°, avec un grenier à riz°

En Afrique du Nord des maisons en pisé (de la terre° rouge mélangée° à de la paille°) construites autour d'un patio central et avec, souvent, une terrasse sur le toit°

Aux Antilles des maisons en bois de toutes les couleurs avec des toits en métal

En Polynésie française des bungalows, construits sur pilotis ou sur le sol, souvent en bambou avec des toits en paille ou en feuilles de cocotier°

Au Viêt-nam des maisons sur pilotis construites sur des lacs, des rivières ou simplement au-dessus du sol°

pilotis *stilts* **grenier à riz** *rice loft* **terre** *clay* **mélangée** *mixed* **paille** *straw* **toit** *roof* **feuilles de cocotier** *coconut palm leaves* **au-dessus du sol** *off the ground*

Le château Frontenac

Le château Frontenac est un hôtel de luxe et un des plus beaux° sites touristiques de la ville de Québec. Construit entre la fin° du

XIXᵉ siècle et le début° du XXᵉ siècle sur le Cap Diamant, dans le quartier du Vieux-Québec, le château offre une vue° spectaculaire sur la ville. Aujourd'hui, avec ses 618 chambres sur 18 étages, ses restaurants gastronomiques, sa piscine et son centre sportif, le château Frontenac est classé parmi° les 500 meilleurs° hôtels du monde.

un des plus beaux *one of the most beautiful* **fin** *end* **début** *beginning* **vue** *view* **classé parmi** *ranked among* **meilleurs** *best*

Sur Internet

Qu'est-ce qu'une pendaison de crémaillère? D'où vient cette expression?

Go to **vhlcentral.com** to find more information related to this **Culture** section. Then watch the corresponding **Flash culture**.

2 **Répondez** Répondez aux questions, d'après les informations données dans les textes.

1. Qu'est-ce que le château Frontenac?
2. De quel siècle date le château Frontenac?
3. Dans quel quartier de la ville de Québec le trouve-t-on?
4. Où trouve-t-on des maisons sur pilotis?
5. Quelles sont les caractéristiques des maisons d'Afrique du Nord?

3 **Une année en France** Vous allez habiter en France. Téléphonez à un agent immobilier (*real estate*) (votre partenaire) et expliquez-lui le type de logement que vous recherchez. Il/Elle va vous donner des renseignements sur les logements disponibles (*available*). Posez des questions pour avoir plus de détails.

ACTIVITÉS

**Presentation
Tutorial**

8A.1 The *passé composé* vs. the *imparfait* (Part 1)

Point de départ Although the **passé composé** and the **imparfait** are both past tenses, they have very distinct uses and are not interchangeable. The choice between these two tenses depends on the context and on the point of view of the speaker.

The *passé composé*

Uses of the *passé composé*	
To express specific actions that started and ended in the past and are viewed by the speaker as completed	J'**ai nettoyé** la salle de bains deux fois. *I cleaned the bathroom twice.* Nous **avons acheté** un tapis. *We bought a rug.* L'enfant **est né** à la maison. *The child was born at home.* Il **a plu** hier. *It rained yesterday.*
To tell about events that happened at a specific point in time or within a specific length of time in the past	Je **suis allé** à la pêche avec papa il y a deux ans. *I went fishing with dad two years ago.* Elle **a étudié** à Paris pendant six mois. *She studied in Paris for six months.*
To express the beginning or end of a past action	Le film **a commencé** à huit heures. *The movie began at 8 o'clock.* Ils **ont fini** les devoirs samedi matin. *They finished the homework Saturday morning.*
To narrate a series of past actions or events	Ce matin, j'**ai fait** du jogging, j'**ai nettoyé** la chambre et j'**ai rangé** la cuisine. *This morning, I jogged, I cleaned my bedroom, and I tidied up the kitchen.* Pour la fête d'anniversaire de papa, maman **a envoyé** les invitations, elle **a acheté** un cadeau et elle **a fait** les décorations. *For dad's birthday party, mom sent out the invitations, bought a gift, and did the decorations.*
To signal a change in physical or mental state	Il **est mort** dans un accident. *He died in an accident.* Tout à coup, elle **a eu** peur. *All of a sudden, she got frightened.*

1 **Une surprise désagréable** Récemment, Benoît a fait un séjour à Strasbourg avec un collègue. Complétez son récit (*narration*) avec l'imparfait ou le passé composé.

Ce matin, il (1) _____ (faire) chaud. J' (2) _____ (être) content de partir pour Strasbourg. Je (3) _____ (partir) pour la gare, où j' (4) _____ (retrouver) Franck. Le train (5) _____ (arriver) à Strasbourg à midi. Nous (6) _____ (commencer) notre promenade en ville. Nous (7) _____ (avoir) besoin d'un plan. J' (8) _____ (chercher) mon portefeuille (*wallet*), mais il (9) _____ (être) toujours dans le train! Franck et moi, nous (10) _____ (courir) à la gare!

2 **Le week-end dernier** Qu'est-ce que Lucie a fait samedi dernier? Créez des phrases complètes au passé composé ou à l'imparfait pour décrire sa soirée.

MODÈLE finir / je / mes tâches ménagères / tôt
J'ai fini mes tâches ménagères tôt.

1. froid / faire / et / neiger
2. cinéma / mes amis / aller / je / avec / alors
3. film / sept heures / commencer
4. Audrey Tautou / film / dans / être
5. après / film / aller / café / mes amis et moi
6. nous / prendre / éclairs / limonades / et
7. rentrer / je / chez / minuit / moi
8. fatigué / avoir / sommeil / je / être

3 **Vacances à la montagne** Hugo raconte ses vacances. Complétez ses phrases avec un des verbes de la liste au passé composé ou à l'imparfait.

aller	neiger	retourner
avoir	passer	skier
faire	rester	venir

1. L'hiver dernier, nous _____ les vacances à la montagne.
2. Quand nous sommes arrivés sur les pistes de ski, il _____ beaucoup et il _____ un temps épouvantable.
3. Ce jour-là, nous _____ à l'hôtel tout l'après-midi.
4. Le jour suivant, nous _____ sur les pistes.
5. Nous _____ et papa _____ faire une randonnée.
6. Quand ils _____ mon âge, papa et oncle Hervé _____ tous les hivers à la montagne.

*Practice more at **vhlcentral.com**.*

COMMUNICATION

4 Situations Avec un(e) partenaire, parlez de ces situations en utilisant (*by using*) le passé composé ou l'imparfait. Comparez vos réponses, puis présentez-les à la classe.

> **MODÈLE**
>
> Le premier jour de cours...
> **Élève 1:** *Le premier jour de cours, j'étais tellement nerveux que j'ai oublié mes livres.*
> **Élève 2:** *Moi, j'étais nerveux aussi, alors j'ai quitté la maison très tôt.*

1. Quand j'étais petit(e), ...
2. L'été dernier, ...
3. Hier soir, mon père/ma mère...
4. Hier, le professeur...
5. La semaine dernière, mon/ma copain/copine...
6. Ce matin, au lycée, ...
7. Quand j'étais au collège, ...
8. La dernière fois que j'étais en vacances, ...

5 Votre premier/première ami(e)
Posez ces questions à un(e) partenaire. Ajoutez (*Add*) d'autres questions si vous le voulez (*want*).

1. Qui a été ton/ta premier/première ami(e)?
2. Quel âge avais-tu quand tu as fait sa connaissance?
3. Comment était-il/elle?
4. Est-ce que tu as fait la connaissance de sa famille?
5. Combien de temps êtes-vous resté(e)s ami(e)s?
6. À quoi jouiez-vous ensemble?
7. Aviez-vous les mêmes (*same*) centres d'intérêt?
8. Avez-vous perdu contact?

6 Dialogue Sébastien, qui a seize ans, est sorti avec des amis hier soir. Quand il est rentré à trois heures du matin, sa mère était furieuse parce que ce n'était pas la première fois qu'il rentrait tard. Avec un(e) partenaire, préparez le dialogue entre Sébastien et sa mère.

> **MODÈLE**
>
> **Élève 1:** *Que faisais-tu à minuit?*
> **Élève 2:** *Mes copains et moi, nous sommes allés manger une pizza...*

The *imparfait*

Uses of the *imparfait*	
To describe an ongoing past action with no reference to its beginning or end	Vous **dormiez** sur le canapé. *You were sleeping on the couch.* Tu **attendais** dans le café? *You were waiting in the café?* Nous **regardions** la télé chez Fanny. *We were watching TV at Fanny's house.* Les enfants **lisaient** tranquillement. *The children were reading peacefully.*
To express habitual or repeated past actions and events	Nous **faisions** un tour en voiture le dimanche matin. *We used to go for a drive on Sunday mornings.* Elle **mettait** toujours la voiture dans le garage. *She always put the car in the garage.* Maman **travaillait** souvent dans le jardin. *Mom would often work in the garden.* Quand j'**étais** jeune, j'**aimais** faire du camping. *When I was young, I used to like to go camping.*
To describe mental, physical, and emotional states or conditions	Karine **était** très inquiète. *Karine was very worried.* Simon et Marion **étaient** fatigués et ils **avaient** sommeil. *Simon and Marion were tired and sleepy.* Mon ami **avait** faim et il **avait** envie de manger quelque chose. *My friend was hungry and felt like eating something.*

> **Essayez!** Donnez les formes correctes des verbes.
>
>
>
> **passé composé**
> 1. commencer (il) _il a commencé_
> 2. acheter (tu) _____
> 3. boire (nous) _____
> 4. apprendre (ils) _____
> 5. répondre (je) _____
>
> **imparfait**
> 1. jouer (nous) _nous jouions_
> 2. être (tu) _____
> 3. prendre (elles) _____
> 4. avoir (vous) _____
> 5. conduire (il) _____

Presentation Tutorial

8A.2 The *passé composé* vs. the *imparfait* (Part 2)

Point de départ You have already seen some uses of the **passé composé** versus the **imparfait** while talking about things and events in the past. Here are some other contexts in which the choice of the tense you use is important.

- The **passé composé** and the **imparfait** are often used together to narrate a story or an incident. In such cases, the imparfait is usually used to set the scene or the background while the **passé composé** moves the story along.

Uses of the *passé composé* and the *imparfait*

passé composé	imparfait
It is used to talk about:	*It is used to describe:*
• main facts	• the framework of the story: *weather, date, time, background scenery*
• specific, completed events	• descriptions of people: *age, physical and personality traits, clothing, feelings, state of mind*
• actions that advance the plot	• background setting: *what was going on, what others were doing*

Il **était** minuit et le temps **était** orageux. J'**avais** peur parce que j'**étais** seule dans la maison. Soudain, quelqu'un **a frappé** à la porte. J'**ai regardé** par la fenêtre et j'**ai vu** un vieil homme habillé en noir...
It was midnight and it was stormy. I was afraid because I was alone at home. Suddenly, someone knocked on the door. I looked through the window and I saw an old man dressed in black...

Il **était** deux heures de l'après-midi et il **faisait** beau dehors. Les élèves **attendaient** impatiemment la sortie. C'**était** le dernier jour d'école! Finalement, le prof **est entré** dans la salle pour nous donner les résultats...
It was 2 o'clock and it was nice outside. The students were waiting impatiently for dismissal. It was the last day of school! Finally, the teacher came into the classroom to give us our results...

- When the **passé composé** and the **imparfait** occur in the same sentence, the action in the **passé composé** often interrupts the ongoing action in the **imparfait**.

ACTION IN PROGRESS	INTERRUPTING ACTION
Je **chantais**	quand mon ami **est arrivé**.
I was singing	*when my friend arrived.*
Céline et Maxime **dormaient**	quand le téléphone **a sonné**.
Céline and Maxime were sleeping	*when the phone rang.*

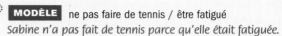

MISE EN PRATIQUE

1 **Pourquoi?** Expliquez pourquoi Sabine a fait ou n'a pas fait ces choses.

> **MODÈLE** ne pas faire de tennis / être fatigué
> *Sabine n'a pas fait de tennis parce qu'elle était fatiguée.*

1. aller au centre commercial / avoir des soldes
2. ne pas travailler / avoir sommeil
3. ne pas sortir / pleuvoir
4. mettre un pull / faire froid
5. manger une pizza / avoir faim
6. acheter une nouvelle robe / sortir avec des amis
7. vendre son fauteuil / déménager
8. ne pas bien dormir / être inquiet

2 **Qu'est-il arrivé quand...?** Dites ce qui (*what*) est arrivé quand ces personnes faisaient ces activités. Utilisez les mots donnés et d'autres mots.

> **MODÈLE**
> *Tu nageais quand ton oncle est arrivé.*

tu / oncle / arriver

1. Tristan / entendre / chien   3. vous / perdre / billet

2. nous / petite fille / tomber   4. Paul et Éric / téléphone / sonner

3 **Rien d'extraordinaire** Matthieu a passé une journée assez banale. Réécrivez ce paragraphe au passé.

Il est 6h30. Il pleut. Je prends mon petit-déjeuner, je mets mon imperméable et je quitte la maison. J'attends une demi-heure à l'arrêt de bus et finalement, je cours au restaurant où je travaille. J'arrive en retard. Le patron (*boss*) n'est pas content. Le soir, après mon travail, je rentre à la maison et je vais directement au lit.

 Practice more at **vhlcentral.com**.

COMMUNICATION

4   La curiosité Votre tante Louise veut tout savoir. Elle vous pose beaucoup de questions. Avec un(e) partenaire, répondez aux questions d'une manière logique et échangez les rôles.

> **MODÈLE**   retourner au bureau
> **Élève 1:** *Pourquoi est-ce que tu es retourné(e) au bureau?*
> **Élève 2:** *Je suis retourné(e) au bureau parce que j'avais beaucoup de travail.*

1. aller à la bibliothèque
2. aller au magasin
3. sortir avec des amis
4. téléphoner à ton cousin
5. rentrer tard
6. aller au parc
7. inviter des gens
8. être triste

5   Une entrevue Avec un(e) partenaire, posez-vous ces questions à tour de rôle.

1. Où allais-tu souvent quand tu étais petit(e)?
2. Qu'est-ce que tu aimais lire?
3. Est-ce que tu as vécu dans un autre pays?
4. Comment étais-tu quand tu avais dix ans?
5. Qu'est-ce que ta sœur/ton frère faisait quand tu es rentré(e) hier?
6. Qu'est-ce que tu as fait hier soir?
7. Qu'est-ce que tu as pris au petit-déjeuner ce matin?
8. Qu'est-ce que tu as porté aujourd'hui?

6   Scénario Par groupes de trois, créez une histoire au passé. La première personne commence par une phrase. La deuxième personne doit (*must*) continuer l'histoire. La troisième personne reprend la suite d'une manière logique. Continuez l'histoire une personne à la fois jusqu'à ce que vous ayez (*until you have*) un petit scénario. Soyez créatif! Ensuite, présentez votre scénario à la classe.

- Depending on how you want to express the actions, either the **passé composé** or the **imparfait** can follow **quand**.

> Mes parents **sont arrivés** quand nous **répétions** dans le sous-sol.
> *My parents arrived when we were rehearsing in the basement.*

- Sometimes the use of the **passé composé** and the **imparfait** in the same sentence expresses a cause and effect.

> J'**avais** faim, alors j'**ai mangé** un sandwich.
> *I was hungry so I ate a sandwich.*

- Certain adverbs often indicate a particular past tense.

Expressions that signal a past tense			
passé composé		**imparfait**	
soudain	*suddenly*	d'habitude	*usually*
tout d'un coup/ tout à coup	*all of a sudden*	parfois	*sometimes*
		souvent	*often*
une (deux, etc.) fois	*once (twice, etc.)*	toujours	*always*
un jour	*one day*	tous les jours	*every day*

- While talking about the past or narrating a tale, you might use the verb **vivre** (*to live*) which is irregular.

Present tense of *vivre*	
je vis	nous vivons
tu vis	vous vivez
il/elle vit	ils/elles vivent

> Les enfants **vivent** avec leurs grands-parents.
> *The children live with their grandparents.*

- The past participle of **vivre** is **vécu**. The **imparfait** is formed like regular **–re** verbs by taking the **nous** form, dropping the **–ons**, and adding the endings.

> Rémi **a** toujours **vécu** à Nice.   Nous **vivions** avec mon oncle.
> *Rémi always lived in Nice.*   *We used to live with my uncle.*

Essayez!   Choisissez la forme correcte du verbe au passé.

1. Lise (a étudié / (étudiait)) toujours avec ses amis.
2. Maman (a fait / faisait) du yoga hier.
3. Ma grand-mère (passait / a passé) par là tous les jours.
4. D'habitude, ils (arrivaient / sont arrivés) toujours en retard.
5. Tout à coup, le professeur (entrait / est entré) dans la classe.
6. Ce matin, Camille (a lavé / lavait) le chien.

Révision

1 Mes affaires Vous cherchez vos affaires (*belongings*). À tour de rôle, demandez de l'aide à votre partenaire. Où étaient-elles pour la dernière fois? Utilisez l'illustration pour les trouver.

MODÈLE

Élève 1: *Je cherche mes baskets. Où sont-elles?*
Élève 2: *Tu n'as pas cherché sur l'étagère? Elles étaient sur l'étagère.*

baskets	ordinateur
casquette	parapluie
journal	pull
livre	sac à dos

2 Un bon témoin Il y a eu un cambriolage (*burglary*) chez votre voisin M. Cachetout. Le détective vous interroge parce que vous avez vu deux personnes suspectes sortir de la maison du voisin. Avec un(e) partenaire, créez ce dialogue et jouez cette scène devant la classe. Utilisez ces éléments dans votre scène.

- une description physique des suspects
- leurs attitudes
- leurs vêtements
- ce que (*what*) vous faisiez quand vous avez vu les suspects

MODÈLE

Élève 1: *À quelle heure est-ce que vous avez vu les deux personnes sortir?*
Élève 2: *À dix heures. Elles sont sorties du garage.*

3 Quel séjour! Le magazine *Campagne décoration* a eu un concours et vous avez gagné le prix, une semaine de vacances dans une maison à la campagne. Vous venez de revenir de (*just came back from*) vos vacances et vous donnez une interview à propos de (*about*) votre séjour. Avec un(e) partenaire, posez-vous des questions sur la maison, le temps, les activités dans la région et votre opinion en général. Utilisez l'imparfait et le passé composé.

MODÈLE

Élève 1: *Combien de pièces y avait-il dans cette maison?*
Élève 2: *Il y avait six pièces dans la maison.*

4 Avant et après Voici la chambre d'Annette avant et après une visite de sa mère. Comment était sa chambre à l'origine? Avec un(e) partenaire, décrivez la pièce et cherchez les différences entre les deux illustrations.

MODÈLE

Avant, la lampe était à côté de l'ordinateur. Maintenant, elle est à côté du canapé.

5 La maison de mon enfance Décrivez l'appartement ou la maison de votre enfance à un(e) partenaire. Où se trouvait-il/elle? Comment les pièces étaient-elles orientées? Y avait-il une piscine, un sous-sol? Qui vivait avec vous dans cet appartement ou cette maison? Racontez (*Tell*) des anecdotes.

MODÈLE

Ma maison se trouvait au bord de la mer. C'était une maison à deux étages (floors). Au rez-de-chaussée, il y avait...

ressources

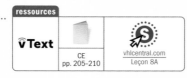

v Text

CE
pp. 205–210

vhlcentral.com
Leçon 8A

Vidéo: TV Clip

Le Zapping

Century 21 France

La société immobilière° Century 21 France commence ses opérations en 1987. Ses agences franchisées ont bientôt un grand succès, et Century 21 devient° une des principales sociétés immobilières de France. Cette société est connue° pour son marketing innovateur, qui diffuse à la télévision et sur Internet des publicités° d'un humour contemporain et parfois hors norme°. Century 21 France crée, par exemple, une campagne publicitaire pour montrer les risques de ne pas utiliser un agent immobilier quand on vend ou quand on achète une maison.

Century 21®

L'IMMOBILIER, C'EST PLUS SIMPLE AVEC UN AGENT IMMOBILIER

www.century21france.fr

—Alors, d'abord le salon...

—Des pièces, des pièces, des pièces...

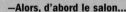

Compréhension Répondez aux questions.

1. Quelles pièces le propriétaire de l'appartement montre-t-il au couple?
2. Comment est sa description de l'appartement?
3. Que ne mentionne-t-il pas du tout?

Discussion Par groupes de trois, répondez aux questions et discutez.

1. Un agent immobilier est-il vraiment nécessaire pour vendre ou acheter une maison? Pourquoi?
2. Jouez les rôles d'un agent immobilier très compétent qui montre une maison à deux clients. Quelles pièces montrez-vous? Quels détails donnez-vous? Jouez la scène devant la classe.

société immobilière *real estate company* **devient** *becomes*
connue *known* **publicités** *ads* **hors norme** *unconventional*

 Practice more at **vhlcentral.com.**

You will learn how to...

- talk about chores
- talk about appliances

Audio: Vocabulary Practice
My Vocabulary

Les tâches ménagères

Vocabulaire

débarrasser la table	to clear the table
enlever/faire la poussière	to dust
essuyer la vaisselle/ la table	to dry the dishes/ to wipe the table
faire la lessive	to do the laundry
faire le ménage	to do the housework
laver	to wash
mettre la table	to set the table
passer l'aspirateur	to vacuum
ranger	to tidy up; to put away
salir	to soil, to make dirty
propre	clean
sale	dirty
un appareil électrique/ ménager	electrical/household appliance
une cafetière	coffeemaker
une cuisinière	stove
un grille-pain	toaster
un lave-linge	washing machine
un lave-vaisselle	dishwasher
un sèche-linge	clothes dryer
une tâche ménagère	household chore

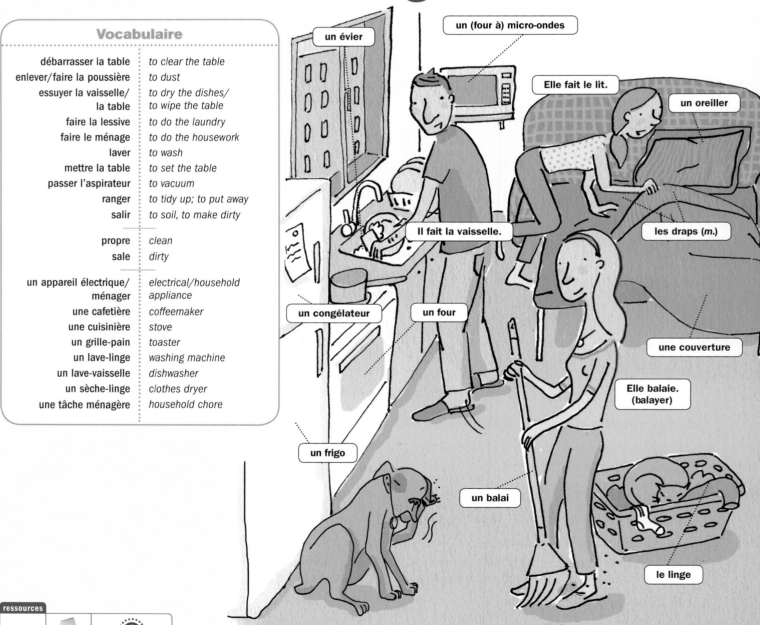

un évier

un (four à) micro-ondes

Elle fait le lit.

un oreiller

Il fait la vaisselle.

les draps (m.)

un congélateur

un four

une couverture

Elle balaie. (balayer)

un frigo

un balai

le linge

ressources

v̂Text

CE
pp. 211–213

vhlcentral.com
Leçon 8B

268 *deux cent soixante-huit*

Mise en pratique

1 **On fait le ménage** Complétez les phrases avec le bon mot.

1. On balaie avec _____.
2. On repasse le linge avec _____.
3. On fait la lessive avec _____.
4. On lave la vaisselle avec _____.
5. On prépare le café avec _____.
6. On sèche les vêtements avec _____.
7. On met la glace dans _____.
8. Pour faire le lit, on doit arranger _____, _____ et _____.

2 **Écoutez** Écoutez la conversation téléphonique (*phone call*) entre Édouard, un étudiant, et un conseiller à la radio (*radio psychologist*). Ensuite, indiquez les tâches ménagères que faisaient Édouard et Paul au début du semestre.

	Édouard	Paul
1. Il faisait la cuisine.	☐	☐
2. Il faisait les lits.	☐	☐
3. Il passait l'aspirateur.	☐	☐
4. Il sortait la poubelle.	☐	☐
5. Il balayait.	☐	☐
6. Il faisait la lessive.	☐	☐
7. Il faisait la vaisselle.	☐	☐
8. Il nettoyait le frigo.	☐	☐

3 **Les tâches ménagères** Avec un(e) partenaire, indiquez quelles tâches ménagères vous faites dans chaque pièce ou partie de votre logement. Il y a plus d'une réponse possible.

1. La chambre: _____
2. La cuisine: _____
3. La salle de bains: _____
4. La salle à manger: _____
5. La salle de séjour: _____
6. Le garage: _____

Practice more at **vhlcentral.com**.

Il sort la poubelle. (sortir)

un fer à repasser

Il repasse. (repasser)

Communication

4 **Qui fait quoi?** Votre professeur va vous donner une feuille d'activités. Dites si vous faites les tâches indiquées en écrivant (*by writing*) **Oui** ou **Non** dans la première colonne. Ensuite, posez des questions à vos camarades de classe; écrivez leur nom dans la deuxième colonne quand ils répondent **Oui**. Présentez vos réponses à la classe.

MODÈLE

mettre la table pour prendre le petit-déjeuner
Élève 1: *Est-ce que tu mets la table pour prendre le petit-déjeuner?*
Élève 2: *Oui, je mets la table chaque matin./ Non, je ne prends pas de petit-déjeuner, donc je ne mets pas la table.*

Activités	Moi	Mes camarades de classe
1. mettre la table pour prendre le petit-déjeuner		
2. passer l'aspirateur tous les jours		
3. salir ses vêtements quand on mange		
4. nettoyer les toilettes		
5. balayer la cuisine		
6. débarrasser la table après le dîner		
7. souvent enlever la poussière sur son ordinateur		
8. laver les vitres (*windows*)		

5 **Conversez** Interviewez un(e) camarade de classe.

1. Qui fait la vaisselle chez toi?
2. Qui fait la lessive chez toi?
3. Fais-tu ton lit tous les jours?
4. Quelles tâches ménagères as-tu faites le week-end dernier?
5. Repasses-tu tous tes vêtements?
6. Quelles tâches ménagères détestes-tu faire?
7. Quels appareils électriques as-tu chez toi?
8. Ranges-tu souvent ta chambre?

6 **Au pair** Vous partez dans un pays francophone pour vivre dans une famille pendant un an. Travaillez avec deux camarades de classe et préparez un dialogue dans lequel (*in which*) vous:

- parlez des tâches ménagères que vous détestez/aimez faire.
- posez des questions sur vos nouvelles responsabilités.
- parlez de vos passions et de vos habitudes.
- décidez si cette famille vous convient.

7 **Écrivez** L'appartement de Martine est un désastre: la cuisine est sale et le reste de l'appartement est encore pire (*worse*). Préparez un paragraphe où vous décrivez les problèmes que vous voyez (*see*) et que vous imaginez. Ensuite, écrivez la liste des tâches que Martine va faire pour tout nettoyer.

Les sons et les lettres

**Audio: Explanation
Record & Compare**

🎧 Semi-vowels

French has three semi-vowels. Semi-vowels are sounds that are produced in much the same way as vowels, but also have many properties in common with consonants. Semi-vowels are also sometimes referred to as *glides* because they glide from or into the vowel they accompany.

Luci**en**	**ch**i**en**	**so**i**f**	**n**ui**t**

The semi-vowel that occurs in the word **bien** is very much like the *y* in the English word *yes*. It is usually spelled with an **i** or a **y** (pronounced *ee*), then glides into the following sound. This semi-vowel sound is also produced when **ll** follows an **i**.

nati**on**	**bala**y**er**	**b**i**en**	**bri**ll**ant**

The semi-vowel that occurs in the word **soif** is like the *w* in the English words *was* and *we*. It usually begins with **o** or **ou**, then glides into the following vowel.

tro**is**	**fr**o**id**	**ou**i	**ou**i**stiti**

The third semi-vowel sound occurs in the word **nuit**. It is spelled with the vowel **u**, as in the French word **tu**, then glides into the following sound.

lu**i**	**s**u**is**	**cr**u**el**	**intellect**u**el**

Prononcez Répétez les mots suivants à voix haute.

1. oui
2. taille
3. suisse
4. fille
5. mois
6. cruel
7. minuit
8. jouer
9. cuisine
10. juillet
11. échouer
12. croissant

Articulez Répétez les phrases suivantes à voix haute.

1. Voici trois poissons noirs.
2. Louis et sa famille sont suisses.
3. Parfois, Grégoire fait de la cuisine chinoise.
4. Aujourd'hui, Matthieu et Damien vont travailler.
5. Françoise a besoin de faire ses devoirs d'histoire.
6. La fille de Monsieur Poirot va conduire pour la première fois.

Dictons Répétez les dictons à voix haute.

Vouloir, c'est pouvoir.[2]

La nuit, tous les chats sont gris.[1]

[1] All cats are gray in the dark.   [2] Where there's a will, there's a way.

La vie sans Pascal

 **Video: *Roman-photo*
Record & Compare**

Amina

Michèle

Sandrine

Stéphane

Valérie

Au P'tit Bistrot...

MICHÈLE Tout va bien, Amina?

AMINA Oui, ça va, merci. (*Au téléphone*) Allô?... Qu'est-ce qu'il y a, Sandrine?... Non, je ne le savais pas, mais franchement, ça ne me surprend pas... Écoute, j'arrive chez toi dans quinze minutes, d'accord? ... À tout à l'heure!

MICHÈLE Je débarrasse la table?

AMINA Oui, merci, et apporte-moi l'addition, s'il te plaît.

MICHÈLE Tout de suite.

VALÉRIE Tu as fait ton lit, ce matin?

STÉPHANE Oui, maman.

VALÉRIE Est-ce que tu as rangé ta chambre?

STÉPHANE Euh... oui, ce matin, pendant que tu faisais la lessive.

Chez Sandrine...

SANDRINE Salut, Amina! Merci d'être venue.

AMINA Mmmm. Qu'est-ce qui sent si bon?

SANDRINE Il y a des biscuits au chocolat dans le four.

AMINA Oh, est-ce que tu les préparais quand tu m'as téléphoné?

SANDRINE Tu as soif?

AMINA Un peu, oui.

SANDRINE Sers-toi, j'ai des jus de fruits au frigo.

Sandrine casse (breaks) une assiette.

SANDRINE Et zut!

AMINA Ça va, Sandrine?

SANDRINE Oui, oui... passe-moi le balai, s'il te plaît.

AMINA N'oublie pas de balayer sous la cuisinière.

SANDRINE Je sais! Excuse-moi, Amina. Comme je t'ai dit au téléphone, Pascal et moi, c'est fini.

ACTIVITÉS

1 **Questions** Répondez aux questions par des phrases complètes.

1. Avec qui Amina parle-t-elle au téléphone?

2. Comment va Sandrine aujourd'hui? Pourquoi?

3. Est-ce que Stéphane a fait toutes ses tâches ménagères?

4. Qu'est-ce que Sandrine préparait quand elle a téléphoné à Amina?

5. Amina a faim et a soif. À votre avis (*opinion*), que va-t-elle prendre?

6. Pourquoi Amina n'est-elle pas fâchée (*angry*) contre Sandrine?

7. Pourquoi Amina pense-t-elle que Sandrine aimerait (*would like*) un cyberhomme américain?

8. Sandrine pense qu'Amina devrait (*should*) rencontrer Cyberhomme, mais Amina pense que ce n'est pas une bonne idée. À votre avis, qui a raison?

Amina console Sandrine.

VALÉRIE Hmm... et la vaisselle? Tu as fait la vaisselle?

STÉPHANE Non, pas encore, mais...

MICHÈLE Il me faut l'addition pour Amina.

VALÉRIE Stéphane, tu dois faire la vaisselle avant de sortir.

STÉPHANE Bon, ça va, j'y vais!

VALÉRIE Ah, Michèle, il faut sortir les poubelles pour ce soir!

MICHÈLE Oui, comptez sur moi, Madame Forestier.

VALÉRIE Très bien! Moi, je rentre, il est l'heure de préparer le dîner.

SANDRINE Il était tellement pénible. Bref, je suis de mauvaise humeur aujourd'hui.

AMINA Ne t'en fais pas, je comprends.

SANDRINE Toi, tu as de la chance.

AMINA Pourquoi tu dis ça?

SANDRINE Tu as ton Cyberhomme. Tu vas le rencontrer un de ces jours?

AMINA Oh... Je ne sais pas si c'est une bonne idée.

SANDRINE Pourquoi pas?

AMINA Sandrine, il faut être prudent dans la vie, je ne le connais pas vraiment, tu sais.

SANDRINE Comme d'habitude, tu as raison. Mais finalement, un cyberhomme, c'est peut-être mieux qu'un petit ami. Ou alors, un petit ami artistique, charmant et beau garçon.

AMINA Et américain?

Expressions utiles

Talking about what you know

- **Je ne le savais pas, mais franchement, ça ne me surprend pas.**
  I didn't know that, but frankly, I'm not surprised.

- **Je sais!**
  I know!

- **Je ne sais pas si c'est une bonne idée.**
  I don't know if that's a good idea.

- **Je ne le connais pas vraiment, tu sais.**
  I don't really know him, you know.

Additional vocabulary

- **Comptez sur moi.**
  Count on me.

- **Ne t'en fais pas.**
  Don't worry about it.

- **J'y vais!**
  I'm going there!/I'm on my way!

- **pas encore**
  not yet

- **tu dois**
  you must

- **être de bonne/mauvaise humeur**
  to be in a good/bad mood

---

2 **Le ménage** Indiquez qui a fait ou va faire ces tâches ménagères: Amina (**A**), Michèle (**M**), Sandrine (**S**), Stéphane (**St**), Valérie (**V**) ou personne (*no one*) (**P**).

1. sortir la poubelle
2. balayer
3. passer l'aspirateur
4. faire la vaisselle
5. faire le lit
6. débarrasser la table
7. faire la lessive
8. ranger sa chambre

Practice more at **vhlcentral.com**.

3 **Écrivez** Vous avez gagné un pari (*bet*) avec votre grande sœur et elle doit faire (*must do*) en conséquence toutes les tâches ménagères que vous lui indiquez pendant un mois. Écrivez une liste de dix tâches minimum. Pour chaque tâche, précisez la pièce du logement et combien de fois par semaine elle doit l'exécuter.

ressources

v̄Text

CE
pp. 215–216

vhlcentral.com
Leçon 8B

A
C
T
I
V
I
T
É
S

S Reading

L'intérieur des logements français

L'intérieur des maisons et des appartements français est assez° différent de celui chez les Américains. Quand on entre dans un immeuble ancien en France, on est dans un hall° où il y a des boîtes aux lettres°. Ensuite, il y a souvent une deuxième porte. Celle-ci conduit à° l'escalier. Il n'y a pas souvent d'ascenseur, mais s'il y en a un°, en général, il est très petit et il est au milieu de° l'escalier. Le hall de l'immeuble peut aussi avoir une porte qui donne sur une cour° ou un jardin, souvent derrière le bâtiment°.

À l'intérieur des logements, les pièces sont en général plus petites que° les pièces américaines, surtout les cuisines et les salles de bains. Dans la cuisine, on trouve tous les appareils ménagers nécessaires (cuisinière, four, four à micro-ondes, frigo), mais ils sont plus petits qu'aux États-Unis. Les lave-vaisselle sont assez rares dans les appartements et plus communs dans les maisons. On a souvent une seule° salle de bains et les toilettes sont en général dans une autre petite pièce séparée°. Les lave-linge sont aussi assez petits et on les trouve, en général, dans la cuisine ou dans la salle de bains. Dans les chambres, en France, il n'y a pas de grands placards et les vêtements sont rangés la plupart° du temps dans une armoire ou une commode. Les fenêtres s'ouvrent° sur l'intérieur, un peu comme des portes, et il est très rare d'avoir des moustiquaires°. Par contre°, il y a presque toujours des volets°.

assez *rather* hall *entryway* boîtes aux lettres *mailboxes* conduit à *leads to* s'il y en a un *if there is one* au milieu de *in the middle of* cour *courtyard* bâtiment *building* plus petites que *smaller than* une seule *only one* séparée *separate* la plupart *most* s'ouvrent *open* moustiquaires *screens* Par contre *On the other hand* volets *shutters*

Combien de logements ont ces appareils ménagers?	
Réfrigérateur	96%
Lave-linge	95%
Cuisinière/Four	94%
Four à micro-ondes	72%
Congélateur	55%
Lave-vaisselle	45%
Sèche-linge	27%

SOURCE: GIFAM/Francoscopie

Coup de main

Demonstrative pronouns help to avoid repetition.

	S.	P.
M.	**celui**	**ceux**
F.	**celle**	**celles**

Ce lit est grand, mais le lit de Monique est petit.

Ce lit est grand, mais **celui** de Monique est petit.

A C T I V I T É S

1 **Complétez** Complétez chaque phrase logiquement.

1. Dans le hall d'un immeuble français, on trouve...
2. Au milieu de l'escalier, dans les vieux immeubles français, ...
3. Derrière les vieux immeubles, on trouve souvent...
4. Les cuisines et les salles de bains françaises sont...
5. Dans les appartements français, il est assez rare d'avoir...
6. Les logements français ont souvent une seule...
7. En France, les toilettes sont souvent...
8. Les Français rangent souvent leurs vêtements dans une armoire parce qu'ils...
9. On trouve souvent le lave-linge...
10. En général, les fenêtres dans les logements français...

Quelles conditions!

boxon (*m.*)	shambles
gourbis (*m.*)	pigsty
piaule (*f.*)	pad, room
souk (*m.*)	mess
impeccable	spic-and-span
ringard	cheesy, old-fashioned
crécher	to live
semer la pagaille	to make a mess

Architecture moderne et ancienne

Architecte suisse

Le Corbusier Originaire du canton de Neuchâtel, il est l'un des principaux représentants du mouvement moderne au début° du 20ᵉ siècle. Il est connu° pour être l'inventeur de l'unité d'habitation°, concept sur les logements collectifs qui rassemblent dans un même lieu garderie° d'enfants, piscine, écoles, commerces et lieux de rencontre. Il est naturalisé français en 1930.

Architecture du Maroc

Les riads, mot° qui à l'origine signifie «jardins» en arabe, sont de superbes habitations anciennes° construites pour préserver la fraîcheur°. On les trouve au cœur° des ruelles° de la médina (quartier historique). **Les kasbahs,** bâtisses° de terre° dans le Sud marocain, sont des exemples d'un art typiquement berbère et rural.

début *beginning* **connu** *known* **unité d'habitation** *housing unit*
garderie *nursery school* **mot** *word* **anciennes** *old* **fraîcheur** *coolness*
cœur *heart* **ruelles** *alleyways* **bâtisses** *dwellings* **terre** *earth*

Le Vieux Carré

Le Vieux Carré, aussi appelé le Quartier Français, est le centre historique de La Nouvelle-Orléans. Il a conservé le souvenir° des époques° coloniales du 18ᵉ siècle°. La culture française est toujours présente avec des noms de rues° français comme *Toulouse* ou *Chartres*, qui sont de grandes villes françaises. Cependant° le style architectural n'est pas français; il est espagnol. Les maisons avec les beaux balcons sont l'héritage de l'occupation espagnole de la deuxième moitié° du 18ᵉ siècle.

Mardi gras, en février, est la fête la plus populaire de La Nouvelle-Orléans, qui est aussi très connue° pour son festival de jazz, en avril.

souvenir *memory* **époques** *times* **siècle** *century* **noms de rues** *street names* **Cependant** *However* **moitié** *half* **connue** *known*

Sur Internet

Qu'est-ce qu'on peut voir (*see*) au musée des Arts décoratifs de Paris?

Go to **vhlcentral.com** to find more information related to this **Culture** section.

---

2 **Complétez** Complétez les phrases.

1. Le Vieux Carré est aussi appelé _____.
2. _____ et _____ sont deux noms de rues français à La Nouvelle-Orléans.
3. Le style architectural du Vieux Carré n'est pas français mais _____.
4. La Nouvelle-Orléans est connue pour son festival de _____.
5. Le Corbusier est l'inventeur de _____.
6. On trouve les riads parmi (*among*) les ruelles de _____.

3 **C'est le souk!** Votre oncle favori vient vous rendre visite et votre petit frère a semé la pagaille dans votre chambre. C'est le souk! Avec un(e) partenaire, inventez une conversation où vous lui donnez des ordres pour nettoyer avant l'arrivée de votre oncle. Jouez la scène devant la classe.

ressources

v̂Text

vhlcentral.com
Leçon 8B

 Practice more at **vhlcentral.com.**

A
C
T
I
V
I
T
É
S

Presentation Tutorial

8B.1 The *passé composé* vs. the *imparfait* (Summary)

Point de départ You have learned the uses of the **passé composé** versus the **imparfait** to talk about things and events in the past. These tenses are distinct and are not used in the same way. Remember always to keep the context and the message you wish to convey in mind while deciding which tense to use.

Uses of the *passé composé*

To talk about events that happened at a specific moment or that took place for a precise duration in the past	Je **suis allé** au concert vendredi. *I went to the concert on Friday.*
To relate a sequence of events or tell about isolated actions that started and ended in the past and are completed from the speaker's viewpoint	Tu **as fait** le lit, tu **as sorti** la poubelle et tu **as mis** la table. *You made the bed, took out the trash, and set the table.*
To indicate a change in the mental, emotional or physical state of a person	Tout à coup, elle **a eu** soif. *Suddenly, she got thirsty.*
To narrate the facts in a story	Nous **avons passé** une journée fantastique à la plage. *We spent a fantastic day at the beach.*
To describe actions that move the plot forward in a narration	Soudain, Thomas **a trouvé** la réponse à leur question. *Suddenly, Thomas found the answer to their question.*

Uses of the *imparfait*

To talk about actions that lasted for an unspecified duration of time	Elle **dormait** tranquillement. *She was sleeping peacefully.*
To relate events that occurred habitually or repeatedly in the past or tell how things used to be	Nous **faisions** une promenade au parc tous les dimanches matins. *We used to walk in the park every Sunday morning.*
To describe an ongoing mental, emotional or physical state of a person	Elle **avait** toujours soif. *She was always thirsty.*
To describe the background scene and setting of a story	Il **faisait** beau et le ciel **était** bleu. *The weather was nice and the sky was blue.*
To describe people and things	C'**était** une photo d'une jolie fille. *It was a photograph of a pretty girl.*

MISE EN PRATIQUE

1 **À l'étranger!** Racontez (*Tell*) cette histoire au passé en choisissant (*by choosing*) l'imparfait ou le passé composé.

Lise (1) _____ (avoir) vraiment envie de travailler en France après l'université. Alors, un jour, elle (2) _____ (quitter) son petit village près de Bruxelles et elle (3) _____ (prendre) le train pour Paris. Elle (4) _____ (arriver) à Paris. Elle (5) _____ (trouver) une chambre dans un petit hôtel. Pendant six mois, elle (6) _____ (balayer) le couloir et (7) _____ (nettoyer) les chambres. Au bout de (*After*) six mois, elle (8) _____ (prendre) des cours au Cordon Bleu et maintenant, elle est chef dans un petit restaurant!

2 **Explique-moi!** Dites pourquoi vous et vos amis n'avez pas fait les choses que vous deviez faire. Faites des phrases complètes en disant ce que (*by saying what*) vous n'avez pas fait au passé composé et en donnant (*by giving*) la raison à l'imparfait.

MODÈLE Élise / étudier / avoir sommeil
Élise n'a pas étudié parce qu'elle avait sommeil.

1. Carla / faire une promenade / pleuvoir
2. Alexandre et Mia / ranger la chambre / regarder la télé
3. nous / répondre au prof / ne pas faire attention
4. Jade et Noémie / venir au café / nettoyer la maison
5. Léo / mettre un short / aller à un entretien (*interview*)

3 **Qu'est-ce qu'ils faisaient quand...?** Que faisaient ces personnes au moment de l'interruption?

MODÈLE

Papa débarrassait la table quand mon frère est arrivé.

débarrasser / arriver

1. sortir / dire   3. faire / partir

2. passer / tomber   4. laver / commencer

 Practice more at **vhlcentral.com**.

COMMUNICATION

4 Situations Avec un(e) partenaire, complétez ces phrases avec le passé composé ou l'imparfait. Comparez vos réponses, puis présentez-les à la classe.

1. Autrefois, ma famille...
2. Je faisais une promenade quand...
3. Mon/Ma meilleur(e) ami(e)... tous les jours.
4. D'habitude, au petit-déjeuner, je...
5. Une fois, mon copain et moi...
6. Hier, je rentrais du lycée quand...
7. Parfois, ma mère...
8. Hier, il faisait mauvais. Soudain, ...

5 À votre tour Demandez à un(e) partenaire de compléter ces phrases avec le passé composé ou l'imparfait. Ensuite, présentez ses phrases à la classe.

1. Mes profs au collège...
2. Quand je suis rentré(e) chez moi hier, ...
3. Le week-end dernier, ...
4. Quand j'ai fait la connaissance de mon/ma meilleur(e) ami(e), ...
5. La première fois que mon/ma meilleur(e) ami(e) et moi sommes sorti(e)s, ...
6. Quand j'avais dix ans, ...
7. Le jour où la tragédie du 11 septembre est arrivée, ...
8. Pendant les vacances d'été, ...
9. Quand M. Barack Obama est devenu président des États-Unis, ...
10. Hier soir, je regardais la télé quand...

6 Je me souviens! Racontez à votre partenaire un événement spécial de votre vie qui s'est déjà passé. Votre partenaire vous pose des questions pour avoir plus de détails sur cet événement. Vous pouvez (can) parler d'un anniversaire, d'une fête familiale, d'un mariage ou d'un concert.

MODÈLE

Élève 1: *Nous avons fait une grande fête d'anniversaire pour ma grand-mère l'année dernière.*
Élève 2: *Quel âge a-t-elle eu?*

- The **imparfait** and the **passé composé** are sometimes used in the same sentence where the former is used to say what was going on when something else happened. To say what happened that interrupted the ongoing activity, use the **passé composé**.

Je **travaillais** dans le jardin quand mon amie **a téléphoné**.
I was working in the garden when my friend called.

Ils **faisaient** de la planche à voile quand j'**ai pris** cette photo.
They were wind-surfing when I took this photo.

- A cause and effect relationship is sometimes expressed by using the **passé composé** and the **imparfait** in the same sentence.

Marie **avait** envie de faire du shopping, alors elle **est allée** au centre commercial.
Marie felt like shopping so she went to the mall.

Mon ami **a balayé** la maison parce qu'elle **était** sale.
My friend swept the house because it was dirty.

- The verb **avoir** has a different meaning when used in the **imparfait** versus the **passé composé**.

J'**avais** sommeil.
I was sleepy.

J'**ai eu** sommeil.
I got sleepy.

- Certain expressions like **soudain, tout à coup, autrefois, une fois, d'habitude, souvent, toujours,** etc. serve as clues to signal a particular past tense.

Autrefois, mes parents et moi **vivions** en Belgique.
In the past, my parents and I used to live in Belgium.

Un jour, j'**ai rencontré** Nathalie au cinéma.
One day, I met Nathalie at the movies.

D'habitude, j'**allais** au centre-ville avec mes amis.
Usually, I used to go downtown with my friends.

J'**ai fait** du cheval deux fois dans ma vie.
I have gone horseback riding two times in my life.

Essayez!   Écrivez la forme correcte du verbe au passé.

1. D'habitude, vous _mangiez_ (manger) dans la salle à manger.
2. Quand mes copines étaient petites, elles _____ (jouer) de la guitare.
3. Tout à coup, ma sœur _____ (arriver) à l'école.
4. Ce matin, Matthieu _____ (repasser) le linge.
5. Ils _____ (vivre) en France pendant un mois.
6. Les chats _____ (dormir) toujours sur le tapis.
7. Je/J' _____ (louer) un studio en ville pendant trois semaines.
8. Vous _____ (laver) toujours les rideaux?

Presentation Tutorial

8B.2 The verbs *savoir* and *connaître*

Point de départ The verbs **savoir** and **connaître** both mean *to know*. The verb you use will depend on the context.

Savoir

Savoir	
je	sais
tu	sais
il/elle	sait
nous	savons
vous	savez
ils/elles	savent

- Use the verb **savoir** to say you know factual information.

Je **sais** tout sur lui.
I know everything about him.

Vous **savez** qui est venu hier?
Do you know who came yesterday?

- While talking about facts, the verb **savoir** may often be followed by **que, qui, où, quand, comment,** or **pourquoi.**

Nous **savons que** tu arrives mardi.
We know that you are arriving on Tuesday.

Ils **savent comment** aller à la gare.
They know how to get to the train station.

Je **sais où** je vais.
I know where I am going.

Tu **sais qui** a fait la lessive?
Do you know who did the laundry?

- Use the verb **savoir** to say how to do something.

Il **sait** jouer du piano.
He knows how to play the piano.

Savez-vous faire la cuisine?
Do you know how to cook?

Je **sais** jouer au tennis.
I know how to play tennis.

Ils **savent** parler espagnol.
They know how to speak Spanish.

- The forms of **savoir** are regular in the **imparfait**. The past participle of **savoir** is **su.** When used in the **passé composé**, savoir implies *to find out* or *to discover.*

Je **savais** qu'il allait venir.
I knew he was coming.

J'**ai su** qu'il allait venir.
I found out (discovered) he was coming.

Nous **savions** qu'il y avait une fête.
We knew that there was a party.

Nous **avons su** qu'il y avait une fête.
We found out that there was a party.

MISE EN PRATIQUE

1 Les passe-temps Qu'est-ce que ces personnes savent faire?

MODÈLE
Patrick sait skier.

Patrick

1. Halima

3. tu

2. vous

4. nous

2 Dialogues Complétez les conversations avec le présent du verbe **savoir** ou **connaître.**

1. Marie _____ faire la cuisine?
   Oui, mais elle ne _____ pas beaucoup de recettes (*recipes*).
2. Vous _____ les parents de François?
   Non, je _____ seulement sa cousine.
3. Tes enfants _____ nager dans la mer.
   Et mon fils aîné _____ toutes les espèces de poissons.
4. Je _____ que le train arrive à trois heures.
   Est-ce que tu _____ à quelle heure il part?

3 Assemblez Assemblez les éléments des colonnes pour construire des phrases.

MODÈLE *Je sais parler une langue étrangère.*

A	B	C
Gérard Depardieu	(ne pas) connaître	des célébrités faire la cuisine
Oprah	(ne pas) savoir	jouer au basket
je		Julia Roberts
ton/ta camarade de classe		parler une langue étrangère

 Practice more at **vhlcentral.com.**

COMMUNICATION

4 **Enquête** Votre professeur va vous donner une feuille d'activités. Circulez dans la classe pour trouver au moins une personne différente qui répond oui à chaque question.

sujets	Noms
1. Sais-tu faire une mousse au chocolat?	Jacqueline
2. Connais-tu New York?	
3. Connais-tu le nom des sénateurs de cet état (state)?	
4. Connais-tu quelqu'un qui habite en Californie?	

5 **Questions** À tour de rôle, posez ces questions à un(e) partenaire. Ensuite, présentez vos réponses à la classe.

1. Quel bon restaurant connais-tu près d'ici? Est-ce que tu y (*there*) manges souvent?
2. Dans ta famille, qui sait chanter le mieux (*best*)?
3. Connais-tu l'Europe? Quelles villes connais-tu?
4. Reconnais-tu toutes les chansons (*songs*) que tu entends à la radio?
5. Tes parents savent-ils utiliser Internet? Le font-ils bien?
6. Connais-tu un(e) acteur/actrice célèbre? Une autre personne célèbre?
7. Ton/Ta meilleur(e) (*best*) ami(e) sait-il/elle écouter quand tu lui racontes (*tell*) tes problèmes?
8. Connais-tu la date d'anniversaire de tous les membres de ta famille et de tous tes amis? Donne des exemples.

6 **Je sais le faire** Michelle et Maryse étudient avec un(e) nouvel/nouvelle ami(e). Par groupes de trois, jouez les rôles. Chacun(e) (*Each one*) essaie de montrer toutes les choses qu'il/elle sait faire.

MODÈLE

Élève 1: Alors, tu sais faire la vaisselle?
Élève 2: Je sais faire la vaisselle, et je sais faire la cuisine aussi.
Élève 3: Moi, je sais faire la cuisine, mais il/elle ne sait pas passer l'aspirateur.

Connaître

Connaître	
je	connais
tu	connais
il/elle	connaît
nous	connaissons
vous	connaissez
ils/elles	connaissent

- Use the verb **connaître** to say that you *know, have a knowledge of,* or *are familiar with* people.

  Mes parents ne **connaissent** pas mon prof de maths.
  My parents don't know my math teacher.

  Tu **connais** la fille qui vend l'appartement?
  Do you know the girl who is selling the apartment?

- Use the verb **connaître** to say that you *know, have a knowledge of,* or *are familiar with* places or things.

  Sébastien **connaît** ce quartier de Rome.
  Sébastien knows (is familiar with) this neighborhood of Rome.

  Je ne **connais** pas bien la cuisine marocaine.
  I am not familiar with Moroccan cuisine.

- The forms of **connaître** are regular in the **imparfait**. The past participle of **connaître** is **connu**. When used in the **passé composé**, **connaître** implies *met (for the first time).*

  Luca **a connu** Élodie au lycée.
  Luca met Élodie in high school.

  Luca **connaissait** Élodie au lycée.
  Luca knew Élodie in high school.

- **Reconnaître** means *to recognize.* It follows the same conjugation pattern as **connaître**.

  Mes profs de collège me **reconnaissent** encore.
  My middle school teachers still recognize me.

  Nous avons **reconnu** vos enfants à la soirée.
  We recognized your children at the party.

Essayez! Complétez les phrases avec les formes correctes des verbes **savoir** et **connaître**.

1. Je _____ de bons restaurants.
2. Ils ne _____ pas parler allemand.
3. Vous _____ faire du cheval?
4. Tu _____ une bonne coiffeuse?
5. Nous ne _____ pas Jacques.
6. Caroline _____ jouer aux échecs.
7. Vous ne _____ pas cet artiste?
8. Nous _____ faire le ménage.

Révision

1 **Un grand dîner** Émilie et son mari Vincent ont invité des amis à dîner ce soir. Qu'ont-ils fait cet après-midi pour préparer la soirée? Que vont-ils faire ce soir après le départ des invités? Conversez avec un(e) partenaire.

MODÈLE

Élève 1: Cet après-midi, Émilie et Vincent ont mis la table.

Élève 2: Ce soir, ils vont faire la vaisselle.

2 **Mes connaissances** Votre professeur va vous donner une feuille d'activités. Interviewez vos camarades. Pour chaque activité, trouvez un(e) camarade différent(e) qui réponde affirmativement.

Élève 1: Connais-tu une personne qui aime faire le ménage?

Élève 2: Oui, autrefois, mon père aimait bien faire le ménage.

Activités	Noms
1. ne pas souvent faire la vaisselle	
2. aimer faire le ménage	Farid
3. dormir avec une couverture en été	
4. faire son lit tous les jours	
5. rarement repasser ses vêtements	

3 **Qui faisait le ménage?** Par groupes de trois, interviewez vos camarades. Qui faisait le ménage à la maison quand ils étaient plus petits? Préparez des questions avec ces expressions et comparez vos réponses.

balayer	mettre et débarrasser la table
faire la lessive	passer l'aspirateur
faire le lit	ranger
faire la vaisselle	repasser le linge

4 **Soudain!** Tout était calme quand soudain... Avec un(e) partenaire, choisissez l'une des deux photos et écrivez un texte de dix phrases. Faites cinq phrases pour décrire la photo, et cinq autres pour raconter (*to tell*) un événement qui s'est passé soudainement (*that suddenly happened*). Employez des adverbes et soyez imaginatifs.

5 **J'ai appris...** Qu'avez-vous appris ou qui connaissez-vous depuis que (*since*) vous êtes au lycée? Avec un(e) partenaire, faites une liste de cinq choses et de cinq personnes. À chaque fois, utilisez un imparfait et un présent dans vos explications.

MODÈLE

Élève 1: Avant, je ne savais pas comment dire bonjour en français, et puis j'ai commencé ce cours, et maintenant, je sais le dire.

Élève 2: Avant, je ne connaissais pas tous les pays francophones, et maintenant, je les connais.

6 **Élise fait sa lessive** Votre professeur va vous donner, à vous et à votre partenaire, une feuille avec des dessins représentant (*representing*) Élise et sa journée d'hier. Décrivez sa journée. Attention! Ne regardez pas la feuille de votre partenaire.

MODÈLE

Élève 1: Hier matin, Élise avait besoin de faire sa lessive.

Élève 2: Mais, elle...

ressources

v̂Text

CE
pp. 217–222

vhlcentral.com
Leçon 8B

À l'écoute

 Audio: Activities

Préparation

Qu'est-ce qu'il y a sur les trois photos à droite? À votre avis, quel va être le sujet de la conversation entre M. Duchemin et Mme Lopez?

À vous d'écouter 🎧

Écoutez la conversation. M. Duchemin va proposer trois logements à Mme Lopez. Regardez les annonces et écrivez le numéro de référence de chaque possibilité qu'il propose.

1. Possibilité 1: _____
2. Possibilité 2: _____
3. Possibilité 3: _____

À LOUER

 Appartement en ville, moderne, avec balcon
1.200 €
(Réf. 520)

 5 pièces, jardin, proche parc Victor Hugo
950 €
(Réf. 521)

 Maison meublée en banlieue, grande, tt confort, cuisine équipée
1.200 €
(Réf. 522)

Compréhension

Les détails Après une deuxième écoute, complétez le tableau (*chart*) avec les informations données dans la conversation.

	Où?	Maison ou appartement?	Meublé ou non?	Nombre de chambres?	Garage?	Jardin?
Logement 1						
Logement 2						
Logement 3						

Quel logement pour les Lopez? Lisez cette description de la famille Lopez. Décidez quel logement cette famille va probablement choisir et expliquez votre réponse.

M. Lopez travaille au centre-ville. Le soir, il rentre tard à la maison et il est souvent fatigué parce qu'il travaille beaucoup. Il n'a pas envie de passer son temps à travailler dans le jardin. Mme Lopez adore le cinéma et le théâtre. Elle n'aime pas beaucoup faire le ménage. Les Lopez ont une fille qui a seize ans. Elle adore retrouver ses copines pour faire du shopping en ville. Les Lopez ont beaucoup de beaux meubles modernes. Ils ont aussi une nouvelle voiture: une grosse BMW qui a coûté très cher!

Panorama

Interactive Map Reading

L'Alsace

La région en chiffres

- ► **Superficie:** *8.280 km²*
- ► **Population:** *1.829.000*
  SOURCE: INSEE
- ► **Industries principales:** *viticulture, culture du houblon° et brassage° de la bière, exploitation forestière°, industrie automobile, tourisme*
- ► **Villes principales:** *Colmar, Mulhouse, Strasbourg*

Personnes célèbres

- ► **Gustave Doré,** *dessinateur° et peintre° (1832–1883)*
- ► **Auguste Bartholdi,** *sculpteur, statue de la Liberté à New York, (1834–1904)*
- ► **Albert Schweitzer,** *médecin, prix Nobel de la paix en 1952 (1875–1965)*

La Lorraine

La région en chiffres

- ► **Superficie:** *23.547 km²*
- ► **Population:** *2.343.000*
- ► **Industries principales:** *industrie automobile, agroalimentaire°, bois° pour le papier, chimie et pétrochimie, métallurgie, verre et cristal*
- ► **Villes principales:** *Épinal, Forbach, Metz, Nancy*

Personnes célèbres

- ► **Georges de La Tour,** *peintre (1593–1652)*
- ► **Bernard-Marie Koltès,** *dramaturge° (1948–1989)*
- ► **Patricia Kaas,** *chanteuse (1966–)*

houblon *hops* **brassage** *brewing* **exploitation forestière** *forestry* **dessinateur** *illustrator* **peintre** *painter* **agroalimentaire** *food processing* **bois** *wood* **dramaturge** *playwright* **traité** *treaty* **envahit** *invades* **à nouveau** *once again*

le quartier de la Petite France à Strasbourg

LA BELGIQUE
LE LUXEMBOURG
L'ALLEMAGNE
Thionville
Verdun
Forbach
Metz
Sarreguemines
LORRAINE
Bar-le-Duc
Nancy
Strasbourg
LA FRANCE
ALSACE
LES VOSGES
la Moselle
le Rhin
Épinal
Colmar
Mulhouse
LA SUISSE

la place Stanislas à Nancy

0   50 miles
0   50 kilomètres

dans les Vosges

Incroyable mais vrai!

Français depuis 1648, l'Alsace et le département de la Moselle en Lorraine deviennent allemands en 1871. Puis en 1919, le traité° de Versailles les rend à la France. Ensuite, en 1939, l'Allemagne envahit° la région qui redevient allemande entre 1940 et 1944. Depuis, l'Alsace et la Lorraine sont à nouveau° françaises.

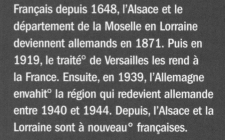

PATISSERIE
CAKES
TEE-KAFFEE
CHOCOLAT

La gastronomie

La choucroute

La choucroute est typiquement alsacienne et son nom vient de l'allemand «sauerkraut». Du chou râpé° fermente dans un baril° avec du gros sel° et des baies de genièvre°. Puis, le chou est cuit° dans du vin blanc ou de la bière et mangé avec de la charcuterie° alsacienne et des pommes de terre°. La choucroute, qui se conserve longtemps° grâce à° la fermentation, est une nourriture appréciée° des marins° pendant leurs longs voyages.

L'histoire

Jeanne d'Arc

Jeanne d'Arc est née en 1412, en Lorraine, dans une famille de paysans°. En 1429, quand la France est en guerre avec l'Angleterre, Jeanne d'Arc décide de partir au combat pour libérer son pays. Elle prend la tête° d'une armée et libère la ville d'Orléans des Anglais. Cette victoire permet de sacrer° Charles VII roi de France. Plus tard, Jeanne d'Arc perd ses alliés° pour des raisons politiques. Vendue aux Anglais, elle est condamnée pour hérésie. Elle est exécutée à Rouen, en 1431. En 1920, l'Église catholique la canonise.

Les destinations

Strasbourg

Strasbourg, capitale de l'Alsace, est le siège° du Conseil de l'Europe depuis 1949 et du Parlement européen depuis 1979. Le Conseil de l'Europe est responsable de la promotion des valeurs démocratiques et des droits de l'homme°, de l'identité culturelle européenne et de la recherche de solutions° aux problèmes de société. Les membres du Parlement sont élus° dans chaque pays de l'Union européenne. Le Parlement contribue à l'élaboration de la législation européenne et à la gestion de l'Europe.

La société

Un mélange de cultures

L'Alsace a été enrichie° par de multiples courants° historiques et culturels grâce à sa position entre la France et l'Allemagne. La langue alsacienne vient d'un dialecte germanique et l'allemand est maintenant enseigné dans les écoles primaires. Quand la région est rendue à la France en 1919, les Alsaciens continuent de bénéficier des lois° sociales allemandes. Le mélange° des cultures est visible à Noël avec des traditions allemandes et françaises (le sapin de Noël, Saint Nicolas, les marchés).

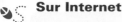 **Qu'est-ce que vous avez appris?** Répondez aux questions par des phrases complètes.

1. En 1919, quel document rend l'Alsace et la Moselle à la France?
2. Combien de fois l'Alsace et la Moselle ont-elles changé de nationalité depuis 1871?
3. Quel est l'ingrédient principal de la choucroute?
4. De qui la choucroute est-elle particulièrement appréciée?
5. Pourquoi Strasbourg est-elle importante?
6. Quel est un des rôles du Conseil de l'Europe?
7. Contre qui Jeanne d'Arc a-t-elle défendu la France?
8. Comment est-elle morte?
9. Quelle langue étrangère enseigne-t-on aux petits Alsaciens?
10. À quel moment de l'année le mélange des cultures est-il particulièrement visible en Alsace?

Sur Internet

1. Quelle est la différence entre le Conseil européen et le Conseil de l'Europe?
2. Trouvez d'autres informations sur Jeanne d'Arc.
3. Pourquoi l'Alsace et le département de la Moselle sont-ils devenus allemands en 1871?

 Practice more at **vhlcentral.com**.

chou râpé *grated cabbage* **baril** *cask* **gros sel** *coarse sea salt* **baies de genièvre** *juniper berries* **cuit** *cooked* **charcuterie** *cooked pork meats* **pommes de terre** *potatoes* **qui se conserve longtemps** *which keeps for a long time* **grâce à** *thanks to* **appréciée** *valued* **marins** *sailors* **paysans** *peasants* **prend la tête** *takes the lead* **sacrer** *crown* **alliés** *allies* **siège** *headquarters* **droits de l'homme** *human rights* **recherche de solutions** *finding solutions* **élus** *elected* **enrichie** *enriched* **courants** *trends, movements* **lois** *laws* **mélange** *mix*

Lecture

 **Audio: Synced Reading**

Avant la lecture

Guessing meaning from context

As you read in French, you will often see words you have not learned. You can guess what they mean by looking at surrounding words. Read this note and guess what **un deux-pièces** means.

Johanne,

Je cherchais un studio, mais j'ai trouvé un appartement plus grand: un deux-pièces près de mon travail! Le salon est grand et la chambre a deux placards. La cuisine a un frigo et une cuisinière, et la salle de bains a une baignoire. Et le loyer? Seulement 450 euros par mois!

If you guessed *a two-room apartment*, you are correct. You can conclude that someone is describing an apartment he or she will rent.

Examinez le texte

Regardez le texte et décrivez les photos. Quel va être le sujet de la lecture? Puis, trouvez ces mots et expressions dans le texte. Essayez de deviner leur sens (*to guess their meaning*).

ont été rajoutées	autour du	de haut
de nombreux bassins	légumes	roi

Expérience personnelle 👥

Avez-vous visité une résidence célèbre ou historique? Où? Quand? Comment était-ce? Un personnage historique a-t-il habité là? Qui? Parlez de cette visite à un(e) camarade.

À visiter près de Paris:
Le château de Versailles

La construction du célèbre° château de Versailles a commencé en 1623 sous le roi Louis XIII. Au départ, c'était un petit château où le roi logeait° quand il allait à la chasse°. Plus tard, en 1678, Louis XIV, aussi appelé le Roi-Soleil, a décidé de faire de Versailles sa résidence principale. Il a demandé à son architecte, Louis Le Vau, d'agrandir° le château, et à son premier peintre°, Charles Le Brun, de le décorer. Le Vau a fait construire, entre autres°, le Grand Appartement du Roi. La décoration de cet appartement de sept pièces était à la gloire du Roi-Soleil. La pièce la plus célèbre du château de Versailles est la galerie des Glaces°. C'est une immense pièce de 73 mètres de long, 10,50 mètres de large et 12,30 mètres de haut°. D'un côté, 17 fenêtres donnent° sur les jardins, et

de l'autre côté, il y a 17 arcades embellies de miroirs immenses. Au nord° de la galerie des Glaces, on trouve le salon de la Guerre°, et, au sud°, le salon de la Paix°. Quand on visite le château de Versailles, on peut également° voir de nombreuses autres pièces, ajoutées à différentes périodes, comme la chambre de la Reine°,

À l'intérieur du palais

plusieurs cuisines et salles à
manger d'hiver et d'été, des
bibliothèques, divers salons et
cabinets, et plus de 18.000 m²°
de galeries qui racontent°

Le château de Versailles et
une fontaine

l'histoire de France en images. L'opéra, une grande salle
où plus de° 700 personnes assistaient souvent à divers
spectacles et bals, a aussi été ajouté plus tard. C'est dans
cette salle que le futur roi Louis XVI et Marie-Antoinette
ont été mariés. Partout° dans le château, on peut admirer
une collection unique de meubles (lits, tables, fauteuils
et chaises, bureaux, etc.) et de magnifiques tissus° (tapis,
rideaux et tapisseries°). Le château de Versailles a aussi
une chapelle et d'autres bâtiments, comme le Grand et
le Petit Trianon. Autour du château, il y a des serres°
et de magnifiques jardins avec de nombreux bassins°,
fontaines et statues. Dans l'Orangerie, on trouve plus
de 1.000 arbres°, et de nombreux fruits et légumes sont
toujours cultivés dans le Potager° du Roi. L'Arboretum
de Chèvreloup était le terrain de chasse des rois et on y°
trouve aujourd'hui des arbres du monde entier°.

célèbre famous **logeait** stayed **chasse** hunting **agrandir** enlarge **peintre** painter **entre autres**
among other things **Glaces** Mirrors **haut** high **donnent** open **nord** north **Guerre** War **sud**
south **Paix** Peace **également** also **Reine** Queen **m²** (mètres carrés) square meters **racontent**
tell **plus de** more than **Partout** Everywhere **tissus** fabrics **tapisseries** tapestries **serres**
greenhouses **bassins** ponds **arbres** trees **Potager** vegetable garden **y** there **entier** entire

Après la lecture

Vrai ou faux? Indiquez si les phrases sont **vraies** ou
fausses. Corrigez les phrases fausses.

1. Louis XIII habitait à Versailles toute l'année.

   _____

2. Louis Le Vau est appelé le Roi-Soleil.

   _____

3. La galerie des Glaces est une grande pièce avec beaucoup
   de miroirs et de fenêtres.

   _____

4. Il y a deux salons près de la galerie des Glaces.

   _____

5. Aujourd'hui, au château de Versailles, il n'y a pas de meubles.

   _____

6. Le château de Versailles n'a pas de jardins parce qu'il a
   été construit en ville.

   _____

Répondez Répondez aux questions par des
phrases complètes.

1. Comment était Versailles sous Louis XIII? Quand logeait-il là?

   _____

2. Qu'est-ce que Louis XIV a fait du château?

   _____

3. Qu'est-ce que Louis Le Vau a fait à Versailles?

   _____

4. Dans quelle salle Louis XVI et Marie-Antoinette ont-ils
   été mariés? Comment est cette salle?

   _____

5. Louis XVI est-il devenu roi avant ou après son mariage?

   _____

6. Le château de Versailles est-il composé d'un seul
   bâtiment? Expliquez.

   _____

Les personnages célèbres de Versailles 👤👤👤
Par groupes de trois ou quatre, choisissez une des personnes
mentionnées dans la lecture et faites des recherches (*research*)
à son sujet. Préparez un rapport écrit (*written report*) à présenter
à la classe. Vous pouvez (*may*) utiliser les ressources de votre
bibliothèque ou Internet.

Écriture

STRATÉGIE

Mastering the past tenses

In French, when you write about events that occurred in the past, you need to know when to use the **passé composé** and when to use the **imparfait**. A good understanding of the uses of each tense will make it much easier to determine which one to use as you write.

Look at the following summary of the uses of the **passé composé** and the **imparfait**. Write your own example sentence for each of the rules described.

Passé composé vs. imparfait
Passé composé

1. Actions viewed as completed

_____

2. Beginning or end of past actions

_____

3. Series of past actions

_____

Imparfait

1. Ongoing past actions

_____

2. Habitual past actions

_____

3. Mental, physical, and emotional states and characteristics of the past

_____

With a partner, compare your example sentences. Use the sentences as a guide to help you decide which tense to use as you are writing a story about something that happened in the past.

Thème
Écrire une histoire ✍

Avant l'écriture

1. Quand vous étiez petit(e), vous habitiez dans la maison ou l'appartement de vos rêves (*of your dreams*).

   ■ Vous allez décrire cette maison ou cet appartement.

   ■ Vous allez écrire sur la ville où vous habitiez et sur votre quartier.

   ■ Vous allez décrire les différentes pièces, les meubles et les objets décoratifs.

   ■ Vous allez parler de votre pièce préférée et de ce que (*what*) vous aimiez faire dans cette pièce.

   Ensuite, imaginez qu'il y ait eu (*was*) un cambriolage (*burglary*) dans cette maison ou dans cet appartement. Vous allez alors décrire ce qui est arrivé (*what happened*).

   > **Coup de main**
   >
   > Here are some terms that you may find useful in your narration.
   >
   > | | |
   > |---|---|
   > | **le voleur** | *thief* |
   > | **cassé(e)** | *broken* |
   > | **j'ai vu** | *I saw* |
   > | **manquer** | *to be missing* |

2. Utilisez le diagramme pour vous aider à analyser les éléments de votre histoire. Écrivez les éléments qui se rapportent à (*that are related to*) l'imparfait dans la partie IMPARFAIT et ceux (*the ones*) qui se rapportent au passé composé dans les parties PASSÉ COMPOSÉ.

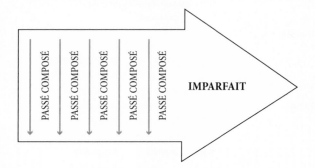

3. Après avoir complété le diagramme, échangez-le avec celui d'un(e) partenaire. Votre partenaire doit-il (*does he/she have to*) changer quelque chose? Expliquez pourquoi.

Écriture

Utilisez le diagramme pour écrire votre histoire. Écrivez trois paragraphes:

- le premier sur la présentation générale de la maison ou de l'appartement et de la ville où vous habitiez,

- le deuxième sur votre pièce préférée et la raison pour laquelle (*the reason why*) vous l'avez choisie,

- le troisième sur le cambriolage, sur ce qui s'est passé (*what happened*) et sur ce que vous avez fait (*what you did*).

> *Quand j'étais petit(e), j'habitais dans un château, en France. Le château était dans une petite ville près de Paris. Il y avait un grand jardin, avec beaucoup d'animaux. Il y avait douze pièces...*
>
> *Ma pièce préférée était la cuisine parce que j'aimais faire la cuisine et que j'aidais souvent ma mère...*
>
> *Un jour, mes parents et moi sommes rentrés de vacances...*

ressources

vText

vhlcentral.com
Leçon 8B

Après l'écriture

1. Échangez votre histoire avec celle (*the one*) d'un(e) partenaire. Répondez à ces questions pour commenter son travail.

- Votre partenaire a-t-il/elle correctement utilisé l'imparfait et le passé composé?

- A-t-il/elle écrit trois paragraphes qui correspondent aux descriptions de sa maison ou de son appartement et de la ville, de sa pièce préférée et du cambriolage?

- Quel(s) détail(s) ajouteriez-vous (*would you add*)? Lequel/Lesquels enlèveriez-vous (*Which one(s) would you delete*)? Quel(s) autre(s) commentaire(s) avez-vous pour votre partenaire?

2. Corrigez votre histoire d'après (*according to*) les commentaires de votre partenaire. Relisez votre travail pour éliminer ces problèmes:

- des fautes (*errors*) d'orthographe

- des fautes de ponctuation

- des fautes de conjugaison

- des fautes d'accord (*agreement*) des adjectifs

- un mauvais emploi (*use*) de la grammaire

Les parties d'une maison

un balcon	balcony
une cave	cellar; basement
une chambre	bedroom
un couloir	hallway
une cuisine	kitchen
un escalier	staircase
un garage	garage
un jardin	garden; yard
un mur	wall
une pièce	room
une salle à manger	dining room
une salle de bains	bathroom
une salle de séjour	living/family room
un salon	formal living/ sitting room
un sous-sol	basement
un studio	studio (apartment)
les toilettes (f.)/ les W.-C. (m.)	restrooms/toilet

Les appareils ménagers

un appareil électrique/ménager	electrical/household appliance
une cafetière	coffeemaker
un congélateur	freezer
une cuisinière	stove
un fer à repasser	iron
un four	oven
un (four à) micro-ondes	microwave oven
un frigo	refrigerator
un grille-pain	toaster
un lave-linge	washing machine
un lave-vaisselle	dishwasher
un sèche-linge	clothes dryer

Chez soi

un(e) propriétaire	owner
un appartement	apartment
un immeuble	building
un logement	housing
un loyer	rent
un quartier	area, neighborhood
une résidence universitaire	dorm
une affiche	poster
une armoire	armoire, wardrobe
une baignoire	bathtub
un balai	broom
un canapé	couch
une commode	dresser, chest of drawers
une couverture	blanket
une douche	shower
les draps (m.)	sheets
une étagère	shelf
un évier	kitchen sink
un fauteuil	armchair
une fleur	flower
une lampe	lamp
un lavabo	bathroom sink
un meuble	piece of furniture
un miroir	mirror
un oreiller	pillow
un placard	closet, cupboard
un rideau	drape, curtain
un tapis	rug
un tiroir	drawer
déménager	to move out
emménager	to move in
louer	to rent

Les tâches ménagères

une tâche ménagère	household chore
balayer	to sweep
débarrasser la table	to clear the table
enlever/faire la poussière	to dust
essuyer la vaisselle/ la table	to dry the dishes/ to wipe the table
faire la lessive	to do the laundry
faire le lit	to make the bed
faire le ménage	to do the housework
faire la vaisselle	to do the dishes
laver	to wash
mettre la table	to set the table
passer l'aspirateur	to vacuum
ranger	to tidy up; to put away
repasser (le linge)	to iron (the laundry)
salir	to soil, to make dirty
sortir la/les poubelle(s)	to take out the trash
propre	clean
sale	dirty

Verbes

connaître	to know, to be familiar with
reconnaître	to recognize
savoir	to know (facts), to know how to do something
vivre	to live

Expressions utiles	*See pp. 259 and 273.*
Expressions that signal a past tense	*See p. 265.*

Appendices

The *impératif*

Point de départ The **impératif** is the form of a verb that is used to give commands or to offer directions, hints, and suggestions. With command forms, you do not use subject pronouns.

- Form the **tu** command of **-er** verbs by dropping the **-s** from the present tense form. Note that **aller** also follows this pattern.

Réserve deux chambres.	**Ne travaille pas.**	**Va** au marché.
Reserve two rooms.	*Don't work.*	*Go to the market.*

- The **nous** and **vous** command forms of **-er** verbs are the same as the present tense forms.

Nettoyez votre chambre.	**Mangeons** au restaurant ce soir.
Clean your room.	*Let's eat at the restaurant tonight.*

- For **-ir** verbs, **-re** verbs, and most irregular verbs, the command forms are identical to the present tense forms.

Finis la salade.	**Attendez** dix minutes.	**Faisons** du yoga.
Finish the salad.	*Wait ten minutes.*	*Let's do some yoga.*

The *impératif* of *avoir* and *être*		
	avoir	**être**
(tu)	aie	sois
(nous)	ayons	soyons
(vous)	ayez	soyez

- The forms of **avoir** and **être** in the **impératif** are irregular.

Aie confiance.	Ne **soyons** pas en retard.
Have confidence.	*Let's not be late.*

- An object pronoun can be added to the end of an affirmative command. Use a hyphen to separate them. Use **moi** and **toi** for the first- and second-person object pronouns.

Permettez-moi de vous aider.	Achète le dictionnaire et **utilise-le**.
Allow me to help you.	*Buy the dictionary and use it.*

- In negative commands, place object pronouns between **ne** and the verb. Use **me** and **te** for the first- and second-person object pronouns.

Ne **me montre** pas les réponses, s'il te plaît.	Cette photo est fragile. Ne **la touchez** pas.
Please don't show me the answers.	*That picture is fragile. Don't touch it.*

Glossary of Grammatical Terms

ADJECTIVE A word that modifies, or describes, a noun or pronoun.

des livres **amusants**	une **jolie** fleur
*some **funny** books*	*a **pretty** flower*

Demonstrative adjective An adjective that specifies which noun a speaker is referring to.

cette chemise	**ce** placard
this shirt	*this closet*
cet hôtel	**ces** boîtes
this hotel	*these boxes.*

Possessive adjective An adjective that indicates ownership or possession.

ma belle montre	C'est **son** cousin.
my beautiful watch	*This is **his/her** cousin.*
tes crayons	Ce sont **leurs** tantes.
your pencils	*Those are **their** aunts.*

ADVERB A word that modifies, or describes, a verb, adjective, or other adverb.

Michael parle **couramment** français.
*Michael speaks French **fluently**.*

Elle lui parle **très** franchement.
*She speaks to him **very** candidly.*

ARTICLE A word that points out a noun in either a specific or a non-specific way.

Definite article An article that points out a noun in a specific way.

le marché	**la** valise
the market	*the suitcase*
les dictionnaires	**les** mots
the dictionaries	*the words*

Indefinite article An article that points out a noun in a general, non-specific way.

un vélo	**une** fille
a bike	*a girl*
des oiseaux	**des** affiches
some birds	*some posters*

CLAUSE A group of words that contains both a conjugated verb and a subject, either expressed or implied.

Main (or Independent) clause A clause that can stand alone as a complete sentence.

J'ai un manteau vert.
I have a green coat.

Subordinate (or Dependent) clause A clause that does not express a complete thought and therefore cannot stand alone as a sentence.

Je travaille dans un restaurant **parce que j'ai besoin d'argent**.
*I work in a restaurant **because I need money**.*

COMPARATIVE A construction used with an adjective or adverb to express a comparison between two people, places, or things.

Thomas est **plus petit** qu'Adrien.
*Thomas is **shorter than** Adrien.*

En Corse, il pleut **moins souvent qu'**en Alsace.
*In Corsica, it rains **less often than** in Alsace.*

Cette maison n'a pas **autant de fenêtres** que l'autre.
*This house does not have **as many windows as** the other one.*

CONJUGATION A set of the forms of a verb for a specific tense or mood, or the process by which these verb forms are presented.

Imparfait conjugation of **chanter**:

je chant**ais**	nous chant**ions**
tu chant**ais**	vous chant**iez**
il/elle chant**ait**	ils/elles chant**aient**

CONJUNCTION A word used to connect words, clauses, or phrases.

Suzanne **et** Pierre habitent en Suisse.
*Suzanne **and** Pierre live in Switzerland.*

Je ne dessine pas très bien, **mais** j'aime les cours de dessin.
*I don't draw very well, **but** I like art classes.*

CONTRACTION The joining of two words into one. In French, the contractions are **au**, **aux**, **du**, and **des**.

Ma sœur est allée **au** concert hier soir.
*My sister went **to a** concert last night.*

Il a parlé **aux** voisins cet après-midi.
*He talked **to the** neighbors this afternoon.*

Je retire de l'argent **du** distributeur automatique.
*I withdraw money **from the** ATM machine.*

Nous avons campé près **du** village.
*We camped **near the** village.*

DIRECT OBJECT A noun or pronoun that directly receives the action of the verb.

Thomas lit **un livre**.　Je **l'**ai vu hier.
*Thomas reads **a book**.　I saw **him** yesterday.*

GENDER The grammatical categorizing of certain kinds of words, such as nouns and pronouns, as masculine, feminine, or neuter.

Masculine
articles **le, un**
pronouns **il, lui, le, celui-ci, celui-là, lequel**
adjective **élégant**

Feminine
articles **la, une**
pronouns **elle, la, celle-ci, celle-là, laquelle**
adjective **élégante**

IMPERSONAL EXPRESSION A third-person expression with no expressed or specific subject.

Il pleut.　　　　**C'est** très important.
It's raining.　　　*It's very important.*

INDIRECT OBJECT A noun or pronoun that receives the action of the verb indirectly; the object, often a living being, to or for whom an action is performed.

Éric donne un livre **à Linda**.
*Éric gave a book **to Linda**.*

Le professeur **m'**a donné une bonne note.
*The teacher gave **me** a good mark.*

INFINITIVE The basic form of a verb. Infinitives in French end in -**er**, -**ir**, -**oir**, or -**re**.

parler	**finir**	**savoir**	**prendre**
to speak	*to finish*	*to know*	*to take*

INTERROGATIVE An adjective or pronoun used to ask a question.

Qui parle?
Who is speaking?

Combien de biscuits as-tu achetés?
How many cookies did you buy?

Que penses-tu faire aujourd'hui?
What do you plan to do today?

INVERSION Changing the word order of a sentence, often to form a question.

Statement: Elle a vendu sa voiture.

Inversion: A-t-elle vendu sa voiture?

MOOD A grammatical distinction of verbs that indicates whether the verb is intended to make a statement or command or to express a doubt, emotion, or condition contrary to fact.

Conditional mood Verb forms used to express what would be done or what would happen under certain circumstances, or to make a polite request, soften a demand, express what someone could or should do, or to state a contrary-to-fact situation.

Il irait se promener s'il avait le temps.
He would go for a walk if he had the time.

Pourrais-tu éteindre la lumière, s'il te plaît?
Would you turn off the light, please?

Je devrais lui parler gentiment.
I should talk to her nicely.

Imperative mood Verb forms used to make commands or suggestions.

Parle lentement.   **Venez** avec moi.
Speak slowly.   *Come with me.*

Indicative mood Verb forms used to state facts, actions, and states considered to be real.

Je sais qu'**il a** un chat.
I know that he has a cat.

Subjunctive mood Verb forms used principally in subordinate (dependent) clauses to express wishes, desires, emotions, doubts, and certain conditions, such as contrary-to-fact situations.

Il est important que **tu finisses** tes devoirs.
It's important that you finish your homework.

Je doute que **Louis ait** assez d'argent.
I doubt that Louis has enough money.

NOUN A word that identifies people, animals, places, things, and ideas.

homme	**chat**	**Belgique**
man	*cat*	*Belgium*
maison	**livre**	**amitié**
house	*book*	*friendship*

NUMBER A grammatical term that refers to singular or plural. Nouns in French and English have number. Other parts of a sentence, such as adjectives, articles, and verbs, can also have number.

Singular	**Plural**
une chose	**des** choses
a thing	*some things*
le professeur	**les** professeurs
the professor	*the professors*

NUMBERS Words that represent amounts.

Cardinal numbers Words that show specific amounts.

cinq minutes	l'année **deux mille six**
five minutes	*the year 2006*

Ordinal numbers Words that indicate the order of a noun in a series.

le **quatrième** joueur	la **dixième** fois
the fourth player	*the tenth time*

PAST PARTICIPLE A past form of the verb used in compound tenses. The past participle may also be used as an adjective, but it must then agree in number and gender with the word it modifies.

Ils ont beaucoup **marché**.
They have walked a lot.

Je n'ai pas **préparé** mon examen.
I haven't prepared for my exam.

Il y a une fenêtre **ouverte** dans le salon.
There is an open window in the living room.

PERSON The form of the verb or pronoun that indicates the speaker, the one spoken to, or the one spoken about. In French, as in English, there are three persons: first, second, and third.

Person	Singular		Plural	
1st	**je**	*I*	**nous**	*we*
2nd	**tu**	*you*	**vous**	*you*
3rd	**il/elle**	*he/she/it*	**ils/elles**	*they*
	on	*one*		

PREPOSITION A word or words that describe(s) the relationship, most often in time or space, between two other words.

Annie habite **loin de** Paris.
Annie lives far from Paris.

Le blouson est **dans** la voiture.
The jacket is in the car.

Martine s'est coiffée **avant de** sortir.
Martine combed her hair before going out.

PRONOUN A word that takes the place of a noun or nouns.

Demonstrative pronoun A pronoun that takes the place of a specific noun.

Je veux **celui-ci**.
I want this one.

Marc préférait **ceux-là**.
Marc preferred those.

Object pronoun A pronoun that functions as a direct or indirect object of the verb.

Elle **lui** donne un cadeau.   Frédéric **me l'**a apporté.
*She gives **him** a present.*   *Frédéric brought **it** to **me**.*

Reflexive pronoun A pronoun that indicates that the action of a verb is performed by the subject on itself. These pronouns are often expressed in English with -*self*: *myself, yourself*, etc.

Je **me lave** avant de sortir.
*I **wash (myself)** before going out.*

Marie **s'est couchée** à onze heures et demie.
*Marie **went to bed** at eleven-thirty.*

Relative pronoun A pronoun that connects a subordinate clause to a main clause.

Le garçon **qui** nous a écrit vient nous voir demain.
*The boy **who** wrote us is coming to visit tomorrow.*

Je sais **que** nous avons beaucoup de choses à faire.
*I know **that** we have a lot of things to do.*

Subject pronoun A pronoun that replaces the name or title of a person or thing, and acts as the subject of a verb.

Tu vas partir.   **Il** arrive demain.
***You** are going to leave.*   ***He** arrives tomorrow.*

SUBJECT A noun or pronoun that performs the action of a verb and is often implied by the verb.

Marine va au supermarché.
***Marine** goes to the supermarket.*

Ils travaillent beaucoup.
***They** work a lot.*

Ces livres sont très chers.
***Those books** are very expensive.*

SUPERLATIVE A word or construction used with an adjective, adverb or a noun to express the highest or lowest degree of a specific quality among three or more people, places, or things.

Le cours de français est **le plus intéressant**.
*The French class is **the most interesting**.*

Romain court **le moins rapidement**.
*Romain runs **the least fast**.*

C'est son jardin qui a **le plus d'arbres**.
*It is her garden that has **the most trees**.*

TENSE A set of verb forms that indicates the time of an action or state: past, present, or future

Compound tense A two-word tense made up of an auxiliary verb and a present or past participle. In French, there are two auxiliary verbs: **être** and **avoir**.

Le colis n'**est** pas encore **arrivé**.
*The package **has** not **arrived** yet.*

Elle **a réussi** son examen.
*She **has passed** her exam.*

Simple tense A tense expressed by a single verb form.

Timothée **jouait** au volley-ball pendant les vacances.
*Timothée **played** volleyball during his vacation.*

Joëlle **parlera** à sa mère demain.
*Joëlle **will speak** with her mom tomorrow.*

VERB A word that expresses actions or states-of-being.

Auxiliary verb A verb used with a present or past participle to form a compound tense. **Avoir** is the most commonly used auxiliary verb in French.

Ils **ont** vu les éléphants.
*They **have** seen the elephants.*

J'espère que tu **as** mangé.
*I hope you **have** eaten.*

Reflexive verb A verb that describes an action performed by the subject on itself and is always used with a reflexive pronoun.

Je **me suis acheté** une voiture neuve.
*I **bought myself** a new car.*

Pierre et Adeline **se lèvent** très tôt.
*Pierre and Adeline **get (themselves) up** very early.*

Spelling-change verb A verb that undergoes a predictable change in spelling in the various conjugations.

acheter	e → è	nous achetons	j'ach**è**te
espérer	é → è	nous espérons	j'esp**è**re
appeler	l → ll	nous appelons	j'appe**ll**e
envoyer	y → i	nous envoyons	j'envo**i**e
essayer	y → i	nous essayons	j'essa**i**e/
			j'essa**y**e

Verb Conjugation Tables

Each verb in this list is followed by a model verb conjugated according to the same pattern. The number in parentheses indicates where in the verb tables you can find the conjugated forms of the model verb. Reminder: All reflexive (pronominal) verbs use **être** as their auxiliary verb in the **passé composé**. The infinitives of reflexive verbs begin with **se (s')**.

* = This verb, unlike its model, takes **être** in the **passé composé**.

† = This verb, unlike its model, takes **avoir** in the **passé composé**.

In the tables you will find the infinitive, past participles, and all the forms of each model verb you have learned.

abolir like finir (2)
aborder like parler (1)
abriter like parler (1)
accepter like parler (1)
accompagner like parler (1)
accueillir like ouvrir (31)
acheter (7)
adorer like parler (1)
afficher like parler (1)
aider like parler (1)
aimer like parler (1)
aller (13) **p.c.** with **être**
allumer like parler (1)
améliorer like parler (1)
amener like acheter (7)
animer like parler (1)
apercevoir like recevoir (36)
appeler (8)
applaudir like finir (2)
apporter like parler (1)
apprendre like prendre (35)
arrêter like parler (1)
arriver* like parler (1)
assister like parler (1)
attacher like parler (1)
attendre like vendre (3)
attirer like parler (1)
avoir (4)
balayer like essayer (10)
bavarder like parler (1)
boire (15)
bricoler like parler (1)
bronzer like parler (1)
célébrer like préférer (12)
chanter like parler (1)
chasser like parler (1)

chercher like parler (1)
choisir like finir (2)
classer like parler (1)
commander like parler (1)
commencer (9)
composer like parler (1)
comprendre like prendre (35)
compter like parler (1)
conduire (16)
connaître (17)
consacrer like parler (1)
considérer like préférer (12)
construire like conduire (16)
continuer like parler (1)
courir (18)
coûter like parler (1)
couvrir like ouvrir (31)
croire (19)
cuisiner like parler (1)
danser like parler (1)
débarrasser like parler (1)
décider like parler (1)
découvrir like ouvrir (31)
décrire like écrire (22)
décrocher like parler (1)
déjeuner like parler (1)
demander like parler (1)
démarrer like parler (1)
déménager like manger (11)
démissionner like parler (1)
dépasser like parler (1)
dépendre like vendre (3)
dépenser like parler (1)
déposer like parler (1)
descendre* like vendre (3)
désirer like parler (1)

dessiner like parler (1)
détester like parler (1)
détruire like conduire (16)
développer like parler (1)
devenir like venir (41)
devoir (20)
dîner like parler (1)
dire (21)
diriger like parler (1)
discuter like parler (1)
divorcer like commencer (9)
donner like parler (1)
dormir† like partir (32)
douter like parler (1)
durer like parler (1)
échapper like parler (1)
échouer like parler (1)
écouter like parler (1)
écrire (22)
effacer like commencer (9)
embaucher like parler (1)
emménager like manger (11)
emmener like acheter (7)
employer like essayer (10)
emprunter like parler (1)
enfermer like parler (1)
enlever like acheter (7)
enregistrer like parler (1)
enseigner like parler (1)
entendre like vendre (3)
entourer like parler (1)
entrer* like parler (1)
entretenir like tenir (40)
envahir like finir (2)
envoyer like essayer (10)
épouser like parler (1)

espérer like préférer (12)
essayer (10)
essuyer like essayer (10)
éteindre (24)
éternuer like parler (1)
étrangler like parler (1)
être (5)
étudier like parler (1)
éviter like parler (1)
exiger like manger (11)
expliquer like parler (1)
explorer like parler (1)
faire (25)
falloir (26)
fermer like parler (1)
fêter like parler (1)
finir (2)
fonctionner like parler (1)
fonder like parler (1)
freiner like parler (1)
fréquenter like parler (1)
fumer like parler (1)
gagner like parler (1)
garder like parler (1)
garer like parler (1)
gaspiller like parler (1)
enfler like parler (1)
goûter like parler (1)
graver like parler (1)
grossir like finir (2)
guérir like finir (2)
habiter like parler (1)
imprimer like parler (1)
indiquer like parler (1)
interdire like dire (21)
inviter like parler (1)

jeter like appeler (8)

jouer like parler (1)

laisser like parler (1)

laver like parler (1)

lire (27)

loger like manger (11)

louer like parler (1)

lutter like parler (1)

maigrir like finir (2)

maintenir like tenir (40)

manger (11)

marcher like parler (1)

mêler like préférer (12)

mener like parler (1)

mettre (28)

monter* like parler (1)

montrer like parler (1)

mourir (29); **p.c.** with **être**

nager like manger (11)

naître (30); **p.c.** with **être**

nettoyer like essayer (10)

noter like parler (1)

obtenir like tenir (40)

offrir like ouvrir (31)

organiser like parler (1)

oublier like parler (1)

ouvrir (31)

parler (1)

partager like manger (11)

partir (32); **p.c.** with **être**

passer like parler (1)

patienter like parler (1)

patiner like parler (1)

payer like essayer (10)

penser like parler (1)

perdre like vendre (3)

permettre like mettre (28)

pleuvoir (33)

plonger like manger (11)

polluer like parler (1)

porter like parler (1)

poser like parler (1)

posséder like préférer (12)

poster like parler (1)

pouvoir (34)

pratiquer like parler (1)

préférer (12)

prélever like parler (1)

prendre (35)

préparer like parler (1)

présenter like parler (1)

préserver like parler (1)

prêter like parler (1)

prévenir like tenir (40)

produire like conduire (16)

profiter like parler (1)

promettre like mettre (28)

proposer like parler (1)

protéger like préférer (12)

provenir like venir (41)

publier like parler (1)

quitter like parler (1)

raccrocher like parler (1)

ranger like manger (11)

réaliser like parler (1)

recevoir (36)

recommander like parler (1)

reconnaître like connaître (17)

recycler like parler (1)

réduire like conduire (16)

réfléchir like finir (2)

regarder like parler (1)

régner like préférer (12)

remplacer like parler (1)

remplir like finir (2)

rencontrer like parler (1)

rendre like vendre (3)

rentrer* like parler (1)

renvoyer like essayer (10)

réparer like parler (1)

repasser like parler (1)

répéter like préférer (12)

repeupler like parler (1)

répondre like vendre (3)

réserver like parler (1)

rester* like parler (1)

retenir like tenir (40)

retirer like parler (1)

retourner* like parler (1)

retrouver like parler (1)

réussir like finir (2)

revenir like venir (41)

revoir like voir (42)

rire (37)

rouler like parler (1)

salir like finir (2)

s'amuser like se laver (6)

s'asseoir (14)

sauvegarder like parler (1)

sauver like parler (1)

savoir (38)

se brosser like se laver (6)

se coiffer like se laver (6)

se composer like se laver (6)

se connecter like se laver (6)

se coucher like se laver (6)

se croiser like se laver (6)

se dépêcher like se laver (6)

se déplacer* like commencer (9)

se déshabiller like se laver (6)

se détendre* like vendre (3)

se disputer like se laver (6)

s'embrasser like se laver (6)

s'endormir like partir (32)

s'énerver like se laver (6)

s'ennuyer* like essayer (10)

s'excuser like se laver (6)

se fouler like se laver (6)

s'installer like se laver (6)

se laver (6)

se lever* like acheter (7)

se maquiller like se laver (6)

se marier like se laver (6)

se promener* like acheter (7)

se rappeler* like appeler (8)

se raser like se laver (6)

se rebeller like se laver (6)

se réconcilier like se laver (6)

se relever* like acheter (7)

se reposer like se laver (6)

se réveiller like se laver (6)

servir† like partir (32)

se sécher* like préférer (12)

se souvenir like venir (41)

se tromper like se laver (6)

s'habiller like se laver (6)

sentir† like partir (32)

signer like parler (1)

s'inquiéter* like préférer (12)

s'intéresser like se laver (6)

skier like parler (1)

s'occuper like se laver (6)

sonner like parler (1)

s'orienter like se laver (6)

sortir like partir (32)

sourire like rire (37)

souffrir like ouvrir (31)

souhaiter like parler (1)

subvenir† like venir (41)

suffire like lire (27)

suggérer like préférer (12)

suivre (39)

surfer like parler (1)

surprendre like prendre (35)

télécharger like parler (1)

téléphoner like parler (1)

tenir (40)

tomber* like parler (1)

tourner like parler (1)

tousser like parler (1)

traduire like conduire (16)

travailler like parler (1)

traverser like parler (1)

trouver like parler (1)

tuer like parler (1)

utiliser like parler (1)

valoir like falloir (26)

vendre (3)

venir (41); **p.c.** with **être**

vérifier like parler (1)

visiter like parler (1)

vivre like suivre (39)

voir (42)

vouloir (43)

voyager like manger (11)

Regular verbs

Infinitive / Past participle	Subject Pronouns	INDICATIVE					CONDITIONAL	SUBJUNCTIVE	IMPERATIVE
		Present	Passé composé	Imperfect	Future	Present	Present	
1 parler (to speak) parlé	je (j')	parle	ai parlé	parlais	parlerai	parlerais	parle	
	tu	parles	as parlé	parlais	parleras	parlerais	parles	parle
	il/elle/on	parle	a parlé	parlait	parlera	parlerait	parle	
	nous	parlons	avons parlé	parlions	parlerons	parlerions	parlions	parlons
	vous	parlez	avez parlé	parliez	parlerez	parleriez	parliez	parlez
	ils/elles	parlent	ont parlé	parlaient	parleront	parleraient	parlent	
2 finir (to finish) fini	je (j')	finis	ai fini	finissais	finirai	finirais	finisse	
	tu	finis	as fini	finissais	finiras	finirais	finisses	finis
	il/elle/on	finit	a fini	finissait	finira	finirait	finisse	
	nous	finissons	avons fini	finissions	finirons	finirions	finissions	finissons
	vous	finissez	avez fini	finissiez	finirez	finiriez	finissiez	finissez
	ils/elles	finissent	ont fini	finissaient	finiront	finiraient	finissent	
3 vendre (to sell) vendu	je (j')	vends	ai vendu	vendais	vendrai	vendrais	vende	
	tu	vends	as vendu	vendais	vendras	vendrais	vendes	vends
	il/elle/on	vend	a vendu	vendait	vendra	vendrait	vende	
	nous	vendons	avons vendu	vendions	vendrons	vendrions	vendions	vendons
	vous	vendez	avez vendu	vendiez	vendrez	vendriez	vendiez	vendez
	ils/elles	vendent	ont vendu	vendaient	vendront	vendraient	vendent	

Auxiliary verbs: *avoir* and *être*

Infinitive / Past participle	Subject Pronouns	INDICATIVE Present	Passé composé	Imperfect	Future	CONDITIONAL Present	SUBJUNCTIVE Present	IMPERATIVE
4 avoir (*to have*) eu	j'	ai	ai eu	avais	aurai	aurais	aie	
	tu	as	as eu	avais	auras	aurais	aies	aie
	il/elle/on	a	a eu	avait	aura	aurait	ait	
	nous	avons	avons eu	avions	aurons	aurions	ayons	ayons
	vous	avez	avez eu	aviez	aurez	auriez	ayez	ayez
	ils/elles	ont	ont eu	avaient	auront	auraient	aient	
5 être (*to be*) été	je (j')	suis	ai été	étais	serai	serais	sois	
	tu	es	as été	étais	seras	serais	sois	sois
	il/elle/on	est	a été	était	sera	serait	soit	
	nous	sommes	avons été	étions	serons	serions	soyons	soyons
	vous	êtes	avez été	étiez	serez	seriez	soyez	soyez
	ils/elles	sont	ont été	étaient	seront	seraient	soient	

Reflexive (Pronominal)

Infinitive / Past participle	Subject Pronouns	INDICATIVE Present	Passé composé	Imperfect	Future	CONDITIONAL Present	SUBJUNCTIVE Present	IMPERATIVE
6 se laver (*to wash oneself*) lavé	je	me lave	me suis lavé(e)	me lavais	me laverai	me laverais	me lave	
	tu	te laves	t'es lavé(e)	te lavais	te laveras	te laverais	te laves	lave-toi
	il/elle/on	se lave	s'est lavé(e)	se lavait	se lavera	se laverait	se lave	
	nous	nous lavons	nous sommes lavé(e)s	nous lavions	nous laverons	nous laverions	nous lavions	lavons-nous
	vous	vous lavez	vous êtes lavé(e)s	vous laviez	vous laverez	vous laveriez	vous laviez	lavez-vous
	ils/elles	se lavent	se sont lavé(e)s	se lavaient	se laveront	se laveraient	se lavent	

Verb Conjugation Tables

Verbs with spelling changes

	Infinitive / Past participle	Subject Pronouns	INDICATIVE				CONDITIONAL	SUBJUNCTIVE	IMPERATIVE
			Present	Passé composé	Imperfect	Future	Present	Present	
7	acheter (to buy) / acheté	j'	achète	ai acheté	achetais	achèterai	achèterais	achète	
		tu	achètes	as acheté	achetais	achèteras	achèterais	achètes	achète
		il/elle/on	achète	a acheté	achetait	achètera	achèterait	achète	
		nous	achetons	avons acheté	achetions	achèterons	achèterions	achetions	achetons
		vous	achetez	avez acheté	achetiez	achèterez	achèteriez	achetiez	achetez
		ils/elles	achètent	ont acheté	achetaient	achèteront	achèteraient	achètent	
8	appeler (to call) / appelé	j'	appelle	ai appelé	appelais	appellerai	appellerais	appelle	
		tu	appelles	as appelé	appelais	appelleras	appellerais	appelles	appelle
		il/elle/on	appelle	a appelé	appelait	appellera	appellerait	appelle	
		nous	appelons	avons appelé	appelions	appellerons	appellerions	appelions	appelons
		vous	appelez	avez appelé	appeliez	appellerez	appelleriez	appeliez	appelez
		ils/elles	appellent	ont appelé	appelaient	appelleront	appelleraient	appellent	
9	commencer (to begin) / commencé	je (j')	commence	ai commencé	commençais	commencerai	commencerais	commence	
		tu	commences	as commencé	commençais	commenceras	commencerais	commences	commence
		il/elle/on	commence	a commencé	commençait	commencera	commencerait	commence	
		nous	commençons	avons commencé	commencions	commencerons	commencerions	commencions	commençons
		vous	commencez	avez commencé	commenciez	commencerez	commenceriez	commenciez	commencez
		ils/elles	commencent	ont commencé	commençaient	commenceront	commenceraient	commencent	
10	essayer (to try) / essayé	j'	essaie	ai essayé	essayais	essaierai	essaierais	essaie	
		tu	essaies	as essayé	essayais	essaieras	essaierais	essaies	essaie
		il/elle/on	essaie	a essayé	essayait	essaiera	essaierait	essaie	
		nous	essayons	avons essayé	essayions	essaierons	essaierions	essayions	essayons
		vous	essayez	avez essayé	essayiez	essaierez	essaieriez	essayiez	essayez
		ils/elles	essayent	ont essayé	essayaient	essaieront	essaieraient	essaient	
11	manger (to eat) / mangé	je (j')	mange	ai mangé	mangeais	mangerai	mangerais	mange	
		tu	manges	as mangé	mangeais	mangeras	mangerais	manges	mange
		il/elle/on	mange	a mangé	mangeait	mangera	mangerait	mange	
		nous	mangeons	avons mangé	mangions	mangerons	mangerions	mangions	mangeons
		vous	mangez	avez mangé	mangiez	mangerez	mangeriez	mangiez	mangez
		ils/elles	mangent	ont mangé	mangeaient	mangeront	mangeraient	mangent	

12

Infinitive / Past participle	Subject Pronouns	INDICATIVE Present	Passé composé	Imperfect	Future	CONDITIONAL Present	SUBJUNCTIVE Present	IMPERATIVE
préférer *(to prefer)*	je (j')	préfère	ai préféré	préférais	préférerai	préférerais	préfère	
	tu	préfères	as préféré	préférais	préféreras	préférerais	préfères	préfère
préféré	il/elle/on	préfère	a préféré	préférait	préférera	préférerait	préfère	
	nous	préférons	avons préféré	préférions	préférerons	préférerions	préférions	préférons
	vous	préférez	avez préféré	préfériez	préférerez	préféreriez	préfériez	préférez
	ils/elles	préfèrent	ont préféré	préféraient	préféreront	préféreraient	préfèrent	

Irregular verbs

Infinitive / Past participle	Subject Pronouns	INDICATIVE Present	Passé composé	Imperfect	Future	CONDITIONAL Present	SUBJUNCTIVE Present	IMPERATIVE
13 aller *(to go)*	je (j')	vais	suis allé(e)	allais	irai	irais	aille	
	tu	vas	es allé(e)	allais	iras	irais	ailles	va
allé	il/elle/on	va	est allé(e)	allait	ira	irait	aille	
	nous	allons	sommes allé(e)s	allions	irons	irions	allions	allons
	vous	allez	êtes allé(e)s	alliez	irez	iriez	alliez	allez
	ils/elles	vont	sont allé(e)s	allaient	iront	iraient	aillent	
14 s'asseoir *(to sit down, to be seated)*	je	m'assieds	me suis assis(e)	m'asseyais	m'assiérai	m'assiérais	m'asseye	
	tu	t'assieds	t'es assis(e)	t'asseyais	t'assiéras	t'assiérais	t'asseyes	assieds-toi
assis	il/elle/on	s'assied	s'est assis(e)	s'asseyait	s'assiéra	s'assiérait	s'asseye	
	nous	nous asseyons	nous sommes assis(e)s	nous asseyions	nous assiérons	nous assiérions	nous asseyions	asseyons-nous
	vous	vous asseyez	vous êtes assis(e)s	vous asseyiez	vous assiérez	vous assiériez	vous asseyiez	asseyez-vous
	ils/elles	s'asseyent	se sont assis(e)s	s'asseyaient	s'assiéront	s'assiéraient	s'asseyent	
15 boire *(to drink)*	je (j')	bois	ai bu	buvais	boirai	boirais	boive	
	tu	bois	as bu	buvais	boiras	boirais	boives	bois
bu	il/elle/on	boit	a bu	buvait	boira	boirait	boive	
	nous	buvons	avons bu	buvions	boirons	boirions	buvions	buvons
	vous	buvez	avez bu	buviez	boirez	boiriez	buviez	buvez
	ils/elles	boivent	ont bu	buvaient	boiront	boiraient	boivent	

	Infinitive / Past participle	Subject Pronouns	INDICATIVE Present	Passé composé	Imperfect	Future	CONDITIONAL Present	SUBJUNCTIVE Present	IMPERATIVE
16	conduire (*to drive; to lead*) conduit	je (j')	conduis	ai conduit	conduisais	conduirai	conduirais	conduise	
		tu	conduis	as conduit	conduisais	conduiras	conduirais	conduises	conduis
		il/elle/on	conduit	a conduit	conduisait	conduira	conduirait	conduise	
		nous	conduisons	avons conduit	conduisions	conduirons	conduirions	conduisions	conduisons
		vous	conduisez	avez conduit	conduisiez	conduirez	conduiriez	conduisiez	conduisez
		ils/elles	conduisent	ont conduit	conduisaient	conduiront	conduiraient	conduisent	
17	connaître (*to know, to be acquainted with*) connu	je (j')	connais	ai connu	connaissais	connaîtrai	connaîtrais	connaisse	
		tu	connais	as connu	connaissais	connaîtras	connaîtrais	connaisses	connais
		il/elle/on	connaît	a connu	connaissait	connaîtra	connaîtrait	connaisse	
		nous	connaissons	avons connu	connaissions	connaîtrons	connaîtrions	connaissions	connaissons
		vous	connaissez	avez connu	connaissiez	connaîtrez	connaîtriez	connaissiez	connaissez
		ils/elles	connaissent	ont connu	connaissaient	connaîtront	connaîtraient	connaissent	
18	courir (*to run*) couru	je (j')	cours	ai couru	courais	courrai	courrais	coure	
		tu	cours	as couru	courais	courras	courrais	coures	cours
		il/elle/on	court	a couru	courait	courra	courrait	coure	
		nous	courons	avons couru	courions	courrons	courrions	courions	courons
		vous	courez	avez couru	couriez	courrez	courriez	couriez	courez
		ils/elles	courent	ont couru	couraient	courront	courraient	courent	
19	croire (*to believe*) cru	je (j')	crois	ai cru	croyais	croirai	croirais	croie	
		tu	crois	as cru	croyais	croiras	croirais	croies	crois
		il/elle/on	croit	a cru	croyait	croira	croirait	croie	
		nous	croyons	avons cru	croyions	croirons	croirions	croyions	croyons
		vous	croyez	avez cru	croyiez	croirez	croiriez	croyiez	croyez
		ils/elles	croient	ont cru	croyaient	croiront	croiraient	croient	
20	devoir (*to have to; to owe*) dû	je (j')	dois	ai dû	devais	devrai	devrais	doive	
		tu	dois	as dû	devais	devras	devrais	doives	dois
		il/elle/on	doit	a dû	devait	devra	devrait	doive	
		nous	devons	avons dû	devions	devrons	devrions	devions	devons
		vous	devez	avez dû	deviez	devrez	devriez	deviez	devez
		ils/elles	doivent	ont dû	devaient	devront	devraient	doivent	

Infinitive / Past participle	Subject Pronouns	INDICATIVE Present	Passé composé	Imperfect	Future	CONDITIONAL Present	SUBJUNCTIVE Present	IMPERATIVE
21 dire *(to say, to tell)* dit	je (j')	dis	ai dit	disais	dirai	dirais	dise	
	tu	dis	as dit	disais	diras	dirais	dises	dis
	il/elle/on	dit	a dit	disait	dira	dirait	dise	
	nous	disons	avons dit	disions	dirons	dirions	disions	disons
	vous	dites	avez dit	disiez	direz	diriez	disiez	dites
	ils/elles	disent	ont dit	disaient	diront	diraient	disent	
22 écrire *(to write)* écrit	j'	écris	ai écrit	écrivais	écrirai	écrirais	écrive	
	tu	écris	as écrit	écrivais	écriras	écrirais	écrives	écris
	il/elle/on	écrit	a écrit	écrivait	écrira	écrirait	écrive	
	nous	écrivons	avons écrit	écrivions	écrirons	écririons	écrivions	écrivons
	vous	écrivez	avez écrit	écriviez	écrirez	écririez	écriviez	écrivez
	ils/elles	écrivent	ont écrit	écrivaient	écriront	écriraient	écrivent	
23 envoyer *(to send)* envoyé	j'	envoie	ai envoyé	envoyais	enverrai	enverrais	envoie	
	tu	envoies	as envoyé	envoyais	enverras	enverrais	envoies	envoie
	il/elle/on	envoie	a envoyé	envoyait	enverra	enverrait	envoie	
	nous	envoyons	avons envoyé	envoyions	enverrons	enverrions	envoyions	envoyons
	vous	envoyez	avez envoyé	envoyiez	enverrez	enverriez	envoyiez	envoyez
	ils/elles	envoient	ont envoyé	envoyaient	enverront	enverraient	envoient	
24 éteindre *(to turn off)* éteint	j'	éteins	ai éteint	éteignais	éteindrai	éteindrais	éteigne	
	tu	éteins	as éteint	éteignais	éteindras	éteindrais	éteignes	éteins
	il/elle/on	éteint	a éteint	éteignait	éteindra	éteindrait	éteigne	
	nous	éteignons	avons éteint	éteignions	éteindrons	éteindrions	éteignions	éteignons
	vous	éteignez	avez éteint	éteigniez	éteindrez	éteindriez	éteigniez	éteignez
	ils/elles	éteignent	ont éteint	éteignaient	éteindront	éteindraient	éteignent	
25 faire *(to do; to make)* fait	je (j')	fais	ai fait	faisais	ferai	ferais	fasse	
	tu	fais	as fait	faisais	feras	ferais	fasses	fais
	il/elle/on	fait	a fait	faisait	fera	ferait	fasse	
	nous	faisons	avons fait	faisions	ferons	ferions	fassions	faisons
	vous	faites	avez fait	faisiez	ferez	feriez	fassiez	faites
	ils/elles	font	ont fait	faisaient	feront	feraient	fassent	
26 falloir *(to be necessary)* fallu	il	faut	a fallu	fallait	faudra	faudrait	faille	

		INDICATIVE				CONDITIONAL	SUBJUNCTIVE	IMPERATIVE
Infinitive / Past participle	Subject Pronouns	Present	Passé composé	Imperfect	Future	Present	Present	
27 lire (to read) / lu	je (j')	lis	ai lu	lisais	lirai	lirais	lise	
	tu	lis	as lu	lisais	liras	lirais	lises	lis
	il/elle/on	lit	a lu	lisait	lira	lirait	lise	
	nous	lisons	avons lu	lisions	lirons	lirions	lisions	lisons
	vous	lisez	avez lu	lisiez	lirez	liriez	lisiez	lisez
	ils/elles	lisent	ont lu	lisaient	liront	liraient	lisent	
28 mettre (to put) / mis	je (j')	mets	ai mis	mettais	mettrai	mettrais	mette	
	tu	mets	as mis	mettais	mettras	mettrais	mettes	mets
	il/elle/on	met	a mis	mettait	mettra	mettrait	mette	
	nous	mettons	avons mis	mettions	mettrons	mettrions	mettions	mettons
	vous	mettez	avez mis	mettiez	mettrez	mettriez	mettiez	mettez
	ils/elles	mettent	ont mis	mettaient	mettront	mettraient	mettent	
29 mourir (to die) / mort	je	meurs	suis mort(e)	mourais	mourrai	mourrais	meure	
	tu	meurs	es mort(e)	mourais	mourras	mourrais	meures	meurs
	il/elle/on	meurt	est mort(e)	mourait	mourra	mourrait	meure	
	nous	mourons	sommes mort(e)s	mourions	mourrons	mourrions	mourions	mourons
	vous	mourez	êtes mort(e)s	mouriez	mourrez	mourriez	mouriez	mourez
	ils/elles	meurent	sont mort(e)s	mouraient	mourront	mourraient	meurent	
30 naître (to be born) / né	je	nais	suis né(e)	naissais	naîtrai	naîtrais	naisse	
	tu	nais	es né(e)	naissais	naîtras	naîtrais	naisses	nais
	il/elle/on	naît	est né(e)	naissait	naîtra	naîtrait	naisse	
	nous	naissons	sommes né(e)s	naissions	naîtrons	naîtrions	naissions	naissons
	vous	naissez	êtes né(e)s	naissiez	naîtrez	naîtriez	naissiez	naissez
	ils/elles	naissent	sont né(e)s	naissaient	naîtront	naîtraient	naissent	
31 ouvrir (to open) / ouvert	j'	ouvre	ai ouvert	ouvrais	ouvrirai	ouvrirais	ouvre	
	tu	ouvres	as ouvert	ouvrais	ouvriras	ouvrirais	ouvres	ouvre
	il/elle/on	ouvre	a ouvert	ouvrait	ouvrira	ouvrirait	ouvre	
	nous	ouvrons	avons ouvert	ouvrions	ouvrirons	ouvririons	ouvrions	ouvrons
	vous	ouvrez	avez ouvert	ouvriez	ouvrirez	ouvririez	ouvriez	ouvrez
	ils/elles	ouvrent	ont ouvert	ouvraient	ouvriront	ouvriraient	ouvrent	

Infinitive / Past participle	Subject Pronouns	INDICATIVE Present	INDICATIVE Passé composé	INDICATIVE Imperfect	INDICATIVE Future	CONDITIONAL Present	SUBJUNCTIVE Present	IMPERATIVE
32 partir (to leave) / parti	je	pars	suis parti(e)	partais	partirai	partirais	parte	
	tu	pars	es parti(e)	partais	partiras	partirais	partes	pars
	il/elle/on	part	est parti(e)	partait	partira	partirait	parte	
	nous	partons	sommes parti(e)s	partions	partirons	partirions	partions	partons
	vous	partez	êtes parti(e)(s)	partiez	partirez	partiriez	partiez	partez
	ils/elles	partent	sont parti(e)s	partaient	partiront	partiraient	partent	
33 pleuvoir (to rain) / plu	il	pleut	a plu	pleuvait	pleuvra	pleuvrait	pleuve	
34 pouvoir (to be able) / pu	je (j')	peux	ai pu	pouvais	pourrai	pourrais	puisse	
	tu	peux	as pu	pouvais	pourras	pourrais	puisses	
	il/elle/on	peut	a pu	pouvait	pourra	pourrait	puisse	
	nous	pouvons	avons pu	pouvions	pourrons	pourrions	puissions	
	vous	pouvez	avez pu	pouviez	pourrez	pourriez	puissiez	
	ils/elles	peuvent	ont pu	pouvaient	pourront	pourraient	puissent	
35 prendre (to take) / pris	je (j')	prends	ai pris	prenais	prendrai	prendrais	prenne	
	tu	prends	as pris	prenais	prendras	prendrais	prennes	prends
	il/elle/on	prend	a pris	prenait	prendra	prendrait	prenne	
	nous	prenons	avons pris	prenions	prendrons	prendrions	prenions	prenons
	vous	prenez	avez pris	preniez	prendrez	prendriez	preniez	prenez
	ils/elles	prennent	ont pris	prenaient	prendront	prendraient	prennent	
36 recevoir (to receive) / reçu	je (j')	reçois	ai reçu	recevais	recevrai	recevrais	reçoive	
	tu	reçois	as reçu	recevais	recevras	recevrais	reçoives	reçois
	il/elle/on	reçoit	a reçu	recevait	recevra	recevrait	reçoive	
	nous	recevons	avons reçu	recevions	recevrons	recevrions	recevions	recevons
	vous	recevez	avez reçu	receviez	recevrez	recevriez	receviez	recevez
	ils/elles	reçoivent	ont reçu	recevaient	recevront	recevraient	reçoivent	
37 rire (to laugh) / ri	je (j')	ris	ai ri	riais	rirai	rirais	rie	
	tu	ris	as ri	riais	riras	rirais	ries	ris
	il/elle/on	rit	a ri	riait	rira	rirait	rie	
	nous	rions	avons ri	riions	rirons	ririons	riions	rions
	vous	riez	avez ri	riiez	rirez	ririez	riiez	riez
	ils/elles	rient	ont ri	riaient	riront	riraient	rient	

	Infinitive / Past participle	Subject Pronouns	INDICATIVE Present	Passé composé	Imperfect	Future	CONDITIONAL Present	SUBJUNCTIVE Present	IMPERATIVE
38	savoir (to know) su	je (j')	sais	ai su	savais	saurai	saurais	sache	
		tu	sais	as su	savais	sauras	saurais	saches	sache
		il/elle/on	sait	a su	savait	saura	saurait	sache	
		nous	savons	avons su	savions	saurons	saurions	sachions	sachons
		vous	savez	avez su	saviez	saurez	sauriez	sachiez	sachez
		ils/elles	savent	ont su	savaient	sauront	sauraient	sachent	
39	suivre (to follow) suivi	je (j')	suis	ai suivi	suivais	suivrai	suivrais	suive	
		tu	suis	as suivi	suivais	suivras	suivrais	suives	suis
		il/elle/on	suit	a suivi	suivait	suivra	suivrait	suive	
		nous	suivons	avons suivi	suivions	suivrons	suivrions	suivions	suivons
		vous	suivez	avez suivi	suiviez	suivrez	suivriez	suiviez	suivez
		ils/elles	suivent	ont suivi	suivaient	suivront	suivraient	suivent	
40	tenir (to hold) tenu	je (j')	tiens	ai tenu	tenais	tiendrai	tiendrais	tienne	
		tu	tiens	as tenu	tenais	tiendras	tiendrais	tiennes	tiens
		il/elle/on	tient	a tenu	tenait	tiendra	tiendrait	tienne	
		nous	tenons	avons tenu	tenions	tiendrons	tiendrions	tenions	tenons
		vous	tenez	avez tenu	teniez	tiendrez	tiendriez	teniez	tenez
		ils/elles	tiennent	ont tenu	tenaient	tiendront	tiendraient	tiennent	
41	venir (to come) venu	je	viens	suis venu(e)	venais	viendrai	viendrais	vienne	
		tu	viens	es venu(e)	venais	viendras	viendrais	viennes	viens
		il/elle/on	vient	est venu(e)	venait	viendra	viendrait	vienne	
		nous	venons	sommes venu(e)s	venions	viendrons	viendrions	venions	venons
		vous	venez	êtes venu(e)(s)	veniez	viendrez	viendriez	veniez	venez
		ils/elles	viennent	sont venu(e)s	venaient	viendront	viendraient	viennent	
42	voir (to see) vu	je (j')	vois	ai vu	voyais	verrai	verrais	voie	
		tu	vois	as vu	voyais	verras	verrais	voies	vois
		il/elle/on	voit	a vu	voyait	verra	verrait	voie	
		nous	voyons	avons vu	voyions	verrons	verrions	voyions	voyons
		vous	voyez	avez vu	voyiez	verrez	verriez	voyiez	voyez
		ils/elles	voient	ont vu	voyaient	verront	verraient	voient	
43	vouloir (to want, to wish) voulu	je (j')	veux	ai voulu	voulais	voudrai	voudrais	veuille	
		tu	veux	as voulu	voulais	voudras	voudrais	veuilles	veuille
		il/elle/on	veut	a voulu	voulait	voudra	voudrait	veuille	
		nous	voulons	avons voulu	voulions	voudrons	voudrions	voulions	veuillons
		vous	voulez	avez voulu	vouliez	voudrez	voudriez	vouliez	veuillez
		ils/elles	veulent	ont voulu	voulaient	voudront	voudraient	veuillent	

Guide to Vocabulary

This glossary contains the words and expressions listed on the **Vocabulaire** page found at the end of each unit in **D'ACCORD!** Levels 1 & 2. The number following an entry indicates the **D'ACCORD!** level and unit where the term was introduced. For example, the first entry in the glossary, **à**, was introduced in **D'ACCORD!** Level 1, Unit 4. Note that **II–P** refers to the **Unité Préliminaire** in **D'ACCORD!** Level 2.

Abbreviations used in this glossary

adj.	adjective	*f.*	feminine	*i.o.*	indirect object	*prep.*	preposition
adv.	adverb	*fam.*	familiar	*m.*	masculine	*pron.*	pronoun
art.	article	*form.*	formal	*n.*	noun	*refl.*	reflexive
comp.	comparative	*imp.*	imperative	*obj.*	object	*rel.*	relative
conj.	conjunction	*indef.*	indefinite	*part.*	partitive	*sing.*	singular
def.	definite	*interj.*	interjection	*p.p.*	past participle	*sub.*	subject
dem.	demonstrative	*interr.*	interrogative	*pl.*	plural	*super.*	superlative
disj.	disjunctive	*inv.*	invariable	*poss.*	possessive	*v.*	verb
d.o.	direct object						

French-English

A

à *prep.* at; in; to I-4
  À bientôt. See you soon. I-1
  à condition que on the condition that, provided that II-7
  à côté de *prep.* next to I-3
  À demain. See you tomorrow. I-1
  à droite (de) *prep.* to the right (of) I-3
  à gauche (de) *prep.* to the left (of) I-3
  à ... heure(s) at ... (o'clock) I-4
  à la radio on the radio II-7
  à la télé(vision) on television II-7
  à l'étranger abroad, overseas I-7
  à mi-temps half-time (*job*) II-5
  à moins que unless II-7
  à plein temps full-time (*job*) II-5
  À plus tard. See you later. I-1
  À quelle heure? What time?; When? I-2
  À qui? To whom? I-4
  À table! Let's eat! Food is on! II-1
  à temps partiel part-time (*job*) II-5
  À tout à l'heure. See you later. I-1
  au bout (de) *prep.* at the end (of) II-4

au contraire on the contrary II-7
au fait by the way I-3
au printemps in the spring I-5
Au revoir. Good-bye. I-1
au secours help II-3
au sujet de on the subject of, about II-6
abolir *v.* to abolish II-6
absolument *adv.* absolutely I-8, II-P
accident *m.* accident II-3
  avoir un accident to have/to be in an accident II-3
accompagner *v.* to accompany II-4
acheter *v.* to buy I-5
acteur *m.* actor I-1
actif/active *adj.* active I-3
activement *adv.* actively I-8, II-P
actrice *f.* actress I-1
addition *f.* check, bill I-4
adieu farewell II-6
adolescence *f.* adolescence I-6
adorer *v.* to love I-2
  J'adore... I love... I-2
adresse *f.* address II-4
aérobic *m.* aerobics I-5
  faire de l'aérobic *v.* to do aerobics I-5
aéroport *m.* airport I-7
affaires *f., pl.* business I-3
affiche *f.* poster I-8, II-P
afficher *v.* to post II-5
âge *m.* age I-6
  âge adulte *m.* adulthood I-6
agence de voyages *f.* travel agency I-7
agent *m.* officer; agent II-3

agent de police *m.* police officer II-3
agent de voyages *m.* travel agent I-7
agent immobilier *m.* real estate agent II-5
agréable *adj.* pleasant I-1
agriculteur/agricultrice *m., f.* farmer II-5
aider (à) *v.* to help (*to do something*) I-5
aie (avoir) *imp. v.* have I-7
ail *m.* garlic II-1
aimer *v.* to like I-2
  aimer mieux to prefer I-2
  aimer que... to like that... II-6
  J'aime bien... I really like... I-2
  Je n'aime pas tellement... I don't like ... very much. I-2
aîné(e) *adj.* elder I-3
algérien(ne) *adj.* Algerian I-1
aliment *m.* food item; a food II-1
Allemagne *f.* Germany I-7
allemand(e) *adj.* German I-1
aller *v.* to go I-4
  aller à la pêche to go fishing I-5
  aller aux urgences to go to the emergency room II-2
  aller avec to go with I-6
  aller-retour *adj.* round-trip I-7
  billet aller-retour *m.* round-trip ticket I-7
  Allons-y! Let's go! I-2
  Ça va? What's up?; How are things? I-1
  Comment allez-vous? *form.* How are you? I-1
  Comment vas-tu? *fam.* How are you? I-1

Je m'en vais. I'm leaving. I-8, II-P

Je vais bien/mal. I am doing well/badly. I-1

J'y vais. I'm going/coming. I-8, II-P

Nous y allons. We're going/coming. II-1

allergie *f.* allergy II-2

Allez. Come on. I-5

allô *(on the phone)* hello I-1

allumer *v.* to turn on II-3

alors *adv.* so, then; at that moment I-2

améliorer *v.* to improve II-5

amende *f.* fine II-3

amener *v.* to bring *(someone)* I-5

américain(e) *adj.* American I-1

  football américain *m.* football I-5

ami(e) *m., f.* friend I-1

  petit(e) ami(e) *m., f.* boyfriend/girlfriend I-1

amitié *f.* friendship I-6

amour *m.* love I-6

amoureux/amoureuse *adj.* in love I-6

  tomber amoureux/amoureuse *v.* to fall in love I-6

amusant(e) *adj.* fun I-1

an *m.* year I-2

ancien(ne) *adj.* ancient, old; former II-7

ange *m.* angel I-1

anglais(e) *adj.* English I-1

angle *m.* corner I-1

Angleterre *f.* England I-7

animal *m.* animal II-6

année *f.* year I-2

  cette année this year I-2

anniversaire *m.* birthday I-5

  C'est quand l'anniversaire de … ? When is …'s birthday? I-5

  C'est quand ton/votre anniversaire? When is your birthday? I-5

annuler (une réservation) *v.* to cancel (a reservation) I-7

anorak *m.* ski jacket, parka I-6

antipathique *adj.* unpleasant I-3

août *m.* August I-5

apercevoir *v.* to see, to catch sight of II-4

aperçu (apercevoir) *p.p.* seen, caught sight of II-4

appareil *m.* (on the phone) telephone II-5

  appareil (électrique/ménager) *m.* (electrical/household) appliance I-8, II-P

appareil photo (numérique) *m.* (digital) camera II-3

C'est M./Mme/Mlle … à l'appareil. It's Mr./Mrs./Miss … on the phone. II-5

Qui est à l'appareil? Who's calling, please? II-5

appartement *m.* apartment II-7

appeler *v.* to call I-7

applaudir *v.* to applaud II-7

applaudissement *m.* applause II-7

apporter *v.* to bring, to carry *(something)* I-4

apprendre (à) *v.* to teach; to learn *(to do something)* I-4

appris (apprendre) *p.p., adj.* learned I-6

après (que) *adv.* after I-2

après-demain *adv.* day after tomorrow I-2

après-midi *m.* afternoon I-2

  cet après-midi this afternoon I-2

  de l'après-midi in the afternoon I-2

  demain après-midi *adv.* tomorrow afternoon I-2

  hier après-midi *adv.* yesterday afternoon I-7

arbre *m.* tree II-6

architecte *m., f.* architect I-3

architecture *f.* architecture I-2

argent *m.* money II-4

  dépenser de l'argent *v.* to spend money I-4

  déposer de l'argent *v.* to deposit money I-4

  retirer de l'argent *v.* to withdraw money II-4

armoire *f.* armoire, wardrobe I-8, II-P

arrêt d'autobus (de bus) *m.* bus stop I-7

arrêter (de faire quelque chose) *v.* to stop (doing something) II-3

arrivée *f.* arrival I-7

arriver (à) *v.* to arrive; to manage *(to do something)* I-2

art *m.* art I-2

  beaux-arts *m., pl.* fine arts II-7

artiste *m., f.* artist I-3

ascenseur *m.* elevator I-7

aspirateur *m.* vacuum cleaner I-8, II-P

  passer l'aspirateur to vacuum I-8, II-P

aspirine *f.* aspirin II-2

Asseyez-vous! (s'asseoir) *imp. v.* Have a seat! II-2

assez *adv. (before adjective or adverb)* pretty; quite I-8, II-P

assez (de) *(before noun)* enough (of) I-4

pas assez (de) not enough (of) I-4

assiette *f.* plate II-1

assis (s'asseoir) *p.p., adj. (used as past participle)* sat down; *(used as adjective)* sitting, seated II-2

assister *v.* to attend I-2

assurance (maladie/vie) *f.* (health/life) insurance II-5

athlète *m., f.* athlete I-3

attacher *v.* to attach II-3

  attacher sa ceinture de sécurité to buckle one's seatbelt II-3

attendre *v.* to wait I-6

attention *f.* attention I-5

  faire attention (à) *v.* to pay attention (to) I-5

au (à + le) *prep.* to/at the I-4

auberge de jeunesse *f.* youth hostel I-7

aucun(e) *adj.* no; *pron.* none II-2

  ne… aucun(e) none, not any II-4

augmentation (de salaire) *f.* raise (in salary) II-5

aujourd'hui *adv.* today I-2

auquel (à + lequel) *pron., m., sing.* which one II-5

aussi *adv.* too, as well; as I-1

  Moi aussi. Me too. I-1

  aussi … que *(used with an adjective)* as … as II-1

autant de … que *adv. (used with noun to express quantity)* as much/as many … as II-6

auteur/femme auteur *m., f.* author II-7

autobus *m.* bus I-7

  arrêt d'autobus (de bus) *m.* bus stop I-7

  prendre un autobus to take a bus I-7

automne *m.* fall I-5

  à l'automne in the fall I-5

autoroute *f.* highway II-3

autour (de) *prep.* around II-4

autrefois *adv.* in the past I-8, II-P

aux (à + les) to/at the I-4

auxquelles (à + lesquelles) *pron., f., pl.* which ones II-5

auxquels (à + lesquels) *pron., m., pl.* which ones II-5

avance *f.* advance I-2

  en avance *adv.* early I-2

avant (de/que) *adv.* before I-7

avant-hier *adv.* day before yesterday I-7

avec *prep.* with I-1

Avec qui? With whom? I-4
aventure *f.* adventure II-7
  film d'aventures *m.*
  adventure film II-7
avenue *f.* avenue II-4
avion *m.* airplane I-7
  prendre un avion *v.* to take
  a plane I-7
avocat(e) *m., f.* lawyer I-3
avoir *v.* to have I-2
  aie *imp. v.* have I-2
  avoir besoin (de) to need
  (*something*) I-2
  avoir chaud to be hot I-2
  avoir de la chance to be
  lucky I-2
  avoir envie (de) to feel like
  (*doing something*) I-2
  avoir faim to be hungry I-4
  avoir froid to be cold I-2
  avoir honte (de) to be
  ashamed (of) I-2
  avoir mal to have an ache II-2
  avoir mal au cœur to feel
  nauseated II-2
  avoir peur (de/que) to be
  afraid (of/that) I-2
  avoir raison to be right I-2
  avoir soif to be thirsty I-4
  avoir sommeil to be sleepy I-2
  avoir tort to be wrong I-2
  avoir un accident to have/to
  be in an accident II-3
  avoir un compte bancaire to
  have a bank account II-4
  en avoir marre to be fed up I-3
avril *m.* April I-5
ayez (avoir) *imp. v.* have I-7
ayons (avoir) *imp. v.* let's have I-7

B

bac(calauréat) *m.* an important
  exam taken by high-school
  students in France I-2
baguette *f.* baguette I-4
baignoire *f.* bathtub I-8, II-P
bain *m.* bath I-6
  salle de bains *f.* bathroom
  I-8, II-P
balai *m.* broom I-8, II-P
balayer *v.* to sweep I-8, II-P
balcon *m.* balcony I-8, II-P
banane *f.* banana II-1
banc *m.* bench II-4
bancaire *adj.* banking II-4
  avoir un compte bancaire *v.*
  to have a bank account II-4
bande dessinée (B.D.) *f.*
  comic strip I-5
banlieue *f.* suburbs I-4
banque *f.* bank II-4

banquier/banquière *m., f.*
  banker II-5
barbant *adj.,* **barbe** *f.* drag I-3
baseball *m.* baseball I-5
basket(-ball) *m.* basketball I-5
baskets *f., pl.* tennis shoes I-6
bateau *m.* boat I-7
  prendre un bateau *v.* to take
  a boat I-7
bateau-mouche *m.* riverboat I-7
bâtiment *m.* building II-4
batterie *f.* drums II-7
bavarder *v.* to chat I-4
beau (belle) *adj.* handsome;
  beautiful I-3
  faire quelque chose de
  beau *v.* to be up to something
  interesting II-4
  Il fait beau. The weather is
  nice. I-5
beaucoup (de) *adv.* a lot (of) 4
  Merci (beaucoup). Thank
  you (very much). I-1
beau-frère *m.* brother-in-law I-3
beau-père *m.* father-in-law;
  stepfather I-3
beaux-arts *m., pl.* fine arts II-7
belge *adj.* Belgian I-7
Belgique *f.* Belgium I-7
belle *adj., f. (feminine form of*
  beau) beautiful I-3
belle-mère *f.* mother-in-law;
  stepmother I-3
belle-sœur *f.* sister-in-law I-3
besoin *m.* need I-2
  avoir besoin (de) to need
  (*something*) I-2
beurre *m.* butter 4
bibliothèque *f.* library I-1
bien *adv.* well I-7
  bien sûr *adv.* of course I-2
  Je vais bien. I am doing
  well. I-1
  Très bien. Very well. I-1
bientôt *adv.* soon I-1
  À bientôt. See you soon. I-1
bienvenu(e) *adj.* welcome I-1
bière *f.* beer I-6
bijouterie *f.* jewelry store II-4
billet *m. (travel)* ticket I-7;
  (money) bills, notes II-4
  billet aller-retour *m.* round-
  trip ticket I-7
biologie *f.* biology I-2
biscuit *m.* cookie I-6
blague *f.* joke I-2
blanc(he) *adj.* white I-6
blessure *f.* injury, wound II-2
bleu(e) *adj.* blue I-6
blond(e) *adj.* blonde I-3
blouson *m.* jacket I-6
bœuf *m.* beef II-1

boire *v.* to drink I-4
bois *m.* wood II-6
boisson (gazeuse) *f.* (carbonated)
  drink/beverage I-4
boîte *f.* box; can II-1
  boîte aux lettres *f.* mailbox II-4
  boîte de conserve *f.* can
  (of food) II-1
  boîte de nuit *f.* nightclub I-4
bol *m.* bowl II-1
bon(ne) *adj.* kind; good I-3
  bon marché *adj.* inexpensive I-6
  Il fait bon. The weather is
  good/warm. I-5
bonbon *m.* candy I-6
bonheur *m.* happiness I-6
Bonjour. Good morning.;
  Hello. I-1
Bonsoir. Good evening.;
  Hello. I-1
bouche *f.* mouth II-2
boucherie *f.* butcher's shop II-1
boulangerie *f.* bread shop,
  bakery II-1
boulevard *m.* boulevard II-4
  suivre un boulevard *v.* to
  follow a boulevard II-4
bourse *f.* scholarship, grant I-2
bout *m.* end II-4
  au bout (de) *prep.* at the end
  (of) II-4
bouteille (de) *f.* bottle (of) I-4
boutique *f.* boutique, store II-4
bras *m.* arm II-2
brasserie *f.* café; restaurant II-4
Brésil *m.* Brazil I-7
brésilien(ne) *adj.* Brazilian I-7
bricoler *v.* to tinker; to do odd
  jobs I-5
brillant(e) *adj.* bright I-1
bronzer *v.* to tan I-6
brosse (à cheveux/à dents) *f.*
  (hair/tooth)brush II-2
brun(e) *adj. (hair)* dark I-3
bu (boire) *p.p.* drunk I-6
bureau *m.* desk; office I-1
  bureau de poste *m.* post
  office II-4
bus *m.* bus I-7
  arrêt d'autobus (de bus)
  m. bus stop I-7
  prendre un bus *v.* to take a
  bus I-7

C

ça *pron.* that; this; it I-1
  Ça dépend. It depends. I-4
  Ça ne nous regarde pas.
  That has nothing to do with us.;
  That is none of our business. II-6

Ça suffit. That's enough. I-5
Ça te dit? Does that appeal to you? II-6
Ça va? What's up?; How are things? I-1
ça veut dire that is to say II-2
Comme ci, comme ça. So-so. I-1
cabine téléphonique f. phone booth II-4
cadeau m. gift I-6
  paquet cadeau wrapped gift I-6
cadet(te) adj. younger I-3
cadre/femme cadre m., f. executive II-5
café m. café; coffee I-1
  terrasse de café f. café terrace I-4
  cuillère à café f. teaspoon II-1
cafetière f. coffeemaker I-8, II-P
cahier m. notebook I-1
calculatrice f. calculator I-1
calme adj. calm I-1; m. calm I-1
camarade m., f. friend I-1
  camarade de chambre m., f. roommate I-1
  camarade de classe m., f. classmate I-1
caméra vidéo f. camcorder II-3
caméscope m. camcorder II-3
campagne f. country(side) I-7
  pain de campagne m. country-style bread I-4
  pâté (de campagne) m. pâté, meat spread I-1
camping m. camping I-5
  faire du camping v. to go camping I-5
Canada m. Canada I-7
canadien(ne) adj. Canadian I-1
canapé m. couch I-8, II-P
candidat(e) m., f. candidate; applicant II-5
cantine f. (school) cafeteria II-1
capitale f. capital I-7
capot m. hood II-3
carafe (d'eau) f. pitcher (of water) II-1
carotte f. carrot II-1
carrefour m. intersection II-4
carrière f. career II-5
carte f. map I-1; menu II-1; card II-4
  payer avec une carte de crédit to pay with a credit card I-4
  carte postale f. postcard II-4
  cartes f. pl. (playing) cards I-5

casquette f. (baseball) cap I-6
cassette vidéo f. videotape II-3
catastrophe f. catastrophe II-6
cave f. basement, cellar I-8, II-P
CD m. CD(s) II-3
ce dem. adj., m., sing. this; that I-6
  ce matin this morning I-2
  ce mois-ci this month I-2
  Ce n'est pas grave. It's no big deal. I-6
  ce soir this evening I-2
  ce sont... those are... I-1
  ce week-end this weekend I-2
ceinture f. belt I-6
  attacher sa ceinture de sécurité v. to buckle one's seatbelt II-3
célèbre adj. famous II-7
célébrer v. to celebrate I-5
célibataire adj. single I-3
celle pron., f., sing. this one; that one; the one II-6
celles pron., f., pl. these; those; the ones II-6
celui pron., m., sing. this one; that one; the one II-6
cent m. one hundred I-3
  cent mille m. one hundred thousand I-5
  cent un m. one hundred one I-5
  cinq cents m. five hundred I-5
centième adj. hundredth I-7
centrale nucléaire f. nuclear plant II-6
centre commercial m. shopping center, mall I-4
centre-ville m. city/town center, downtown I-4
certain(e) adj. certain II-1
  Il est certain que... It is certain that... II-7
  Il n'est pas certain que... It is uncertain that... II-7
ces dem. adj., m., f., pl. these; those I-6
c'est... it/that is... I-1
  C'est de la part de qui? On behalf of whom? II-5
  C'est le 1er (premier) octobre. It is October first. I-5
  C'est M./Mme/Mlle ... (à l'appareil). It's Mr./Mrs./Miss ... (on the phone). II-5
  C'est quand l'anniversaire de... ? When is ...'s birthday? I-5
  C'est quand ton/votre anniversaire? When is your birthday? I-5

Qu'est-ce que c'est? What is it? I-1
cet dem. adj., m., sing. this; that I-6
  cet après-midi this afternoon I-2
cette dem. adj., f., sing. this; that I-6
  cette année this year I-2
  cette semaine this week I-2
ceux pron., m., pl. these; those; the ones II-6
chaîne (de télévision) f. (television) channel II-3
chaîne stéréo f. stereo system I-3
chaise f. chair I-1
chambre f. bedroom I-8, II-P
  chambre (individuelle) f. (single) room I-7
  camarade de chambre m., f. roommate I-1
champ m. field II-6
champagne m. champagne I-6
champignon m. mushroom II-1
chance f. luck I-2
  avoir de la chance v. to be lucky I-2
chanson f. song II-7
chanter v. to sing I-5
chanteur/chanteuse m., f. singer I-1
chapeau m. hat I-6
chaque adj. each I-6
charcuterie f. delicatessen II-1
charmant(e) adj. charming I-1
chasse f. hunt II-6
chasser v. to hunt II-6
chat m. cat I-3
châtain adj. (hair) brown I-3
chaud m. heat I-2
  avoir chaud v. to be hot I-2
  Il fait chaud. (weather) It is hot. I-5
chauffeur de taxi/de camion m. taxi/truck driver II-5
chaussette f. sock I-6
chaussure f. shoe I-6
chef d'entreprise m. head of a company II-5
chef-d'œuvre m. masterpiece II-7
chemin m. path; way II-4
  suivre un chemin v. to follow a path II-4
chemise (à manches courtes/longues) f. (short-/long-sleeved) shirt I-6
chemisier m. blouse I-6
chèque m. check II-4
  compte-chèques m. checking account II-4
  payer par chèque v. to pay by check II-4

cher/chère *adj.* expensive I-6
chercher *v.* to look for I-2
  chercher un/du travail to look for work II-4
chercheur/chercheuse *m., f.* researcher II-5
chéri(e) *adj.* dear, beloved, darling I-2
cheval *m.* horse I-5
  faire du cheval *v.* to go horseback riding I-5
cheveux *m., pl.* hair II-1
  brosse à cheveux *f.* hairbrush II-2
  cheveux blonds blond hair I-3
  cheveux châtains brown hair I-3
  se brosser les cheveux *v.* to brush one's hair II-1
cheville *f.* ankle II-2
  se fouler la cheville *v.* to twist/sprain one's ankle II-2
chez *prep.* at (*someone's*) house I-3, at (*a place*) I-3
  passer chez quelqu'un *v.* to stop by someone's house I-4
chic *adj.* chic I-4
chien *m.* dog I-3
chimie *f.* chemistry I-2
Chine *f.* China I-7
chinois(e) *adj.* Chinese 7
chocolat (chaud) *m.* (hot) chocolate I-4
chœur *m.* choir, chorus II-7
choisir *v.* to choose I-4
chômage *m.* unemployment II-5
  être au chômage *v.* to be unemployed II-5
chômeur/chômeuse *m., f.* unemployed person II-5
chose *f.* thing I-1
  quelque chose *m.* something; anything I-4
chrysanthèmes *m., pl.* chrysanthemums II-1
chut shh II-7
-ci (*used with demonstrative adjective* ce *and noun or with demonstrative pronoun* celui) here I-6
  ce mois-ci this month I-2
ciel *m.* sky II-6
cinéma (ciné) *m.* movie theater, movies I-4
cinq *m.* five I-1
cinquante *m.* fifty I-1
cinquième *adj.* fifth 7
circulation *f.* traffic II-3
clair(e) *adj.* clear II-7
  Il est clair que... It is clear that... II-7
classe *f.* (*group of students*) class I-1

camarade de classe *m., f.* classmate I-1
  salle de classe *f.* classroom I-1
clavier *m.* keyboard II-3
clé *f.* key I-7
client(e) *m., f.* client; guest I-7
cœur *m.* heart II-2
  avoir mal au cœur to feel nauseated II-2
coffre *m.* trunk II-3
coiffeur/coiffeuse *m., f.* hairdresser I-3
coin *m.* corner II-4
colis *m.* package II-4
colocataire *m., f.* roommate (*in an apartment*) I-1
Combien (de)... ? *adv.* How much/many... ? I-1
  Combien coûte... ? How much is... ? I-4
combiné *m.* receiver II-5
comédie (musicale) *f.* comedy (musical) II-7
commander *v.* to order II-1
comme *adv.* how; like, as I-2
  Comme ci, comme ça. So-so. I-1
commencer (à) *v.* to begin (*to do something*) I-2
comment *adv.* how I-4
  Comment? *adv.* What? I-4
  Comment allez-vous?, *form.* How are you? I-1
  Comment t'appelles-tu? *fam.* What is your name? I-1
  Comment vas-tu? *fam.* How are you? I-1
  Comment vous appelez-vous? *form.* What is your name? I-1
commerçant(e) *m., f.* shopkeeper II-1
commissariat de police *m.* police station II-4
commode *f.* dresser, chest of drawers I-8, II-P
compact disque *m.* compact disc II-3
complet (complète) *adj.* full (no vacancies) I-7
composer (un numéro) *v.* to dial (a number) II-3
compositeur *m.* composer II-7
comprendre *v.* to understand I-4
compris (comprendre) *p.p., adj.* understood; included I-6
comptable *m., f.* accountant II-5
compte *m.* account (*at a bank*) II-4
  avoir un compte bancaire *v.* to have a bank account II-4
  compte de chèques *m.* checking account II-4

compte d'épargne *m.* savings account II-4
  se rendre compte *v.* to realize II-2
compter sur quelqu'un *v.* to count on someone I-8, II-P
concert *m.* concert II-7
condition *f.* condition II-7
  à condition que on the condition that..., provided that... II-7
conduire *v.* to drive I-6
conduit (conduire) *p.p., adj.* driven I-6
confiture *f.* jam II-1
congé *m.* day off I-7
  jour de congé *m.* day off I-7
  prendre un congé *v.* to take time off II-5
congélateur *m.* freezer I-8, II-P
connaissance *f.* acquaintance I-5
  faire la connaissance de *v.* to meet (*someone*) I-5
connaître *v.* to know, to be familiar with I-8, II-P
connecté(e) *adj.* connected II-3
  être connecté(e) avec quelqu'un *v.* to be online with someone I-7, II-3
connu (connaître) *p.p., adj.* known; famous I-8, II-P
conseil *m.* advice II-5
conseiller/conseillère *m., f.* consultant; advisor II-5
considérer *v.* to consider I-5
constamment *adv.* constantly I-8, II-P
construire *v.* to build, to construct I-6
conte *m.* tale II-7
content(e) *adj.* happy II-5
  être content(e) que... *v.* to be happy that... II-6
continuer (à) *v.* to continue (*doing something*) II-4
contraire *adj.* contrary II-7
  au contraire on the contrary II-7
copain/copine *m., f.* friend I-1
corbeille (à papier) *f.* wastebasket I-1
corps *m.* body II-2
costume *m.* (*man's*) suit I-6
côte *f.* coast II-6
coton *m.* cotton II-4
cou *m.* neck II-2
couche d'ozone *f.* ozone layer II-6
  trou dans la couche d'ozone *m.* hole in the ozone layer II-6
couleur *f.* color 6
  De quelle couleur... ? What color... ? I-6

couloir *m.* hallway I-8, II-P
couple *m.* couple I-6
courage *m.* courage II-5
courageux/courageuse *adj.* courageous, brave I-3
couramment *adv.* fluently I-8, II-P
courir *v.* to run I-5
courrier *m.* mail II-4
cours *m.* class, course I-2
course *f.* errand II-1
  faire les courses *v.* to go (grocery) shopping II-1
court(e) *adj.* short I-3
  chemise à manches courtes *f.* short-sleeved shirt I-6
couru (courir) *p.p.* run I-6
cousin(e) *m., f.* cousin I-3
couteau *m.* knife II-1
coûter *v.* to cost I-4
  Combien coûte... ? How much is... ? I-4
couvert (couvrir) *p.p.* covered II-3
couverture *f.* blanket I-8, II-P
couvrir *v.* to cover II-3
covoiturage *m.* carpooling II-6
cravate *f.* tie I-6
crayon *m.* pencil I-1
crème *f.* cream II-1
  crème à raser *f.* shaving cream II-2
crêpe *f.* crêpe I-5
crevé(e) *adj.* deflated; blown up II-3
  pneu crevé *m.* flat tire II-3
critique *f.* review; criticism II-7
croire (que) *v.* to believe (that) II-7
  ne pas croire que... to not believe that... II-7
croissant *m.* croissant I-4
croissant(e) *adj.* growing II-6
  population croissante *f.* growing population II-6
cru (croire) *p.p.* believed II-7
cruel/cruelle *adj.* cruel I-3
cuillère (à soupe/à café) *f.* (soup/tea)spoon II-1
cuir *m.* leather II-4
cuisine *f.* cooking; kitchen 5
  faire la cuisine *v.* to cook 5
cuisiner *v.* to cook II-1
cuisinier/cuisinière *m., f.* cook II-5
cuisinière *f.* stove I-8, II-P
curieux/curieuse *adj.* curious I-3
curriculum vitæ (C.V.) *m.* résumé II-5
cybercafé *m.* cybercafé II-4

D

d'abord *adv.* first I-7
d'accord *(tag question)* all right? I-2; *(in statement)* okay I-2
  être d'accord to be in agreement I-2
d'autres *m., f.* others I-4
d'habitude *adv.* usually I-8, II-P
danger *m.* danger, threat II-6
dangereux/dangereuse *adj.* dangerous II-3
dans *prep.* in I-3
danse *f.* dance II-7
danser *v.* to dance I-4
danseur/danseuse *m., f.* dancer II-7
date *f.* date I-5
  Quelle est la date? What is the date? I-5
de/d' *prep.* of I-3; from I-1
  de l'après-midi in the afternoon I-2
  de laquelle *pron., f., sing.* which one II-5
  De quelle couleur... ? What color... ? I-6
  De rien. You're welcome. I-1
  de taille moyenne of medium height I-3
  de temps en temps *adv.* from time to time I-8, II-P
débarrasser la table *v.* to clear the table I-8, II-P
déboisement *m.* deforestation II-6
début *m.* beginning; debut II-7
décembre *m.* December I-5
déchets toxiques *m., pl.* toxic waste II-6
décider (de) *v.* to decide (*to do something*) II-3
découvert (découvrir) *p.p.* discovered II-3
découvrir *v.* to discover II-3
décrire *v.* to describe I-7
décrocher *v.* to pick up II-5
décrit (décrire) *p.p., adj.* described I-7
degrés *m., pl.* (*temperature*) degrees I-5
  Il fait ... degrés. (*to describe weather*) It is ... degrees. I-5
déjà *adv.* already I-5
déjeuner *m.* lunch II-1; *v.* to eat lunch I-4
de l' *part. art., m., f., sing.* some I-4
de la *part. art., f., sing.* some I-4
délicieux/délicieuse delicious I-8, II-P
demain *adv.* tomorrow I-2

À demain. See you tomorrow. I-1
après-demain *adv.* day after tomorrow I-2
demain matin/après-midi/ soir *adv.* tomorrow morning/ afternoon/evening I-2
demander (à) *v.* to ask (*someone*), to make a request (*of someone*) I-6
  demander que... *v.* to ask that... II-6
démarrer *v.* to start up II-3
déménager *v.* to move out I-8, II-P
demie half I-2
  et demie half past ... (o'clock) I-2
demi-frère *m.* half-brother, stepbrother I-3
demi-sœur *f.* half-sister, stepsister I-3
démissionner *v.* to resign II-5
dent *f.* tooth II-1
  brosse à dents *f.* tooth brush II-2
  se brosser les dents *v.* to brush one's teeth II-1
dentifrice *m.* toothpaste II-2
dentiste *m., f.* dentist I-3
départ *m.* departure I-7
dépasser *v.* to go over; to pass II-3
dépense *f.* expenditure, expense II-4
dépenser *v.* to spend I-4
  dépenser de l'argent *v.* to spend money I-4
déposer de l'argent *v.* to deposit money II-4
déprimé(e) *adj.* depressed II-2
depuis *adv.* since; for II-1
dernier/dernière *adj.* last I-2
dernièrement *adv.* lastly, finally I-8, II-P
derrière *prep.* behind I-3
des *part. art., m., f., pl.* some I-4
des (de + les) *m., f., pl.* of the I-3
dès que *adv.* as soon as II-5
désagréable *adj.* unpleasant I-1
descendre (de) *v.* to go downstairs; to get off; to take down I-6
désert *m.* desert II-6
désirer (que) *v.* to want (that) I-5
désolé(e) *adj.* sorry I-6
  être désolé(e) que... to be sorry that... II-6
desquelles (de + lesquelles) *pron., f., pl.* which ones II-5
desquels (de + lesquels) *pron., m., pl.* which ones II-5

dessert *m.* dessert I-6
dessin animé *m.* cartoon II-7
dessiner *v.* to draw I-2
détester *v.* to hate I-2
  Je déteste... I hate... I-2
détruire *v.* to destroy I-6
détruit (détruire) *p.p., adj.*
  destroyed I-6
deux *m.* two I-1
deuxième *adj.* second I-7
devant *prep.* in front of I-3
développer *v.* to develop II-6
devenir *v.* to become II-1
devoir *m.* homework I-2; *v.* to
  have to, must II-1
dictionnaire *m.* dictionary I-1
différemment *adv.* differently
  I-8, II-P
différence *f.* difference I-1
différent(e) *adj.* different I-1
difficile *adj.* difficult I-1
dimanche *m.* Sunday I-2
dîner *m.* dinner II-1; *v.* to have
  dinner I-2
diplôme *m.* diploma, degree I-2
dire *v.* to say I-7
  Ça te dit? Does that appeal
  to you? II-6
  ça veut dire that is to say II-2
  veut dire *v.* means, signifies
  II-1
diriger *v.* to manage II-5
discret/discrète *adj.* discreet;
  unassuming I-3
discuter *v.* discuss I-6
disque *m.* disk II-3
  compact disque *m.* compact
  disc I-3
  disque dur *m.* hard drive II-3
dissertation *f.* essay II-3
distributeur automatique/de
  billets *m.* ATM II-4
dit (dire) *p.p., adj.* said I-7
divorce *m.* divorce I-6
divorcé(e) *adj.* divorced I-3
divorcer *v.* to divorce I-3
dix *m.* ten I-1
dix-huit *m.* eighteen I-1
dixième *adj.* tenth I-7
dix-neuf *m.* nineteen I-1
dix-sept *m.* seventeen I-1
documentaire *m.*
  documentary II-7
doigt *m.* finger II-2
doigt de pied *m.* toe II-2
domaine *m.* field II-5
dommage *m.* harm II-6
  Il est dommage que... It's a
  shame that... II-6
donc *conj.* therefore I-7
donner (à) *v.* to give (*to*
  someone) I-2

dont *rel. pron.* of which; of
  whom; that II-3
dormir *v.* to sleep I-5
dos *m.* back II-2
  sac à dos *m.* backpack I-1
douane *f.* customs I-7
douche *f.* shower I-8, II-P
  prendre une douche *v.* to
  take a shower II-2
doué(e) *adj.* talented, gifted II-7
douleur *f.* pain II-2
douter (que) *v.* to doubt
  (that) II-7
douteux/douteuse *adj.*
  doubtful II-7
  Il est douteux que... It is
  doubtful that... II-7
doux/douce *adj.* sweet; soft I-3
douze *m.* twelve I-1
dramaturge *m.* playwright II-7
drame (psychologique) *m.*
  (psychological) drama II-7
draps *m., pl.* sheets I-8, II-P
droit *m.* law I-2
droite *f.* the right (side) I-3
  à droite de *prep.* to the right
  of I-3
drôle *adj.* funny I-3
du *part. art., m., sing.* some I-4
du (de + le) *m., sing.* of the I-3
dû (devoir) *p.p., adj. (used with*
  infinitive) had to; *(used with*
  noun) due, owed II-1
duquel (de + lequel) *pron., m.,*
  sing. which one II-5

           E

eau (minérale) *f.* (mineral)
  water I-4
  carafe d'eau *f.* pitcher of
  water II-1
écharpe *f.* scarf I-6
échecs *m., pl.* chess I-5
échouer *v.* to fail I-2
éclair *m.* éclair I-4
école *f.* school I-2
écologie *f.* ecology II-6
écologique *adj.* ecological II-6
économie *f.* economics I-2
écotourisme *m.* ecotourism II-6
écouter *v.* to listen (to) I-2
écouteurs *m.* headphones II-3
écran *m.* screen 11
écrire *v.* to write I-7
écrivain/femme écrivain *m., f.*
  writer I-7
écrit (écrire) *p.p., adj.* written I-7
écureuil *m.* squirrel II-6
éducation physique *f.* physical
  education I-2

effacer *v.* to erase II-3
effet de serre *m.* greenhouse
  effect II-6
égaler *v.* to equal I-3
église *f.* church I-4
égoïste *adj.* selfish I-1
Eh! *interj.* Hey! I-2
électrique *adj.* electric I-8, II-P
  appareil électrique/ménager
  m. electrical/household
  appliance I-8, II-P
électricien/électricienne *m., f.*
  electrician II-5
élégant(e) *adj.* elegant 1
élevé *adj.* high II-5
élève *m., f.* pupil, student I-1
elle *pron., f.* she; it I-1; her I-3
  elle est... she/it is... I-1
elles *pron., f.* they I-1; them I-3
  elles sont... they are... I-1
e-mail *m.* e-mail II-3
emballage (en plastique) *m.*
  (plastic) wrapping/
  packaging II-6
embaucher *v.* to hire II-5
embrayage *m. (automobile)*
  clutch II-3
émission (de télévision) *f.*
  (television) program II-7
emménager *v.* to move in
  I-8, II-P
emmener *v.* to take (*someone*) I-5
emploi *m.* job II-5
  emploi à mi-temps/à temps
  partiel *m.* part-time job II-5
  emploi à plein temps *m.*
  full-time job II-5
employé(e) *m., f.* employee II-5
employer *v.* to use, to employ I-5
emprunter *v.* to borrow II-4
en *prep.* in I-3
  en automne in the fall I-5
  en avance early I-2
  en avoir marre to be fed up I-6
  en effet indeed; in fact II-6
  en été in the summer I-5
  en face (de) *prep.* facing,
  across (from) I-3
  en fait in fact I-7
  en général *adv.* in general
  I-8, II-P
  en hiver in the winter I-5
  en plein air in fresh air II-6
  en retard late I-2
  en tout cas in any case 6
  en vacances on vacation 7
  être en ligne to be online II-3
en *pron.* some of it/them; about
  it/them; of it/them; from it/
  them II-2
  Je vous en prie. *form.*
  Please.; You're welcome. I-1

Qu'en penses-tu? What do you think about that? II-6
enceinte *adj.* pregnant II-2
Enchanté(e). Delighted. I-1
encore *adv.* again; still I-3
endroit *m.* place I-4
énergie (nucléaire/solaire) *f.* (nuclear/solar) energy II-6
enfance *f.* childhood I-6
enfant *m., f.* child I-3
enfin *adv.* finally, at last I-7
enlever la poussière *v.* to dust I-8, II-P
ennuyeux/ennuyeuse *adj.* boring I-3
énorme *adj.* enormous, huge I-2
enregistrer *v.* to record II-3
enregistreur DVR *m.* DVR II-3
enseigner *v.* to teach I-2
ensemble *adv.* together I-6
ensuite *adv.* then, next I-7
entendre *v.* to hear I-6
entracte *m.* intermission II-7
entre *prep.* between I-3
entrée *f.* appetizer, starter II-1
entreprise *f.* firm, business II-5
entrer *v.* to enter I-7
entretien: passer un entretien *to have an interview* II-5
enveloppe *f.* envelope II-4
envie *f.* desire, envy I-2
avoir envie (de) to feel like *(doing something)* I-2
environnement *m.* environment II-6
envoyer (à) *v.* to send *(to someone)* I-5
épargne *f.* savings II-4
compte d'épargne *m.* savings account II-4
épicerie *f.* grocery store I-4
épouser *v.* to marry I-3
épouvantable *adj.* dreadful 5
Il fait un temps épouvantable. The weather is dreadful. I-5
époux/épouse *m., f.* husband/ wife I-3
équipe *f.* team I-5
escalier *m.* staircase I-8, II-P
escargot *m.* escargot, snail II-1
espace *m.* space II-6
Espagne *f.* Spain 7
espagnol(e) *adj.* Spanish I-1
espèce (menacée) *f.* (endangered) species II-6
espérer *v.* to hope I-5
essayer *v.* to try I-5
essence *f.* gas II-3
réservoir d'essence *m.* gas tank II-3

voyant d'essence *m.* gas warning light II-3
essentiel(le) *adj.* essential II-6
Il est essentiel que... It is essential that... II-6
essuie-glace *m.* **(essuie-glaces** *pl.*) windshield wiper(s) II-3
essuyer (la vaisselle/la table) *v.* to wipe (the dishes/ the table) I-8, II-P
est *m.* east II-4
Est-ce que... ? *(used in forming questions)* I-2
et *conj.* and I-1
Et toi? *fam.* And you? I-1
Et vous? *form.* And you? I-1
étage *m.* floor I-7
étagère *f.* shelf I-8, II-P
étape *f.* stage I-6
état civil *m.* marital status I-6
États-Unis *m., pl.* United States I-7
été *m.* summer I-5
en été in the summer I-5
été (être) *p.p.* been I-6
éteindre *v.* to turn off II-3
éternuer *v.* to sneeze II-2
étoile *f.* star II-6
étranger/étrangère *adj.* foreign I-2
langues étrangères *f., pl.* foreign languages I-2
étranger *m. (places that are)* abroad, overseas I-7
à l'étranger abroad, overseas I-7
étrangler *v.* to strangle II-5
être *v.* to be I-1
être bien/mal payé(e) to be well/badly paid II-5
être connecté(e) avec quelqu'un to be online with someone I-7, II-3
être en ligne avec to be online with II-3
être en pleine forme to be in good shape II-2
études (supérieures) *f., pl.* studies; (higher) education I-2
étudiant(e) *m., f.* student I-1
étudier *v.* to study I-2
eu (avoir) *p.p.* had I-6
eux *disj. pron., m., pl.* they, them I-3
évidemment *adv.* obviously, evidently; of course I-8, II-P
évident(e) *adj.* evident, obvious II-7
Il est évident que... It is evident that... II-7
évier *m.* sink I-8, II-P

éviter (de) *v.* to avoid *(doing something)* II-2
exactement *adv.* exactly II-1
examen *m.* exam; test I-1
être reçu(e) à un examen *v.* to pass an exam I-2
passer un examen *v.* to take an exam I-2
Excuse-moi. *fam.* Excuse me. I-1
Excusez-moi. *form.* Excuse me. I-1
exercice *m.* exercise II-2
faire de l'exercice *v.* to exercise II-2
exigeant(e) *adj.* demanding II-5
profession (exigeante) *f.* a (demanding) profession II-5
exiger (que) *v.* to demand (that) II-6
expérience (professionnelle) *f.* (professional) experi- ence II-5
expliquer *v.* to explain I-2
explorer *v.* to explore I-4
exposition *f.* exhibit II-7
extinction *f.* extinction II-6

F

facile *adj.* easy I-2
facilement *adv.* easily I-8, II-P
facteur *m.* mailman II-4
faculté *f.* university; faculty I-1
faible *adj.* weak I-3
faim *f.* hunger I-4
avoir faim *v.* to be hungry I-4
faire *v.* to do; to make I-5
faire attention (à) *v.* to pay attention (to) I-5
faire quelque chose de beau *v.* to be up to something interesting II-4
faire de l'aérobic *v.* to do aerobics I-5
faire de la gym *v.* to work out I-5
faire de la musique *v.* to play music II-5
faire de la peinture *v.* to paint II-7
faire de la planche à voile *v.* to go windsurfing I-5
faire de l'exercice *v.* to exercise II-2
faire des projets *v.* to make plans II-5
faire du camping *v.* to go camping I-5
faire du cheval *v.* to go horseback riding I-5
faire du jogging *v.* to go jogging I-5

faire du shopping *v.* to go shopping I-7
faire du ski *v.* to go skiing I-5
faire du sport *v.* to do sports I-5
faire du vélo *v.* to go bike riding I-5
faire la connaissance de *v.* to meet (*someone*) I-5
faire la cuisine *v.* to cook I-5
faire la fête *v.* to party I-6
faire la lessive *v.* to do the laundry I-8, II-P
faire la poussière *v.* to dust I-8, II-P
faire la queue *v.* to wait in line II-4
faire la vaisselle *v.* to do the dishes I-8, II-P
faire le lit *v.* to make the bed I-8, II-P
faire le ménage *v.* to do the housework I-8, II-P
faire le plein *v.* to fill the tank II-3
faire les courses *v.* to run errands II-1
faire les musées *v.* to go to museums II-7
faire les valises *v.* to pack one's bags I-7
faire mal *v.* to hurt II-2
faire plaisir à quelqu'un *v.* to please someone II-5
faire sa toilette *v.* to wash up II-2
faire une piqûre *v.* to give a shot 10
faire une promenade *v.* to go for a walk I-5
faire une randonnée *v.* to go for a hike I-5
faire un séjour *v.* to spend time (*somewhere*) I-7
faire un tour (en voiture) *v.* to go for a walk (drive) I-5
faire visiter *v.* to give a tour I-8, II-P
fait (faire) *p.p., adj.* done; made I-6
falaise *f.* cliff II-6
faut (falloir) *v. (used with infinitive)* is necessary to... I-5
  Il a fallu... It was necessary to... I-6
  Il fallait... One had to... I-8, II-P
  Il faut que... One must.../It is necessary that... II-6
fallu (falloir) *p.p. (used with infinitive)* had to... I-6
  Il a fallu... It was necessary to... I-6

famille *f.* family I-3
fatigué(e) *adj.* tired I-3
fauteuil *m.* armchair I-8, II-P
favori/favorite *adj.* favorite I-3
fax *m.* fax (machine) II-3
félicitations congratulations II-7
femme *f.* woman; wife I-1
  femme d'affaires businesswoman I-3
  femme au foyer housewife II-5
  femme auteur author II-7
  femme cadre executive II-5
  femme écrivain writer II-7
  femme peintre painter II-7
  femme politique politician II-5
  femme pompier firefighter II-5
  femme sculpteur sculptor II-7
fenêtre *f.* window I-1
fer à repasser *m.* iron I-8, II-P
férié(e) *adj.* holiday I-6
  jour férié *m.* holiday I-6
fermé(e) *adj.* closed II-4
fermer *v.* to close; to shut off II-3
festival (festivals *pl.***)** *m.* festival II-7
fête *f.* party; celebration I-6
  faire la fête *v.* to party I-6
fêter *v.* to celebrate I-6
feu de signalisation *m.* traffic light II-4
feuille de papier *f.* sheet of paper I-1
feuilleton *m.* soap opera II-7
février *m.* February I-5
fiancé(e) *adj.* engaged I-3
fiancé(e) *m., f.* fiancé I-6
fichier *m.* file II-3
fier/fière *adj.* proud I-3
fièvre *f.* fever II-2
  avoir de la fièvre *v.* to have a fever II-2
fille *f.* girl; daughter I-1
film (d'aventures, d'horreur, de science-fiction, policier) *m.* (adventure, horror, science-fiction, crime) film II-7
fils *m.* son I-3
fin *f.* end II-7
finalement *adv.* finally I-7
fini (finir) *p.p., adj.* finished, done, over I-4
finir (de) *v.* to finish (*doing something*) I-4
fleur *f.* flower I-8, II-P
fleuve *m.* river II-6
fois *f.* time I-8, II-P
  une fois *adv.* once I-8, II-P
  deux fois *adv.* twice I-8, II-P
fonctionner *v.* to work, to function II-3
fontaine *f.* fountain II-4

foot(ball) *m.* soccer I-5
  football américain *m.* football I-5
forêt (tropicale) *f.* (tropical) forest II-6
formation *f.* education; training II-5
forme *f.* shape; form II-2
  être en pleine forme *v.* to be in good shape II-2
formidable *adj.* great I-7
formulaire *m.* form II-4
  remplir un formulaire to fill out a form II-4
fort(e) *adj.* strong I-3
fou/folle *adj.* crazy I-3
four (à micro-ondes) *m.* (microwave) oven I-8, II-P
fourchette *f.* fork II-1
frais/fraîche *adj.* fresh; cool I-5
  Il fait frais. (*weather*) It is cool. I-5
fraise *f.* strawberry II-1
français(e) *adj.* French I-1
France *f.* France I-7
franchement *adv.* frankly, honestly I-8, II-P
freiner *v.* to brake II-3
freins *m., pl.* brakes II-3
fréquenter *v.* to frequent; to visit I-4
frère *m.* brother I-3
  beau-frère *m.* brother-in-law I-3
  demi-frère *m.* half-brother, stepbrother I-3
frigo *m.* refrigerator I-8, II-P
frisé(e) *adj.* curly I-3
frites *f., pl.* French fries I-4
froid *m.* cold I-2
  avoir froid to be cold I-2
  Il fait froid. (*weather*) It is cold. I-5
fromage *m.* cheese I-4
fruit *m.* fruit II-1
fruits de mer *m., pl.* seafood II-1
fumer *v.* to smoke II-2
funérailles *f., pl.* funeral II-1
furieux/furieuse *adj.* furious II-6
  être furieux/furieuse que... *v.* to be furious that... II-6

G

gagner *v.* to win I-5; to earn II-5
gant *m.* glove I-6
garage *m.* garage I-8, II-P
garanti(e) *adj.* guaranteed 5
garçon *m.* boy I-1
garder la ligne *v.* to stay slim II-2
gare (routière) *f.* train station (bus station) I-7
gaspillage *m.* waste II-6

gaspiller *v.* to waste II-6
gâteau *m.* cake I-6
gauche *f.* the left (side) I-3
  à gauche (de) *prep.* to the left (of) I-3
gazeux/gazeuse *adj.* carbonated, fizzy 4
  boisson gazeuse *f.* carbonated drink/beverage I-4
généreux/généreuse *adj.* generous I-3
génial(e) *adj.* great I-3
genou *m.* knee II-2
genre *m.* genre II-7
gens *m., pl.* people I-7
gentil/gentille *adj.* nice I-3
gentiment *adv.* nicely I-8, II-P
géographie *f.* geography I-2
gérant(e) *m., f.* manager II-5
gestion *f.* business administration I-2
glace *f.* ice cream I-6
glaçon *m.* ice cube I-6
glissement de terrain *m.* landslide II-6
golf *m.* golf I-5
enfler *v.* to swell II-2
gorge *f.* throat II-2
goûter *m.* afternoon snack II-1; *v.* to taste II-1
gouvernement *m.* government II-6
grand(e) *adj.* big I-3
  grand magasin *m.* department store I-4
grand-mère *f.* grandmother I-3
grand-père *m.* grandfather I-3
grands-parents *m., pl.* grandparents I-3
gratin *m.* gratin II-1
gratuit(e) *adj.* free II-7
grave *adj.* serious II-2
  Ce n'est pas grave. It's okay.; No problem. I-6
graver *v.* to record, to burn (CD, DVD) II-3
grille-pain *m.* toaster I-8, II-P
grippe *f.* flu II-2
gris(e) *adj.* gray I-6
gros(se) *adj.* fat I-3
grossir *v.* to gain weight I-4
guérir *v.* to get better II-2
guitare *f.* guitar II-7
gym *f.* exercise I-5
  faire de la gym *v.* to work out I-5
gymnase *m.* gym I-4

H
---

habitat *m.* habitat II-6
  sauvetage des habitats *m.* habitat preservation II-6

habiter (à) *v.* to live (in/at) I-2
haricots verts *m., pl.* green beans II-1
Hein? *interj.* Huh?; Right? I-3
herbe *f.* grass II-6
hésiter (à) *v.* to hesitate (*to do something*) II-3
heure(s) *f.* hour, o'clock; time I-2
  à ... heure(s) at ... (o'clock) I-4
  À quelle heure? What time?; When? I-2
  À tout à l'heure. See you later. I-1
  Quelle heure avez-vous? *form.* What time do you have? I-2
  Quelle heure est-il? What time is it? I-2
heureusement *adv.* fortunately I-8, II-P
heureux/heureuse *adj.* happy I-3
  être heureux/heureuse que... to be happy that... II-6
hier (matin/après-midi/soir) *adv.* yesterday (morning/afternoon/evening) I-7
  avant-hier *adv.* day before yesterday I-7
histoire *f.* history; story I-2
hiver *m.* winter I-5
  en hiver in the winter I-5
homme *m.* man I-1
  homme d'affaires *m.* businessman I-3
  homme politique *m.* politician II-5
honnête *adj.* honest II-7
honte *f.* shame I-2
  avoir honte (de) *v.* to be ashamed (of) I-2
hôpital *m.* hospital I-4
horloge *f.* clock I-1
hors-d'œuvre *m.* hors d'œuvre, appetizer II-1
hôte/hôtesse *m., f.* host I-6
hôtel *m.* hotel I-7
hôtelier/hôtelière *m., f.* hotel keeper I-7
huile *f.* oil II-1
  huile *f.* (automobile) oil II-3
  huile d'olive *f.* olive oil II-1
  vérifier l'huile to check the oil II-3
  voyant d'huile *m.* oil warning light II-3
huit *m.* eight I-1
huitième *adj.* eighth I-7
humeur *f.* mood I-8, II-P
  être de bonne/mauvaise humeur *v.* to be in a good/bad mood I-8, II-P

I
---

ici *adv.* here I-1
idée *f.* idea I-3
il *sub. pron.* he; it I-1
  il est... he/it is... I-1
  Il n'y a pas de quoi. It's nothing.; You're welcome. I-1
  Il vaut mieux que... It is better that... II-6
Il faut (falloir) *v. (used with infinitive)* It is necessary to... I-6
  Il a fallu... It was necessary to... I-6
  Il fallait... One had to... I-8, II-P
  Il faut (que)... One must.../ It is necessary that... II-6
il y a there is/are I-1
  il y a eu there was/were 6
  il y avait there was/were I-8, II-P
  Qu'est-ce qu'il y a? What is it?; What's wrong? I-1
  Y a-t-il... ? Is/Are there... ? I-2
il y a... *(used with an expression of time)* ... ago II-1
île *f.* island II-6
ils *sub. pron., m., pl.* they I-1
  ils sont... they are... I-1
immeuble *m.* building I-8, II-P
impatient(e) *adj.* impatient I-1
imperméable *m.* rain jacket I-5
important(e) *adj.* important I-1
  Il est important que... It is important that... II-6
impossible *adj.* impossible II-7
  Il est impossible que... It is impossible that... II-7
imprimante *f.* printer II-3
imprimer *v.* to print II-3
incendie *m.* fire II-6
  prévenir l'incendie to prevent a fire II-6
incroyable *adj.* incredible II-3
indépendamment *adv.* independently I-8, II-P
indépendant(e) *adj.* independent I-1
indications *f.* directions II-4
indiquer *v.* to indicate I-5
indispensable *adj.* essential, indispensable II-6
  Il est indispensable que... It is essential that... II-6
individuel(le) *adj.* single, individual I-7
  chambre individuelle *f.* single (hotel) room I-7
infirmier/infirmière *m., f.* nurse II-2

informations (infos) *f., pl.* news II-7
informatique *f.* computer science I-2
ingénieur *m.* engineer I-3
inquiet/inquiète *adj.* worried I-3
instrument *m.* instrument I-1
intellectuel(le) *adj.* intellectual I-3
intelligent(e) *adj.* intelligent I-1
interdire *v.* to forbid, to prohibit II-6
intéressant(e) *adj.* interesting I-1
inutile *adj.* useless I-2
invité(e) *m., f.* guest I-6
inviter *v.* to invite I-4
irlandais(e) *adj.* Irish I-7
Irlande *f.* Ireland I-7
Italie *f.* Italy I-7
italien(ne) *adj.* Italian I-1

J

jaloux/jalouse *adj.* jealous I-3
jamais *adv.* never I-5
  ne... jamais never, not ever II-4
jambe *f.* leg II-2
jambon *m.* ham I-4
janvier *m.* January I-5
Japon *m.* Japan I-7
japonais(e) *adj.* Japanese I-1
jardin *m.* garden; yard I-8, II-P
jaune *adj.* yellow I-6
je/j' *sub. pron.* I I-1
  Je vous en prie. *form.* Please.; You're welcome. I-1
jean *m., sing.* jeans I-6
jeter *v.* to throw away II-6
jeu *m.* game I-5
  jeu télévisé *m.* game show II-7
  jeu vidéo (des jeux vidéo) *m.* video game(s) II-3
jeudi *m.* Thursday I-2
jeune *adj.* young I-3
  jeunes mariés *m., pl.* newlyweds I-6
jeunesse *f.* youth I-6
  auberge de jeunesse *f.* youth hostel I-7
jogging *m.* jogging I-5
  faire du jogging *v.* to go jogging I-5
joli(e) *adj.* handsome; beautiful I-3
joue *f.* cheek II-2
jouer (à/de) *v.* to play (*a sport/a musical instrument*) I-5

  jouer un rôle *v.* to play a role II-7
joueur/joueuse *m., f.* player I-5
jour *m.* day I-2

jour de congé *m.* day off I-7
jour férié *m.* holiday I-6
Quel jour sommes-nous? *What day is it?* I-2
journal *m.* newspaper; journal I-7
journaliste *m., f.* journalist I-3
journée *f.* day I-2
juillet *m.* July I-5
juin *m.* June I-5
jungle *f.* jungle II-6
jupe *f.* skirt I-6
jus (d'orange/de pomme) *m.* (orange/apple) juice I-4
jusqu'à (ce que) *prep.* until II-4
juste *adv.* just; right I-3
  juste à côté right next door I-3

K

kilo(gramme) *m.* kilo(gram) II-1
kiosque *m.* kiosk I-4

L

l' *def. art., m., f. sing.* the I-1; *d.o. pron., m., f. him; her; it* I-7
la *def. art., f. sing.* the I-1; *d.o. pron., f. her; it* I-7
là(-bas) (over) there I-1
-là (*used with demonstrative adjective* **ce** *and noun or with demonstrative pronoun* **celui**) there I-6
lac *m.* lake II-6
laid(e) *adj.* ugly I-3
laine *f.* wool II-4
laisser *v.* to let, to allow II-3
  laisser tranquille *v.* to leave alone II-2
  laisser un message *v.* to leave a message II-5
  laisser un pourboire *v.* to leave a tip I-4
lait *m.* milk I-4
laitue *f.* lettuce II-1
lampe *f.* lamp I-8, II-P
langues (étrangères) *f., pl.* (foreign) languages I-2
lapin *m.* rabbit II-6
laquelle *pron., f., sing.* which one II-5
  à laquelle *pron., f., sing.* which one II-5
  de laquelle *pron., f., sing.* which one II-5
large *adj.* loose; big I-6
lavabo *m.* bathroom sink I-8, II-P
lave-linge *m.* washing machine I-8, II-P
laver *v.* to wash I-8, II-P
laverie *f.* laundromat II-4

lave-vaisselle *m.* dishwasher I-8, II-P
le *def. art., m. sing.* the I-1; *d.o. pron.* him; it I-7
lecteur MP3 / (de) CD/ DVD *m.* MP3/CD/DVD player II-3
légume *m.* vegetable II-1
lent(e) *adj.* slow I-3
lequel *pron., m., sing.* which one II-5
  auquel (à + lequel) *pron., m., sing.* which one II-5
  duquel (de + lequel) *pron., m., sing.* which one II-5
les *def. art., m., f., pl.* the I-1; *d.o. pron., m., f., pl.* them I-7
lesquelles *pron., f., pl.* which ones II-5
  auxquelles (à + lesquelles) *pron., f., pl.* which ones II-5
  desquelles (de + lesquelles) *pron., f., pl.* which ones II-5
lesquels *pron., m., pl.* which ones II-5
  auxquels (à + lesquels) *pron., m., pl.* which ones II-5
  desquels (de + lesquels) *pron., m., pl.* which ones II-5
lessive *f.* laundry I-8, II-P
  faire la lessive *v.* to do the laundry I-8, II-P
lettre *f.* letter II-4
  boîte aux lettres *f.* mailbox II-4
  lettre de motivation *f.* letter of application II-5
  lettre de recommandation *f.* letter of recommendation, reference letter II-5
lettres *f., pl.* humanities I-2
leur *i.o. pron., m., f., pl.* them I-6
leur(s) *poss. adj., m., f.* their I-3
librairie *f.* bookstore I-1
libre *adj.* available I-7
lien *m.* link II-3
lieu *m.* place I-4
ligne *f.* figure, shape II-2
  garder la ligne *v.* to stay slim II-2
limitation de vitesse *f.* speed limit II-3
limonade *f.* lemon soda I-4
linge *m.* laundry I-8, II-P
  lave-linge *m.* washing machine I-8, II-P
  sèche-linge *m.* clothes dryer I-8, II-P
liquide *m.* cash (*money*) II-4
  payer en liquide *v.* to pay in cash II-4
lire *v.* to read I-7
lit *m.* bed I-7

faire le lit *v.* to make the bed I-8, II-P
littéraire *adj.* literary II-7
littérature *f.* literature I-1
livre *m.* book I-1
logement *m.* housing I-8, II-P
logiciel *m.* software, program II-3
loi *f.* law II-6
loin de *prep.* far from I-3
loisir *m.* leisure activity I-5
long(ue) *adj.* long I-3
  chemise à manches longues *f.* long-sleeved shirt I-6
longtemps *adv.* a long time I-5
louer *v.* to rent I-8, II-P
loyer *m.* rent I-8, II-P
lu (lire) *p.p.* read I-7
lui *pron., sing.* he I-1; him I-3; *i.o. pron.* (*attached to imperative*) to him/her II-1
l'un(e) à l'autre to one another II-3
l'un(e) l'autre one another II-3
lundi *m.* Monday I-2
Lune *f.* moon II-6
lunettes (de soleil) *f., pl.* (sun)glasses I-6
lycée *m.* high school I-1
lycéen(ne) *m., f.* high school student I-2

M

ma *poss. adj., f., sing.* my I-3
Madame *f.* Ma'am; Mrs. I-1
Mademoiselle *f.* Miss I-1
magasin *m.* store I-4
  grand magasin *m.* department store I-4
magazine *m.* magazine II-7
magnétophone *m.* tape recorder II-3
magnétoscope *m.* videocassette recorder (VCR) II-3
mai *m.* May I-5
maigrir *v.* to lose weight I-4
maillot de bain *m.* swimsuit, bathing suit I-6
main *f.* hand I-5
  sac à main *m.* purse, handbag I-6
maintenant *adv.* now I-5
maintenir *v.* to maintain II-1
mairie *f.* town/city hall; mayor's office II-4
mais *conj.* but I-1
  mais non (but) of course not; no I-2
maison *f.* house I-4
  rentrer à la maison *v.* to return home I-2
mal *adv.* badly I-7

Je vais mal. I am doing badly. I-1
le plus mal *super. adv.* the worst II-1
  se porter mal *v.* to be doing badly II-2
mal *m.* illness; ache, pain II-2
  avoir mal *v.* to have an ache II-2
  avoir mal au cœur *v.* to feel nauseated II-2
  faire mal *v.* to hurt II-2
malade *adj.* sick, ill II-2
  tomber malade *v.* to get sick II-2
maladie *f.* illness II-5
  assurance maladie *f.* health insurance II-5
malheureusement *adv.* unfortunately I-2
malheureux/malheureuse *adj.* unhappy I-3
manche *f.* sleeve I-6
  chemise à manches courtes/ longues *f.* short-/long-sleeved shirt I-6
manger *v.* to eat I-2
  salle à manger *f.* dining room I-8, II-P
manteau *m.* coat I-6
maquillage *m.* makeup II-2
marchand de journaux *m.* newsstand II-4
marché *m.* market I-4
  bon marché *adj.* inexpensive I-6
marcher *v.* to walk (*person*) I-5; to work (*thing*) II-3
mardi *m.* Tuesday I-2
mari *m.* husband I-3
mariage *m.* marriage; wedding (*ceremony*) I-6
marié(e) *adj.* married I-3
mariés *m., pl.* married couple I-6
  jeunes mariés *m., pl.* newlyweds I-6
marocain(e) *adj.* Moroccan I-1
marron *adj., inv.* (not for hair) brown I-3
mars *m.* March I-5
martiniquais(e) *adj.* from Martinique I-1
match *m.* game I-5
mathématiques (maths) *f., pl.* mathematics I-2
matin *m.* morning I-2
  ce matin *adv.* this morning I-2
  demain matin *adv.* tomorrow morning I-2
  hier matin *adv.* yesterday morning I-7
matinée *f.* morning I-2
mauvais(e) *adj.* bad I-3
  Il fait mauvais. The weather is bad. I-5

le/la plus mauvais(e) *super. adj.* the worst II-1
mayonnaise *f.* mayonnaise II-1
me/m' *pron., sing.* me; myself I-6
mec *m.* guy II-2
mécanicien *m.* mechanic II-3
mécanicienne *f.* mechanic II-3
méchant(e) *adj.* mean I-3
médecin *m.* doctor I-3
médicament (contre/pour) *m.* medication (against/for) II-2
meilleur(e) *comp. adj.* better II-1
  le/la meilleur(e) *super. adj.* the best II-1
membre *m.* member II-7
même *adj.* even I-5; same
-même(s) *pron.* -self/-selves I-6
menacé(e) *adj.* endangered II-6
  espèce menacée *f.* endangered species II-6
ménage *m.* housework I-8, II-P
  faire le ménage *v.* to do housework I-8, II-P
ménager/ménagère *adj.* household I-8, II-P
  appareil ménager *m.* household appliance I-8, II-P
  tâche ménagère *f.* household chore I-8, II-P
mention *f.* distinction II-5
menu *m.* menu II-1
mer *f.* sea I-7
Merci (beaucoup). Thank you (very much). I-1
mercredi *m.* Wednesday I-2
mère *f.* mother I-3
  belle-mère *f.* mother-in-law; stepmother I-3
mes *poss. adj., m., f., pl.* my I-3
message *m.* message II-5
  laisser un message *v.* to leave a message II-5
messagerie *f.* voicemail II-5
météo *f.* weather II-7
métier *m.* profession II-5
métro *m.* subway I-7
  station de métro *f.* subway station I-7
metteur en scène *m.* director (*of a play*) II-7
mettre *v.* to put, to place 6
  mettre la table to set the table I-8, II-P
meuble *m.* piece of furniture I-8, II-P
mexicain(e) *adj.* Mexican I-1
Mexique *m.* Mexico I-7
Miam! *interj.* Yum! I-5
micro-onde *m.* microwave oven I-8, II-P
  four à micro-ondes *m.* microwave oven I-8, II-P
midi *m.* noon I-2

après-midi *m.* afternoon I-2
mieux *comp. adv.* better II-1
  aimer mieux *v.* to prefer I-2
  le mieux *super. adv.* the best II-1
  se porter mieux *v.* to be doing better II-2
mille *m.* one thousand I-5
  cent mille *m.* one hundred thousand I-5
million, un *m.* one million I-5
  deux millions *m.* two million I-5
minuit *m.* midnight I-2
miroir *m.* mirror I-8, II-P
mis (mettre) *p.p.* put, placed I-6
mode *f.* fashion I-2
modeste *adj.* modest II-5
moi *disj. pron., sing.* I, me I-3; *pron. (attached to an imperative)* to me, to myself II-1
  Moi aussi. Me too. I-1
  Moi non plus. Me neither. I-2
moins *adv.* before … (o'clock) I-2
moins (de) *adv.* less (of); fewer I-4
  le/la moins *super. adv. (used with verb or adverb)* the least II-1
  le moins de… *(used with noun to express quantity)* the least… II-6
  moins de… que… *(used with noun to express quantity)* less… than… II-6
mois *m.* month I-2
  ce mois-ci this month I-2
moment *m.* moment I-1
mon *poss. adj., m., sing.* my I-3
monde *m.* world I-7
moniteur *m.* monitor II-3
monnaie *f.* change, coins; money II-4
Monsieur *m.* Sir; Mr. I-1
montagne *f.* mountain I-4
monter *v.* to go up, to come up; to get in/on I-7
montre *f.* watch I-1
montrer (à) *v.* to show (*to someone*) I-6
morceau (de) *m.* piece, bit (of) I-4
mort *f.* death I-6
mort (mourir) *p.p., adj. (as past participle)* died; *(as adjective)* dead I-7
mot de passe *m.* password II-3
moteur *m.* engine II-3
mourir *v.* to die I-7
moutarde *f.* mustard II-1
moyen(ne) *adj.* medium I-3
  de taille moyenne of medium height I-3
MP3 *m.* MP3 II-3
mur *m.* wall I-8, II-P
musée *m.* museum I-4

faire les musées *v.* to go to museums II-7
musical(e) *adj.* musical II-7
  comédie musicale *f.* musical II-7
musicien(ne) *m., f.* musician I-3
musique: faire de la musique *v.* to play music II-7

N

nager *v.* to swim I-4
naïf/naïve *adj.* naïve I-3
naissance *f.* birth I-6
naître *v.* to be born I-7
nappe *f.* tablecloth II-1
nationalité *f.* nationality I-1
  Je suis de nationalité… I am of … nationality. I-1
  Quelle est ta nationalité? *fam.* What is your nationality? I-1
  Quelle est votre nationalité? *fam., pl., form.* What is your nationality? I-1
nature *f.* nature II-6
naturel(le) *adj.* natural II-6
  ressource naturelle *f.* natural resource II-6
né (naître) *p.p., adj.* born I-7
ne/n' no, not I-1
  ne… aucun(e) none, not any II-4
  ne… jamais never, not ever II-4
  ne… ni… ni… neither… nor… II-4
  ne… pas no, not I-2
  ne… personne nobody, no one II-4
  ne… plus no more, not anymore II-4
  ne… que only II-4
  ne… rien nothing, not anything II-4
  N'est-ce pas? *(tag question)* Isn't it? I-2
nécessaire *adj.* necessary II-6
  Il est nécessaire que… It is necessary that… II-6
neiger *v.* to snow I-5
  Il neige. It is snowing. I-5
nerveusement *adv.* nervously I-8, II-P
nerveux/nerveuse *adj.* nervous I-3
nettoyer *v.* to clean I-5
neuf *m.* nine I-1
neuvième *adj.* ninth I-7
neveu *m.* nephew I-3
nez *m.* nose II-2
ni nor II-4

ne… ni… ni… neither… nor II-4
nièce *f.* niece I-3
niveau *m.* level II-5
noir(e) *adj.* black I-3
non no I-2
  mais non (but) of course not; no I-2
nord *m.* north II-4
nos *poss. adj., m., f., pl.* our I-3
note *f. (academics)* grade I-2
notre *poss. adj., m., f., sing.* our I-3
nourriture *f.* food, sustenance II-1
nous *pron.* we I-1; us I-3; ourselves II-2
nouveau/nouvelle *adj.* new I-3
nouvelles *f., pl.* news II-7
novembre *m.* November I-5
nuage de pollution *m.* pollution cloud II-6
nuageux/nuageuse *adj.* cloudy I-5
  Le temps est nuageux. It is cloudy. I-5
nucléaire *adj.* nuclear II-6
  centrale nucléaire *f.* nuclear plant II-6
  énergie nucléaire *f.* nuclear energy II-6
nuit *f.* night I-2
  boîte de nuit *f.* nightclub I-4
nul(le) *adj.* useless I-2
numéro *m.* (telephone) number II-3
  composer un numéro *v.* to dial a number II-3
  recomposer un numéro *v.* to redial a number II-3

O

objet *m.* object I-1
obtenir *v.* to get, to obtain II-5
occupé(e) *adj.* busy I-1
octobre *m.* October I-5
œil (les yeux) *m.* eye (eyes) II-2
œuf *m.* egg II-1
œuvre *f.* artwork, piece of art II-7
  chef-d'œuvre *m.* masterpiece II-7
  hors-d'œuvre *m.* hors d'œuvre, starter II-1
offert (offrir) *p.p.* offered II-3
office du tourisme *m.* tourist office II-4
offrir *v.* to offer II-3
oignon *m.* onion II-1
oiseau *m.* bird I-3
olive *f.* olive II-1
  huile d'olive *f.* olive oil II-1
omelette *f.* omelette I-5
on *sub. pron., sing.* one (we) I-1
  on y va let's go II-2

oncle *m.* uncle I-3
onze *m.* eleven I-1
onzième *adj.* eleventh I-7
opéra *m.* opera II-7
optimiste *adj.* optimistic I-1
orageux/orageuse *adj.*
   stormy I-5
   Le temps est orageux. It is
   stormy. I-5
orange *adj. inv.* orange I-6;
   f. orange II-1
orchestre *m.* orchestra II-7
ordinateur *m.* computer I-1
ordonnance *f.* prescription II-2
ordures *f., pl.* trash II-6
   ramassage des ordures *m.*
   garbage collection II-6
oreille *f.* ear II-2
oreiller *m.* pillow I-8, II-P
organiser (une fête) *v.* to
   organize/to plan (a party) I-6
origine *f.* heritage I-1
   Je suis d'origine... I am of...
   heritage. I-1
orteil *m.* toe II-2
ou *or* I-3
où *adv., rel. pron.* where 4
ouais *adv.* yeah I-2
oublier (de) *v.* to forget (*to do
   something*) I-2
ouest *m.* west II-4
oui *adv.* yes I-2
ouvert (ouvrir) *p.p., adj. (as past
   participle)* opened; *(as adjective)*
   open II-3
ouvrier/ouvrière *m., f.* worker,
   laborer II-5
ouvrir *v.* to open II-3
ozone *m.* ozone II-6
   **trou dans la couche
   d'ozone** *m.* hole in the ozone
   layer II-6

P

page d'accueil *f.* home page II-3
pain (de campagne) *m.*
   (country-style) bread I-4
panne *f.* breakdown,
   malfunction II-3
   tomber en panne *v.* to break
   down II-3
pantalon *m., sing.* pants I-6
pantoufle *f.* slipper II-2
papeterie *f.* stationery store II-4
papier *m.* paper I-1
   corbeille à papier
   f. wastebasket I-1
   feuille de papier *f.* sheet of
   paper I-1
paquet cadeau *m.* wrapped
   gift I-6
par *prep.* by I-3

par jour/semaine/mois/an
   per day/week/month/year I-5
parapluie *m.* umbrella I-5
parc *m.* park I-4
parce que *conj.* because I-2
Pardon. Pardon (me). I-1
Pardon? What? I-4
pare-brise *m.* windshield II-3
pare-chocs *m.* bumper II-3
parents *m., pl.* parents I-3
paresseux/paresseuse *adj.*
   lazy I-3
parfait(e) *adj.* perfect I-4
parfois *adv.* sometimes I-5
parking *m.* parking lot II-3
parler (à) *v.* to speak (to) I-6
   parler (au téléphone) *v.* to
   speak (on the phone) I-2
partager *v.* to share I-2
partir *v.* to leave I-5
   partir en vacances *v.* to go
   on vacation I-7
pas (de) *adv.* no, none II-4
   ne... pas no, not I-2
   pas de problème no
   problem II-4
   pas du tout not at all I-2
   pas encore not yet I-8, II-P
   Pas mal. Not badly. I-1
passager/passagère *m., f.*
   passenger I-7
passeport *m.* passport I-7
passer *v.* to pass by; to spend
   time I-7
   passer chez quelqu'un *v.* to
   stop by someone's house I-4
   passer l'aspirateur *v.* to
   vacuum I-8, II-P
   passer un examen *v.* to take
   an exam I-2
passe-temps *m.* pastime,
   hobby I-5
pâté (de campagne) *m.* pâté,
   meat spread II-1
pâtes *f., pl.* pasta II-1
patiemment *adv.* patiently
   I-8, II-P
patient(e) *m., f.* patient II-2;
   adj. patient I-1
patienter *v.* to wait (on the
   phone), to be on hold II-5
patiner *v.* to skate I-4
pâtisserie *f.* pastry shop, bakery,
   pastry II-1
patron(ne) *m., f.* boss II-5
pauvre *adj.* poor I-3
payé (payer) *p.p., adj.* paid II-5
   être bien/mal payé(e) *v.* to
   be well/badly paid II-5
payer *v.* to pay I-5
   **payer avec une carte de
   crédit** *v.* to pay with a credit
   card II-4

payer en liquide *v.* to pay in
   cash II-4
   payer par chèque *v.* to pay
   by check II-4
pays *m.* country I-7
peau *f.* skin II-2
pêche *f.* fishing I-5; peach II-1
   aller à la pêche *v.* to go
   fishing I-5
peigne *m.* comb II-2
peintre/femme peintre *m., f.*
   painter II-7
peinture *f.* painting II-7
pendant (que) *prep.* during,
   while I-7
   pendant *(with time expression)*
   prep. for II-1
pénible *adj.* tiresome I-3
penser (que) *v.* to think (that) I-2
   ne pas penser que... to not
   think that... II-7
   Qu'en penses-tu? What do
   you think about that? II-6
perdre *v.* to lose I-6
   perdre son temps *v.* to lose/
   to waste time I-6
perdu *p.p., adj.* lost II-4
   être perdu(e) to be lost II-4
père *m.* father I-3
   beau-père *m.* father-in-law;
   stepfather I-3
permettre (de) *v.* to allow (*to
   do something*) I-6
permis *m.* permit; license II-3
   permis de conduire *m.* driver's
   license II-3
permis (permettre) *p.p., adj.*
   permitted, allowed I-6
personnage (principal) *m.*
   (main) character II-7
personne *f.* person I-1; *pron.* no
   one II-4
   ne... personne nobody, no
   one II-4
pessimiste *adj.* pessimistic I-1
petit(e) *adj.* small I-3; short
   (*stature*) I-3
   petit(e) ami(e) *m., f.* boy-
   friend/girlfriend I-1
petit-déjeuner *m.* breakfast II-1
petite-fille *f.* granddaughter I-3
petit-fils *m.* grandson I-3
petits-enfants *m., pl.* grandchildren I-3
petits pois *m., pl.* peas II-1
peu (de) *adv.* little; not much
   (of) I-2
peur *f.* fear I-2
   avoir peur (de/que) *v.* to be
   afraid (of/that) I-2
peut-être *adv.* maybe, perhaps I-2
phares *m., pl.* headlights II-3
pharmacie *f.* pharmacy II-2

pharmacien(ne) *m., f.* pharmacist II-2
philosophie *f.* philosophy I-2
photo(graphie) *f.* photo (graph) I-3
physique *f.* physics I-2
piano *m.* piano II-7
pièce *f.* room I-8, II-P
pièce de théâtre *f.* play II-7
pièces de monnaie *f., pl.* change II-4
pied *m.* foot II-2
pierre *f.* stone II-6
pilule *f.* pill II-2
pique-nique *m.* picnic II-6
piqûre *f.* shot, injection II-2
   faire une piqûre *v.* to give a shot II-2
pire *comp. adj.* worse II-1
   le/la pire *super. adj.* the worst II-1
piscine *f.* pool I-4
placard *m.* closet; cupboard I-8, II-P
place *f.* square; place I-4; *f.* seat II-7
plage *f.* beach I-7
plaisir *m.* pleasure, enjoyment II-5
   faire plaisir à quelqu'un *v.* to please someone II-5
plan *m.* map I-7
   utiliser un plan *v.* to use a map I-7
planche à voile *f.* windsurfing I-5
   faire de la planche à voile *v.* to go windsurfing I-5
planète *f.* planet II-6
   sauver la planète *v.* to save the planet II-6
plante *f.* plant II-6
plastique *m.* plastic II-6
   emballage en plastique *m.* plastic wrapping/packaging II-6
plat (principal) *m.* (main) dish II-1
plein air *m.* outdoor, open-air II-6
pleine forme *f.* good shape, good state of health II-2
   être en pleine forme *v.* to be in good shape II-2
pleurer *v.* to cry
pleuvoir *v.* to rain I-5
   Il pleut. It is raining. I-5
plombier *m.* plumber II-5
plu (pleuvoir) *p.p.* rained I-6
pluie acide *f.* acid rain II-6
plus *adv. (used in comparatives, superlatives, and expressions of quantity)* more I-4
   le/la plus ... *super. adv. (used with adjective)* the most II-1
   le/la plus mauvais(e) *super. adj.* the worst II-1

le plus *super. adv. (used with verb or adverb)* the most II-1
le plus de... *(used with noun to express quantity)* the most... II-6
le plus mal *super. adv.* the worst II-1
plus... que *(used with adjective)* more... than II-1
plus de more of I-4
plus de... que *(used with noun to express quantity)* more... than II-6
plus mal *comp. adv.* worse II-1
plus mauvais(e) *comp. adj.* worse II-1
plus *adv.* no more, not anymore II-4
   ne... plus no more, not anymore II-4
plusieurs *adj.* several I-4
plutôt *adv.* rather I-2
pneu (crevé) *m.* (flat) tire II-3
   vérifier la pression des pneus *v.* to check the tire pressure II-3
poème *m.* poem II-7
poète/poétesse *m., f.* poet II-7
point *m. (punctuation mark)* period II-3
poire *f.* pear II-1
poisson *m.* fish I-3
poissonnerie *f.* fish shop II-1
poitrine *f.* chest II-2
poivre *m. (spice)* pepper II-1
poivron *m. (vegetable)* pepper II-1
poli(e) *adj.* polite I-1
police *f.* police II-3
   agent de police *m.* police officer II-3
   commissariat de police *m.* police station II-4
policier *m.* police officer II-3
   film policier *m.* detective film II-7
policière *f.* police officer II-3
poliment *adv.* politely I-8, II-P
politique *adj.* political I-2
   femme politique *f.* politician II-5
   homme politique *m.* politician II-5
   sciences politiques (sciences po) *f., pl.* political science I-2
polluer *v.* to pollute II-6
pollution *f.* pollution II-6
   nuage de pollution *m.* pollution cloud II-6
pomme *f.* apple II-1
pomme de terre *f.* potato II-1
pompier/femme pompier *m., f.* firefighter II-5
pont *m.* bridge II-4

population croissante *f.* growing population II-6
porc *m.* pork II-1
portable *m.* cell phone II-3
porte *f.* door I-1
porter *v.* to wear I-6
portière *f.* car door II-3
portrait *m.* portrait I-5
poser une question (à) *v.* to ask *(someone)* a question I-6
posséder *v.* to possess, to own I-5
possible *adj.* possible II-7
   Il est possible que... It is possible that... II-6
poste *f.* postal service; post office II-4
   bureau de poste *m.* post office II-4
poste *m.* position II-5
poste de télévision *m.* television set II-3
poster une lettre *v.* to mail a letter II-4
postuler *v.* to apply II-5
poulet *m.* chicken II-1
pour *prep.* for I-5
   pour qui? for whom? I-4
   pour rien for no reason I-4
   pour que so that II-7
pourboire *m.* tip I-4
   laisser un pourboire *v.* to leave a tip I-4
pourquoi? *adv.* why? I-2
poussière *f.* dust I-8, II-P
   enlever/faire la poussière *v.* to dust I-8, II-P
pouvoir *v.* to be able to; can II-1
pratiquer *v.* to play regularly, to practice I-5
préféré(e) *adj.* favorite, preferred I-2
préférer (que) *v.* to prefer (that) I-5
premier *m.* the first *(day of the month)* I-5
   C'est le 1ᵉʳ (premier) octobre. It is October first. I-5
premier/première *adj.* first I-2
prendre *v.* to take I-4; to have I-4
   prendre sa retraite *v.* to retire I-6
   prendre un train/avion/ taxi/autobus/bateau *v.* to take a train/plane/taxi/bus/ boat I-7
   prendre un congé *v.* to take time off II-5
   prendre une douche *v.* to take a shower II-2
   prendre (un) rendez-vous *v.* to make an appointment II-5
préparer *v.* to prepare (for) I-2

près (de) *prep.* close (to), near I-3
  tout près (de) very close
  (to) II-4
présenter *v.* to present, to
  introduce II-7
  Je te présente… *fam.* I would
  like to introduce… to you. I-1
  Je vous présente… *fam., form.*
  I would like to introduce… to
  you. I-1
préservation *f.* protection II-6
préserver *v.* to preserve II-6
presque *adv.* almost I-2
pressé(e) *adj.* hurried II-1
pression *f.* pressure II-3
  vérifier la pression des pneus
  to check the tire pressure II-3
prêt(e) *adj.* ready I-3
prêter (à) *v.* to lend
  (*to someone*) I-6
prévenir l'incendie *v.* to prevent
  a fire II-6
principal(e) *adj.* main,
  principal II-1
  personnage principal *m.*
  main character II-7
  plat principal *m.* main dish II-1
printemps *m.* spring I-5
  au printemps in the spring I-5
pris (prendre) *p.p., adj.* taken I-6
prix *m.* price I-4
problème *m.* problem I-1
prochain(e) *adj.* next I-2
produire *v.* to produce I-6
produit *m.* product II-6
produit (produire) *p.p., adj.*
  produced I-6
professeur *m.* teacher, professor I-1
profession (exigeante) *f.*
  (demanding) profession II-5
professionnel(le) *adj.*
  professional II-5
  expérience professionnelle *f.*
  professional experience II-5
profiter (de) *v.* to take advantage
  (of); to enjoy II-7
programme *m.* program II-7
projet *m.* project II-5
  faire des projets *v.* to make
  plans II-5
promenade *f.* walk, stroll I-5
  faire une promenade *v.* to go
  for a walk I-5
promettre *v.* to promise I-6
promis (promettre) *p.p., adj.*
  promised I-6
promotion *f.* promotion II-5
proposer (que) *v.* to propose
  (that) II-6
  proposer une solution *v.* to
  propose a solution II-6
propre *adj.* clean I-8, II-P

propriétaire *m., f.* owner I-8, II-P;
  landlord/landlady I-8, II-P
protection *f.* protection II-6
protéger *v.* to protect 5
psychologie *f.* psychology I-2
psychologique *adj.*
  psychological II-7
psychologue *m., f.* psychologist II-5
pu (pouvoir) *p.p. (used with
  infinitive)* was able to 9
publicité (pub) *f.* advertisement II-7
publier *v.* to publish II-7
puis *adv.* then I-7
pull *m.* sweater I-6
pur(e) *adj.* pure II-6

Q

quand *adv.* when I-4
  **C'est quand l'anniversaire
  de … ?** When is …'s
  birthday? I-5
  **C'est quand ton/votre
  anniversaire?** When is your
  birthday? I-5
quarante *m.* forty I-1
quart *m.* quarter I-2
  et quart a quarter after…
  (o'clock) I-2
quartier *m.* area,
  neighborhood I-8, II-P
quatorze *m.* fourteen I-1
quatre *m.* four I-1
quatre-vingts *m.* eighty I-3
quatre-vingt-dix *m.* ninety I-3
quatrième *adj.* fourth I-7
que/qu' *rel. pron.* that; which II-3;
  conj. than II-1, II-6
  plus/moins … que *(used with
  adjective)* more/less … than II-1
  plus/moins de … que *(used
  with noun to express quantity)*
  more/less … than II-6
que/qu'…? *interr. pron.* what? I-4
  Qu'en penses-tu? What do
  you think about that? II-6
  Qu'est-ce que c'est? What is
  it? I-1
  Qu'est-ce qu'il y a? What is
  it?; What's wrong? I-1
que *adv.* only II-4
  ne… que only II-4
québécois(e) *adj.* from Quebec I-1
quel(le)(s)? *interr. adj.* which? I-4;
  what? I-4
  À quelle heure? What time?;
  When? I-2
  Quel jour sommes-nous?
  What day is it? I-2
  Quelle est la date? What is
  the date? I-5

Quelle est ta nationalité?
  fam. What is your nationality? I-1
  Quelle est votre nationalité?
  form. What is your nationality? I-1
  Quelle heure avez-vous?
  form. What time do you have? I-2
  Quelle heure est-il? What
  time is it? I-2
  Quelle température fait-il?
  (weather) What is the
  temperature? I-5
  Quel temps fait-il? What is
  the weather like? I-5
quelqu'un *pron.* someone II-4
quelque chose *m.* something;
  anything I-4
  Quelque chose ne va pas.
  Something's not right. I-5
quelquefois *adv.* sometimes
  I-8, II-P
quelques *adj.* some I-4
question *f.* question I-6
  poser une question (à) to ask
  (*someone*) a question I-6
queue *f.* line II-4
  faire la queue *v.* to wait in
  line II-4
qui? *interr. pron.* who? I-4;
  whom? I-4; *rel. pron.* who,
  that II-3
  à qui? to whom? I-4
  avec qui? with whom? I-4
  C'est de la part de qui? On
  behalf of whom? II-5
  Qui est à l'appareil? Who's
  calling, please? II-5
  Qui est-ce? Who is it? I-1
quinze *m.* fifteen I-1
quitter (la maison) *v.* to leave
  (the house) I-4
  Ne quittez pas. Please
  hold. II-5
quoi? *interr. pron.* what? I-1
  Il n'y a pas de quoi. It's
  nothing.; You're welcome. I-1
  quoi que ce soit whatever it
  may be II-5

R

raccrocher *v.* to hang up II-5
radio *f.* radio II-7
  à la radio on the radio II-7
raide *adj.* straight I-3
raison *f.* reason; right I-2
  avoir raison *v.* to be right I-2
ramassage des ordures *m.*
  garbage collection II-6
randonnée *f.* hike I-5
  faire une randonnée *v.* to go
  for a hike I-5
ranger *v.* to tidy up, to put away
  I-8, II-P

rapide *adj.* fast I-3
rapidement *adv.* rapidly I-8, II-P
rarement *adv.* rarely I-5
rasoir *m.* razor II-2
ravissant(e) *adj.* beautiful; delightful II-5
réalisateur/réalisatrice *m., f.* director (*of a movie*) II-7
récent(e) *adj.* recent II-7
réception *f.* reception desk I-7
recevoir *v.* to receive II-4
réchauffement de la Terre *m.* global warming II-6
rechercher *v.* to search for, to look for II-5
recommandation *f.* recommendation II-5
recommander (que) *v.* to recommend (that) II-6
recomposer (un numéro) *v.* to redial (a number) II-3
reconnaître *v.* to recognize I-8, II-P
reconnu (reconnaître) *p.p., adj.* recognized I-8, II-P
reçu *m.* receipt II-4
reçu (recevoir) *p.p., adj.* received I-7
  être reçu(e) à un examen to pass an exam I-2
recyclage *m.* recycling II-6
recycler *v.* to recycle II-6
redémarrer *v.* to restart, to start again II-3
réduire *v.* to reduce I-6
réduit (réduire) *p.p., adj.* reduced I-6
référence *f.* reference II-5
réfléchir (à) *v.* to think (about), to reflect (on) I-4
refuser (de) *v.* to refuse (*to do something*) II-3
regarder *v.* to watch I-2
  Ça ne nous regarde pas. That has nothing to do with us.; That is none of our business. II-6
régime *m.* diet II-2
  être au régime *v.* to be on a diet II-1
région *f.* region II-6
regretter (que) *v.* to regret (that) II-6
remplir (un formulaire) *v.* to fill out (a form) II-4
rencontrer *v.* to meet I-2
rendez-vous *m.* date; appointment I-6
  prendre (un) rendez-vous *v.* to make an appointment II-5
rendre (à) *v.* to give back, to return (to) I-6
  rendre visite (à) *v.* to visit I-6

rentrer (à la maison) *v.* to return (home) I-2
  rentrer (dans) *v.* to hit II-3
renvoyer *v.* to dismiss, to let go II-5
réparer *v.* to repair II-3
repartir *v.* to go back II-7
repas *m.* meal II-1
repasser *v.* to take again II-7
  repasser (le linge) *v.* to iron (the laundry) I-8, II-P
  fer à repasser *m.* iron I-8, II-P
répéter *v.* to repeat; to rehearse I-5
répondeur (téléphonique) *m.* answering machine II-3
répondre (à) *v.* to respond, to answer (to) I-6
réseau (social) *m.* (social) network II-3
réservation *f.* reservation I-7
  annuler une réservation *v.* to cancel a reservation I-7
réservé(e) *adj.* reserved I-1
réserver *v.* to reserve I-7
réservoir d'essence *m.* gas tank II-3
résidence universitaire *f.* dorm I-8, II-P
ressource naturelle *f.* natural resource II-6
restaurant *m.* restaurant I-4
  restaurant universitaire (resto U) *m.* university cafeteria I-2
rester *v.* to stay I-7
résultat *m.* result I-2
retenir *v.* to keep, to retain II-1
retirer (de l'argent) *v.* to withdraw (money) II-4
retourner *v.* to return I-7
retraite *f.* retirement I-6
  prendre sa retraite *v.* to retire I-6
retraité(e) *m., f.* retired person II-5
retrouver *v.* to find (again); to meet up with I-2
rétroviseur *m.* rear-view mirror II-3
réunion *f.* meeting II-5

réussir (à) *v.* to succeed (*in doing something*) I-4
réussite *f.* success II-5
réveil *m.* alarm clock II-2
revenir *v.* to come back II-1
rêver (de) *v.* to dream about II-3
revoir *v.* to see again II-7
  Au revoir. Good-bye. I-1
revu (revoir) *p.p.* seen again II-7
rez-de-chaussée *m.* ground floor I-7

rhume *m.* cold II-2
ri (rire) *p.p.* laughed I-6
rideau *m.* curtain I-8, II-P
rien *m.* nothing II-4
  De rien. You're welcome. I-1
  ne... rien nothing, not anything II-4
  ne servir à rien *v.* to be good for nothing II-1
rire *v.* to laugh I-6
rivière *f.* river II-6
riz *m.* rice II-1
robe *f.* dress I-6
rôle *m.* role II-6
  jouer un rôle *v.* to play a role II-7
roman *m.* novel II-7
rose *adj.* pink I-6
roue (de secours) *f.* (emergency) tire II-3
rouge *adj.* red I-6
rouler en voiture *v.* to ride in a car I-7
rue *f.* street II-3
  suivre une rue *v.* to follow a street II-4

S

s'adorer *v.* to adore one another II-3
s'aider *v.* to help one another II-3
s'aimer (bien) *v.* to love (like) one another II-3
s'allumer *v.* to light up II-3
s'amuser *v.* to play; to have fun II-2
  s'amuser à *v.* to pass time by II-3
s'apercevoir *v.* to notice; to realize II-4
s'appeler *v.* to be named, to be called II-2
  Comment t'appelles-tu? *fam.* What is your name? I-1
  Comment vous appelez-vous? *form.* What is your name? I-1
  Je m'appelle... My name is... I-1
s'arrêter *v.* to stop II-2
s'asseoir *v.* to sit down II-2
sa *poss. adj., f., sing.* his; her; its I-3
sac *m.* bag I-1
  sac à dos *m.* backpack I-1
  sac à main *m.* purse, handbag I-6
sain(e) *adj.* healthy II-2
saison *f.* season I-5
salade *f.* salad II-1
salaire (élevé/modeste) *m.* (high/low) salary II-5
  augmentation de salaire *f.* raise in salary II-5

sale *adj.* dirty I-8, II-P
salir *v.* to soil, to make dirty I-8, II-P
salle *f.* room I-8, II-P
  salle à manger *f.* dining room I-8, II-P
  salle de bains *f.* bathroom I-8, II-P
  salle de classe *f.* classroom I-1
  salle de séjour *f.* living/family room I-8, II-P
salon *m.* formal living room, sitting room I-8, II-P
  salon de beauté *m.* beauty salon II-4
Salut! Hi!; Bye! I-1
samedi *m.* Saturday I-2
sandwich *m.* sandwich I-4
sans *prep.* without I-8, II-P
  sans que *conj.* without II-7
santé *f.* health II-2
  être en bonne/mauvaise santé *v.* to be in good/bad health II-2
saucisse *f.* sausage II-1
sauvegarder *v.* to save II-3
sauver (la planète) *v.* to save (the planet) II-6
sauvetage des habitats *m.* habitat preservation II-6
savoir *v.* to know (*facts*), to know how to do something I-8, II-P
  savoir (que) *v.* to know (that) II-7
  Je n'en sais rien. I don't know anything about it. II-6
savon *m.* soap II-2
sciences *f., pl.* science I-2
  sciences politiques (sciences po) *f., pl.* political science I-2
sculpture *f.* sculpture II-7
sculpteur/femme sculpteur *m., f.* sculptor II-7
se/s' *pron., sing., pl. (used with reflexive verb)* himself; herself; itself; 10 *(used with reciprocal verb)* each other II-3
séance *f.* show; screening II-7
se blesser *v.* to hurt oneself II-2
se brosser (les cheveux/les dents) *v.* to brush one's (hair/teeth) II-1
se casser *v.* to break II-2
sèche-linge *m.* clothes dryer I-8, II-P
se coiffer *v.* to do one's hair II-2
se connaître *v.* to know one another II-3
se coucher *v.* to go to bed II-2
secours *m.* help II-3
  Au secours! Help! II-3
s'écrire *v.* to write one another II-3

sécurité *f.* security; safety
  attacher sa ceinture de sécurité *v.* to buckle one's seatbelt II-3
se dépêcher *v.* to hurry II-2
se déplacer *v.* to move, to change location II-4
se déshabiller *v.* to undress II-2
se détendre *v.* to relax II-2
se dire *v.* to tell one another II-3
se disputer (avec) *v.* to argue (with) II-2
se donner *v.* to give one another II-3
se fouler (la cheville) *v.* to twist/to sprain one's (ankle) II-2
se garer *v.* to park II-3
seize *m.* sixteen I-1
séjour *m.* stay I-7
  faire un séjour *v.* to spend time (*somewhere*) I-7
  salle de séjour *f.* living room I-8, II-P
sel *m.* salt II-1
se laver (les mains) *v.* to wash oneself (one's hands) II-2
se lever *v.* to get up, to get out of bed II-2
semaine *f.* week I-2
  cette semaine this week I-2
s'embrasser *v.* to kiss one another II-3
se maquiller *v.* to put on makeup II-2
se mettre *v.* to put (*something*) on (yourself) II-2
  se mettre à *v.* to begin to II-2
  se mettre en colère *v.* to become angry II-2
s'endormir *v.* to fall asleep, to go to sleep II-2
s'énerver *v.* to get worked up, to become upset II-2
sénégalais(e) *adj.* Senegalese I-1
s'ennuyer *v.* to get bored II-2
s'entendre bien (avec) *v.* to get along well (with one another) II-2
sentier *m.* path II-6
sentir *v.* to feel; to smell; to sense I-5
séparé(e) *adj.* separated I-3
se parler *v.* to speak to one another II-3
se porter mal/mieux *v.* to be ill/better II-2
se préparer (à) *v.* to get ready; to prepare (*to do something*) II-2
se promener *v.* to take a walk II-2
sept *m.* seven I-1
septembre *m.* September I-5
septième *adj.* seventh I-7
se quitter *v.* to leave one another II-3

se raser *v.* to shave oneself II-2
se réconcilier *v.* to make up II-7
se regarder *v.* to look at oneself; to look at each other II-2
se relever *v.* to get up again II-2
se rencontrer *v.* to meet one another, to make each other's acquaintance II-3
se rendre compte *v.* to realize II-2
se reposer *v.* to rest II-2
se retrouver *v.* to meet one another (*as planned*) II-3
se réveiller *v.* to wake up II-2
se sécher *v.* to dry oneself II-2
se sentir *v.* to feel II-2
sérieux/sérieuse *adj.* serious I-3
serpent *m.* snake II-6
serre *f.* greenhouse II-6
  effet de serre *m.* greenhouse effect II-6
serré(e) *adj.* tight I-6
serveur/serveuse *m., f.* server I-4
serviette *f.* napkin II-1
  serviette (de bain) *f.* (bath) towel II-2
servir *v.* to serve I-5
ses *poss. adj., m., f., pl.* his; her; its I-3
se souvenir (de) *v.* to remember II-2
se téléphoner *v.* to phone one another II-3
se tourner *v.* to turn (oneself) around II-2
se tromper (de) *v.* to be mistaken (about) II-2
se trouver *v.* to be located II-2
seulement *adv.* only I-8, II-P
s'habiller *v.* to dress II-2
shampooing *m.* shampoo II-2
shopping *m.* shopping I-7
  faire du shopping *v.* to go shopping I-7
short *m., sing.* shorts I-6
si *conj.* if II-5
si *adv. (when contradicting a negative statement or question)* yes I-2
signer *v.* to sign II-4
S'il te plaît. *fam.* Please. I-1
S'il vous plaît. *form.* Please. I-1
sincère *adj.* sincere I-1
s'inquiéter *v.* to worry II-2
s'intéresser (à) *v.* to be interested (in) II-2
site Internet/web *m.* web site II-3
six *m.* six I-1
sixième *adj.* sixth I-7
ski *m.* skiing I-5
  faire du ski *v.* to go skiing I-5
  station de ski *f.* ski resort I-7
skier *v.* to ski I-5

smartphone *m.* smartphone II-3

SMS *m.* text message II-3

s'occuper (de) *v.* to take care (*of something*), to see to II-2

sociable *adj.* sociable I-1

sociologie *f.* sociology I-1

sœur *f.* sister I-3
    belle-sœur *f.* sister-in-law I-3
    demi-sœur *f.* half-sister, stepsister I-3

soie *f.* silk II-4

soif *f.* thirst I-4
    avoir soif *v.* to be thirsty I-4

soir *m.* evening I-2
    ce soir *adv.* this evening I-2
    demain soir *adv.* tomorrow evening I-2
    du soir *adv.* in the evening I-2
    hier soir *adv.* yesterday evening I-7

soirée *f.* evening I-2

sois (être) *imp. v.* be I-2

soixante *m.* sixty I-1

soixante-dix *m.* seventy I-3

solaire *adj.* solar II-6
    énergie solaire *f.* solar energy II-6

soldes *f., pl.* sales I-6

soleil *m.* sun I-5
    Il fait (du) soleil. It is sunny. I-5

solution *f.* solution II-6
    proposer une solution *v.* to propose a solution II-6

sommeil *m.* sleep I-2
    avoir sommeil *v.* to be sleepy I-2

son *poss. adj., m., sing.* his; her; its I-3

sonner *v.* to ring II-3

s'orienter *v.* to get one's bearings II-4

sorte *f.* sort, kind II-7

sortie *f.* exit I-7

sortir *v.* to go out, to leave I-5; to take out I-8, II-P
    sortir la/les poubelle(s) *v.* to take out the trash I-8, II-P

soudain *adv.* suddenly I-8, II-P

souffrir *v.* to suffer II-3

souffert (souffrir) *p.p.* suffered II-3

souhaiter (que) *v.* to wish (that) II-6

soupe *f.* soup I-4
    cuillère à soupe *f.* soupspoon II-1

sourire *v.* to smile I-6; *m.* smile II-4

souris *f.* mouse II-3

sous *prep.* under I-3

sous-sol *m.* basement I-8, II-P

sous-vêtement *m.* underwear I-6

souvent *adv.* often I-5

soyez (être) *imp. v.* be I-7

soyons (être) *imp. v.* let's be I-7

spécialiste *m., f.* specialist II-5

spectacle *m.* show I-5

spectateur/spectatrice *m., f.* spectator II-7

sport *m.* sport(s) I-5
    faire du sport *v.* to do sports I-5

sportif/sportive *adj.* athletic I-3

stade *m.* stadium I-5

stage *m.* internship; professional training II-5

station (de métro) *f.* (subway) station I-7

station de ski *f.* ski resort I-7

station-service *f.* service station II-3

statue *f.* statue II-4

steak *m.* steak II-1

studio *m.* studio (*apartment*) I-8, II-P

stylisme *m.* **de mode** *f.* fashion design I-2

stylo *m.* pen I-1

su (savoir) *p.p.* known I-8, II-P

sucre *m.* sugar I-4

sud *m.* south II-4

suggérer (que) *v.* to suggest (that) II-6

sujet *m.* subject II-6
    au sujet de on the subject of; about II-6

suisse *adj.* Swiss I-1

Suisse *f.* Switzerland I-7

suivre (un chemin/une rue/un boulevard) *v.* to follow (a path/a street/a boulevard) II-4

supermarché *m.* supermarket II-1

sur *prep.* on I-3

sûr(e) *adj.* sure, certain II-1
    bien sûr of course I-2
    Il est sûr que... It is sure that... II-7
    Il n'est pas sûr que... It is not sure that... II-7

surfer sur Internet *v.* to surf the Internet II-1

surpopulation *f.* overpopulation II-6

surpris (surprendre) *p.p., adj.* surprised I-6
    être surpris(e) que... *v.* to be surprised that... II-6
    faire une surprise à quelqu'un *v.* to surprise someone I-6

surtout *adv.* especially; above all I-2

sympa(thique) *adj.* nice I-1

symptôme *m.* symptom II-2

syndicat *m.* (*trade*) union II-5

ta *poss. adj., f., sing.* your I-3

table *f.* table I-1
    À table! Let's eat! Food is ready! II-1
    débarrasser la table *v.* to clear the table I-8, II-P
    mettre la table *v.* to set the table I-8, II-P

tableau *m.* blackboard; picture I-1; *m.* painting II-7

tablette (tactile) *f.* tablet computer II-3

tâche ménagère *f.* household chore I-8, II-P

taille *f.* size; waist I-6
    de taille moyenne of medium height I-3

tailleur *m.* (*woman's*) suit; tailor I-6

tante *f.* aunt I-3

tapis *m.* rug I-8, II-P

tard *adv.* late I-2
    À plus tard. See you later. I-1

tarte *f.* pie; tart I-8, II-P

tasse (de) *f.* cup (of) I-4

taxi *m.* taxi I-7
    prendre un taxi *v.* to take a taxi I-7

te/t' *pron., sing., fam.* you I-7; yourself II-2

tee-shirt *m.* tee shirt I-6

télécarte *f.* phone card II-5

télécharger *v.* to download II-3

télécommande *f.* remote control II-3

téléphone *m.* telephone I-2
    parler au téléphone *v.* to speak on the phone I-2

téléphoner (à) *v.* to telephone (*someone*) I-2

téléphonique *adj.* (*related to the*) telephone II-4
    cabine téléphonique *f.* phone booth II-4

télévision *f.* television I-1
    à la télé(vision) on television II-7
    chaîne (de télévision) *f.* television channel II-3

tellement *adv.* so much I-2
    Je n'aime pas tellement... I don't like... very much. I-2

température *f.* temperature I-5
    Quelle température fait-il? What is the temperature? I-5

temps *m., sing.* weather I-5
    Il fait un temps épouvantable. The weather is dreadful. I-5
    Le temps est nuageux. It is cloudy. I-5
    Le temps est orageux. It is stormy. I-5

Quel temps fait-il? What is the weather like? I-5
temps *m., sing.* time I-5
de temps en temps *adv.* from time to time I-8, II-P
emploi à mi-temps/à temps partiel *m.* part-time job II-5
emploi à plein temps *m.* full-time job II-5
temps libre *m.* free time I-5
Tenez! (tenir) *imp. v.* Here! II-1
tenir *v.* to hold II-1
tennis *m.* tennis I-5
terrasse (de café) *f.* (café) terrace I-4
Terre *f.* Earth II-6
réchauffement de la Terre *m.* global warming II-6
tes *poss. adj., m., f., pl.* your I-3
tête *f.* head II-2
texto *m.* text message II-3
thé *m.* tea I-4
théâtre *m.* theater II-7
thon *m.* tuna II-1
ticket de bus/métro *m.* bus/subway ticket I-7
Tiens! (tenir) *imp. v.* Here! II-1
timbre *m.* stamp II-4
timide *adj.* shy I-1
tiret *m. (punctuation mark)* dash; hyphen II-3
tiroir *m.* drawer I-8, II-P
toi *disj. pron., sing., fam.* you I-3; *refl. pron., sing., fam. (attached to imperative)* yourself II-2
toi non plus you neither I-2
toilette *f.* washing up, grooming II-2
faire sa toilette to wash up II-2
toilettes *f., pl.* restroom(s) I-8, II-P
tomate *f.* tomato II-1
tomber *v.* to fall I-7
tomber amoureux/amoureuse *v.* to fall in love I-6
tomber en panne *v.* to break down II-3
tomber/être malade *v.* to get/be sick II-2
tomber sur quelqu'un *v.* to run into someone I-7
ton *poss. adj., m., sing.* your I-3
tort *m.* wrong; harm I-2
avoir tort *v.* to be wrong I-2
tôt *adv.* early I-2
toujours *adv.* always I-8, II-P
tour *m.* tour I-5
faire un tour (en voiture) *v.* to go for a walk (drive) I-5
tourisme *m.* tourism II-4
office du tourisme *m.* tourist office II-4
tourner *v.* to turn II-4

tousser *v.* to cough II-2
tout *m., sing.* all I-4
tous les *(used before noun)* all the... I-4
tous les jours *adv.* every day I-8, II-P
toute la *f., sing. (used before noun)* all the... I-4
toutes les *f., pl. (used before noun)* all the... I-4
tout le *m., sing. (used before noun)* all the... I-4
tout le monde everyone II-1
tout(e) *adv. (before adjective or adverb)* very, really I-3
À tout à l'heure. See you later. I-1
tout à coup suddenly I-7
tout à fait absolutely; completely II-4
tout de suite right away I-7
tout droit straight ahead II-4
tout d'un coup *adv.* all of a sudden I-8, II-P
tout près (de) really close by, really close (to) I-3
toxique *adj.* toxic II-6
déchets toxiques *m., pl.* toxic waste II-6
trac *m.* stage fright II-5
traduire *v.* to translate I-6
traduit (traduire) *p.p., adj.* translated I-6
tragédie *f.* tragedy II-7
train *m.* train I-7
tranche *f.* slice II-1
tranquille *adj.* calm, serene II-2
laisser tranquille *v.* to leave alone II-2
travail *m.* work II-4
chercher un/du travail *v.* to look for work II-4
trouver un/du travail *v.* to find a job II-5
travailler *v.* to work I-2
travailleur/travailleuse *adj.* hard-working I-3
traverser *v.* to cross II-4
treize *m.* thirteen I-1
trente *m.* thirty I-1
très *adv. (before adjective or adverb)* very, really I-8, II-P
Très bien. Very well. I-1
triste *adj.* sad I-3
être triste que... *v.* to be sad that... II-6
trois *m.* three I-1
troisième *adj.* third 7
trop (de) *adv.* too many/much (of) I-4
tropical(e) *adj.* tropical II-6
forêt tropicale *f.* tropical forest II-6

trou (dans la couche d'ozone) *m.* hole (in the ozone layer) II-6
troupe *f.* company, troupe II-7
trouver *v.* to find; to think I-2
trouver un/du travail *v.* to find a job II-5
truc *m.* thing I-7
tu *sub. pron., sing., fam.* you I-1

U

un *m. (number)* one I-1
un(e) *indef. art.* a; an I-1
universitaire *adj. (related to the)* university I-1
restaurant universitaire (resto U) *m.* university cafeteria I-2
université *f.* university I-1
urgences *f., pl.* emergency room II-2
aller aux urgences *v.* to go to the emergency room II-2
usine *f.* factory II-6
utile *adj.* useful I-2
utiliser (un plan) *v.* use (a map) I-7

V

vacances *f., pl.* vacation I-7
partir en vacances *v.* to go on vacation I-7
vache *f.* cow II-6
vaisselle *f.* dishes I-8, II-P
faire la vaisselle *v.* to do the dishes I-8, II-P
lave-vaisselle *m.* dishwasher I-8, II-P
valise *f.* suitcase I-7
faire les valises *v.* to pack one's bags I-7
vallée *f.* valley II-6
variétés *f., pl.* popular music II-7
vaut (valloir) *v.*
Il vaut mieux que It is better that II-6
vélo *m.* bicycle I-5
faire du vélo *v.* to go bike riding I-5
velours *m.* velvet II-4
vendeur/vendeuse *m., f.* seller I-6
vendre *v.* to sell I-6
vendredi *m.* Friday I-2
venir *v.* to come II-1
venir de *v. (used with an infinitive)* to have just II-1
vent *m.* wind I-5
Il fait du vent. It is windy. I-5
ventre *m.* stomach II-2

vérifier (l'huile/la pression des pneus) *v.* to check (the oil/the tire pressure) II-3
véritable *adj.* true, real II-4
verre (de) *m.* glass (of) I-4
vers *adv.* about I-2
vert(e) *adj.* green I-3
   haricots verts *m., pl.* green beans II-1
vêtements *m., pl.* clothing I-6
   sous-vêtement *m.* underwear I-6
vétérinaire *m., f.* veterinarian II-5
veuf/veuve *adj.* widowed I-3
veut dire (vouloir dire) *v.* means, signifies II-1
viande *f.* meat II-1
vie *f.* life I-6
   assurance vie *f.* life insurance II-5
vieille *adj., f. (feminine form of vieux)* old I-3
vieillesse *f.* old age I-6
vietnamien(ne) *adj.* Vietnamese I-1
vieux/vieille *adj.* old I-3
ville *f.* city; town I-4
vin *m.* wine I-6
vingt *m.* twenty I-1
vingtième *adj.* twentieth I-7
violet(te) *adj.* purple; violet I-6
violon *m.* violin II-7
visage *m.* face II-2
visite *f.* visit I-6
   rendre visite (à) *v.* to visit (*a person or people*) I-6
visiter *v.* to visit (*a place*) I-2
   faire visiter *v.* to give a tour I-8, II-P
vite *adv.* quickly I-1; quick, hurry I-4
vitesse *f.* speed II-3
voici here is/are I-1
voilà there is/are I-1
voir *v.* to see II-7
voisin(e) *m., f.* neighbor I-3
voiture *f.* car II-3
   faire un tour en voiture *v.* to go for a drive I-5
   rouler en voiture *v.* to ride in a car I-7
vol *m.* flight I-7
volant *m.* steering wheel II-3
volcan *m.* volcano II-6
volley(-ball) *m.* volleyball I-5
volontiers *adv.* willingly II-2
vos *poss. adj., m., f., pl.* your I-3
votre *poss. adj., m., f., sing.* your I-3
vouloir *v.* to want; to mean (*with* **dire**) II-1
   ça veut dire that is to say II-2
   veut dire *v.* means, signifies II-1

vouloir (que) *v.* to want (that) II-6
voulu (vouloir) *p.p., adj. (used with infinitive)* wanted to… ; (*used with noun*) planned to/for II-1
vous *pron., sing., pl., fam., form.* you I-1; *d.o. pron.* you I-7; yourself, yourselves II-2
voyage *m.* trip I-7
   agence de voyages *f.* travel agency I-7
   agent de voyages *m.* travel agent I-7
voyager *v.* to travel I-2
voyant (d'essence/d'huile) *m.* (gas/oil) warning light 11
vrai(e) *adj.* true; real I-3
   Il est vrai que… It is true that… II-7
   Il n'est pas vrai que… It is untrue that… II-7
vraiment *adv.* really, truly I-5
vu (voir) *p.p.* seen II-7

W

W.-C. *m., pl.* restroom(s) I-8, II-P
week-end *m.* weekend I-2
   ce week-end this weekend I-2

Y

y *pron.* there; at (*a place*) II-2
   j'y vais I'm going/coming I-8, II-P
   nous y allons we're going/coming II-1
   on y va let's go II-2
   Y a-t-il… ? Is/Are there… ? I-2
yaourt *m.* yogurt II-1
yeux (œil) *m., pl.* eyes I-3

Z

zéro *m.* zero I-1
zut *interj.* darn I-6

English-French

A

a **un(e)** *indef. art.* I-1
able: to be able to **pouvoir** *v.* II-1
abolish **abolir** *v.* II-6
about **vers** *adv.* I-2
abroad **à l'étranger** I-7
absolutely **absolument**
    adv. I-8, II-P;
    tout à fait *adv.* I-6
accident **accident** *m.* II-2
    to have/to be in an accident
    avoir un accident *v.* II-3
accompany **accompagner** *v.* II-4
account *(at a bank)* **compte**
    m. II-4
    checking account **compte** *m.*
    de chèques II-4
    to have a bank account **avoir**
    un compte bancaire *v.* II-4
accountant **comptable** *m., f.* II-5
acid rain **pluie acide** *f.* II-6
across from **en face de** *prep.* I-3
acquaintance **connaissance** *f.* I-5
active **actif/active** *adj.* I-3
actively **activement** *adv.* I-8, II-P
actor **acteur/actrice** *m., f.* I-1
address **adresse** *f.* II-4
administration: business
    administration **gestion** *f.* I-2
adolescence **adolescence** *f.* I-6
adore **adorer** I-2
    I love… **J'adore…** I-2
    to adore one another
    s'adorer *v.* II-3
adulthood **âge adulte** *m.* I-6
adventure **aventure** *f.* II-7
    adventure film **film** *m.*
    d'aventures II-7
advertisement **publicité (pub)**
    f. II-7
advice **conseil** *m.* II-5
advisor **conseiller/conseillère**
    m., f. II-5
aerobics **aérobic** *m.* I-5
    to do aerobics **faire de**
    l'aérobic *v.* I-5
afraid: to be afraid of/that **avoir**
    peur de/que *v.* II-6
after **après (que)** *adv.* I-7
afternoon **après-midi** *m.* I-2
    … (o'clock) in the afternoon
    … heure(s) de l'après-midi I-2
afternoon snack **goûter** *m.* II-1
again **encore** *adv.* I-3
age **âge** *m.* I-6

agent: travel agent **agent de**
    voyages *m.* I-7
    real estate agent **agent**
    immobilier *m.* II-5
ago *(with an expression of time)*
    il y a… II-1
agree: to agree (with) **être**
    d'accord (avec) *v.* I-2
airport **aéroport** *m.* I-7
alarm clock **réveil** *m.* II-2
Algerian **algérien(ne)** *adj.* I-1
all **tout** *m., sing.* I-4
    all of a sudden **soudain** *adv.*
    I-8, II-P; **tout à coup** *adv.*; **tout**
    d'un coup *adv.* I-7
all right? *(tag question)*
    d'accord? I-2
allergy **allergie** *f.* II-2
allow *(to do something)* **laisser** *v.*
    II-3; **permettre (de)** *v.* I-6
allowed **permis (permettre)**
    p.p., adj. I-6
all the… *(agrees with noun that*
    follows) **tout le…** *m., sing;*
    toute la… *f., sing;* **tous les…**
    m., pl.; **toutes les…** *f., pl.* I-4
almost **presque** *adv.* I-5
a lot (of) **beaucoup (de)** *adv.* I-4
alone: to leave alone **laisser**
    tranquille *v.* II-2
already **déjà** *adv.* I-3
always **toujours** *adv.* I-8, II-P
American **américain(e)** *adj.* I-1
an **un(e)** *indef. art.* I-1
ancient *(placed after noun)*
    ancien(ne) *adj.* II-7
and **et** *conj.* I-1
    And you? **Et toi?**, *fam.;* **Et**
    vous? *form.* I-1
angel **ange** *m.* I-1
angry: to become angry
    s'énerver *v.* II-2; **se mettre**
    en colère *v.* II-2
animal **animal** *m.* II-6
ankle **cheville** *f.* II-2
answering machine **répondeur**
    téléphonique *m.* II-3
apartment **appartement** *m.* I-7
appetizer **entrée** *f.* II-1;
    hors-d'œuvre *m.* II-1
applaud **applaudir** *v.* II-7
applause **applaudissement**
    m. II-7
apple **pomme** *f.* II-1
appliance **appareil** *m.* I-8, II-P
    electrical/household appliance
    appareil *m.* **électrique/**
    ménager I-8, II-P
applicant **candidat(e)** *m., f.* II-5
apply **postuler** *v.* II-5

appointment **rendez-vous** *m.* II-5
    to make an appointment
    prendre (un) rendez-vous
    v. II-5
April **avril** *m.* I-5
architect **architecte** *m., f.* I-3
architecture **architecture** *f.* I-2
Are there…? **Y a-t-il…?** I-2
area **quartier** *m.* I-8, II-P
argue (with) **se disputer**
    (avec) *v.* II-2
arm **bras** *m.* II-2
armchair **fauteuil** *m.* I-8, II-P
armoire **armoire** *f.* I-8, II-P
around **autour (de)** *prep.* II-4
arrival **arrivée** *f.* I-7
arrive **arriver (à)** *v.* I-2
art **art** *m.* I-2
    artwork, piece of art **œuvre**
    f. II-7
    fine arts **beaux-arts** *m., pl.* II-7
artist **artiste** *m., f.* I-3
as *(like)* **comme** *adv.* I-6
    as … as *(used with adjective to*
    compare) **aussi … que** II-1
    as much … as *(used with*
    noun to express comparative
    quality) **autant de … que** II-6
    as soon as **dès que** *adv.* II-5
ashamed: to be ashamed of
    avoir honte de *v.* I-2
ask **demander** *v.* I-2
    to ask *(someone)* **demander**
    (à) *v.* I-6
    to ask *(someone)* a question
    poser une question (à) *v.* I-6
    to ask that… **demander**
    que… II-6
aspirin **aspirine** *f.* II-2
at **à** *prep.* I-4
    at … (o'clock) **à … heure(s)** I-4
    at the doctor's office **chez le**
    médecin *prep.* I-2
    at (someone's) house **chez…**
    prep. I-2
    at the end (of) **au bout (de)**
    prep. II-4
    at last **enfin** *adv.* II-3
athlete **athlète** *m., f.* I-3
ATM **distributeur** *m.* **automa-**
    tique/de billets *m.* II-4
attend **assister** *v.* I-2
August **août** *m.* I-5
aunt **tante** *f.* I-3
author **auteur/femme auteur**
    m., f. II-7
autumn **automne** *m.* I-5
    in autumn **en automne** I-5
available *(free)* **libre** *adj.* I-7
avenue **avenue** *f.* II-4
avoid **éviter de** *v.* II-2

B

back **dos** *m.* II-2
backpack **sac à dos** *m.* I-1
bad **mauvais(e)** *adj.* I-3
   to be in a bad mood **être de mauvaise humeur** I-8, II-P
   to be in bad health **être en mauvaise santé** II-2
badly **mal** *adv.* I-7
   I am doing badly. **Je vais mal.** I-1
   to be doing badly **se porter mal** *v.* II-2
baguette **baguette** *f.* I-4
bakery **boulangerie** *f.* II-1
balcony **balcon** *m.* I-8, II-P
banana **banane** *f.* II-1
bank **banque** *f.* II-4
   to have a bank account **avoir un compte bancaire** *v.* II-4
banker **banquier/banquière** *m., f.* II-5
banking **bancaire** *adj.* II-4
baseball **baseball** *m.* I-5
baseball cap **casquette** *f.* I-6
basement **sous-sol** *m.*; **cave** *f.* I-8, II-P
basketball **basket(-ball)** *m.* I-5
bath **bain** *m.* I-6
bathing suit **maillot de bain** *m.* I-6
bathroom **salle de bains** *f.* I-8, II-P
bathtub **baignoire** *f.* I-8, II-P
be **être** *v.* I-1
   sois (être) *imp. v.* I-7;
   soyez (être) *imp. v.* I-7
beach **plage** *f.* I-7
beans **haricots** *m., pl.* II-1
   green beans **haricots verts** *m., pl.* II-1
bearings: to get one's bearings **s'orienter** *v.* II-4
beautiful **beau (belle)** *adj.* I-3
beauty salon **salon** *m.* **de beauté** II-4
because **parce que** *conj.* I-2
become **devenir** *v.* II-1
bed **lit** *m.* I-7
   to go to bed **se coucher** *v.* II-2
bedroom **chambre** *f.* I-8, II-P
beef **bœuf** *m.* II-1
been **été (être)** *p.p.* I-6
beer **bière** *f.* I-6
before **avant (de/que)** *adv.* I-7
   before (o'clock) **moins** *adv.* I-2
begin (to do something) **commencer (à)** *v.* I-2;
   se mettre à *v.* II-2
beginning **début** *m.* II-7
behind **derrière** *prep.* I-3

Belgian **belge** *adj.* I-7
Belgium **Belgique** *f.* I-7
believe (that) **croire (que)** *v.* II-7
believed **cru (croire)** *p.p.* II-7
belt **ceinture** *f.* I-6
   to buckle one's seatbelt **attacher sa ceinture de sécurité** *v.* II-3
bench **banc** *m.* II-4
best: the best **le mieux** *super. adv.* II-1; **le/la meilleur(e)** *super. adj.* II-1
better **meilleur(e)** *comp. adj.*; **mieux** *comp. adv.* II-1
   It is better that… **Il vaut mieux que/qu'…** II-6
   to be doing better **se porter mieux** *v.* II-2
   to get better *(from illness)* **guérir** *v.* II-2
between **entre** *prep.* I-3
beverage (carbonated) **boisson** *f.* **(gazeuse)** I-4
bicycle **vélo** *m.* I-5
   to go bike riding **faire du vélo** *v.* I-5
big **grand(e)** *adj.* I-3; *(clothing)* **large** *adj.* I-6
bill *(in a restaurant)* **addition** *f.* I-4
bills *(money)* **billets** *m., pl.* II-4
biology **biologie** *f.* I-2
bird **oiseau** *m.* I-3
birth **naissance** *f.* I-6
birthday **anniversaire** *m.* I-5
bit (of) **morceau (de)** *m.* I-4
black **noir(e)** *adj.* I-3
blackboard **tableau** *m.* I-1
blanket **couverture** *f.* I-8, II-P
blonde **blond(e)** *adj.* I-3
blouse **chemisier** *m.* I-6
blue **bleu(e)** *adj.* I-3
boat **bateau** *m.* I-7
body **corps** *m.* II-2
book **livre** *m.* I-1
bookstore **librairie** *f.* I-1
bored: to get bored **s'ennuyer** *v.* II-2
boring **ennuyeux/ennuyeuse** *adj.* I-3
born: to be born **naître** *v.* I-7; **né (naître)** *p.p., adj.* I-7
borrow **emprunter** *v.* II-4
bottle (of) **bouteille (de)** *f.* I-4
boulevard **boulevard** *m.* II-4
boutique **boutique** *f.* II-4
bowl **bol** *m.* II-1
box **boîte** *f.* II-1
boy **garçon** *m.* I-1
boyfriend **petit ami** *m.* I-1
brake **freiner** *v.* II-3
brakes **freins** *m., pl.* II-3
brave **courageux/courageuse** *adj.* I-3

Brazil **Brésil** *m.* I-7
Brazilian **brésilien(ne)** *adj.* I-7
bread **pain** *m.* I-4
   country-style bread **pain** *m.* **de campagne** I-4
bread shop **boulangerie** *f.* II-1
break **se casser** *v.* II-2
breakdown **panne** *f.* II-3
break down **tomber en panne** *v.* II-3
break up *(to leave one another)* **se quitter** *v.* II-3
breakfast **petit-déjeuner** *m.* II-1
bridge **pont** *m.* II-4
bright **brillant(e)** *adj.* I-1
bring *(a person)* **amener** *v.* I-5; *(a thing)* **apporter** *v.* I-4
broom **balai** *m.* I-8, II-P
brother **frère** *m.* I-3
brother-in-law **beau-frère** *m.* I-3
brown **marron** *adj., inv.* I-3
   brown *(hair)* **châtain** *adj.* I-3
brush (hair/tooth) **brosse** *f.* **(à cheveux/à dents)** II-2
   to brush one's hair/teeth **se brosser les cheveux/ les dents** *v.* II-1
buckle: to buckle one's seatbelt **attacher sa ceinture de sécurité** *v.* II-3
build **construire** *v.* I-6
building **bâtiment** *m.* II-4; **immeuble** *m.* I-8, II-P
bumper **pare-chocs** *m.* II-3
burn (CD/DVD) **graver** *v.* II-3
bus **autobus** *m.* I-7
bus stop **arrêt d'autobus (de bus)** *m.* I-7
bus terminal **gare** *f.* **routière** I-7
business *(profession)* **affaires** *f., pl.* I-3; *(company)* **entreprise** *f.* II-5
business administration **gestion** *f.* I-2
businessman **homme d'affaires** *m.* I-3
businesswoman **femme d'affaires** *f.* I-3
busy **occupé(e)** *adj.* I-1
but **mais** *conj.* I-1
butcher's shop **boucherie** *f.* II-1
butter **beurre** *m.* I-4
buy **acheter** *v.* I-5
by **par** *prep.* I-3
Bye! **Salut!** *fam.* I-1

C

cabinet **placard** *m.* I-8, II-P
café **café** *m.* I-1; **brasserie** *f.* II-4
   café terrace **terrasse** *f.* **de café** I-4

cybercafé **cybercafé** *m.* II-4
cafeteria (school) **cantine** *f.* II-1
cake **gâteau** *m.* I-6
calculator **calculatrice** *f.* I-1
call **appeler** *v.* II-5
calm **calme** *adj.* I-1; **calme** *m.* I-1
camcorder **caméra vidéo** *f.* II-3; **caméscope** *m.* II-3
camera **appareil photo** *m.* II-3
    digital camera **appareil photo** *m.* **numérique** II-3
camping **camping** *m.* I-5
    to go camping **faire du camping** *v.* I-5
can (of food) **boîte (de conserve)** *f.* II-1
Canada **Canada** *m.* I-7
Canadian **canadien(ne)** *adj.* I-1
cancel (a reservation) **annuler (une réservation)** *v.* I-7
candidate **candidat(e)** *m., f.* II-5
candy **bonbon** *m.* I-6
cap: baseball cap **casquette** *f.* I-6
capital **capitale** *f.* I-7
car **voiture** *f.* II-3
    to ride in a car **rouler en voiture** *v.* I-7
card (letter) **carte postale** *f.* II-4; credit card **carte** *f.* **de crédit** I-4
    to pay with a credit card **payer avec une carte de crédit** *v.* II-4
    cards (playing) **cartes** *f.* I-5
carbonated drink/beverage **boisson** *f.* **gazeuse** I-4
career **carrière** *f.* II-5
carpooling **covoiturage** *m.* II-6
carrot **carotte** *f.* II-1
carry **apporter** *v.* I-4
cartoon **dessin animé** *m.* II-7
case: in any case **en tout cas** I-6
cash **liquide** *m.* II-4
    to pay in cash **payer en liquide** *v.* II-4
cat **chat** *m.* I-3
catastrophe **catastrophe** *f.* II-6
catch sight of **apercevoir** *v.* II-4
CD(s) **CD** *m.* II-3
CD/DVD /MP3 player **lecteur (de) CD/DVD / lecteur MP3** *m.* II-3
celebrate **célébrer** *v.* I-5; **fêter** *v.* I-6
celebration **fête** *f.* I-6
cellar **cave** *f.* I-8, II-P
cell(ular) phone **portable** *m.* II-3
center: city/town center **centre-ville** *m.* I-4
certain **certain(e)** *adj.* II-1; **sûr(e)** *adj.* II-7

It is certain that… **Il est certain que…** II-7
    It is uncertain that… **Il n'est pas certain que…** II-7
chair **chaise** *f.* I-1
champagne **champagne** *m.* I-6
change (coins) **(pièces** *f. pl.* **de) monnaie** II-4
channel (television) **chaîne** *f.* **(de télévision)** II-3
character **personnage** *m.* II-7
    main character **personnage principal** *m.* II-7
charming **charmant(e)** *adj.* I-1
chat **bavarder** *v.* I-4
check **chèque** *m.* II-4; (bill) **addition** *f.* I-4
    to pay by check **payer par chèque** *v.* II-4;
    to check (the oil/the air pressure) **vérifier (l'huile/la pression des pneus)** *v.* II-3
checking account **compte** *m.* **de chèques** II-4
cheek **joue** *f.* II-2
cheese **fromage** *m.* I-4
chemistry **chimie** *f.* I-2
chess **échecs** *m., pl.* I-5
chest **poitrine** *f.* II-2
    chest of drawers **commode** *f.* I-8, II-P
chic **chic** *adj.* I-4
chicken **poulet** *m.* II-1
child **enfant** *m., f.* I-3
childhood **enfance** *f.* I-6
China **Chine** *f.* I-7
Chinese **chinois(e)** *adj.* I-7
choir **chœur** *m.* II-7
choose **choisir** *v.* I-4
chorus **chœur** *m.* II-7
chrysanthemums **chrysanthèmes** *m., pl.* II-1
church **église** *f.* I-4
city **ville** *f.* I-4
city hall **mairie** *f.* II-4
city/town center **centre-ville** *m.* I-4
class (group of students) **classe** *f.* I-1; (course) **cours** *m.* I-2
classmate **camarade de classe** *m., f.* I-1
classroom **salle** *f.* **de classe** I-1
clean **nettoyer** *v.* I-5; **propre** *adj.* I-8, II-P
clear **clair(e)** *adj.* II-7
    It is clear that… **Il est clair que…** II-7
    to clear the table **débarrasser la table** I-8, II-P
client **client(e)** *m., f.* I-7
cliff **falaise** *f.* II-6
clock **horloge** *f.* I-1
    alarm clock **réveil** *m.* II-2

close (to) **près (de)** *prep.* I-3
    very close (to) **tout près (de)** II-4
close **fermer** *v.* II-3
closed **fermé(e)** *adj.* II-4
closet **placard** *m.* I-8, II-P
clothes dryer **sèche-linge** *m.* I-8, II-P
clothing **vêtements** *m., pl.* I-6
cloudy **nuageux/nuageuse** *adj.* I-5
    It is cloudy. **Le temps est nuageux.** I-5
clutch **embrayage** *m.* II-3
coast **côte** *f.* II-6
coat **manteau** *m.* I-6
coffee **café** *m.* I-1
coffeemaker **cafetière** *f.* I-8, II-P
coins **pièces** *f. pl.* **de monnaie** II-4
cold **froid** *m.* I-2
    to be cold **avoir froid** *v.* I-2
    (weather) It is cold. **Il fait froid.** I-5
cold **rhume** *m.* II-2
color **couleur** *f.* I-6
    What color is… ? **De quelle couleur est… ?** I-6
comb **peigne** *m.* II-2
come **venir** *v.* I-7
come back **revenir** *v.* II-1
Come on. **Allez.** I-2
comedy **comédie** *f.* II-7
comic strip **bande dessinée (B.D.)** *f.* I-5
compact disc **compact disque** *m.* II-3
company (troop) **troupe** *f.* II-7
completely **tout à fait** *adv.* I-6
composer **compositeur** *m.* II-7
computer **ordinateur** *m.* I-1
computer science **informatique** *f.* I-2
concert **concert** *m.* II-7
congratulations **félicitations** II-7
consider **considérer** *v.* I-5
constantly **constamment** *adv.* I-8, II-P
construct **construire** *v.* I-6
consultant **conseiller/ conseillère** *m., f.* II-5
continue (doing something) **continuer (à)** *v.* II-4
cook **cuisiner** *v.* II-1; **faire la cuisine** *v.* I-5; **cuisinier/ cuisinière** *m., f.* II-5
cookie **biscuit** *m.* I-6
cooking **cuisine** *f.* I-5
cool: (weather) It is cool. **Il fait frais.** I-5
corner **angle** *m.* II-4; **coin** *m.* II-4
cost **coûter** *v.* I-4

cotton **coton** *m.* I-6

couch **canapé** *m.* I-8, II-P

cough **tousser** *v.* II-2

count (on someone) **compter (sur quelqu'un)** *v.* I-8, II-P

country **pays** *m.* I-7
country(side) **campagne** *f.* I-7

country-style **de campagne** *adj.* I-4

couple **couple** *m.* I-6

courage **courage** *m.* II-5

courageous **courageux/ courageuse** *adj.* I-3

course **cours** *m.* I-2

cousin **cousin(e)** *m., f.* I-3

cover **couvrir** *v.* II-3

covered **couvert (couvrir)** *p.p.* II-3

cow **vache** *f.* II-6

crazy **fou/folle** *adj.* I-3

cream **crème** *f.* II-1

credit card **carte** *f.* **de crédit** II-4
to pay with a credit card **payer avec une carte de crédit** *v.* II-4

crêpe **crêpe** *f.* I-5

crime film **film policier** *m.* II-7

croissant **croissant** *m.* I-4

cross **traverser** *v.* II-4

cruel **cruel/cruelle** *adj.* I-3

cry **pleurer** *v.*

cup (of) **tasse (de)** *f.* I-4

cupboard **placard** *m.* I-8, II-P

curious **curieux/ curieuse** *adj.* I-3

curly **frisé(e)** *adj.* I-3

currency **monnaie** *f.* II-4

curtain **rideau** *m.* I-8, II-P

customs **douane** *f.* I-7

cybercafé **cybercafé** *m.* II-4

D

dance **danse** *f.* II-7
to dance **danser** *v.* I-4

danger **danger** *m.* II-6

dangerous **dangereux/ dangereuse** *adj.* II-3

dark (*hair*) **brun(e)** *adj.* I-3

darling **chéri(e)** *adj.* I-2

darn **zut** II-3

dash (*punctuation mark*) **tiret** *m.* II-3

date (*day, month, year*) **date** *f.* I-5; (*meeting*) **rendez-vous** *m.* I-6
to make a date **prendre (un) rendez-vous** *v.* II-5

daughter **fille** *f.* I-1

day **jour** *m.* I-2; **journée** *f.* I-2
day after tomorrow **après-demain** *adv.* I-2

day before yesterday **avant-hier** *adv.* I-7

day off **congé** *m.,* **jour de congé** I-7

dear **cher/chère** *adj.* I-2

death **mort** *f.* I-6

December **décembre** *m.* I-5

decide (*to do something*) **décider (de)** *v.* II-3

deforestation **déboisement** *m.* II-6

degree **diplôme** *m.* I-2

degrees (*temperature*) **degrés** *m., pl.* I-5
It is... degrees. **Il fait... degrés.** I-5

delicatessen **charcuterie** *f.* II-1

delicious **délicieux/délicieuse** *adj.* I-4

Delighted. **Enchanté(e).** *p.p., adj.* I-1

demand (that) **exiger (que)** *v.* II-6

demanding **exigeant(e)** *adj.*
demanding profession **profession** *f.* **exigeante** II-5

dentist **dentiste** *m., f.* I-3

department store **grand magasin** *m.* I-4

departure **départ** *m.* I-7

deposit: to deposit money **déposer de l'argent** *v.* II-4

depressed **déprimé(e)** *adj.* II-2

describe **décrire** *v.* I-7

described **décrit (décrire)** *p.p., adj.* I-7

desert **désert** *m.* II-6

design (fashion) **stylisme (de mode)** *m.* I-2

desire **envie** *f.* I-2

desk **bureau** *m.* I-1

dessert **dessert** *m.* I-6

destroy **détruire** *v.* I-6

destroyed **détruit (détruire)** *p.p., adj.* I-6

detective film **film policier** *m.* II-7

detest **détester** *v.* I-2
I hate... **Je déteste...** I-2

develop **développer** *v.* II-6

dial (a number) **composer (un numéro)** *v.* II-3

dictionary **dictionnaire** *m.* I-1

die **mourir** *v.* I-7

died **mort (mourir)** *p.p., adj.* I-7

diet **régime** *m.* II-2
to be on a diet **être au régime** II-1

difference **différence** *f.* I-1

different **différent(e)** *adj.* I-1

differently **différemment** *adv.* I-8, II-P

difficult **difficile** *adj.* I-1

digital camera **appareil photo** *m.* **numérique** II-3

dining room **salle à manger** *f.* I-8, II-P

dinner **dîner** *m.* II-1
to have dinner **dîner** *v.* I-2

diploma **diplôme** *m.* I-2

directions **indications** *f.* II-4

director (*movie*) **réalisateur/ réalisatrice** *m., f.;* (*play/show*) **metteur en scène** *m.* II-7

dirty **sale** *adj.* I-8, II-P

discover **découvrir** *v.* II-3

discovered **découvert (découvrir)** *p.p.* II-3

discreet **discret/discrète** *adj.* I-3

discuss **discuter** *v.* II-3

dish (*food*) **plat** *m.* II-1
to do the dishes **faire la vaisselle** *v.* I-8, II-P

dishwasher **lave-vaisselle** *m.* I-8, II-P

dismiss **renvoyer** *v.* II-5

distinction **mention** *f.* II-5

divorce **divorce** *m.* I-6
to divorce **divorcer** *v.* I-3

divorced **divorcé(e)** *p.p., adj.* I-3

do (*make*) **faire** *v.* I-5
to do odd jobs **bricoler** *v.* I-5

doctor **médecin** *m.* I-3

documentary **documentaire** *m.* II-7

dog **chien** *m.* I-3

done **fait (faire)** *p.p., adj.* I-6

door (*building*) **porte** *f.* I-1; (*automobile*) **portière** *f.* II-3

dorm **résidence** *f.* **universitaire** I-8, II-P

doubt (that)... **douter (que)...** *v.* II-7

doubtful **douteux/douteuse** *adj.* II-7
It is doubtful that... **Il est douteux que...** II-7

download **télécharger** *v.* II-3

downtown **centre-ville** *m.* I-4

drag **barbant** *adj.* I-3; **barbe** *f.* I-3

drape **rideau** *m.* I-8, II-P

draw **dessiner** *v.* I-2

drawer **tiroir** *m.* I-8, II-P

dreadful **épouvantable** *adj.* I-5

dream (about) **rêver (de)** *v.* II-3

dress **robe** *f.* I-6
to dress **s'habiller** *v.* II-2

dresser **commode** *f.* I-8, II-P

drink (carbonated) **boisson** *f.* **(gazeuse)** I-4
to drink **boire** *v.* I-4

drive **conduire** *v.* I-6
to go for a drive **faire un tour en voiture** I-5

driven **conduit (conduire)** *p.p.* I-6

driver (taxi/truck) **chauffeur
(de taxi/de camion)** *m.* II-5
driver's license **permis** *m.* **de
conduire** II-3
drums **batterie** *f.* II-7
drunk **bu (boire)** *p.p.* I-6
dryer *(clothes)* **sèche-linge**
m. I-8, II-P
dry oneself **se sécher** *v.* II-2
due **dû(e) (devoir)** *adj.* II-1
during **pendant** *prep.* I-7
dust **enlever/faire la poussière**
v. I-8, II-P
DVR **enregistreur DVR** *m.* II-3

E

each **chaque** *adj.* I-6
ear **oreille** *f.* II-2
early **en avance** *adv.* I-2; **tôt**
adv. I-2
earn **gagner** *v.* II-5
Earth **Terre** *f.* II-6
easily **facilement** *adv.* I-8, II-P
east **est** *m.* II-4
easy **facile** *adj.* I-2
eat **manger** *v.* I-2
to eat lunch **déjeuner** *v.* I-4
éclair **éclair** *m.* I-4
ecological **écologique** *adj.* II-6
ecology **écologie** *f.* II-6
economics **économie** *f.* I-2
ecotourism **écotourisme** *m.* II-6
education **formation** *f.* II-5
effect: in effect **en effet** II-6
egg **œuf** *m.* II-1
eight **huit** *m.* I-1
eighteen **dix-huit** *m.* I-1
eighth **huitième** *adj.* I-7
eighty **quatre-vingts** *m.* I-3
eighty-one **quatre-vingt-un** *m.* I-3
elder **aîné(e)** *adj.* I-3
electric **électrique** *adj.* I-8, II-P
electrical appliance **appareil**
m. **électrique** I-8, II-P
electrician **électricien/
électricienne** *m., f.* II-5
elegant **élégant(e)** *adj.* I-1
elevator **ascenseur** *m.* I-7
eleven **onze** *m.* I-1
eleventh **onzième** *adj.* I-7
e-mail **e-mail** *m.* II-3
emergency room **urgences**
f., pl. II-2
to go to the emergency room
aller aux urgences *v.* II-2
employ **employer** *v.* I-5
end **fin** *f.* II-7
endangered **menacé(e)** *adj.* II-6
endangered species **espèce** *f.*
menacée II-6
engaged **fiancé(e)** *adj.* I-3

engine **moteur** *m.* II-3
engineer **ingénieur** *m.* I-3
England **Angleterre** *f.* I-7
English **anglais(e)** *adj.* I-1
enormous **énorme** *adj.* I-2
enough (of) **assez (de)** *adv.* I-4
not enough (of) **pas assez
(de)** I-4
enter **entrer** *v.* I-7
envelope **enveloppe** *f.* II-4
environment **environnement**
m. II-6
equal **égaler** *v.* I-3
erase **effacer** *v.* II-3
errand **course** *f.* II-1
escargot **escargot** *m.* II-1
especially **surtout** *adv.* I-2
essay **dissertation** *f.* II-3
essential **essentiel(le)** *adj.* II-6
It is essential that… **Il est
essentiel/indispensable
que…** II-6
even **même** *adv.* I-5
evening **soir** *m.;* **soirée** *f.* I-2
… (o'clock) in the evening
… **heures du soir** I-2
every day **tous les jours**
adv. I-8, II-P
everyone **tout le monde** *m.* II-1
evident **évident(e)** *adj.* II-7
It is evident that… **Il est
évident que…** II-7
evidently **évidemment**
adv. I-8, II-P
exactly **exactement** *adv.* II-1
exam **examen** *m.* I-1
Excuse me. **Excuse-moi.** *fam.*
I-1; **Excusez-moi.** *form.* I-1
executive **cadre/femme cadre**
m., f. II-5
exercise **exercice** *m.* II-2
to exercise **faire de l'exercice**
v. II-2
exhibit **exposition** *f.* II-7
exit **sortie** *f.* I-7
expenditure **dépense** *f.* II-4
expensive **cher/chère** *adj.* I-6
explain **expliquer** *v.* I-2
explore **explorer** *v.* I-4
extinction **extinction** *f.* II-6
eye (eyes) **œil (yeux)** *m.* II-2

F

face **visage** *m.* II-2
facing **en face (de)** *prep.* I-3
fact: in fact **en fait** I-7
factory **usine** *f.* II-6
fail **échouer** *v.* I-2
fall **automne** *m.* I-5
in the fall **en automne** I-5
to fall **tomber** *v.* I-7

to fall in love **tomber
amoureux/amoureuse** *v.* I-6
to fall asleep **s'endormir** *v.* II-2
family **famille** *f.* I-3
famous **célèbre** *adj.* II-7; **connu
(connaître)** *p.p., adj.* I-8, II-P
far (from) **loin (de)** *prep.* I-3
farewell **adieu** *m.* II-6
farmer **agriculteur/
agricultrice** *m., f.* II-5
fashion **mode** *f.* I-2
fashion design **stylisme
de mode** *m.* I-2
fast **rapide** *adj.* I-3; **vite**
adv. I-8, II-P
fat **gros(se)** *adj.* I-3
father **père** *m.* I-3
father-in-law **beau-père** *m.* I-3
favorite **favori/favorite** *adj.* I-3;
préféré(e) *adj.* I-2
fax machine **fax** *m.* II-3
fear **peur** *f.* I-2
to fear that **avoir peur que**
v. II-6
February **février** *m.* I-5
fed up: to be fed up **en avoir
marre** *v.* I-3
feel *(to sense)* **sentir** *v.* I-5; *(state
of being)* **se sentir** *v.* II-2
to feel like *(doing something)*
avoir envie (de) I-2
to feel nauseated **avoir mal au
cœur** II-2
festival (festivals) **festival
(festivals)** *m.* II-7
fever **fièvre** *f.* II-2
to have fever **avoir de la
fièvre** *v.* II-2
fiancé **fiancé(e)** *m., f.* I-6
field *(terrain)* **champ** *m.* II-6;
(of study) **domaine** *m.* II-5
fifteen **quinze** *m.* I-1
fifth **cinquième** *adj.* I-7
fifty **cinquante** *m.* I-1
figure *(physique)* **ligne** *f.* II-2
file **fichier** *m.* II-3
fill: to fill out a form **remplir un
formulaire** *v.* II-4
to fill the tank **faire le
plein** *v.* II-3
film **film** *m.* II-7
adventure/crime film **film** *m.*
d'aventures/policier II-7
finally **enfin** *adv.* I-7; **finalement**
adv. I-7; **dernièrement**
adv. I-8, II-P
find (a job) **trouver (un/du
travail)** *v.* II-5
to find again **retrouver** *v.* I-2
fine **amende** *f.* II-3
fine arts **beaux-arts** *m., pl.* II-7
finger **doigt** *m.* II-2

finish (*doing something*) **finir (de)**
  v. I-4, II-3
fire **incendie** *m.* II-6
firefighter **pompier/femme
  pompier** *m., f.* II-6
firm (*business*) **entreprise** *f.* II-5;
first **d'abord** *adv.* I-7; **premier/
  première** *adj.* I-2; **premier** *m.* I-5
  It is October first. **C'est le 1ᵉʳ
  (premier) octobre.** I-5
fish **poisson** *m.* I-3
fishing **pêche** *f.* I-5
  to go fishing **aller à la
  pêche** *v.* I-5
fish shop **poissonnerie** *f.* II-1
five **cinq** *m.* I-1
flat tire **pneu** *m.* **crevé** II-3
flight (*air travel*) **vol** *m.* I-7
floor **étage** *m.* I-7
flower **fleur** *f.* I-8, II-P
flu **grippe** *f.* II-2
fluently **couramment** *adv.* I-8, II-P
follow (*a path/a street/a boulevard*)
  **suivre (un chemin/une rue/
  un boulevard)** *v.* II-4
food item **aliment** *m.* II-1;
  nourriture *f.* II-1
foot **pied** *m.* II-2
football **football américain** *m.* I-5
for **pour** *prep.* I-5; **pendant**
  prep. II-1
  For whom? **Pour qui?** I-4
forbid **interdire** *v.* II-6
foreign **étranger/étrangère**
  adj. I-2
  foreign languages **langues
  f., pl. étrangères** I-2
forest **forêt** *f.* II-6
  tropical forest **forêt tropicale**
  f. II-6
forget (*to do something*) **oublier
  (de)** *v.* I-2
fork **fourchette** *f.* II-1
form **formulaire** *m.* II-4
former (*placed before noun*)
  ancien(ne) *adj.* II-7
fortunately **heureusement**
  adv. I-8, II-P
forty **quarante** *m.* I-1
fountain **fontaine** *f.* II-4
four **quatre** *m.* I-1
fourteen **quatorze** *m.* I-1
fourth **quatrième** *adj.* I-7
France **France** *f.* I-7
frankly **franchement** *adv.* I-8, II-P
free (*at no cost*) **gratuit(e)** *adj.* II-7
  free time **temps libre** *m.* I-5
freezer **congélateur** *m.* I-8, II-P
French **français(e)** *adj.* I-1
French fries **frites** *f., pl.* I-4
frequent (*to visit regularly*)
  fréquenter *v.* I-4

fresh **frais/fraîche** *adj.* I-5
Friday **vendredi** *m.* I-2
friend **ami(e)** *m., f.* I-1; **copain/
  copine** *m., f.* I-1
friendship **amitié** *f.* I-6
from **de/d'** *prep.* I-1
  from time to time **de temps en
  temps** *adv.* I-8, II-P
front: in front of **devant** *prep.* I-3
fruit **fruit** *m.* II-1
full (*no vacancies*) **complet
  (complète)** *adj.* I-7
full-time job **emploi** *m.*
  à plein temps II-5
fun **amusant(e)** *adj.* I-1
  to have fun (*doing something*)
  s'amuser (à) *v.* II-3
funeral **funérailles** *f., pl.* II-1
funny **drôle** *adj.* I-3
furious **furieux/furieuse** *adj.* II-6
  to be furious that... **être
  furieux/furieuse que...** *v.* II-6

G

gain: gain weight **grossir** *v.* I-4
game (*amusement*) **jeu** *m.* I-5;
  (*sports*) **match** *m.* I-5
game show **jeu télévisé** *m.* II-7
garage **garage** *m.* I-8, II-P
garbage **ordures** *f., pl.* II-6
garbage collection **ramassage
  m. des ordures** II-6
garden **jardin** *m.* I-8, II-P
garlic **ail** *m.* II-1
gas **essence** *f.* II-3
gas tank **réservoir d'essence**
  m. II-3
gas warning light **voyant** *m.*
  d'essence II-3
generally **en général** *adv.* I-8, II-P
generous **généreux/généreuse**
  adj. I-3
genre **genre** *m.* II-7
gentle **doux/douce** *adj.* I-3
geography **géographie** *f.* I-2
German **allemand(e)** *adj.* I-1
Germany **Allemagne** *f.* I-7
get (*to obtain*) **obtenir** *v.* II-5
get along well (with) **s'entendre
  bien (avec)** *v.* II-2
get off **descendre (de)** *v.* I-6
get up **se lever** *v.* II-2
  get up again **se relever** *v.* II-2
gift **cadeau** *m.* I-6
  wrapped gift **paquet cadeau**
  m. I-6
gifted **doué(e)** *adj.* II-7
girl **fille** *f.* I-1
girlfriend **petite amie** *f.* I-1
give (*to someone*) **donner (à)** *v.* I-2
  to give a shot **faire une
  piqûre** *v.* II-2

to give a tour **faire visiter**
  v. I-8, II-P
to give back **rendre (à)** *v.* I-6
to give one another **se donner**
  v. II-3
glass (of) **verre (de)** *m.* I-4
glasses **lunettes** *f., pl.* I-6
  sunglasses **lunettes de soleil**
  f., pl. I-6
global warming **réchauffement
  m. de la Terre** II-6
glove **gant** *m.* I-6
go **aller** *v.* I-4
  Let's go! **Allons-y!** I-4; **On y
  va!** II-2
  I'm going. **J'y vais.** I-8, II-P
  to go back **repartir** *v.* II-7
  to go downstairs **descendre
  (de)** *v.* I-6
  to go out **sortir** *v.* I-7
  to go over **dépasser** *v.* II-3
  to go up **monter** *v.* I-7
  to go with **aller avec** *v.* I-6
golf **golf** *m.* I-5
good **bon(ne)** *adj.* I-3
  Good evening. **Bonsoir.** I-1
  Good morning. **Bonjour.** I-1
  to be good for nothing **ne
  servir à rien** *v.* II-1
  to be in a good mood **être de
  bonne humeur** *v.* I-8, II-P
  to be in good health **être en
  bonne santé** *v.* II-2
  to be in good shape **être en
  pleine forme** *v.* II-2
  to be up to something
  interesting **faire quelque
  chose de beau** *v.* II-4
Good-bye. **Au revoir.** I-1
government **gouvernement** *m.* II-6
grade (*academics*) **note** *f.* I-2
grandchildren **petits-enfants**
  m., pl. I-3
granddaughter **petite-fille** *f.* I-3
grandfather **grand-père** *m.* I-3
grandmother **grand-mère** *f.* I-3
grandparents **grands-parents**
  m., pl. I-3
grandson **petit-fils** *m.* I-3
grant **bourse** *f.* I-2
grass **herbe** *f.* II-6
gratin **gratin** *m.* II-1
gray **gris(e)** *adj.* I-6
great **formidable** *adj.* I-7;
  génial(e) *adj.* I-3
green **vert(e)** *adj.* I-3
green beans **haricots verts**
  m., pl. II-1
greenhouse **serre** *f.* II-6
  greenhouse effect **effet de serre**
  m. II-6
grocery store **épicerie** *f.* I-4

groom: to groom oneself *(in the morning)* **faire sa toilette** *v.* II-2

ground floor **rez-de-chaussée** *m.* I-7

growing population **population** *f.* **croissante** II-6

guaranteed **garanti(e)** *p.p., adj.* I-5

guest **invité(e)** *m., f.* I-6; **client(e)** *m., f.* I-7

guitar **guitare** *f.* II-7

guy **mec** *m.* II-2

gym **gymnase** *m.* I-4

H

habitat **habitat** *m.* II-6
    habitat preservation **sauvetage des habitats** *m.* II-6

had **eu (avoir)** *p.p.* I-6
    had to **dû (devoir)** *p.p.* II-1

hair **cheveux** *m., pl.* II-1
    to brush one's hair **se brosser les cheveux** *v.* II-1
    to do one's hair **se coiffer** *v.* II-2

hairbrush **brosse** *f.* **à cheveux** II-2

hairdresser **coiffeur/coiffeuse** *m., f.* I-3

half **demie** *f.* I-2
    half past … (o'clock) **… et demie** I-2

half-brother **demi-frère** *m.* I-3

half-sister **demi-sœur** *f.* I-3

half-time job **emploi** *m.* **à mi-temps** II-5

hallway **couloir** *m.* I-8, II-P

ham **jambon** *m.* I-4

hand **main** *f.* I-5

handbag **sac à main** *m.* I-6

handsome **beau** *adj.* I-3

hang up **raccrocher** *v.* II-5

happiness **bonheur** *m.* I-6

happy **heureux/heureuse** *adj.*; **content(e)** II-5
    to be happy that… **être content(e) que…** *v.* II-6; **être heureux/heureuse que…** *v.* II-6

hard drive **disque (dur)** *m.* II-3

hard-working **travailleur/ travailleuse** *adj.* I-3

hat **chapeau** *m.* I-6

hate **détester** *v.* I-2
    I hate… **Je déteste…** I-2

have **avoir** *v.* I-2; **aie (avoir)** *imp., v.* I-7; **ayez (avoir)** *imp. v.* I-7; **prendre** *v.* I-4
    to have an ache **avoir mal** *v.* II-2

to have to *(must)* **devoir** *v.* II-1

he **il** *sub. pron.* I-1

head *(body part)* **tête** *f.* II-2; *(of a company)* **chef** *m.* **d'entreprise** II-5

headache: to have a headache **avoir mal à la tête** *v.* II-2

headlights **phares** *m., pl.* II-3

headphones **écouteurs** *m.* II-3

health **santé** *f.* II-2
    to be in good health **être en bonne santé** *v.* II-2

health insurance **assurance** *f.* **maladie** II-5

healthy **sain(e)** *adj.* II-2

hear **entendre** *v.* I-6

heart **cœur** *m.* II-2

heat **chaud** *m.* 2

hello *(on the phone)* **allô** I-1; *(in the evening)* **Bonsoir.** I-1; *(in the morning or afternoon)* **Bonjour.** I-1

help **au secours** II-3
    to help *(to do something)* **aider (à)** *v.* I-5
    to help one another **s'aider** *v.* II-3

her **la/l'** *d.o. pron.* I-7; **lui** *i.o. pron.* I-6; *(attached to an imperative)* **-lui** *i.o. pron.* II-1

her **sa** *poss. adj., f., sing.* I-3; **ses** *poss. adj., m., f., pl.* I-3; **son** *poss. adj., m., sing.* I-3

Here! **Tenez!** *form., imp. v.* II-1; **Tiens!** *fam., imp., v.* II-1

here **ici** *adv.* I-1; *(used with demonstrative adjective* **ce** *and noun or with demonstrative pronoun* **celui***);* **-ci** I-6;
    Here is…. **Voici…** I-1

heritage: I am of… heritage. **Je suis d'origine…** I-1

herself *(used with reflexive verb)* **se/s'** *pron.* II-2

hesitate *(to do something)* **hésiter (à)** *v.* II-3

Hey! **Eh!** *interj.* 2

Hi! **Salut!** *fam.* I-1

high **élevé(e)** *adj.* II-5

high school **lycée** *m.* I-1
    high school student **lycéen(ne)** *m., f.* 2

higher education **études supérieures** *f., pl.* 2

highway **autoroute** *f.* II-3

hike **randonnée** *f.* I-5
    to go for a hike **faire une randonnée** *v.* I-5

him **lui** *i.o. pron.* I-6; **le/l'** *d.o. pron.* I-7; *(attached to imperative)* **-lui** *i.o. pron.* II-1

himself *(used with reflexive verb)* **se/s'** *pron.* II-2

hire **embaucher** *v.* II-5

his **sa** *poss. adj., f., sing.* I-3; **ses** *poss. adj., m., f., pl.* I-3; **son** *poss. adj., m., sing.* I-3

history **histoire** *f.* I-2

hit **rentrer (dans)** *v.* II-3

hold **tenir** *v.* II-1
    to be on hold **patienter** *v.* II-5

hole in the ozone layer **trou dans la couche d'ozone** *m.* II-6

holiday **jour férié** *m.* I-6; **férié(e)** *adj.* I-6

home *(house)* **maison** *f.* I-4
    at (someone's) home **chez…** *prep.* 4

home page **page d'accueil** *f.* II-3

homework **devoir** *m.* I-2

honest **honnête** *adj.* II-7

honestly **franchement** *adv.* I-8, II-P

hood **capot** *m.* II-3

hope **espérer** *v.* I-5

hors d'œuvre **hors-d'œuvre** *m.* II-1

horse **cheval** *m.* I-5
    to go horseback riding **faire du cheval** *v.* I-5

hospital **hôpital** *m.* I-4

host **hôte/hôtesse** *m., f.* I-6

hot **chaud** *m.* I-2
    It is hot (weather). **Il fait chaud.** I-5
    to be hot **avoir chaud** *v.* I-2

hot chocolate **chocolat chaud** *m.* I-4

hotel **hôtel** *m.* I-7
    (single) hotel room **chambre** *f.* **(individuelle)** I-7

hotel keeper **hôtelier/ hôtelière** *m., f.* I-7

hour **heure** *f.* I-2

house **maison** *f.* I-4
    at (someone's) house **chez…** *prep.* I-2
    to leave the house **quitter la maison** *v.* I-4
    to stop by someone's house **passer chez quelqu'un** *v.* I-4

household **ménager/ménagère** *adj.* I-8, II-P

household appliance **appareil** *m.* **ménager** I-8, II-P

household chore **tâche ménagère** *f.* I-8, II-P

housewife **femme au foyer** *f.* II-5

housework: to do the housework **faire le ménage** *v.* I-8, II-P

housing **logement** *m.* I-8, II-P

how **comme** *adv.* I-2; **comment?** *interr. adv.* I-4
    How are you? **Comment allez-vous?** *form.* I-1; **Comment vas-tu?** *fam.* I-1
    How many/How much (of)? **Combien (de)?** I-1

How much is... ? **Combien coûte... ?** I-4
huge **énorme** adj. I-2
Huh? **Hein?** interj. I-3
humanities **lettres** f., pl. I-2
hundred: one hundred **cent** m. I-5
   five hundred **cinq cents** m. I-5
   one hundred one **cent un** m. I-5
   one hundred thousand **cent mille** m. I-5
hundredth **centième** adj. I-7
hunger **faim** f. I-4
hungry: to be hungry **avoir faim** v. I-4
hunt **chasse** f. II-6
   to hunt **chasser** v. II-6
hurried **pressé(e)** adj. II-1
hurry **se dépêcher** v. II-2
hurt **faire mal** v. II-2
   to hurt oneself **se blesser** v. II-2
husband **mari** m.; **époux** m. I-3
hyphen (punctuation mark) **tiret** m. II-3

I

I **je** sub. pron. I-1; **moi** disj. pron., sing. I-3
ice cream **glace** f. I-6
ice cube **glaçon** m. I-6
idea **idée** f. I-3
if **si** conj. II-5
ill: to become ill **tomber malade** v. II-2
illness **maladie** f. II-5
immediately **tout de suite** adv. I-4
impatient **impatient(e)** adj. I-1
important **important(e)** adj. I-1
   It is important that... **Il est important que...** II-6
impossible **impossible** adj. II-7
   It is impossible that... **Il est impossible que...** II-7
improve **améliorer** v. II-5
in **dans** prep. I-3; **en** prep. I-3; **à** prep. I-4
included **compris (comprendre)** p.p., adj. I-6
incredible **incroyable** adj. II-3
independent **indépendant(e)** adj. I-1
independently **indépendamment** adv. I-8, II-P
indicate **indiquer** v. 5
indispensable **indispensable** adj. II-6
inexpensive **bon marché** adj. I-6
injection **piqûre** f. II-2

to give an injection **faire une piqûre** v. II-2
injury **blessure** f. II-2
instrument **instrument** m. I-1
insurance (health/life) **assurance** f. **(maladie/vie)** II-5
intellectual **intellectuel(le)** adj. I-3
intelligent **intelligent(e)** adj. I-1
interested: to be interested (in) **s'intéresser (à)** v. II-2
interesting **intéressant(e)** adj. I-1
intermission **entracte** m. II-7
internship **stage** m. II-5
intersection **carrefour** m. II-4
interview: to have an interview **passer un entretien** II-5
introduce **présenter** v. I-1
   I would like to introduce (name) to you. **Je te présente...** , fam. I-1
   I would like to introduce (name) to you. **Je vous présente...** , form. I-1
invite **inviter** v. I-4
Ireland **Irlande** f. I-7
Irish **irlandais(e)** adj. I-7
iron **fer à repasser** m. I-8, II-P
   to iron (the laundry) **repasser (le linge)** v. I-8, II-P
isn't it? (tag question) **n'est-ce pas?** I-2
island **île** f. II-6
Italian **italien(ne)** adj. I-1
Italy **Italie** f. I-7
it: It depends. **Ça dépend.** I-4
   It is... **C'est...** I-1
itself (used with reflexive verb) **se/s'** pron. II-2

J

jacket **blouson** m. I-6
jam **confiture** f. II-1
January **janvier** m. I-5
Japan **Japon** m. I-7
Japanese **japonais(e)** adj. I-1
jealous **jaloux/jalouse** adj. I-3
jeans **jean** m. sing. I-6
jewelry store **bijouterie** f. II-4
jogging **jogging** m. I-5
   to go jogging **faire du jogging** v. I-5
joke **blague** f. I-2
journalist **journaliste** m., f. I-3
juice (orange/apple) **jus** m. **(d'orange/de pomme)** I-4
July **juillet** m. I-5
June **juin** m. I-5
jungle **jungle** f. II-6
just (barely) **juste** adv. I-3

K

keep **retenir** v. II-1
key **clé** f. I-7
keyboard **clavier** m. II-3
kilo(gram) **kilo(gramme)** m. II-1
kind **bon(ne)** adj. I-3
kiosk **kiosque** m. I-4
kiss one another **s'embrasser** v. II-3
kitchen **cuisine** f. I-8, II-P
knee **genou** m. II-2
knife **couteau** m. II-1
know (as a fact) **savoir** v. I-8, II-P; (to be familiar with) **connaître** v. I-8, II-P
   to know one another **se connaître** v. II-3
   I don't know anything about it. **Je n'en sais rien.** II-6
   to know that... **savoir que...** II-7
known (as a fact) **su (savoir)** p.p. I-8, II-P; (famous) **connu (connaître)** p.p., adj. I-8, II-P

L

laborer **ouvrier/ouvrière** m., f. II-5
lake **lac** m. II-6
lamp **lampe** f. I-8, II-P
landlord **propriétaire** m., f. I-3
landslide **glissement de terrain** m. II-6
language **langue** f. I-2
   foreign languages **langues** f., pl. **étrangères** I-2
last **dernier/dernière** adj. I-2
lastly **dernièrement** adv. I-8, II-P
late (when something happens late) **en retard** adv. I-2; (in the evening, etc.) **tard** adv. I-2
laugh **rire** v. I-6
laughed **ri (rire)** p.p. I-6
laundromat **laverie** f. II-4
laundry: to do the laundry **faire la lessive** v. I-8, II-P
law (academic discipline) **droit** m. I-2; (ordinance or rule) **loi** f. II-6
lawyer **avocat(e)** m., f. I-3
lay off (let go) **renvoyer** v. II-5
lazy **paresseux/paresseuse** adj. I-3
learned **appris (apprendre)** p.p. I-6
least **moins** II-1
   the least... (used with adjective) **le/la moins...** super. adv. II-1
   the least... , (used with noun to express quantity) **le moins de...** II-6

the least... *(used with verb or adverb)* **le moins...** *super. adv.* II-1

leather **cuir** *m.* I-6

leave **partir** *v.* I-5; **quitter** *v.* I-4
  to leave alone **laisser tranquille** *v.* II-2
  to leave one another **se quitter** *v.* II-3
  I'm leaving. **Je m'en vais.** I-8, II-P

left: to the left (of) **à gauche (de)** *prep.* I-3

leg **jambe** *f.* II-2

leisure activity **loisir** *m.* I-5

lemon soda **limonade** *f.* I-4

lend *(to someone)* **prêter (à)** *v.* I-6

less **moins** *adv.* I-4
  less of... *(used with noun to express quantity)* **moins de...** I-4
  less ... than *(used with noun to compare quantities)* **moins de... que** II-6
  less... than *(used with adjective to compare qualities)* **moins... que** II-1

let **laisser** *v.* II-3
  to let go *(to fire or lay off)* **renvoyer** *v.* II-5
  Let's go! **Allons-y!** I-4; **On y va!** II-2

letter **lettre** *f.* II-4
  letter of application **lettre** *f.* **de motivation** II-5
  letter of recommendation/ reference **lettre** *f.* **de recommandation** II-5

lettuce **laitue** *f.* II-1

level **niveau** *m.* II-5

library **bibliothèque** *f.* I-1

license: driver's license **permis** *m.* **de conduire** II-3

life **vie** *f.* I-6

life insurance **assurance** *f.* **vie** II-5

light: warning light *(automobile)* **voyant** *m.* II-3
  oil/gas warning light **voyant** *m.* **d'huile/d'essence** II-3
  to light up **s'allumer** *v.* II-3

like *(as)* **comme** *adv.* I-6; to like **aimer** *v.* I-2
  I don't like ... very much. **Je n'aime pas tellement...** I-2
  I really like... **J'aime bien...** I-2
  to like one another **s'aimer bien** *v.* II-3
  to like that... **aimer que...** *v.* II-6

line **queue** *f.* II-4
  to wait in line **faire la queue** *v.* II-4

link **lien** *m.* II-3

listen (to) **écouter** *v.* I-2

literary **littéraire** *adj.* II-7

literature **littérature** *f.* I-1

little *(not much)* (of) **peu (de)** *adv.* I-4

live (in) **habiter (à)** *v.* I-2

living room *(informal room)* **salle de séjour** *f.* I-8, II-P; *(formal room)* **salon** *m.* I-8, II-P

located: to be located **se trouver** *v.* II-2

long **long(ue)** *adj.* I-3
  a long time **longtemps** *adv.* I-5

look *(at one another)* **se regarder** *v.* II-3; *(at oneself)* **se regarder** *v.* II-2

look for **chercher** *v.* I-2
  to look for work **chercher du/un travail** II-4

loose *(clothing)* **large** *adj.* I-6

lose: to lose (time) **perdre (son temps)** *v.* I-6
  to lose weight **maigrir** *v.* I-4

lost: to be lost **être perdu(e)** *v.* II-4

lot: a lot of **beaucoup de** *adv.* I-4

love **amour** *m.* I-6
  to love **adorer** *v.* I-2
  I love… **J'adore…** I-2
  to love one another **s'aimer** *v.* II-3
  to be in love **être amoureux/ amoureuse** *v.* I-6

luck **chance** *f.* I-2
  to be lucky **avoir de la chance** *v.* I-2

lunch **déjeuner** *m.* II-1
  to eat lunch **déjeuner** *v.* I-4

M

ma'am **Madame.** *f.* I-1

machine: answering machine **répondeur** *m.* II-3

mad: to get mad **s'énerver** *v.* II-2

made **fait (faire)** *p.p., adj.* I-6

magazine **magazine** *m.* II-7

mail **courrier** *m.* II-4

mailbox **boîte** *f.* **aux lettres** II-4

mailman **facteur** *m.* II-4

main character **personnage principal** *m.* II-7

main dish **plat (principal)** *m.* II-1

maintain **maintenir** *v.* II-1

make **faire** *v.* I-5

makeup **maquillage** *m.* II-2
  to put on makeup **se maquiller** *v.* II-2

make up **se réconcilier** *v.* II-7

malfunction **panne** *f.* II-3

man **homme** *m.* I-1

manage *(in business)* **diriger** *v.* II-5; *(to do something)* **arriver à** *v.* I-2

manager **gérant(e)** *m., f.* II-5

many (of) **beaucoup (de)** *adv.* I-4
  How many (of)? **Combien (de)?** I-1

map *(of a city)* **plan** *m.* I-7; *(of the world)* **carte** *f.* I-1

March **mars** *m.* I-5

marital status **état civil** *m.* I-6

market **marché** *m.* I-4

marriage **mariage** *m.* I-6

married **marié(e)** *adj.* I-3
  married couple **mariés** *m., pl.* I-6

marry **épouser** *v.* I-3

Martinique: from Martinique **martiniquais(e)** *adj.* I-1

masterpiece **chef-d'œuvre** *m.* II-7

mathematics **mathématiques (maths)** *f., pl.* I-2

May **mai** *m.* I-5

maybe **peut-être** *adv.* I-2

mayonnaise **mayonnaise** *f.* II-1

mayor's office **mairie** *f.* II-4

me **moi** *disj. pron., sing.* I-3; *(attached to imperative)* **-moi** *pron.* II-1; **me/m'** *i.o. pron.* I-6; **me/m'** *d.o. pron.* I-7
  Me too. **Moi aussi.** I-1
  Me neither. **Moi non plus.** I-2

meal **repas** *m.* II-1

mean **méchant(e)** *adj.* I-3
  to mean *(with* **dire***)* **vouloir** *v.* II-1

means: that means **ça veut dire** *v.* II-1

meat **viande** *f.* II-1

mechanic **mécanicien/ mécanicienne** *m., f.* II-3

medication (against/ for) **médicament (contre/ pour)** *m., f.* II-2

meet *(to encounter, to run into)* **rencontrer** *v.* I-2; *(to make the acquaintance of)* **faire la connaissance de** *v.* I-5, **se rencontrer** *v.* II-3; *(planned encounter)* **se retrouver** *v.* II-3

meeting **réunion** *f.* II-5; **rendez-vous** *m.* I-6

member **membre** *m.* II-7

menu **menu** *m.* II-1; **carte** *f.* II-1

message **message** *m.* II-5
  to leave a message **laisser un message** *v.* II-5

Mexican **mexicain(e)** *adj.* I-1

Mexico **Mexique** *m.* I-7

microwave oven **four à micro-ondes** *m.* I-8, II-P

midnight **minuit** *m.* I-2

milk **lait** *m.* I-4

mineral water **eau** *f.* **minérale** I-4

mirror **miroir** *m.* I-8, II-P

Miss **Mademoiselle** *f.* I-1

mistaken: to be mistaken (*about something*) **se tromper (de)** *v.* II-2

modest **modeste** *adj.* II-5

moment **moment** *m.* I-1

Monday **lundi** *m.* I-2

money **argent** *m.* II-4; *(currency)* **monnaie** *f.* II-4

   to deposit money **déposer de l'argent** *v.* II-4

monitor **moniteur** *m.* II-3

month **mois** *m.* I-2

   this month **ce mois-ci** I-2

moon **Lune** *f.* II-6

more **plus** *adv.* I-4

   more of **plus de** I-4

   more … than *(used with noun to compare quantities)* **plus de… que** II-6

   more … than *(used with adjective to compare qualities)* **plus… que** II-1

morning **matin** *m.* I-2; **matinée** *f.* I-2

   this morning **ce matin** I-2

Moroccan **marocain(e)** *adj.* I-1

most **plus** II-1

   the most… *(used with adjective)* **le/la plus…** *super. adv.* II-1

   the most… *(used with noun to express quantity)* **le plus de…** II-6

   the most… *(used with verb or adverb)* **le plus…** *super. adv.* II-1

mother **mère** *f.* I-3

mother-in-law **belle-mère** *f.* I-3

mountain **montagne** *f.* I-4

mouse **souris** *f.* II-3

mouth **bouche** *f.* II-2

move *(to get around)* **se déplacer** *v.* II-4

   to move in **emménager** *v.* I-8, II-P

   to move out **déménager** *v.* I-8, II-P

movie **film** *m.* II-7

   adventure/horror/science-fiction/crime movie **film** *m.* **d'aventures/d'horreur/de science-fiction/policier** II-7

movie theater **cinéma (ciné)** *m.* I-4

MP3 **MP3** *m.* II-3

much (as much … as) *(used with noun to express quantity)* **autant de … que** *adv.* II-6

   How much *(of something)*? **Combien (de)?** I-1

   How much is… ? **Combien coûte… ?** I-4

museum **musée** *m.* I-4

   to go to museums **faire les**

musées *v.* II-7

mushroom **champignon** *m.* II-1

music: to play music **faire de la musique** II-7

musical **comédie** *f.* **musicale** II-7; **musical(e)** *adj.* II-7

musician **musicien(ne)** *m., f.* I-3

must *(to have to)* **devoir** *v.* II-1

   One must **Il faut…** I-5

mustard **moutarde** *f.* II-1

my **ma** *poss. adj., f., sing.* I-3; **mes** *poss. adj., m., f., pl.* I-3; **mon** *poss. adj., m., sing.* I-3

myself **me/m'** *pron., sing.* II-2; *(attached to an imperative)* **-moi** *pron.* II-1

<hr>

N

naïve **naïf (naïve)** *adj.* I-3

name: My name is… **Je m'appelle…** I-1

named: to be named **s'appeler** *v.* II-2

napkin **serviette** *f.* II-1

nationality **nationalité** *f.*

   I am of … nationality. **Je suis de nationalité…** I-1

natural **naturel(le)** *adj.* II-6

natural resource **ressource naturelle** *f.* II-6

nature **nature** *f.* II-6

nauseated: to feel nauseated **avoir mal au cœur** *v.* II-2

near (to) **près (de)** *prep.* I-3

   very near (to) **tout près (de)** II-4

necessary **nécessaire** *adj.* II-6

   It was necessary… *(followed by infinitive or subjunctive)* **Il a fallu…** I-6

   It is necessary…. *(followed by infinitive or subjunctive)* **Il faut que…** I-5

   It is necessary that… *(followed by subjunctive)* **Il est nécessaire que/qu'…** II-6

neck **cou** *m.* II-2

need **besoin** *m.* I-2

   to need **avoir besoin (de)** *v.* I-2

neighbor **voisin(e)** *m., f.* I-3

neighborhood **quartier** *m.* I-8, II-P

neither… nor **ne… ni… ni…** *conj.* II-4

nephew **neveu** *m.* I-3

nervous **nerveux/ nerveuse** *adj.* I-3

nervously **nerveusement** *adv.* I-8, II-P

network (social) **réseau (social)** *m.* II-3

never **jamais** *adv.* I-5; **ne… jamais** *adv.* II-4

new **nouveau/nouvelle** *adj.* I-3

newlyweds **jeunes mariés** *m., pl.* I-6

news **informations (infos)** *f., pl.* II-7; **nouvelles** *f., pl.* II-7

newspaper **journal** *m.* I-7

newsstand **marchand de journaux** *m.* II-4

next **ensuite** *adv.* I-7; **prochain(e)** *adj.* I-2

   next to **à côté de** *prep.* I-3

nice **gentil/gentille** *adj.* I-3; **sympa(thique)** *adj.* I-1

nicely **gentiment** *adv.* I-8, II-P

niece **nièce** *f.* I-3

night **nuit** *f.* I-2

nightclub **boîte (de nuit)** *f.* I-4

nine **neuf** *m.* I-1

nine hundred **neuf cents** *m.* I-5

nineteen **dix-neuf** *m.* I-1

ninety **quatre-vingt-dix** *m.* I-3

ninth **neuvième** *adj.* I-7

no *(at beginning of statement to indicate disagreement)* **(mais) non** I-2; **aucun(e)** *adj.* II-2

   no more **ne… plus** II-4

   no problem **pas de problème** II-4

   no reason **pour rien** I-4

   no, none **pas (de)** II-4

nobody **ne… personne** II-4

none (not any) **ne… aucun(e)** II-4

noon **midi** *m.* I-2

no one **personne** *pron.* II-4

north **nord** *m.* II-4

nose **nez** *m.* II-2

not **ne… pas** I-2

   not at all **pas du tout** *adv.* I-2

   Not badly. **Pas mal.** I-1

   to not believe that **ne pas croire que** *v.* II-7

   to not think that **ne pas penser que** *v.* II-7

   not yet **pas encore** *adv.* I-8, II-P

notebook **cahier** *m.* I-1

notes **billets** *m., pl.* II-3

nothing **rien** *indef. pron.* II-4

   It's nothing. **Il n'y a pas de quoi.** I-1

notice **s'apercevoir** *v.* II-4

novel **roman** *m.* II-7

November **novembre** *m.* I-5

now **maintenant** *adv.* I-5

nuclear **nucléaire** *adj.* II-6

nuclear energy **énergie nucléaire** *f.* II-6

nuclear plant **centrale nucléaire** *f.* II-6

nurse **infirmier/infirmière** *m., f.* II-2

O

object **objet** *m.* I-1
obtain **obtenir** *v.* II-5
obvious **évident(e)** *adj.* II-7
   It is obvious that… **Il est
   évident que…** II-7
obviously **évidemment**
   adv. I-8, II-P
o'clock: It's… (o'clock). **Il est…
   heure(s).** I-2
   at … (o'clock) **à … heure(s)** I-4
October **octobre** *m.* I-5
of **de/d'** *prep.* I-3
   of medium height **de taille
   moyenne** *adj.* I-3
   of the **des (de + les)** I-3
   of the **du (de + le)** I-3
   of which, of whom **dont**
   rel. pron. II-3
of course **bien sûr** *adv.*;
   évidemment *adv.* I-2
   of course not *(at beginning
   of statement to indicate
   disagreement)* **(mais) non** I-2
offer **offrir** *v.* II-3
offered **offert (offrir)** *p.p.* II-3
office **bureau** *m.* I-4
   at the doctor's office **chez le
   médecin** *prep.* I-2
often **souvent** *adv.* I-5
oil **huile** *f.* II-1
   automobile oil **huile** *f.* II-3
   oil warning light **voyant** *m.*
   d'huile II-3
   olive oil **huile** *f.* **d'olive** II-1
   to check the oil **vérifier
   l'huile** *v.* II-3
okay **d'accord** I-2
old **vieux/vieille** *adj.*; *(placed
   after noun)* **ancien(ne)** *adj.* I-3
old age **vieillesse** *f.* I-6
olive **olive** *f.* II-1
olive oil **huile** *f.* **d'olive** II-1
omelette **omelette** *f.* I-5
on **sur** *prep.* I-3
   On behalf of whom? **C'est de
   la part de qui?** II-5
   on the condition that… **à
   condition que** II-7
   on television **à la
   télé(vision)** II-7
   on the contrary
   au contraire II-7
   on the radio **à la radio** II-7
   on the subject of **au sujet
   de** II-6
   on vacation **en vacances** I-7
once **une fois** *adv.* I-8, II-P
one **un** *m.* I-1
   one **on** *sub. pron., sing.* I-1
   one another **l'un(e) à
   l'autre** II-3

one another **l'un(e) l'autre** II-3
one had to… **il fallait…**
   I-8, II-P
One must… **Il faut que/
   qu'…** II-6
One must… **Il faut…** *(followed
   by infinitive or subjunctive)* I-5
one million **un million** *m.* I-5
   one million *(things)* **un
   million de…** I-5
onion **oignon** *m.* II-1
online **en ligne** II-3
   to be online **être en ligne** *v.* II-3
   to be online *(with someone)*
   **être connecté(e) (avec
   quelqu'un)** *v.* I-7, II-3
only **ne… que** II-4; **seulement**
   adv. I-8, II-P
open **ouvrir** *v.* II-3; **ouvert(e)**
   adj. II-3
opened **ouvert (ouvrir)** *p.p.* II-3
opera **opéra** *m.* II-7
optimistic **optimiste** *adj.* I-1
or **ou** I-3
orange **orange** *f.* II-1; **orange**
   inv.adj. I-6
orchestra **orchestre** *m.* II-7
order **commander** *v.* II-1
organize (a party) **organiser (une
   fête)** *v.* I-6
orient oneself **s'orienter** *v.* II-4
others **d'autres** I-4
our **nos** *poss. adj., m., f., pl.* I-3;
   notre *poss. adj., m., f., sing.* I-3
outdoor *(open-air)* **plein air** II-6
over **fini** *adj., p.p.* I-7
overpopulation **surpopulation**
   f. II-6
overseas **à l'étranger** *adv.* I-7
over there **là-bas** *adv.* I-1
owed **dû (devoir)** *p.p., adj.* II-1
own **posséder** *v.* I-5
owner **propriétaire** *m., f.* I-3
ozone **ozone** *m.* II-6
   hole in the ozone layer
   **trou dans la couche
   d'ozone** *m.* II-6

P

pack: to pack one's bags **faire les
   valises** I-7
package **colis** *m.* II-4
paid **payé (payer)** *p.p., adj.* II-5
   to be well/badly paid **être bien/
   mal payé(e)** II-5
pain **douleur** *f.* II-2
paint **faire de la peinture** *v.* II-7
painter **peintre/femme peintre**
   m., f. II-7
painting **peinture** *f.* II-7;
   tableau *m.* II-7
Palm Pilot **palm** *m.* I-1

pants **pantalon** *m., sing.* I-6
paper **papier** *m.* I-1
Pardon (me). **Pardon.** I-1
parents **parents** *m., pl.* I-3
park **parc** *m.* I-4
   to park **se garer** *v.* II-3
parka **anorak** *m.* I-6
parking lot **parking** *m.* II-3
part-time job **emploi** *m.* **à
   mi-temps/à temps partiel**
   m. II-5
party **fête** *f.* I-6
   to party **faire la fête** *v.* I-6
pass **dépasser** *v.* II-3; **passer**
   v. I-7
   to pass an exam **être reçu(e)
   à un examen** *v.* I-2
passenger **passager/passagère**
   m., f. I-7
passport **passeport** *m.* I-7
password **mot de passe** *m.* II-3
past: in the past **autrefois**
   adv. I-8, II-P
pasta **pâtes** *f., pl.* II-1
pastime **passe-temps** *m.* I-5
pastry **pâtisserie** *f.* II-1
pastry shop **pâtisserie** *f.* II-1
pâté **pâté (de campagne)** *m.* II-1
path **sentier** *m.* II-6; **chemin**
   m. II-4
patient **patient(e)** *adj.* I-1
patiently **patiemment**
   adv. I-8, II-P
pay **payer** *v.* I-5
   to pay by check **payer par
   chèque** *v.* II-4
   to pay in cash **payer en
   liquide** *v.* II-4
   to pay with a credit card **payer
   avec une carte de crédit**
   v. II-4
   to pay attention (to) **faire
   attention (à)** *v.* I-5
peach **pêche** *f.* II-1
pear **poire** *f.* II-1
peas **petits pois** *m., pl.* II-1
pen **stylo** *m.* I-1
pencil **crayon** *m.* I-1
people **gens** *m., pl.* I-7
pepper *(spice)* **poivre** *m.* II-1;
   (vegetable) **poivron** *m.* II-1
per day/week/month/year
   **par jour/semaine/mois/
   an** I-5
perfect **parfait(e)** *adj.* I-2
perhaps **peut-être** *adv.* I-2
period *(punctuation mark)* **point**
   m. II-3
permit **permis** *m.* II-3
permitted **permis (permettre)**
   p.p., adj. I-6
person **personne** *f.* I-1

pessimistic **pessimiste** *adj.* I-1
pharmacist **pharmacien(ne)** *m., f.* II-2
pharmacy **pharmacie** *f.* II-2
philosophy **philosophie** *f.* I-2
phone booth **cabine télé- phonique** *f.* II-4
phone card **télécarte** *f.* II-5
phone one another **se téléphoner** *v.* II-3
photo(graph) **photo(graphie)** *f.* I-3
physical education **éducation physique** *f.* I-2
physics **physique** *f.* I-2
piano **piano** *m.* II-7
pick up **décrocher** *v.* II-5
picnic **pique-nique** *m.* II-6
picture **tableau** *m.* I-1
pie **tarte** *f.* II-1
piece (of) **morceau (de)** *m.* I-4
piece of furniture **meuble** *m.* I-8, II-P
pill **pilule** *f.* II-2
pillow **oreiller** *m.* I-8, II-P
pink **rose** *adj.* I-6
pitcher (of water) **carafe (d'eau)** *f.* II-1
place **endroit** *m.* I-4; **lieu** *m.* I-4
planet **planète** *f.* II-6
plans: to make plans **faire des projets** *v.* II-5
plant **plante** *f.* II-6
plastic **plastique** *m.* II-6
plastic wrapping **emballage en plastique** *m.* II-6
plate **assiette** *f.* II-1
play **pièce de théâtre** *f.* II-7
play **s'amuser** *v.* II-2; (*a sport/a musical instrument*) **jouer (à/de)** *v.* I-5
to play regularly **pratiquer** *v.* I-5
to play sports **faire du sport** *v.* I-5
to play a role **jouer un rôle** *v.* II-7
player **joueur/joueuse** *m., f.* I-5
playwright **dramaturge** *m.* II-7
pleasant **agréable** *adj.* I-1
please: to please someone **faire plaisir à quelqu'un** *v.* II-5
Please. **S'il te plaît.** *fam.* I-1
Please. **S'il vous plaît.** *form.* I-1
Please. **Je vous en prie.** *form.* I-1
Please hold. **Ne quittez pas.** II-5
plumber **plombier** *m.* II-5
poem **poème** *m.* II-7
poet **poète/poétesse** *m., f.* II-7
police **police** *f.* II-3; **policier** *adj.* II-7

police officer **agent de police** *m.* II-3; **policier** *m.* II-3; **policière** *f.* II-3
police station **commissariat de police** *m.* II-4
polite **poli(e)** *adj.* I-1
politely **poliment** *adv.* I-8, II-P
political science **sciences poli- tiques (sciences po)** *f., pl.* I-2
politician **homme/femme politique** *m., f.* II-5
pollute **polluer** *v.* II-6
pollution **pollution** *f.* II-6
pollution cloud **nuage de pollution** *m.* II-6
pool **piscine** *f.* I-4
poor **pauvre** *adj.* I-3
popular music **variétés** *f., pl.* II-7
population **population** *f.* II-6
growing population **population** *f.* **croissante** II-6
pork **porc** *m.* II-1
portrait **portrait** *m.* I-5
position (*job*) **poste** *m.* II-5
possess (*to own*) **posséder** *v.* I-5
possible **possible** *adj.* II-7
It is possible that... **Il est possible que...** II-6
post **afficher** *v.* II-5
post office **bureau de poste** *m.* II-4
postal service **poste** *f.* II-4
postcard **carte postale** *f.* II-4
poster **affiche** *f.* I-8, II-P
potato **pomme de terre** *f.* II-1
practice **pratiquer** *v.* I-5
prefer **aimer mieux** *v.* I-2; **préférer (que)** *v.* I-5
pregnant **enceinte** *adj.* II-2
prepare (for) **préparer** *v.* I-2
to prepare (*to do something*) **se préparer (à)** *v.* II-2
prescription **ordonnance** *f.* II-2
present **présenter** *v.* II-7
preservation: habitat preservation **sauvetage des habitats** *m.* II-6
preserve **préserver** *v.* II-6
pressure **pression** *f.* II-3
to check the tire pressure **vérifier la pression des pneus** *v.* II-3
pretty **joli(e)** *adj.* I-3; (*before an adjective or adverb*) **assez** *adv.* I-8, II-P
prevent: to prevent a fire **prévenir l'incendie** *v.* II-6
price **prix** *m.* I-4
principal **principal(e)** *adj.* II-4
print **imprimer** *v.* II-3
printer **imprimante** *f.* II-3
problem **problème** *m.* I-1
produce **produire** *v.* I-6

produced **produit (produire)** *p.p., adj.* I-6
product **produit** *m.* II-6
profession **métier** *m.* II-5; **profession** *f.* II-5
demanding profession **profession** *f.* **exigeante** II-5
professional **professionnel(le)** *adj.* II-5
professional experience **expé- rience professionnelle** *f.* II-5
program **programme** *m.* II-7; (*software*) **logiciel** *m.* II-3; (*television*) **émission** *f.* **de télévision** II-7
prohibit **interdire** *v.* II-6
project **projet** *m.* II-5
promise **promettre** *v.* I-6
promised **promis (promettre)** *p.p., adj.* I-6
promotion **promotion** *f.* II-5
propose that... **proposer que...** *v.* II-6
to propose a solution **proposer une solution** *v.* II-6
protect **protéger** *v.* I-5
protection **préservation** *f.* II-6; **protection** *f.* II-6
proud **fier/fière** *adj.* I-3
psychological **psychologique** *adj.* II-7
psychological drama **drame psychologique** *m.* II-7
psychology **psychologie** *f.* I-2
psychologist **psychologue** *m., f.* II-5
publish **publier** *v.* II-7
pure **pur(e)** *adj.* II-6
purple **violet(te)** *adj.* I-6
purse **sac à main** *m.* I-6
put **mettre** *v.* I-6
to put (on) (yourself) **se mettre** *v.* II-2
to put away **ranger** *v.* I-8, II-P
to put on makeup **se maquiller** *v.* II-2
put **mis (mettre)** *p.p.* I-6

Q

quarter **quart** *m.* I-2
a quarter after ... (o'clock) **... et quart** I-2
Quebec: from Quebec **québécois(e)** *adj.* I-1
question **question** *f.* I-6
to ask (*someone*) a question **poser une question (à)** *v.* I-6
quick **vite** *adv.* I-4
quickly **vite** *adv.* I-1
quite (*before an adjective or adverb*) **assez** *adv.* I-8, II-P

R

rabbit **lapin** *m.* II-6
rain **pleuvoir** *v.* I-5
  acid rain **pluie** *f.* **acide** II-6
  It is raining. **Il pleut.** I-5
  It was raining. **Il pleuvait.**
  I-8, II-P
rain forest **forêt tropicale** *f.* II-6
rain jacket **imperméable** *m.* I-5
rained **plu (pleuvoir)** *p.p.* I-6
raise (in salary) **augmentation
  (de salaire)** *f.* II-5
rapidly **rapidement** *adv.* I-8, II-P
rarely **rarement** *adv.* I-5
rather **plutôt** *adv.* I-1
ravishing **ravissant(e)** *adj.* II-5
razor **rasoir** *m.* II-2
read **lire** *v.* I-7
read **lu (lire)** *p.p., adj.* I-7
ready **prêt(e)** *adj.* I-3
real (*true*) **vrai(e)** *adj.*; **véritable**
  adj. I-3
real estate agent **agent immobilier**
  m., f. II-5
realize **se rendre compte** *v.* II-2
really **vraiment** *adv.* I-5; (*before
  adjective or adverb*) **tout(e)**
  adv. I-3; (*before adjective or
  adverb*) **très** *adv.* I-8, II-P
  really close by **tout près** I-3
rear-view mirror **rétroviseur**
  m. II-3
reason **raison** *f.* I-2
receive **recevoir** *v.* II-4
received **reçu (recevoir)** *p.p.,
  adj.* II-4
receiver **combiné** *m.* II-5
recent **récent(e)** *adj.* II-7
reception desk **réception** *f.* I-7
recognize **reconnaître** *v.* I-8, II-P
recognized **reconnu (reconnaître)**
  p.p., adj. I-8, II-P
recommend that... **recommander
  que...** *v.* II-6
recommendation
  recommandation *f.* II-5
record **enregistrer** *v.* II-3
  (*CD, DVD*) **graver** *v.* II-3
recycle **recycler** *v.* II-6
recycling **recyclage** *m.* II-6
red **rouge** *adj.* I-6
redial **recomposer (un numéro)**
  v. II-3
reduce **réduire** *v.* I-6
reduced **réduit (réduire)** *p.p.,
  adj.* I-6
reference **référence** *f.* II-5
reflect (on) **réfléchir (à)** *v.* I-4
refrigerator **frigo** *m.* I-8, II-P
refuse (*to do something*)
  refuser (de) *v.* II-3
region **région** *f.* II-6

regret that... **regretter que...** II-6
relax **se détendre** *v.* II-2
remember **se souvenir (de)**
  v. II-2
remote control **télécommande**
  f. II-3
rent **loyer** *m.* I-8, II-P
  to rent **louer** *v.* I-8, II-P
repair **réparer** *v.* II-3
repeat **répéter** *v.* I-5
research **rechercher** *v.* II-5
researcher **chercheur/
  chercheuse** *m., f.* II-5
reservation **réservation** *f.* I-7
  to cancel a reservation **annuler
  une réservation** I-7
reserve **réserver** *v.* I-7
reserved **réservé(e)** *adj.* I-1
resign **démissionner** *v.* II-5
resort (ski) **station** *f.* **(de ski)** I-7
respond **répondre (à)** *v.* I-6
rest **se reposer** *v.* II-2
restart **redémarrer** *v.* II-3
restaurant **restaurant** *m.* I-4
restroom(s) **toilettes** *f., pl.*
  I-8, II-P; **W.-C.** *m., pl.*
result **résultat** *m.* I-2
résumé **curriculum vitæ
  (C.V.)** *m.* II-5
retake **repasser** *v.* II-7
retire **prendre sa retraite** *v.* I-6
retired person **retraité(e)** *m.,
  f.* II-5
retirement **retraite** *f.* I-6
return **retourner** *v.* I-7
  to return (home) **rentrer (à la
  maison)** *v.* I-2
review (*criticism*) **critique** *f.* II-7
rice **riz** *m.* II-1
ride: to go horseback riding
  faire du cheval *v.* I-5
  to ride in a car **rouler en
  voiture** *v.* I-7
right **juste** *adv.* I-3
  to the right (of) **à droite
  (de)** *prep.* I-3
  to be right **avoir raison** I-2
  right away **tout de suite** I-7
  right next door **juste à
  côté** I-3
ring **sonner** *v.* II-3
river **fleuve** *m.* II-6; **rivière** *f.* II-6
riverboat **bateau-mouche** *m.* I-7
role **rôle** *m.* II-6
room **pièce** *f.* I-8, II-P; **salle** *f.*
  I-8, II-P
  bedroom **chambre** *f.* I-7
  classroom **salle** *f.* **de classe** I-1
  dining room **salle** *f.* **à manger**
  I-8, II-P
  single hotel room **chambre**
  f. **individuelle** I-7

roommate **camarade de
  chambre** *m., f.* I-1
  (*in an apartment*) **colocataire**
  m., f. I-1
round-trip **aller-retour** *adj.* I-7
  round-trip ticket **billet** *m.*
  aller-retour I-7
rug **tapis** *m.* I-8, II-P
run **courir** *v.* I-5; **couru (courir)**
  p.p., adj. I-6
  to run into someone **tomber
  sur quelqu'un** *v.* I-7

S

sad **triste** *adj.* I-3
  to be sad that... **être triste
  que...** *v.* II-6
safety **sécurité** *f.* II-3
said **dit (dire)** *p.p., adj.* I-7
salad **salade** *f.* II-1
salary (a high, low) **salaire
  (élevé, modeste)** *m.* II-5
sales **soldes** *f., pl.* I-6
salon: beauty salon **salon** *m.*
  de beauté II-4
salt **sel** *m.* II-1
sandwich **sandwich** *m.* I-4
sat (down) **assis (s'asseoir)**
  p.p. II-2
Saturday **samedi** *m.* I-2
sausage **saucisse** *f.* II-1
save **sauvegarder** *v.* II-3
  save the planet **sauver la
  planète** *v.* II-6
savings **épargne** *f.* II-4
savings account **compte
  d'épargne** *m.* II-4
say **dire** *v.* I-7
scarf **écharpe** *f.* I-6
scholarship **bourse** *f.* I-2
school **école** *f.* I-2
science **sciences** *f., pl.* I-2
  political science
  **sciences politiques
  (sciences po)** *f., pl.* I-2
screen **écran** *m.* II-3
screening **séance** *f.* II-7
sculpture **sculpture** *f.* II-7
sculptor **sculpteur/femme
  sculpteur** *m., f.* II-7
sea **mer** *f.* I-7
seafood **fruits de mer** *m., pl.* II-1
search for **chercher** *v.* I-2
  to search for work **chercher
  du travail** *v.* II-4
season **saison** *f.* I-5
seat **place** *f.* II-7
seatbelt **ceinture de sécurité**
  f. II-3
  to buckle one's seatbelt
  **attacher sa ceinture de
  sécurité** *v.* II-3

seated **assis(e)** *p.p., adj.* II-2
second **deuxième** *adj.* I-7
security **sécurité** *f.* II-3
see **voir** *v.* II-7; (*catch sight of*) **apercevoir** *v.* II-4
  to see again **revoir** *v.* II-7
  See you later. **À plus tard.** I-1
  See you later. **À tout à l'heure.** I-1
  See you soon. **À bientôt.** I-1
  See you tomorrow. **À demain.** I-1
seen **aperçu (apercevoir)** *p.p.* II-4; **vu (voir)** *p.p.* II-7
seen again **revu (revoir)** *p.p.* II-7
self-/-selves **même(s)** *pron.* I-6
selfish **égoïste** *adj.* I-1
sell **vendre** *v.* I-6
seller **vendeur/vendeuse** *m., f.* I-6
send **envoyer** *v.* I-5
  to send (*to someone*) **envoyer (à)** *v.* I-6
  to send a letter **poster une lettre** II-4
Senegalese **sénégalais(e)** *adj.* I-1
sense **sentir** *v.* I-5
separated **séparé(e)** *adj.* I-3
September **septembre** *m.* I-5
serious **grave** *adj.* II-2; **sérieux/sérieuse** *adj.* I-3
serve **servir** *v.* I-5
server **serveur/serveuse** *m., f.* I-4
service station **station-service** *f.* II-3
set the table **mettre la table** *v.* I-8, II-P
seven **sept** *m.* I-1
seven hundred **sept cents** *m.* I-5
seventeen **dix-sept** *m.* I-1
seventh **septième** *adj.* I-7
seventy **soixante-dix** *m.* I-3
several **plusieurs** *adj.* I-4
shame **honte** *f.* I-2
  It's a shame that… **Il est dommage que…** II-6
shampoo **shampooing** *m.* II-2
shape (*state of health*) **forme** *f.* II-2
share **partager** *v.* I-2
shave (oneself) **se raser** *v.* II-2
shaving cream **crème à raser** *f.* II-2
she **elle** *pron.* I-1
sheet of paper **feuille de papier** *f.* I-1
sheets **draps** *m., pl.* I-8, II-P
shelf **étagère** *f.* I-8, II-P
shh **chut** II-7
shirt (short-/long-sleeved) **chemise (à manches courtes/longues)** *f.* I-6
shoe **chaussure** *f.* I-6

shopkeeper **commerçant(e)** *m., f.* II-1
shopping **shopping** *m.* I-7
  to go shopping **faire du shopping** *v.* I-7
  to go (grocery) shopping **faire les courses** *v.* II-1
shopping center **centre commercial** *m.* I-4
short **court(e)** *adj.* I-3; (*stature*) **petit(e)** I-3
shorts **short** *m.* I-6
shot (*injection*) **piqûre** *f.* II-2
  to give a shot **faire une piqûre** *v.* II-2
show **spectacle** *m.* I-5; (*movie or theater*) **séance** *f.* II-7
  to show (*to someone*) **montrer (à)** *v.* I-6
shower **douche** *f.* I-8, II-P
shut off **fermer** *v.* II-3
shy **timide** *adj.* I-1
sick: to get/be sick **tomber/être malade** *v.* II-2
sign **signer** *v.* II-4
silk **soie** *f.* I-6
since **depuis** *adv.* II-1
sincere **sincère** *adj.* I-1
sing **chanter** *v.* I-5
singer **chanteur/chanteuse** *m., f.* I-1
single (*marital status*) **célibataire** *adj.* I-3
  single hotel room **chambre** *f.* **individuelle** I-7
sink **évier** *m.* I-8, II-P; (*bathroom*) **lavabo** *m.* I-8, II-P
sir **Monsieur** *m.* I-1
sister **sœur** *f.* I-3
sister-in-law **belle-sœur** *f.* I-3
sit down **s'asseoir** *v.* II-2
sitting **assis(e)** *adj.* II-2
six **six** *m.* I-1
six hundred **six cents** *m.* I-5
sixteen **seize** *m.* I-1
sixth **sixième** *adj.* I-7
sixty **soixante** *m.* I-1
size **taille** *f.* I-6
skate **patiner** *v.* I-4
ski **skier** *v.* I-5; **faire du ski** I-5
skiing **ski** *m.* I-5
ski jacket **anorak** *m.* I-6
ski resort **station** *f.* **de ski** I-7
skin **peau** *f.* II-2
skirt **jupe** *f.* I-6
sky **ciel** *m.* II-6
sleep **sommeil** *m.* I-2
  to sleep **dormir** *v.* I-5
  to be sleepy **avoir sommeil** *v.* I-2
sleeve **manche** *f.* I-6
slice **tranche** *f.* II-1
slipper **pantoufle** *f.* II-2

slow **lent(e)** *adj.* I-3
small **petit(e)** *adj.* I-3
smartphone **smartphone** *m.* II-3
smell **sentir** *v.* I-5
smile **sourire** *m.* I-6
  to smile **sourire** *v.* I-6
smoke **fumer** *v.* II-2
snack (afternoon) **goûter** *m.* II-1
snake **serpent** *m.* II-6
sneeze **éternuer** *v.* II-2
snow **neiger** *v.* I-5
  It is snowing. **Il neige.** I-5
  It was snowing… **Il neigeait…** I-8, II-P
so **si** II-3; **alors** *adv.* I-1
  so that **pour que** II-7
soap **savon** *m.* II-2
soap opera **feuilleton** *m.* II-7
soccer **foot(ball)** *m.* I-5
sociable **sociable** *adj.* I-1
sociology **sociologie** *f.* I-1
sock **chaussette** *f.* I-6
software **logiciel** *m.* II-3
soil (*to make dirty*) **salir** *v.* I-8, II-P
solar **solaire** *adj.* II-6
solar energy **énergie solaire** *f.* II-6
solution **solution** *f.* II-6
some **de l'** *part. art., m., f., sing.* I-4
  some **de la** *part. art., f., sing.* I-4
  some **des** *part. art., m., f., pl.* I-4
  some **du** *part. art., m., sing.* I-4
  some **quelques** *adj.* I-4
  some (of it/them) **en** *pron.* II-2
someone **quelqu'un** *pron.* II-4
something **quelque chose** *m.* I-4
  Something's not right. **Quelque chose ne va pas.** I-5
sometimes **parfois** *adv.* I-5; **quelquefois** *adv.* I-8, II-P
son **fils** *m.* I-3
song **chanson** *f.* II-7
sorry **désolé(e)** II-3
  to be sorry that… **être désolé(e) que…** *v.* II-6
sort **sorte** *f.* II-7
So-so. **Comme ci, comme ça.** I-1
soup **soupe** *f.* I-4
soupspoon **cuillère à soupe** *f.* II-1
south **sud** *m.* II-4
space **espace** *m.* II-6
Spain **Espagne** *f.* I-7
Spanish **espagnol(e)** *adj.* I-1
speak (on the phone) **parler (au téléphone)** *v.* I-2
  to speak (to) **parler (à)** *v.* I-6
  to speak to one another **se parler** *v.* II-3
specialist **spécialiste** *m., f.* II-5
species **espèce** *f.* II-6

endangered species **espèce** *f.*
menacée II-6
spectator **spectateur/**
spectatrice *m., f.* II-7
speed **vitesse** *f.* II-3
speed limit **limitation de vitesse**
f. II-3
spend **dépenser** *v.* I-4
to spend money **dépenser de**
l'argent I-4
to spend time **passer** *v.* I-7
to spend time (*somewhere*)
faire un séjour I-7
spoon **cuillère** *f.* II-1
sport(s) **sport** *m.* I-5
to play sports **faire du sport**
v. I-5
sporty **sportif/sportive** *adj.* I-3
sprain one's ankle **se fouler la**
cheville II-2
spring **printemps** *m.* I-5
in the spring **au printemps** I-5
square (*place*) **place** *f.* I-4
squirrel **écureuil** *m.* II-6
stadium **stade** *m.* I-5
stage (*phase*) **étape** *f.* I-6
stage fright **trac** II-5
staircase **escalier** *m.* I-8, II-P
stamp **timbre** *m.* II-4
star **étoile** *f.* II-6
starter **entrée** *f.* II-1
start up **démarrer** *v.* II-3
station **station** *f.* I-7
subway station **station** *f.* **de**
métro I-7
train station **gare** *f.* I-7
stationery store **papeterie** *f.* II-4
statue **statue** *f.* II-4
stay **séjour** *m.* I-7; **rester** *v.* I-7
to stay slim **garder la ligne**
v. II-2
steak **steak** *m.* II-1
steering wheel **volant** *m.* II-3
stepbrother **demi-frère** *m.* I-3
stepfather **beau-père** *m.* I-3
stepmother **belle-mère** *f.* I-3
stepsister **demi-sœur** *f.* I-3
stereo system **chaîne stéréo**
f. II-3
still **encore** *adv.* I-3
stomach **ventre** *m.* II-2
to have a stomach ache **avoir**
mal au ventre *v.* II-2
stone **pierre** *f.* II-6
stop (doing something) **arrêter**
(de faire quelque chose) *v.;*
(*to stop oneself*) **s'arrêter** *v.* II-2
to stop by someone's house
passer chez quelqu'un *v.* I-4
bus stop **arrêt d'autobus (de**
bus) *m.* I-7
store **magasin** *m.;* **boutique** *f.* II-4
grocery store **épicerie** *f.* I-4

stormy **orageux/orageuse**
adj. I-5
It is stormy. **Le temps est**
orageux. I-5
story **histoire** *f.* I-2
stove **cuisinière** *f.* I-8, II-P
straight **raide** *adj.* I-3
straight ahead **tout droit**
adv. II-4
strangle **étrangler** *v.* II-5
strawberry **fraise** *f.* II-1
street **rue** *f.* II-3
to follow a street **suivre une**
rue *v.* II-4
strong **fort(e)** *adj.* I-3
student **étudiant(e)** *m., f.* 1;
élève *m., f.* I-1
high school student **lycéen(ne)**
m., f. I-2
studies **études** *f.* I-2
studio (*apartment*) **studio**
m. I-8, II-P
study **étudier** *v.* I-2
suburbs **banlieue** *f.* I-4
subway **métro** *m.* I-7
subway station **station** *f.* **de**
métro I-7
succeed (*in doing something*)
réussir (à) *v.* I-4
success **réussite** *f.* II-5
suddenly **soudain** *adv.* I-8, II-P;
tout à coup *adv.* I-7.; **tout**
d'un coup *adv.* I-8, II-P
suffer **souffrir** *v.* II-3
suffered **souffert (souffrir)**
p.p. II-3
sugar **sucre** *m.* I-4
suggest (that) **suggérer (que)**
v. II-6
suit (*man's*) **costume** *m.* I-6;
(*woman's*) **tailleur** *m.* I-6
suitcase **valise** *f.* I-7
summer **été** *m.* I-5
in the summer **en été** I-5
sun **soleil** *m.* I-5
It is sunny. **Il fait (du)**
soleil. I-5
Sunday **dimanche** *m.* I-2
sunglasses **lunettes de soleil**
f., pl. I-6
supermarket **supermarché** *m.* II-1
sure **sûr(e)** II-1
It is sure that… **Il est sûr**
que… II-7
It is unsure that… **Il n'est**
pas sûr que… II-7
surf on the Internet **surfer sur**
Internet II-3
surprise (*someone*) **faire une**
surprise (à quelqu'un) *v.* I-6
surprised **surpris (surprendre)**
p.p., adj. I-6
to be surprised that… **être**
surpris(e) que… *v.* II-6

sweater **pull** *m.* I-6
sweep **balayer** *v.* I-8, II-P
swell **enfler** *v.* II-2
swim **nager** *v.* I-4
swimsuit **maillot de bain** *m.* I-6
Swiss **suisse** *adj.* I-1
Switzerland **Suisse** *f.* I-7
symptom **symptôme** *m.* II-2

T

table **table** *f.* I-1
to clear the table **débarrasser**
la table *v.* I-8, II-P
tablecloth **nappe** *f.* II-1
tablet computer **tablette**
(tactile) *f.* II-3
take **prendre** *v.* I-4
to take a shower **prendre une**
douche II-2
to take a train (plane, taxi, bus,
boat) **prendre un train (un**
avion, un taxi, un autobus,
un bateau) *v.* I-7
to take a walk **se promener**
v. II-2
to take advantage of **profiter**
de *v.* II-7
to take an exam **passer un**
examen *v.* I-2
to take care (of something)
s'occuper (de) *v.* II-2
to take out the trash **sortir la/**
les poubelle(s) *v.* I-8, II-P
to take time off **prendre un**
congé *v.* II-5
to take (*someone*) **emmener**
v. I-5
taken **pris (prendre)** *p.p., adj.* I-6
tale **conte** *m.* II-7
talented
(*gifted*) **doué(e)** *adj.* II-7
tan **bronzer** *v.* I-6
tape recorder **magnétophone**
m. II-3
tart **tarte** *f.* II-1
taste **goûter** *v.* II-1
taxi **taxi** *m.* I-7
tea **thé** *m.* I-4
teach **enseigner** *v.* I-2
to teach (*to do something*)
apprendre (à) *v.* I-4
teacher **professeur** *m.* I-1
team **équipe** *f.* I-5
teaspoon **cuillère à café** *f.* II-1
tee shirt **tee-shirt** *m.* I-6
teeth **dents** *f., pl.* II-1
to brush one's teeth **se brosser**
les dents *v.* II-1
telephone (*receiver*) **appareil**
m. II-5
to telephone (*someone*)
téléphoner (à) *v.* I-2

It's Mr./Mrs./Miss … (on the phone.) **C'est M./Mme/ Mlle … (à l'appareil.)** II-5

television **télévision** *f.* I-1
    television channel **chaîne** *f.* **(de télévision)** II-3
    television program **émission** *f.* **de télévision** II-7
    television set **poste de télévision** *m.* II-3

tell one another **se dire** *v.* II-3

temperature **température** *f.* I-5

ten **dix** *m.* I-1

tennis **tennis** *m.* I-5

tennis shoes **baskets** *f., pl.* I-6

tenth **dixième** *adj.* I-7

terminal (bus) **gare** *f.* **routière** I-7

terrace (café) **terrasse** *f.* **de café** I-4

test **examen** *m.* I-1

text message **texto, SMS** *m.* II-3

than **que/qu'** *conj.* II-1, II-6

thank: Thank you (very much). **Merci (beaucoup).** I-1

that **ce/c', ça** I-1; **que** *rel. pron.* II-3
    Is that… ? **Est-ce… ?** I-2
    That's enough. **Ça suffit.** I-5
    That has nothing to do with us. That is none of our business. **Ça ne nous regarde pas.** II-6
    that is… **c'est…** I-1
    that is to say **ça veut dire** II-2

theater **théâtre** *m.* II-7

their **leur(s)** *poss. adj., m., f.* I-3

them **les** *d.o. pron.* I-7, **leur** *i.o. pron., m., f., pl.* I-6

then **ensuite** *adv.* I-7, **puis** *adv.* I-7, **puis** I-4; **alors** *adv.* I-7

there **là** I-1; **y** *pron.* II-2
    Is there… ? **Y a-t-il… ?** I-2
    over there **là-bas** *adv.* I-1
    (over) there *(used with demonstrative adjective* ce *and noun or with demonstrative pronoun* celui*)* **-là** I-6
    There is/There are… **Il y a…** I-1
    There is/There are…. **Voilà…** I-1
    There was… **Il y a eu…** I-6; **Il y avait…** I-8, II-P

therefore **donc** *conj.* I-7

these/those **ces** *dem. adj., m., f., pl.* I-6
    these/those **celles** *pron., f., pl.* II-6
    these/those **ceux** *pron., m., pl.* II-6

they **ils** *sub. pron., m.* I-1; **elles** *sub. and disj. pron., f.* I-1; **eux** *disj. pron., pl.* I-3

thing **chose** *f.* I-1, **truc** *m.* I-7

think (about) **réfléchir (à)** *v.* I-4
    to think (that) **penser (que)** *v.* I-2

third **troisième** *adj.* I-7

thirst **soif** *f.* I-4
    to be thirsty **avoir soif** *v.* I-4

thirteen **treize** *m.* I-1

thirty **trente** *m.* I-1

thirty-first **trente et unième** *adj.* I-7

this/that **ce** *dem. adj., m., sing.* I-6; **cet** *dem. adj., m., sing.* I-6; **cette** *dem. adj., f., sing.* I-6
    this afternoon **cet après-midi** I-2
    this evening **ce soir** I-2
    this one/that one **celle** *pron., f., sing.* II-6; **celui** *pron., m., sing.* II-6
    this week **cette semaine** I-2
    this weekend **ce week-end** I-2
    this year **cette année** I-2

those are… **ce sont…** I-1

thousand: one thousand **mille** *m.* I-5
    one hundred thousand **cent mille** *m.* I-5

threat **danger** *m.* II-6

three **trois** *m.* I-1

three hundred **trois cents** *m.* I-5

throat **gorge** *f.* II-2

throw away **jeter** *v.* II-6

Thursday **jeudi** *m.* I-2

ticket **billet** *m.* I-7
    round-trip ticket **billet** *m.* **aller-retour** I-7 bus/subway ticket **ticket de bus/de métro** *m.* I-7

tie **cravate** *f.* I-6

tight **serré(e)** *adj.* I-6

time *(occurence)* **fois** *f.;* *(general sense)* **temps** *m., sing.* I-5
    a long time **longtemps** *adv.* I-5
    free time **temps libre** *m.* I-5
    from time to time **de temps en temps** *adv.* I-8, II-P
    to lose time **perdre son temps** *v.* I-6

tinker **bricoler** *v.* I-5

tip **pourboire** *m.* I-4
    to leave a tip **laisser un pourboire** *v.* I-4

tire **pneu** *m.* II-3
    flat tire **pneu** *m.* **crevé** II-3
    (emergency) tire **roue (de secours)** *f.* II-3
    to check the tire pressure **vérifier la pression des pneus** *v.* II-3

tired **fatigué(e)** *adj.* I-3

tiresome **pénible** *adj.* I-3

to **à** *prep.* I-4; **au (à + le)** I-4; **aux (à + les)** I-4

toaster **grille-pain** *m.* I-8, II-P

today **aujourd'hui** *adv.* I-2

toe **orteil** *m.* II-2; **doigt de pied** *m.* II-2

together **ensemble** *adv.* I-6

tomato **tomate** *f.* II-1

tomorrow (morning, afternoon, evening) **demain (matin, après-midi, soir)** *adv.* I-2
    day after tomorrow **après-demain** *adv.* I-2

too **aussi** *adv.* I-1
    too many/much (of) **trop (de)** I-4

tooth **dent** *f.* II-1
    to brush one's teeth **se brosser les dents** *v.* II-1

toothbrush **brosse** *f.* **à dents** II-2

toothpaste **dentifrice** *m.* II-2

tour **tour** *m.* I-5

tourism **tourisme** *m.* II-4

tourist office **office du tourisme** *m.* II-4

towel (bath) **serviette (de bain)** *f.* II-2

town **ville** *f.* I-4

town hall **mairie** *f.* II-4

toxic **toxique** *adj.* II-6

toxic waste **déchets toxiques** *m., pl.* II-6

traffic **circulation** *f.* II-3

traffic light **feu de signalisation** *m.* II-4

tragedy **tragédie** *f.* II-7

train **train** *m.* I-7

train station **gare** *f.* I-7; **station** *f.* **de train** I-7

training **formation** *f.* II-5

translate **traduire** *v.* I-6

translated **traduit (traduire)** *p.p., adj.* I-6

trash **ordures** *f., pl.* II-6

travel **voyager** *v.* I-2

travel agency **agence de voyages** *f.* I-7

travel agent **agent de voyages** *m.* I-7

tree **arbre** *m.* II-6

trip **voyage** *m.* I-7

troop *(company)* **troupe** *f.* II-7

tropical **tropical(e)** *adj.* II-6
    tropical forest **forêt tropicale** *f.* II-6

true **vrai(e)** *adj.* I-3; **véritable** *adj.* I-6
    It is true that… **Il est vrai que…** II-7
    It is untrue that… **Il n'est pas vrai que…** II-7

trunk **coffre** *m.* II-3

try **essayer** *v.* I-5

Tuesday **mardi** *m.* I-2

tuna **thon** *m.* II-1

turn **tourner** *v.* II-4
    to turn off **éteindre** *v.* II-3

trois cent quarante et un   **341**

to turn on **allumer** *v.* II-3
to turn (oneself) around **se tourner** *v.* II-2
twelve **douze** *m.* I-1
twentieth **vingtième** *adj.* I-7
twenty **vingt** *m.* I-1
twenty-first **vingt et unième** *adj.* I-7
twenty-second **vingt-deuxième** *adj.* I-7
twice **deux fois** *adv.* I-8, II-P
twist one's ankle **se fouler la cheville** *v.* II-2
two **deux** *m.* I-1
two hundred **deux cents** *m.* I-5
two million **deux millions** *m.* I-5
type **genre** *m.* II-7

U

ugly **laid(e)** *adj.* I-3
umbrella **parapluie** *m.* I-5
uncle **oncle** *m.* I-3
under **sous** *prep.* I-3
understand **comprendre** *v.* I-4
understood **compris (comprendre)** *p.p., adj.* I-6
underwear **sous-vêtement** *m.* I-6
undress **se déshabiller** *v.* II-2
unemployed person **chômeur/ chômeuse** *m., f.* II-5
to be unemployed **être au chômage** *v.* II-5
unemployment **chômage** *m.* II-5
unfortunately **malheureusement** *adv.* I-2
unhappy **malheureux/ malheureuse** *adj.* I-3
union **syndicat** *m.* II-5
United States **États-Unis** *m., pl.* I-7
university **faculté** *f.* I-1; **université** *f.* I-1
university cafeteria **restaurant universitaire (resto U)** *m.* I-2
unless **à moins que** *conj.* II-7
unpleasant **antipathique** *adj.* I-3; **désagréable** *adj.* I-1
until **jusqu'à** *prep.* II-4; **jusqu'à ce que** *conj.* II-7
upset: to become upset **s'énerver** *v.* II-2
us **nous** *i.o. pron.* I-6; **nous** *d.o. pron.* I-7
use **employer** *v.* I-5
to use a map **utiliser un plan** *v.* I-7
useful **utile** *adj.* I-2
useless **inutile** *adj.* I-2; **nul(le)** *adj.* I-2
usually **d'habitude** *adv.* I-8, II-P

V

vacation **vacances** *f., pl.* I-7
vacation day **jour de congé** *m.* I-7
vacuum **aspirateur** *m.* I-8, II-P
to vacuum **passer l'aspirateur** *v.* I-8, II-P
valley **vallée** *f.* II-6
vegetable **légume** *m.* II-1
velvet **velours** *m.* I-6
very (before adjective) **tout(e)** *adv.* I-3; (before adverb) **très** *adv.* I-8, II-P
Very well. **Très bien.** I-1
veterinarian **vétérinaire** *m., f.* II-5
videocassette recorder (VCR) **magnétoscope** *m.* II-3
video game(s) **jeu vidéo (des jeux vidéo)** *m.* II-3
videotape **cassette vidéo** *f.* II-3
Vietnamese **vietnamien(ne)** *adj.* I-1
violet **violet(te)** *adj.* I-6
violin **violon** *m.* II-7
visit **visite** *f.* I-6
to visit (a place) **visiter** *v.* I-2; (a person or people) **rendre visite (à)** *v.* I-6; (to visit regularly) **fréquenter** *v.* I-4
voicemail **messagerie** *f.* II-5
volcano **volcan** *m.* II-6
volleyball **volley(-ball)** *m.* I-5

W

waist **taille** *f.* I-6
wait **attendre** *v.* I-6
to wait (on the phone) **patienter** *v.* II-5
to wait in line **faire la queue** *v.* II-4
wake up **se réveiller** *v.* II-2
walk **promenade** *f.* I-5; **marcher** *v.* I-5
to go for a walk **faire une promenade** I-5; **faire un tour** I-5
wall **mur** *m.* I-8, II-P
want **désirer** *v.* I-5; **vouloir** *v.* II-1
wardrobe **armoire** *f.* I-8, II-P
warming: global warming **réchauffement de la Terre** *m.* II-6
warning light (gas/oil) **voyant** *m.* **(d'essence/d'huile)** II-3
wash **laver** *v.* I-8, II-P
to wash oneself (one's hands) **se laver (les mains)** *v.* II-2
to wash up (in the morning) **faire sa toilette** *v.* II-2
washing machine **lave-linge** *m.* I-8, II-P

waste **gaspillage** *m.* II-6; **gaspiller** *v.* II-6
wastebasket **corbeille (à papier)** *f.* I-1
waste time **perdre son temps** *v.* I-6
watch **montre** *f.* I-1; **regarder** *v.* I-2
water **eau** *f.* I-4
mineral water **eau** *f.* **minérale** I-4
way (by the way) **au fait** *I-3*; (path) **chemin** *m.* II-4
we **nous** *pron.* I-1
weak **faible** *adj.* I-3
wear **porter** *v.* I-6
weather **temps** *m., sing.* I-5; **météo** *f.* II-7
The weather is bad. **Il fait mauvais.** I-5
The weather is dreadful. **Il fait un temps épouvantable.** I-5
The weather is good/warm. **Il fait bon.** I-5
The weather is nice. **Il fait beau.** I-5
web site **site Internet/web** *m.* II-3
wedding **mariage** *m.* I-6
Wednesday **mercredi** *m.* I-2
weekend **week-end** *m.* I-2
this weekend **ce week-end** *m.* I-2
welcome **bienvenu(e)** *adj.* I-1
You're welcome. **Il n'y a pas de quoi.** I-1
well **bien** *adv.* I-7
I am doing well/badly. **Je vais bien/mal.** I-1
west **ouest** *m.* II-4
What? **Comment?** *adv.* I-4; **Pardon?** I-4; **Quoi?** I-1 *interr. pron.* I-4
What day is it? **Quel jour sommes-nous?** I-2
What is it? **Qu'est-ce que c'est?** *prep.* I-1
What is the date? **Quelle est la date?** I-5
What is the temperature? **Quelle température fait-il?** I-5
What is the weather like? **Quel temps fait-il?** I-5
What is your name? **Comment t'appelles-tu?** *fam.* I-1
What is your name? **Comment vous appelez-vous?** *form.* I-1
What is your nationality? **Quelle est ta nationalité?** *sing., fam.* I-1
What is your nationality? **Quelle est votre nationalité?** *sing., pl., fam., form.* I-1

What time do you have?
Quelle heure avez-vous?
form. I-2
What time is it? **Quelle heure est-il?** I-2
What time? **À quelle heure?** I-2
What do you think about that?
Qu'en penses-tu? II-6
What's up? **Ça va?** I-1
whatever it may be **quoi que ce soit** II-5
What's wrong? **Qu'est-ce qu'il y a?** I-1
when **quand** *adv.* I-4
When is …'s birthday? **C'est quand l'anniversaire de …?** I-5
When is your birthday?
C'est quand ton/votre anniversaire? I-5
where **où** *adv., rel. pron.* I-4
which? **quel(le)(s)?** *adj.* I-4
which one **à laquelle** *pron., f., sing.* II-5
which one **auquel (à + lequel)** *pron., m., sing.* II-5
which one **de laquelle** *pron., f., sing.* II-5
which one **duquel (de + lequel)** *pron., m., sing.* II-5
which one **laquelle** *pron., f., sing.* II-5
which one **lequel** *pron., m., sing.* II-5
which ones **auxquelles (à + lesquelles)** *pron., f., pl.* II-5
which ones **auxquels (à + lesquels)** *pron., m., pl.* II-5
which ones **desquelles (de + lesquelles)** *pron., f., pl.* II-5
which ones **desquels (de + lesquels)** *pron., m., pl.* II-5
which ones **lesquelles** *pron., f., pl.* II-5
which ones **lesquels** *pron., m., pl.* II-5
while **pendant que** *prep.* I-7
white **blanc(he)** *adj.* I-6
who? **qui?** *interr. pron.* I-4; **qui** *rel. pron.* II-3
Who is it? **Qui est-ce?** I-1
Who's calling, please? **Qui est à l'appareil?** II-5
whom? **qui?** *interr.* I-4
For whom? **Pour qui?** I-4
To whom? **À qui?** I-4
why? **pourquoi?** *adv.* I-2, I-4
widowed **veuf/veuve** *adj.* I-3
wife **femme** *f.* I-1; **épouse** *f.* I-3
willingly **volontiers** *adv.* II-2
win **gagner** *v.* I-5

wind **vent** *m.* I-5
It is windy. **Il fait du vent.** I-5
window **fenêtre** *f.* I-1
windshield **pare-brise** *m.* II-3
windshield wiper(s) **essuie-glace (essuie-glaces** *pl.***)** *m.* II-3
windsurfing **planche à voile** *v.* I-5
to go windsurfing **faire de la planche à voile** *v.* I-5
wine **vin** *m.* I-6
winter **hiver** *m.* I-5
in the winter **en hiver** I-5
wipe (the dishes/the table) **essuyer (la vaisselle/la table)** *v.* I-8, II-P
wish that… **souhaiter que…** *v.* II-6
with **avec** *prep.* I-1
with whom? **avec qui?** I-4
withdraw money **retirer de l'argent** *v.* II-4
without **sans** *prep.* I-8, II-P; **sans que** *conj.* I-5
woman **femme** *f.* I-1
wood **bois** *m.* I-6
wool **laine** *f.* I-6
work **travail** *m.* II-4
to work **travailler** *v.* I-2; **marcher** *v.* II-3; **fonctionner** *v.* II-3
work out **faire de la gym** *v.* I-5
worker **ouvrier/ouvrière** *m., f.* II-5
world **monde** *m.* I-7
worried **inquiet/inquiète** *adj.* I-3
worry **s'inquiéter** *v.* II-2
worse **pire** *comp. adj.* II-1; **plus mal** *comp. adv.* II-1; **plus mauvais(e)** *comp. adj.* II-1
worst: the worst **le plus mal** *super. adv.* II-1; **le/la pire** *super. adj.* II-1; **le/la plus mauvais(e)** *super. adj.* II-1
wound **blessure** *f.* II-2
wounded: to get wounded **se blesser** *v.* II-2
write **écrire** *v.* I-7
to write one another **s'écrire** *v.* II-3
writer **écrivain/femme écrivain** *m., f.* II-7
written **écrit (écrire)** *p.p., adj.* I-7
wrong **tort** *m.* I-2
to be wrong **avoir tort** *v.* I-2

Y

yeah **ouais** I-2
year **an** *m.* I-2; **année** *f.* I-2
yellow **jaune** *adj.* I-6

yes **oui** I-2; *(when making a contradiction)* **si** I-2
yesterday (morning/afternoon evening) **hier (matin/après-midi/soir)** *adv.* I-7
day before yesterday **avant-hier** *adv.* I-7
yogurt **yaourt** *m.* II-1
you **toi** *disj. pron., sing., fam.* I-3; **tu** *sub. pron., sing., fam.* I-1; **vous** *pron., sing., pl., fam., form.* I-1
you neither **toi non plus** I-2
You're welcome. **De rien.** I-1
young **jeune** *adj.* I-3
younger **cadet(te)** *adj.* I-3
your **ta** *poss. adj., f., sing.* I-3; **tes** *poss. adj., m., f., pl.* I-3; **ton** *poss. adj., m., sing.* I-3; **vos** *poss. adj., m., f., pl.* I-3; **votre** *poss. adj., m., f., sing.* I-3;
yourself **te/t'** *refl. pron., sing., fam.* II-2; **toi** *refl. pron., sing., fam.* II-2; **vous** *refl. pron., form.* II-2
youth **jeunesse** *f.* I-6
youth hostel **auberge de jeunesse** *f.* I-7
Yum! **Miam!** *interj.* I-5

Z

zero **zéro** *m.* I-1

Vocabulaire supplémentaire

Mots utiles

absent(e) *absent*
un département *department*
une dictée *dictation*
une phrase *sentence*
une feuille d'activités
 activity sheet
l'horaire des cours (m.)
 class schedule
un paragraphe *paragraph*
une épreuve *quiz*
un examen *exam; test*
suivant(e) *following*

Expressions utiles

Asseyez-vous, s'il vous plaÎt.
 Sit down, please.
Avez-vous des questions?
 Do you have any questions?
Comment dit-on _____ en
 français? *How do you say*
 _____ in French?
Comment écrit-on _____ en
 français? *How do you write*
 _____ in French?
Écrivez votre nom. *Write*
 your name.
Étudiez la leçon trois. *Study*
 lesson 3.
Fermez votre livre. *Close your*
 book(s).
Je ne comprends pas. *I don't*
 understand.
Je ne sais pas. *I don't know.*
Levez la main. *Raise your hand(s).*
Lisez la phrase à voix
 haute. *Read the sentence aloud.*
Ouvrez votre livre à la page
 deux. *Open your book to*
 page two.
Plus lentement, s'il vous
 plaÎt. *Slower, please.*
Que signifie _____? *What*
 does _____ mean?
Répétez, s'il vous
 plaÎt. *Repeat, please.*
Répondez à la/aux
 question(s). *Answer the*
 question(s).
Vous comprenez? *Do you*
 understand?

Titres des sections du livre

À l'écoute *Listening*
Après la lecture *After Reading*
Avant la lecture *Before Reading*
Coup de main *Helping Hand*
Culture à la loupe *Culture*
 through a magnifying glass
Écriture *Writing*
Essayez! *Try it!*
Incroyable mais vrai! *Incredible*
 But True!
Le français quotidien *Everyday*
 French
Le français vivant *French Live*
Lecture *Reading*
Les sons et les lettres *Sounds*
 and Letters
Mise en pratique *Putting it*
 into Practice
Le monde francophone *The*
 Francophone World
Pour commencer *To Begin*
Projet *Project*
Roman-photo *Story based*
 on photographs
Savoir-faire *Know-how*
Structures *Structures; Grammar*
Le zapping *Channel-surfing*

D'autres adjectifs de nationalité en Europe

autrichien(ne) *Austrian*
belge *Belgian*
bulgare *Bulgarian*
danois(e) *Danish*
écossais(e) *Scottish*
finlandais(e) *Finnish*
grec/grecque *Greek*
hongrois(e) *Hungarian*
norvégien(ne) *Norwegian*
polonais(e) *Polish*
portugais(e) *Portuguese*
roumain(e) *Czech*
russe *Russian*
slovaque *Slovakian*
slovène *Slovene; Slovenian*
suédois(e) *Swedish*
tchèque *Romanian*
tunisien(ne) *Tunisian*

D'autres adjectifs de nationalité en Afrique

africain(e) *African*
angolais(e) *Angolan*
béninois(e) *Beninese*
camerounais(e) *Cameroonian*
congolais(e) *Congolese*
égyptien(ne) *Egyptian*
éthiopien(ne) *Ethiopian*
kenyan(e) *Kenyan*
ivoirien(ne) *of the Ivory Coast*
nigérien(ne) *Nigerian*
somalien(ne) *Somali*
soudanais(e) *Sudanese*
sud-africain(e) *South African*
tchadien(ne) *Chadian*
togolais(e) *Togolese*
tunisien(ne) *Tunisian*

D'autres adjectifs de nationalité dans le monde

antillais(e) *Caribbean, West Indian*
argentin(e) *Argentinian*
asiatique *Asian*
australien(ne) *Australian*
bolivien(ne) *Bolivian*
chilien(ne) *Chilean*
chinois(e) *Chinese*
colombien(ne) *Colombian*
cubain(e) *Cuban*
haïtien(ne) *Haitian*
indien(ne) *Indian*
irakien(ne) *Iraqi*
iranien(ne) *Iranian*
israélien(ne) *Israeli*
libanais(e) *Lebanese*
néo-zélandais(e) *New Zealander*
pakistanais(e) *Pakistani*
péruvien(ne) *Peruvian*
portoricain(e) *Puerto Rican*
syrien(ne) *Syrian*
turc/turque *Turkish*
vénézuélien(ne) *Venezuelan*

D'autres cours

l'agronomie (f.) agriculture
l'algèbre (m.) algebra
l'anatomie (f.) anatomy
l'anthropologie (f.) anthropology
l'archéologie (f.) archaeology
l'architecture (f.) architecture
l'astronomie (f.) astronomy
la biochimie biochemistry
la botanique botany
le commerce business
l'éducation physique (f.)
  physical education
une filière course of study
le latin Latin
les langues romanes
  romance languages
la linguistique linguistics
le marketing marketing
les mathématiques
  supérieures,
  spéciales calculus
la médecine medicine
la musique music
la trigonométrie trigonometry
la zoologie zoology

D'autres mots utiles

une cantine cafeteria
un classeur binder
une gomme eraser
l'infirmerie (f.) infirmary
une règle ruler

D'autres animaux familiers

un cochon d'Inde guinea pig
un furet ferret
une gerbille gerbil
un hamster hamster
un rongeur rodent
une souris mouse
une tortue turtle

D'autres adjectifs pour décrire les gens

ambitieux/ambitieuse ambitious
arrogant(e) arrogant
calme calm
compétent(e) competent
excellent(e) excellent
franc/franche frank, honest
(mal)honnête (dis)honest
idéaliste idealistic
immature immature
mûr(e) mature
(ir)responsable (ir)responsible
romantique romantic
séduisant(e) attractive
sentimental(e) sentimental
sincère sincere
souple flexible
studieux/ieuse studious
tranquille quiet

D'autres professions

un boucher/une
  bouchère butcher
un boulanger/une
  boulangère baker
un caissier/une
  caissière cashier
un cordonnier cobbler
un dessinateur/une
  dessinatrice illustrator
un fermier/une fermière farmer
un(e) informaticien(ne)
  computer scientist
un instituteur/une institutrice
  nursery/elementary school teacher
un(e) photographe photographer
un(e) pilote pilot
un(e) styliste fashion designer
un tailleur (pour dames)
  (ladies') tailor
un teinturier dry cleaner

Au café

une brioche brioche, bun
un café crème espresso with milk
un croque-monsieur toasted
  ham and cheese sandwich
de l'eau gazeuse (f.) sparkling
  mineral water
de l'eau plate (f.) plain water
un garçon de café waiter
une omelette au jambon/au
  fromage omelet with ham/
  with cheese
des œufs au/sur le plat
  (m.) fried eggs
une part de tarte slice of a pie
une tartine de beurre slice of
  bread and butter

Quelques fromages

du bleu des Causses blue
  cheese made with cow's milk
du camembert soft cheese made
  with cow's milk
du fromage de chèvre
  goat cheese
du gruyère Swiss cheese
du munster semisoft cheese that
  can be sharp in flavor, made
  with cow's milk
du reblochon soft cheese made
  with cow's milk
du roquefort blue cheese made
  with sheep's milk
de la tomme de Savoie
  cheese from the Alps made of
  scalded curds

Vocabulaire supplémentaire

D'autres loisirs

une bicyclette *bicycle*
bricolage (faire du)
   fixing things
collectionner les timbres *to*
   collect stamps
faire des mots croisés *to do a*
   crossword puzzle
une fête foraine/une foire *fair*
jouer à la pétanque/aux
   boules (f.) *to play the game*
   of petanque
jouer aux dames (f.)
   to play checkers
louer une vidéo/un DVD
   to rent a video/DVD
la natation (faire de) *swimming*
un parc d'attractions
   amusement park
tapisserie (faire de la)
   needlework
tricoter *knitting*
un vidéoclub *video store*

Des mots liés à la météo

une averse *shower*
la bise *North wind*
la brise *breeze*
un ciel couvert *overcast sky*
un ciel dégagé *clear sky*
une éclaircie *break in the*
   weather; sunny spell
la grêle *hale*
la grisaille *grayness*
de la neige fondue *sleet*
un nuage *cloud*
un orage *thunder storm*
une vague de chaleur *heat wave*
le verglas *black ice*

Des fêtes de famille

une bague de
   fiançailles *engagement ring*
un baptême *christening*
les fiançailles *engagement*
les noces d'argent *silver*
   wedding anniversary
les noces d'or *golden*
   wedding anniversary
un enterrement *funeral*

Des jours fériés

l'Action de grâce *Thanksgiving*
la fête de l'Indépendance
   Independence Day
une fête nationale
   National holiday
le Jour de l'an/la Saint-
   Sylvestre *New Year's Day*
le 14 juillet *Bastille Day*
la Saint-Valentin *Valentine's Day*

D'autres mots pour faire la fête

des accessoires de cotillon
   (m.) *party accessories*
des amuse-gueule (m.)
   appetizers; nibbles
un bal *ball*
des confettis *confetti*
une coupe *glass (champagne)*
des feux d'artifice *fireworks*
une flûte *flute (champagne)*
un serpentin *streamer*

Quelques vêtements

une doudoune *down coat*
un foulard *headscarf*
un gilet *cardigan; vest*
un moufle *mitten*
un pantacourt *capri pants*
un pull à col roulé *turtleneck*
un sweat-shirt *sweatshirt*
une veste *jacket*

Quelques pays d'Europe

l'/en Autriche (f.) *Austria*
la/en Bulgarie *Bulgaria*
le/au Danemark *Denmark*
l'/en Écosse (f.) *Scotland*
la/en Finlande *Finland*
la/en Grèce *Greece*
la/en Hongrie *Hungary*
la/en Norvège *Norway*
la/en Pologne *Poland*
le/au Portugal *Portugal*
la/en République tchèque
   Czech Republic
la/en Roumanie *Romania*
le/au Royaume-Uni
   United Kingdom
la/en Russie *Russia*
la/en Slovaquie *Slovakia*
la/en Slovénie *Slovenia*
la/en Suède *Sweden*

Quelques pays d'Afrique

l'/en Afrique du Sud (f.)
   South Africa
l'/en Algérie (f.) *Algeria*
l'/en Angola (f.) *Angola*
le/au Bénin *Benin*
le/au Cameroun *Cameroon*
le/au Congo *Congo*
la/en Côte d'Ivoire *Ivory Coast*
l'/en Égypte (f.) *Egypt*
l'/en Éthiopie (f.) *Ethiopia*
le/au Kenya *Kenya*
le/au Maroc *Morocco*
le/au Niger *Niger*
le/au Sénégal *Senegal*
la/en Somalie *Somalia*
le/au Soudan *Sudan*
le/au Tchad *Chad*
le/au Togo *Togo*
la/en Tunisie *Tunisia*

D'autres pays

l'/en Argentine (f.) *Argentina*
l'/en Australie (f.) *Australia*
la/en Bolivie *Bolivia*
le/au Chili *Chile*
la/en Colombie *Colombia*
(à) Cuba (f.) *Cuba*
(à) Haïti *Haiti*
l'/en Inde (f.) *India*
l'/en Irak (m.) *Iraq*
l'/en Iran (m.) *Iran*
(en) Israël (m.) *Israel*
le/au Liban *Lebanon*
la/en Nouvelle-Zélande
   New Zealand
le/au Pakistan *Pakistan*
le/au Pérou *Peru*
(à) Porto Rico (f.) *Puerto Rico*
la/en Syrie *Syria*
la/en Turquie *Turkey*
le/au Venezuela *Venezuela*

Partir en vacances

atterrir *to land*
l'atterrissage (m.) *landing*
une compagnie aérienne *airline*
une crème solaire *sunscreen*
une croisière *cruise*
le décollage *take-off*
décoller *to take off*
défaire ses valises *to unpac*
un douanier *customs officer*
une frontière *border*
un groom *bellhop*
un numéro de vol *flight number*
dormir à la belle étoile *to
  sleep out in the open*
une station balnéaire
  seaside resort

Dans la maison

allumer la lumière *to turn on
  the light*
du bois *wood*
le chauffage central
  central heating
la cheminé *chimney; fireplace*
la climatisation *air-conditioning*
la décoration intérieure
  interior design
en bas *downstairs*
en haut *upstairs*
éteindre la lumière *to turn off
  the light*
le fioul *heating oil*
le gaz *natural gas*
le grenier *attic*
la lumière *light*
une penderie *walk-in closet*
un plafond *ceiling*
le sol *floor*
le toit *roof*

Des tâches ménagères

aérer une pièce *to air a room*
arroser les plantes *to water
  the plants*
étendre le linge *to hang out/
  hang up washing*
laver les vitres *to clean
  the windows*
une vitre *windowpane*

Des meubles et des objets de la maison

une ampoule *light bulb*
une bougie *candle*
un buffet *sideboard*
une corde à linge *clothesline*
une couette *comforter*
le linge de maison *linen*
une persienne *shutter*
une pince à linge *clothes pin*
un portemanteau *coat rack*
un radiateur *radiator*
un robot ménager *food
  processor*
un store *blind*
un volet *shutter*

Index

Index

Photography and Art Credits

All images ©Vista Higher Learning unless otherwise noted.

Cover: (tr) © Lisa S. Engelbrecht/DanitaDelimont.com; (bl) © Mike Kemp/Tetra Images/Corbis; (br) © Tim Hill/Food and Drink Photos/Food and Drink Photos/Corbis.

Front Matter (SE): i (tr) © Lisa S. Engelbrecht/DanitaDelimont.com; (bl) © Mike Kemp/Tetra Images/Corbis; (br) © Tim Hill/Food and Drink Photos/Food and Drink Photos/Corbis; **xx** (l, r) © North Wind Picture Archives/Alamy; **xxi** (l) From Frank Bond, "Louisiana" and the Louisiana Purchase, Washington, Government Printing Office, 1912 Map No. 4. Courtesy of Library of Congress; (r) © Design Pics Inc./Alamy; **xxii** © The Gallery Collection/Corbis; **xxiii** (t) © Moodboard/Fotolia.com; (bl) © moshimochi/Shutterstock.com; (br) © wavebreakmedia ltd /Shutterstock.com; **xxiv** © JTB Photo Communications, Inc./Alamy; **xxv** (l) © Dave & Les Jacobs/Blend Images/Corbis; (r) © Yuri Arcurs/Shutterstock.com; **xxvi** © PASCAL FAYOLLE/NRJ/SIPA/Newscom; **xxvii** (t) © Monkey Business Images/Fotolia.com; (b) © Yuri Arcurs/Fotolia.com; **xxviii** (t) © Monkey Business Images/Dreamstime.com; (b) © Creasource/Corbis; **xxix** © H. Schmid/Corbis.

Front Matter (TE): T1 (tr) © Lisa S. Engelbrecht/DanitaDelimont.com; (bl) © Mike Kemp/Tetra Images/Corbis; (br) © Tim Hill/Food and Drink Photos/Food and Drink Photos/Corbis; **T7** (l) © Mike Flippo/Shutterstock.com; (r) © Mr. Aesthetics/Shutterstock.com; **T8** © Jordache/Dreamstime.com; **T9** © Mike Flippo/Shutterstock.com; **T23** © SimmiSimons/iStockphoto; **T24** © monkeybusinessimages/Big Stock Photo.

Unit One: 1 Anne Loubet; **4** (b) Rossy Llano; **8** (t, b) Anne Loubet; **9** © Ian G Dagnall/Alamy; **11** (t) © LdF/iStockphoto; (mtl) Martín Bernetti; (mtr) © Dmitry Kutlayev/iStockphoto; (mbl, mbr) Rossy Llano; (bl) © 2009 Jupiterimages Corporation; (br) Anne Loubet; **13** (left col) Rossy Llano; (right col: bl, right col: br) Anne Loubet; **18** Martín Bernetti; **22** (l) Anne Loubet; (r) © Sam Edwards/Getty Images; **23** Extrait de l'ouvrage Superdupont © Gotlib et Solé/Fluide Glacial avec l'aimable autorisation des auteurs et de Fluide Glacial; **24** (left col: l, left col: r, right col: mr) Anne Loubet; (right col: tl, right col: bl) Martín Bernetti; (right col: tr) © Niko Guido/iStockphoto; **25** (left col: t) © Reuters/Corbis; (left col: mtl) © GYI NSEA/iStockphoto; (left col: mtr, left col: mbr) Martín Bernetti; (left col: mbl) Darío Eusse Tobón; (left col: bl) Anne Loubet; (left col: br) © Rasmus Rasmussen/iStockphoto; **27** (left col) Pascal Pernix; **28** (tl, tr, mtr, mbr, bl, br) Anne Loubet; (mtl) © Robert Lerich/Fotolia.com; (mbl) Rossy Llano; **29** Pascal Pernix; **30** (left col: t) © Hulton-Deutsch Collection/Corbis; (left col: mt) © Caroline Penn/Corbis; (left col: mb) © Allstar Picture Library/Alamy; (left col: b) © Eddy Lemaistre/For Picture/Corbis; (t) Photo courtesy of www.Tahiti-Tourisme.com; (m) © Lonely Planet Images/Ariadne Van Zandbergen/Getty Images; (b) © Eddy Lemaistre/For Picture/Corbis; **31** (tl) Rossy Llano; (tr) © Antoine Gyori/Corbis; (bl) © Owen Franken/Corbis; (br) Published with the kind authorization of the *Service de communication pour la Francophonie.*; **34** © Inspirestock Royalty-Free/Inmagine.

Unit Two: 37 © auremar/Fotolia.com; **44** Anne Loubet; **45** © Picture Partners/Age Fotostock; **48** Anne Loubet; **54** (l) Martín Bernetti; (r) Pascal Pernix; **58** Pascal Pernix; **59** Pascal Pernix; **61** (all) Anne Loubet; **66** (left col: t) Dante Gabriel Rossetti (1828–1882). *Joan of Arc kissing the Sword of Deliverance*, 1863. Oil on canvas, 61 cm x 53 cm. Inv.55.996.8.1. Location: Musee musée d'Art moderne et contemporain, Strasbourg, France. Photo credit: © Christie's Images/Corbis; (left col: m) © Bettmann/Corbis; (left col: b) © Antoine Gyori/Corbis; (t, b) Anne Loubet; (ml) © Martine Coquilleau/Fotolia.com; (mr) © Daniel Haller/iStockphoto; **67** (tl) © David Gregs/Alamy; (tr, bl) Anne Loubet; (br) © Caroline Beecham/iStockphoto; **68** (inset) Martín Bernetti; **68–69** © Art Kowalsky/Alamy; **69** (inset) © Charles Gullung/Corbis; **70** Pascal Pernix; **71** (l) Martín Bernetti; (r) Darío Eusse Tobón.

Unit Three: 73 Anne Loubet; **76** Martín Bernetti; **80** Anne Loubet; **81** (l) © Elise Amendola/Associated Press; (r) © Icon Sports Media/Corbis; **82** (left col: l) Martín Bernetti; (left col: r) © FogStock LLC/Photolibrary; (right col) © Hemera Technologies/AbleStock.com/Jupiterimages; **83** Rossy Llano; **84** (t, mbl, bl, br) Martín Bernetti; (mtl) © Dmitry Kutlayev/iStockphoto; (mbr) Anne Loubet; **85** (t) © gladiolus/iStockphoto; (bl) © Dynamic Graphics/Jupiterimages; (br) Rossy Llano; **89** (l) Martín Bernetti; (m, r) Anne Loubet; **90** (t, mml, mmr, br) Anne Loubet; (ml) © Hemera Technologies/Photos.com; (mr) © Vstock, LLC/Photolibrary; (bl) Martín Bernetti; (bml) © Photolibrary. All rights reserved.; (bmr) © Keith Levit Photography/Photolibrary; **94** Anne Loubet; **95** (l) © Anita Bugge/Getty Images; (tr) © Patrick Roncen/Corbis; (br) © Pascalito/Sygma/Corbis; **97** (inset: t) Ray Levesque; (m) © imagesource/123RF; **100** Anne Loubet; **101** Anne Loubet; **102** (left col: t) © Stapleton Collection/Corbis; (left col: bl) © Kurt Krieger/Corbis; (left col: br) © Keystone Pictures USA/Alamy; (t) © Jeremy Reddington/Shutterstock.com; (ml) © abadesign/Shutterstock.com; (mr) Pascal Pernix; (b) © Benjamin Herzoq/Fotolia.com; **103** (tl) Tom Delano; (tr) © Images of France/Alamy; (bl) Janet Dracksdorf; (br) Anne Loubet; **104** (t) © Juniors Bildarchiv/Alamy; (b) Martín Bernetti; **105** Anne Loubet; **106** Anne Loubet; **107** Anne Loubet.

Credits

Video Credits

Production Company: Klic Video Productions, Inc.

Lead Photographer: Pascal Pernix

Photographer, Assistant Director: Barbara Ryan Malcolm

Photography Assistant: Pierre Halart

Television Credits

15 By permission of INPES.

51 By permission of Université de Moncton.

87 By permission of Pages d'Or.

123 By permission of Swiss International Airlines.

159 By permission of SwissLife.

195 By permission of bpost.

231 By permission of Trivago.

267 © Century 21 and Pierre Palmade.